土木工程专业卓越工程师教育培养计划系列教材

桥梁检测与加固

孙全胜 主 编

郝向炜 王世杰 副主编

科学出版社

北 京

内 容 简 介

本书内容结合工程实例分为上、下两篇。上篇介绍了桥梁结构检测，内容包括绪论、桥梁结构检测仪器设备、桥梁结构现场检测、桥梁结构评定、工程实例、桥梁施工控制和健康监测。下篇为桥梁结构加固，内容包括绪论、桥梁结构缺陷及其产生原因分析、桥梁结构常见加固维修方法、桥梁结构加固实例。

本书可作为高等院校土木工程专业及相关专业的教材使用，也可供从事相关的工程技术人员参考。

图书在版编目（CIP）数据

桥梁检测与加固/孙全胜主编. —北京：科学出版社，2016
（土木工程专业卓越工程师教育培养计划系列教材）

ISBN 978-7-03-049312-5

Ⅰ. ①桥… Ⅱ. ①孙… Ⅲ. ①桥梁结构-检测-高等学校-教材 ②桥梁结构-加固-高等学校-教材 Ⅳ. ①U443

中国版本图书馆 CIP 数据核字（2016）第 150650 号

责任编辑：任加林 / 责任校对：刘玉靖
责任印制：吕春珉 / 封面设计：耕者设计工作室

科学出版社出版
北京东黄城根北街 16 号
邮政编码：100717
http://www.sciencep.com
北京九州迅驰传媒文化有限公司印刷
科学出版社发行　各地新华书店经销
*
2016 年 6 月第 一 版　开本：787×1092 1/16
2025 年 1 月第三次印刷　印张：23 3/4
字数：546 000

定价：67.00 元

（如有印装质量问题，我社负责调换）
销售部电话 010-62136230　编辑部电话 010-62135319-2028（HA18）

前　言

桥梁是公路或城市道路的咽喉，直接影响着交通的畅通与安全，因此加强对桥梁结构检测、及时对其进行加固与改造就显得尤为重要。编者根据多年从事教学和工程实践的经验，在吸取先进技术与工程测试成果的基础上，编写完成本书。

本书具有较强的工程针对性和实用性，既能适合本科教学，又适用于工程应用。本书分为上、下两篇，上篇主要内容包括绪论、桥梁结构检测仪器设备、桥梁结构现场检测、桥梁结构评定、工程实例桥梁施工控制和健康监测等内容；下篇主要内容包括绪论、桥梁结构缺陷及其产生原因分析、桥梁结构常见加固维修方法桥梁结构加固实例。

本教材通过试验与加固维修的工程实例将理论与实际相结合，使读者能够学习和掌握桥梁结构试验检测的方法和操作技能，并掌握桥梁结构加固与维修的方法，为日后从事相关工作打下良好基础。

本书由东北林业大学孙全胜主编。本书具体编写分工为：本书第 1、8 章由东北林业大学孙全胜编写，第 2～3 章由东北林业大学郝向炜编写，第 4 章由东北林业大学张盛然编写，第 5 章由东北林业大学高红帅编写，第 6 章由交通运输部公路科学研究所张小江编写，第 7、9 章由黑龙江工程学院王世杰编写，第 10 章由黑龙江省高速公路管理局白涛编写。

限于编者的水平，本书难免存在遗漏和不当之处，敬请专家同行和读者批评指正。

编　者

2015 年 11 月

目　录

上篇　桥梁结构检测

下篇　桥梁结构加固

上篇　桥梁结构检测

第 1 章　绪　　论

1.1　桥梁结构检测的意义

在科学技术的发展过程中，科学试验起着非常重要的作用。对于土木工程专业中的设计计算理论体系的建立和发展，一般都需要进行大量的科学试验并且和生产实践密切联系。在桥梁工程的发展中，桥梁试验也起到了同样重要的作用。大量的试验研究成为促进桥梁结构设计计算理论、设计方法不断发展的重要因素之一。桥梁试验是对桥梁原型结构或桥梁模型结构直接进行的科学试验工作，包括试验准备、理论计算、现场试验、施工控制与健康检测、分析整理等内容的一系列工作。桥梁结构原型试验也称之为桥梁结构检测。

我国公路交通事业伴随着国家经济建设，得到了迅猛的发展，先后在国内的大江、大河及海上建成了一批大跨径、深水基础的桥梁，使我国在大跨径悬索桥、斜拉桥、拱桥和连续刚构桥梁建设方面跨入了世界先进行列，成为桥梁大国。特别是近年来，随着苏通长江公路大桥、润扬长江公路大桥、杭州湾跨海大桥、西堠门大桥、青岛海湾大桥等一批具有国际先进水平的特大桥梁的建成，新桥型、新材料和新工艺在桥梁施工中得到了广泛应用。同时，根据国家经济建设的需要，较早修建的大量级别较低的公路需要被改建、扩建，对其中在役桥梁能否继续使用已成为目前公路建设决策部门的一件亟须解决的大事。

通过对桥梁结构检测的质量检测、结构检算与结构荷载检测试验，确定桥梁结构工作状况，评定其承载能力及其使用条件。通过对新建或在役桥梁结构实际承载能力的检测评定，为其使用的安全可靠性及维修加固提供必要的科学依据和积累相关的专业技术资料，建立相关桥梁结构数据库，确定工程的可靠度。

桥梁结构检测的意义主要包括以下几个方面：

1）确定新建桥梁结构的承载能力和使用条件。对于重要的桥梁结构在建成竣工后，通过桥梁结构检测考察该桥的施工质量与结构性能，判定桥梁结构的实际承载能力，为竣工验收、投入运营提供科学的依据。对于新型或复杂的桥梁结构，通过系统的桥梁检测试验，可以掌握结构在荷载作用下的实际受力状态，探索结构受力行为的一般规律，为充实和发展桥梁结构的设计计算理论积累科学的资料。

2）评估既有桥梁的使用性能与承载能力。对于既有桥梁结构在运营期间，因受水灾、地震等自然灾害而损伤，或因设计施工不当而产生严重缺陷，或因使用荷载大幅度增长而严重超过设计荷载等级，通常通过桥梁结构检测试验来评估既有桥梁的使用性能与承载能力，为既有桥梁养护、加固、改建或限载对策提供科学的依据。这对于缺乏完整技术资料的既有桥梁更为必要。

3）研究结构（构件）的受力行为，总结结构受力行为的一般规律。随着桥梁工程的不断发展，新结构、新材料、新工艺的推广应用，原有的规范、规程往往不能适应工程实践的要求。为了修改、完善既有的规范、规程，指导设计与施工工作，就需要进行大量的研究性试验。

1.2 桥梁结构检测的目的

在实际工作中，桥梁结构检测的种类很多，按照试验的目的与要求分类，可分为科学研究性试验和生产鉴定性试验。科学研究性试验的目的是为了建立或验证结构设计计算理论和经验公式，或验证某一结构理论体系中的科学假设判断的可靠性；生产鉴定性试验具有直接服务于生产实践的意义，根据一定的规范、标准的要求，按照有关设计文件，通过试验来确定结构的实际承载能力、使用性能和使用条件，检验设计施工质量，提出桥梁养护、加固、改建、限载对策，有效地保证桥梁结构的安全使用。

桥梁结构检测的主要目的包括：

1）桥梁由于使用多年，主要部位出现缺陷，如裂缝、错位、沉降等，通过检查确定桥梁各部位损坏的程度及实际承载能力；原来按旧标准规定的荷载等级设计的桥梁，现在由于交通量的不断增加，车辆载重量的不断加大，对桥梁通过能力和承载能力的要求也越来越高，通过检查评价，确定原有桥梁的荷载等级，从而决定是否需要通过加固来提高其荷载等级；对在役桥梁资料不全，通过桥梁结构检测，重新建立和积累技术资料，为加强科学管理和提高桥梁技术水平提供必要条件；系统地收集桥梁技术数据，建立相对应的桥梁数据库，应用计算机管理系统更好地维护、管理桥梁，指导桥梁养护、加固与维修工作。

2）对于一些重要的大桥或特大桥梁，在建成之后，通过检测评定设计与施工质量，确定工程的可靠度；对采用新型结构的桥梁，通过检测评价可以验证理论的实践性和可靠性，并能进一步发现问题，总结经验，以便对结构设计理论及结构形式加以改进，使其更加完善。

3）对经过维修加固的桥梁进行竣工检查，通过检查可检验维修加固的质量，并验证加固方法的合理性与可靠性；当桥梁遭受特大灾害时，如发生泥石流、地震、洪水等受到严重损坏，或在建造、使用过程中发生严重缺陷（如质量事故、过度的变形和严重裂缝以及意外的撞击受损断裂等），也需要通过结构检测进行安全评定。

4）随着我国现代化工业建设的发展，特大型工业设备、集装箱运输逐渐频繁，超重车辆过桥的情况时有发生，通过检查评价可确定超重车辆是否能安全通过，并为临时加固提供技术资料。

1.3 桥梁结构检测的内容

桥梁荷载检测涵盖的内容较为丰富，核心内容是：通过测试在荷载直接作用下的桥梁各结构部位以及整体的响应参数，反映和揭示桥梁的实际承载能力和使用状况。与桥梁结构的理论计算和分析体系一样，桥梁荷载试验都属于对桥梁结构进行微观分析与评价的内容，但又自成体系。桥梁荷载试验与分析评定是对于桥梁结构理论计算与分析的延伸、完善与补充。

根据试验荷载作用的性质，桥梁试验可分为静荷载试验和动荷载试验。桥梁静载试验是将静止的荷载作用在桥梁上的指定位置，测试结构的静力位移、静力应变、裂缝等参量的试验项目，从而推断桥梁结构在荷载作用下的工作性能及使用状况。动载试验是利用某种激振方法激起桥梁结构的振动，测定桥梁结构的固有频率、阻尼比、振型、动力冲击系数等参量的试验项目，从而判断桥梁结构的整体刚度、行车性能。静载试验与动载试验虽然在试验目的、测试内容等方面不同，是两种性质的试验，但对于全面分析掌握桥梁结构的工作性能是同等重要的。

根据试验对结构产生的后果，桥梁试验可分为破坏性试验和非破坏性试验。一般情况下，鉴定性试验多为非破坏性试验。在某些情况下，为了达到预定的试验目的，往往需要进行破坏性试验，以掌握试验结构由弹性阶段进入塑性阶段甚至破坏阶段时的结构行为、破坏形态等试验资料。实际上，原型结构的破坏试验，无论是在费用方面还是在方法方面都存在一些具体的问题，特别是在结构进入破坏阶段后试验是比较困难的。因此，破坏试验一般均以模型结构为对象，在实验室内进行，以便能够较为方便地进行加载、控制、量测、分析，从而总结出具有普遍意义的规律。

根据试验持续时间的长短，桥梁试验可分为长期试验和短期试验。鉴定性试验与一般性的研究试验多采用短期试验方法，只有那些必须进行长期观测的现象，如混凝土结构的收缩和徐变性能、桥梁基础的沉降等，才采用长期试验方法。此外，对于大型桥梁结构或新型桥梁结构，常常采用长期观测或组织定期的检测，以积累这些结构长期使用性能的资料。

总之，可以结合具体的试验目的及要求，选用一种或几种试验方法。在选择时应注意经济成本，一般能用模型代替的，就不搞大规模的原型试验，通过非破坏性试验可以达到试验目的，就不做破坏性试验。

桥梁结构检测的内容主要包括以下几个方面：

1）确定新建桥梁结构的承载能力和使用条件。对于重要的桥梁结构在建成竣工后，通过桥梁试验考察该桥的施工质量与结构性能，判定桥梁结构实际承载能力，为竣工验收、投入运营提供科学依据。

2）评估既有桥梁的使用性能与承载能力。对于既有桥梁，在运营期间，因受自然灾害而损伤，或因设计施工不当而产生缺陷，或因荷载大幅度增长而严重超过设计荷载的。通过荷载试验，评估既有桥梁的承载能力和使用性能，为既有桥梁养护、加固、改建或限载提供科学依据。

3）桥梁施工控制保证桥梁施工质量。桥梁施工控制的主要任务就是要确保在施工过程中桥梁结构的内力和变形始终处于容许的安全范围内，确保成桥状态（包括桥梁线形和成桥结构内力）符合设计要求。其主要工作内容包括几何（变形）控制、应力控制、稳定控制和安全控制。

4）桥梁结构长期监测与健康诊断。该项技术的应用将起到确保桥梁运营安全、延长桥梁使用寿命的作用，同时能够较早地发现桥梁病害以利于及时维修、养护，降低桥梁的维修费用，并避免桥梁大修时关闭交通所引起的重大损失。

5）研究结构（构件）的受力行为，总结结构受力行为的一般规律。对新结构、新材料、新工艺的桥梁进行研究性试验，为设计、施工及规范修改起指导作用。

小 结

随着桥梁工程的飞速发展，新结构、新材料、新工艺的不断涌现，桥梁荷载的不断增大，以及大批既有桥梁结构进入老化期，桥梁结构检测工作就越显重要。本章重点介绍了桥梁结构检测的意义、目的和内容。

思 考 题

1. 简述桥梁结构检测的含义与包含的工作内容。
2. 在工程实践中，桥梁结构检测的目的有哪些？
3. 简述桥梁结构检测的发展趋势。

第 2 章　桥梁结构检测仪器设备

2.1　概　　述

桥梁结构试验检测的重要内容主要是对受到荷载结构的力学性能参数进行观测和记录。主要测量仪器设备按工作原理分为非电量电测仪器、机械式仪器和光学测量仪器等。随着科学技术和计算机技术的发展，桥梁结构检测设备的性能也在不断改善。现阶段，非电量电测技术和多功能自动化采集仪得到了广泛应用，使得测试精度和试验效率不断提高；同时，部分沿用至今的机械式检测设备还在使用，有时甚至是不可缺少的；此外，光学测量仪器在变形测试中也在发挥着不可替代的作用。

仪器设备是试验工作的重要技术手段，选用不同的仪器设备，其测试精度及适用性也有差异。正确地选配和使用仪器设备，提高测试数据的可靠性，是试验检测技术人员的重要任务。技术人员需要对被测参数的性质和要求有深刻理解，同时还要对有关测量仪器的原理、功能和使用要求有所了解，这样才能正确选择仪表，以取得良好的使用效果。

桥梁结构检测中的主要测量参数如下：

1）检测结构控制断面处的作用力大小，包括了试验荷载、构件内力、支点反力和吊杆轴力等。

2）检测结构控制断面的应力、应变。

3）结构变位，包括了挠度、水平位移、相对滑移、转角等。

4）桥跨结构的动力特性参数，包括了自振频率、阻尼比、振型等；行车动力响应特性，包括振动加速度、动挠度、动位移、冲击系数等。

5）检测结构的几何尺寸和线形、材料的强度、结构的刚度（裂缝，包括裂缝的发现、分布、宽度、长度、深度等），及其他必要的结构参数。

1. 仪器设备的分类

依据这些分析与计算的测量参数，用于桥梁结构检测的仪器按其用途大致分为以下几类。

（1）应变测试设备

此类设备可分为：①电阻应变计配套静、动态应变仪；②工具式应变计配套静、动态应变仪；③振弦式应变计配套频率读数仪；④采用高灵敏位移计，通过测区段变形换算平均应变。

（2）变位测试设备

变位测试设备是根据桥梁结构变位（包括挠度、水平位移、转角、支点变形等）所需要的测试设备，主要包括：①应变式位移传感器配套静、动态应变仪；②机械式位移测量仪器，根据量程不同分为千分表、百分表和张丝式挠度计；③光学测量仪器，包括精密光学水准仪、电子水准仪、全站仪等；④连通管。

（3）振动测量设备

振动测量设备主要是针对桥梁结构动态检测中使用的仪器设备，振动测量设备包括了磁电式速度计、压电式加速度计、ICP 型加速度计、应变式加速度计、伺服式加速度计等传感器以及配套的放大器。

（4）其他设备

其他设备主要包括了裂缝测量设备（如卷尺钢尺、裂缝宽度测试仪、裂缝深度测定仪等）、荷载测量设备（主要包括应变式测力传感器、振弦式测力计、压力环等）。

上述桥梁试验使用仪器设备的主要性能指标包括：量程、分辨率、灵敏度、精度、稳定性、幅频范围及相频特性等，具体的性能指标，将在后续的仪器设备的使用中作详细的阐述。

2. 仪器设备的选用原则

对于桥梁结构检测，量测仪器的选择应多因素综合考虑，以满足试验目的为前提，根据仪器技术性能和试验条件的技术要求，选择合理的量测仪器。此外，在选用量测仪器时，还应注意以下问题：

1）满足量测所需的量程及精度要求。在选用仪器前，应先对被测值进行估算，一般应使最大被测值在仪器的 2/3 量程范围附近，以防仪器超量程。在量程满足要求的前提下，应尽量选用分辨率高的仪器设备。

2）桥梁结构模型试验中，对于安装在结构上的仪表或传感器，要求自重轻、体积小，不影响结构的正常工作，同时也要考虑仪表安装的方便性、可靠性与牢固性。特别要注意夹具的设计是否合理，不正确的安装将会给测量结果带来误差，不能够精确的传递或反应结构的实际响应数据。

3）同一试验中选用的仪器种类应尽可能少，便于设备调配与量测实施以及精度控制，减少数据处理工作量和避免差错。选用仪表时应考虑试验的环境条件，尽可能避免因环境的变化而带来的试验测量误差，特别对由温度变化而产生的试验误差，在试验时应给予重视。如采用机械式仪表、振弦式应变计，通常可以得到比常规电阻应变片更稳定的实测数据。

4）对于动态试验的量测仪表，除线性范围、灵敏度、幅频特性以及相频特性都应满足试验要求以外，还需充分考虑桥梁结构超低频振动以及振动量值较小等的特点，选用灵敏度高、低频特性好的测振仪器。一般而言，常用测振设备的上限频率比较容易满足，而下限频率能否适应特定桥梁的振动测试要求是需要重点考虑的问题。对于小跨径桥梁，下限频率达到 1Hz 左右即可，而对于大跨径桥梁，则下限频率要求延伸至 0.20～0.50Hz，甚至更低。

3. 仪器设备的标定

为了确定仪表的精确度或换算系数，需要将仪表示值与标准量进行比较，使检测仪器的量值溯源到国家基准，以保证检测数据的真实可靠，这一工作称之为仪表的标定或检定，标定后的仪表按国家规定的精确度要求分成若干等级。仪表标定是一项十分重要的工作，所有新投入使用、超过检定周期或维修后重新投入使用的检测仪器均应进行标定。标定可分为系统标定或单件标定。对具有相关检定标准的设备（称强制性检定设备），标定工作由法定授权的计量单位负责进行，检定周期一般为 1 年。

（1）系统标定

系统标定又称为综合标定，即直接用计量基准、计量标准来检定计量器具的计量特性。可分为用标准量具检定计量器具、用计量基准或标准仪器检定计量仪器、用标准物质检定计量仪器等方法。这种方法的优点是：简便、可靠，并能求得修正值。如被检仪器需要确定修正值，则应增加检定次数，以降低随机误差。采用系统标定方法的缺点是：当受检计量器具不合格时，难以确定是由计量器具的哪个部分或哪几个部分引起的。

（2）单件标定

单件标定又称为部件检定或分项检定，即对影响被检仪器准确度的各项因素所产生的误差进行分别检定，然后通过计算求出总误差以确定计量仪器是否合格。这种方法适用于以下几种情况：

1）当没有高一级的计量标准来检定的计量仪器。

2）只用系统标定法不能完全满足要求的计量仪器。

3）对于误差因素较简单的计量仪器，用单件检定法较经济时。

4）对某些系统标定法不合格的计量仪器，用单件检定法来确定哪些部件超差。

单件标定法可以弥补系统标定的不足，但是标定、计算繁琐且耗时长。

（3）用户标定

对目前尚无检定标准的设备，可采用用户自校的方法进行标定。用于标定的参考标准必须送法定计量单位检定合格后才能使用。

2.2　无损检测仪器与设备

近年来，无损检测技术的发展比较快，该方法是指在不影响结构受力性能，不损伤结构或其他使用功能的前提下，直接在结构上通过测定某些物理量，推定混凝土的强度、缺陷、连续性、耐久性等技术指标。因此，该类设备依据逐步形成的《回弹法检测混凝土抗压强度技术规程》（JGJ/T 23—2011）、《超声回弹综合法检测混凝土强度技术规程》（CECS02：2005）、《超声法检测混凝土缺陷技术规程》（CECS21：2000）等技术规程进行相关的结构无损检测，能够解决工程实际问题，产生较好的社会经济效益。本节介绍几种目前已较为普及的桥梁无损检测仪器设备，主要有：回弹仪（用于测定混凝土强度）、超声波探测仪（用于测定混凝土强度、缺陷和裂缝）、数显裂缝测宽仪（用于测定裂缝宽度）、钢筋位置测定仪（用于测定钢筋混凝土构件内钢筋位置和保护层厚度）和钢筋锈蚀仪（用于测定混凝土内钢筋锈蚀）等，还有一些无损检测方法（如混凝土碳化、氯离子含量和电阻率等测定）。

1. 回弹仪

回弹仪是根据仪器在一定的冲击力作用下可测得回弹值，这个值与材料表面硬度存在着一定的相关关系，据此原理制作的一种用于混凝土强度测量的机械式非破损检测仪器。

（1）回弹仪测定混凝土强度的工作原理

利用具有一定势能的弹击锤，通过弹击杆弹击在混凝土表面上，弹击锤反弹高度（回弹值）与混凝土表面硬度和强度存在相关性，利用这种相关性（测强曲线）就可以推定混凝土强度。

相关关系可表示为

$$R = N \cdot A^{B} \tag{2.1}$$

式中：R——被测混凝土强度；

N——平均回弹值，选定一种回弹仪；

A、B——已知常数。

（2）回弹仪的类型及构造

回弹仪按冲击力的大小可分为轻型、中型和重型三种，轻型一般用来测砖石和砂浆混凝土强度，中型和重型用于测混凝土强度，也是应用最为普遍的一种型号（图 2.1 为普通中型回弹仪）。现在新型的回弹仪，已采用数显装置，仪器回弹后，直接显示、打印出混凝土强度，使用十分方便，价格比较昂贵，如图 2.2 所示。

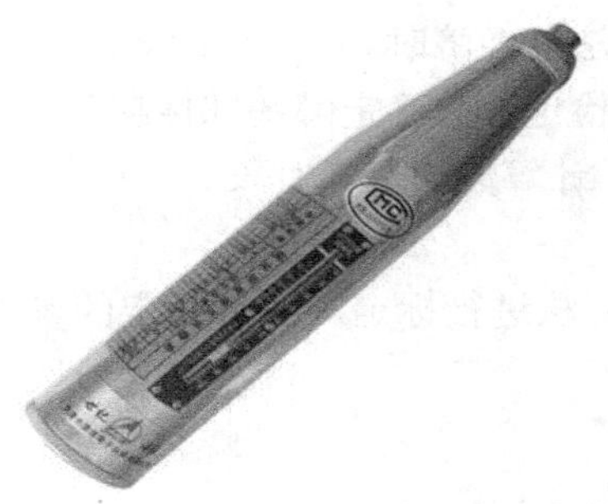

图 2.1　HT225 中型回弹仪

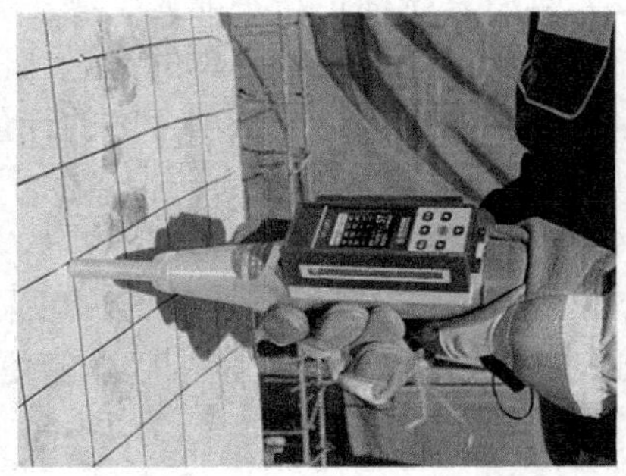

图 2.2　数显式回弹仪

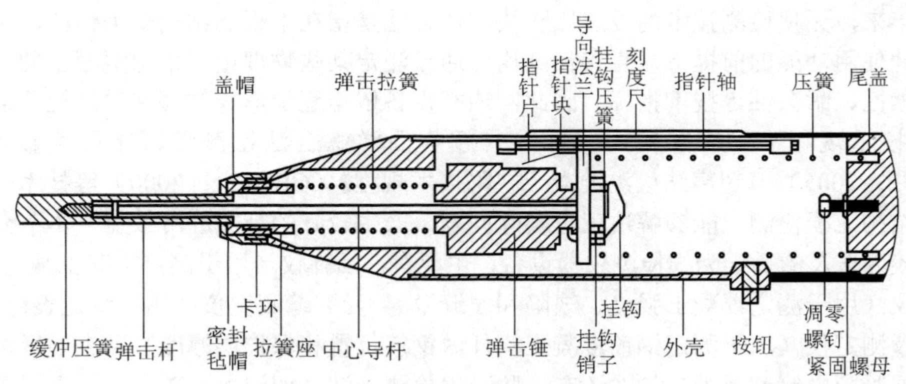

图 2.3　普通回弹仪构造

图 2.3 为普通回弹仪的构造图，仪器工作时，随着对回弹仪施压弹击杆徐徐向机壳内推进，弹击拉簧被拉伸，使连接弹击拉簧的弹击锤获得恒定的冲击能量，当仪器水平状态工作时，其冲击能量可由式(2.1)计算，其能量大小为 2.207J，单击拉簧工作时拉伸长度 0.075m。当挂钩与调零螺钉互相挤压时，使弹击锤脱钩，于是弹击锤的冲击面与弹击杆的后端平面相碰撞，此时弹击锤释放出来的能量借助弹击杆传递给混凝土构件，混凝土弹性反应的能量又通过弹击杆传递给弹击锤，弹击锤获得回弹的能量向后弹回，计算弹击锤回弹的距离 x 和弹击锤脱钩前距弹击杆后端平面的距离 L 之比，即得回弹值 R，它由仪器外壳上的刻度

尺示出。

（3）回弹仪的技术要求

以中型回弹仪的技术要求为例，当水平弹击时，弹击锤脱钩的瞬间，中型回弹仪的标称能量应为 2.207J；弹击锤与弹击杆碰撞的瞬间，弹击拉簧应处于自由状态，此时弹击锤起跳点应相应于指针指示刻度尺上“0”处；在洛式硬度 HRC 为 60±2 的钢砧上，回弹仪的率定值应为 80±2；此外，回弹仪在使用时的环境温度应为 4～40℃。

回弹仪在进行工程检测的前后，还应在钢砧上做率定试验，符合相关的技术规程要求。率定试验应在干燥、室温为 5～35℃的条件下进行。率定时，钢砧应稳固地平放在刚度大的物体上，测定回弹值时，取连续向下弹击三次稳定回弹值的平均值，弹击杆应分四次旋转，每次旋转宜为 90°，弹击杆每旋转一次的率定平均值应为 80±2，率定回弹仪的钢砧应每 2 年校准一次。

（4）回弹仪的保养方法

当测试用回弹仪的弹击次数超过 2000 次，或者对检测值有怀疑以及在钢砧上的率定值不合格时，需要对回弹仪进行保养。常规保养应符合下列规定：

1）使弹击锤脱钩后取出机芯，然后卸下弹击杆，取出里面的缓冲压簧，并取出弹击锤、弹击拉簧和拉簧座。

2）清洗机芯各零部件，重点清洗中心导杆、弹击锤和弹击杆的内孔和冲击面，清洗后应在中心导杆上薄薄涂抹钟表油，其他零部件均不得抹油。

3）应清理机壳内壁，卸下刻度尺，并应检查指针，其摩擦力应为 0.5～0.8N。

4）不得旋转尾盖上已定位紧固的调零螺钉；不得自制或更换零部件，保养后应对回弹仪进行率定试验。

此外，回弹仪不用时，应将弹击杆压入仪器内，经弹击后方可按下按钮锁住机芯，将回弹仪装入仪器箱，平放在干燥阴凉处。数字回弹仪长期不用时，应取出电池。

2. 非金属超声波探测仪

混凝土超声检测的应用主要包括混凝土强度推定、混凝土结构缺陷探测两个方面。超声波是超声频率的机械振动在弹性介质中的传播过程。超声波探测仪是利用了超声波在物体中传播时，如遇到不同介质会在其界面反射的原理制成的。

（1）非金属超声检测仪的组成和基本原理

非金属超声检测仪（图 2.4）由脉冲发生器、探头、接收放大器、处理电路、显示装置组成，如图 2.5 所示，其基本原理是利用高频电脉冲激励发射换能器产生超声波，超声波在混凝土中传播后被接收换能器接收，并转换成电信号后显示在示波屏上。超声仪除了产生、接收、显示超声波外，还具有量测超声波有关参数的功能，如声传播时间、接收波振幅、频率等参数。

这里换能器（探头）是电声能量转换的期间，一般用压电材料（如石英、陶瓷等）制成。发射换能器将来自超声仪发出的电信号转换成声信号，并向被测介质辐射；接收换能器接收被测介质传来的声信号，并转换成电信号，输入到超声仪的放大系统中。超声仪具有分频控制、发射接收、扫描示波以及计时显示等功能。以往工程上比较成熟的超声波探测技术，主要用在对匀质材料（如金属）进行的无损检测上，现今土建行业积极把超声探测技术引入非金属材料（主要是混凝土）的探伤和检测，已在许多实际工程上应用。

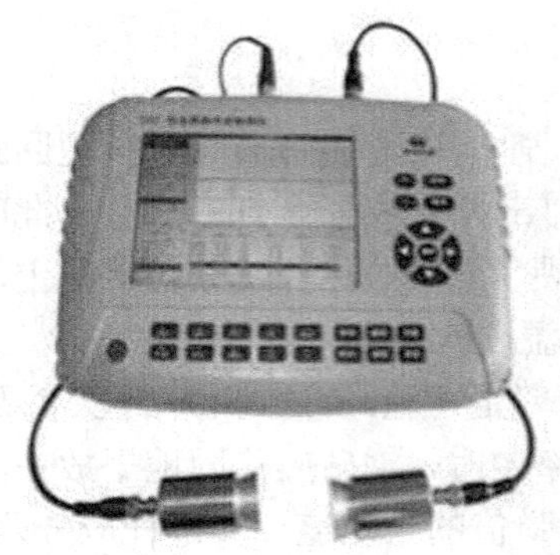

图 2.4　TS.C6 非金属超声检测仪

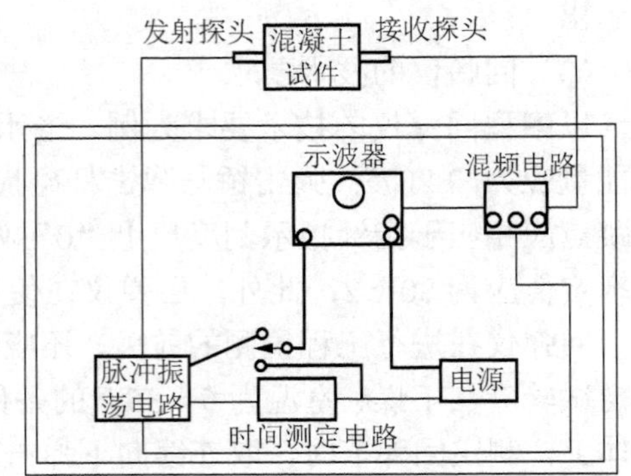

图 2.5　非金属超声检测仪原理图

（2）声学参数

混凝土强度和混凝土内部缺陷主要是通过超声波声学参数的变化来测定，声学参数包括声速、声时、波形、振幅等。

1）声速：超声波在混凝土中传播的速度，它是混凝土超声检测中的一个主要参数。声速与混凝土弹性性质有关，也与混凝土内部结构（孔隙、材料组成等）有关。一般来说，弹性模量越高，密实性越好，声速也越高。

2）声时：超声波穿透被测构件所花的时间。相同尺寸的混凝土构件，弹性模量越高，密实性越好，声时也越小。对于存在缺陷的混凝土结构，由于超声波的绕射现象，声时也会相应变长。

3）波形：指示波屏上显示的接收波形。当超声波在传播过程中碰到混凝土内部缺陷、裂缝或异物时，由于超声波的绕射、反射和传播路径的复杂化，直达波、反射波、绕射波相继到达接收换能器，它们的频率和相位各不相同，这些波的叠加会使接收波形发生畸变。因此，分析和研究接收波形的变化情况，是判定混凝土内部质量及缺陷的依据之一。

4）振幅：是指接收波形首波的高度。对于内部存在缺陷的混凝土，由于缺陷使超声波反射或绕射，振幅也将明显减小。振幅值是判断混凝土缺陷的一个敏感指标。

3. 钢筋位置定位仪

钢筋位置测定仪是基于电磁感应原理制成的用于混凝土结构钢筋位置以及保护层厚度测试的仪器，由探头、主机以及相关附件组成。探头的核心是一个线圈，线圈和混凝土中的钢筋构成了一个互相作用的电磁模型。线圈在主机励磁电源作用下向外辐射电磁场，钢筋在外界电场作用下产生沿钢筋分布的感应电流，该电流重新向外界辐射出电磁场，使原激励线圈产生感应电动势，使线圈的输出电压产生变化。钢筋位置测定仪就是根据这一原理来确定钢筋所在位置和混凝土保护层厚度的。

当钢筋位置测定仪探头位于钢筋正上方，即探头与钢筋的距离最小时，电动势具有极大值。因此可以通过对扫描信号峰值的判断来准确判定钢筋的位置，钢筋位置确定后即可定出钢筋的间距。此外，钢筋保护层厚度的检测确定与已知或未知钢筋直径有关，信号幅值 E 与钢筋直径 D 和探头到钢筋的直线距离 L（保护层厚度）有关，$E = f(D,L)$。当钢筋直径已知时，信号幅值 E 仅与探头到钢筋的直线距离 L 有关，一般测定仪都预先标定出信号幅值与钢筋直线距离的关系。当钢筋直径未知时，采用同时检测钢筋直径和保护层厚度的方法。此时，测定仪预先标定出每一种钢筋直径 D 的信号幅值 E 与钢筋距探头的直线距离 L 的关系式，并得到对于直径 D 与距离 L 的信号幅值 E 的二维矩阵。具体用联立方程法或最小二乘法可解得所检测直径和保护层厚度。

由钢筋保护层厚度检测的原理可知，钢筋位置测定仪可检测钢筋位置、直径等。目前钢筋位置测定仪国产产品比较多，其中较有代表性的有 KON－RBL 钢筋位置测定仪，如图 2.6 所示。它可以测钢筋直径 ϕ6～32mm，保护层厚度 10～170mm。测试钢筋直径误差一般为 1～2mm，显然相对较细的钢筋误差要大一些。国外比较典型的如 Profometer（图 2.7）系列产品，其使用性能与国产的差别不大。

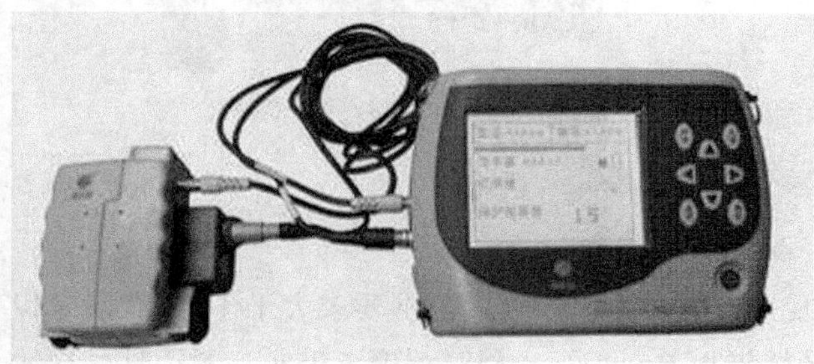

图 2.6　KON－RBL 钢筋位置测定仪

图 2.7　Profometer 5+ 钢筋位置测定仪

4. 钢筋锈蚀仪

（1）钢筋锈蚀仪的测量方法与原理

现阶段测量钢筋锈蚀的无损检测方法主要分三类：综合分析法、物理分析法和电化学检测法。

1）综合分析法是根据混凝土强度变化、碳化程度、裂缝和环境条件等情况，其中定性和判定量值多，对检测结果作综合分析。

2）物理分析法是通过测量钢筋的电阻（用电阻法）、电磁（用涡流探测法）、光影（用 X 光照相法）、热传导（用红外热像法）、声传播（用声发射探测法）等物理特性的变化分析钢筋锈蚀情况。由于受混凝土中其他损伤因素的干扰，且建立物理测定指标与钢筋锈蚀量之间的对应关系比较困难，所以物理分析法也只能提供定性结果。

3）电化学检测法是反映钢筋锈蚀本质的检测技术，也是目前检测钢筋锈蚀的主要方法，因为钢筋锈蚀本身就是一个电化学过程。

这里介绍的钢筋锈蚀仪是指应用电化学检测法检测混凝土内部钢筋锈蚀的设备，目前电化学检测法检测钢筋锈蚀的应用及仪器开发，几乎都是以半电池电位法为基础。半电池电位法检测的是钢筋的自然腐蚀电位，腐蚀电位是钢筋上某区域的混合电位。它反映金属锈蚀的活动性。处于不同状态的钢筋，其腐蚀电位是不同的。钢筋在钝化时，腐蚀电位升高，电位偏正；而由钝化转入活化状态时，其腐蚀电位降低，电位偏负。活化区（也称为阳极区）和钝化区（也称为阴极区）的最大电位差达 500mV。由此，通过腐蚀电位的测量可以判断钢筋的锈蚀程度。

用半电池电位法检测钢筋锈蚀的钢筋锈蚀仪由铜/硫酸铜半电池、电连接夹、特殊的电压表和导线构成。具体做法是用导线把钢筋和电压表连通，电压表的另一端与参考电极连通，构成测量系统，如图 2.8 所示。

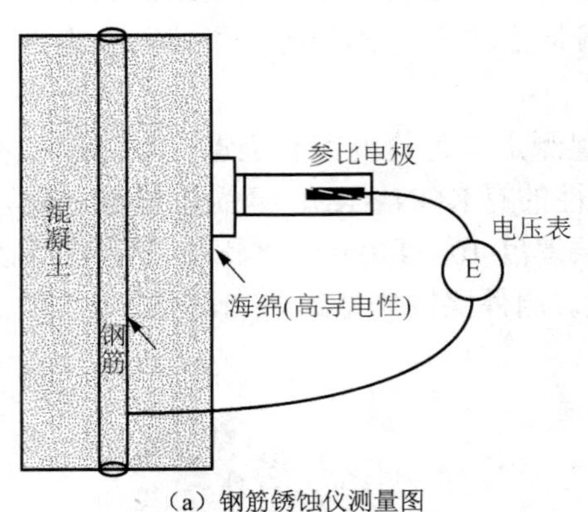

（a）钢筋锈蚀仪测量图

（b）ZXL.XSY 钢筋锈蚀仪

图 2.8　钢筋锈蚀仪

（2）钢筋锈蚀仪的技术指标

对于使用半电池电位法检测钢筋锈蚀的钢筋锈蚀仪，测量范围要求大于 1V；准确度优于 0.5%±1mV；输入电阻大于 1010Ω；环境温度 0～40℃；相对湿度≤95%。测试时，导线总长不准许超过 150m，一般选择截面积大于 $0.75mm^2$ 的导线，以使在测试回路中产生的电压降不超过 0.1mV。现场检测时，溶液铜/硫酸铜电极与混凝土表面必须有较好的电接触，要求在水中加适量的家用液态洗涤剂对被测表面进行润湿，减少接触电阻与电路电阻。

2.3　桥梁静、动载检测仪器与设备

桥梁结构静载检测试验要测定的主要参数包括应力（应变）、变位、裂缝等参数，表 2.1 列出了静力试验的常用量测仪表。

表 2.1　静力试验常用检测设备

测试参数	测试设备			技术特点	适用
	类型	传感器	采集仪		
应变	电测式	电阻应变片	应变仪	分辨率 1×10^{-6}，量程 $20\,000\times10^{-6}$	短期试验应变测试，易受温度变化影响
		电阻应变片	多功能数据采集器	分辨率 1×10^{-6}，最大量程 $640\,000\times10^{-6}$。具有温度、电压、电流等测试功能	短期试验应变测试，易受温度变化影响
		工具式应变计	应变仪	分辨率高，量程相对较低	稳定性好、受温度变化影响相对较小
		振弦式应变计	振弦式频率测定仪	稳定性好、传感器成本高	可测内部应变和恒载应力，可用于中长期观测
	机械式	千分表		通过测定区段变形换算平均应变。分辨率约 5×10^{-6}，量程 5000×10^{-6}，稳定性好，人工读数	表面应变测试，可用于中长期观测
		杠杆引伸仪			

续表

测试参数	测试设备			技术特点	适用
	类型	传感器	采集仪		
变位	电测式	应变式位移计	应变仪	分辨率 0.002～0.01mm，量程 10～100mm，接触式	现场试验需搭设支架作为参考点，适用净空较低的小型桥梁
		机电百分表	应变仪	分辨率 0.01mm，量程 10～50mm，接触式，数据由应变仪采集，也可直读	
			指针指示		
		力平衡伺服式倾角仪	电压测试仪器	分辨率可达 0.3＂，有±1℃、±3℃、±14.5℃等量程规格供选择	转角测量
	光电式	光电式桥梁挠度检测仪		分辨率约为 0.3mm，量程 800mm，非接触式	大位移测试，可测水平位移和动位移
	光学仪器	精密光学水准仪		分辨率 0.1～0.01mm，非接触式	竖向位移测试
		电子水准仪			
		全站仪		最高测角分辨率 0.5＂，最高测距分辨率 0.1mm，量程无限制，非接触式，先进全站仪具有免棱镜、自动照准功能	适用大型结构变位及线形测量
	机械式	百分表		分辨率 0.01mm，量程 10～50mm，接触式，人工读数	现场试验需搭设支架，适用净空较低的小型桥梁
		张丝式挠度计		分辨率 0.1mm，量程无限制，接触式，人工读数	可通过张丝在桥下设置不动参考点
	其他	连通管水平测量装置		分辨率较低，响应速度慢	装置附着于结构物，可长期观测，适合大位移测量

机械式测试仪器被用在桥梁试验中已有相当长的历史，一般所说机械式测试仪器是指各种用于非电量测试的仪表、器具或设备。它的基本特点是：准确度高，对环境适应性强，读数有一定的灵敏度，工作可靠直观，可重复使用，其性能在许多方面能满足桥梁试验检测要求。实桥被测对象一般尺寸都比较大，在精度要求可满足的情况下，往往也还使用如百分表（测量支座位移）、引伸计（测试混凝土应变）这类简单的仪器。机械式测试仪器的不足之处是灵敏度较差，不便于远距离操纵，难以自动测量与记录。当今桥梁结构试验中使用的仪器设备绝大部分都是电测仪器，或者说与电测技术有关（许多现代光学仪器设备）。电测仪器的特点是发展更新快，精度比较高，量程也比机械式大多，目前在许多方面已基本取代机械式仪器。

2.3.1　应变测试仪器设备

应变（应力）是桥梁结构构件强度指标，也是桥梁试验检测最重要的参数之一。桥梁测试技术中很大一部分都与应变测试技术有关。通过应变（应力）测试，我们可以了解构件的受力分布情况，特别是结构危险截面处的应力分布及最大应力值，对于建立强度计算理论或验证设计是否合理、计算方法是否正确等，都有重要价值。利用所测应力数据还可以直接了解结构的工作状态和强度储备。目前条件下，在技术上还难以实现对应力的直接测量，因此通常采用对纤维应变的测试，根据胡克定理（或者已知的 s.e 曲线）来换算应力。

1. 引伸计

该测试仪器是利用千分表 0.001mm 的读数精度，将其装配成检测大型结构构件应变的千分表引伸计，如图 2.9 所示。图 2.10 为该类应变测量传感器构造示意图。当被测物受拉

（或受压）时，L 会发生变化，应变 $\varepsilon=\pm\Delta L/L$。显然，被测应变的精度与引伸计的标距有关，如当 L 等于 100mm 和 200mm 时，对应引伸计的测量分辨力度分别为 10 $\mu\varepsilon$ 和 5 $\mu\varepsilon$ 量程分别可达到 ±5000 $\mu\varepsilon$ 和 ±2500 $\mu\varepsilon$。千分表引伸计在实桥测试中有较多的应用，因为它使用起来非常方便，标距 L 任意可调（最大可做到 500mm，测量精度可达到 2 $\mu\varepsilon$，量程 ±1000 $\mu\varepsilon$）。所以在精度能满足要求的情况下，千分表引伸仪对测量实际（如混凝土）构件表面应变有独到之处。

图 2.9　千分表引伸仪

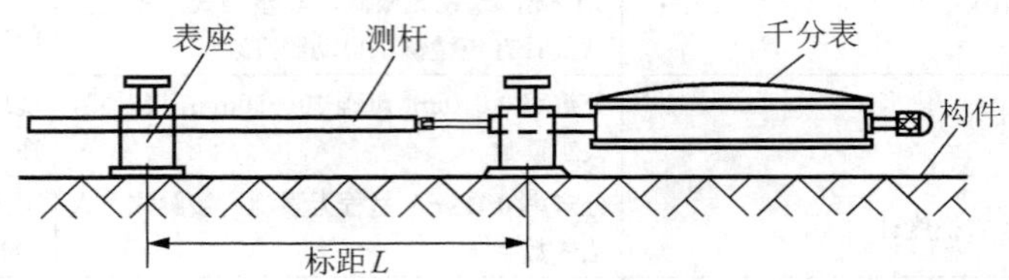

图 2.10　应变测量仪器构造示意图

图 2.11　装配式应变传感器

图 2.11 是一种装配式应变传感器，其实质就是将千分表引伸计一端的千分表换成了电子应变感应装置。其与千分表引伸计的主要区别是使用了电阻应变技术（相关原理下面再详细介绍）。这类引伸计的发展主要是提高了引伸仪的测量精度，且将千分表人工读数转换成自动读数。千分表引伸计和电子引伸计分别属于机械式和半机械式应变测试仪器。

2. 电阻应变计

在电阻应变测量仪器中，电阻应变测量技术是了解、使用这类电阻应变测量仪器的基础。电阻应变测量技术是用电阻应变计测定构件的应变，再根据应力、应变的关系，确定构件应力状态的一种实验应力分析方法。

它的基本原理：将电阻应变计粘贴在被测构件上，当构件变形时，致使应变计的电阻值发生相应的变化；通过电阻应变测量装置，可将这种变化测量出来，换算成应变值或输出与应变成正比的模拟电信号，用记录仪器记录下来或直接存入计算机进行处理，得到所需要的应力、应变值。

相对机械式应变测量仪器来说，电阻应变测量技术的主要优点有：

1）应变计（也称应变片）尺寸小（最小栅长 0.2mm），质量轻，粘贴方便，一般能满足结构构件应变梯度变化，同时也不会对构件的变形产生任何影响。

2）测量灵敏度高，测量应变的量程大，能达到 ±(20 000～30 000) $\mu\varepsilon$。

3）采取一定的措施，还可以测量水下构件（如桩身）、高温高压等特殊环境下的应变。

4）测量结果是电信号，便于实现长距离测量和采集记录自动化；同时还可以制成各种各样精度很高的传感器，以测量力、位移、加速度等力学量。

（1）电阻应变计工作原理

电阻应变计是电阻应变测量技术中最重要的基本元件。早期的电阻应变计构造比较简单，把一根很细的高电阻率的金属丝放在两层薄纸中间，两头焊上较粗的引出线，以后为了提高灵敏度，又把金属丝排绕在纸基上，形成丝栅。电阻应变计一般由敏感栅（金属丝）、基底及引出线三部分组成。将电阻应变计粘贴在被测构件表面时，敏感栅随着构件一起变形，引起电阻变化，而这种变化与构件的应变有着确定的线性关系，这正是人们能用电阻应变计进行应变测量的依据。

每一段有确定长度和截面的金属丝都有一个电阻值 R，即有

$$R=\rho\cdot\frac{L}{A} \tag{2.2}$$

式中：ρ ——金属丝的电阻率；

L ——金属丝的长度；

A ——金属丝的截面积。

当金属丝受拉（或受压）以后，L 伸长（或缩短），A 缩小（或扩大），此时 R 就会有变化。在一定的范围内，R 的相对变化与长度的相对变化之间保持线性关系。现在假定这种变化很小，数学上就可求得作为 ρ 、L 和 A 函数的电阻 R 的变化，将式（2.2）取对数再微分，得

$$\frac{\mathrm{d}R}{R}=\frac{\mathrm{d}\rho}{\rho}+\frac{\mathrm{d}L}{L}-\frac{\mathrm{d}A}{A} \tag{2.3}$$

式（2.3）中的 $\mathrm{d}A$ 表示金属丝变化时，由泊松效应引起的横截面积的改变。可以证明，对于圆形或矩形截面都有

$$\frac{\mathrm{d}A}{A}=-2\mu\frac{\mathrm{d}L}{L} \tag{2.4}$$

式中：$\mathrm{d}L/L$ ——金属丝的纵向应变；

μ ——材料的泊松比。

把式（2.4）代入式（2.3）得

$$\frac{\mathrm{d}R}{R}=(1+2\mu)\frac{\mathrm{d}L}{L}+\frac{\mathrm{d}\rho}{\rho}$$

或

$$\frac{\mathrm{d}R}{R}=\left[(1+2\mu)+\frac{\frac{\mathrm{d}\rho}{\rho}}{\frac{\mathrm{d}L}{L}}\right]\frac{\mathrm{d}L}{L} \tag{2.5}$$

令

$$k=1+2\mu+\frac{\frac{\mathrm{d}\rho}{\rho}}{\frac{\mathrm{d}L}{L}} \tag{2.6}$$

式（2.5）变成

$$\frac{\mathrm{d}R}{R}=k\cdot\frac{\mathrm{d}L}{L}=k\cdot\varepsilon \tag{2.7}$$

或

$$\mathrm{d}R=k\cdot\varepsilon\cdot R \tag{2.8}$$

由式（2.7）或式（2.8）知k的物理意义是单位应变所造成的相对电阻变化，它反映了金属丝材料电阻的效应，估称为金属丝电阻变化对应变的灵敏度，简称灵敏度。k也表示电阻应变计输出信号与输入信号在数量上的关系，是应变计的主要工作特性之一。

式（2.6）由两项组成：$1+2\mu$项表达的是几何尺寸的改变，对一般金属材料该项约为1.6；$\frac{\mathrm{d}\rho}{\rho}\Big/\frac{\mathrm{d}L}{L}$项表达了电阻率随应变发生的变化，对于某种指定的丝材它是一个常数，其值为0.4左右。综合起来说，k是一个由金属丝材料本身确定的系数，它与金属丝材料的成分、工艺等都有关系。各种材料的灵敏系数均由实验测定。因为一般应变计不能重复使用，因此实际应变计灵敏系数的测定，采用抽样方法，以样本的平均值为一批应变计的灵敏系数。实际应变计的灵敏系数一般在1.9～2.3。

式（2.8）是一个很重要的关系式，它的意义不只在于揭示了电阻变化率与机械应变之间确定的线性关系，更重要的是，它建立了机械量与电量之间的相互转换关系。

现代电阻应变计，虽然它们的原理很简单，但实际上是一种高级复杂的测量工具。下面还要进一步叙述这种应变与导电体电阻之间的关系，其与先进的测试技术结合，给工程测试带来的便利。

（2）电阻应变计的种类

目前在市面上销售的应变计中，最常用的有丝式应变计和箔式应变计两种。

1）丝式应变计。丝式应变计的敏感元件是丝栅电阻丝，如图2.12所示。丝式应变计的尺寸从几毫米到上百毫米不等，阻值一般为50～400Ω。丝式应变计的基底层有纸质和胶质，目前市面上丝式应变计已比较少，有则多为大标距的。

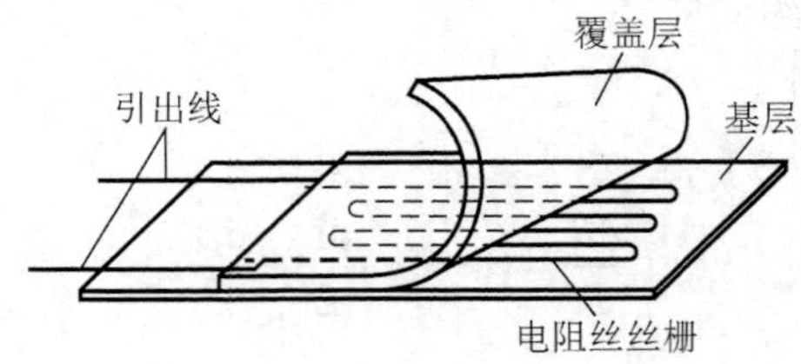

图2.12　绕丝式电阻应变计

2）箔式应变计。箔式应变计的敏感元件是通过光刻技术、腐蚀工艺制成的一种很薄的金属箔栅，如图2.13（a）所示。箔式应变计的尺寸从零点几毫米到几十毫米不等，阻值一般从 60～1000Ω。由于金属箔栅极薄，同样截面积的箔材粘贴层的接触面比丝式要大，所以传递萎形能力也优于丝式。另外，箔式应变计的模拟效应、通过电流的能力、散热性和防潮绝缘性均比丝式强。由于箔式应变计的上述优点，现在实践上绝大多数都是箔式应变计。

将单轴电阻应变计按不同角度（一般有 45°、60°、120°等，桥梁多用 45°）组合成应变花，测试构件的平面应力或平面应变。实桥上也可直接将三片大标距普通应变计组合起来使用［图 2.13（b）］。

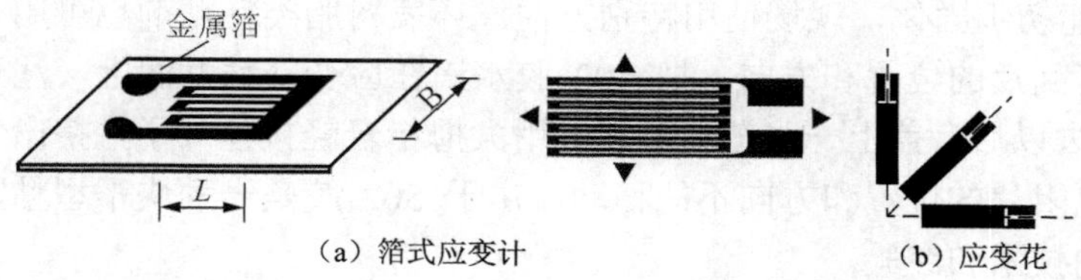

（a）箔式应变计　　（b）应变花

图 2.13　箔式电阻应变计和应变花

（3）电阻应变计的选用

应变计品种和规格很多，选用时必须从满足测试要求、使用方便和尽可能节省费用等原则出发，结合被测试件所处的环境条件、被测材料的匀质程度、测点部位的重要程度以及应变范围等多方面因素综合考虑。这里最需要把握的是电阻应变片的标距和种类。

1）标距。当结构材料为匀质（如钢材）或局部应力集中梯度比较大时，宜选用小标距应变计；当结构材料为非匀质（如混凝土）或应变梯度小又均匀时，可选用大标距应变计（对混凝土标距 $L \geqslant$4～5 倍最大集料直径）。

2）种类。箔式应变计适用于各种场合，且性能较丝式优越，是目前使用最多的一种应变计。

综合起来说，测试钢构件（或混凝土内钢筋）应变，一般选用 2mm×3mm（$B\times L$）或 2mm×6mm 的箔式应变计；测混凝土结构表面应变，一般选用 10mm×（80～100）mm（$B\times L$）的丝式纸基片或胶基片。测试桥梁构件平面应力可选用 45°应变花。

（4）电阻应变计的粘贴和连接

电阻应变计是一次性仪表（传感元件），而一次性仪表的能量转换或传感能力好坏将直接影响整体测试质量，这里所说的质量好坏很大程度上依赖于电阻应变计的粘贴质量，必须对电阻应变计的粘贴和连接环节有足够的重视。

1）电阻应变计的选片。首先检查电阻应变计的外观质量，好的应变计丝栅平直整齐、均匀、无气泡、无霉、无锈蚀，基底和覆盖层无破损。其次，用惠丝顿电桥测定应变计的电阻值，当准确度应达到 0.1Ω，以便按阻值的大小进行编组配对。工作片与补偿片之间的电阻值之差不宜大于 0.2Ω（现在计算机采集系统类仪器已放宽到 0.5Ω），以免桥臂阻值不能调整至平衡。

2）试件的表面处理。被测表面与电阻应变计之间是否能牢固地黏在一起，是直接影响被测物与应变计变形传递的关键。为使应变计贴得牢固（能完全与构件共同伸缩），应对被测表面进行专门处理。

① 钢（或其他金属）试件。可用砂轮片、钢丝刷等对试件去锈，去锈的长度比应变计长 2～3 倍。螺纹钢筋在不损伤有效面积的条件下，磨去几个螺纹。去锈以后，需用砂纸（先粗后细）或各向磨光机抛光，使光洁度达到要求。抛光结束前的砂削方向应与贴片方向斜交（不要平行），最后用丙酮棉花擦净贴片处。

② 混凝土试件。用砂轮磨平欲测的混凝土表面部位，然后用环氧树脂胶薄薄地涂刮一层隔层，待干（一般需要一天）。等底层完全干燥后，用细铁砂纸或各向磨光机将表面磨平，注意砂磨方向与贴片方向斜交。最后用无水酒精棉花擦净贴片处。

3）粘贴应变计。目前适用于金属或混凝土的贴片，较常用的胶黏剂为 502 胶（氰基丙烯酸乙酯类粘贴剂），502 胶在常温下吸收空气中的微量水分并固化，使用时仅用手指加压 0.5～1.0min 便能初步固化，现场使用特别方便。环氧树脂类粘贴剂也可用来贴应变计。在贴片时，先看清贴片的位置和方向。把 502 胶水滴在应变计粘贴面上（注意应变计的正反面），片子贴上去以后，盖上一张塑料薄膜，用大拇指轻轻按住片子，挤出气泡和多余的胶水，注意留心电阻片的位置和方向不能移动。由于 502 胶是一种快干型粘贴剂，所以操作过程需要熟练的技术和经验。

4）应变计的干燥处理和质量检查。应变计粘贴后必须使粘贴剂充分干燥，以保证应变计能够传递试件的变形，同时保证应变计的绝缘度，不致引起读数飘移。常规应变计的干燥方法分为自然干燥和人工干燥，当温度大于 15℃，相对湿度低于 60%时，可用自然干燥，干燥时间一般需要 20h。人工干燥就是用红外灯泡或电吹风烘烤，温度一般控制在 50℃以下，干燥时间一般只需 1h。决定应变计的粘贴质量主要是指粘贴层的好坏、几何位置是否正确、粘贴层是否有气泡、引出线是否完好等。还有一个粘贴质量有关的试件与应变计引出线之间的绝缘度（绝缘度达不到要求会使用仪器产生漂移），这个绝缘度值至少要大于 100MΩ，对测量时间较长的情况，应在 200MΩ 以上。

5）应变计的防潮处理。对应变计进行干燥处理和质量检查后，应及时对应变计进行防潮处理，这对野外试验是必需的。应变计的短期防潮处理比较简单，只需采用普通凡士林等。对于应变计的长期防潮，一般采用环氧树脂配固化剂。

6）应变计的导线连接。在每片应变计的引出线下面贴一条接线端子（或称“过桥”，可用铜箔板制成），把应变计的引出线和后续接线一起焊在过桥上，如图 2.14 所示。

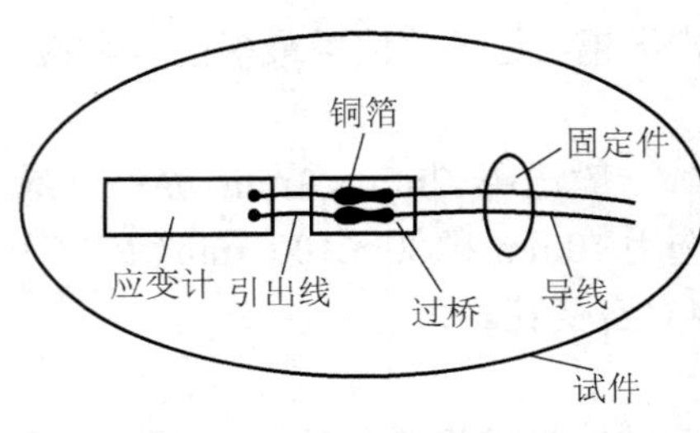

图 2.14　应变计的导线连接

此外，应变计的连接导线还与采用的应变仪器和测试内容有关。一般情况下的静、动态应变测试，用线要求见表 2.2。

表 2.2　一般情况下的静、动态应变测试用线要求

测试内容 / 仪器	静态应变	动态应变
交流过桥	<10m 普通平行塑料线	多芯屏蔽线
	多芯屏蔽线	
直流过桥	普通平行塑料线	

3. 应变测量的仪器和设备

由机械应变引起的电阻应变计阻值的变化通常很小。举例来看：如果用 $R=120\,\Omega$、$k=2$ 的电阻应变计来测量钢结构（E_g=200 000MPa）的应变，当某点应力为 100MPa 时，应变计电阻值的变化 ΔR 为

$$\Delta R = k \cdot R \cdot \varepsilon = 2\times120\times100/200\ 000 = 0.12\,\Omega$$

如果要求测量的相对误差为 1%，那么测量电阻变化的仪器的刻度值要求不大于 0.001Ω；如果同样以 0.001Ω 的精度去测量 1MPa 的应力，误差会偏大，这样就产生了对测

量灵敏度要求高而且又要求量程大的矛盾。

可见，由应变计产生的电信号十分微弱，而且应变值还有拉、压和动、静之分，所以必须有专门测量应变的仪器才能获得信号结果。

这种专门的仪器设备的系统框图如图 2.15 所示。

测量应变的仪器设备类型比较多，有静态和动态的，还有模拟的和数字式的，从图 2.15 可以看出，无论采用何种仪器设备，都要通过惠斯顿电桥得到电信号。

（1）测量电桥

惠斯顿电桥是一种常用的电阻—电压转换装置，它能把应变计电阻的微小变化转换为适合放大和处理的电压。图 2.16 是标准惠斯顿，我们感兴趣的是它与应变计有关的输入/输出特性。

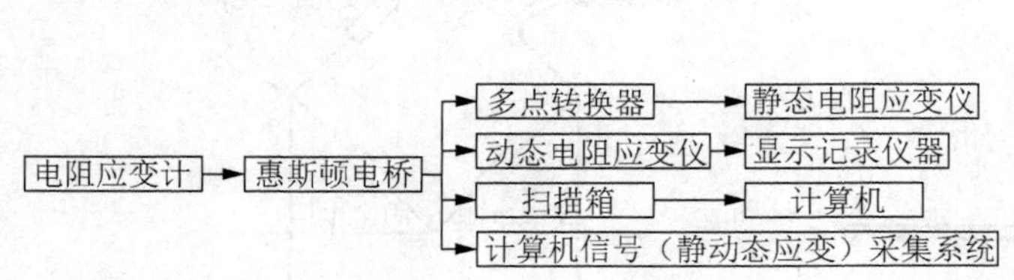

图 2.15 应变测试仪器系统

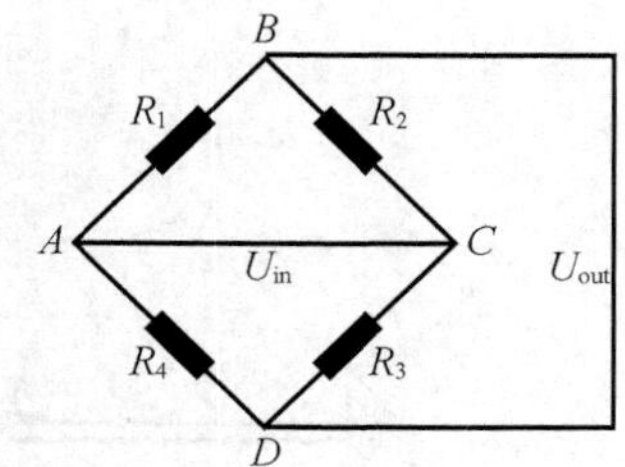

图 2.16 惠斯顿电桥图

图 2.16 中 R_1、R_2、R_3 和 R_4 分别为电阻器，U_{in} 为输入电压，U_{out} 为输出电压。R_1 和 R_2 串联，R_3 和 R_4 串联，两组并联于 A、C 两点。当 B、D 开路（与电压桥输出端高阻抗等价）时，B、D 之间的电位差

$$U_{out}=U_{AB}-U_{AD}=\left(\frac{R_1}{R_2+R_1}-\frac{R_4}{R_3+R_4}\right)U_{in}=\frac{R_1R_3-R_2R_4}{(R_1+R_2)(R_3+R_4)}U_{in} \tag{2.9}$$

当 $U_{out}=0$，表示电桥处于平衡状态，得 $R_1R_3=R_2R_4$，此即电压桥的平衡条件。桥路中任何一个电阻的变化都会使电桥失去平衡（$U_{out}\neq 0$）。如果原各臂阻值分别都发生了变化，R_1 变成了 $R_1+\Delta R_1$，R_2 变成了 $R_2+\Delta R_2$，以此类推，将它们代入式（2.9），得

$$U_{out}=\frac{(R_1+\Delta R_1)(R_3+\Delta R_3)-(R_2+\Delta R_2)(R_4+\Delta R_4)}{(R_1+\Delta R_1+R_2+\Delta R_2)(R_3+\Delta R_3+R_4+\Delta R_4)}U_{in} \tag{2.10}$$

将此项展开，注意到 $R_1R_3=R_2R_4$，并略去二次项和非线性误差项，可得

$$U_{out}=\frac{1}{4}\left(\frac{\Delta R_1}{R_1}-\frac{\Delta R_2}{R_2}+\frac{\Delta R_3}{R_3}-\frac{\Delta R_4}{R_4}\right)U_{in} \tag{2.11}$$

如果 R_i 是电阻应变计，注意到 $\Delta R/R=k\varepsilon$，则式（2.11）可写成

$$U_{out}=\frac{1}{4}k(\varepsilon_1-\varepsilon_2+\varepsilon_3-\varepsilon_4)U_{in} \tag{2.12}$$

如果各电阻应变计的阻值都是一样，即 $R_i=R$，则有

$$U_{out}=\frac{1}{4}Nk\varepsilon U_{in} \tag{2.13}$$

式中：N——电桥有源工作臂的数目，也称桥臂系数。

由式（2.13）可见，电桥的输出与应变计本身的电阻值无关，并且是线性的。

（2）桥路组合

电桥桥路的灵敏系数与电桥的有源工作臂数目 N 有关，N 越大，灵敏度越高。结合材料力学的有关知识，可以通过合理选择贴应变计的位置和方位，并调整应变计在桥臂上的组合，以便从比较复杂的组合应变中测出需求的成分而排除其他成分。这一调整的原则是，在满足特殊要求的条件下，选择测量电桥组合形式时，要优先选用输出电压较高、能实现温度互补偿且便于分析的组合。实用上，利用电桥的桥臂特性，可以把不同数量的应变计接入电桥构成 1/4 桥、半桥和全桥等，其中最常用的是半桥和全桥。

1）1/4 桥路组合方式。当量测一点应变时，可令 $R_2=R_3=R_4=$ 常数，即不产生 ΔR_2、ΔR_3 和 ΔR_4（将 R_2、R_3 和 R_4 接为仪器内部的精密无感电阻），仅将 R_1 电阻应变片接入 AB 一个桥臂，如图 2.17 所示的矩形等强度梁应变测试，电桥的输出电压为式（2.13）所示。

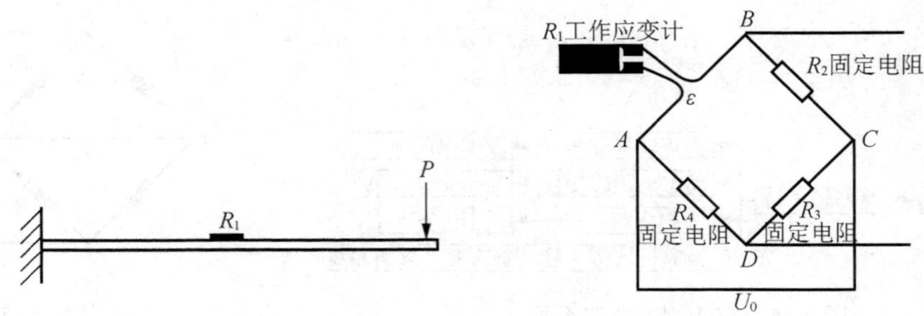

图 2.17　1/4 桥接法

2）半桥桥路组合方式。当量测一点应变时，可令 $R_3=R_4=$ 常数，即不产生 ΔR_3 和 ΔR_4（将 R_3 和 R_4 接为仪器内部的精密无感电阻），仅将 R_1 和 R_2 两个规格相同的电阻应变片接入 AB 及 BC 两个桥臂，如图 2.18 所示的矩形等强度梁，电桥的输出电压为

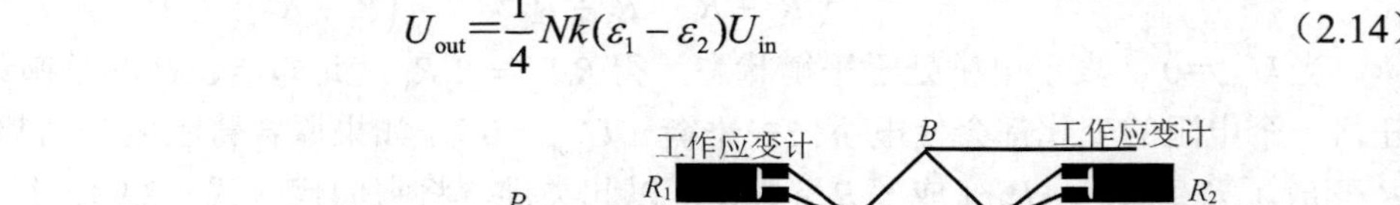

$$U_{\text{out}}=\frac{1}{4}Nk(\varepsilon_1-\varepsilon_2)U_{\text{in}} \tag{2.14}$$

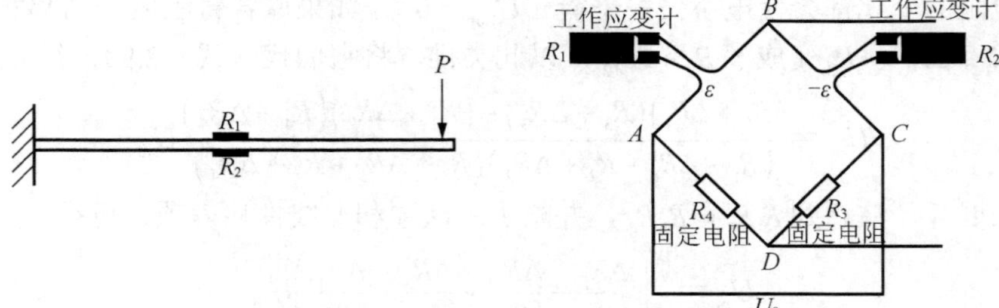

图 2.18　半桥接法

3）全桥。所谓全桥就是 4 个桥臂都接有应变片，即 R_1、R_2、R_3 和 R_4 是规格相同的电阻应变片，如图 2.19 所示的矩形等强度梁，当 4 个电阻应变片的灵敏系数都相等时，测量电桥输出电压为式（2.13）所示。

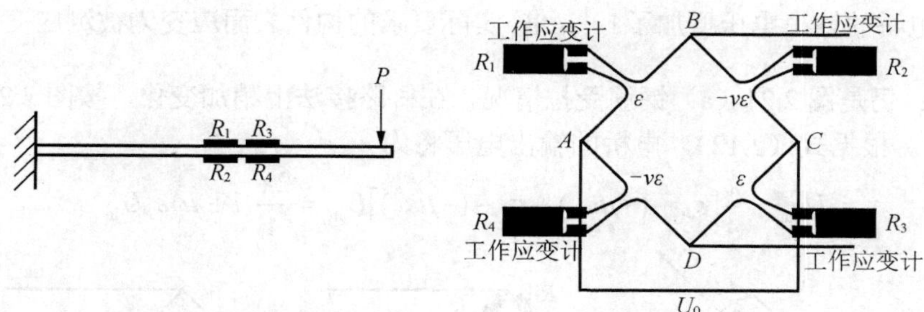

图 2.19　全桥接法

【例 2.1】　试测图 2.20（a）所示构件表面由弯矩引起的应变。

方法 1：如图 2.20（a）所示，工作应变计 R_1 的应变变化由弯矩 M 和温度 T 引起的两部分变化组成，$\varepsilon_1=\varepsilon_M+\varepsilon_T$；补偿应变计 R_2（假定与工作应变计 R_1 是同一批产品）不受力，它的应变变化只是由温度 T 而致，$\varepsilon_2=\varepsilon_T$。根据式（2.13），电桥的输出电压将为

$$U_{\text{out}}=\frac{k}{4}(\varepsilon_M+\varepsilon_T-\varepsilon_T)U_{\text{in}}=\frac{k}{4}\varepsilon_M U_{\text{in}}$$

这里，温度影响被排除了，通过电阻应变仪可测得构件上缘的拉应变 ε_M。

方法 2：如图 2.20（b）所示，将温度补偿应变计 R_2 布置在构件下缘表面且轴线与 R_1 平行的位置上，仍按方法 1 方式接桥，温度效应可以排除，但构件在承受弯矩时 R_1 感受拉应变 ε_M，R_2 感受的却是压应变 ε_M（假定构件截面有水平对称轴），两个应变只差一个负号。根据式（2.13），电桥的输出电压将为

$$U_{\text{out}}=\frac{k}{4}[\varepsilon_M-(-\varepsilon_M)]U_{\text{in}}=\frac{2k}{4}\varepsilon_M U_{\text{in}}$$

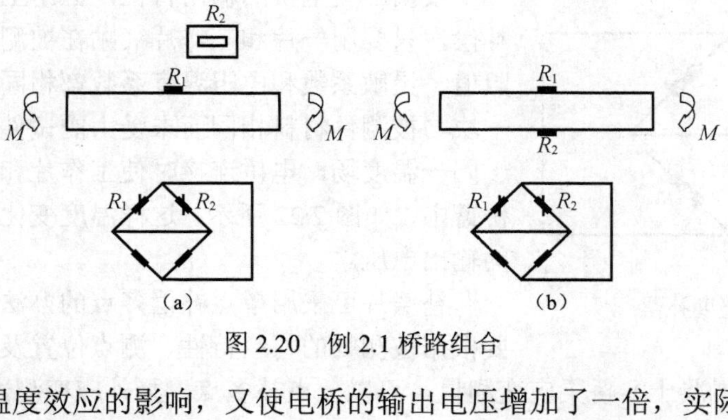

图 2.20　例 2.1 桥路组合

这里，既消除了温度效应的影响，又使电桥的输出电压增加了一倍，实际要求的构件表面应变即为被测应变的一半。

【例 2.2】　图 2.21（a）为一圆形受拉构件（钢筋），在钢筋上对称粘贴 4 枚应变计。

方法 1：构件受拉力后，R_1 和 R_1' 感应的是轴向拉应变 ε_P，R_2 和 R_2' 感应的是构件受拉后由泊松效应引起的横向应变 $-\mu\varepsilon_P$。按图 2.21（b）中桥路方式接桥，根据式（2.12）电桥的输出电压将为

$$U_{\text{out}}=\frac{k}{4}[\varepsilon_P-(-\mu\varepsilon_P)]U_{\text{in}}=\frac{k}{4}(1+\mu)\varepsilon_P U_{\text{in}}$$

这里，电桥的输出电压增加了$1+\mu$倍，实际要求的构件表面应变为被测应变的$\dfrac{1}{1+\mu}$倍。

方法 2：仍是图 2.21（a）钢筋受拉情况，在桥路接法上稍加变化，按图 2.21（c）中桥路方式接桥。根据式（2.12），电桥的输出电压将为

$$U_{\text{out}}=\frac{k}{4}\left[\varepsilon_P-(-\mu\varepsilon_P)+\varepsilon_P-(-\mu\varepsilon_P)\right]U_{\text{in}}=\frac{2k}{4}(1+\mu)\varepsilon_P U_{\text{in}}$$

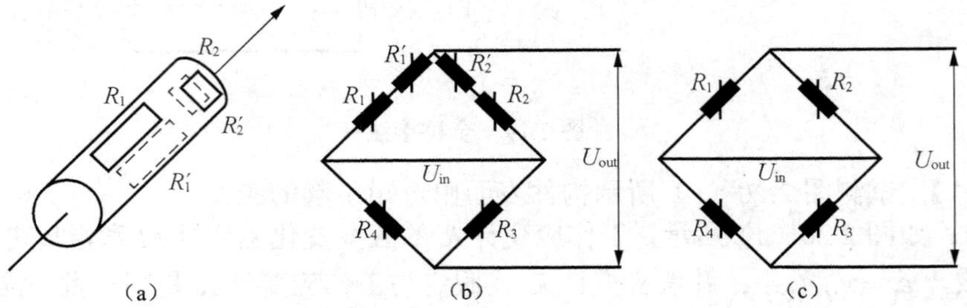

图 2.21　例 2.2 桥路组合

这里，电桥的输出电压较方法 1 增加了一倍。

比较方法 1 和方法 2 可以得到一种认识，在构件上一样的应变计布置，不一样的桥路组合会产生不一样的放大倍数，就是说它们的工作效率不一样。实际应用上为了提高信噪比，减少误差，往往利用桥路的这种特性，采取扩大读数的方法。

（3）温度补偿

接入电桥的电阻应变计的电阻值随温度变化，这一变化当然要引起电桥输出电压，一般每升温 1 度，应变放大器输出的变量可达几十微应变。显然，这是非受力应变，需要排除，这种排除温度影响的措施，称为温度补偿。

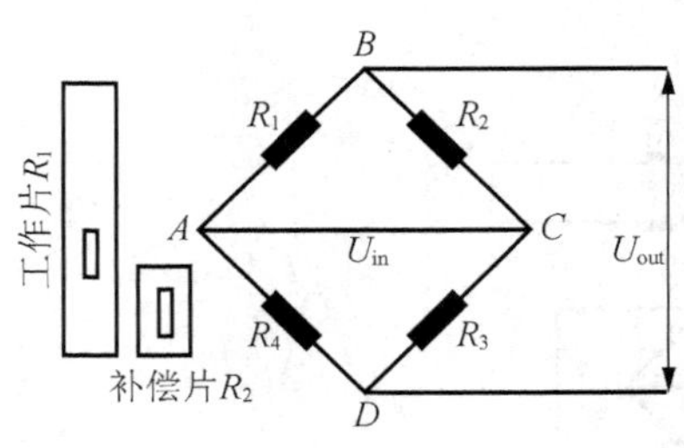

图 2.22　温度补偿

根据应变电桥的输出特性，应用上不难对温度进行补偿，只要用一片和工作片（贴在被测件上的应变计）阻值、灵敏系数和电阻温度系数都相同的应变计，贴在一块与被测件材料相同而未受力的试件上，并使它们处于同一温度场，电桥连接时使工作片和补偿片处在相邻桥臂中，如图 2.22 所示，这样温度变化就不会造成电桥的输出电压。

补偿片可采用单点补偿多点的办法，具体补多少点要根据被测物的材料特性、测点位置及环境条件决定。一般（钢结构或混凝土）桥梁应变测量，可以一点补多点。野外应变测试温度补偿时必须注意大、小范围温度场的不同或变化（如迎风面和背风面，桥面上方和下方等），对这种特殊场合的温度补偿一般要求一对一。有些实桥应变测试时，出现数据回零差、重复性差或飘移不稳等问题，很可能是温度补偿不到位，所以实桥温度补偿时要求是很严格的。

补偿片可以参与机械应变，只要知道补偿片与工作片所感受应变之间的比例关系，采取适当的桥路接法，就能起到温度补偿的作用，有时还能提高电桥的灵敏度，这一方法叫做温度自补偿。

（4）电阻应变仪

电阻应变仪是一种专用应变测量放大器。一般具有如下三个功用：

1）装有几个电桥补充电阻（以适用于 1/4 桥和半桥测量）并提供电桥电源。

2）能把微弱的电信号放大。

3）把放大后的信号变换显示出来或送给后续设备。

按测量对象的不同，应变仪分成静态电阻应变仪和动态电阻应变仪。静、动态电阻应变仪从原理上讲没有本质不同，其主要区别在于：静态应变仪的信号与时间无关，可由应变仪直接读取应变值，多点测量只需通过多点转换箱（也称平衡箱）切换而不增加放大单元；而动态应变仪测量的信号与时间有关，应变仪本身无法读值，要靠后续显示记录设备得到应变值，多点测量一般需一对一地配置放大单元。

① 静动态数据采集处理系统。静动态数据采集处理系统是基于计算机虚拟仪器技术，既能进行数据采集又能实时处理数据的测试仪器系统，它以计算机接口直接接多点转换箱，由计算机编程对静动态数据进行采样、分析处理，当然包括上述静态数据采集器具有的所有功能。在计算机友好的操作界面下，完成所有的功能操作，如桥路平衡、定时采样、灵敏度修正、应变计算等。采样速率不等，一台计算机可以控制上百、上千个测点的测量和计算。

这类静动态数据采集处理系统实际分成静态数据采集处理系统、动态数据采集处理系统和静动态数据采集处理系统。目前，在市面上销售的静态数据采集处理系统一般量程为 ±(20 000～30 000) με，A/D 转换分辨率 12bit，可连接多个接口扫描箱。一些型号的数据采集箱的电阻应变计也可以更换成其他传感元件，可对如温度、电压等参数测量，使用和携带都比较方便。

② 动态数据采集处理系统。动态数据采集系统的计算机软硬件技术发展早已克服了数据存储的难度，或者说是颠覆了传统动态信号测试的方式方法。对桥梁等自振频率较低的土木工程结构物来说，它甚至可以不用区分静动态信号，直接采样、显现或回放，开放式数据可作任意再处理。在硬件配置上，多通道的数据采集箱配一台笔记本计算机即可，所以它也被称为便携式多通道动态应变测试分析系统。

市面上的动态数据采集处理系统一般量程达到 30 000 με，A/D 转换分辨率 16bit，采样频率超过 100kHz，可同时测量几百个通道数据。和静态数据采集器一样，数据采集箱前的电阻应变计也可以更换成其他参数传感器。

4. 其他应变测试方法

（1）位移法

利用位移计测量结构应变的方法是用特制的夹具将位移计安装在结构表面，通过测量标距范围内纤维的伸长量（或压缩量），经换算得到平均应变。位移法主要用于结构轴向应变测量，采用的计量器具有千分表、高灵敏电测位移计等。常用的测试标距一般取 10～20cm，此种测试方法具有稳定性好、抗干扰能力强、可靠性好等优点，适用于中长期观测，如收缩徐变试验。但此方法同样具有分辨率较低、需人工读数等缺点。对于受荷后会发生曲率变化的构件，不宜用此种方法量测其表面应变，因为位移计测杆与构件表面有一定的距离，当构件发生曲率变化时，所测得的应变会包含虚假信号，产生不同程度的误差，且构件越小，误差越大，同时顶杆与位移计测杆接触点会发生滑动，影响测试的可靠性。

（2）杠杆引伸仪

杠杆引伸仪是一种应用杠杆放大原理测量结构变形的机械式仪表，其工作原理是通过两个杠杆系统来放大变形，然后利用位移计测量放大后的变形值，通过计算得到结构平均应变，其测试原理与千分表类似。

（3）工具式应变计

工具式应变计由弹性体、应变片、机壳等部分组成，如图 2.23 和图 2.24 所示。其工作原理是利用结构变形带动应变计弹性体变形，通过测定弹性体应变换算结构应变，其测试原理如图 2.25 所示。此类应变计具有灵敏度高、稳定性好、受温度变化影响小、可以重复使用等优点，但量程相对较小，对传感器元件材质本身的弹性性能和制作加工工艺要求较高。为提高测试灵敏度，工具式应变计一般采用全桥接线方式，测试标距一般为 8～10 cm，其配套采集器的工作原理与应变仪相同。另外，为提高仪器的适用性，此类仪器还通常具有无线通信功能，测试距离可以达到数百米。在使用此类仪器测量结构应变时，应注意以下几点：

1）在使用前必须进行系统标定，确定应变计的灵敏系数。

2）此类仪器是通过传感器两端的安装表座传递结构变形，因此安装不当可能会产生较大的误差。

3）测试结果是测试标距范围内的平均应变，因此不适用小构件试验或应力集中测试。

4）因弹性元件与构件表面有一定安装距离，对于小尺寸弯曲变形的构件，会产生较大的相对误差。

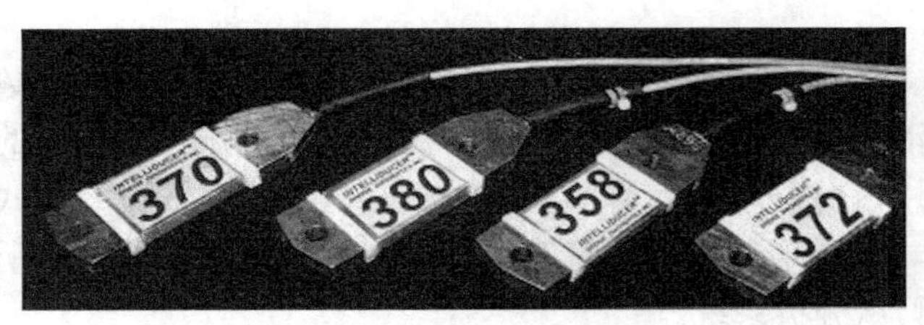

图 2.23　美国 BDI 工具式应变计

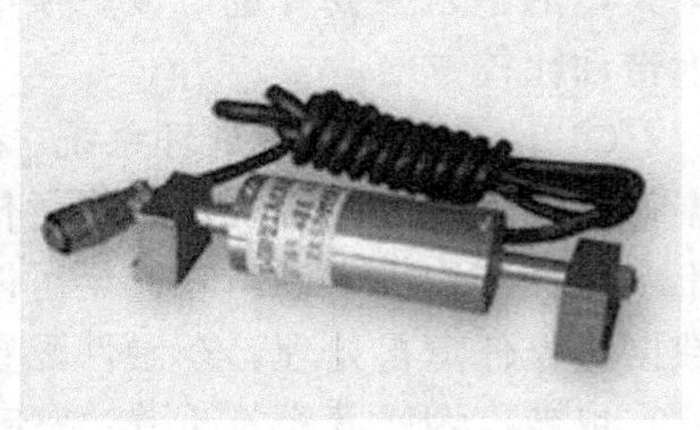

图 2.24　SJ.GBY 工具式应变计

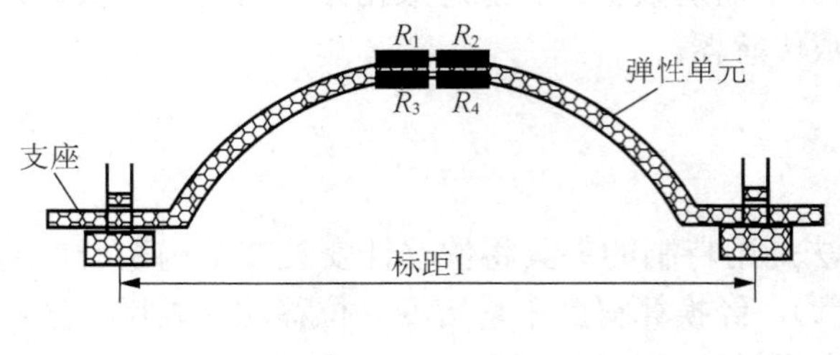

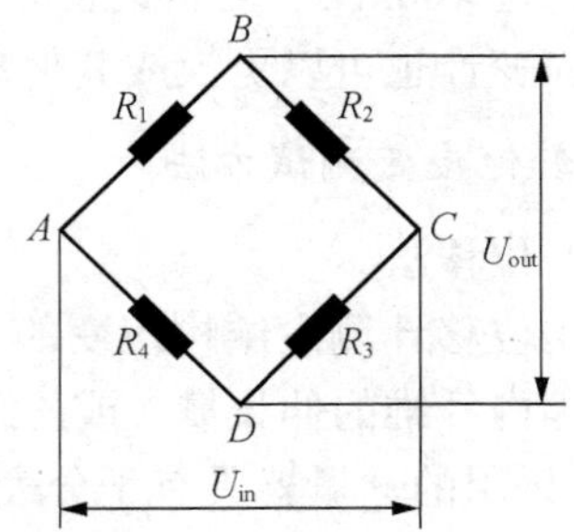

图 2.25　弓形工具式应变传感器原理图

（4）振弦式应变计

振弦式应变计（图 2.26）主要由张丝、激励线圈等组成，如图 2.27 所示，利用受拉张丝横向振动频率与张力的相关性，通过对张丝自振频率的测量来换算应变。其工作原理为：当传感器受拉（压）力后，其张丝的拉力发生变化，引起张丝自振频率发生变化，测试时，仪器产生一脉冲信号通过传感器内的激振线圈产生电磁力，激发张丝振动，振动信号通过布置在张丝一侧的拾振线圈感知，配套的频率测定仪显示该信号的振动频率值，按照预先标定的应变-频率关系曲线，即可换算结构应变。

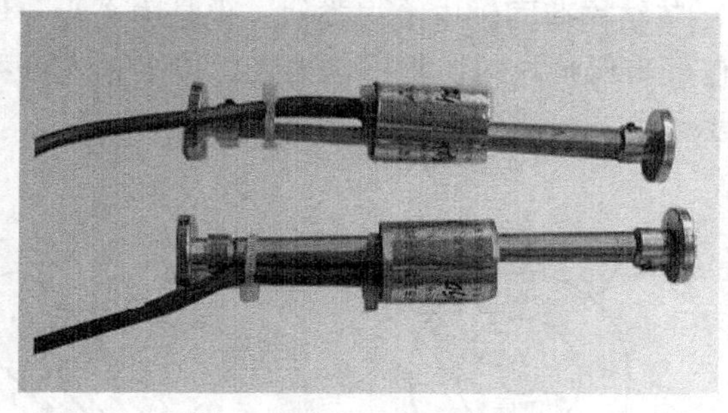

图 2.26　振弦式应变计

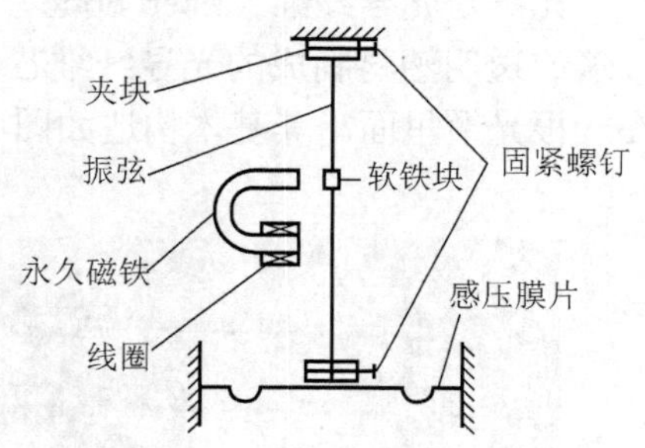

图 2.27　振弦式应变计原理图

振弦式应变计的测量范围一般为几千微应变，测试有效分辨率可达 0.1 με，具有稳定性好，干扰能力强、可以测定恒载应力等特点，适合中长期试验。该类设备在桥梁施工监控中广泛应用，也经常用于桥梁荷载试验的应变测试。

根据用途的不同，振弦式应变计可分为钢筋应变计、内部混凝土应变计，也可利用专用安装表座，进行结构表面应变测试。

利用此类传感器进行应变测试时，事先要进行严格标定，建立频率与应变的相关关系。作为混凝土内部应变测试用途时，传感器捆扎在钢筋上，同时需做好防水和防机械损伤等处理。

（5）数码表面应变计

随着科学技术的进步，目前市场上出现了采用高灵敏位移计测试结构应变的实用技术，如我国武汉岩海公司生产的 HY 65B3000B 数码表面应变传感器（图 2.28），它是一种采用磁感位置编码技术研制而成的新型应变计，仪器内置霍尔芯片、永久磁铁、16 位单片机等电子芯片。测试标距为 150cm，分辨率可达 0.1 με（对应的位移分辨率为 0.015 με），量程为±1500 με。具有稳定好、温度影响小、抗电磁干扰能力强、测试精度高、数据重复性好等优点。传感器支座的微动测头采用磁性恒力吸附技术，任意姿势均不受重力影响，安装误差对测试结果影响小。该设备无需配置二次仪表，直接以数码方式将测试量值传递给显示或记录装置，系统组成简单、可靠性好，同时具备有线/无线两种测试模式，无线传送距离可达 1km 以上。

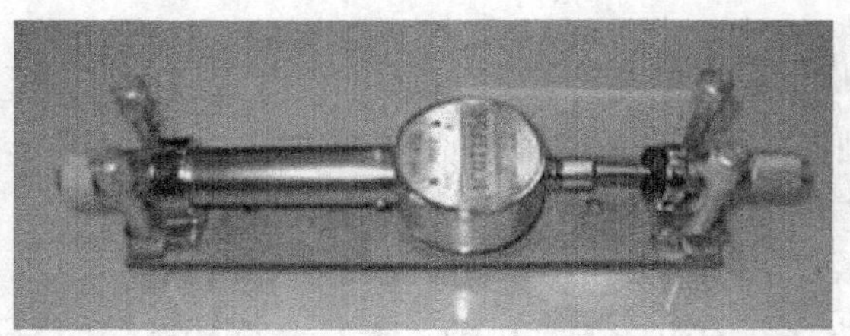

图 2.28　HY 65B3000B 数码表面应变计

（6）光纤传感器

光纤传感器技术的发展已经日趋成熟，在航空、航天领域中也已广泛应用，并显示其独特的优越性。20 世纪 90 年代开始，这项新技术在国外已开始应用于土木工程界，最初的应用是将光纤传感器埋入混凝土结构和构件中，进行结构完整性的无损评价和内部应力状态的检测，目前光纤传感器（图 2.29）已被用于各种材料、结构和环境的工程实践中。

光纤是光导纤维（fiber optic）的简称，其结构荷同轴电缆很类似，也是中心为一根由玻璃或透明塑料制成的光导纤维芯，周围包裹着保护材料，根据需要还可以多根光纤并合在一根光缆里面。其基本构造如图 2.30 所示。

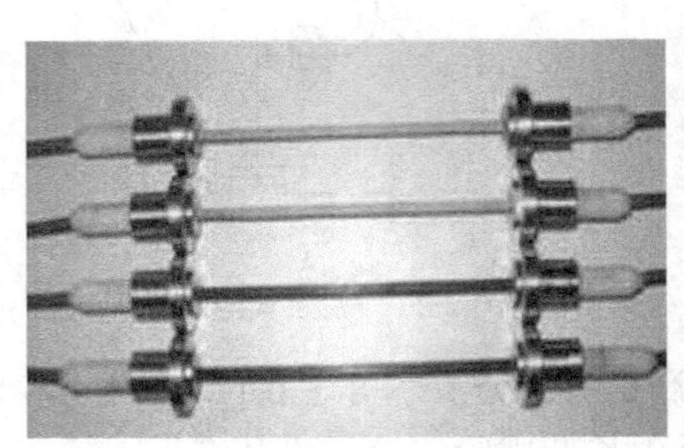

图 2.29　光栅传感器（埋入式）

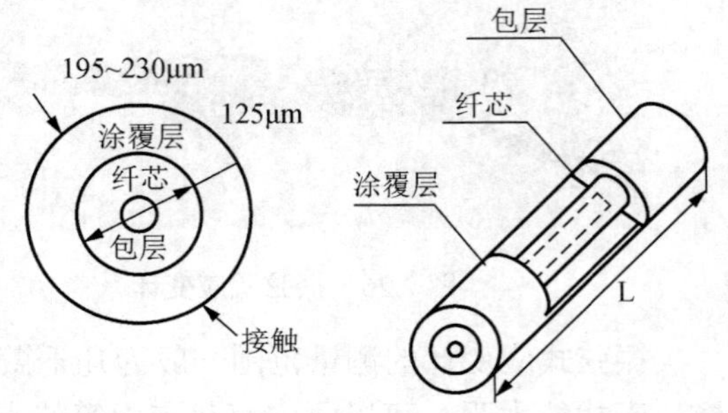

图 2.30　光纤构造图

光纤利用光的全反射原理引导光波，光纤光栅是指光纤纤芯中周期性的折射率变化所形成的光栅效应。当激光通过光纤时，光纤的折射率将随光强的空间分布发生相应变化，并在纤芯内形成空间相位光栅。对于光纤光栅，满足条件的入射光波长（中心波长）被光纤光栅反射：

$$\lambda = 2nL \tag{2.15}$$

式中：λ——光栅中心波长

n——纤芯有效折射率；

L——纤芯折射率的调制周期。

当光纤光栅所处环境的物理量发生变化时，光栅周期或纤芯折射率会随之发生变化，使得光纤光栅反射光的布拉格波长发生变化；借助某种装置测量变化前后反射光波长的变化（并通过建立并标定光纤光栅的响应与被测参量变化关系），就可以获得待测物理量的变化情况。

根据光纤光栅的弹光效应和弹性效应，当光纤光栅在纵向受到应变时会引起布拉格波长的变化，其满足

$$\frac{\Delta l_B}{l_B} = (1 - P_e)\varepsilon \tag{2.16}$$

式中：P_e——光纤光栅的有效弹光系数；

ε——光栅在轴向的应变；

l_B——光纤光栅的布拉格波长；

Δl_B——布拉格波长变化量。

上式为光纤光栅传感器的应变传感机理，光纤光栅传感器的设计就是利用此原理，通过光纤应变与布拉格波长的一一对应关系，把应变量转化为波长的变化，使精确测量应变成为可能。

光纤传感器的安装方式基本可分为：外表粘贴式和内部埋入式，两种方式适用于不同情况。对于那些在建或者将要兴建的大型工程，用于监测施工过程中材料内部的变化过程

或者建成后结构使用期间的状态，用内部埋入式较好。对于已经存在的工程结构，通常用外表粘贴式，将光纤传感器用胶粘贴在那些对结构中感兴趣参数最敏感的部位，与通常在结构上固定加速度传感器或者应变计相似，来进行结构的安全监测。

光纤光栅传感器同传统的电子传感器相比，具有抗电磁干扰、尺寸小（标准裸光纤为125mm，尤其适合于埋入材料内部构成所谓的智能材料或结构）、质量轻、耐温性好（工作温度上限可达 400～600℃）、复用能力强、传输距离远、耐腐蚀、高灵敏度、无源器件等优点。而且作为传感原件，它有一个最为突出的优点，即感应的信息用波长编码，而波长这个绝对参量不受光源功率的波动及连接或耦合损耗的影响，传感信号可长距离传输且不受电磁信号的干扰。

它的特别之处还在于易在一根光纤中连续制作多个光栅，所制得的光栅阵列轻巧柔软，与时分复用和波分复用技术相结合，非常适于作为分布式传感原件埋入材料和结构内部或贴装在其表面实现多点监测。如大型桥梁应变监测需要长距离沿跨度布置测点时，只要在沿跨分布光纤上对应部位写入不同栅距的光纤光栅，就可以同时测定这些部位相应的应变及其变化，实现分布式应变光纤传感。

2.3.2　变位测试仪器设备

桥梁结构受载后产生的竖向、横向、水平位移、转角、墩台沉降等统称为变位，变位是反映结构宏观工作性能的整体指标，是应优先进行测试的指标。如竖向位移（也称为挠度）是反映结构刚度的重要参数，挠度数据可以揭示结构刚度变化、弹塑性阶段、开裂程度等重要信息。

变位测试的设备种类较多，主要有应变式位移传感器、机械式位移计、光学测量仪器、倾角仪、连通管等，试验者应根据试验桥梁的环境条件、结构受载后变位响应的量值大小、测试精度要求等进行合理选用。

1. 线位移测量仪表

桥梁测试中最常用的位移测量仪表是千分表、百分表和挠度计，应用这类仪表一般是机械式的，可以非常方便地直接测读结构的位移；另外由这类不同精度和量程的仪表再配以其他机械装置可组成各种测量其他参数的仪器（如测量应变的千分表引伸仪、测量拉压力的测力计等）。

表 2.3 列出了一些常用机械式位移测量仪表的主要性能指标。

表 2.3　常用机械式位移测量仪表的主要性能指标

名称	精度	量程
千分表	0.001mm	1～30mm
百分表	0.01mm	10～50mm
挠度计	0.1mm	不限

位移测量仪表是利用精密齿条齿轮机构制成的通用长度测量工具。其工作原理都是利用顶杆、齿轮、滑轮、弹簧、指针和刻度盘等，将被测尺寸引起的测杆微小直线移动，经过齿轮传动放大，变为指计在刻度盘上的转动，从而读出被测尺寸的大小。它一般由三大部分组成：

1）传感机构，即直接感受被测量的变化。

2）转换机构，即把传感机构受到的变化转换成可直接读取的量。

3）指示机构，即用指针在刻度盘或其他读数装置上指示出被测量的大小。

百分表和千分表是比较大众化的仪表，在桥梁模型测试中有十分广泛的应用。百分表的圆表盘上印制有100个等分刻度，即每一分度值相当于量杆移动0.01mm。若在圆表盘上印制有1000个或500个等分刻度，则每一分度值为0.001mm或0.002mm。

图2.31（a）为典型机械式千分表，图2.31（b）是典型机械式百分表。百分表和千分表历经纯机械和机械电子结合的发展，目前市售种类较多，纯机械表仍在生产，有的在保持机械式传动机构功能的情况下，加入了电子感应元件，保留原表盘，同时具备原有的直读功能和电子测量功能（图2.32）。也有的为纯数显，且可外接计算机。多数表具的量程也较以前传统仪表大很多，一些百分表和千分表最大分别已可测到50mm和30mm。

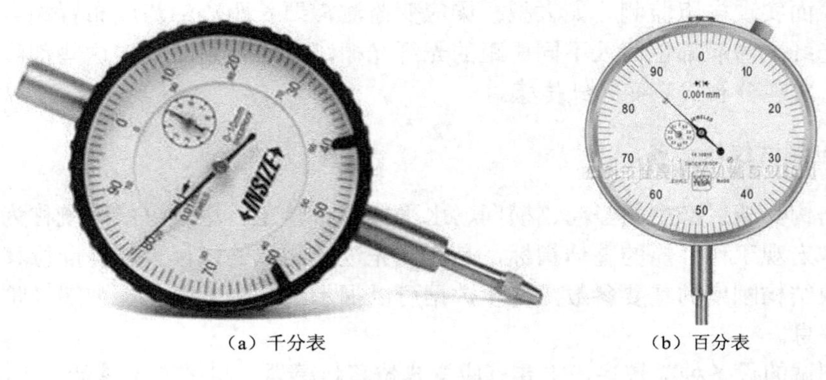

（a）千分表　　（b）百分表

图2.31　机械式测量仪器

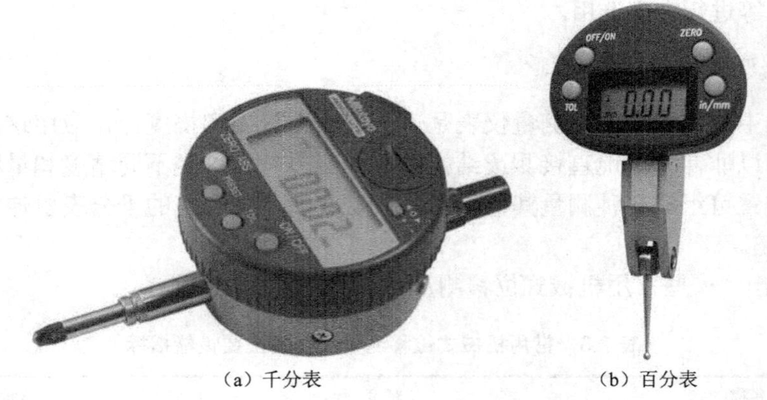

（a）千分表　　（b）百分表

图2.32　数显式测量仪器

2. 光学（光电）仪器

用以测量桥梁变形的光学仪器设备比较多，这里主要介绍目前比较适合桥梁变位测量的几种（电）光学测量仪器，如测量静态变位的高精度全站仪、精密水准仪和测量桥梁动态变位的光电测量仪器等。因为普通水准仪或经纬仪的精度受限，在桥梁试验检测中使用率较低。

（1）高精度全站仪

1）全站仪的类型。全站仪是集电子经纬仪、光电测距仪和数据记录装置于一体的测量仪器，是指在测站上观测，能一站测得至被测对象的斜距、竖角、水平角，所有数据均能自动显示记录。现在全站仪一般都可以与计算机通信，利用全站仪专用软件可以进行水平角测量、竖直角测量、距离测量、坐标测量结果的计算。

测量桥梁变形，特别是静力荷载作用下的变形，要求用高精度全站仪。这里的高精度是指测距精度达到毫米级，测角精度不大于 1s 类的全站仪。必须指出，工程上测桥梁变形，主要关注相对精度。以 5%相对精度计，如桥梁绝对位移有 10cm，仪器至少应有 5mm 精度。有些中小桥绝对位移几毫米，即使选用再高精度的全站仪，其测量精度还是存在问题。图 2.33 为 TCA2003 型高精度智能型全站仪，该仪器的测距精度 1mm ± 1ppm/D，测角精度 0.5s，D 是测距（km）。该全站仪具有可自动控制预学习、360°旋转自寻目标、测读记录数据等功能，因其光学和使用性能优异，是目前大、中型桥梁变形测量比较理想的全站仪。

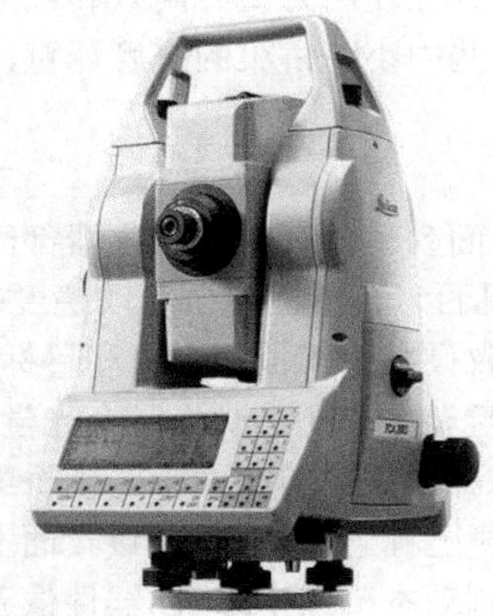

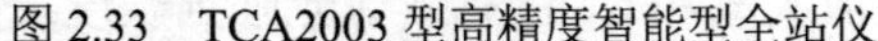

图 2.33　TCA2003 型高精度智能型全站仪

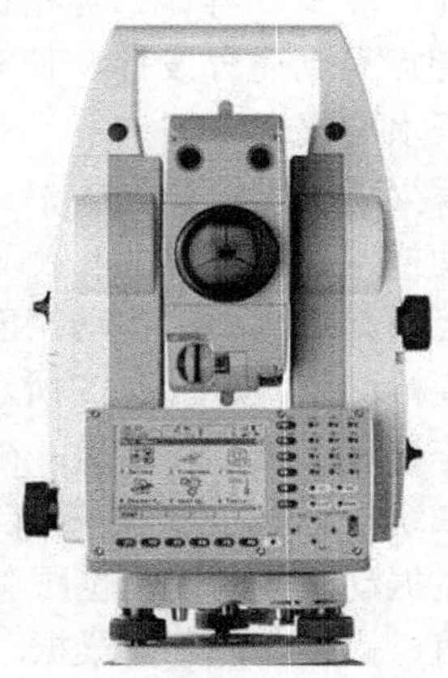

图 2.34　TCR1201+R1000 型全站仪

全站仪使用时一般目标点都需要安装棱镜，但也有不用棱镜的“免棱镜”测量全站仪，如 TCR1201+R1000 型全站仪（图 2.34），其测角精度达到 1″，测距精度达到 ± 1mm+1.5ppm/D（D 可达 1.3km）。免棱镜全站仪比较适合测量悬索桥主缆、钢管混凝土拱肋坐标等无法安装棱镜的场合。

2）全站仪的应用。全站仪最早作为施工测量仪器，出现在桥梁工程上，一般测角精度 2～3s 的机器居多，这种测角精度一般不能用来测量桥梁结构试验变形。选用全站仪前除应该全面了解所选用全站仪的能力及适用性，还必须考虑所测量桥梁变形的相对精度，即通过估算确定其实际能力是否能满足待测桥梁变形的相对精度要求。

目前，高精度全站仪被应用在一些大桥成桥状态坐标或变形测量方面。桥梁跨径越大（变形绝对值越大），其优势越明显（相对精度越高）。另一方面，类似 TCA2003 这类智能型全站仪所具有的预学习、360°旋转自寻目标、自动测读记录数据等功能，对大桥挠度测量无论是保证数据质量或是提高现场测量效率、减轻劳作强度等方面来说都是非常有用的。

（2）精密水准仪

1）精密水准仪和数字水准仪。精密水准仪与一般水准仪比较，其特点是能够精密地整平视线和精确地读取读数。在结构检测时应满足：水准器具有较高的灵敏度，望远镜具有良好的光学性能，具有光学测微器装置，视准轴与水准轴之间的联系相对稳定，受温度变化影响小。此外精密水准仪必须配有精密水准尺。目前，已发展的数字电子水准仪是结合计算机电子与精密水准仪光学技术的新型精密水准仪。电子水准仪的观测精度高，如徕卡新一代数字水准仪 DNA03 型的分辨率为 0.01mm，测距 150m，每千米往返测得高差中数的偶然中误差为 0.3mm。电子水准仪要求有一根能与其配套使用的条形编码尺，该水准尺通常由玻璃纤维或铟钢制成。在电子水准仪中装有行阵传感器，它可识别水准标尺上的条形编码。电子水准仪摄入条形编码后，经处理器转变为相应的数字，再通过信号转换和数据化，在显示屏上直接显示中丝读数和视距。电子水准仪的主要优点是：操作简捷，自动观测和记录，并立即用数字显示测量结果。整个观测过程在几秒钟内即可完成，从而大大减少观测错误和误差。仪器还附有数据处理器及与之配套的软件，从而可将观测结果输入计算机进行后处理，实现测量工作自动化和流水线作业。

2）数字电子水准仪的使用。数字电子水准仪的应用领域十分广泛。在快速测量高程、高差和放样，以及一等、二等精密水准测量等领域，其外业使用方便、高效和内业处理计算机化的特点得到充分发挥，使测量效率大大提高。一些中小跨桥梁的挠度测量，可以采用数字电子水准仪。

（3）桥梁动挠度检测仪

桥梁动挠度的检测是实桥测试技术的一个难点，前面列举的高级光学仪器都因为采样频率跟不上而无法测读结构动挠度。目前，已有能够在几百米范围测量桥跨动挠度的 BJQN 型桥梁挠度检测仪，如图 2.35 所示。该桥梁动挠度检测仪硬件由检测仪主机和目标靶组成。

其工作原理（图 2.36）是：在桥梁的测试点安装日标靶，在靶上制作一个光学标志点，通过光学系统把标志点成像在 CCD（电荷耦合固体成像器件）的接收面上，当桥梁在动载作用下产生振动时，测试靶也跟着发生振动，通过测出靶上标志点在 CCD 接收面上图像位置的变化值，就可以得到桥梁振动的位移值，其最小可测动态范围由 CCD 器件像元的分辨率决定，最大测量范围由镜头的视场角、光学系统放大率和 CCD 有效像元阵列长度决定。

桥梁动挠度检测仪可同时实施两维测量。测量范围垂直不小于 0～0.80m，水平不小于 0～0.3m（最大测量距离处），并具有自动旋转跟踪等功能。检测距离 5～500m。频率响应 0～20Hz。分辨率达到测量范围的 3%。软件功能可完成对桥梁动态挠度最大值、最小值、挠度曲线等分析。

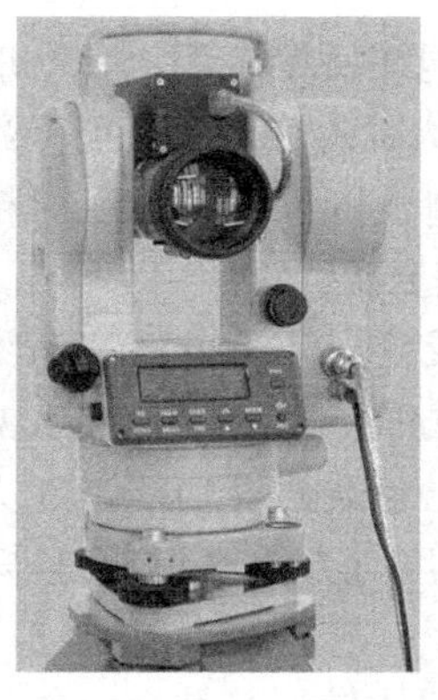

图 2.35　BJQN-4D 型桥梁挠度检测仪

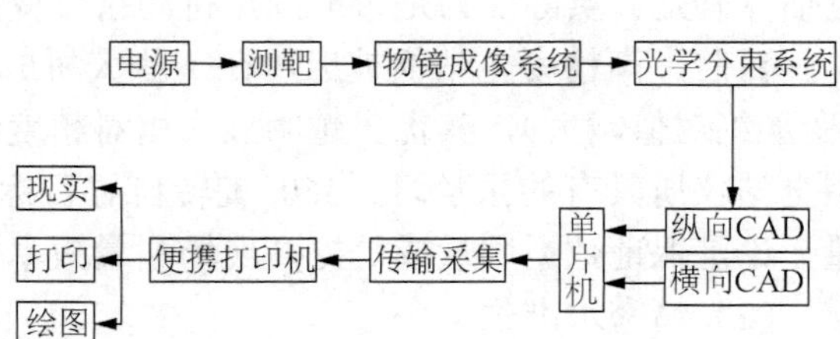

图 2.36　光电挠度检测仪原理框图

（4）全球定位系统 GPS

近年来全球定位系统（global positioning system，GPS）已被引入桥梁变形测量，并具有很好的应用前景。

1）GPS 系统的组成。GPS 系统包括空间部分由 24 颗卫星组成，均匀分布在 6 个轨道面上，地面高度为 20 000 多 km，轨道倾角为 55°，扁心率约为 0，周期约为 12h，卫星向地面发射两个波段的载波信号，载波信号频率分别为 1575.442MHz（L_1 波段）和 1227.6MHz（L_2 波段），卫星上安装了精度很高的原子钟，以确保频率的稳定性，在载波上调制有表示卫星位置的广播星历，用于测距的 C/A 码和 P 码，以及其他系统信息，能在全球范围内，向任意多用户提供高精度、全天候、连续、实时的三维测速、三维定位和授时。

2）地面监控系统。GPS 系统的控制部分由设在美国本土的 5 个监控站组成，这些站不间断地对 GPS 卫星进行观测，并将计算和预报的信息由注入站对卫星进行信息更新。卫星上的各种设备是否正常工作，以及卫星是否一直沿着预定轨道运行，都要由地面设备进行监测和控制。地面监控系统另一重要作用是保持各颗卫星处于同一时间标准 GPS 时间系统。这就需要地面站监测各颗卫星的时间，求出钟差。然后由地面注入站发给卫星，卫星再由导航电文发给用户设备。GPS 工作卫星的地面监控系统包括一个主控站、三个注入站和五个监测站。

3）GPS 技术在工程上的应用。GPS 作为野外定位的最佳工具，范围上数公里至几千公里的控制网或形变监测网，精度上从百米至毫米级的定位，因此对特大型及大型桥梁，在运营阶段关键断面变形控制的健康检测方面，一般都将 GPS 作为首选。此外，随着技术发展和应用需求，又出现了一种能够提供实时动态 RTK（real-time kinematic）定位技术。该定位技术是以载波相位观测值为根据的实时差分 GPS 技术，系统由基准站和流动站组成，测量时还需建立无线数据通信。因此，RTK 定位技术在桥梁测量中的应用主要有大跨度桥梁施工放样、线形控制和结构变形测量等。

3. 连通管

连通管水平测量装置是根据液位平衡原理，通过连通管连通液位，测量被测点相对于基点的液位变化情况，从而测出被测点的挠度或沉降，其工作原理如图 2.37 所示。储液罐放置在固定的基准点，通过连通管连通测点，测点上的传感器感应液体压力的变化并换算为液柱高度，由此可测出待测点的挠度或沉降。此类设备主要应用于大跨桥梁的挠度测试，但易受环境温度变化的影响，且响应速度慢，现场操作繁琐。

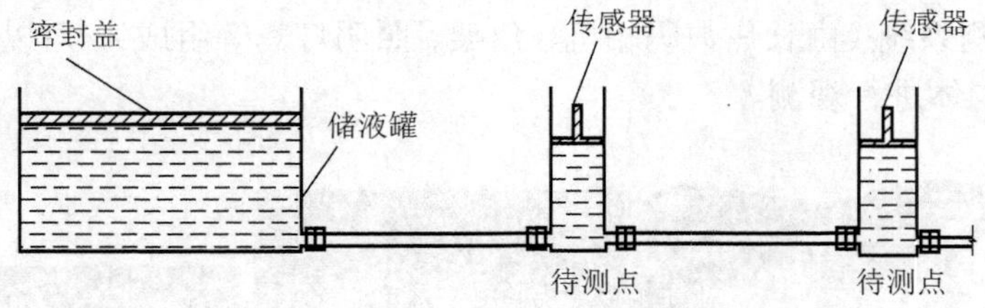

图 2.37　连通管工作原理图

2.3.3　裂缝测试仪器设备

桥梁工程上混凝土结构出现开裂现象十分普遍，本书提到的裂缝均指可视裂缝。对于混凝土结构，裂缝的产生和发展，裂缝的位置、分布、长度、宽度等都是反映结构工作性能的重要信息。裂缝测量的内容主要包括以下三个方面：①开裂荷载的确定，即裂缝发生的时刻和位置；②裂缝宽度、长度的测量；③裂缝形态、性质、分布情况的描述。既有裂缝主要通过肉眼观察发现，可利用放大镜作为辅助工具。

试验荷载作用下，新增裂缝主要通过下述两种方法捕捉，一是通过肉眼观察发现，二是通过测试截面的钢筋和混凝土应变测点的变化规律、两者变形是否协调来判断结构是否开裂。下面主要介绍裂缝宽度和深度测量仪器设备。

1. 读数显微镜

读数显微镜是可以用来测量裂缝宽度的常用光学仪器，读数显微镜种类很多，图 2.38 为一种便携式读数显微镜照片。该类显微镜读数精度一般 0.01mm，量程几毫米。它主要由物镜、目镜、刻度分划板和测微机械装置等组成，体积小，质量轻，便于现场使用。

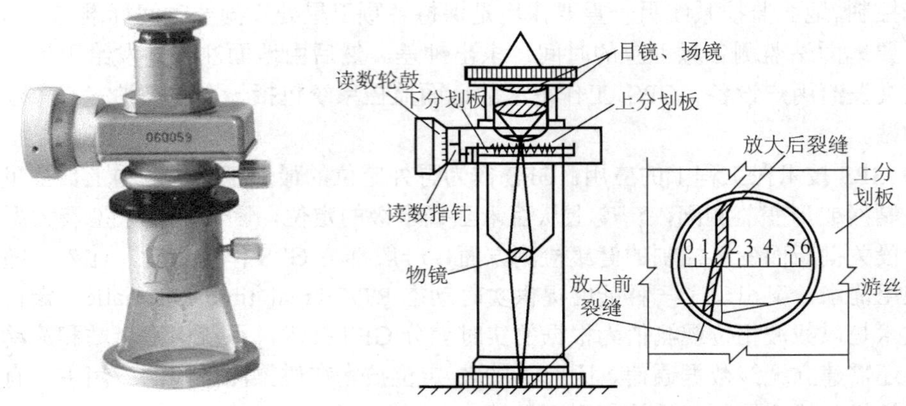

图 2.38　读数显微镜及原理图

2. 数显式裂缝测宽仪

数显式裂缝宽度测试仪是近年来随着计算机数码技术发展起来的新型测裂缝设备，它属于非接触式检测仪器。该类裂缝宽度测试仪主要由主机、探头（摄像头）及信号线等组成，适用于检测人员无法靠近（如用显微镜）测读的桥梁构件的裂缝宽度检测。

图 2.39 是一种数显式裂缝宽度测试仪，标称的检测范围：0.02～4.0mm；估测精度：0.01mm。对那些不易接触、远距离结构表面（如桥体、墙体、隧道等）裂缝的检测，有一种远距离裂缝检测系统（由长焦数码相机、角架、照明灯具等组成），可以在一定距离（2～25m）外对被测物体进行观测。

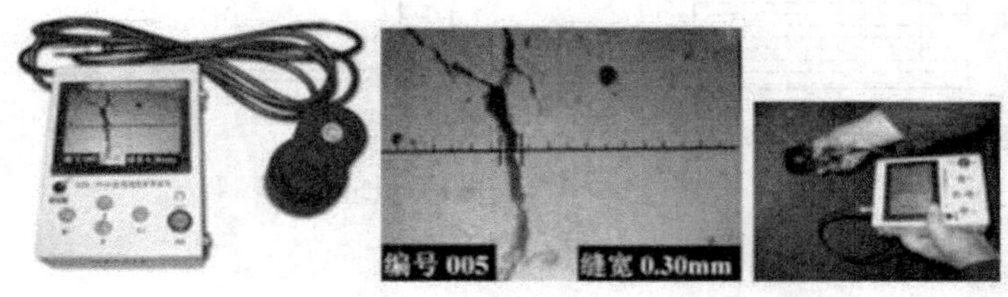

图 2.39　KON.FK（A）裂缝宽度测试仪

3. 裂缝深度测试仪

超声波脉冲法可以测量裂缝深度。用非金属超声波仪器能够测量裂缝深度的原理比较简单：当混凝土无裂缝时，如采用平测法（图 2.40），超声波发射探头发射的信号沿着混凝土表面行进，被接收探头接收（图 2.40 左部分）；当混凝土有裂缝时，超声波发射探头发射的信号绕过裂缝行进，被接收探头接收（图 2.40 右部分）。为测得裂缝深度，要求分别测量不过缝混凝土声时和跨缝混凝土声时，再进行相应计算。

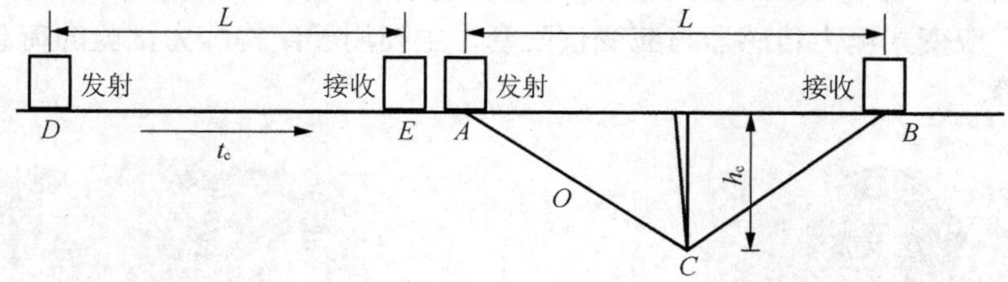

图 2.40　平测裂缝深度示意图

如图 2.40 所示，根据几何学原理

$$h_c^2 = AC^2 - (l/2)^2$$

因 $AC = v \cdot t_c^0/2$，而 $v = l/t_c$，故 $AC = (l/t_c \cdot t_t^0)/2$，所以有

$$h_c^2 = (l/t_c \cdot t_c^0)^2/4 - l^2/4$$

则

$$h_c = \sqrt{\left[l^2(t_c^0/t_c)^2 - l^2\right]/4} = l/2 \cdot \sqrt{(t_c^0/t_c)^2 - 1} = l/2 \cdot \sqrt{(t_c^0 v/l)^2 - 1}$$

式中：h_c ——裂缝深度；

l ——超声测距；

t_c ——不过缝测量混凝土声时；

t_c^0 ——跨缝测量混凝土声时；

v ——不过缝测量混凝土声时。

《超声法检测混凝土缺陷技术规程》（CECS 21：2000）已列入超声波测量混凝土裂缝深度方法，使用者可具体参照施行。

2.3.4　荷载测试仪器设备

1. 应变式测力计

应变式测力传感器是结构试验中最常用的荷载测量设备，它由弹性体、内置应变片等组成，通过测量弹性体的应变，即可换算荷载的大小。为减少荷载偏心可能带来的误差，一般在弹性体上布置 8 片应变片，并采用全桥互补接法，如图 2.41 所示。

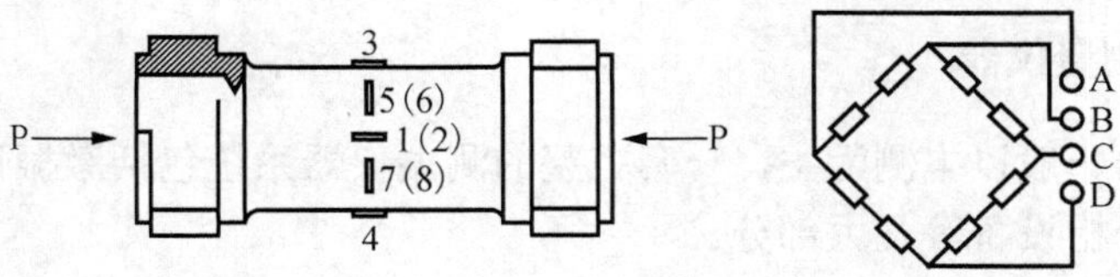

图 2.41　应变式测力计原理图

应变式测力传感器的结构形式有圆柱式、环式、悬臂梁式、轮辐式等。其基本原理是当荷载作用于传感器时，传感器的弹性体发生变形，弹性体上的应变片产生电阻应变效应，测量电桥将电阻变化转换为电压信号，应变仪将信号放大并输出应变，根据应变与荷载的关系换算力值 $P = sS = EeS$ 。此类传感器在使用前，须先在压力试验机上标定出传感器的 $P\text{-}\varepsilon$ 关系曲线，以便换算荷载量值。

图 2.42 为 BLR.1 型拉压传感器实图，这类传感器有 10～10 000kN 范围的多种量程规格供选择。图 2.43 是轮辐式测力传感器实图，此类传感器具有抗偏心、抗过载、抗疲劳能力强的特点。应变式测力传感器与应变仪配套，主要用于结构静力试验的荷载测试以及锚杆抗拔试验等。

图 2.42　BLR.1 应变式拉压传感器

图 2.43　轮辐式测力传感器实图

2. 测力环

测力环是一种机械式的荷载测试仪器，它的基本原理是利用钢制弹簧、环箍或簧片在受力后产生弹性变形，再通过机械放大后用指针刻度盘来表示或用位移计来反映读数。图 2.44 是用于测量张拉钢丝或钢丝绳拉力的环箍式拉力计，它由两片弓形钢板组成一个环箍，在拉力的作用下环箍产生变形，通过一套机械传动放大系统带动指针转动，指针在刻度盘上指示拉力值。图 2.45 是另一种环箍式拉压测力计，在拉、压力作用下“钢环”的变形经过杠杆放大后推动位移计工作，通过事先标定的位移计示值与荷载的关系，即可得到荷载值。

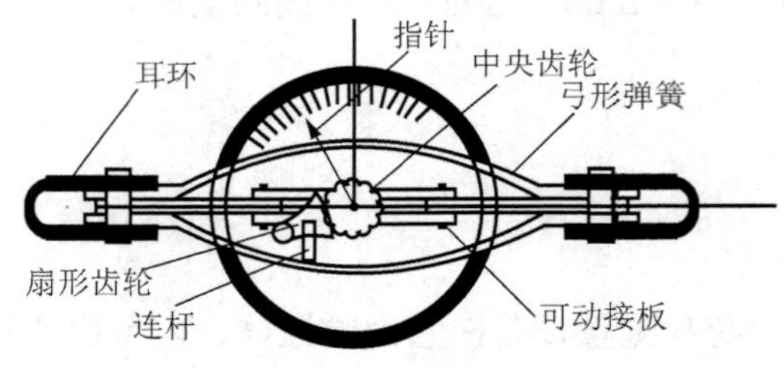

图 2.44　环箍式拉力计图

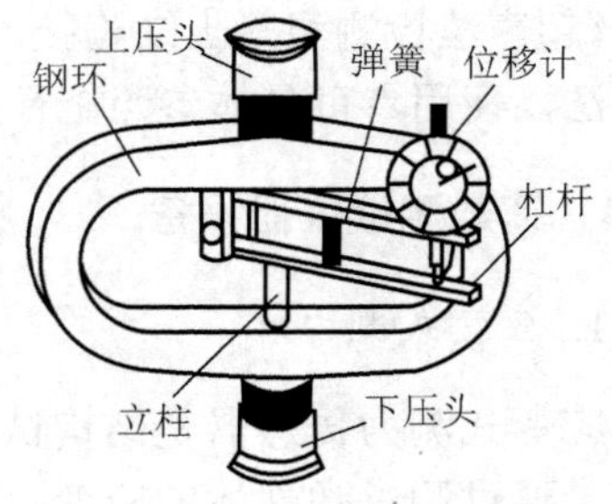

图 2.45　环箍式拉压测力计

2.3.5　动力试验测量仪器

振动测试仪器一般以电测为主，一套完整的测振仪器系统包括激振设备、测振传感器、放大器、记录和分析设备等几大部分。

1）激振设备是产生人为振源的设备。

2）测振传感器是将非电量机械振动转换感电信号的电器元件，是振动测量仪器中起关键作用的一次仪表。

3）放大器是用来放大测振传感器转换的电信号，是使微小信号得以记录或显现的二次仪表。

4）记录、储存信号是传统三次仪表—记录仪器的任务，记录仪器有各种类型，它们记录振动信号的方式也不一样。

一套完整的振动试验仪器是一个复杂的系统，为了保证测试质量，每一部分仪器除了要满足特定的要求外，还要求各部分仪器能够相互匹配。

1. 激振设备

桥梁振动试验使用的激振设备有两种：一种是适用于实桥试验的大型机械式激振器，另一种是适用于模型试验的小型电磁式激振器。

（1）机械式激振器

机械式激振器的机械部分一般都是根据偏心质量块绕定轴旋转产生离心力的原理制作的。图 2.46 是它的作用原理。

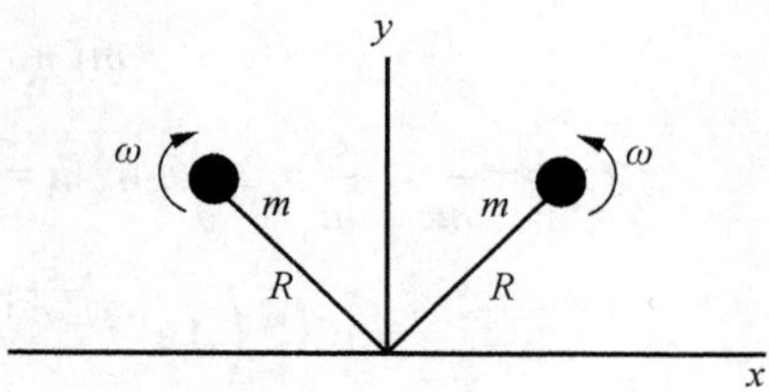

图 2.46　机械式激振器作用原理

两偏心质量轴心相向旋转，转至 y 方向时产生合力、x 方向则抵消，其转动过程击力大小为

$$F = 2mR\omega^2 \sin(\omega t) \tag{2.17}$$

最大值为

$$F = 2mR\omega^2 \tag{2.18}$$

式中：m ——偏心质量（大小可以调整）；

R ——质量块重心到轴心的距离；

ω ——偏心旋转之角速度。

激振器的主要技术指标是击力的大小和激振频率范围，显然，击力随着质量的加大或频率的上升而增加。机械式激振器的体积和质量均比较大，实际使用时运输、安装都有一定的工作量。

（2）电磁式激振系统

电磁式激振系统是利用电磁换能原理产生机械的装置，主要由三部分组成：信号发生器→功率放大器→电磁激振器。信号发生器的任务是产生一种符合使用要求的电信号（如正弦信号、随机信号等）。功率放大器的作用是把信号发生器产生的控制信号放大并推动电磁激振器工作。电磁激振器则是将电信号转换成相应的机械振动信号的设备。电磁式激振器出力都比较小，一般不适合做实桥振动试验。

2. 测振传感器

测振传感器有把振动物理量（振动加速度、位移等）转换成电量的功能，它的性能好坏，直接关系到是否能真实反映原振动参数，所以在整个测振系统中，测振传感器占有非常重要的地位。工程上将能够把振动位移、速度和加速度转换为电参量的测振传感器分别称为位移计、速度计和加速度计。

下面先讲述测振传感器的力学原理，而后介绍几种桥梁结构测振中实用的测振传感器，并提出选用的原则和方法。

（1）惯性式测振传感器

力学原理：测量结构物某个点的振动，往往很难找到一个相对不动的基准点来安装仪器，因此就考察设计这样一种仪器，其内部设置一个“质量弹性系统”（构成不动点），如图 2.47 所示。测振时，把它固定在被测物上，使仪器外壳与物体一起振动，直接测量得到质量块相对于外壳（被测物）的振动。力学上相当于研究由支座引起的弹簧质量系统的振动。

按照图 2.47，假定被测物位移为 $y_g = y_{0g}\sin(\omega t)$ 的简谐振动，则相应的加速度 $m\ddot{y} = -\omega^2 y_{og}\sin(\omega t)$，据此可以建立测振传感器弹簧质量系统的运动方程

$$m\ddot{y} + c\dot{y} + ky = -m\ddot{y}_g = m\omega^2 y_{0g}\sin(\omega t) \tag{2.19}$$

令 $\omega_n^2 = \dfrac{k}{m}$，$\dfrac{c}{m} = 2D\omega_n$，$u = \dfrac{\omega}{\omega_n}$，解式（2.19），可得

$$y = \mathrm{e}^{-D\omega_n^1}\left(A_1\mathrm{e}^{j\omega_n^t\sqrt{1-D^2}} + A_2\mathrm{e}^{j\omega_n^t\sqrt{1-D^2}}\right) + \frac{u^2 y_{og}}{\sqrt{(1-u^2)^2 + (2Du)^2}}\sin(\omega t - j) \tag{2.20}$$

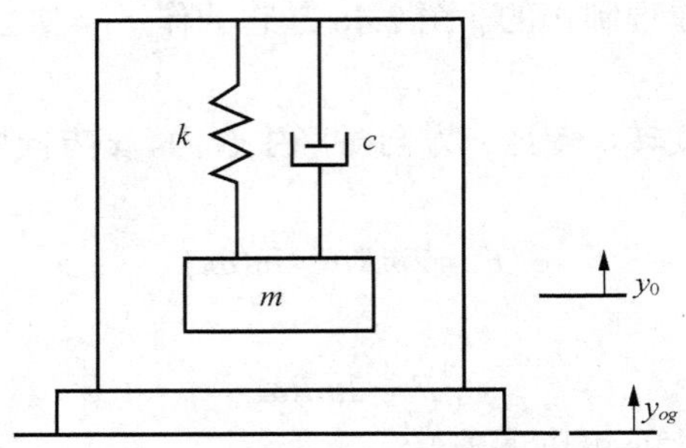

图 2.47　测振传感器力学原理

式（2.20）中前两项是测试对外作用荷载的瞬态反应，由于测振传感器的阻尼作用，经过一定时间后自行衰减，第三项为强迫振动部分，把它单独列出

$$y = \frac{u^2 y_{0g}}{\sqrt{(1-u^2)^2 + (2Du)^2}}\sin(\omega t - j) \tag{2.21}$$

式中：u ——频率比（ω/ω_n）；

ω ——被测振动圆频率；

ω_n ——测振传感器圆频率；

y ——被测物振动幅值；

D ——测振传感器阻尼比；

φ ——相应初相位角，$\tan j = \dfrac{2Du}{1-u^2}$。

式（2.21）就是测振传感器动态响应的方程式。

据此可得到

$$\frac{y_0}{y_{0g}} = \frac{u^2}{\sqrt{(1-u^2)^2 + (2Du)^2}} \tag{2.22}$$

$$j = \tan^{-1}\frac{2Du}{1-u^2} \tag{2.23}$$

式中：y_0——测振传感器响应幅值；

其他符号意义同前。

把式（2.22）绘成曲线簇如图 2.51 所示。

由图 2.48 可见，当被测物振动频率与测振传感器固有频率比值很大，且测振传感器阻尼较小（$u>1$以及$D<1$）时，y_0/y_{0g} 趋于 1，曲线趋于平直，它表示测振传感器相对位移的振幅（y_0）近似地等于被测振动体的振幅（y_{0g}）。通常把依此原理工作的能描述振幅变化情况的测振传感器叫做位移计。

位移计的使用范围就是图上的平直部分，平直部分的频率下限因不同阻尼比而异，当$D=0.6\sim0.7$时，频率下限可放宽到$u\approx1$，就是说用位移计测量振动信号，被测物的振动频率必须大于位移计的自振频率。这样就要求位移计的自振频率越低越好，由于机械构造上的原因，位移计的自振频率一般只能做到 1Hz 左右，所以它的可测频率下限不能很低。

把式（2.23）绘成曲线如图 2.49 所示，可见位移计的相频特性（图上$u>1$部分）基本上是非线性的（除了$D=0$，而那没有实际意义），仪器相位失真对振动测量的直接影响是测量复合振动波形（实际情况大多如此）时会产生波形畸变。

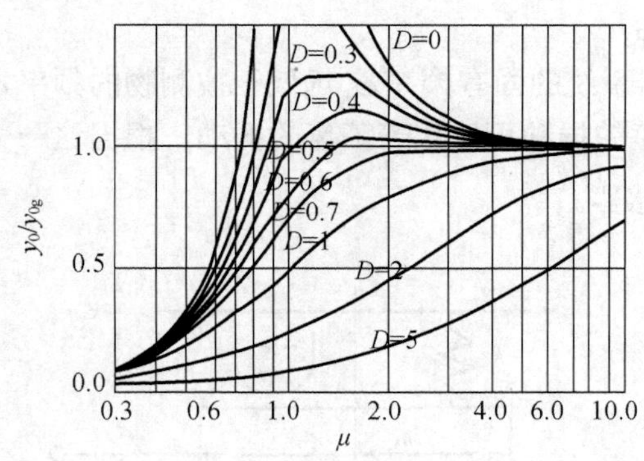

图 2.48　位移幅频特性曲线

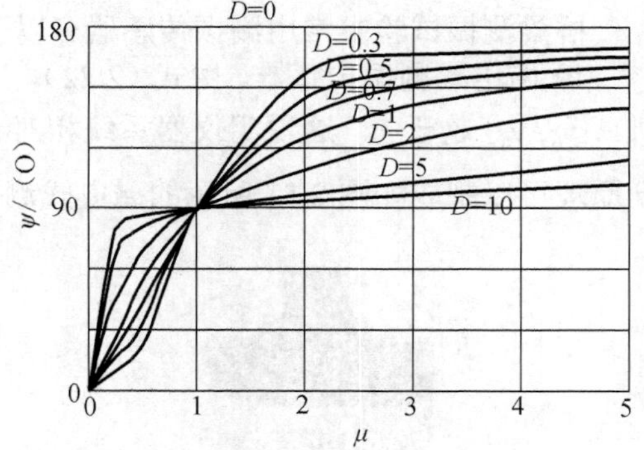

图 2.49　相频特性曲线

式（2.22）经变换可改成

$$\frac{y_0\omega_n^2}{a}=\frac{y_0\omega_n^2}{y_{0g}\omega^2}=\left[(1-u^2)^2+4D^2u^2\right]^{-\frac{1}{2}} \tag{2.24}$$

这里a是被测物体的加速度。把它绘成曲线簇，如图 2.50 所示。由图可见当被测物振动频率与测振传感器固有频率相比很低，且阻尼较小（$u<1$以及$D<1$时，$\frac{y_0\omega_n^2}{a}$趋于 1，它表示测振传感器相对位移的振幅与被测振动体的加速度成正比。通常把依此原理工作的能够反映被测物体加速度变化的测振传感器叫做加速度计。显然，加速度计的使用频率范围（图的平直部分）恰好与位移计相反，它受频率上限的制约。在最佳阻尼比（$D=0.6\sim0.7$时，u在 0～40%基本是平直的，就是说加速度计可测量频率的上限一般不能超过其自振频率 0.4 倍。

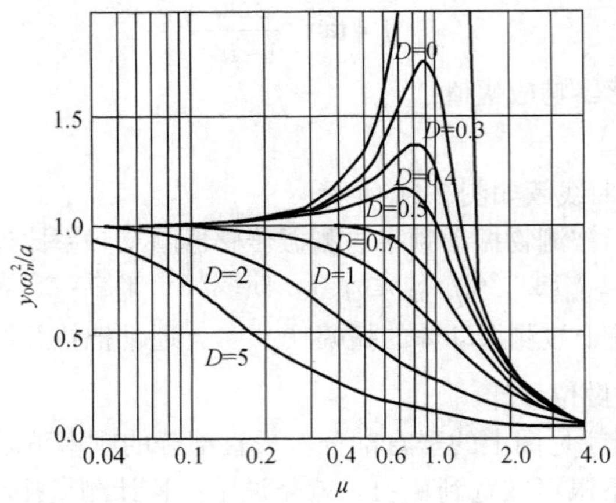

图 2.50　加速度计幅频特性曲线

加速度计的相频特性（图 2.50 上 $u<1$ 部分）比位移计好，在阻尼比等于 0.7 左右时，相位角与频率近似有线性关系；当阻尼比趋于零时（有的加速度计可以做到），加速度计反应被测物振动时基本没有相位失真问题。

（2）常用测振传感器

桥梁测振试验中常用测振传感器有以下三种：

1）磁电式测振传感器。由式（2.22），当仪器系统的固有频率 ω_n 远低于被测物的频率 ω 时，y_0/y_{0g} 趋于 1，这说明仪器系统相对于基座的振动可以代表基座的振动。根据这一力学原理可以制成如图 2.51 所示的磁电式测振传感器。

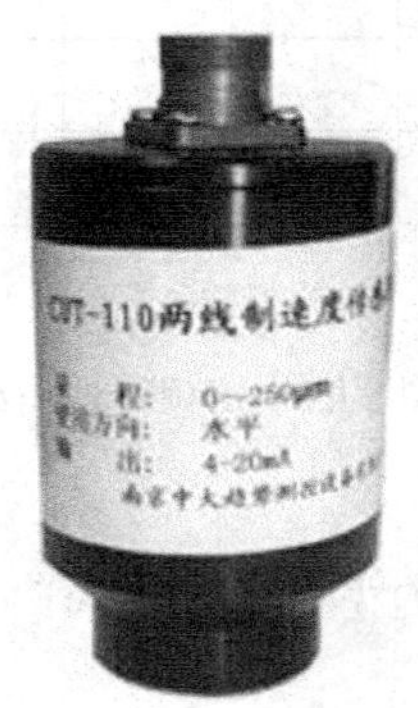

图 2.51　磁电式测振传感器

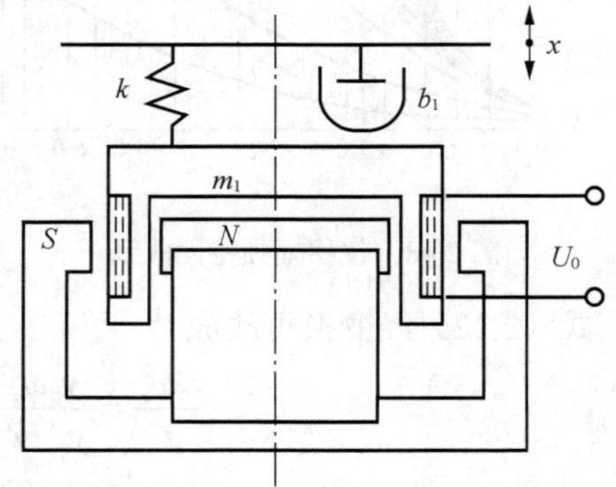

图 2.52　磁电式测振传感器构造图

磁电式传感器基本测量原理为：测量时，将传感器与被测物体刚性连接，传感器与被测物体一起振动。传感器振动时，带动内部的摆体运动，摆体处在磁场中，摆体运动时，绕在摆体上的线圈（称为动圈）切割磁力线产生感应电动势。通过合理控制可以使该电动势与被测振动形成确定的函数关系。这样就能检测出外界振动，通过不同的控制，传感器可以测量速度、加速度，经积分变换还可以测量位移。图 2.52 中主线圈用于输出传感器信号，标定线圈用于标定传感器参数，m_1 为摆体的质量，k 为弹性元件的刚度，b_1 为包括空气阻尼在内的机械阻尼力系数，S 为动圈的机电耦合系数，x 为被测振动的运动位移，U_0 为传感器的输出电压。设计良好的磁电式测振传感器的频响特性在特定范围内相当好，输出灵敏度也比较高，频率范围一般在 0.5～100Hz（也可以做到 0.2Hz），适用于测量一般桥梁的振动。

2）压电式测振传感器。压电式测振传感器是一种加速度计。它的原理是利用某些晶体（如石英）的压电效应，将机械能转换成电能，如图 2.53 所示。当被测物的频率远低于测振传感器的固有频率时，惯性质量块相对于基座的振幅，近似地与被测物的振动加速度峰值成正比。此时压电材料受到压力作用，致使加速度计产生与被测物加速度成正比的电荷。

压电加速度计可以做得很小（几克），也可以做得较大（几百克），它的突出优点是构造简单，频响范围宽；缺点是因阻抗太高，噪声偏大使其超低频特性不好。桥梁室内模型（因频响合适）测振中广泛采用上述压电式加速度计。适用于实桥的则是改进型的大质量压电式加速度计（图 2.54）。该类传感器与普通压电式加速度计的主要区别首先是质量加大（一般为 400～500g），其次是直接在传感器内部设置阻抗变换电路，把压电产生的电荷直接先转换成电压，再输出接电压放大器。这一转换降低了传感器电荷输出、放大过程的噪声，提高了加速度计的信噪比。另一方面由于传感器质量加大，其压电效应增加，不仅提高了传感器灵敏度，同时也较好降低了频率响应下限。大质量压电式加速度计以其较好的超低频特性和高灵敏度等优点，已成为大跨度桥梁振动测试传感器的首选。

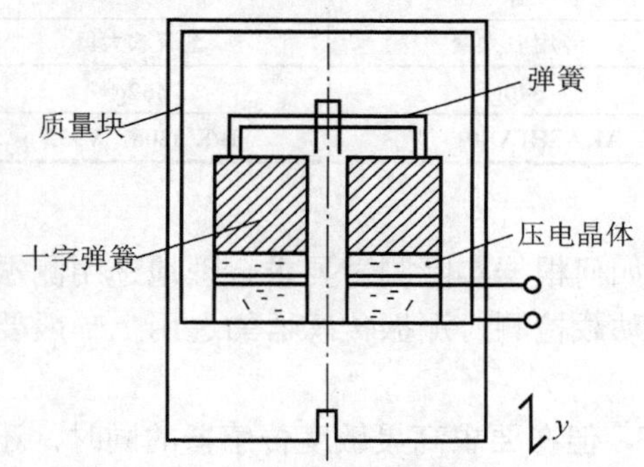

图 2.53　压电式测振传感器构造图

图 2.54　压电式测振传感器

3）伺服式测振传感器。伺服式测振传感器是一种高灵敏度的加速度计。它的基本原理是一个受感振质量激励的机电反馈系统，如图 2.55 所示。当加速度计受到沿灵敏轴方向输入的加速度时，感振质量就有运动趋势，定位探测器把它转换成电信号，由此引起伺服放大器的输出电流变化，由电流反馈到位于永久磁场中的恢复线圈，使线圈产生与感振质量经受的初始惯性力大小相等、方向相反的恢复力，故此伺服式测振传感器又称为力平衡式加速度计。整个伺服电路的作用就好像是一个刚硬的机械弹簧，因原始加速度是用正比于恢复力的恢复电流来度量的，所以在输出端以一个电阻两端的电压降来测量加速度。伺服式测振传感器（图 2.56）的优点是超低频响应性能好（几乎从零开始，比前述大质量压电式加速度计更好），特别适用于长周期、低加速度的大跨度桥梁的振动测试。另一方面因伺服传感器的输出能够精确地反映传感器灵敏轴与重力加速度方向的夹角，它还可用于水准角和倾斜角的精确测量。它的缺点是需提供一个直流电源，在大跨度桥上设置多点长导线使用时很不方便，另外其价格也偏高。

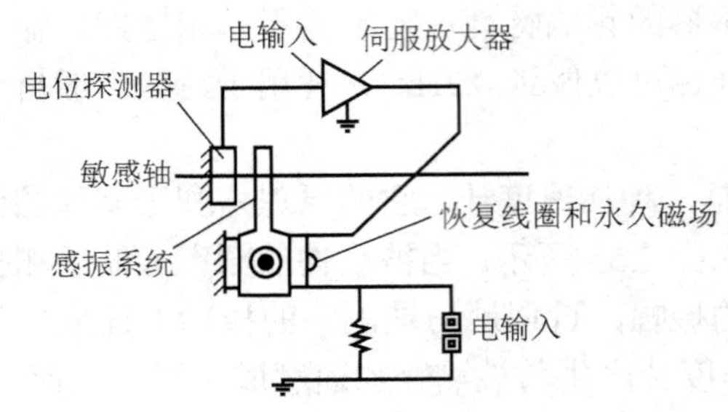

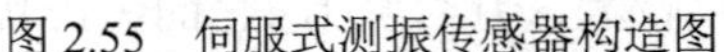

图 2.55　伺服式测振传感器构造图

图 2.56　伺服式测振传感器

表 2.4 是实桥测振试验常用的测振传感器，原理相近的测振传感器的性能，可直接参考。

表 2.4　桥梁测试试验常用测振传感器

性能＼型号	磁电式（941B 型）	伺服式（ASQ.1CA）	压电式（大质量）（510B 型）
频响范围/Hz	1～100	0～100	0.03～250
量程	≤20 mm；0.125 V/（$cm \cdot s^{-1}$）	±1g	±3g
灵敏度	23 V/（$cm \cdot s^{-1}$）	5V/g	8m V/g（可放大 1 000 倍）
抗干扰性	好	好	好
后续仪器	电压放大器	专用放大器	直流放大器
质量	1 000g	240g	452g
同类产品	891 型	AKASHI V401 型	B/K 8306，V935

（3）测振传感器选用

了解了测振传感器的主要原理和性能以后，如何根据实际测试要求合理地选用测振传感器，同样是一个十分重要的问题。常规的桥梁动载检测，测振传感器的选用上一般要注意以下原则：

1）灵敏度。测振传感器灵敏度当然越高越好，但在要求高灵敏度传感器的同时，还应考虑到与测量无关的噪声混入（有时它同样会被放大），所以还要求测振传感器的信噪比愈大愈好。

2）频率响应。测振传感器的频率响应特性是传感器选用技术的核心，实际选用时，除需了解传感器本身的频率响应特性及其适用范围外，还要估计（或计算出）被测桥梁的自振特性，原则是被测对象的频率（***n*** 阶）期望值必须在传感器适用范围之内。

3）线性度。任何测振传感器都有一定的线性范围，线性范围宽，工作量程大（注意量程范围与灵敏度密切相关）。当输入量超出测振传感器标定的线性范围时，除非有专门的非线性校正措施；否则测振传感器不应进入非线性区域，更不能进入饱和区。

4）稳定性。这里说的稳定性包括两方面：一是测振传感器受现场环境影响时使用性能的稳定；二是测振传感器使用一段时间后，受各种因素的影响，其性能指标是否变化。

5）工作方式。测振传感器的工作方式，首先要看它的安装方式是惯性式还是非惯性式，是接触式还是非接触式等。其次要结合测振传感器与被测物的传感关系，选择能使测振传感器恰当工作的方式安装测量。

此外，测振传感器的选用还需结合桥梁结构的特殊性：

① 摆式测振传感器性能稳定、灵敏度高、使用方便可靠，对一般自振频率在 1Hz 以上

的桥梁结构都适用。类似测振传感器的不足是下限可测频率有限制（幅频特性下落），现在有些改进型的产品频率下限有所下降，但要注意它的实际频响曲线。

② 加速度计是振动测试中用得最多的测振传感器，从原理上讲，利用它“零响应”、响应频带宽的优势可满足各种振动测试对象的要求。对大跨径桥梁的超低频（$f<0.5\ \mathrm{Hz}$）振动，可选用伺服式或大质量压电式加速度计；对室内模型振动试验，一般压电式加速度计都能满足要求。

在桥梁振动测试仪器中测振传感器是关键性的一次仪表，它的性能好坏，以及选择的恰当与否是整个振动测试成败之所在，一定要引起重视。

（4）测振仪器的标定

“标定”工作是整个测振过程中另外一个重要工作。任何一次试验在使用单台或是整套仪器系统前都有标定问题。“标定”分为系统标定和分部标定，考虑到实际工作中对测振仪器一般以系统标定居多，这里介绍系统标定的内容和方法。

1）标定内容。仪器出厂时提供的各种性能指标一般都是经厂家标定得到的，用户在使用中主要有灵敏度、频率响应、线性度等三方面指标需要标定。

把测振传感器安装在振动台上，仪器按正常工作状态接好，就可以做系统标定了。

① 灵敏度。一套好的测振仪器，在它的频响范围内，整个系统的灵敏度应该是一个常数。仪器系统的灵敏度为输出信号与相应输入信号的比值，如系统输出分析以电压或幅值表示，则灵敏度为

位移计

$$S_d=\frac{U}{d}(\mathrm{mV/mm})\ 或\ S_d=A/d\ (\mathrm{mm/mm}) \tag{2.25}$$

加速度计

$$S_a\big|=\frac{U}{d}\left[\mathrm{mV/(cm\cdot s^{-2})}\right]或\ S_a=\frac{A}{g}\left[\mathrm{mm/(cm\cdot s^{-2})}\right] \tag{2.26}$$

速度计

$$S_V=\frac{U}{v}\left[\mathrm{mV/(cm\cdot s^{-1})}\right]或\ S_V=\frac{A}{v}\left[\mathrm{mm/(cm\cdot s^{-1})}\right] \tag{2.27}$$

式中：d、$a(g)$、v ——输入位移量、加速度值和速度值；

U、A ——输出电压和幅值。

② 频率响应。频率响应包括幅频响应和相频响应，用得较多的是幅频特性，就是在输入振幅不变、频率变化时，系统输出的变化。幅频特性用以确定仪器（系统）的频响范围。标定曲线一般如图 2.57 所示。

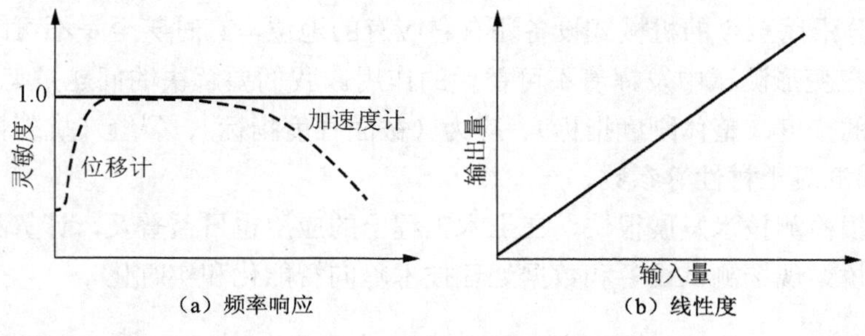

（a）频率响应　　（b）线性度

图 2.57　测振仪器系统标定曲线

③ 线性度。线性度是输入频率不变幅值变化时仪器（系统）输出的变化，用以确定仪器动态幅值的工作范围和误差，一般曲线如图 2.57（b）所示。

2）标定方法。

① 振动台标定。试验室振动台系统标定是把选定的测振传感器、放大器和记录仪器连接好，标定整套仪器的系统灵敏度、频响特性和线性度。其框图为

系统标定的准备工作要做细做好，所有仪器的编号、通道、衰减挡等都要一一记录清楚，然后以振动台的信号作输入信号。根据不同的使用要求，相应不同的增益、量级都要标定。实测回来后按实际使用情况最好再标定一次。

② 非振动台标定法。在没有振动台的情况下，标定有时也采用所谓背靠背标定法，把一枚已知其性能指标且精度高一级的测振传感器和要求标定的测振传感器背靠背安装在某个振动构件上（如标准梁），当构件振动时，两测试通道同时测出该振动信号，找出要求标定的测振传感器和标准测振传感器之间的比例关系，确定整个测试系统的灵敏度等。

这种方法不能标定测试仪器系统的幅频特性。

③ 现场标定法。采用参考点标定法，在桥梁现场做系统标定。把多个测振传感器集中在某参考点上一起测量，得到整个测振系统各通道信号之间的相互关系。这对测量振型特别需要，而且相当方便，是实际工作中经常采用的方法。

现场标定法和背靠背标定法特别适合于一些常用的测试仪器的系统标定，因为一般测振传感器及后续仪器一经制成，其幅频特性和相频特性不会再出现大的变化，而真正感兴趣的往往只是每次测试时仪器系统各通道之间的相对灵敏度等指标。

标定工作的好坏，直接影响振动测试的成败，一次试验在现场做起来往往比较快，大量工作用在准备、标定和数据分析上。此外，不同精度的标定设备会影响标定的结果，一般视试验本身内容和重要性而定。

小　结

本章重点介绍了量测设备对受载结构的力学性能参数进行观测和记录的方法、类型和仪器参数。量测设备工作原理分为非电量电测仪器、机械式仪器和光学测量仪器等。目前，非电量电测技术和多功能自动化采集仪得到了广泛应用，使得测试精度和试验效率不断提高；同时，部分沿用至今的机械式设备还有它应有的地位，有时甚至是不可缺少的；另外，光学测量仪器在变形测试中发挥着不可替代的作用。我们要解决的问题是怎样用试验手段去得到如结构的挠度（整体刚度指标）、应力（截面强度指标）、裂缝（抗裂性）、动力特性（刚度分布）和混凝土材性等参数。

近年来无损检测技术发展很快，在土木工程上的应用也日益普及，计算机信息化时代的来临，已使桥梁现场测试设备和数据处理技术趋向智能化和实时化。

思　考　题

1. 桥梁无损检测中常用到的仪器有哪些？
2. 桥梁静载检测中测试应变类仪器有哪些，它们各自的优、缺点是什么？
3. 桥梁动载检测中常用的仪器有哪些？
4. 混凝土保护层厚度检测的仪器的主要技术指标是什么？

第 3 章　桥梁结构现场检测

3.1　概　　述

桥梁现场试验是对桥梁结构工作状态进行直接测试的一种检定手段。试验的目的、任务和内容通常由实际的生产需要或科研需要所决定。

一般桥梁现场试验的任务包括：

1）检验桥梁设计与施工的质量。对于一些新建的大中型桥梁或者具有特殊设计的桥梁，在设计施工过程中必然会遇到许多新问题，为保证桥梁建设质量，施工过程中往往要求做施工监测。在竣工后一般还要求进行现场荷载试验，并把试验结果作为评定桥梁工程质量优劣的主要技术资料和依据。

2）判断桥梁结构的实际承载能力。国内许多早年建成的桥梁其设计荷载等级都偏低，难以满足现今交通发展的需要，为了加固、改建，有必要通过试验确定桥梁的实际承载能力。有时为特殊原因（如超重型车过桥或结构遭意外损伤等）也要用试验方法确定桥梁的承载能力。

3）验证桥梁结构设计理论和设计方法。桥梁工程中的新结构、新材料和新工艺创新不断，对一些理论问题的深入研究，对某种新方法、新材料的应用实践，往往都需要现场试验的实测数据。

4）桥梁结构自振特性及结构受动力荷载作用产生的动态反应的测试研究。对一些桥梁在动力荷载作用下的动态反应，大跨径轻柔结构的抗风稳定以及地震区桥梁结构的抗震性能等，都要求通过实测了解桥梁结构的自振特性和动态反应。

针对上述的工作内容，为保障桥梁荷载试验能顺利实施，首先要做好试验的总体设计和组织工作。试验组织者必须熟悉荷载试验（特别是野外实桥试验）的各个方面，并做大量细致的工作。具体来说，要做好准备阶段、荷载试验阶段和试验数据整理阶段三个阶段的工作（图 3.1）。其中准备环节是十分重要的基础工作，试验准备的好坏将直接影响整个

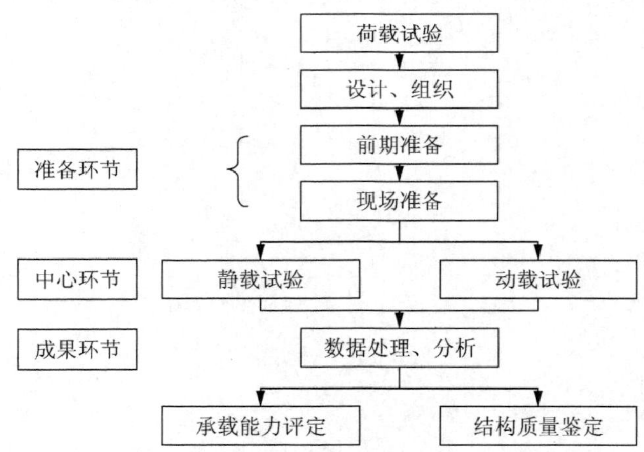

图 3.1　桥梁结构试验各环节框图

试验的质量，作为中心环节，加载试验阶段是试验成败的关键，实际也是对各项准备工作、试验人员素质等的考核。试验成果（成败得失）最终会体现在试验数据上，当然它也是进一步做结构评估、鉴定的基础。

3.2　桥梁结构缺损状况检测

根据交通部的行业标准《公路桥涵养护规范》（JTG H11—2004）和建设部的行业标准《城市桥梁养护技术规范》（CJJ 99—2009）的规定，公路桥梁和市政桥梁在运营期间应按一定的周期对桥梁结构进行经常性检查、定期检查和特殊检查，通过结构检查对桥梁的缺损状况进行等级评定。对于公路桥梁，《公路桥涵养护规范》（JTG H11—2004）规定，桥梁检查分为经常检查、定期检查和特殊检查。

1）经常检查主要指对桥面设施、上部结构、下部结构及附属构造物的技术状况进行的巡查。

2）定期检查为评定桥梁使用功能，制订管理养护计划提供基本数据，对桥梁主体结构及附属构造物的缺损状况进行的全面检查，为桥梁养护管理系统搜集结构技术状态的动态数据。

3）特殊检查是查清桥梁的病害原因、破损程度，评价结构承载能力、抗灾能力，确定桥梁技术状况的一系列工作，特殊检查又分为专门检查和应急检查。

① 专门检查：根据经常检查和定期检查的结果，对需要进一步判明损坏原因、缺损程度或使用能力的桥梁，针对病害进行专门的现场试验检测、验算与分析等鉴定工作。

② 应急检查：当桥梁受到灾害性损伤后，为了查明破损状况，采取应急措施，组织恢复，对结构进行的详细检查和鉴定工作。

桥梁荷载试验就属于特殊检查的范畴。经常性检查一般由桥梁养管部门负责，定期检查和特殊检查由具有相应资质的专业检测机构承担。《城市桥梁养护技术规范》（CJJ 99—2009）规定，城市桥梁根据其所在道路系统中的地位，将其养护类别分为 5 类，并将这 5 类桥梁的养护等级分为三等。根据交通部的行业标准《公路桥涵养护规范》（JTG H11—2004）和建设部的行业标准《城市桥梁养护技术规范》（CJJ 99—2009）的规定，也均分为经常性检查、定期检测和特殊检查。

1. 经常性检查

经常性检查的周期根据桥梁技术状况而定，一般每月不得少于一次，汛期应加强不定期检查；经常检查采用目测方法，也可配以简单工具进行测量，当场填写“桥梁经常检查记录表”，现场要登记所检查项目的缺损类型，估计缺损范围及养护工作量，提出相应小保养措施，为编制辖区内的桥梁养护（小修保养）计划提供依据；经常检查中发现桥梁重要部件存在明显缺损时，应及时向上级提交专项报告。经常检查应包括下列内容：

1）外观是否整洁，有无杂物堆积，杂草蔓生。构件表面的涂装层是否完好，有无损坏、老化变色、开裂、起皮、剥落、锈迹。

2）桥面铺装是否平整，有无裂缝、局部坑槽、积水、沉陷、波浪、碎边；混凝土桥面是否有剥离、渗漏，钢筋是否露筋、锈蚀，缝料是否老化、损坏，桥头有无跳车。

3）排水设施是否良好，桥面泄水管是否堵塞和破损；伸缩缝是否堵塞卡死，连接部件有无松动、脱落、局部破损；人行道、缘石、栏杆、扶手、防撞护栏和引道护栏（柱）有无撞坏、断裂、松动、错位、缺件、剥落、锈蚀等。

4）观察桥梁结构有无异常变形，异常的竖向振动、横向摆动等情况，然后检查各部件的技术状况，查找异常原因。

5）支座是否有明显缺陷，活动支座是否灵活，位移量是否正常。支座的经常检查一般可以每季度一次。

6）桥位区段河床冲淤变化情况。

7）基础是否受到冲刷损坏、外露、悬空、下沉，墩台及基础是否受到生物腐蚀；墩、台是否受到船只或漂浮物撞击而受损；翼墙（侧墙、耳墙）有无开裂、倾斜、滑移、沉降、风化剥落和异常变形；锥坡、护坡、调治构造物有无塌陷、铺砌面有无缺损、勾缝脱落、灌木杂草丛生。

8）交通信号、标志、标线、照明设施以及桥梁其他附属设施是否完好；其他显而易见的损坏或病害。

2. 定期检查

定期检查的时间应根据结构检测技术状况确定，最长不得超过三年。新建桥梁交付使用一年后，进行第一次全面检查；临时桥梁每年检查不少于一次；当在经常检查中发现重要部（构）件的缺损明显达到三、四、五类技术状况时，应立即安排一次定期检查。

定期检查是以目测观察结合仪器观测进行，必须接近各部件仔细检查其缺损情况。定期检查的主要工作内容有：

1）确定现场校核桥梁基本数据。

2）现场填写“桥梁定期检查记录表”，记录各部件缺损状况并做出技术状况评分。

3）现场判断构件缺损原因，确定维修范围及方式。

4）对难以判断损坏原因和程度的部件，提出特殊检查（专门检查）的要求。

5）对损坏严重、危及安全运行的危桥，提出限制交通或改建的建议。

依据上述定期检查的主要工作内容，从桥梁的基本组成和类型入手，对桥梁结构基本组成中的桥面系构造、支座、墩台与基础，以及桥梁的基本类型中的钢筋混凝土和预应力混凝土梁桥、拱桥、钢桥、悬索桥和斜拉桥的定期检查具体包含的内容如下。

（1）桥梁的基本组成

1）桥面系构造的定期检查，包括桥面铺装层纵、横坡是否顺适，有无严重的裂缝（龟裂、纵横裂缝）、坑槽、波浪、桥头跳车、防水层漏水；伸缩缝是否有异常变形、破损、脱落、漏水，是否造成明显的跳车；人行道构件、栏杆、护栏有无撞坏、断裂、错位、缺件、剥落、锈蚀等；桥面排水是否顺畅，泄水管是否完好、畅通，桥头排水沟功能是否完好，锥坡有无冲蚀、塌陷；桥上交通信号、标志、标线、照明设施是否损坏、老化、失效，是否需要更换；桥上避雷装置是否完善，避雷系统性能是否良好；桥上航空灯、航道灯是否完好，能否保证正常照明。结构物内供养护检修的照明系统是否完好；桥上的路用通信、供电线路及设备是否完好。

2）支座的定期检查，包括支座组件是否完好、清洁，有无断裂、错位、脱空；活动支座是否灵活，实际位移量是否正常，固定支座的锚销是否完好；支承垫石是否有裂缝；简易支座的油毡是否老化、破裂或失效；橡胶支座是否老化、开裂，有无过大的剪切变形或压缩变形，各夹层钢板之间的橡胶层外凸是否均匀；四氟滑板支座是否脏污、老化，四氟乙烯板是否完好，橡胶块是否滑出钢板；盆式橡胶支座的固定螺栓是否剪断，螺母是否松动，钢盆外露部分是否锈蚀，防尘罩是否完好；组合式钢支座是否干涩、锈蚀，固定支座的锚栓是否紧固，销板或销钉是否完好；摆柱支座各组件相对位置是否准确，受力是否均匀；辊轴支座的辊轴是否出现不允许的爬动、歪斜；摇轴支座是否倾斜；钢筋混凝土摆柱支座的柱体有无混凝土脱皮、开裂、露筋，钢筋及钢板有无锈蚀。

3）墩台与基础的检查，包括墩台及基础有无滑动、倾斜、下沉或冻拔；台背填土有无沉降或挤压隆起；混凝土墩台及帽梁有无冻胀、风化、开裂、剥落、露筋等；石砌墩台有无砌块断裂、通缝脱开、变形，砌体泄水孔是否堵塞，防水层是否损坏；墩台顶面是否清洁，伸缩缝处是否漏水；基础下是否发生不许可的冲刷或淘空现象，扩大基础的地基有无侵蚀。桩基顶段在水位涨落、干湿交替变化处有无冲刷磨损、颈缩、露筋，有无环状冻裂，是否受到污水、咸水或生物的腐蚀。必要时对大桥、特大桥的深水基础应派潜水员潜水检查；调治构造物是否完好，功能是否适用，桥位段河床是否有明显的冲淤或漂浮物堵塞现象。桥梁检查中发现的各种缺损均应在现场用油漆等将其范围及日期标记清楚。

（2）按桥梁受力特点

1）钢筋混凝土和预应力混凝土梁桥的定期检查，包括梁端头、底面是否损坏，箱形梁内是否有积水，通风是否良好；混凝土有无裂缝、渗水、表面风化、剥落、露筋和钢筋锈蚀，有无碱集料反应整体龟裂现象；混凝土表面有无严重碳化；预应力钢束锚固区段混凝土有无开裂，沿预应力筋的混凝土表面有无纵向裂缝；梁（板）式结构的跨中、支点及变截面处，悬臂端牛腿或中间铰部位，刚构的固结处和桁架节点部位，混凝土是否开裂、缺损和出现钢筋锈蚀。对于装配式梁桥还应注意检查联结部位的缺损状况，这里包括组合梁的桥面板与梁的结合部位及预制桥面板之间的接头处混凝土有无开裂、渗水；横向联结构件是否开裂，连接钢板的焊缝有无锈蚀、断裂，边梁有无横移或向外倾斜等情况。

2）拱桥的定期检查，包括主拱圈的拱板或拱肋是否开裂。钢筋混凝土拱有无露筋、钢筋锈蚀；圬工拱桥砌块有无压碎、局部掉块，砌缝有无脱离或脱落、渗水，表面有无苔藓、草木滋生，拱铰工作是否正常；空腹拱的小拱有无较大的变形、开裂、错位，立墙或立柱有无倾斜、开裂；拱上立柱（或立墙）上下端、盖梁和横系梁的混凝土有无开裂、剥落、露筋和锈蚀；中、下承式拱桥的吊杆上下锚固区的混凝土有无开裂、渗水，吊杆锚头附近有无锈蚀现象，外罩是否有裂纹，锚头夹片、楔块是否发生滑移，吊杆钢索有无断丝；采用型钢或钢管混凝土芯的劲性骨架拱桥，混凝土是否沿骨架出现纵向或横向裂缝；拱的侧墙与主拱圈间有无脱落，侧墙有无鼓突变形、开裂，实腹拱拱上填料有无沉陷；肋拱桥的肋间横向联结是否开裂、表面剥落、钢筋外露、锈蚀等；双曲拱桥拱肋间横向联结拉杆是否松动或断裂，拱波与拱肋结合处是否开裂、脱开，拱波之间砂浆有无松散脱落，拱波顶是否开裂、渗水等；薄壳拱桥壳体纵、横向及斜向是否出现裂缝及系杆是否开裂；系杆拱的系杆是否开裂，无混凝土包裹的系杆是否有锈蚀；钢管混凝土拱桥裸露部分的钢管及构件检查参见钢桥检查有关内容，同时还应检查管内混凝土是否填充密实。

3）钢桥的定期检查，包括构件（特别是受压构件）是否扭曲变形、局部损伤；铆钉和螺栓有无松动、脱落或断裂，节点是否滑动、错裂；焊缝边缘（热影响区）有无裂纹或脱开；油漆层有无裂纹、起皮、脱落，构件有无锈蚀；钢箱梁封闭环境中的湿度是否符合要求，除湿设施是否工作正常；

4）悬索桥和斜拉桥的定期检查，包括检查索塔高程、塔柱倾斜度、桥面高程及梁体纵向位移，注意是否有异常变位；检测索体振动频率、索力有无异常变化；每观测周期不超过 6 年；主梁或加劲梁的检查，按预应力混凝土及钢结构的相应要求进行；悬索桥的锚碇及锚杆有无异常的拔动，锚头、散索鞍有无锈蚀破损，锚室（锚洞）有无开裂、变形、积水，温、湿度是否符合要求；主缆、吊杆及斜拉索的表面封闭、防护是否完好，有无破损、老化；悬索桥的索鞍是否有异常的错位、卡死、辊轴歪斜，构件是否有锈蚀、破损，主缆索跨过索鞍部分是否有挤扁现象；悬索桥吊杆上端与主缆索的索夹是否有松动、移位和破损，下端与梁连接的螺栓有无松动；逐束检测索体是否开裂、鼓胀及变形，必要时可剥开护套检查索内干湿情况和钢索的锈蚀情况；检查后应做好保护套剥开处的防护处理；逐个检查锚具及周围混凝土的情况，锚具是否渗水、锈蚀，是否有锈水流出的痕迹，周围混凝土是否开裂；必要时可打开锚具后盖抽查锚杯内是否积水、潮湿，防锈油是否结块、乳化失效，锚杯是否锈蚀；逐个检查索端出索处钢护筒、钢管与索套管连接处的外观情况；检查钢护筒是否松动脱落、锈蚀、渗水，抽查连接处钢护筒内防水垫圈是否老化失效，筒内是否渐湿积水；索塔的爬梯、检查门、工作电梯是否可靠安全，塔内的照明系统是否完好。

3. 特殊检查

如桥梁结构进行特殊检查，必须委托有相应资质和能力的单位承担。当结构出现：定期检查中难以判明损坏原因及程度；桥梁结构的技术状况为四、五类者；拟通过加固手段提高荷载等级的桥梁等某一种情况时，都需进行特殊检查。此外，特殊检查还应根据桥梁的破损状况和性质，采用仪器设备进行现场测试、荷载试验及其他辅助试验，针对桥梁现状进行检算分析，形成鉴定结论。一般桥梁特殊检查应根据需要对以下三个方面问题做出鉴定成果：

1）桥梁结构材料缺损状况，包括对材料物理、化学性能退化程度及原因的测试鉴定；结构或构件开裂状态的检测及评定。

2）桥梁结构承载能力，包括对结构强度、稳定性和刚度的检算、试验和鉴定。

3）桥梁防灾能力，包括桥梁抵抗洪水、流冰、风、地震及其他地质灾害等能力的检测鉴定。

综上所述，桥梁结构材料缺损状况检测，应根据鉴定要求和缺损的类型、位置，依据相应的规范，合理选择与确定检测的方法和内容。

3.3 桥梁材质状况与状态参数检测

桥梁结构构件材质状况与耐久性反映了结构构件的技术状况，直接影响桥梁结构的整体使用性能和承载能力。无损检测技术的发展为结构构件材质状况与耐久性的测定提供了手段，但过去在结构检算分析时检算系数主要依据专家经验确定，检测结果无法定量化应用。而随着桥梁科研和检测工程实践的不断深入，我们已可能对结构构件材质状况与耐久性进行检测，并根据检测情况确定各评价指标的评定标度，以此确定结构检算时的相关系数，以便定量、半定量地使用检测结果。现场桥梁材质检测包含下列内容：外观损伤、混凝土强度、钢筋锈蚀电位、混凝土中氯离子含量、混凝土中钢筋分布及保护层厚度、混凝土碳化深度、混凝土电阻率、混凝土内部缺陷等。

3.3.1　混凝土结构强度的检测

结构混凝土强度的检测方法可分为无损检测、半破损检测和破损检测。本节对目前常用的回弹法、超声回弹综合法、取芯法、回弹结合取芯法等测定混凝土强度的常用方法进行介绍。

为了突出混凝土桥梁结构的行业特殊性，混凝土强度检测评定分为结构或构件的强度检测评定与承重构件的主要受力部位的强度检测评定。如主梁，根据具体检测目的和检测要求，选择合适的方法进行检测时，可对主梁整个（批）构件进行检测评定，也可对主梁跨中部位进行混凝土强度的检测评定，但测区布置必须满足相关的规范规定。

原则上对结构不采取破损检测，但在其他方法不能准确评定结构（构件）或承重构件主要受力部位的混凝土强度时，应采用取芯法或取芯法结合其他方法综合评定。在结构上钻、截取试件时，应尽量选择在承重构件的次要部位或次要承重构件上，并采取有效措施，确保结构安全。钻、截取试件后，还应及时进行修复或加固处理。

1. 回弹法

回弹法属于表面硬度法的一种，其原理是混凝土的强度与其表面硬度存在内在联系，通过测量混凝土表面硬度来推定混凝土抗压强度。回弹法是混凝土结构现场检测中最常用的一种非破损检测方法。利用回弹仪的弹簧驱动重锤，通过弹击杆弹击混凝土表面，并测出重锤被反弹回来的距离，以回弹值（反弹距离与弹簧初始长度之比）作为与强度相关的指标。

（1）测试方法与回弹测量

1）测区选择及回弹测量。在正常情况下，混凝土强度的检验与评定应按现行国家标准《混凝土结构工程施工质量验收规范》[GB 50204—2002（2011 年版）]及《混凝土强度检验评定标准》（GB/T 50107—2010）规定执行。取一个构件混凝土作为评定混凝土强度的最小单元，至少取 10 个测区。测区宜均匀布置在构件的检测面上，两个相邻测区的间距不宜大于 2m，测区的大小宜为 20cm×20cm，以能容纳 16 个回弹测点为宜。测区表面应清洁、平整、干燥，尽量选择混凝土浇筑侧面进行水平方向测试，测区应避开外露钢筋和预埋钢板。测点宜在测区范围内均匀分布，相邻两测点的净距一般不小于 20mm，测点距构件边缘或外露钢筋、预埋件的距离一般不小于 30mm，测点应避开气孔和外露石子，同一测点只允许弹击一次，每一测区的两个测试面各弹击 8 个回弹值，如果一个测区只有一个测面，则需弹击 16 个回弹值。检测时，回弹仪的轴线应始终垂直于结构或构件的混凝土检测面，缓慢施压，准确读数，快速复位。

2）碳化深度测量。对于既有桥梁，由于受到大气中二氧化碳的作用，使混凝土表层的氢氧化钙逐渐形成碳酸钙而变硬，使测得的回弹值偏大，此时需根据碳化深度对回弹值进行修正。碳化深度的测量可采用适当的工具在测区表面形成直径约 15mm 的孔洞，其深度应大于预计的碳化深度。清除洞中的粉末和碎屑后（注意不能用液体冲洗），立即用 1%～2%的酚酞酒精溶液滴在孔洞内壁，碳化部分的混凝土不变色，而未碳化部分的混凝土会变成紫红色，然后用碳化深度测定仪等工具测量 3 次，取其平均值，每次读数应精确至 0.25mm。

3）回弹值的计算及修正。当回弹仪水平方向弹击混凝土浇筑侧面时，应从该测区的 16 个回弹值中剔除 3 个最大值和 3 个最小值，对余下 10 个数据作平均处理。

$$R_m = \sum_{i=1}^{10} \frac{R_i}{10} \tag{3.1}$$

式中：R_m——测区回弹均值，精确至 0.1；

R_i——第 i 个测点的回弹值。

当回弹仪非水平方向检测混凝土浇筑侧面时，测得的回弹值应进行角度修正，即

$$R_m = R_{m\alpha} + \Delta R_\alpha \tag{3.2}$$

式中：R_m——测试角度为 α 时的测区回弹均值，精确至 0.1；

ΔR_α——测试角度为 α 的回弹修正值，按表 3.1 取用。

表 3.1 不同测试角度 α 的回弹修正值

R_m	α 向上				α 向下			
	+90	+60	+45	+30	−30	−45	−60	−90
20	−6.0	−5.0	−4.0	−3.0	+2.0	+2.5	+3.0	+3.5
30	−5.0	−4.0	−3.5	−2.5	+2.0	+2.5	+3.0	+3.5
40	−4.0	−3.5	−3.0	−2.0	+1.5	+2.0	+2.5	+3.0
50	−3.5	−3.0	−2.5	−1.5	+1.0	+1.5	+2.0	+2.5

当水平方向检测混凝土浇筑顶面或底面时，测得的回弹值应进行测试面修正，即

$$R_m = R_{ms} + \Delta R_s \tag{3.3}$$

式中：R_{ms}——在混凝土浇筑顶面或底面测试时的测区回弹均值，精确至 0.1；

ΔR_s——在混凝土浇筑顶面或底面测试时的回弹修正值，按表 3.2 采用。

表 3.2 不同测面的回弹修正值

R_{ms}	ΔR_s		R_{ms}	ΔR_s	
	顶面	底面		顶面	底面
20	+2.5	3.0	40	+0.5	1.0
25	+2.0	2.5	45	0	0.5
30	+1.5	2.0	50	0	0
35	+1.0	1.5	—	—	—

当仪器处于非水平状态，同时构件测区又非混凝土的浇筑侧面，则应对测得的回弹值先进行角度修正，再进行顶面或底面修正。

（2）回弹测强曲线

回弹法测定结构混凝土强度的基本依据就是回弹值与混凝土抗压强度之间的相关性。这种相关性可用相关曲线（或公式）表示，通常称之为测强曲线。目前国内基准曲线有统一曲线、地区曲线、专用曲线，详见表 3.3。应用最广泛的是采用回弹值和碳化深度两个指标按全国统一曲线来推定混凝土强度。

（3）混凝土强度计算

根据实测各个测区的回弹均值 R_m 和平均碳化深度 d_m，利用《回弹法检测混凝土抗压强度技术规程》（JGJ/T 23—2011）附录 A（全国统一测强曲线）查表得到结构或构件各个测区的混凝土强度换算值。

规程 JGJ/T 23—2011 规定：用回弹法检测混凝土强度时，除给出强度推定值外，对于

测区数小于 10 个的构件，还要给出平均强度值测区最小强度值；测区数大于或等于 10 个的构件，还要给出标准差。

表 3.3　回弹法测强曲线

名称	统一曲线	地区曲线	专用曲线
定义	由全国具有代表性的材料、成型、养护工艺配置的混凝土试块，通过大量的破损与非破损试验所建立的曲线	由本地区具有代表性的材料、成型、养护工艺配置的混凝土试块，通过较多的破损与非破损试验所建立的曲线	由与构件混凝土相同的材料、成型、养护工艺配置的混凝土试块，通过一定数量的破损与非破损试验所建立的曲线
适用范围	适用于无地区曲线或专用曲线检测符合规定条件的构件或结构混凝土强度	适用于无专用曲线时检测符合规定条件的构件或结构混凝土强度	适用于检测与该构件相同条件的混凝土强度
误差	测强曲线平均相对误差≤±15%，相对标准差≤18%	测强曲线平均相对误差≤±14%，相对标准差≤17%	测强曲线平均相对误差≤±12%，相对标准差≤14%

1）混凝土强度均值及标准差。结构或构件混凝土强度平均值可根据各测区的混凝土强度换算值计算，当测区数大于或等于 10 个构件时，应给出计算强度标准差，即

$$m_{f_{\mathrm{cu}}^c}=\frac{\sum_{i=1}^{n}f_{\mathrm{cu},i}^c}{n} \tag{3.4}$$

$$S_{f_{\mathrm{cu}}^c}=\sqrt{\frac{\sum_{i=1}^{n}(f_{\mathrm{cu},i}^c)^2-n(m_{f_{\mathrm{cu}}^c})^2}{n-1}} \tag{3.5}$$

式中：$m_{f_{\mathrm{cu}}^c}$ ——结构或构件测区混凝土强度换算值的平均值，精确至 0.1MPa；

n ——对于单个检测构件，取一个构件的测区数；对于批量检测的构件，取被抽检构件测区数之和；

$S_{f_{\mathrm{cu}}^c}$ ——结构或构件测区混凝土强度换算值的标准差，精确至 0.1MPa。

2）混凝土强度推定值。结构或构件混凝土强度推定值（$f_{\mathrm{cu},e}$）是指相应于强度换算值总体分布中，保证率不低于 95%的结构或构件中的混凝土抗压强度值，按下列公式确定：

① 当该结构或构件测区数少于 10 个时

$$f_{\mathrm{cu},e}=f_{\mathrm{cu,min}}^c \tag{3.6}$$

式中：$f_{\mathrm{cu,min}}^c$ ——结构或构件测区混凝土强度换算值的最小值。

② 当该结构或构件测区混凝土强度值中出现了小于 10.0MPa 时

$$f_{\mathrm{cu},e}<10.0 \tag{3.7}$$

③ 当该结构或构件测区数不少于 10 个或按批量检测时，应计算为

$$f_{\mathrm{cu},e}=m_{f_{\mathrm{cu}}^c}-1.645S_{f_{\mathrm{cu}}^c} \tag{3.8}$$

3）对于按批量检测的构件，当该批构件混凝土强度标准差出现下列情况之一时，则该批构件应按照单个构件的要求进行全部检测：

① 当该批构件混凝土强度平均值小于 25 MPa，$S_{f_{\mathrm{cu}}^c}>4.5$ MPa 时；

② 当该批构件混凝土强度平均值不小于 25 MPa 且不大于 60 MPa，$S_{f_{\mathrm{cu}}^c}>5.5$ MPa 时。

2. 超声回弹综合法

超声回弹综合法是指采用超声波检测仪和回弹仪，在结构或构件混凝土的同一测区分

别测量超声声速和回弹值，再利用已建立的测强公式，推算混凝土强度的方法。

（1）超声波检测混凝土强度

超声波检测混凝土强度的基本依据是利用超声波传播速度与混凝土强度之间的相关性，通过声速间接测定混凝土强度。超声波脉冲实质上是超声检测仪的高频电振荡激励压电晶体发出的超声波在介质中的传播。混凝土强度越高，相应的超声波声速也越大。经过实验归纳建立混凝土强度与声速的关系曲线（ $f_{cu}^c - v$ ）或经验公式，目前常用的相关关系表达式有：

抛物线方程
$$f_{cu}^c = A + Bv + Cv^2 \tag{3.9}$$

幂函数方程
$$f_{cu}^c = Av^B \tag{3.10}$$

指数函数方程
$$f_{cu}^c = Ae^{Bv} \tag{3.11}$$

式中：f_{cu}^c ——混凝土抗压强度换算值；

v ——超声波在混凝土中的传播速度；

A 、B 、C ——经验系数。

超声波检测混凝土强度测区确定的原则是：每个构件一般少于 10 个测区，间距小于 2m，均匀分布；尽量选两浇筑侧面，定位准确，避开钢筋；对混凝土表面要进行处理，保证良好耦合。每个测区应在相对测试面上对应布置 3 个测点，并且发射和接收换能器应在同一轴线上。

测区声速计算

$$v = \frac{l}{t_m} \tag{3.12}$$

$$t_m = \frac{t_1 + t_2 + t_3}{3} \tag{3.13}$$

式中：v ——测区声速值，km/s，精确至 0.01km/s；

l ——超声波检测距离，mm，精确至 1.0mm，且测量误差不超过±1%；

t_m ——测区平均声时值，μs，精确至 0.1μs；

t_1 、t_2 、t_3 ——分别为测区中 3 个测点的声时值，μs，精确至 0.1μs。

当测试面为混凝土的顶面与底面时，由于顶面砂浆较多强度偏低，底面粗骨料较多强度偏高，综合起来与成型侧面是有区别的，此外浇筑表面的不平整会使声速偏低，此时应进行声速修正：

$$v_a = 1.034v \tag{3.14}$$

式中：v_a ——修正后的测区声速值，km/s。

根据试验测得的声速，可按 $f_{cu}^c - v$ 曲线求得混凝土的强度换算值。

（2）超声回弹综合法检测混凝土强度

超声回弹综合法检测混凝土强度技术，实质上就是超声法和回弹法的综合测试，因此，其有关检测方法与前述相同，在选定测区内分别进行超声测试和回弹测试，得到声速值和回弹值，可优先采用专用测强曲线或地区测强曲线推定混凝土强度。当无专用和地区测强曲线时，按《超声回弹综合法检测混凝土强度技术规程》（CECS02：2005）附录 D 通过验证后，可按该规程附录 C 规定的全国统一测区混凝土抗压强度换算表换算，也可按下列全国统一测区混凝土抗压强度换算公式计算：

当粗骨料为卵石时　$$f_{cu,i}^{c}=0.0056v_{ai}^{1.439}R_{ai}^{1.769} \tag{3.15}$$

当粗骨料为碎石时　$$f_{cu,i}^{c}=0.00162v_{ai}^{1.656}R_{ai}^{1.410} \tag{3.16}$$

式中：$f_{cu,i}^{c}$——第 i 个测区混凝土抗压强度换算值，MPa，精确至 0.1MPa；

v_{ai}——第 i 个测区修正后的超声声速，km/s，精确至 0.01km/s；

R_{ai}——第 i 个测区修正后的回弹值，精确至 0.1。

当结构或构件所采用的材料及其龄期与制定测强曲线所采用的材料及其龄期有较大差异时，应采用同条件立方体试件或从结构或构件测区中钻取的混凝土芯样试件的抗压强度进行修正。试件数量不应少于 4 个。此时采用式（3.15）和式（3.16）计算的测区混凝土抗压强度换算值应乘以下修正系数 h。

采用同条件立方体试件修正时

$$h=\frac{1}{n}\sum_{i=1}^{n}\frac{f_{cu,i}^{o}}{f_{cu,i}^{c}} \tag{3.17}$$

采用混凝土芯样试件修正时

$$h=\frac{1}{n}\sum_{i=1}^{n}\frac{f_{cor,i}^{o}}{f_{cu,i}^{c}} \tag{3.18}$$

式中：h——修正系数，精确至小数点后两位；

$f_{cu,i}^{c}$——对应于第 i 个立方体试件或芯样试件的混凝土抗压强度换算值，MPa，精确至 0.1MPa；

$f_{cu,i}^{o}$——第 i 个混凝土立方体试件的抗压强度实测值，MPa，精确至 0.1MPa；

$f_{cor,i}^{c}$——第 i 个混凝土芯样试件的抗压强度实测值，MPa，精确至 0.1MPa；

n——试件数量。

结构或构件混凝土强度的推定与上述回弹法中的提到的“混凝土强度”计算相同。

（3）综合法的优点

与单一的回弹法或超声法相比，超声回弹综合法有以下优点：

1）弥补相互间的不足。回弹值主要以表层混凝土的弹性性质来反映混凝土强度，当构件截面尺寸较大或内钞质量有较大差异时，就很难反映混凝土的实际强度。超声声速主要反映结构材料的弹性性质和材料内部的信息，但对于强度较高（>35MPa 时）的混凝土，其“$f_{cu}^{c}-v$”相关性较差。因此，使用超声回弹综合法测试混凝土强度，可以内外结合，相互弥补各自的不足，能够较准确地反映混凝土的实际强度信息。

2）减少混凝土龄期和含水率的影响。混凝土龄期长，超声波声速变化不明显，而回弹值则因混凝土碳化程度增大而提高；混凝土含水率大，超声波声速偏高而回弹值偏低。因此，两者综合起来可以部分减少龄期和含水率的影响。

3）提高测试精度。由于综合法减少了一些因素的影响程度，较为全面地反映了混凝土的整体质量，所以对提高测试精度具有明显效果。

3. 其他测试方法

混凝土强度测试方法还包括钻芯法、拔出法、射击法等。这些半破损法的特点是采用局部破坏获取混凝土强度信息，结果较为直观，但会造成结构物的局部破损，不宜进行大面积检测。

（1）钻芯法

在混凝土结构上直接钻取芯样，对芯样加工后进行抗压强度试验，是一种直观可靠的检测混凝土强度的试验方法，但对构件损伤较大且成本较高。

芯样试件的混凝土强度换算值采用

$$f_{cu}^{c}=\alpha\frac{4F}{pd^{2}} \tag{3.19}$$

式中：f_{cu}^{c}——芯样试件混凝土圆柱体抗压强度，精确至 0.1MPa；

F——极限荷载，N；

d——芯样试件的平均直径，mm；

α——不同高径比的芯样试件抗压强度尺寸修正系数。

对于现场采用的非标准试件（高径比不为 2），则应根据交通部行业标准《公路工程水泥及水泥混凝土试验规程》（JTG E30—2005）T0554—2005 条款有关规定进行修正。

混凝土抗压强度要求同龄期者为一组，每组为三个同条件制作和养护的混凝土试块。以三个试件的算术平均值作为测定值，三个测值中的最大值或最小值有一个值与中间值之差超过中间值的 15%，则取中间值为测定值；如果最大值和最小值与中间值之差均超过中间值的 15 %，则该组试件无效。

由于混凝土的抗压强度与其含水量的不同而有所差异，按照交通部规范的要求，试件应保持结构原有的湿度进行试验，但由于取芯时要用水对钻芯机钻头进行冷却，芯样取出后的湿度已不可能与原结构的状态相同。可以参照中国工程建设标准化协会标准《钻芯法检测混凝土强度技术规程》（CECS03：2007）的有关规定进行处理。预应力混凝土结构，考虑到结构的安全性，一般应避免进行钻芯取样。

（2）拔出法

采用拔出法作为混凝土强度的推定依据时，必须按已建立的拔出力与立方体抗压强度之间的相关关系曲线，由拔出力确定混凝土的抗压强度。目前国内拔出法测强曲线一般都采用一元回归直线方程。

$$f_{cu}^{c}=aF+b \tag{3.20}$$

式中：f_{cu}^{c}——测点混凝土强度换算值，精确至 0.1MPa；

F——测点拔出力，精确至 0.1kN；

a、b——回归系数。

3.3.2　钢筋锈蚀电位的检测

1. 概述

钢筋混凝土结构物的耐久性问题越来越引起人们的重视，而钢筋锈蚀则是影响结构物耐久性的主要因素之一，随着工业污染及建筑结构的老化，钢筋锈蚀问题越来越突出，直接影响到结构物的安全使用。

钢筋锈蚀是一个电化学过程，这已为人们所共知，然而电化学过程的起始与发展还取决于许多复杂的因素，一些工程技术人员往往不重视或不甚了解这些因素的作用原理与钢筋锈蚀的密切关系，甚至在设计、施工及使用过程中增加一些不利的人为因素，使结构物过早出现腐蚀问题。此外，一切防护措施，均应在全面分析和了解影响钢筋锈蚀的各种因素的基础上制订和实施，方能得到预期的效果。

下面以硅酸盐水泥为例，介绍一下混凝土中钢筋表面钝化膜的破坏与腐蚀半电池的形成机理。

硅酸盐水泥，水化过程产生一定的碱，方程式如下：

$$2[3CaO \cdot SiO_2] + H_2O \longrightarrow 3CaO \cdot 2S_iO_2 \cdot 3H_2O + 3Ca(OH)_2 \tag{3.21}$$

$Ca(OH)_2$ 一部分溶解于混凝土的液相中，使混凝土 pH 在 13～14，另一部分则沉淀于混凝土的微孔中，处于强碱环境中的钢筋，其表面生成致密氧化膜，使钢筋处于钝化状态，同时混凝土对钢筋也起着物理保护作用。

混凝土通常是具有连续贯通的毛细孔隙，起初这些毛细孔隙被水泥水化过程中所产生的自由水和固体 $Ca(OH)_2$ 所填塞，但是，暴露在空气中的混凝土随着时间的推移，会逐渐释放一部分自由水，在干燥过程中，混凝土中的水分挥发，其原来占有的孔隙空间就会被空气所填补，通常空气中包含着大量的 CO_2 和酸性气体，它们能与混凝土中的碱性成分起反应，大气中 CO_2、SO_2、SO_3 能中和混凝土中的 $Ca(OH)_2$，即

$$\left.\begin{array}{l} CO_2 + Ca(OH)_2 \longrightarrow CaCO_3 + H_2O \\ SO_2 \longrightarrow CaSO_3 \\ SO_3 \longrightarrow CaSO_4 \end{array}\right\} \tag{3.22}$$

这就是我们所说的混凝土碳化。混凝土碳化会使得混凝土的 pH 降低，当 pH 小于 11 时，这时混凝土中钢筋表面的致密钝化膜就被破坏，不仅如此，$CaSO_3$、$CaSO_4$ 还会与水泥水化产物中的铝酸三钙反应，生成物体积增大，从而使混凝土胀裂，这就是硫酸盐侵蚀破坏。

常说的碱性集料反应或者叫碱性反应破坏机理，也与此相似。当混凝土中的碱浓度超过一定临界值后，集料中像微晶和隐晶硅等活性矿料就会起化学反应而生成一种凝胶，而这种凝胶往往是吸水膨胀的，一旦混凝土遭受水的侵蚀，就使凝胶膨胀，从而产生过高的内应力，导致混凝土胀裂，这样一来就加快了混凝土表面剥落。

2. 半电池电位法

半电池电位法是利用混凝土中钢筋锈蚀的电化学反应引起的电位变化来测定钢筋锈蚀状态的一种方法。通过测定钢筋/混凝土半电池电极与混凝土表面的铜/硫酸铜参考电极之间电位差的大小，评定混凝土中钢筋的锈蚀活化程度。

此方法用于检测混凝土中钢筋的锈蚀活化程度。已经干燥到绝缘状态的混凝土或已发生脱空层离的混凝土表面，测试时不能提供稳定的电回路，不适用本方法。对特殊环境，如海水浪溅区、处于盐雾中的混凝土结构等，不具有普遍适用性。

电位的测量须由有经验的、从事结构检测的工程师或相关技术专家检测并解释，除了半电池电位测试之外，有必要使用其他数据，如氯离子含量、碳化深度、层离状况、混凝土电阻率和所处环境调查等，以形成关于钢筋腐蚀活动及其对结构使用寿命可能产生的影响。

3. 测试方法

（1）测区的选择与测点布置

1）钢筋锈蚀状况检测范围应为主要承重构件或承重构件的主要受力部位，或根据一般

检查结果有迹象表明钢筋可能存在锈蚀的部位。测区不应有明显的锈蚀胀裂、脱空或层离现象。

2）在测区上布置测试网格，网格节点为测点，网格间距可选 20cm×20cm、30cm×30cm、20cm×10cm 等，根据构件尺寸而定，测点位置距构件边缘应大于 5cm，一般不宜少于 20 个测点。

3）当一个测区内存在相邻测点的读数超过 150mV 时，通常应减小测点的间距。

4）测区应统一编号，注明位置，并描述外观情况。

（2）混凝土表面处理

用钢丝刷、砂纸打磨测区混凝土表面，去除涂料、浮浆、污迹、尘土等，并用接触液将表面润湿。

（3）铜/硫酸铜电极的准备

饱和硫酸铜溶液由硫酸铜晶体溶解在蒸馏水中制成占当有多余的未溶解硫酸铜结晶体沉积在溶液底部时。可以认为该溶液是饱和的。电极铜棒应清洁，无明显缺陷；否则，需用稀释盐酸溶液清洁铜棒，并用蒸馏水彻底冲净。硫酸铜溶液应注意更换，保持清洁，溶液应充满电极，以保证电连接。

（4）测量值的采集

测点读数变动不超过 2mV，可视为稳定。在同一测点，同一支参考电极，重复测读的差异不超过 10mV；不同的参考电极重复测读的差异不超过 20mV。若不符合读数稳定要求，应检查测试系统的各个环节。

4. 影响测量准确度的因素及修正

混凝土含水率对测值的影响较大，测量时构件应处在自然干燥状态。为提高现场评定钢筋状态的可靠度。一般要进行现场比较性试验。

现场比较性试验通常按已暴露钢筋的锈蚀程度不同。在它们的周围分别测出相应的锈蚀电位。比较这些钢筋的锈蚀程度和相应测值的对应关系，提高评判的可靠度，但不能与有明显锈蚀胀裂、脱空、层离现象的区域比较。若环境温度在（22±5）℃范围之外，应对铜/硫酸铜电极作温度修正。

此外，各种外界因素产生的波动电流对测量值影响较大，特别是靠近地面的测区，应避免各种电、磁场的干扰。混凝土保护层电阻对测量值有一定影响，除测区表面处理要符合规定外，仪器的输入阻抗要符合技术要求。

3.3.3 结构混凝土中氯离子含量的检测

1. 概述

有害物质侵入混凝土将会影响结构的耐久性。混凝土中氯离子可引起并加速钢筋的锈蚀；硫酸盐（SO_4^{2-}）的侵入可使混凝土成为易碎松散状态，强度下降；碱的侵入（K^+、Na^+）在集料具有碱活性时，可能引起碱——集料反应破坏。因此在进行结构耐久性评定时，根据需要应对混凝土中 Cl^-、SO_4^{2-}、Na^+、K^+ 含量进行测定。目前，对混凝土中氯离子含量的测定方法比较成熟，已被普遍应用于现代结构。

2. 氯离子含量的采集与测定方法

目前，对于需要分析的混凝土粉末样品的取样部位和数量，一般是参照钢筋锈蚀电位测试测区布置原则确定。测区的数量应根据钢筋锈蚀电位检测结果以及结构的工作环境条件确定，在电位水平不同部位，工作环境条件、质量状况有明显差异的部位布置采集测区，每一测区取粉的钻孔数量不少于 3 个，取粉孔可与碳化深度测量合并使用。对于测区钻孔的要求，一般使用直径 20mm 以上的冲击钻在混凝土表面钻孔，钻孔前先确定钢筋位置，并且钻孔采集的粉末样品应分层收集，一般深度间隔可取 3mm、5mm、10mm、15mm、20mm、25mm、50mm 等。若需指定深度处的钢筋周围氯离子含量，取粉间隔可进行调整，对同一测区不同孔相同深度的粉末可收集在一个塑料袋内，质量不应少于 25g，若不够可增加同一测区测孔数量。不同测区测孔相同深度的粉末不应混合在一起。

混凝土结构中氯离子含量的测定方法比较简便的有两种：实验室化学分析法和滴定条法（Quantabstrips）。滴定条法可在现场完成氯离子含量的测定。混凝土中的氯离子含量，可采用现场按混凝土不同深度取样，测定结果须能反映氯离子在混凝土中随深度的分布，根据钢筋处混凝土氯离子含量判断引起钢筋锈蚀的危险性；同时，氯离子含量测定还应根据构件的工作条件及不同混凝土质量的部位，测区宜参考钢筋锈蚀电位测量结果确定。

（1）滴定条法

滴定条法的具体分析步骤包括：将采回的样品过筛，去掉其中较大的颗粒；在将样品置于 105℃±5℃烘箱内烘 2h 后，冷却至室温；称取 5g 样品粉末（准确度优于±0.1g）放入烧杯中，缓慢加入 50mL（1.0mol，HNO_3）并彻底搅拌直至嘶嘶声停止，使用石蕊试纸检查溶液是否呈酸性（石蕊试纸变红），如果不是酸性，再加入适量硝酸，此时加入约 5g 无水碳酸钠（$NaCO_3$）。再用石蕊试纸检查溶液是否呈中性（石蕊试纸不变）；否则，再加入少量无水碳酸钠直至溶液呈中性。然后用过滤纸做一锥斗加入液体，当纯净的溶液渗入锥头后，把滴定条插入液体中，待到滴定条顶端水平黄色细条转变成蓝色，取出滴定条并顺着由上至下的方向将其擦干。此时，读取滴定条颜色变化处的最高值，然后，在该批滴定条表中查出所对应的氯离子含量值，此值是以百万分之几表示的。若分析过程取样 5g，加硝酸 50mL，则将查表所得的值除以 1000 即为百分比含量。如果使用样品质量不是 5g 或使用过量的硝酸，则应修正百分比含量

$$\text{氯离子百分比含量} = \frac{a \times b}{10000c} \tag{3.23}$$

式中：a——查表所得的值；

b——硝酸体积，mL；

c——样品质量，g。

（2）实验室化学分析法

实验室化学分析法是一种相对比较复杂的测定氯离子含量的方法，主要分为混凝土游离氯离子含量测定与混凝土中氯离子总含量测定两种情况。前者主要测定硬化混凝土中砂浆的游离氯离子含量，后者主要测定的是混凝土中砂浆的氯离子总含量，其中包括已经和水泥结合的氯离子量。

1）混凝土游离氯离子含量测定。该法所需将硫酸（相对密度 1.84）、酒精（95%）、硝酸银、铬酸钾、酚酞（以上均为化学纯）、氯化钠（分析纯）等化学品按照一定比例要求，

配制成分析使用的化学试剂，具体标准为：

① 配制浓度约 5%铬酸钾指示剂——称取 5g 铬酸钾溶于少量蒸馏水中，加入少量硝酸银溶液使之出现微红，摇匀后放置 12h 后，过滤并移入 100mL 容量瓶中，稀释至刻度。

② 配置浓度约 0.5%酚酞溶液——称取 0.5g 酚酞，溶于 75mL 酒精和 25mL 蒸馏水中。

③ 配置稀硫酸溶液——以 1 份体积硫酸倒入 20 份蒸馏水中。

④ 配置 0.02N 氯化钠标准溶液——把分析纯氯化钠叠于瓷坩锅中加热（以玻璃棒搅拌），一直到不再有盐的爆裂声为止。冷却后称取 1.2g 左右（精确到 0.1mg），用蒸馏水溶解后移入 1000mL 容量瓶，并稀释至刻度。

氯化钠当量浓度 N[①]为

$$N=\frac{W}{58.45} \tag{3.24}$$

式中：N——氯化钠溶液的当量浓度；

W——氯化钠重，g；

58.45——氯化钠的克当量。

⑤ 配置 0.02N 硝酸银溶液（视所测的氯离子含量，也可配成浓度略高的硝酸银溶液）——称取硝酸银 3.4g 左右溶于蒸馏水中并稀释至 1000mL，置于棕色瓶中保存。用移液管吸取氯化钠标准溶液 20mL（V_1）于三角烧瓶中，加入 10～20 滴铬酸钾指示剂，用于配制的硝酸银溶液滴定至刚呈砖红色。记录所消耗的硝酸银毫升数（V_2）。

$$N_2=\frac{N_1\times V_1}{V_2} \tag{3.25}$$

式中：N_2——硝酸银溶液的当量浓度；

N_1——氯化钠标准溶液的当量浓度；

V_1——氯化钠标准溶液的用量，mL；

V_2——消耗硝酸银溶液的用量，mL。

然后取用混凝土中的砂浆约 30g，研磨至全部通过 0.63mm 筛，置于 105℃±5℃烘箱中加热 2h，取出后放入干燥器冷却至室温。称取 20g（精确至 0.01g），质量为 G，置于三角烧瓶中并加入 200mL（V_3）蒸馏水，塞紧瓶塞，剧烈振荡 1～2min，浸泡 24h。其次，将上述试样过滤。用移液管分别吸取滤液 20mL（V_4），置于两个三角烧瓶中，各加 2 滴酚酞，使溶液呈微红色，再用稀硫酸中和至无色后，加铬酸钾指示剂 10～20 滴，立即用硝酸银溶液滴定至呈砖红色。记录所消耗的硝酸银毫升数（V_5）。最后计算样品中游离氯离子含量为

$$P=\frac{N_2V_5\times 0.035\,45}{G\bullet V_4/V_3}\times 100\% \tag{3.26}$$

式中：P——砂浆样品游离氯离子含量，%；

N_2——硝酸银标准溶液的当量浓度；

G——砂浆样品重，g；

V_3——浸样品的水重，mL；

V_4——每次滴定时提取的滤液量，mL；

V_5——每次滴定时消耗的硝酸银溶液，mL；

① 1N=（1mol/L）÷离子价数

0.03545——氯离子的毫克当量。

2）混凝土中氯离子总含量测定。将氯化钠、硝酸银、硫氰酸钾、硝酸、铁矾、铬酸钾（以上均为化学纯）等化学药品，配制相应的化学试剂，主要测定的化学试剂配制的标准为：

① 0.02N 氯化钠标准溶液的配制。

② 0.02N 硝酸银溶液配制与标定。

③ 6N 硝酸溶液的配制——取含量 65%～68%的 25.8mL 化学纯浓硝酸（HNO_3）置容量瓶中，用蒸馏水稀释至刻度。

④ 10%铁矾溶液——用 10g 化学纯铁矾溶于 90g 蒸馏水配成。

⑤ 0.02N 硫氰酸钾标准溶液——用天平称取化学纯硫氰酸钾晶体约 1.95g，溶于 100mL 蒸馏水，充分摇匀，装在瓶内配成硫氢酸钾溶液，并用硝酸银标准溶液进行标定。将硝酸银标准溶液装入滴定管，从滴定管放出硝酸银标准溶液约为 25mL，加 6N 硝酸 5mL 和 10%铁钒溶液 4mL，然后用硫氢酸钾标准溶液滴定。滴定时，摇动溶液，当滴至红色维持 5～10s 不褪色时即为终点。

硫氰酸钾标准溶液的当量浓度按计算为

$$N_1 = \frac{N_2 V_2}{V_1} \tag{3.27}$$

式中：N_1——硫氰酸钾标准溶液的当量浓度；

V_1——滴定时消耗的硫氰酸钾标准溶液，mL；

N_2——硝酸银标准溶液的当量浓度；

V_2——硝酸银标准溶液，mL。

然后取适量的混凝土试样（约 40g），用小锤仔细除去混凝土试样中石子部分，保存砂浆，把砂浆研碎成粉状，置于 105±5℃烘箱中烘 2h。取出放入干燥器内冷却至室温，用感量为 0.01g 天平称取 10～20g 砂浆试样倒入主角锥瓶。用容量瓶盛 100mL 稀硝酸（按体积比为浓硝酸∶蒸馏水=15∶85）倒入盛有砂浆试样的三角锥瓶内，盖上瓶塞，防止蒸发。将试样浸泡一昼夜左右（以水泥全部溶解为度），其间应摇动三角锥瓶，然后用滤纸过滤，除去沉淀。最后用移液管准确量取滤液 20mL 两份，置于三角锥瓶，每份由滴定管加入硝酸银溶液约 20mL（可估算氯离子含量的多少而酌量增减），分别用硫氰酸钾溶液滴定。滴定时摇动溶液，当滴至红色能维持 5～10s 不褪色时即为终点。计算样品中氯离子的总含量为

$$p = \frac{0.03545(NV - N_1 V_1)}{G V_2 / V_3} \times 100\% \tag{3.28}$$

式中：P——砂浆样品中氯离子总含量，%；

N——硝酸银标准溶液的当量浓度；

V——加入滤液试样中的硝酸银标准溶液，mL；

N_1——硫氰酸钾标准溶液的物质的量浓度；

V_1——加入滤液试样中的硫氰酸钾标准溶液，mL；

V_2——每次滴定时提取的滤液量，mL；

V_3——浸样品的水量，mL；

G——砂浆样品重，g；

0.03545——氯离子的毫克当量。

3.3.4　混凝土中钢筋分布及保护层厚度的检测

1. 应用范围

混凝土中钢筋分布及保护层厚度的检测针对主要承重构件或承重构件的主要受力部位，或钢筋锈蚀电位测试结果表明钢筋可能锈蚀活化的部位，以及根据结构检算及其他检测需要确定的部位。当出现下列情况时需对其检测：

1）用于估测混凝土中钢筋的位置、深度和尺寸。

2）在无资料或其他原因需要对结构进行调查的情况下。

3）进行其他测试之前需要避开钢筋进行的测试。

2. 检测方法及原理

检测方法：采用电磁法无损检测方法确定钢筋位置，辅以现场修正确定保护层厚度，估测钢筋直径，量测值精确至毫米。

检测原理：仪器探头产生一个电磁场，当某条钢筋或其他金属物体位于这个电磁场内时，会引起这个电磁场磁力线的改变，造成局部电磁场强度的变化。电磁场强度的变化和金属物大小与探头距离存在一定的对应关系。如果把特定尺寸的钢筋和所要调查的材料进行适当标定，通过探头测量并由仪表显示出来这种对应关系，即可估测混凝土中钢筋位置、深度和尺寸。

3. 仪器技术要求

钢筋分布检测仪器一般包含探头、仪表和连接导线，仪表可进行模拟或数字的指示输出，较先进的仪表还具有图形显示功能，仪器可用电池或外接电源供电。

钢筋保护层测试仪的测量范围一般均大于 120mm，当仪器型号不同时，精确度需要满足：测试厚度在 0～60mm，精确度为 ± 1mm；测试厚度为 60～120mm，精确度为 ± 3mm；测试为大于 120mm，精确度为 ± 10%。测试仪器要求能适用于温度 0～40℃、相对湿度 ≤85%、无强磁场干扰的工作环境。

4. 仪器的标定

1）钢筋保护层测试仪使用期间的标定校准应使用专用的标定块。当测量标定块所给定的保护层厚度时，测读值应在仪器说明书所给定的准确度范围之内。

2）标定块由一根ϕ6 的普通碳素钢筋垂直浇铸在长方体无磁性的塑料块内，使钢筋距四个侧面分别为 15mm、30mm、60mm、90mm，如图 3.2 所示。

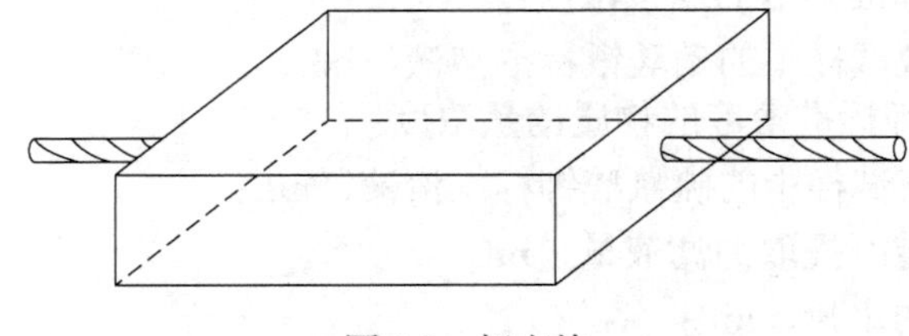

图 3.2　标定块

3）标定应在无外界磁场干扰的环境中进行。

4）每次试验检测前均应对仪器进行标定，若达不到应有的准确度，应送专业机构维修检验。

5. 操作程序

（1）混凝土结构钢筋分布状况调查的范围

其范围应为主要承重构件或承重构件的主要受力部位，或钢筋锈蚀电位测试结果表明钢筋可能锈蚀活化的部位，以及根据结构检算及其他检测需要确定的部位。

（2）测区布置原则

按单个构件检测时，应根据尺寸大小，在构件上均匀布置测区，每个构件上的测区数不应少于 3 个；对于最大尺寸大于 5m 的构件，应适当增加测区数量；测区应均匀分布，相邻两测区的间距不宜小于 2m；测区表面应清洁、平整，避开接缝、蜂窝、麻面、预埋件等部位；测区应注明编号，并记录测区位置和外观情况；构件上每一测区应检测不少于 10 个测点，测点间距应小于保护层测试仪传感器长度；对某一类构件的检测，可采取抽样的方法，抽样数不少于同类构件数的 30%，且不少于 3 件，每个构件测区布置按单个构件要求进行；对结构整体的检测，可先按构件类型分类，再按类型进行检测。

（3）测量步骤

测试前应了解有关图纸资料，以确定钢筋的种类和直径；进行保护层厚度测读前，应先在测区内确定钢筋的位置与走向，具体做法如下：

1）将保护层测试仪传感器在构件表面平行移动，当仪器显示值最小时，传感器正下方即是所测钢筋的位置。

2）找到钢筋位置后，将传感器在原处左右转动一定角度，仪器显示最小值时传感器长轴线的方向即为钢筋的走向。

3）在构件测区表面画出钢筋位置与走向。

（4）保护层厚度的测读

1）将传感器置于钢筋所在位置正上方，并左右稍稍移动，读取仪器显示最小值即为该处保护层厚度。

2）每一测点值宜读取 2～3 次稳定读数，取其平均值，精确至 1mm。

3）应避免在钢筋交叉位置进行测量。

6. 影响测量准确度的因素及修正

（1）影响测量准确度的因素

外加磁场的影响，应予避免；混凝土若具有磁性，测量值需加以修正；钢筋品种对测量值有一定影响，主要是高强钢筋需加以修正；不同的布筋状况，钢筋间距影响测量值，当 $D/S<3$ 时需修正测量值。其中，D 为钢筋净间距（mm），即钢筋边缘至边缘的间距；S 为保护层厚度，即钢筋边缘至保护层表面的最小距离。

（2）保护层测量值的修正

当钢筋直径、材质、布筋状况、混凝土性质都确知时，才能准确测量保护层厚度，而实际测量时，往往这些因素都是未知的。

1）仪器测量直径档的选择：两根钢筋横向并在一起（图 3.3），等效直径 $d_{等效}=d_1+d_2$；两根钢筋竖向并在一起（图 3.4），等效直径 $d_{等效}=3(d_1+d_2)/4$。

图 3.3　两根钢筋横向并在一起　　　　图 3.4　两根钢筋竖向并在一起

2）用标准垫块进行综合修正，这种方法适用于现场检测，标准垫块用硬质无磁性材料制成，如工程塑料或电工用绝缘板，平面尺寸与仪器传感器底面相同，厚度 S_b 为 10mm 或 20mm，修正系数 K 计算方法如下：

① 将传感器直接置于混凝土表面已标好的钢筋位置正上方，评取测量值 S_{m1}。

② 将标准垫块置于传感器原混凝土表面位置，并把传感器放手标准垫块之上，读取测量值 S_{m1}，则修正系数 K 为

$$K = (S_{m2} - S_{m1}) / S_b \tag{3.29}$$

③ 对于不同钢种和直径的试块应确定各自的修正系数，每一修正系数应采用 3 次平均求得。

3）用校准孔进行综合修正，这也是现场校准测量值的有效方法。

① 用 6mm 钻头在钢筋位置正上方，垂直于构件表面打孔，手感碰到钢筋立即停止，用深度卡尺量测钻孔深度，即为实际的保护层厚度 S_r，则修正系数为

$$K = S_m / S_r \tag{3.30}$$

式中：S_m——仪器读数值。

② 对于不同钢种和直径的试块应打各自的校准孔，一般应不少于 2 个，求其平均值。

4）现场检测的准确度。经过修正后确定的保护层厚度值，精确度可在 10%以内，因混凝土表面的平整度及各种影响因素仍会给测量带来误差。

5）用图示方式注明检测部位及测区位置，将各个测区的钢筋分布、走向绘制成图，并在图上标注间距、保护层厚度及钢筋直径等数据。

3.3.5　混凝土碳化深度的检测与评定

1. 检测方法

钢筋锈蚀电位测试结果表明可能存在钢筋锈蚀活动的区域（钢筋锈蚀电位评定标度值为 3、4、5），应进行混凝土碳化深度测量。另外，碳化深度的检测也是混凝土强度检测中需要进行的一项工作。

混凝土碳化状况的检测通常采用在混凝土新鲜断面喷洒酸碱指示剂，通过观察酸碱指示剂颜色变化来确定混凝土的碳化深度。

2. 检测步骤

碳化深度检测时，测区位置的选择原则可参照钢筋锈蚀自然电位测试的要求，若在同一测区，应先进行保护层和锈蚀电位、电阻率的测量，再进行碳化深度及氯离子含量的测

量，具体检测步骤如下：

（1）测区及测孔布置

1）测区应包括锈蚀电位测量结果有代表性的区域，同时能反映不同条件及不同混凝土质量的部位，结构外侧面应布置测区。

2）测区数不应小于 3 个，测区应均匀布罩。

3）每一测区应布置 3 个测孔，3 个测孔应呈“品”字排列，孔距根据构件尺寸大小确定，但应大于 2 倍孔径。

4）测孔距构件边角的距离应大于 2.5 倍保护层厚度。

（2）形成测孔

1）用装有 20mm 直径钻头的冲击钻在测点位置钻孔。

2）成孔后用圆形毛刷将孔中碎屑、粉末清除，露出混凝土新茬。

3）将测区测孔统一编号，并绘出示意图。

（3）碳化深度的测量

1）检测前配制好指示剂（酚酞试剂）：75%的酒精溶液与白色酚酞粉末配置成酚酞浓度为 1%～3%的酚酞溶剂，装入喷雾器备用，溶剂应为无色透明液体。

2）将酚酞指示剂喷到测孔壁上。

3）待酚酞指示剂变色后，用测深卡尺测量混凝土表面至酚酞变色交界处的深度，准确至 1mm。酚酞指示剂从无色变为紫色时，混凝土未碳化，酚酞指示剂未改变颜色处的混凝土已经炭化。

（4）数据整理

1）将测量结果标注在测区、测孔布置图上。

2）将测量值整理列表，应列出最大值、最小值和平均值。

3.3.6 混凝土电阻率的检测与评定

1. 混凝土电阻率的检测方法

混凝土的电阻率反映其导电性。混凝土电阻率大，若钢筋发生锈蚀，则发展速度慢，扩散能力弱；混凝土电阻率小，锈蚀发展速度快，扩散能力强。因此，对钢筋状况进行检测评定，测量混凝土的电阻率是一项重要内容。

混凝土电阻率检测测区，应根据钢筋锈蚀电位测量结果确定，对钢筋锈蚀电位测试结果表明钢筋可能锈蚀活化的区域，应进行混凝土电阻率测量。

混凝土电阻率可采用四电极阻抗测量法测定，即在混凝土表面等间距接触四支电极，两外测电极为电流电极，两内侧电极为电压电极，通过检测两电压电极间的混凝土阻抗获得混凝土电阻率γ。

$$\gamma = 2pdV / I \tag{3.31}$$

式中：V——电压电极间所测电压；

I——电流电极通过的电流；

d——电极间距。

2. 电阻率测试仪及技术要求

混凝土电阻率测试仪应通过技术鉴定，具有产品合格证，并进行定期计量标准。

电阻率测试仪由四电极探头与电阻率仪表组成，采用交流测量系统。主要技术要求包括：探头四电极间距能够调节，调节范围 10cm，每一电极内均装有压力弹簧，从而保证可测不同深度的电阻率及电极与混凝土表面接触良好；电压电极间的输入阻抗要求大于 1MΩ；电极端部直径尺寸不得大于 5mm；仪器使用环境温度 0～+40℃，相对湿度≤85%。

3. 混凝土电阻率的测量

测区与测位布置可参照钢筋锈蚀自然电位测量的要求，在电位测量网格间进行，并做好编号工作。

混凝土表面应清洁、无尘、无油脂。为了提高量测的准确性，必要时可去掉表面碳化层。

调节好仪器电极的间距，一般采用的间距为 50mm。为了保证电极与混凝土表面有良好、连续的电接触，应在电极前端涂上耦合剂，特别是当读数不稳定时。测量时探头应垂直置于混凝土表面，并施加适当的压力。

3.3.7 结构混凝土内部缺陷与表层损伤的超声法检测

结构混凝土内部缺陷与表层损伤的超声法检测方法适用于公路常见混凝土桥梁结构混凝土内部缺陷与表层损伤的检测。涉及的检测内容主要包括：混凝土内部空洞和不密实区的位置与范围、裂缝深度、表层损伤厚度，以及不同时间浇筑的混凝土结合面的质量和钢管混凝土中的缺陷检测等。

1. 超声法检测混凝土缺陷的基本依据与方法

（1）超声法检测混凝土缺陷判别的基本依据

根据超声波在混凝土中传播时遇到缺陷的绕射现象，按声时和声程的变化来判别和计算缺陷的大小。依据超声波在缺陷界面上的反射，抵达接收探头时能量显著衰减的现象，来判别缺陷的存在和大小，同时超声波脉冲各频率成分在遇到缺陷时衰减的程度不同，从而造成接收频率明显降低，或接收波频谱与反射波频谱产生差异，来判别内部缺陷，此外，根据超声波在缺陷处的波形转换和叠加，造成波形畸变的现象来判别缺陷。

（2）超声法检测混凝土内部缺陷与表层损伤的方法

用超声法检测混凝土缺陷时，发射和接收换能器与测试面之间应具备良好的耦合状态，发射和接收换能器的连线必须离开钢筋一定距离或与钢筋轴线形成一定夹角，并力求混凝土处于自然干燥状态。

超声法检测混凝土内部缺陷与表层损伤的方法总体上可分为两类：第一类为用厚度振动式换能器进行平面测试，第二类为采用径向振动式换能器进行钻孔测试。

1）第一类平面测试方法：

① 对测法：一对发射和接收换能器，分别置于被测结构相互平行的两个表面，且两个换能器的轴线位于同一直线上。

② 斜测法：一对发射和接收换能器分别置于被测结构的两个表面，但两个换能器的轴线不在同一直线上。

③ 单面平测法：一对发射和接收换能器置于被测结构物同一个表面上进行测试。

2）第二类钻孔测试方法

① 孔中对测：一对换能器分别置于两个对应钻孔中，位于同一高度进行测试。

② 孔中斜测：一对换能器分别置于两个对应的钻孔，但不在同一高度，而是在保持一定高程差的条件下进行测试。

③ 孔中平测：一对换能器置于同一钻孔中，以一定高程差同步移动进行测试。

2. 声学参数测量

（1）一般规定

1）检测前应取得有关资料：工程名称、检测目的与要求、混凝土原材料品种和规格、混凝土浇筑和养护情况、构件尺寸和配筋施工图或钢筋隐蔽图，以及构件外观质量及存在的问题。

2）依据检测要求和测试操作条件，确定缺陷测试的部位（简称测位）。测位混凝土表面应清洁、平整、必要时可用砂轮磨平或用高强度的快凝砂浆抹平，抹平砂浆必须与混凝土黏结良好。

3）在满足首波幅度测读精度的条件下，应选用较高频率的换能器。换能器应通过耦合剂与混凝土测试表面保持紧密结合，耦合层不得夹杂泥沙或空气。

4）检测时应避免超声传播路径与附近钢筋轴线平行，如无法避免，应使两个换能器连线与该钢筋的最短距离不小于超声测距的 1/6。

5）检测中出现可疑数据时，应及时查找原因，必要时进行复测校核或加密测点补测。

（2）声学参数测量

1）模拟式超声检测仪测量。

① 检测之前应根据测距大小将仪器的发射电压调在某一挡，并以扫描基线不产生明显噪声干扰为前提，将仪器“增益”调至较大位置保持不动。

② 声时测量。应将发射换能器（简称 T 换能器）和接受换能器（简称 R 换能器）分别耦合在测位中的对应测点上。当首波幅度过低时，可用“衰减器”调节至便于测读，再调节游标脉冲或扫描延时，使首波前沿基线弯曲的起始点对准游标脉冲前沿，读取声时值 t_1（精确至 0.1 μs）。

③ 波幅测量。应保持换能器良好耦合状态下采用下列两种方法之一进行读取。

a. 刻度法：将衰减器固定在某一衰减位置，在仪器荧光屏上读取首波幅度的格数。

b. 衰减值法：采用衰减器将首波调至一定高度，读取衰减器上的 dB 值。

④ 主频测量。应先将游标脉冲调至首波前半个周期的波谷（或波峰），读取声时值 t_1（μs），再将游标脉冲调至相邻的波谷（或波峰），读取声时值 t_2（μs），按式（3.32）计算出该点（第 i 点）第一个周期波的主频 f_i（精确至 0.1kHz）。

$$f_i = 1000/(t_1 - t_2) \tag{3.32}$$

⑤ 在进行声学参数测量的同时，应注意观察接收信号的波形或包络线的形状，必要时进行描绘或拍照。

2）数字式超声检测仪测量：

① 检测之前根据测距大小和混凝土外观质量情况，将仪器的发射电压、采样频率等参数设置在某一挡并保持不变。换能器与混凝土测试表面应始终保持良好的耦合状态。

② 声学参数自动测读：停止采样后即可自动读取声时、波幅、主频值。当声时自动测读光标所对应的位置与首波前沿基线弯曲的起始点有差异或者波幅自动测读光标所对应的位置与首波峰顶（或谷底）有差异时，应重新采样或改为手动游标读数。

③ 声学参数手动测量：先将仪器设置为手动判读状态，停止采样后调节手动声时游标至首波前沿基线弯曲的起始位置，同时调节幅度游标使其与首波峰顶（或谷底）相切，读取声时和波幅值；再将声时光标分别调至首波及其相邻的波谷（或波峰），读取声时差值 Δt（μs），取 $1000/\Delta t$ 即为首波的主频（kHz）。

④ 波形记录：对于有分析价值的波形，应予以储存。

3）混凝土声时值计算：

$$t_{ci} = t_i - t_0 \tag{3.33}$$

或

$$t_{ci} = t_i - t_{00}$$

式中：t_{ci}——第 i 点混凝土声时值；

t_i——第 i 点测读声时值；

t_0、t_{00}——声时初读数（μs）。

当采用厚度振动式换能器时，t_0 应参照仪器使用说明书的方法测得，当采用径向振动式换能器时，t_{00} 可按下述的“时-距”法测得。

将两个径向振动式换能器保持其轴线相互平行，置于清水中同一水平高度，两个换能器内边缘间距先后调节在 l_1（如 200mm）、l_2（如 100mm），分别读取相应声时值 t_0，由仪器（换能器及其高频电缆，所产生的声时初读数 t_1、t_2 为

$$t_0 = (l_1 \times t_1 - l_2 \times t_2)/(l_1 - l_2) \tag{3.34}$$

用径向振动式换能器在钻孔中进行对测时，声时初读数应为

$$t_{00} = t_0 + (d_2 - d)/v_w \tag{3.35}$$

当用径向振动式换能器在预埋声测管中检测时，声时初读数应为

$$t_{00} = t_0 + (d_2 - d)/v_g + (d_1 - d)/v_w \tag{3.36}$$

式中：t_{00}—钻孔或声测管中测试的声时初读数，μs；

t_0——仪器设备的声时初读数，μs；

d——径向振动式换能器直径，mm；

d_1——声测孔直径或预埋声测管的内径，mm；

d_2——声测管的外径，mm；

v_w——水的声速，km/s，均按表 3.4 取值；

v_g——预埋声测管所用材料的声速，km/s，用钢管时，$v_g = 5.80$，用 PVC 管时，$v_g = 2.35$；

l_1——第一次调节换能器内边缘间距；

l_2——第二次调节换能器内边缘间距。

表 3.4　水声速取值（km/s）

水温度	5	10	15	20	25	30
水声速	1.45	1.46	1.47	1.48	1.49	1.50

当采用一只厚度振动式换能器和一只径向振动式换能器进行检测时，声时初读数可取该两对换能器初读数之和的一半。

4）超声传播距离（简称测距）的测量。

当采用厚度振动式换能器对测时，宜用钢卷尺测量 T、R 换能器辐射面之间的距离；当采用厚度振动式换能器平测时，宜用钢卷尺测量 T、R 换能器内边缘之间的距离；当采用径向振动式换能器在钻孔或预埋管中检测时，宜用钢卷尺测量放置 T、R 换能器的钻孔或预埋管内边缘之间的距离；测距的测量误差应不大于 ±1%。

3. 混凝土不密实区或空洞的检测

混凝土结构在施工过程中，因漏振、漏浆或石子架空在钢筋骨架上，会导致混凝土内部形成蜂窝状不密实或空洞等隐蔽缺陷。检测时，宜先根据现场施工记录和外观质量情况，或者在结构的使用过程中出现了质量问题后，初步判定混凝土内部缺陷的大致位置，或采用大范围的粗测定位方法（大面积扫测）确定隐蔽缺陷的大致位置，然后再根据粗测情况对可疑区域进行细测。检测不密实区和空洞时，构件的被测部位应具有一对或两对相互平行的测试面，测试范围原则上应大于有怀疑的区域，同时应在同条件的正常混凝土区域进行对比测试。一般地，对比测点数不宜少于 20 个。

采用平面测试法和钻孔或预埋管测法时，需注意以下内容。

1）当结构被测部位具有两对平行表面时，可采用一对换能器，分别在两对互相平等的表面上进行对测。如图 3.5 所示，先在测区的两对平行表面上分别画出间距为 200～300mm 的网格，并逐点编号，定出对应测点的位置，然后将 T、R 换能器经耦合剂分别置于对应测点上，逐点读取相应的声时 t_i、波幅 A_i 和频率 f_i，并量取测试距离 l_i。

2）当结构物的被测部位只有相对平行表面可供测试，或被测部位处于结构的特殊位置，可采用对测和斜测相结合的方法，换能器在对测的基础上进行交叉斜测，测点布置如图 3.6 所示。

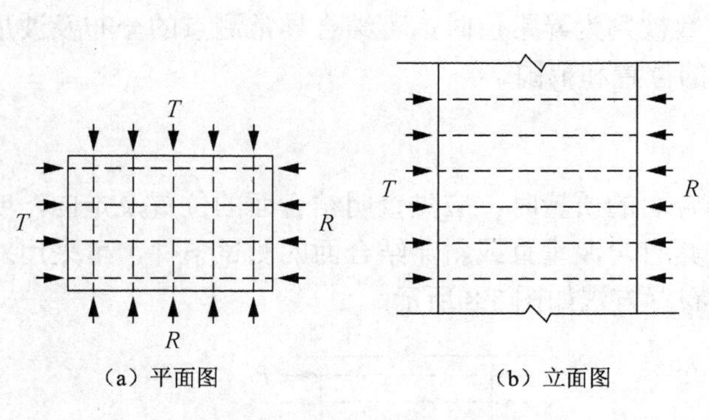

图 3.5　对测法换能器布置

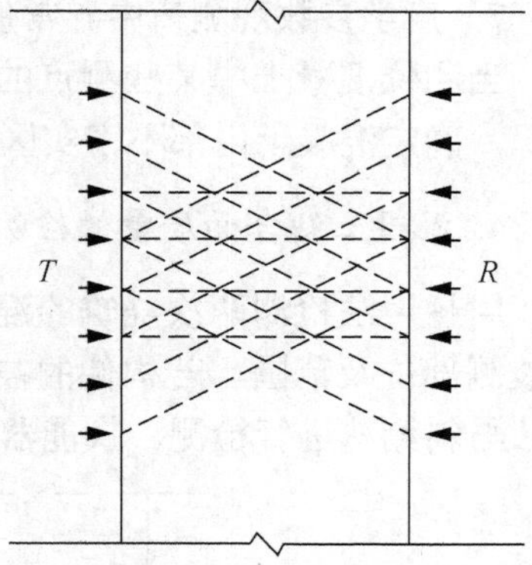

图 3.6　斜测法测缺陷

3）对于大体积混凝土，由于其断面尺寸较大，如直接进行平面对测，接收到的脉冲信号微弱，甚至无法识别首波的起始位置，不利于声学的读取和分析。为了缩短测试距离，提高检测灵敏度，可采用钻孔或预埋管测法。如图 3.7 所示，在测位预埋声管或钻出竖向测试孔，预埋管内径或钻孔直径宜比换能器直径大 5～10mm，预埋管或钻孔间距宜为 2～3mm，其深度可根据测试需要确定。检测时可用两个径向振动式换能器分别置于两侧孔中进行，或用一个径向振动与一个厚度振动式换能器，分别置于测孔中和平行于测孔的侧面进行测试。根据需要，可以将两个换能器置于同一高度，也可以将两者保持一定的高度差，同步上下移动，逐点读取声时、波幅和频率值，并记下孔中换能器的位置。

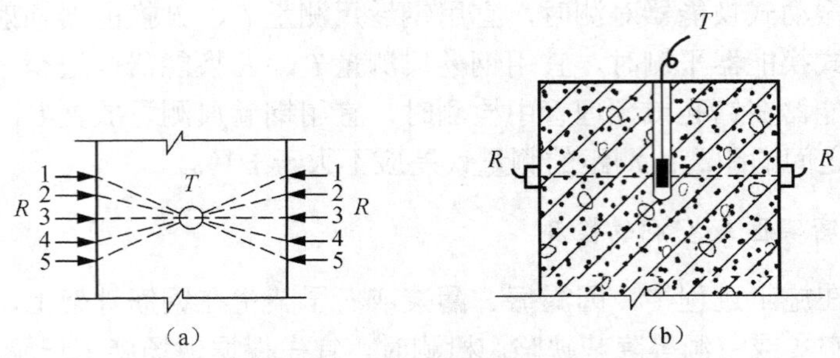

图 3.7 钻孔或预埋管测法换能器布置图

4）每一测点的声时、波幅、主频和测距，应按本节所述方法进行测量。

5）由于混凝土本身的不均匀性，以及混凝土的原材料品种、用量及混凝土的湿度和测距等因素对声学参数的影响，一般宜采用统计方法不密实区和空洞的测点。

6）测位混凝土声时（或声速）、波幅及频率等声学参数的平均值 m_x 和标准差 S_x，可计算为

$$m_x = \frac{1}{n}\sum_{i=1}^{n} x_i \tag{3.37}$$

$$S_x = \sqrt{\frac{\sum_{i=1}^{n} x_i^2 - n \cdot m_x^2}{n-1}} \tag{3.38}$$

式中：x_i ——第 i 点某一声学参数的测量值；

n ——参与统计的测点数。

7）声学参数观测值中异常值的判别。

当测位混凝土中某些测点的声学系数被判为异常值时，可结合异常测点的分布及波形状况，确定混凝土内部不密实区和空洞的位置和范围。

4. 混凝土结合面质量的检测

用超声法检测两次浇筑的混凝土结合面的质量时，应先查明结合面的位置及走向，明确被测部位及范围。若构件的被测部位具有声波垂直或斜穿结合面的测试条件，可采用对测法与斜测法进行检测。换能器的具体布置方法如图 3.8 所示。

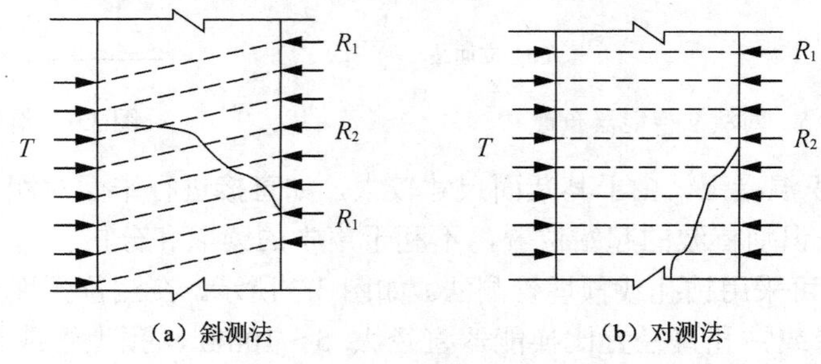

（a）斜测法　（b）对测法

图 3.8 混凝土结合面质量检测示意图

（1）测点布置

1）使测试范围覆盖全部结合面或有怀疑的部位。

2）各对 $T-R_1$（声波传播不经过结合面）和 $T-R_2$（声波传播经过结合面）换能器连线的倾斜角测距应相等。

3）测点间距应根据被测结构尺寸结合面的外观质量情况确定，一般为 100～300mm，间距过大易造成缺陷漏检。

（2）声时、波幅和主频率测量

按布置好的测点分别测出各点的声时、波幅和主频率。

（3）数据处理及判定

1）将同一测位各点声速、波幅和主频道分别按式（3.37）和式（3.38）进行统计计算。

3）当测点数无法满足统计法判断时，可将 $T-R_2$ 的声速波幅等声学参数与 $T-R_1$ 进行比较，若 $T-R_2$ 声学参数比 $T-R_1$ 显著低时，则该点可判为异常测点。

4）当通过结合面的某些测点的数据被列为异常，并查明无其他因素影响时，可判定混凝土结合面在该部位结合不良。

5. *混凝土表面损伤层的检测*

冻害、高温或化学腐蚀会引起混凝土表面层损伤。检测表面损伤层厚度时，被测部位和测点的确定应满足下列要求：

1）根据构件的损伤情况和外观质量选取有代表性的部位布置测位。

2）构件被测部位表面应平整并处于自然干燥状态，且无接缝和饰面层。

3）检测时，为保证检测结果的可靠性，宜做局部破损验证。

（1）测试方法

用超声法检测混凝土表面损伤层厚度的方法大致有两种：一是单面平测法，二是逐层穿透法。

1）单面平测法。此法可应用于仅有一个可测表面的结构，也可应用于损伤层位于两个对应面上的结构和构件。如图 6.17 所示，将发射换能器 T 置于测试面某一点保持不动，再将接收换能器 R 以测距 l_i＝30mm、60mm、90mm、…依次置于各点，读取相应的声时值 t_i 。每一测位的测点数不得少于 6 个，当损伤厚度较厚时，应适当增加测点数，当构件的损伤厚度不均匀时，应适当增加测位数量。

2）逐层穿透法。在损伤结构的一对平行表面上，分别钻出一对不同深度的测试孔，孔径为 50mm 左右，然后用直径小于 50mm 的平面式换能器，分别在不同深度的一对测孔中进行测试，读取声时值和测试距离，并计算其声速值，或者在结构同一位置先测一次声速，然后凿开一定深度的测孔，在孔中测一次声速，再将测孔增加一定深度，再测声速，直至两次测得的声速之差小于 2%或接近于最大值时为止。

表层损伤层评测法检测时，宜选用 30～50kHz 的低频厚度振动式换能器。

（2）数据处理及判断

1）当采用单面平测时，将各测点的声时测值 t_i 和相应的测距值 l_i 绘制“时-距”坐标图。如图 3.9 所示，由图可求声速改变所形成的转折点，该点前、后分别表示损伤和未损伤混凝土的 l 与 t 相关直线用回归分析分别求出损伤、未损伤混凝土 l 与 t 的回归直线方程

损伤混凝土

$$l_f = a_1 + b_1 t_f \tag{3.39}$$

未损伤混凝土

$$l_a = a_2 + b_2 t_a \tag{3.40}$$

式中：l_f——损伤前各测点的测距，mm，对应于图 3.9 中的 l_1、l_2、l_3；

t_f——对应于图 3.9 中的 l_1、l_2 和 l_3 的声时 t_1、t_2、t_3，μs；

l_a——损伤后各测点的测距 mm，对应于图 3.9 中的 l_4、l_5、l_6 和 l_7；

t_a——对应于测距 l_4、l_5、l_6 和 l_7 的声时 t_4、t_5、t_6 和 t_7，μs；

a_1、a_2、b_1、b_2——直线的回归系数，分别为图 3.9 中损伤和未损伤混凝土直线的截距和斜率。

2）采用单面平测法检测的损伤层厚度 h_f mm 可计算为

$$L_0 = (a_1 b_2 - a_2 b_1) / (b_2 - b_1) \tag{3.41}$$

$$h_f = l_0 / 2(b_2 - b_1) / (b_2 - b_1) \tag{3.42}$$

3）当采用逐层穿透法检测时，可将每次测量的声速值（v_i）和测孔深度值（h_i）绘制 v-h 曲线，如图 3.10 所示，当声速趋于基本稳定的测孔深度，便是混凝土损伤层的厚度 h_f。

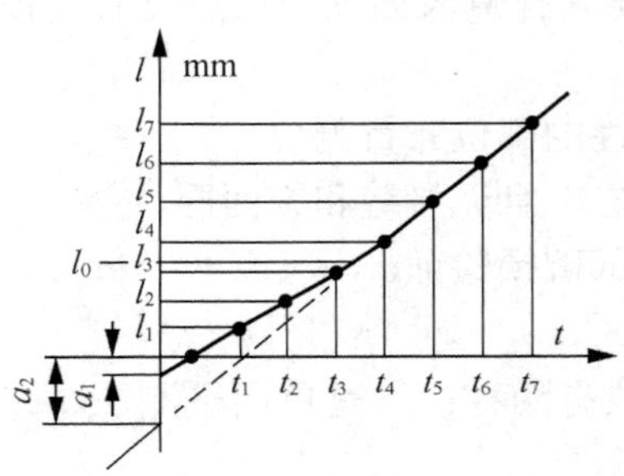

图 3.9　采用平测法检测损伤层厚度示意图

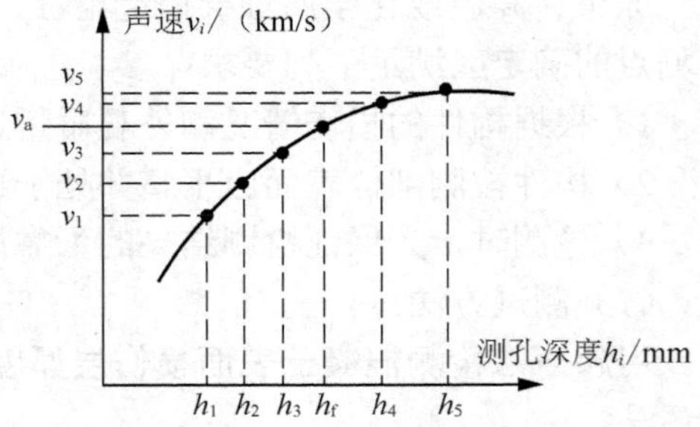

图 3.10　采用逐层穿透法检测损伤厚度的 v-h 曲线

6. 混凝土裂缝深度的检测

超声法可用于检测混凝土裂缝的深度。检测时，裂缝中应没有积水和其他能够传声的杂物，且裂缝附近混凝土相当匀质。

开口垂直裂缝检测分为如下两种情况。

（1）构件断面不大且可对测情况

1）在两个测面上等距布置测点，用对测法逐点测出声时值，如图 3.11（a）所示。

2）绘制测点声时与距离的关系曲线，如图 3.11（b）所示。曲线 A 段的末端与 B 的首端之距即为裂缝深度所在区域，对这一区域再采用加密测点的方法即可准确地确定裂缝深度 H_L。

3）当两探头连线与裂缝平面相交时随探头的移动，声时逐渐由长变短，未相交时声时不变。实际测量时只要有三个不变声时点，即认为声时稳定。

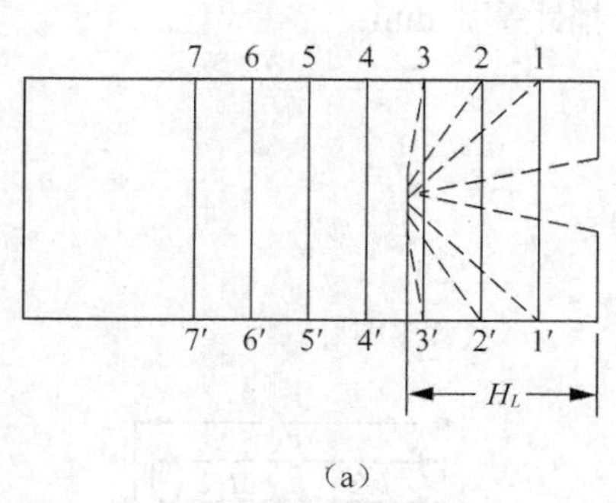

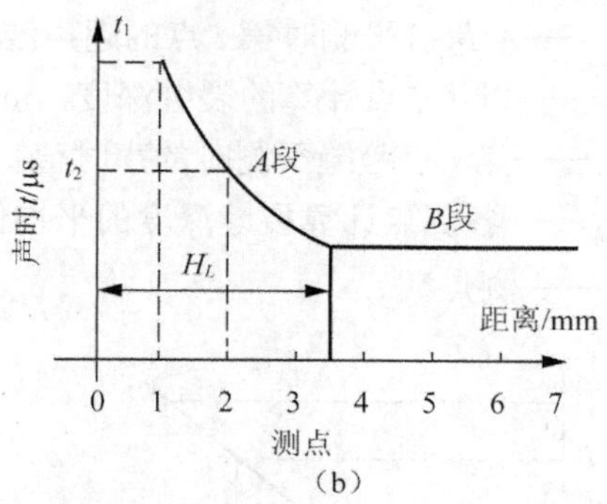

图 3.11　开口垂直裂缝的穿透法探测

（2）构件断面很大不可对测情况

只有一个可侧面，无法在侧面用对测法检测时，可用平测法检测裂缝的深度，一般分为两种情况：

1）当估计裂缝深度不大于 500mm 时，宜采用单面平测法进行检测。检测时应在裂缝的被测部位以不同的测距，按跨缝和不跨缝布置测点。测点布置应避开钢筋的影响。

① 进行不跨缝的声时测量：将发射换能器 T 和接收换能器 R 置于裂缝附近同一侧，并将 T 耦合好保持不动，以 T 、R 两个换能器内边缘间距 l_i' 为 100mm、150mm、200mm 等，依次移动 R 并读取相应的声时值 t_i 。以 l' 为纵轴、t 为横轴绘制“时-距”坐标（图 3.12），或用回归分析的方法求声时与测距之间的回归直线方程：

$$l_i = a + bt_i \tag{3.43}$$

每一个测点的超声实际传播距离 l_i 为

$$l_i = l_i' + |a| \tag{3.44}$$

式中：l_i ——第 i 点的超声波实际传播距离，mm；

l_i' ——第 i 点的 R 、T 换能器边缘距，mm；

a ——“时-距”图中 l' 轴的截距或回归直线方程的常数项，mm。

不跨裂缝平测的混凝土声速值 v 为

$$v = (l_n' - l_1')/(t_n - t_1) \tag{3.45}$$

或

$$v = b \tag{3.46}$$

式中：l_n' 、l_1' ——第 n 点和第 1 点的测距，mm；

t_n 、t_1 ——第 n 点和第 1 点读取的声时值，μs；

b ——“时-距”直线的斜率。

② 进行跨缝的声时测量：如图 3.13 所示，将 T 、R 换能器分别置于以裂缝为对称轴的两侧，l_1' 取 100mm、150mm、200mm 等，分别读取声时值 t_{ci} ，同时观察首波相位的变化。

③ 裂缝深度为

$$h_i = \frac{l_i}{2}\sqrt{\left(t_{ci}v/l_i\right)^2 - 1} \tag{3.47}$$

$$h_m = \frac{1}{n}\sum_{i=1}^{n} h_i \tag{3.48}$$

式中：l_i——不跨缝平测时第 i 点的超声波实际传播距离，mm；

h_i——以第 i 点计算的裂缝深度，mm；

t_{ci}——第 i 点跨缝平测时的声时值，μs；

h_m——各测点计算裂缝深度的平均值，mm；

n——测点数。

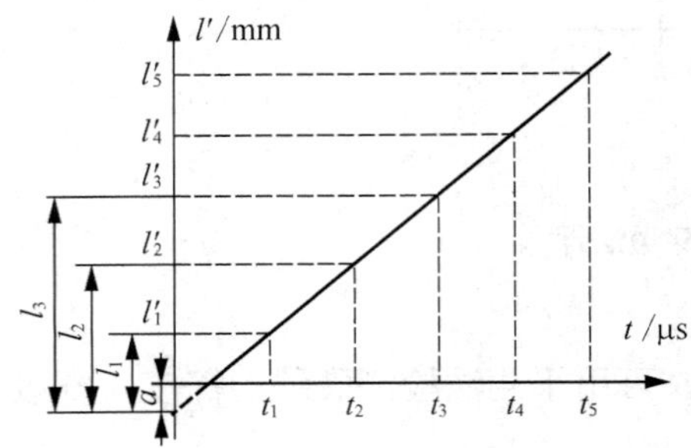

图 3.12　平测“时-距”图

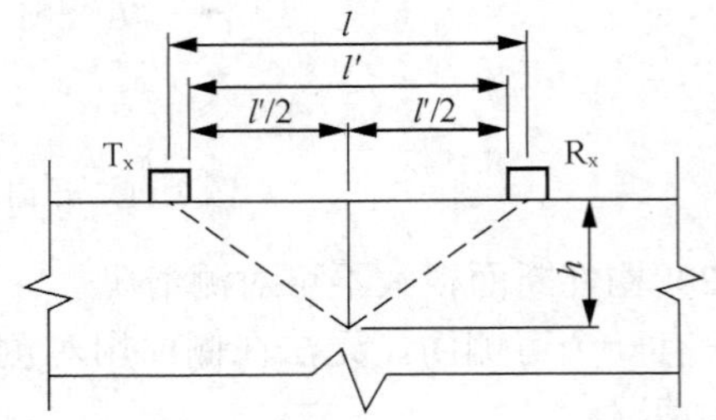

图 3.13　单面平测浅裂缝（深度不大于 500mm）示意图

④ 裂缝深度的确定方法。

a. 跨缝测量中，当在某测距发现首波反相时，可用该测距及两个相邻测距的测量值按式（3.47）计算 h_i 值，取此三点 h_i 的平均值作为该裂缝的深度值 h。

b. 跨缝测量中，如难于发现首波反相，则以不同测距按式（3.47）、式（3.48）计算 h_i 及其平均值 h_{mo}。将各测距 l'_i 与 h_m 作比较，剔除测距 l'_i 小于 h_m 和大于 $3h_m$ 的数据组，然后取余下 h_i 的平均值，作为该裂缝的深度值 h。

2）对于裂缝深度超过 500mm，在被检测混凝土允许在裂缝两侧钻测试孔的情形下，可采用钻孔对测法检测裂缝深度，如图 3.14 所示。

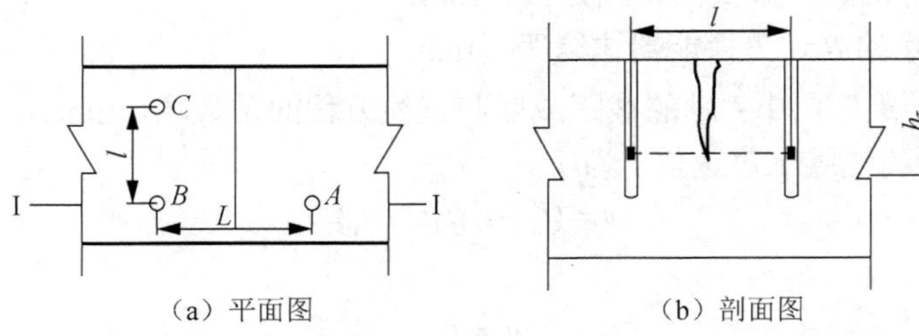

图 3.14　钻孔测裂缝深度示意图

① 所钻测试孔应满足下列技术要求：

a. 孔径应比所用换能器的直径大 5～10mm。

b. 孔深应比被测裂缝的预计深度深 70mm，经测试，如浅于裂缝深度，则应加深钻孔。

c. 对应的两个测孔应始终位于裂缝两侧，且其轴线保持平行。

d. 两个对应测试孔的间距宜为 2m，同一检测对象各对应测孔间距应保持相同。

e. 孔中的粉尘碎屑应清理干净。

f. 如图 3.14（a）所示，宜在裂缝一侧多钻一个孔距相同但较浅的孔（C），通过 B、C 两孔测试无裂缝混凝土的声学参数。

g. 横向测孔的轴线应具有一定倾斜角。

② 裂缝深度检测应选用频率为 20～60kHz 的径向振动式换能器。

③ 测试前首先向测孔注满清水，并检查是否有漏水现象，如果漏水较快，说明该测孔与裂缝相交，此孔不能用于测试。经检查测孔不漏水，可将 *T*、*R* 换能器分别置于裂缝同侧的 *B*、*C* 孔中，以相同高度等间距地同步向下移动，并读取相应的声时和波幅值。再将两个换能器分别置于裂缝两侧对应的 *A*、*B* 测孔中，以同样方法同步移动两个换能器，逐点读取声时、波幅和换能器所处的深度。换能器每次移动的间距一般为 100～300mm，当初步查明裂缝的大致深度时，为便于准确判定裂缝深度，当换能器位于裂缝末端附近，移动的间距应减小，如图 3.14（b）所示。

④ 若需确定裂缝末端的具体位置，可按图 3.15（a）所示的方法，将 *T*、*R* 换能器相差一个固定高度，然后上下同步移动，在保持每一个测点的测距相等、测线倾角一致的条件下，读取相应声时的波幅值及两个换能器的位置。

⑤ 裂缝深度及末端位置判定。

a. 裂缝深度判定主要以波幅测值作为依据。具体对测孔所测得的波幅值和相应的孔深，用图 3.15（a）进行判别。其方法如下：换能器所处深度 *h* 为纵坐标，对应的波幅值 *A* 为横坐标，绘制 *h*-*A* 坐标图，如图 3.15（b）所示。随着换能器位置的下移，波幅逐渐增大，当换能器下移至某一位置后，波幅达到最大并基本保持稳定，该位置对应的深度，便是该裂缝的深度值 *h* 。

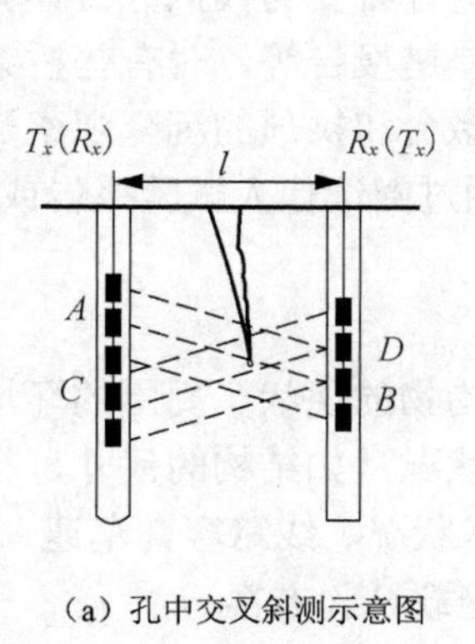

（a）孔中交叉斜测示意图

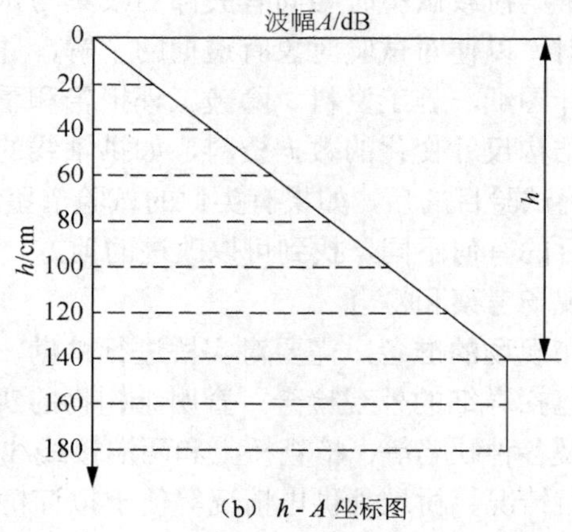

（b）*h*-*A* 坐标图

图 3.15　裂缝深度及末端位置判定图

b. 裂缝末端位置判定，如图 3.15（a）所示。当两个换能器的连线（测线）超过裂缝末端后，波幅测值将保持最大值，根据这种情况可以确定达到裂缝末端的两条测线 *AB* 和 *CD* 的位置，该两测线的交点便是裂缝末端的位置。

⑥ 采用钻孔对测值时，应注意混凝土不均匀性的影响。

3.4　桥梁结构静载试验

桥梁结构静载试验是指对处于工作状态下或模拟支承的结构物或构件分级缓慢施加设计或等效荷载，对结构物或构件在静力荷载作用下的力学响应（变形、开裂、破坏等）历程进行观测，然后对试验结果进行分析处理，依据有关规范及规程判断结构在荷载作用下的工作性能及使用状态。

桥梁结构静载试验是鉴定桥梁成桥质量和评估结构承载能力等试验检测中最基本的内容，大量的桥梁荷载试验往往都以静力荷载试验为主进行的。

3.4.1 试验程序及主要工作内容

桥梁结构试验通常可分为试验策划与方案论证阶段、试验准备阶段、加载以及分析评定 4 个阶段。试验对象不同（模型试验、构件试验、现场荷载试验等），其工作内容也有所差异。桥梁现场荷载试验是一项复杂的系统工程，有效组织和合理安排是保证试验顺利进行的关键。试验组织者应熟悉荷载试验的程序，具备桥梁专业知识及有较强的组织协调能力，并且对试验的各个环节进行精心安排，认真做好应对措施，确保试验的顺利实施，并达到预期目的。

1. 试验策划与方案论证阶段

试验过程中任何一个环节考虑不周都会产生不良后果，甚至导致试验失败或危及人身和设备安全。试验策划阶段包括资料收集、现场考察、试验大纲制订、结构分析、试验方案制订和优化等方面的工作。

（1）收集资料

组织桥梁荷载试验时要向有关部门收集与试验有关的设计资料，仔细阅读与试验有关的文献资料，以便对试验对象有透彻的了解，并对试验进行必要的模拟分析计算。这些资料包括设计图纸、施工资料、隐蔽工程报告和重要质量差错报告等，对有些桥梁，还须收集试验前结构尺寸变化的数据资料，如拱轴线的变形、墩台和拱顶的沉降观察资料等，此外，在明确试验目的后，如果有类似的试验借鉴还可以通过阅读他人试验报告或情况介绍，弄清试验目的有何不同，找到可以改进的地方。

（2）现场考察和检查

对于在现场的准备，需要对实桥进行踏勘，了解结构物的现状、周围的环境条件和试验条件，包括详细的外观检查，查明结构物的实际技术状况，如结构的尺寸、行车道、支座情况以及各种缺陷等；检查桥上和两端接线线路的技术状况、线路容许车速、桥下净空、水深和通航情况、桥址处供电情况等便于拟订桥梁结构静载试验方案。

（3）制订试验大纲

在进行现场调查、资料收集以及对资料进行分析研究的基础上，进一步明确试验目的，根据检测规范、试验要求、现场条件、设备资源等制订试验大纲，明确主要工作内容。

（4）结构分析计算

包括建模、设计控制内力、荷载等效、试验控制理论值等的计算。结构计算结果是评定桥梁性能的主要依据之一，计算者要根据试验桥梁的具体情况，选择合理的计算图式，使计算结果能客观反映桥梁的工作状态，以提高结构性能评价的可靠性。

（5）试验方案制订和优化

通过分析收集到的有关资料，充分了解试验对象以及试验现场的情况后，根据试验目的和客观条件着手拟订试验方案。一个完整的桥梁荷载试验方案应该包括：试验对象概况、试验目的和要求、试验内容。优化后的试验方案要详细列出试验检测内容，如一般实桥静力试验包含的：

1）结构控制断面的变形或挠度，或沿桥长轴线的挠度分布。

2）结构控制截面最大应力（或应变），或结构构件的实际应变分布。

3）受试验荷载影响的所有桥梁支座、墩台的位移或转角，塔柱和结构连接部分的变形等。

4）钢筋混凝土结构裂缝的出现或扩展，包括裂缝宽度、长度、间距、位置、方向和性状，以及卸载后的闭合情况。

5）其他桥梁次要结构构件的受力反应。

2. 试验准备阶段

试验准备是否充分是保证项目顺利实施的关键。准备阶段主要是依据试验方案进行正式试验前的相关准备工作，除包括现场测点布置、仪器调试等工作外，还涉及测试脚手架搭设、人员安全措施、加载车辆准备、现场交通管制、现场照明等一系列配套工作，通常这些配套工作需寻求业主、施工单位或具有相应能力的其他单位来实施。该阶段的工作内容主要包括以下几个方面。

（1）辅助工程的落实

桥梁荷载试验是一项复杂的系统工程，许多情况下需其他部门的配合才能顺利实施。辅助工程通常包括测试脚手架或挂篮搭设、安全设施布置、加载车辆租用、加载重物装卸和过磅、测试部位的处理、现场供电及照明、交通管制以及为保证试验顺利实施而采取的其他临时措施等。辅助工程的工作量在整个项目中往往占较大比例，实施时间较长且具有一定的风险性，因此试验组织者要事先进行通盘考虑。

（2）仪器设备的选用及调试

试验仪器的准备是整个试验前期准备工作中另一个重要方面，实际就是按照已经拟订的试验方案准备仪器，并着手进行仪器的选用和配套。试验用的仪器一经选定，试验前期就应做好配套准备工作，对所有被选用的仪器设备进行系统检查。各级仪器要逐一开机，从整机到通道，一一调试；各类表具要逐个检查，要保证带到现场去的仪器设备质量的完好；根据测点和测站位置，备齐备足测量导线，每根导线都要逐一检查并使之完好。如连接应变计的导线，可以预先焊好锡，以减少现场工作量；如果有对初次使用的仪器设备或第一次要做的测试内容，还要进行模拟测试，使测试人员熟悉测试过程和仪器操作。仪器设备选用的原则主要包括：

1）根据被测对象的结构情况，选择精度和量程。如被测对象是一座大跨度桥梁，它的试验挠度期望值达几十厘米，那么选精度为毫米级的量测仪器已足够；反之测一座小跨径桥梁的挠度，毫米级的量测精度就不够。

2）根据现场环境条件，选择仪器种类。如一座桥上应变测点很多，就应考虑在设置测站方便的同时，选用有合适测点测量仪器，还要估计导线的长短；又如现场有电磁干扰源存在，则须带抗干扰性能比较好的仪器，必要时宁可采用机械式仪器。

3）选用可靠性好的仪器。对实桥试验来说，试验往往是一次性的，仪器使用性能的可靠与否至关重要。

4）尽量考虑仪器设备的便携性，就轻避重，能小不大。因为实桥试验时装备越轻便，工作起来就越是方便，更不用说还有路途携带的方便。

5）要强调经验。一个有经验的试验人员一般能做到对每次试验所需的仪器设备胸中有数，同样，一个有经验的试验检测单位都应配备有几套适合不同要求的仪器设备供选用。

（3）人员组织

根据试验规模和工作需要，合理组织人员，并做到分工明确、沟通便捷。对于规模较大的试验，有时需寻求其他检测单位的协作，有时还需要非专业测试人员的协助，试验前应做好所有参加人员的组织和协调工作。

（4）现场准备

现场准备是指按预定试验方案进行的测点布置、设备联机调试、加载线标记、荷载准备、人员分工落实以及配套工作落实到位等一系列工作。另外还需落实关键部位结构响应理论值计算、加载控制、荷载分级、持荷时间和通信联络等事项。

3. 正式试验阶段

加载和观测阶段是整个试验工作的中心环节。该阶段的工作是在各项准备工作就绪的基础上，按照预定的试验方案和加载程序，利用适宜的加载设备进行加载，运用各种测试仪器，检测和记录桥梁结构受载后各项性能指标的过程。实桥静载试验一般安排在晚上进行，主要是考虑加载时温度变化和环境的干扰。如果这种干扰不大或对试验数据不会产生任何影响（如适逢阴天，又如简支梁小桥，加载车辆少、时间短的情况），也不一定非要安排在晚上。正式试验阶段需要注意以下事项：

1）正式加载前，需在有控制的条件下，对结构进行必要次数的预载。通过预载，一方面可以使结构进入正常的工作状态，另一方面可以检查试验装置的可靠性和测试仪器工作是否正常。预加载试验的测试结果，对后续试验的加载控制能起到一定的参考作用。

2）按照预定的试验方案和加载程序，进行加载试验和数据采集。为考察结构应力、变位随荷载或内力变化的关系，防止结构意外受损，特别是一些旧桥鉴定试验，各加载工况的荷载应分级逐渐施加到控制荷载。荷载分级一般分为3～4级，可采用控制车辆数量以及在控制截面内力纵、横向影响线的不同位置加载来实现。加载后结构的变形和内力需要有一个稳定过程。不同的结构这一过程的长短都不一样，一般是以控制点的应变值或挠度值稳定为准，只要读数波动值在测试仪器的精度范围以内，就认为结构已处于相对稳定状态，可以测量读数。

3）一个工况（或下一级）结束，各测点要读回零值，同样要有一个稳定过程。试验加载卸载要求稳定后读数，实际有一个结构残余变形或应变问题，因为当结构变形或应变在卸载后不能正常回复时，反映的可能是结构承载能力不足或其他原因。将主要测试数据与计算值及时做比较，判断受载结构的工作状态是否正常，确定是否进行下一工况（或下一级）加载，以确保结构、设备及人员的安全，这一点对已存在病害的旧桥尤为重要。

4）如发现数据存在异常，要及时分析原因，如属设备问题，在排除故障后重新组织试验。

5）试验结束之后，对记录资料、存盘数据及时进行汇总、备份。

4. 试验数据分析和评定阶段

分析评定阶段是对原始数据资料进行分析处理，得到反映结构工作性能的数据、图表、曲线等系统资料，然后根据试验方法、设计规范以及理论计算结果，对桥梁结构性能进行分析评价，最终形成试验报告的过程。原始测试资料包括大量的观测数据、文字记载和图片等材料，受各种因素的影响，缺乏条理性与规律性，未必能揭示试验结构的内在行为规律。因此，应对它们进行科学的分析，去伪存真，去粗取精，从中提取有价值的信息。最后，按照相关规范、规程以及试验目的，对试验对象作出科学的判断与评价，全部试验工作应体现在最后提交的试验研究报告中。

3.4.2　试验加载方法

对于成桥静力试验，试验加载设计主要包括设计控制荷载计算、试验荷载确定、加载工况和加载方法制订等。

1. 设计控制荷载

为保证荷载试验的有效性，要根据设计要求和现行规范确定控制荷载。行业不同，对控制荷载的规定也有所差异。

（1）公路桥梁

1）荷载标准依据：《公路桥涵设计通用规范》（JTG D60—2004）。

2）荷载等级：公路-I 级和公路-Ⅱ级。

3）荷载分为车辆荷载和车道荷载，主梁、主拱、主桁等整体结构采用车道荷载控制，桥台、横隔板等局部加载采用车辆荷载。

（2）城市桥梁

1）荷载标准依据：《城市桥梁设计荷载标准》（CJJ 77—98）（已经废止，由 JTG D60—2004 取代。对于城市旧桥，必要时按 CJJ 77—98 执行。

2）荷载等级：城-A 级和城-B 级；

3）荷载分为车辆荷载和车道荷载，适用同公路桥梁。

（3）新老规范介绍

由于设计规范的时效性，既有的和目前在建的有些桥梁当时所依据的设计规范与现行规范不同，这里也一并进行介绍。

1）荷载标准依据：《公路桥涵设计通用规范》（JTJ 021—89）（2004 年 10 月 1 日起废止）；

2）标准计算荷载：汽车-10 级、汽车-15 级、汽车-120、汽车-超 20 级；

3）标准验算荷载：履带-50 级、挂车-80 级、挂车-100 级、挂车-120 级。

（4）特殊荷载

根据使用要求，按照相关标准或设计文件确定的特殊荷载，如为满足大型厂矿建设、特殊设备运输需要而设计的专用桥梁，参照标准有《厂矿道路设计规范》（GBJ 22—87）等。

（5）人行专用桥梁

公路交通工程的人行桥目前尚无专用设计规范，荷载标准参照《公路桥梁设计通用规范》（JTG D60—2004）中的有关规定确定。城市人行桥的荷载标准按照《城市人行天桥与人行地道技术规范》（CJJ 69—95）的规定确定。

一般而言，无论新旧桥梁，控制荷载均按原设计标准确定；如桥梁存在严重缺陷，在进行普查和检算后如发现承载力不足，可考虑降低评定荷载等级。

通常对桥梁的恒载效应进行测量是困难的，因此桥梁荷载试验一般都是以设计正常使用活载为控制，加载试验时模拟设计所考虑的最不利受力状态，测试活载作用引起的结构效应。当然，我们可以利用施工期间布设预埋传感器等方法，测定控制部位的恒载应力，以收集尽可能多的原始数据，对结构性能做出客观、全面的判断。

对采用多种设计活载控制的桥梁，需将各种活载对控制部位产生的最大效应进行比较，取其中的最大者作为控制荷载。内力（或变形）控制值采用设计荷载图式在内力（或变形）影响线上布载得到，并按规范计入人群、冲击的影响。对预制装配式桥梁，如 T 梁桥、箱形梁桥、肋拱桥等，需进行荷载横向分布计算，以构件为单元进行最不利加载。

2. 试验荷载

试验荷载根据与设计作用（或荷载）等级相应的活载效应控制值或有特殊要求的荷载效应值确定，以使控制截面产生最不利荷载效应（内力和变形）较大的荷载作为试验控制荷载。具体计算时，应选择理论计算活载作用下能够产生最大截面应力和变形的控制位置或截面，某些特殊桥梁还需考虑其关键构件的加载。目前，试验荷载通常是根据桥梁设计图纸采用各种通用的有限元程序建立平面或空间有限元模型，简单结构也可以采用手算，结合规范及设计要求计算确定。此外，在用桥梁荷载的确定还需结合实际桥梁技术状态检测结果。

（1）试验荷载图式

荷载图式是指荷载的性质、分布、作用点数量和作用力方向等，分设计荷载图式和试验荷载图式两种。通常，由于条件限制或者为了简化加载而采用的试验荷载图式，与设计荷载图式有所差异，但必须通过等效计算以保证两者在控制部位产生的效应相当。荷载等效计算中应注意以下几点原则：

1）试验荷载图式要与设计荷载图式尽量相近。

2）试验荷载图式作用下，控制部位结构的主导内力（或变位）与设计荷载图式产生的效应相当。

3）兼顾次要效应，如拱桥活载试验主要保证弯矩等效，但也应尽量兼顾轴力等效。

4）非控制部位的结构效应尽量不超标。

根据等效计算结果，确定加载车辆的规格、数量以及轴重等参数，这是一个反复试算不断优化的过程。

（2）静载试验效率

桥梁结构静力试验荷载的大小确定除了要依据设计资料、施工竣工资料、常规养护资料等技术参考资料以外，还要考虑静力荷载效率。静载试验效率 h 为

$$h=\frac{S_t}{S\times(1+\mu)} \tag{3.49}$$

式中：S ——设计控制活荷载作用下，加载控制截面内力（应力）的最不利效应值；

S_t ——静力试验荷载作用下，加载控制截面内力（应力）的计算效应值；

μ ——按规范取用的冲击系数值。

依据《公路桥梁承载能力检测评价规程》（JTG/T J21—2011）对静力荷载效率的建议取为：$0.95\leqslant\eta<1.05$；《大跨径混凝土桥梁的试验方法》对荷载效率的规定：①基本荷载试验：$0.8\leqslant\eta<1$；②重荷载试验：$\eta>1$；③轻荷载试验：$0.5\leqslant\eta<0.8$。如无特殊情况，试验荷载应采用基本荷载，试验荷载效率η取 0.95～1.00 为宜。人行桥通常采用重物对人行桥进行加载，试验荷载效率可参照桥梁荷载试验方法和相关设计规范确定。

（3）试验布载注意事项

荷载等效为试验布载带来了灵活性，我们可以通过调整加载车辆规格、数量、轴重以

及车辆的纵、横向布置来满足荷载效率的要求，但这种灵活性也可能给试验工作带来危害。因此，在针对某特定控制截面进行布载时，要进行细致的计算比较，防止其他截面超载。另外，试验荷载一般按内力等效原则进行布置，布载时应尽量兼顾变形等效的需要。

3. 加载工况

加载工况应根据试验桥梁结构的受力特性、结构分析结果等进行设计。工况的选择应以能反映结构最不利受力状态为原则，以设计控制性工况为主，验证性工况为辅，对重要工况可进行重复试验。各加载工况的荷载布置应绘制成图供现场使用。常见的一些主要桥型加载工况如下所列。

（1）梁式桥

1）简支梁。简支梁桥主要工况为跨中最大正弯矩工况；附加工况为$l/4$最大正弯矩、支点最大剪力及墩台最大竖向反力工况。

2）连续梁桥。连续梁桥主要工况为边跨最大正弯矩、中跨跨中最大正弯矩与支点截面最大负弯矩工况；附加工况为墩顶支点最大剪力和墩台最大竖向反力工况。

3）悬臂梁桥。悬臂梁桥（包括 T 形刚构）主要工况为支点截面最大负弯矩、悬臂端最大挠度、锚固孔跨中最大正弯矩工况；附加工况为墩顶支点最大剪力、挂孔跨中最大正弯矩和桥墩最大竖向反力工况。

（2）拱式桥

拱式桥主要工况为拱顶最大正弯矩、拱脚最大负弯矩和最大正弯矩、$l/4$最大正弯矩和最大负弯矩工况；附加工况为$l/8$最大正弯矩和最大负弯矩、$3l/8$最大正弯矩和最大负弯矩及拱脚最大水平推力工况。

（3）刚架桥

刚架桥包括框架、斜腿刚架和刚架—拱式组合体系，主要工况为中跨跨中最大正弯矩、墩顶截面最大负弯矩和边跨最大正弯矩或最大活载拉应力工况；附加工况为墩顶截面最大剪力、中跨桥墩最大竖向反力、中跨$l/4$最大正弯矩和最大负弯矩工况。

（4）吊桥

吊桥，也指悬索桥，主要工况为主梁最大挠度、主梁控制截面最大内力、主塔塔顶最大纵向位移、主塔控制截面最大内力和主缆最大拉力工况；附加工况为主梁最大纵向漂移和吊杆最大拉力工况。

（5）组合式桥梁

组合式桥梁主要指斜拉桥，主要工况为主梁最大挠度、主梁控制截面最大内力、索塔塔顶最大纵向位移、索塔控制截面最大内力、斜拉索最大拉力；附加工况为主梁最大纵向漂移及辅助墩最大竖向反力。

上述各种桥梁体系的主要部位是一般静载试验必须观测的部位。方案上应画出结构简图，注明测点测站的位置、测点总数和测站数等。

4. 加载方法

静力试验的荷载一般采用以下两种方式。

（1）载重车辆

可选用装载重物的汽车或平板车，也可就近利用施工机械车辆。选择装载的重物时，要考虑车厢是否能容纳得下，装载是否方便，装载的重物应放置稳妥，以避免车辆行驶时因摇晃而改变重物的位置，另外还要采取措施避免雨水对货物重量的影响。采用车辆加载的优点很多，如便于调运和加载布置、加卸载迅速等。现场实桥试验荷载一般选用载重车辆如图 3.16 所示。

图 3.16　试验载重车辆

（2）重物直接加载

一般可按车辆荷载的着地轮迹先搭设承载架，再在承载架上堆放重物或设置水箱进行加载，这种加载方法准备工作量大，加卸载周期长，在成桥静力试验中很少采用，只有在车辆无法通行时考虑。

3.4.3　试验部位及测点布置

1. 试验桥跨的选择

试验桥跨的确定通常有以下两种方式：由委托单位指定试验桥跨和检测部位或桥跨抽样作为试验方法的内容之一。抽样作为试验方法的内容之一时，试验桥跨的选定要考虑抽样频率、桥跨代表性、评价的全面性等因素，同时还要兼顾经费、时间等因素。一般而言，对于结构型式、跨径相同的多跨桥梁，可选择具有代表性的一跨或几跨进行试验；对结构型式不同的多跨桥梁，应按不同结构型式分别选择具有代表性的一跨或几跨进行试验；对于结构型式相同但跨径不同的多跨桥梁，则应根据计算结果，选择其中受力最不利的一跨或几跨进行试验。除上述需要注意的几点之外，试验桥跨选择还应考虑以下因素：

1）桥梁墩、柱高度对结构受力的不利影响，如拱桥的连拱作用。

2）纵坡、曲线半径等差异对结构受力的不利影响。

3）结构受力不明确，或受技术条件的限制，在理论上难以准确计算的部位。

4）施工质量相对较差、存在施工缺陷、材料检验结果不理想、病害较严重的桥跨应作为优先选择的对象。

5）测试支架搭设、测点布置、测量及试验组织的难易程度。

2. 控制截面选择

（1）控制截面

对于简单结构，根据经验就能确定控制截面；对于复杂结构，则需在完成结构分析后，应用桥梁专业知识，结合测试的可行性等因素确定。具体控制截面的选择应注意以下几点原则：

1）应力控制截面要优先考虑活载内力较大的截面，同时应选恒载与活载组合内力较大的截面。

2）变位控制截面根据经验或理论计算结果确定，选择活载变形较大的部位进行控制。

3）裂缝应重点观测初始裂缝宽度较宽、计算拉应力较大的受力部位。

（2）控制截面选定

根据试验的目的要求，应用桥梁专业知识，考虑各种桥梁体系的受力特点，结合测试技术的可行性，确定被测桥梁的加载控制断面和测点布置。对于常见类型桥梁结构的加载测试控制断面，应该熟悉拟定测点的位置，把握主要与附加内容。常见主要桥型的控制断面选择如下所列。

（1）梁式桥

1）简支梁。简支梁桥主要控制跨中挠度和截面应力（或应变）、支点沉降；附加控制跨径四分点的挠度及支点附近腹板应力。

2）连续梁桥。连续梁桥主要控制主跨、边跨跨中挠度、主跨跨中、边跨弯矩最大和支点断面应力（或应变）；附加控制 1/4 跨径处的挠度和截面应力（或应变）。

3）悬臂梁桥。悬臂梁桥（包括 T 形刚构）主要控制悬臂端挠度、挂孔跨中挠度和应力、固端根部或支点截面的应力、T 形刚构墩身控制截面应力；附加控制牛腿局部应力、墩顶变位（水平与垂直位移、转角）等内容。

（2）拱式桥

拱式桥主要控制跨中、1/4 跨径处的变位和应力、拱脚截面应力；附加控制 1/8 处的变位和应力、拱上建筑变位和应力，墩台变位。

（3）刚架桥

刚架桥包括框架、斜腿刚架和刚架-拱式组合体系，主要控制跨中截面的挠度和应力、结点附近截面应力、变位；附加控制柱脚截面的应力、变位和转角，墩台顶变位和转角。

（4）吊桥

吊桥，也指悬索桥，主要控制主梁挠度、控制截面应力、索塔顶部水平位移、拉（吊）索拉力；附加控制活载索力，塔柱底截面应力，锚索拉力。

3. 测点布置

在确定试验桥跨和检测项目后，还要明确各控制截面或部位的测点布置，并绘制成图。测点布置应遵循必要、适量、方便观测的原则，并使观测数据尽可能准确、可靠。具体要求如下：

（1）挠度测点

对于装配式桥梁应在主要控制截面各构件上布置测点，以考察结构的整体工作性能；对于大跨桥梁应沿纵向布置一定数量的测试截面（四分点、八分点等），以分析结构受载后的挠曲变形规律。另外，还应结合结构受力特点以及评价的需要，进行侧向位移、扭转变形、塔顶变位、纵向漂移、支点沉降等的测量。

（2）应变测点

应变测点应优先布置在结构最大受力处。考虑到结构材料（特别是混凝土）变形的离散性，应变测点应是足够的，重要测点可布置多个传感器。可在梁高方向等距布置一定数量的测点，以验证平截面假定。需考察结构抗剪性能时，可在最不利受力部位布置应变花。预应力混凝土结构，应变测点设在混凝土表面即可，而对普通钢筋混凝土结构，则应重点测量受拉主筋的应变，一般采用凿开混凝土保护层（试验结束后应及时修复）直接在中性轴钢筋上布设测点的方法，也可采用大标距应变计测量结构的平均应变。

（3）裂缝

重点测量结构关键部位受力裂缝的宽度以及受载后裂缝的扩展（宽度、长度）情况，宜根据实际情况布置测点。每个加载工况在加载前、受载时、卸载后均应对控制截面或部位进行裂缝观测。

（4）温度测点的布设

选择与测点接近的部位设置1～2处气温观测点，此外可根据需要在桥梁主要构件表面布置温度观测点。温度测试结果可用于结构计算修正。

（5）测点布置原则

桥梁结构型式多样，测点布置的方法也有较大差异，但应遵循以下基本原则：

1）测点布置应具有代表性，服从结构分析和判断的需要，同时要便于计算。桥梁结构的最大挠度与应变，通常是试验者最感兴趣的，掌握了这些数据就可以比较宏观地了解结构的工作性能及强度储备。

2）测点布置要有针对性，要以满足试验要求为目的，避免盲目布置及片面追求测点数量，以突出试验工作重点，提高效率，保证质量为目标。

3）测点布置要有利于仪器安装和观测，并对试验操作是安全的。对于观测数据比较危险的部位，应采取妥善的安全措施。

4）为保证测试数据的可靠性，测点数量应是足够的，且需布置一定数量的校核测点。在现场试验过程中，由于偶然因素和外界干扰，会有部分测点不能正常工作，因此在关键控制部位要布置多个测点。

3.4.4 现场试验实施

1. 准备工作

正式试验前落实控制部位理论值计算、测点布置、仪器设备调试、结构检查、荷载准备、加载位置标记、交通管制、供电照明等一系列工作，为正式加载和观测做好准备。

（1）控制值计算

为保证加载安全和检测质量，要事先完成主要工况控制部位结构响应理论值的计算，并将资料提供给相关人员，以便试验时与实测结果进行比较。控制部位理论值是加载控制的依据之一，对现场加载起指导作用。

（2）测点布置

按照预定的试验方案，进行控制截面和测点位置的放样，并由专人进行复核，然后布置应变、变位等观测点。如因布置困难或存在局部缺陷需调整测点位置时，要采取必要的确认程序，并予以记录。测点部位、传感器编号以及参数等资料应及时予以记录，并绘制成图。

（3）结构检查

结构外观检查是多方面的，应根据实际情况确定检查内容。旧桥普查是承载能力评定的重要环节，普查结果同时也是制订试验方案、结构分析以及加载控制的主要依据，因此必须进行周密安排。旧桥普查的内容一般包括：

1）主体结构材料的取样和性能检测。对缺乏资料或对材料强度有怀疑的旧桥需进行现场取样，测定材料的强度指标，作为结构分析的取用参数。

2）结构缺陷的检查。包括混凝土裂缝、连接部位的现状、金属材料锈蚀、露筋、施工缺陷等方面的检查和检测。

3）主体结构线形测量，墩台变位和冲刷的调查和检测。

4）支座、伸缩缝、排水系统等工作性能检查。

5）主要承重结构截面尺寸测量。

6）桥梁养管、维护、使用情况等技术资料的收集。

7）其他必要项目的检查和检测。

（4）荷载准备

1）荷载准备需由专人负责。根据预定计划，落实加载车辆的数量、规格，测量车辆的实际轴距并作记录。

2）落实装载重物和装载机械，根据轴重要求进行装载。对每台加载车进行过磅称重，并收集过磅单，过磅单中应包含车辆牌号、总重、各轴重等信息。过磅工具一般为地磅秤或便携电子秤，为满足预定的轴重要求，有时需对车辆载重进行反复调整。称重时，试验方应派专人到现场见证。

3）根据车辆的称载结果，对车辆进行组合和编号，确定各个加载工况每台车辆的具体加载位置。

4）正式加载前，应将加载车辆上桥顺序、注意事项向每位驾驶员交代清楚，以提高加载效率。

（5）加载线布置

试验前在桥面上对加载位置进行放样，宜采用不同颜色的标志区分各加载工况的车辆位置。加载前及卸载后的加载车辆的安排应注意两个问题：首先是对试验桥跨（部位）的受力无影响；其次是不能使停放位置的桥跨出现超载现象，应尽量拉大车辆间距，车辆停放位置应作明显标记。

（6）其他准备工作

1）为保证夜间试验的正常进行，需解决好水准测点、桥面、测站、裂缝观测等的照明问题。

2）落实交通管制和交通疏导等事项，并有专人负责，必要时应事先进行公告。

3）落实通信器材，统一联络方式，这一点对大跨桥梁试验尤为重要。

4）落实桥面、引道清理等事项，确保正式加载时的道路通畅。

2. 试验组织

桥梁荷载试验是一项技术性较强的工作，应根据每个试验人员的特长进行分工，每人分管的仪表数目除考虑便于进行观测外，应尽量使每人对分管仪表进行一次观测所需的时间大致相同。所有参加试验的人员应能熟练掌握所分管的仪器设备，否则应在正式开始试验前进行演练，以保证试验有条不紊地进行。人员分工组织的原则如下：

1）对测站和设备进行合理布局，以最大限度地发挥设备效能。

2）根据工作人员的技术特长，进行合理分工，明确每个岗位的职责。

3）有专人负责指挥，统一协调加载、测读、交通管制等事项。对于大跨径桥梁试验，动用的加载车辆较多，需有专人负责车辆调度。

3. 试验加载

(1) 预加载

正式试验之前，应对结构进行 1～2 次预荷载，通过预加载使结构进入正常工作状态，消除结构非弹性变形。预加载同时可以检验测试设备工作是否正常，性能是否可靠，人员是否组织完善，操作是否熟练等。

(2) 加载试验

加载前对各仪表进行初读数。应严格按设计的加载程序进行加载，荷载、截面内力大小都应由小到大逐渐增加。加载车辆行驶到桥面指定位置等结构变形稳定后，即可测读该级荷载的数据，然后进行下一级加载。

加载或卸载持荷时间可采用两种方式控制：一种是按预定程序持荷规定时间；另一种是以结构变形是否达到稳定来确定，如 5 min 的变形增量小于量测仪器最小分辨值，或结构最后 5min 的变形增量小于前一个 5min 变形增量的 15%，均认为结构变形达到相对稳定。

(3) 加载时机

现场荷载试验为短期试验，要注意日照和昼夜温度变化对结构物及测量数据的影响，加载试验应安排在气温相对稳定的时段（如阴天或夜间 10 时至凌晨 5 时）进行，并将环境条件予以记录。

(4) 加载分级

为保证加载安全和得到结构应变、变形随荷载的变化关系，需对荷载进行分级加载。

1）一个工况的荷载宜分 3～4 级施加到最大荷载。《大跨径混凝土桥梁的试验方法》建议的加载分级为 4 级，分别为零载、计算初裂荷载的 0.9 倍、设计车辆静载和设计车辆荷载乘以动力系数，可以参考执行。桥梁的调查及验算不充分，或桥梁现状较差时，要适当增加加载分级。

2）卸载可采用与加载相同的分级或采用一次性卸载。

4. 测读与记录

每个加载工况在加载前、受载后（包括分级加载）及卸载后均需进行测量。采用计算机采集的量测仪器，应进行多次测量，以消除随机误差。最大荷载、卸载后等重要加载阶段，则应分批次（如荷载施加到位后、持荷一定时间后等）进行测量。另外，每个测站应保证数据采集的同步性。

仪表的测读应准确、迅速，并及时记录。记录者应对所有测点量测值变化情况进行检查，分析其变化是否符合规律。对数据反常的测点应检查仪表安装是否正确以及其他可能的故障因素，及时排除故障。对加载试验的控制点应随时观测，随时计算并将结果报告给试验指挥人员，如实测值超过计算值较多，则应暂停加载，待查明原因再决定是否继续加载。

5. 安全控制及异常情况处理

(1) 加载过程观察

加载过程中随时观测结构各部位可能产生的新裂缝，注意观察构件薄弱部位是否有开裂、破损，组合构件的结合面是否有开裂错位，支座附近混凝土是否开裂，横隔板的接头是否拉裂，结构是否产生不正常的响声，加载时墩台是否发生摇晃现象等，并应及时采取相应的措施。

（2）裂缝观测

加载试验中裂缝观测重点应放在结构承受拉力较大部位及原有裂缝较长、较宽的部位。加载过程中观测裂缝长度及宽度的变化情况，可直接在混凝土表面进行描绘记录，也可采用专门表格记录。加载至最不利荷载及卸载后应对结构裂缝进行全面检查，尤其应仔细检查是否产生新的裂缝，必要时可绘制裂缝分布图。

（3）终止加载条件

发生下列情况之一应终止加载：

1）控制部位实测值与理论值严重不符或超理论值很多，或出现不稳定状态。

2）控制部位实测值超规范限值。

3）加载过程中，超规范宽度裂缝大量增加，对结构寿命造成明显影响。

4）桥梁出现异常，并有不断加剧趋势，如墩台变位超过允许值且不稳定。

5）发生其他结构损伤，影响桥梁正常使用的。

3.4.5　试验数据整理

整理桥梁现场试验数据，不仅要求有一份完整的原始记录，还要用到一些数据处理方面的知识，同时又要求整理者有桥梁专业方面的知识。从试验总体上说，它还是每个试验程序的结束环节，必须予以充分重视。

通过静载试验得到的原始数据、曲线和图像等是最重要的第一手资料，应该特别强调现场试验数据原始记录重要性，对每一份现场记录（无论是数据还是信号）都要求完整、清晰和可靠。有些原始数据数量庞大，也不直观，不能直接用来进行结构评估，所以必须对它进行处理分析。

1. 荷载

整理实际荷载的载重、加载工况等，因为实际布载位置、大小等可能会与方案要求的不一样。整理出来的荷载数据，一方面用以结构计算，另一方面会与试验数据结果直接有关。

由于桥梁试验荷载一般都采用车辆荷载，下面只叙述对车辆加载要求：

1）列出试验加载效率表，如采取分级加载方法还要列出分级加载表。

2）制作实际载重明细表，表中详细列出加载车辆的型号、车号及其试验时的编号、轮轴距、理论质量和实际载重（包括各轴轴重和总重）等。

3）绘制荷载的纵、横向（包括对称和偏心）布置图，并标明具外尺寸。

2. 变形

桥梁变形包括挠度和各种非竖向变位（如拱桥桥轴线的两维变位，斜拉桥索塔的水平变位等）。变形是衡量桥梁结构实际刚度的重要指标之一。

实测值和计算值一般都要求画成曲线并放在一起，或列出一张比较表等。有的桥梁在整理挠度数据时，还应考虑支座处沉降的影响。

3. 应力和应变

（1）实测应变的修正

应变测试中，出现应变计灵敏系数 $K \neq 2$，或导线过长或过细使导线电阻不能忽略等情况时，需要对实测应变结果进行修正（一般这类因素对测值的影响小于1‰时可不予修正）。在较先进的计算机控制的数据采集器里，灵敏系数等修正都可以事先设定，直接得到ε。

（2）应力、应变的换算

应变计测试结果一般为应变值，而人们感兴趣的往往是应力，对钢结构面言，弹性模量稳定，应力和应变关系是常数乘积关系；对钢筋混凝土或预应力混凝土结构来说，不管是混凝土上测得的应变，还是钢筋上测得的应变，换算成混凝土应力都有一个实际弹性模量的取值问题。解决这个问题的办法，一是用实际试块（或回弹或超声波）测到的数据，二是取《公路钢筋混凝土及预应力混凝土桥涵设计规范》（JTG D62—2004）给出的混凝土弹性模量值。对有些试验（如极限破坏试验），有时直接以应变指标衡量。

弹性模量确定以后，各种应力状态下测点应力均可按材料力学公式进行计算：

对单向应力

$$\sigma = E \cdot \varepsilon \tag{3.50}$$

对主应力方向已知的平面应力

$$\sigma_1 = \frac{E}{1-\nu^2}(e_1 + \nu e_2) \tag{3.51}$$

$$\sigma_2 = \frac{E}{1-\nu^2}(e_2 + \nu e_1) \tag{3.52}$$

式中：E——构件材料的弹性模量；

ν——构件材料的泊松比；

e_1、e_2——相互垂直方向的主应变；

s_1、s_2——相互垂直方向的主应力。

对主应力方向未知的平面应力（采用45°应变时）：

$$s_1 = \frac{E}{1-\nu^2}A + \frac{E}{1+\nu}\sqrt{B^2 + C^2} \tag{3.53}$$

$$s_2 = \frac{E}{1-\nu^2}A - \frac{E}{1+\nu}\sqrt{B^2 + C^2} \tag{3.54}$$

$$t = \frac{E}{1+\nu}\sqrt{B^2 + C^2} \tag{3.55}$$

$$j_0 = \frac{1}{2}\tan^{-1}\frac{C}{B} \tag{3.56}$$

式中：s_1、s_2、t、j_0——分别为测点两主应力、最大剪应力、主应力方向角；

A、B、C——应变花计算参数，其中：

$$A = \frac{e_0 + e_{90}}{2},\quad B = \frac{e_0 - e_{90}}{2},\quad C = \frac{2e_{45} - e_0 - e_{90}}{2}$$

其余符号意义同上。

（3）实测与计算的比较

控制断面应力是衡量桥梁结构实际强度的重要指标。具体衡量指标为试验荷载作用下，各主要控制断面测点应力的实测值与计算值的比值。

由于实桥试验往往是按设计基本荷载施加的，故计算截面上各点的应力，对钢结构或预应力混凝土结构一般仍用普通材料力学的弹性阶段方法；对钢筋混凝土结构，可根据断面内力的大小并考虑断面开裂情况采用相应的计算方法。

断面应力的计算值和实测值应列在同一张表内并作成曲线（或图)，以便比较根据需要，还可绘制各加载工况下控制截面应变的分布图、截面应变沿高度分布图等。

混凝土结构应力实测值（不如变形那样反映整体）有时会发生局部偏大或偏小问题，当实测值与计算值之间的差别超出正常允许误差范围时，应该仔细分析并找出原因。

4. 残余变形（或应变）

残余变形（或应变）是一个加卸载周期后结构上残留的变形（或应变)。静载试验数据整理中，要关注各测点实测变形与应变的残余值。实际加载试验中，相对残余变形（或应变）不允许大于 20%。

$$\left.\begin{aligned} &\text{总变形（或应变）} && S_t = S_I - S_i \\ &\text{弹性变形（或应变）} && S_e = S_I - S_i \\ &\text{残余变形（或应变）} && S_p = S_t - S_e = S_u - S_i \end{aligned}\right\} \tag{3.57}$$

式中：S_t ——加载前测值；

S_I ——加载达到稳定时测值；

S_u ——卸载后达到稳定时测值。相对残余变形（或应变）为

$$S'_p = \frac{S_p}{S_t} \times 100 \tag{3.58}$$

5. 其他部分测值的整理

（1）温度影响修正

由于温度对测试的影响比较复杂，通常采取缩短加载时间，选择温度稳定性较好的时间进行试验等办法，尽量减小温度对测试精度的影响。需要时，一般可采用综合分析的方法来进行温度影响修正，即利用加载试验前进行的温度稳定观测数据，建立温度变化（测点处构件表面温度或空气温度）和测点测值（应变和挠度）变化的线性关系，然后按下式进行温度修正计算

$$S = S' - \Delta t \cdot K_t \tag{3.59}$$

式中：S ——温度修正后的测点加载测值变化；

S' ——温度修正前的测点加载测值变化；

Δt ——相应于 S'，观测时间段内的温度变化，℃。对应变宜采用构件表面温度，对挠度宜采用气温；

K_t ——空载时温度上升 1℃时测点测值变化量。

如测值变化与温度变化关系较明显时，可采用多次观测的平均值，即

$$K_t = \frac{\Delta S}{\Delta t_1} \tag{3.60}$$

式中：ΔS ——空载时某一时间区段内测点测值变化量；

Δt_1 ——相应于 ΔS 同一时间区段内温度变化量。

（2）支点沉降影响的修正

当支点沉降量较大时，应修正其对挠度值的影响，修正量 C 可按下式计算

$$C = \frac{l-x}{x} \cdot a + \frac{x}{l} \cdot b \tag{3.61}$$

式中：C——测点的支点沉降影响修正量；

l——A支点到B支点的距离；

x——挠度测点到A支点的距离；

a——A支点沉降量；

b——B支点沉降量。

（3）横向增大系数η计算

可用实测的变位（或应变）最大值$S_{e\max}$与横向各测点实测变位（或应变）平均值$\overline{S_e}$，即

$$h=\frac{S_{e\max}}{S_e} \tag{3.62}$$

（4）荷载横向分布系数计算

可根据量测截面实测的各主梁或拱肋的测点挠度，即

$$m_i=\frac{f_i}{\sum_{i=1}^{n} f_i} \tag{3.63}$$

式中：m_i——试验荷载作用下，某一量测截面第i片主梁或拱肋的荷载横向分布系数；

f_i——试验荷载作用下，某一量测截面第i片主梁或拱肋的测点挠度；

n——主梁或拱肋的根数。

3.5　桥梁结构动载试验

桥梁是承受动荷载的结构物，面对日常运营过程中各种各样的桥梁动态问题，我们不仅要研究桥梁结构本身的动力特性，还要研究由车辆移动荷载引起的车致振动等问题。桥梁动载试验是能使上述关注或研究得以进行和不断深入的一个重要手段。

桥梁动载试验涉及的问题，与所有工程振动试验研究的问题相似，基本可以归为三个方面：桥梁外部振源、结构动力特性和动力反应。

传统结构动力学方法，从结构设计图纸出发，根据力学原理建立结构的数学模型，然后由已知振源（输入或作用）去求结构响应。这种方法至少有两方面的问题难以完善：首先是计算图式和设计图式与实际结构之间的差异，其次是阻尼系数只能凭假定设置。桥梁动载（包括振动）试验可相逆而行，利用已知（或未知）输入对结构激励，用仪器测得结构的输出响应，然后通过实测或输入、输出的关系求结构的实际工作模型。

这种计算与试验的正逆关系可由图3.17表述。

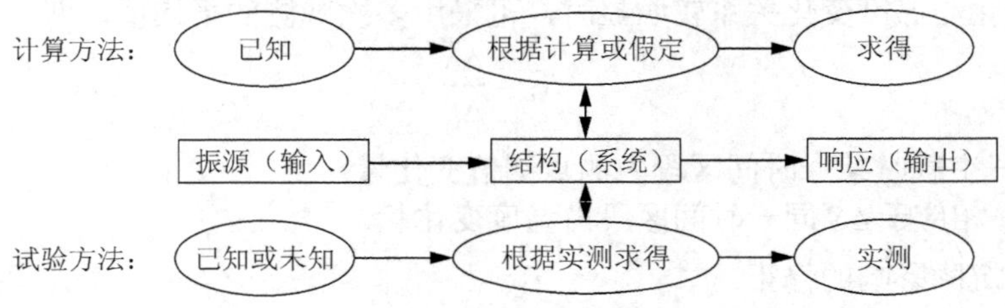

图3.77　计算与试验的正逆关系

振源是引起桥梁振动的外作用（包括风、地震或移动车辆振动的激励等）。如果结构是

个“系统”，它就是一种“输入”。结构这个“系统”的动力特性是桥梁的固有特性，有三个主要参数（频率、振型和阻尼），它是桥梁动态试验中最重要最基本的内容。结构响应表示桥梁在特定动荷载作用下的动态“输出”，桥梁结构动力响应主要参数为动应力、动挠度、加速度等。

本节主要叙述桥梁结构动力特性参数及其试验测定的方法，介绍桥梁（在移动车辆荷载作用下）结构动态响应的测试内容和方法。

3.5.1　桥梁动力特性参数测定

测定桥梁动力特性参数是桥梁动载试验的基础内容，要研究桥梁结构的动态性能和能力必须了解桥梁结构的动力特性。

结构动力特性参数，也称结构自振特性参数或振动模态参数，其内容主要包括结构的自振频率（自振周期）、阻尼比和振型等。它们都是由结构形式、建筑材料性能等结构所固有的特性所决定的，与外荷载无关。

为了叙述上的方便，先通过最简单的物理模型说明这些特性参数的概念，而后再介绍怎样通过试验手段去得到。

1. 动力特性参数

图 3.18 示意一根自由端作用一集中质量 m 的悬臂梁，假定只考虑 y 方向的自由度并不计梁自重，以 $M\ddot{y}$ 表示惯性力，$C\dot{y}$ 表示阻尼力，Ky 表示弹簧力，$p(t)$ 表示外作用力。这是一个典型的单自由度振动体系，它的振动方程为

$$m\ddot{y}+C\dot{y}+Ky=p(t) \tag{3.64}$$

如果 $p(t)=0$，体系的自由振动方程的解可写成

$$y=A\exp(\xi\omega t)\sin(\sqrt{1-}\omega_d t+j) \tag{3.65}$$

把式（3.65）画成曲线，如图 3.19 所示。

通过图 3.18 和图 3.19，对一些动力特性参数进行讨论。

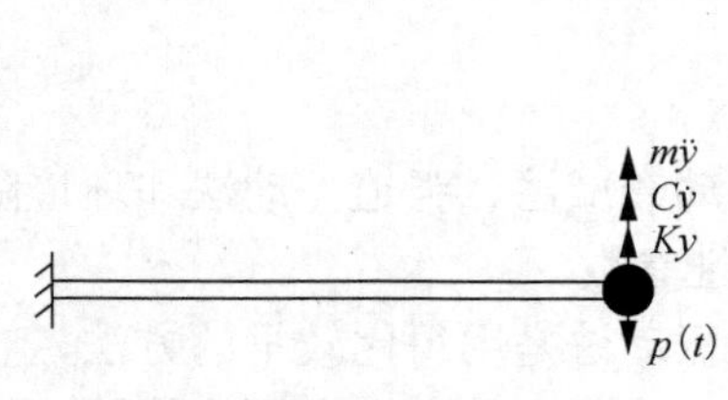

图 3.18　悬臂梁示意

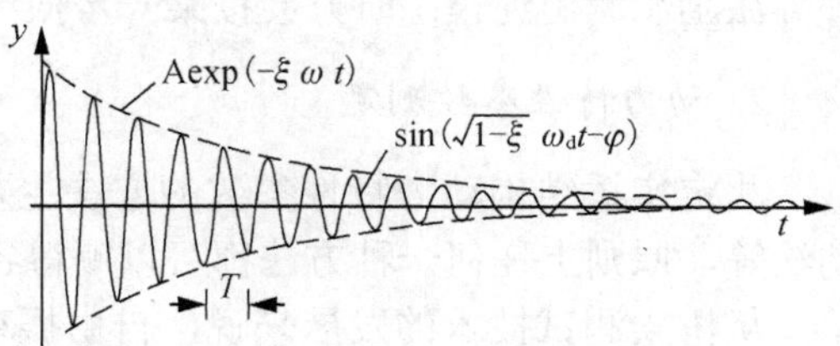

图 3.19　自由振动衰减曲线

（1）自振频率和自振周期

自振频率是动力特性参数中最主要的概念，自振频率物理上指单位时间内完成振动的次数，通常用 f 表示，单位为赫兹（Hz）；也可以用圆频率 $\omega(\omega=2\pi f)$ 表示，单位为 1/秒（1/s）。

自振周期（T）物理上指物体振动波形重复出现的最小时间，单位为秒（s），它和自振频率互成倒数关系 $T=\dfrac{1}{f}$。由于这种倒数关系，工程中一般并不专门区分频率和周期的表达。

对图 3.18 所示悬臂梁有

$$f = \frac{1}{T} = \frac{1}{2\pi}\sqrt{\frac{K}{m}} \tag{3.66}$$

式中：K ——悬臂梁结构的刚度；

m ——梁端部的集中质量。

由此可见，结构的自振频率只与结构的刚度和质量有关，并与刚度 K 成正比，与质量 m 成反比。

对多自由度情况，以上关系同样存在，一般每个自由度都对应有一个自振频率，通常把多个频率按数值从小到大排列成一阶（也称作基本频率）、二阶、n 阶频率。

（2）阻尼

阻尼是存在于结构中的消耗结构振动能量的一种物理作用，它对结构抵抗振动是有利的。结构工程上假定阻尼属黏滞阻尼，与结构振动速度成正比，并习惯以一个无量纲的系数 z（阻尼比）来表示阻尼的量值大小。

阻尼比 z 定义为阻尼系数 C 与临界阻尼 C（$2m\omega$）比值，即

$$z = \frac{C}{C_c} = \frac{C}{2m\omega} = \frac{C}{2\sqrt{mK}} \tag{3.67}$$

ω 和 ω_d 分别是无阻尼和有阻尼圆频率。桥梁结构体系的阻尼比 z 一般小于 20%，$\sqrt{1-z^2}$ 的值接近 1，故 ω 和 ω_d 差得不多，实用上也就不作区别。

由图 3.18 知，阻尼比的大小决定了自由振动衰减的快慢程度。从结构抵抗振动的工程意义上说，总希望这种衰减作用能够对结构有利。

在多自由度振动体系中，对应每一个频率都有一个阻尼比。必须指击，阻尼比是（且只能是）试验值。

（3）振型

振型是结构上各点振幅值的连线，它不是结构的变形曲线。

结构动力学认为对应每一个固有频率，结构都有并只有一个主振型。一般情况下，结构线性微幅振动时其可能的自由振动都是无数个主振型叠加的结果；特定条件下，结构（被外界激励源激出纯模态时）会按某一自振频率及其相应主振型振动。

2. 动力特性参数测定

测定实桥结构动力特性参数的方法主要有自由振动衰减法、强迫振动法和环境随机振动法等，原则上任何一种方法都可以测得各种动力特性参数。

从桥梁测试技术的发展来说，自由振动法和强迫振动法是用得比较早的方法，它们得到的数据结果往往简单直观，容易处理；环境随机振动法是一种建立在概率统计方法上的技术，它以现场测试简单和数据后续处理计算机化的优势进入桥梁振动测试领域。随着计算机技术的迅速发展以及随机振动试验数据分析设备和软件的广为普及，原则上自由振动法和强迫振动法得到的试验数据结果也都可以用计算机技术去处理分析。因此，这三种方法的区别，实际上只剩下激振方法或有无激励的区别。

为了更好地了解桥梁结构动力特性测试的各种方法并加以贯通理解，下面以三种方法为题分别叙述具体做法。

（1）自由振动衰减法

给结构一个初位移或初速度使结构产生振动，因结构的自振特性只与它本身的刚度、

质量和材料等固有形式有关，与所施加的力、初位移或初速度（当然在结构受力允许条件下）没有关系，只要求能够激发起结构的振动并能够测到结构的自由振动衰减曲线。通过对该曲线的分析处理可以得到一些自振特性参数。

自由振动衰减法的实测框图如图 3.20 所示。

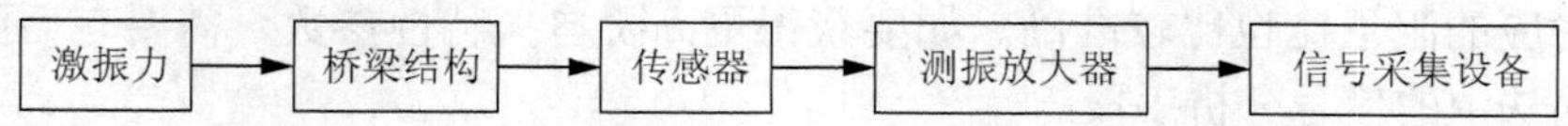

图 3.20　自由振动衰减法的实测框图

能使桥梁产生自由振动的方法很多，撞击、跳车、突然释放等（只要求给结构一个瞬态激振力（图 3.21），实际做起来，这一类方法比较灵活，往往根据不同的要求因地制宜。如为测竖向振动，可采用跳车、撞击等方法；为测横向或扭转振动，可采用突然释放、撞击等方法。

现场测试前，测试仪器要先行调好，特别是放大器的衰减挡要用得妥当，以保证仪器能够记录到完整的瞬态响应信号；此外，同样工况一般要求重复几次，以利数据分析。

实测自由振动衰减曲线的典型形状如图 3.22 所示，通过对它的分析可以求出频率、阻尼和振型等参数。

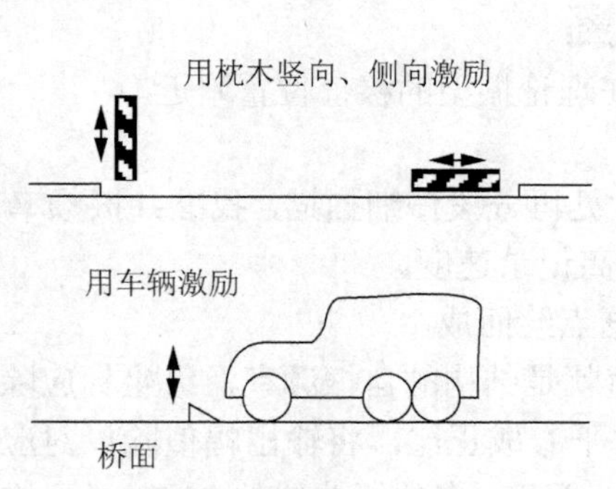

图 3.21　施加外作用力使结构产生自由振动

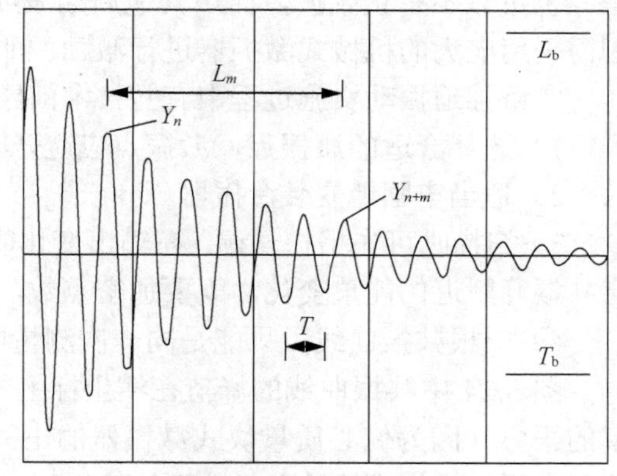

图 3.22　实测自由振动衰减曲线

如图 3.22 所示，通过比例关系可求得

$$f = \frac{mL_b}{L_m T_b} \tag{3.68}$$

式中：f ——实测频率；

L_m ——实测 m 个波形波峰总间距；

T_b、L_b ——分别是记录仪器给定的时标和标距。

如果只取一个波，可令式（3.67）中的 $m=1$，一样可以求得 f 值。

利用曲线可求出桥梁结构自由振动频率对应的阻尼比为

$$d \approx 2pmz \tag{3.69}$$

或

$$z = \frac{d}{2m\pi} \tag{3.70}$$

直接按照记录曲线绘制振型，能得到自由振动频率对应的振型，具体做法和强迫振动法中一样。

自由振动衰减法的优点是激励形式可以多变，比较容易实现，对于一些只要求得到结构基本频率或其他较低阶频率是很方便，对测试仪器的要求也不高，所得到的频率（特别是基频）对应的阻尼比也比较准确。如要获得更高阶自振特性参数，需要有后面将要提到的随机振动法中的信号分析手段。

（2）强迫振动法（共振法）

实桥强迫振动法通常是利用激振器械对结构进行连续正弦扫描，根据共振效应，当扫描频率与结构的某一固有频率相一致时，结构振幅会明显增大，用仪器测出这一过程，绘出频率—幅值曲线（共振曲线），通过曲线可以得到结构的自振特性参数。

强迫振动法的实测框图 3.23 所示。

控制仪器 → 激振器 → 桥梁结构 → 传感器 → 测振放大器 → 信号采集设备

图 3.23　强迫振动法实测框图

所谓扫描激振，是指用正弦信号控制激振器在一定频率范围内进行扫描，理论上控制信号也可以不是正弦波，而用其他周期波或随机波。但这只适用于模型振动试验，实桥上因需采用庞大的机械式激振器进行激励，非周期信号不易实现。

实桥强迫振动实施过程中有些技术问题必须注意：

1）选择合适的激振点，激振点应避开节点放在理论振型的极值位置附近。

2）适当牢固地安装激振器。

3）扫描时可先粗扫一遍，在输出变化明显增大处再分段仔细扫描，找准共振频率。注意共振峰附近的能量变化，既要加密点数，又要提高记录速度。

4）一根共振曲线，只能是同一次测量中的数据点绘而成。

图 3.24 中共振曲线的峰值在横坐标上的对应值就是结构的自振频率，纵坐标应除以频率的平方（因为偏心质量块式激振器的出力与频率平方成正比，将输出幅值除以对应频率的平方后，就化成等输入条件下的输出）。如图 3.24 所示，在共振曲线的 70.7%处，作一平行于频率轴的直线与曲线交两点，这两点对应的横坐标上的频率差 $\Delta f = f_2 - f_1$，据此可求出阻尼比

$$z = \frac{1}{2f}(f_2 - f_1) = \frac{\Delta f}{2f} \tag{3.71}$$

这个方法称作半功率带宽法，是用得最广的求结构阻尼方法。一般认为，对各阶频率靠得不是很近的情况，用此法求得的阻尼结构精度比较高。

强迫振动法在测频率、阻尼的同时，还可对桥梁的振型进行测量。当桥梁结构在其某一共振频率上产生共振时，总对应着一个主振形，此时只要在桥上布置足够的测点，同时记录它们在振动过程中的幅值和相位差就可分析得到所要求的振型曲线。

利用仪器记录下来的振动波形可以分析、确定振型曲线。下面通过简支梁的例子简单介绍分析、判别的方法。

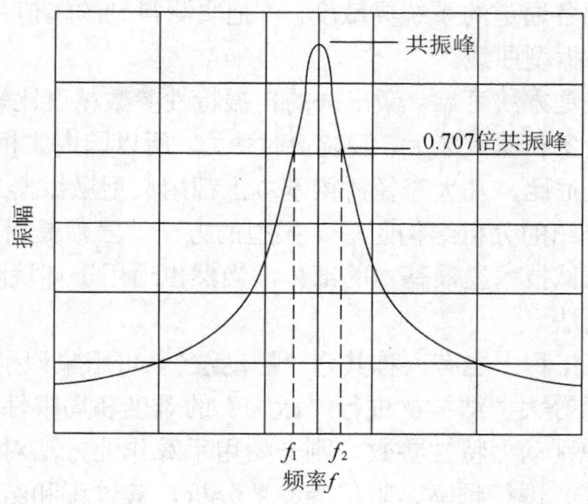

图 3.24　共振曲线

将该简支梁划分成 6 段，梁上布置 7 个测点，其中中间 5 个测点测到的波形如图 3.25（a）所示。图中两端（1 号、7 号）测点为支座，不用测试，可直接赋零处理（实际这是处理支座约束条件的一般做法，实际测试中经常用到）。

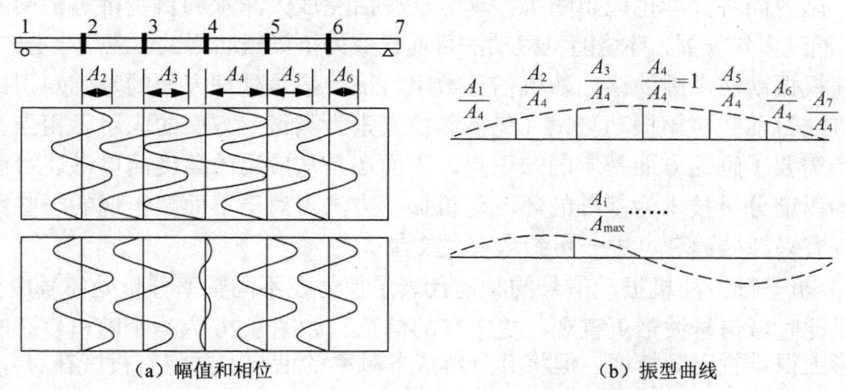

图 3.25　强迫振动法确定简支梁振型的方法图示

以一阶振型的确定为例[图 3.25(a)]，先量取各测点的幅值（峰值）A_i，并把它们按 A_i/A_{max} 归一化处理，如图 3.25(b)中的标注，图中第一振型 $A_{max}=A_4$，将各测点 A_i 除以 A_4；接着以 A_4 或其他某一测点为基准，判断其他四个测点与它的相位差，波形同方向（$0\sim\pi/2$）的为同相位，反方向（$\pi/2\sim\pi$）的为反相位，居两者间（$\pi/2$ 附近）是节点附近点。

图 3.25（b）是按上述方法（根据左边曲线）绘制的简支梁前二阶振型。

实桥振型测量还要注意：

1）合理布置测点。事先须了解（各类桥型的）理论振型，测点数目要足以连接曲线并尽可能布在控制断面上。由于每次试验用的传感器数量总是有限的，所以要在桥上选择合适的参考点（将一个传感器放在参考点上始终不动），分批搬动其他传感器到所有测点。

2）现场标定。因为振型是考虑同一时刻波形的幅值和相位差得到的，所以测量前要把测振仪器系统放在参考点上标定（第 2 章已介绍），要注意标完以后的仪器系统，从传感器、导线，一直到记录通道的变更（最好不再变动或稍加变动）。

3）确定振型。利用各通道的系统灵敏度，可把实测得到的幅值关系算出来并归一化后，得到最大坐标值是 1 的振型曲线。

强迫共振法的优点是方法可靠，激出来的自振特性参数精度比较高。对实桥试验来说，它最大的缺点是激振设备和器械庞大，搬装费时费力，所以国内实桥振动试验极少采用（日本为得到桥梁可靠的阻尼比，凡大跨径桥梁基本上都用大型激振器）。

特别指出，这里介绍的分析结构阻尼、振型的方法，虽然是对强迫振动法来说的，但该方法本身却是振动测试技术里最基本的部分，当然也适用于环境随着振动法。

（3）环境随机振动法

环境随机振动法（工程上也有人称其为“脉动法”）可用来识别桥梁结构的动力特性。早前人们认识到对桥梁等大型结构物进行“激励”的难度和局限性，所以试着通过测量结构响应的时域信号来识别动力特性参数。刚开始用手算作业方法对一些时域波形（振动拍波形、自由衰减波形等）进行频率、阻尼等参数分析，其过程和结果都有赖于所测波形的可分析或不可分析（对复杂波形往往会束手无策）。直到 20 世纪 80 年代，随着振动数字分析技术的计算机化，人们研究各种基于“响应”信号数据处理的方法，通过只测响应信号来识别桥梁结构的动力特性参数，包括获得结构的多阶振型。美国普林斯顿大学在 1985 年完成了金门大桥主桥和主索塔的环境随机振动测试，研究者通过实测获得了大桥数十阶振型。同期，国内同济大学也应用随机振动方法先后完成天津永和斜拉桥等桥梁的动力特性测试分析。通过多年发展，环境随机振动法目前已成为桥梁振动测试中应用十分广泛的方法。

环境随机振动法牵涉的诸如随机信号数字特征、信号处理方面的基础知识比较多。但考虑到该方法目前在桥梁振动测试（包括斜拉索索力测试）方面的应用已相当普及，实际工程中确实需要了解这方面基本的知识点。下面还是从应用的角度简单讲述目前已发展且最为成熟的以谱分析技术为基础的环境随机振动方法占对于下面要出现的一些数学公式和专业术语等有兴趣的读者可进一步参考有关文献。

1）谱分析基础。随机振动信号的频谱代表了信号在不同频率分量处信号成分的大小，它能够提供比时域信号波形更直观、更丰富的信息。如图 3.26 为一个随机复杂时域振动波形，从波形上很难看出其特征，但将其分解成各频率的谐波，并将它投影在 A-f 频域坐标上，就可以识别出信号中的频率分量。

借助于图 3.26，我们可以感性地理解谱分析的物理意义。实际对图中随机振动信号进行数值估计，无需先时域分解，而是直接用快速傅氏变换（FFT）算法得到该随机振动信号频谱。

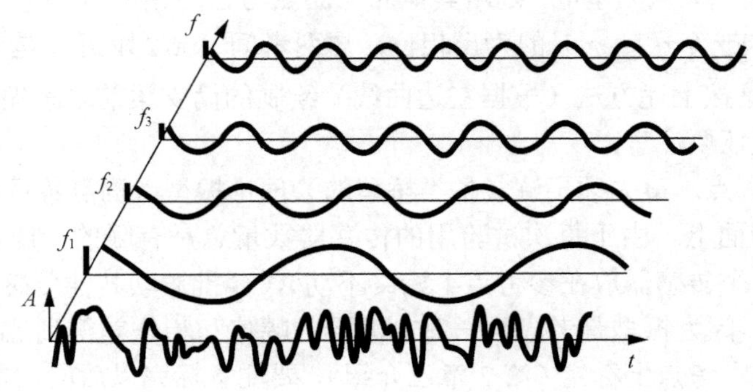

图 3.26　复杂时域波形的频域分解

对随机数据进行谱分析用得最多的是自功率谱密度函数（也称均方谱密度函数）。

$$G(f)=\lim_{\Delta f\to 0}\frac{1}{\Delta f}\left[\lim_{T\to\infty}\frac{1}{T}\int_0^T x^2(t,f,\Delta f)\mathrm{d}t\right] \tag{3.72}$$

自功率谱密度函数主要用来建立数据的频率结构，在机械振动中，功或能量一般与某振幅的平方或均方值成比例，故 $G(f)$ 叫功率谱密度函数。类似的还有（两组随机数据）互功率谱密度函数。

自谱分析可以识别结构的阻尼、频率等参数，互谱分析则可以识别数据两两之间的相关特性和相位关系（这对确定结构振型参数是必需的），还可以导出反映激励、响应和结构关系的一个主要函数——传递函数。

传递函数在数学上也被称频率响应函数。具体地说，桥梁结构（假定为线性系统）上任一点 i 的动态位移响应 $y_i(f)$ 可由 k 点的激励力 $x_k(f)$ 和结构系统的传递函数 $h_{ik}(f)$ 表示：

$$y_i(f)=\sum_{k=1}^{m}h_{ik}(f)x_k(f) \tag{3.73}$$

式中：m——结构的激励点数。

根据自功率谱和互功率谱的测量来计算线结构的传递函数：

$$G_{ik}(f)=H(f)G_{kk}(f) \tag{3.74}$$

传递函数测量精度的致信程度通过计算相干函数（也叫凝聚函数）：

$$g_{ik}^2(f)=\left|G_{ik}(f)\right|^2\Big/\left[G_{ii}(f)G_{kk}(f)\right] \tag{3.75}$$

得到

$$0\leqslant g_{ik}^2(f)<1 \tag{3.76}$$

如果系统响应仅仅是由激励所引起的，则在所有频率上激励和响应的相干函数将等于 1。如果系统响应不是由激励引起的，则激励和响应是独立的，它们在所有频率上的相干函数将等于零。如果系统响应仅仅部分由激励引起，则相干函数将是 0 与 1 之间某个值。所以相干函数表征了响应和激励之间的相互依赖性或相干性，是实际随机信号数据处理中区别信噪比、判别振型测点真伪的一个重要参数。

实桥结构在自然环境振源（如地脉动、风、水流等）影响下会产生随机振动，这种振动有时会比较明显，有时却很微弱（人感觉不出来），但利用测振仪器可测得桥上的这种随机响应信号，问题是实桥激励是随机多元素的，根据传递函数的定义，环境随机激励作为输入是不可测的，只有输出是可测的，似乎无法求传递函数。那么在结构响应可测、激励力不可测的前提下，如何获得结构的动力特性？根据随机振动理论，桥梁振动测试中应用环境随机振动法，需作如下假定：

① 认为桥梁结构的振动系统属多输入系统，系统的输入和响应是各态历经过程，即结构的自振特性与时间起始点无关，而且当样本足够多时，单个样本的特性能反映所有样本的特征。在比较平稳的地脉动和风荷载情况下，这个假设是成立的。

② 假设环境随机激励信号是白噪声。这个假定一般不容易满足，但是在数据分析中主要是利用半功率带宽内的数据，所以只要激励谱比较平坦，而且在桥梁谐振半功率带宽及其附近的一定范围内激励信号分别为自谱就行了，这样的假设是比较容易满足的。

③ 假设各阶阻尼很小，各阶频率分开，即各模态之间的耦合很小，可以忽略。

实际桥梁结构（特别是大型桥梁）基本上能满足上述假定。只要满足以上条件，就可以只通过实测响应信号识别结构的自振特性，具体就能利用响应谱峰值确定频率和振型，并用半功率带宽法求阻尼。

这样就可以用响应谱方法来确定实桥结构的各阶振动模态。

2）实桥随机振动数据的测量。环境随机振动法和前面两种方法的区别主要表示在：

① 不用任何激振设备或手段，只以环境随机振源为激励源。

② 需要按照随机数据处理分析要求确定采样、记录时间和方式。

③ 应用随机振动数据处理技术分析数据结果。

环境随机振动法测量、分析仪器框图如图 3.27 所示。

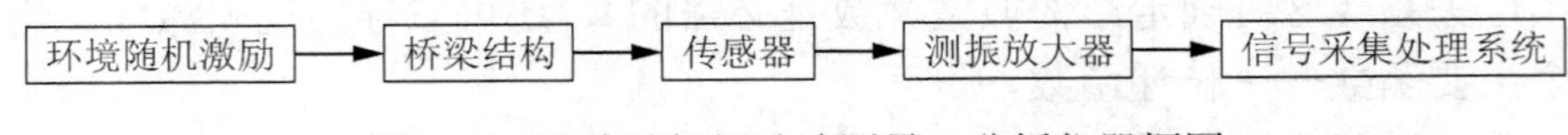

图 3.27 环境随机振动法测量、分析仪器框图

可见，环境随机振动法主要是增加了随机信号数据采集、处理和分析内容，下面我们以框图形式简要介绍该法在桥上是如何具体实现的以及对随机信号进行数据处理和分析的过程。

环境随机振动法是一种数理统计意义上的数值估计和样本分析方法，因为现场测量信号不可能无限，所以对任何连续振动信号的量化都会产生统计意义上的误差，包括随机误差和系统误差。为减少这类误差，具体测试及信号处理时对信号的记录、采样等都有最低要求。

① 采样定理：这里介绍的采样定理是对信号进行时域-频率域转换时应遵守的原则。

采样定理叙述为：要保证信号采样后的离散时间信号无失真地恢复原始时间连续信号（采样不会导致任何信息丢失），必须满足采样频率 f_s 至少是信号最高频率 $f_{\max}$（也称分析频率）的 2 倍，即

$$f_s = \frac{1}{T_s} = 2f_{\max} \tag{3.77}$$

式中：T_s——采样间隔，与采样频率互成倒数关系。

“采样频率至少是信号最高频率的 2 倍”是采样信号恢复原始信号的基本保证。这里最高频率为测试感兴趣的最高分析频率。如果不按照采样定理进行采样，则采样信号将无法恢复到原始信号，也就是说采集的信号是失真的。工程上设定最高频率的方法一般是将 $f_s(t)$ 通过截止频率为 f_c 的低通滤波器；实际操作时，一般要求先估计被测对象的最高分析频率，再设低通滤波，最后确定采样频率，以保证信号采样的正确。

采样定理是满足频率不被混淆的必要条件，事实上以目前的计算机技术，为提高功率谱峰值的估计精度，减少相对误差，完全可以将采样频率设得高一些。

实际测试时，为保证信号数据质量一般都是先低通滤波再采样，这样正确确定分析频率就非常重要，因为已经被过滤的数据是不能再生的。举例来说，估计最高频率是 2.0Hz。此时取 2.0Hz 为分析频率。低通滤波也设定 2.0Hz，采样结束后，如实际结构最高频率超过了 2.0Hz，那样在已采集的数据里就不可能得到超过 2.0Hz 的数据了，所以设置滤波频率一定要慎重，宁高勿低。

② 统计误差和采样时间。对采样时间长短（或者说采样样本大小）的基本要求是满足以有限量的数据进行分析处理数据带来的统计误差。统计误差主要包括随机误差和偏度误差。

随机误差指同一个随机过程不同样本之间的偶然差异。只对有限多的样本或有限长时

间的样本记录和运算，测试仪器设备的电噪声、对输出有影响的与被测信号不相干的输入等都会造成随机误差。工程上减小随机误差的有效方法是分段平滑，即将样本数据分成若干段进行记录、分析，再平均。所以解决随机误差的实际做法就是加长采样时间。

偏度误差是系统误差，在不同的分析中，它的大小方向是不变的。偏度误差一般来自数据处理过程中的有关运算。为减小偏度误差一般要求增加平功率带宽内的点数，这实际就是要求提高分辨带宽（采样频率/采样点数）。

现今计算机数据处理技术的发展在很大程度上已经解决了（或者说已不存在）分辨率带宽和统计幅值误差之间的矛盾。如要缩短记录时间，可用数据重叠采样技术或提高分段采样点数（2048、4096，甚至更高），前者可对原分段记录的数据按一定重叠率再采样（实际等于提高分段数），后者则直接利用计算机进行高位（16 或 32 位）数据采样处理，所以可将总的记录时间大大缩短，而误差要求不减。

3）随机振动信号的数据处理。随机振动信号的数据处理过程如图 3.28 所示。

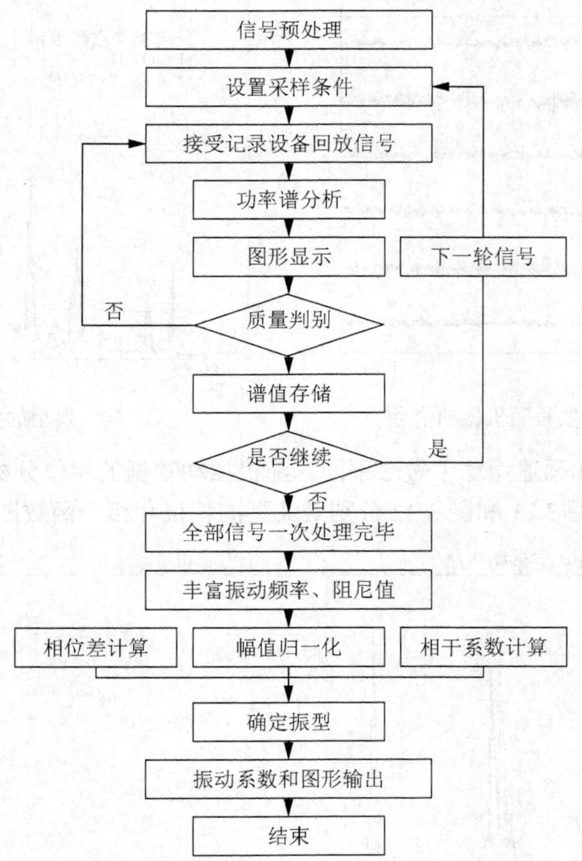

图 3.28　数据分析处理过程

桥梁现场测试、数据采集一般或多或少都会受到环境干扰，造成采集、记录的信号不理想，所以正式做数据处理前需对信号进行预处理。

信号预处理的目的主要是检验信号数据的平稳性，另外也对不符合要求（如信号突变点、噪声较大）的信号进行剔除、置零或拼接处理。信号预处理的原则是不能改变原信号的特性及各测点通道相互之间的依赖关系。

信号预处理的问题对参考通道尤其重要，因为各测点幅值归一、相位判别均需通过参考点相互联系的。换句话说，某一测点信号不好只耽误一点，但参考点出错影响的是整体。

图 3.29 为典型的实桥随机振动信号。

① 功率谱分析。这是随机信号处理的第一步，所以也称信号一次处理。环境随机振动一般都采用线性谱（功率谱的平方根谱）。图 3.30 是比较典型的实桥振动线性谱例子。

② 确定频率、阻尼。由功率谱可直接读取频率，频率的确定是信号图二次处理所必需的工作。通过线性谱还可以用半功率法计算阻尼比（注意不同软件有不同计算分析方法）。

如果仅分析频率或阻尼，理论上只需要分析一个测点的信号就够了，但对桥梁实际振动分析来说读出多个频率不够，因为它不能判断这些频率的真伪，以及它对应的是哪阶振型。所以接下去要做信号二次分析，即相位分析和振型确定。

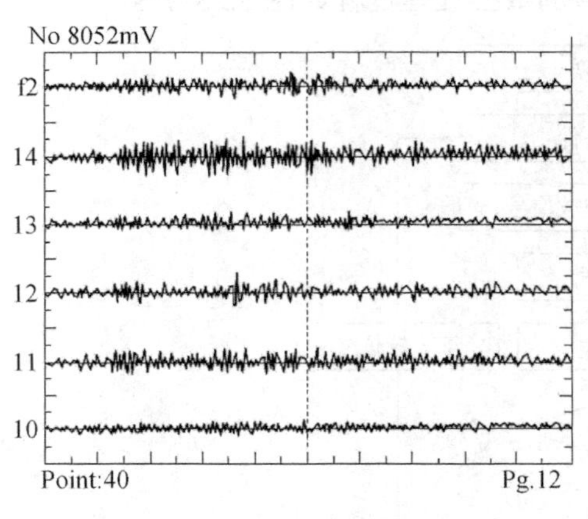

图 3.29　典型的实桥随机振动信号

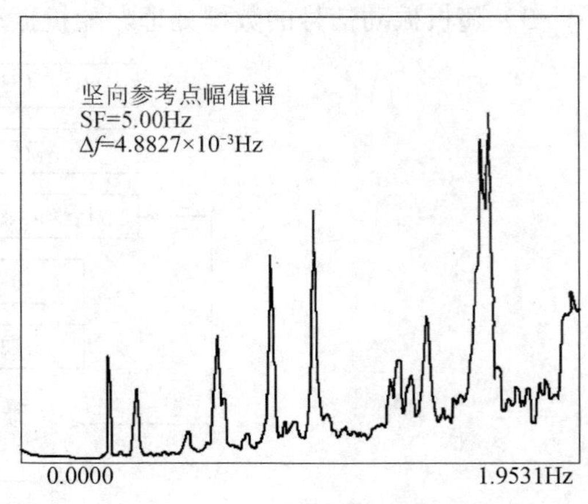

图 3.30　典型的实桥振动线性谱

③ 相位分析。和强迫振动中做法不同，随机振动数据的相位分析不是靠曲线判断的，它由相位函数确定。图 3.31 和图 3.32 分别是典型的相位和相干函数图，图上方是互功率谱。

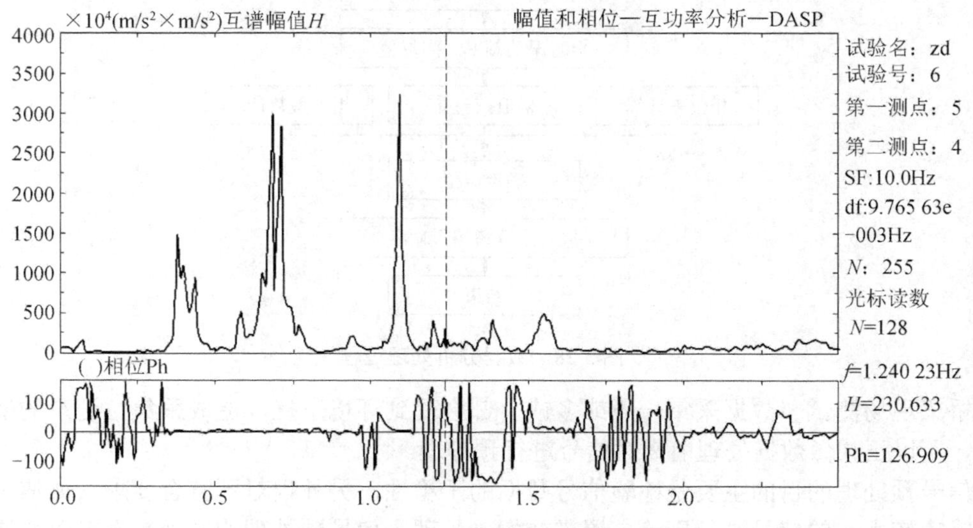

图 3.31　典型的相位函数图

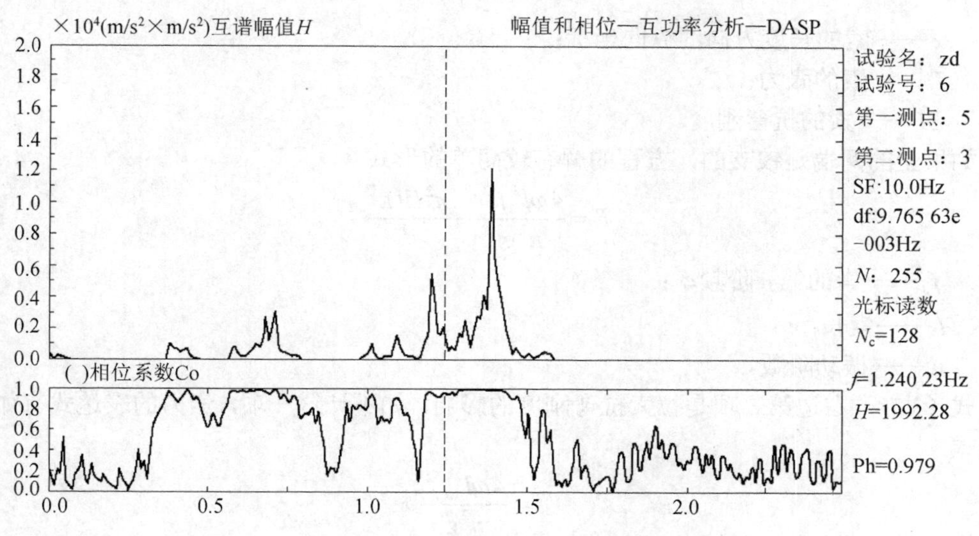

图 3.32　典型的相干函数图

④ 振型确定。有了自功率谱的峰值、互功率谱的相位，就可以绘制振型曲线。振型分析幅值的归一化处理等方法与强迫振动完全一样，不再赘述。

环境随机振动法对测试技术要求比较高，最主要是现场测试必须保证每一个测点信号的质量，这方面最基础的还是第 2 章测振仪器设备及其正确选用和强迫振动试验方法。

4）索结构拉索索力测定——随机振动测试方法在工程上的应用。

索结构桥梁设计、施工控制中，拉索索力一直是工程师最关心的问题。目前，工程上测定拉索索力的方法主要有以下几种：

① 千斤顶张拉，直接利用顶油压表读数得到索力。

② 测力传感器，通过安装在锚头与锚座之间的测力传感器读取索力。

③ 测拉索频率，应用振动测振手段，测出拉索的横向振动频率，再计算出索力。

这里①、②两种方法都能正确测出拉索索力，但都有局限性。方法①实则是施工安装过程中的通常做法，利用它测读索力没有任何问题。但对于成桥状态几十、几百根拉索，一一测读则变得十分麻烦，而超静定结构索和索之间的力分配相互也有影响。方法②一般传感器存在长期观测的稳定性或能力问题，而一些智能设备（如光纤传感器）虽然有这个能力，但应用成本相对昂贵。方法③是利用弦振动的理论，用振动方法测拉索频率的方法确定索力，较上述两种方法，有快速、方便、经济等特点，更适合进行现场测试。

鉴于桥梁工程上拉索索力测定技术的应用已相当广泛，下面我们先简单叙述索力测定的基本原理，然后联系随机振动测试技术介绍具体实施过程。

① 索力测定的基本原理。根据弦振动理论，张紧的斜拉索，其动力平衡方程为

$$\frac{\omega}{g}\cdot\frac{\partial^2 y}{\partial t^2}-EI\cdot\frac{\partial^4 y}{\partial x^4}-T\cdot\frac{\partial^2 y}{\partial x^2}=0 \tag{3.78}$$

式中：ω——单位索长的重力；

g——重力加速度；

y——垂直于索的长度方向的横向坐标；

t——时间；

x——索的长度方向的纵向坐标；

T——索的张力；

EI——索的抗弯刚度。

如果索的两端是铰支的，方程的解有较简单的形式

$$T=\frac{4\omega l^2 f_n^2}{n^2 g}-\frac{n^2 EI\pi^2}{l^2} \tag{3.79}$$

式中：f_n——索的第 n 阶频率；

l——索长；

n——振动阶数。

式（3.79）右边第二项是拉索抗弯刚度的影响，如不计这一项，索力的表达式有如下简单形式

$$T=\frac{4\omega l^2 f_n^2}{n^2 g} \tag{3.80}$$

如果索的两端是固结的，或一端固结一端铰接，方程的解的形式都是超越函数。

计算表明，对一般细长比极小的拉索，支座形式对索力的影响不大，可以直接采用式（3.80）进行索力计算。对于某一根确定的索，式（3.80）右边的 ω、l、g 都是已知值，只要能精确测得 f_n 就可求得索力 T。

对于一些特殊的（较粗、不太长）的索，一般不能再用式（3.80），要采取另外的计算方法求索力，当然频率还是要求能精确测得。

总之，精确测定拉索的横向振动频率是能够利用测振方法得到拉索索力的第一步，也是关键所在。

② 拉索频率测试。拉索频率的测试可采用环境随机振动法。相对桥梁结构环境随机振动测试来说，拉索的测试比较简单、容易，因为它只需要测频率一个参数，所用仪器与实桥环境随机振动基本一样。这里需要注意的是拾振器的选用，对各种不同拉索的振动，要估计它们的频率，选择频响特性合适的拾振器。

③ 拉索索力的确定。根据拉索索力测定的原理，确定索力的方法与拉索的约束条件等有关。从式（3.79）可以看出，对较长的索而言，频率的测试精度要求很高，抗弯刚度的影响也较小；对较短的索来说，则对计算索长的确定比较严格。就是说，对较长的索可以直接采用式（3.80）计算索力，实际误差完全可以接受；对较短索的索力确定要考虑其他因素，索力测定的误差相对大一些。

一种比较可行的做法是编制有限元程序，先输入各种参数和估计索力，考虑几何刚度、抗弯刚度、约束条件等，算出若干阶频率并与实测值比较，如误差不可接受，修改索力再算，直至最后确定索力。

根据弦振动理论测定拉索索力的方法问世以来，测试方面的发展比较快，从早先的强迫（甚至用手摇晃）激励到随机振动测试谱分析，到目前已发展的无线测试、激光测试等技术，应该说精确测得拉索的频率已不存在任何问题。现在工程师关注的问题是有关索力的计算方法和误差大小。实际索力的确定是十分复杂的，如索（系杆拱吊杆、安装了阻尼器的短斜拉索等）边界条件，工程上碰到的问题不只有我们这里讨论的几种。对一些精度要求比较高的工程，最好的方法是现场标定，在工地施工现场将测试数据与张拉千斤顶的

油压表读数或力传感器的读数比照，反过来确定有关计算条件和参数。对一些明显不适合采用弦振方法测定索力的情况应考虑其他测试方法。

桥梁结构动力特性三个参数中，阻尼比是唯一依赖实测得到的，但实桥试验中如何确定阻尼却是最为复杂的问题。日本同行之所以不惜财力的采用大型激振器做实桥振动试验，很大程度上是为了测得正确的阻尼值，因为像多多拉大桥这样超大跨桥梁的抗风抗振分析研究中，阻尼比的取值是非常重要的。

目前用响应谱求阻尼比一般都基于半功率带宽法，实际数据不仅有些离散，误差也比较大。究其原因，主要是当结构在环境振源下处于常时微振状态时，一方面结构的加速度低频响应信号的信噪比不高，使峰值与半功率带宽数据的精度降低；另一方面，结构阻尼作用机理很复杂，微幅振动时存在各种阻碍结构振动的因素（如结构的弱连接、摩阻力等），它们和阻尼混在一起作用于结构，所以从结构上不同测点（如中跨和边跨，跨中和塔附近）得到的阻尼值往往不一样，有的甚至成倍相差。

桥梁受强迫振动共振响应时，振幅一般都比较大，所以能够克服信号信噪比不高和各种阻碍结构振动的因素，其阻尼情况显然和谱分析得到的会不一样。

总之，目前国内桥梁自振特性采用谱分析方法比较普遍，须充分注意并重视该方法分析阻尼比的误差。

3.5.2　桥梁动载试验

桥梁结构动力反应测定的内容，主要是桥梁在特定动荷载（如车辆、地震力和台风等）作用下的动力参数（如动应力、动挠度、加速度等），当然利用动载试验的数据结果也能做结构动力特性分析。从测试技术的角度看，测定结构动力反应参数，就是在动力特性测试方法的基础上，进一步对所测信号的时程曲线及其峰值大小做出定量分析。如车辆动载试验中，可以实测桥梁结构的动应变、动挠度值并由此确定桥梁结构动态增量等；又比如在动力特性测试前，将所用仪器测试系统的灵敏度做必要的标定，那么由该系统所测的信号，就可以确定加速度或振幅大小。

桥梁结构的抗震、抗风试验在整个桥梁结构的抗震和抗风研究中有极其重要的地位。下面主要叙述实桥动载试验中最常见的移动车辆荷载作用下桥梁动力反应测试内容。

实桥动载试验一般采用移动车辆荷载进行加载，对应主要测试动荷载作用下结构的动态响应参数及其随时间的变化。动载试验所采用的测试方法和仪器设备均较静力加载试验复杂，测试要求相对也要高一些。

1. 动载试验内容

（1）试验荷载

如用类似于静力试验“加载效率”来定义动载试验“加载效率” h_{dyn}，即

$$h_{dyn}=\frac{S_{dyn}}{S} \tag{3.81}$$

式中：S_{dyn}——动力试验荷载作用下控制截面最大内力计算值；

S——设计控制截面最大内力计算值。

式（3.81）仅适用于那些一辆或两辆载重车控制设计荷载效应的中小桥。

因为一般情况下，实桥上将规范的设计组合荷载模拟成试验动荷载（能使结构控制截

面产生最大内力）并无可行性。实际桥梁结构动载试验时，即使是特大型桥梁，也都采用一辆或多辆载重车作为动载试验荷载。

（2）加载方式

实桥动载试验加载基本方式有如下几种：

1）试验车以不同车速（10km/h、20km/h、…下同）按指定车道匀速行驶过桥。

2）试验车以不同车速按指定车道行驶，并跨越指定断面上模拟桥面不平障碍物。

3）试验车以不同车速按指定车道行驶，至指定断面紧急制动。

1）～2）的加载车辆可以是单辆，也可以两辆或多辆，两辆或多辆加载时应要求车辆保持同速同步。动载试验前，应将加载车在控制断面（一般也是测试断面）按指定车道位置停放一遍，测量对应的静态响应，留作后续动载试验数据分析时参考比较。加载过程中，发现车辆明显偏位或车速明显不对或多辆车不同步等情况，应重新加载。

2. 动载试验过程

动载试验过程如图 3.33 所列。

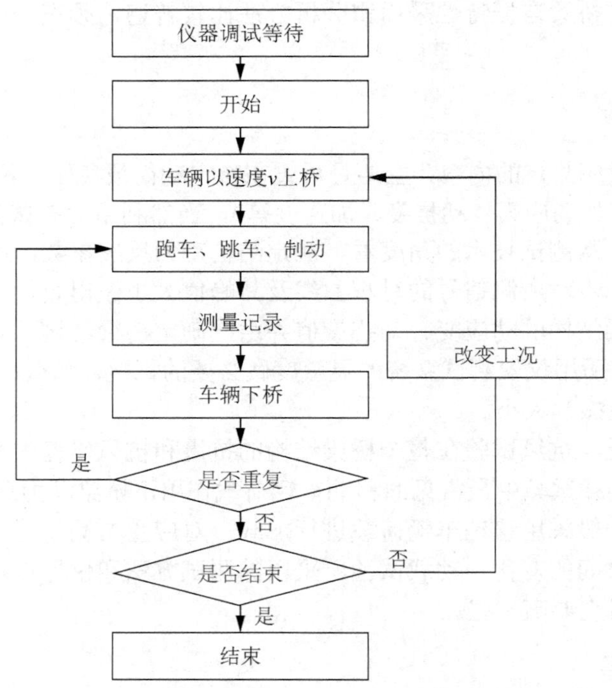

图 3.33　动载加载试验过程框图

（1）仪器调试

所有仪器设备在准备阶段应已调试完毕，要考虑好记录的具体方法。如使用动态电阻应变仪，必须根据估计应变的大小确定增益、标定值范围等，调整记录速度和记录幅值等。如采用计算机动态数据采集系统直接采样、记存，其增益、标定值等条件设置大同小异，只是更方便而已。

（2）车辆控制

要控制好车辆上、下桥车速、位置和时间，要协助驾驶员准确控制好行车速度，注意每次上桥的行车路线，对一些大跨度桥梁，还要确定车辆行驶到各个断面时的位置信息。

（3）测试记录

1）跑车。跑车测试的目的是判别不同车行速度下桥梁结构的动态响应（如位移或应力的动态增量和时程曲线），进而可以分析出动态响应与车速之间的关系。给车辆规定各挡车速，要求车辆在桥上保持匀速行进，记录动态响应的全过程。如果跑车速度相当慢，动测仪器记录的过程曲线就是对应测点位置的内力荷载影响线或挠度荷载影响线。

2）制动。车辆以一定速度行进，到规定位置突然紧急制动，记录此制动时的动态响应时程曲线。

3）跳车（跨越障碍物）。在桥上特征断面位置设置一障碍物，模拟桥面不平整（以弓形木板较为理想。当车辆以不同的车速碾过木板时，测定结构的动态响应时程曲线。选用半正弦曲线弓形板模拟桥面不平整的好处主要是数学模型比较简单，另外对实桥和车辆弹簧的冲击相对三角垫块等也要缓和一些。

4）实时在线车辆荷载作用。相当于桥梁日常或特殊运营情况下的实时监测，主要测试峰值交通量或特殊车辆作用下结构的动态时程曲线、响应峰值或动态增量等。

动载试验中，影响因素比较多，要特别注意仪器的正确操作和信号实时控制，防止信号中断或幅值超限，发现信号记录明显出错或被遗漏等情况，应重新加载。另外在各种不同工况中应抓住主要内容，如要求记录结构动态响应的完整过程时，重点记录信号的完整性，而只为确定动态增量时则要求能记录到响应信号的峰值及其附近部分。

3. 动载试验数据整理

动载试验数据整理的主要对象是动应变和动挠度，通过动应变数据（曲线）可整理出对应结构构件的最大（正）应变和最小（负）应变以及动态增量，通过动挠度数据（曲线）可得到结构的最大动挠度和结构的动态增量。

（1）动应变

如图 3.34 所示，最大动应变 $e_{\max}$ 是最大正应变，它的度量可按比例换算得到

$$e_{\max} = \varepsilon_x \frac{H_{\max}}{H_x} \tag{3.82}$$

式中：H_x、$H_{\max}$ ——分别是仪器的度量值；

e_x —— H_x 对应的应变度量值。

最小负应变 $e_{\min}$ 的确定与此相同。如使用动态应变采集系统测试，这类换算直接由软件设置完成。

（2）动挠度

如图 3.35 所示，最大动挠度 $y_{\max}$ 是最大正应变叠加在相应静载挠度曲线上的波峰总值，它的度量可根据标定值得到，其道理和动应变一样。

（3）动态增量（动力增大系数）

动态增量既可定义为最大动应力与最大静应力之差比最大静应力的值，也可定义为最大动挠度与最大静挠度之差比最大静挠度的值。根据图 3.34 和图 3.35，可按下式确定动态增量。

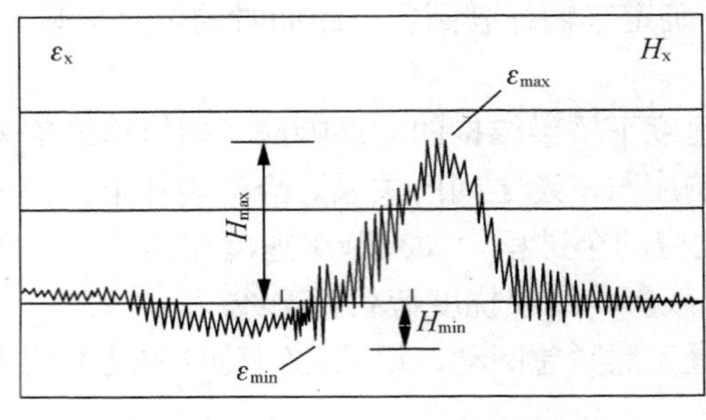

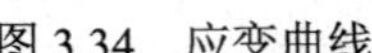
图 3.34　应变曲线

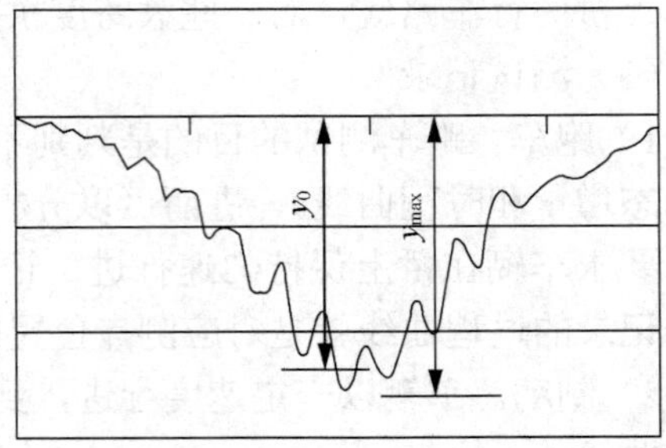

图 3.35　动挠度曲线

应力动态增量

$$j_{\varepsilon}=\frac{e_{\max}-e_{0}}{e_{0}} \tag{3.83}$$

挠度动态增量

$$j_{y}=\frac{y_{\max}-y_{0}}{y_{0}} \tag{3.84}$$

式中：e_0、y_0——分别为动荷载相应静荷载作用下测点的最大应变和挠度。

动态增量和冲击系数的关系为

$$m=1+f \tag{3.85}$$

（4）影响线

荷载（车辆）缓慢匀速行驶过桥时，测量桥上动挠度曲线或某一断面测点的动应变，可得到该测量断面上变形或内力的“影响线”。

（5）有关桥梁动态增量和冲击系数

对动态增量和冲击系数应有所区分，前者是某特定的车辆（一辆或几辆）移动荷载作用下桥梁应力或位移响应的一个动力增大系数；后者是设计汽车组合荷载所乘的考虑汽车制动力作用的一个系数。

我国桥梁规范在 2004 年前一直把冲击系数定为跨长的递减函数；也就是在车辆作用下桥梁的冲击系数只取决于跨长。《公路桥涵设计通用规范》（JTG D60—2004）已规定冲击系数与结构基本频率有关，并定义 $m=0.1767\ln f-0.0157$。按此公式，本桥计算冲击系数为 0.18。

实桥上能够测出的是特定试验车辆引起的结构动态增量，如果考虑到这个实测结构动态增量也是桥上实际可能发生的情况，则可通过式（3.85）计算 m，并将其称为试验冲击系数。通过试验得到的 μ 有时会大于设计冲击系数，但由于一般情况下这个“大于”是通过小于设计组合荷载的试验荷载得到的，所以不能简单讲某桥实测冲击系数已大于设计冲击系数。

试验和研究表明，动态增量与桥梁固有频率、结构的阻尼、车行速度、车辆数以及桥面平整度等都有关系。大量实桥试验表明，即使在桥面平整情况下，由于共振原因，最大动态增量会发生在基频为 2.5～4Hz 的桥梁上。动态增量与行车速度不一定成正比关系，对此不同桥梁结构有不同的结果。

小　结

本章主要叙述桥梁现场材质试验、桥梁静荷载、动荷载试验的基本内容和方法，以及对桥梁结构构件进行测试的方法。

思 考 题

1. 桥梁结构混凝土强度的现场检测主要有哪几种方法？
2. 混凝土非破损检测法分类与测定内容是什么？
3. 回弹法检测混凝土强度的基本原理是什么？检测时有哪些规定和要求？
4. 回弹仪的常见故障及排除方法有哪些？
5. 超声波检测结构混凝土强度和内部缺陷的种类与计算公式是什么？通过检测混凝土缺陷是如何判定的？
6. 桥梁静载试验包含哪些准备工作内容？
7. 桥梁静载试验的设计荷载、试验荷载等是如何确定的？
8. 桥梁动载试验的内容有哪些？针对这些测试内容有哪些具体的测试方法？

第 4 章　桥梁结构评定

4.1　概　　述

桥梁结构检测的基本内容包含：结构外观质量状况检查、结构构件材质状况检查（构件混凝土表观缺损状况、钢筋自然电位、混凝土电阻率、混凝土碳化深度、混凝土保护层厚度、混凝土氯离子含量、混凝土强度）、结构自振特性测试、结构几何尺寸变异状况的调查及活载变异状况的调查等五个方面的内容，针对上述内容所进行的桥梁结构评定内容，根据新建结构和既有结构的评定内容略有不同，以公路新建桥梁结构评定为例，评定一般包括：桥梁总体技术状态评定指标（构件混凝土表观缺损、材质强度状态、结构模态特征状态）和桥梁荷载试验（静力荷载试验、动力荷载试验），对于公路既有桥梁结构的评定，在上述评定内容的基础上，还要进行相关桥梁结构耐久性恶化状况指标评定、构件截面折减评定指标及活载变异的影响指标评定。下面我们分别从构件混凝土表观缺损状况评定、材质状况与状态参数评定、结构检算评定及承载能力评定等几个方面入手，作进一步的讲解。

4.2　桥梁缺损状况评定

根据交通部的行业标准《公路桥涵养护规范》（JTG H11—2004）和建设部的行业标准《城市桥梁养护技术规范》（CJJ 99—2009）的规定，公路桥梁和市政桥梁在运营部期间应按一定的周期对桥梁进行经常性检查、定期检查和特殊检查，通过结构检查对桥梁的技术状况进行等级评定。根据现场定期检查结果对桥梁结构进行技术状况评定，公路桥梁将桥梁的技术状况分为 5 类，其中一类桥为完好或良好状态，二类桥为较好状态，三类桥为较差状态，四类桥为差的状态，五类桥为危险状态；城市桥梁将桥梁的技术状况分为 A、B、C、D、E 共 5 个等级，A 级为完好状态，B 级为良好状态，C 级为合格状态，D 级为不合格状态，E 级为危险状态。

以公路桥梁为例，桥梁结构构件的表观缺损情况是判断构件承载力的一个直观的评价指标，为了便于分析和辨别构件表观技术状况的不同程度，根据缺损状况的不同将其分为 5 个级别。实际操作时，根据桥梁检查的结果，判定构件的技术等级，从而实现对其缺损状况的评定。评定标准的制订是根据病害对结构的影响程度和影响的不同方面来考虑的。

1）良好状态时，桥梁结构和构件基本没有明显病害，有些病害只需日常维护便可消除其影响。

2）较好状态时，有轻微的病害，桥梁结构和构件所存在的病害对其使用功能未产生明显影响，对桥梁耐久性有一定影响。

3）较差状态时，病害已经影响到结构和构件的使用功能，如不及时处理将严重影响其耐久性。

4）差的状态时，桥梁结构承载力有明显下降的趋势，已不能满足正常的使用功能，必须进行必要的维修和加固措施。

5）危险状态时，桥梁结构本身已存在相当程度的安全隐患，必须由专门的机构进行承载力评定。

依据《公路桥梁养护技术规范》制定的桥梁结构构件技术状况评定标准，具体桥梁结构构件的表观缺损状况见表 4.1～表 4.4 所示。

表 4.1　混凝土及配筋混凝土上部结构表观缺损状况评定标准

评定标度值	构件技术状况	评定标准
1	良好状态	1）结构完好，无渗水，无污染； 2）次要部位有少量短细裂纹，裂纹宽度小于限值
2	较好状态	1）结构基本完好； 2）3%以内的表面有风化、麻面、短细裂缝，缝宽小于限值，砌体灰缝脱落； 3）上下游侧表面有水迹污染，砌体滋生杂草
3	较差状态	1）结构 3%～10%的表面有各种缺损，裂缝宽超限值，有风化、剥落、露筋、锈蚀，桥面板裂缝渗水； 2）石砌拱桥砌体灰缝脱落，局部松动、外鼓； 3）横向联接件断裂、脱焊或松动，边梁或边拱肋有横移或外倾迹象
4	差的状态	1）结构 10%～20%的表面有各种缺损，重点部位出现接近全截面的开裂，裂缝宽超限值，顺主筋方向有纵向裂缝，钢筋锈蚀和混凝土剥落严重，桥面开裂渗水严重，砌体有较大松动、变形； 2）结构存在明显的永久变形，变形小于或等于规范值，桥面竖向成波形
5	危险状态	1）结构永久变形大于规范值； 2）重点部分出现全截面开裂，裂缝宽度超过限值，部分钢筋屈服或断裂，混凝土压碎。主拱圈出现四铰，成不稳定结构； 3）受压构件有严重的横向扭曲变形； 4）承载能力比设计降低 25%以上

表 4.2　砖石上部结构表观缺陷状况评定标准

评定标度值	构件技术状况	评定标准
1	良好状态	1）基本上完好无缺； 2）表面脏污或生长藓苔
2	较好状态	1）砌缝中灌木、杂物丛生； 2）局部砌缝灰浆或横向开裂
3	较差状态	1）砖石表面普遍风化，或砌缝灰浆脱落，或局部有渗漏现象； 2）缝宽在限值范围内，且缝长小于 1/2 截面尺寸或跨长； 3）局部剥落，或一般承重构件出局部砌体松动； 4）一般承重构件出现异常变形，如侧墙鼓渡等
4	差的状态	1）多处出现严重渗漏，结构严重风化； 2）缝宽大于限值，且缝长介于 1/2～1/3 截面尺寸或跨长之间； 3）大面积剥落或砌体松动； 4）主拱圈局部变形
5	危险状态	1）缝宽大于 2mm，缝长贯通截面尺寸或跨长；或发生开合现象； 2）干砌拱桥出现走动变形

表 4.3　钢结构表观缺陷状况评定标准

评定标度值	构件技术状况	评定标准
1	良好状态	涂层略有老化，表面污垢
2	较好状态	1）涂层老化，脱落和膨胀面积在10%以内； 2）焊接部位涂层裂纹； 3）个别节点螺栓松动
3	较差状态	1）涂层明显老化，脱落和膨胀面积为10%～60%； 2）焊缝开裂后构件裂纹，截面消弱不到3%； 3）个别次要构件出现局部异常变形； 4）联接部位铆钉或螺栓损坏不足10%； 5）表面锈蚀，截面损失在3%以下； 6）行车稍感振动或摇晃
4	差的状态	1）涂层显著老化，脱落和膨胀面积为50%以上； 2）焊缝开裂或构件裂纹，截面消弱不到3%～10%； 3）个别次要构件出现局部异常变形； 4）联接部位铆钉或螺栓损坏在10%～30%； 5）表面严重锈蚀，截面损失在3%～10%； 6）行车振动或振动明显或有异常音； 7）钢材变质
5	危险状态	1）焊缝开裂，或构件裂纹和锈蚀剥落，截面消弱10%以上； 2）较多主要构件出现异常变形，显著影响承载力； 3）钢材明显变质，造成结构承载力明显降低； 4）联结部位铆钉或螺栓损坏在30%以上； 5）结构振动或摇晃显著、有不正常移动

表 4.4　下部结构表观缺损状况评定标准

评定标度值	构件技术状况	评定标准
1	良好状态	1）各部件完整，浅基防护处理效果良好； 2）表面污秽，长有苔藓或植物丛生； 3）少量线状短缝，宽度在限值范围之内； 4）局部蜂窝麻面、剥落，深度不足1cm
2	较好状态	1）局部网裂，面积不到1m^{2}或较多线状短缝，或缝宽在限值范围内； 2）砖石表面风化，或局部灰浆脱落； 3）少数蜂窝麻面、剥落，深度不足2cm，面积不到3%； 4）浅基未作防护处理，但未造成冲刷损毁
3	较差状态	1）多处局部网裂，面积大于1m^2，或大量线状短缝，缝宽超过限值； 2）多处蜂窝麻面、剥落露筋，深度大于3cm，面积为2%～10%； 3）砖石表面严重风化，或灰浆大量脱落； 4）砌体松动，或严重漏水浸蚀，或局部鼓肚； 5）浅基础局部浸蚀，或桥基局部有冲刷掏空迹象
4	差的状态	1）表面普遍网裂，或较多线状通缝，缝宽超过限值； 2）大量蜂窝麻面、剥落露筋，面积大于10%，或钢筋严重锈蚀； 3）大面积砌体松动或鼓肚变形； 4）桥基局部冲空或桩基有冲刷磨损现象； 5）桩基环状冻裂，木桩腐朽或蛀蚀严重
5	危险状态	1）墩台不稳定，有滑动、下沉、位移、倾斜及冻害现象； 2）基础严重冲刷，20.%以上基底掏空，或桩基严重冲刷磨损； 3）变形大于规范控制值，或裂缝有开合现象

4.3　桥梁材质状况与状态参数评定

桥梁结构检测的基本内容中相关构件材质状况与状态参数检查的内容主要包括了：混凝土强度、钢筋自然电位、混凝土电阻率、混凝土碳化深度、混凝土保护层厚度、混凝土氯离子含量等内容。

1. 桥梁结构混凝土现场检测强度的评定标准

按 3.3.1 节的有关混凝土强度检测的要求，在结构承重构件或其主要受力部位布置测区，选择合适的方法进行测定。对混凝土桥梁结构，应根据每一承重构件或其主要受力部位的实测强度推定值和测区平均换算强度值，按式（4.1）与式（4.2）计算其推定强度匀质系数 K_{bt} 和平均强度匀质系数 K_{bm}，并可按表 4.5 对其强度状态做出构件强度的评定。

表 4.5　承重构件实测强度状况评定标准

K_{bt}	K_{bm}	强度状态	评定标度值
≥0.95	≥1.00	良好	1
0.90～0.95	0.90～0.95	较好	2
0.81～0.89	0.85～0.90	较差	3
0.70～0.80	0.84～0.85	差	4
≤0.70	＜0.84	很差	5

$$K_{bt}=\frac{R_{it}}{R} \tag{4.1}$$

式中：R_{it}——承重构件或其主要受力部位混凝土的实测强度推定值；

R——承重构件混凝土极限抗压强度设计值。

$$K_{bm}=\frac{R_{im}}{R} \tag{4.2}$$

式中：R_{im}——承重构件或其主要受力部位测区平均换算强度值。

2. 桥梁结构混凝土中钢筋锈蚀电位的评定标准

钢筋锈蚀状况检测范围应为主要承重构件或承重构件的主要受力部位，或根据一般检查结果有迹象表明钢筋可能存在锈蚀的部位。钢筋锈蚀电位测量值的高低，直接反映量部位混凝土中钢筋发生锈蚀的概率或钢筋正在发生锈蚀的活动性，评判标准见表 4.6。

表 4.6　钢筋锈蚀电位的评判标准

评定标度值	电位水平/mV	钢筋状态
1	0～200	无锈蚀活动性或锈蚀活动性不确定
2	200～300	有锈蚀活动性，但锈蚀状况不确定，可能抗锈
3	300～400	有锈蚀活动性，但锈蚀的概率大于 90%
4	400～500	有锈蚀活动性，严重锈蚀的可能性极大
5	<500	构件锈蚀开裂区域

注：1. 表中电位水平为采用铜－硫酸铜电极时的量测值；

2. 混凝土湿度对量测值有明显影响，量测时构件应为自然状态，否则不能使用此评定标准

3. 桥梁结构混凝土中氯离子含量的评定标准

混凝土中的氯离子能够诱发并加速钢筋锈蚀，通常检测混凝土中氯离子含量可间接评判钢筋锈蚀活化的可能性。检测定应根据构件的工作环境条件及构件本身的质量状况确定测区，测区应能代表不同工作条件及不同混凝土质量的部位，同时测区宜参考钢筋锈蚀电位测量结果确定为宜。此外，混凝土中的氯离子含量，在按混凝土不同深度取样时，应通过对样品进行化学分析的方法加以测定。具体评定按表 4.7 评判标准确定其对钢筋锈蚀的影响程度。

表 4.7　氯离子含量对钢筋锈蚀影响程度的评定标准

氯离子含量（占水泥含量的百分比）	评定标度值	锈发钢筋锈蚀的可能性
<0.15	1	很小
0.15～0.4	2	不确定
0.4～0.7	3	有可能诱发钢筋锈蚀
0.7～1.0	4	会锈发钢筋锈蚀
>1.0	5	钢筋锈蚀活化

4. 桥梁结构混凝土中电阻率的评定标准

混凝土的电阻率是控制混凝土中钢筋锈蚀速率的因素之一，混凝土电阻率小，钢筋锈蚀发展速度快。混凝土电阻率一般采用四电极阻抗测量法测定，即在混凝土表面等间距接触四支电极，两外侧电极为电流电极，两内侧电极为电压电极，通过检测两电压电极间的混凝土阻抗获得混凝土电阻率。混凝土电阻率检测测区根据钢筋锈蚀电位测量结果确定。混凝土电阻率对钢筋锈蚀影响程度的评判标准见表 4.8。

表 4.8　混凝土电阻率对钢筋锈蚀影响程度的评判标准

评定标度值	电位水平/mV	钢筋状态
1	>20 000	很慢
2	15 000～20 000	慢
3	10 000～15 000	一般
4	5000～10 000	快
5	<5000	很快

注：混凝土湿度对量测值有明显影响，量测时构件应为自然状态，否则不能使用此评定标准

5. 桥梁结构混凝土碳化深度的评定标准

钢筋在混凝土内处于碱性保护的钝化状态，混凝土碳化将造成钢筋失去保护，当外界条件成熟，钢筋就会发生锈蚀。因此，检测混凝土碳化深度可间接的评判钢筋的可能锈蚀状态。对混凝土结构碳化状况检测的测区一般参照钢筋锈蚀电位测试结果布置，每一测区的测点数应尽可能少，以能说明问题为准。碳化状况的检测可采用在混凝土新鲜断面观察酚酞指示剂反应厚度的方法。具体评判时可取构件的碳化深度平均值与该类构件保护层厚度平均值之比，并考虑其离散情况，进行评价，评判标准见表 4.9。

表 4.9 混凝土碳化深度对钢筋锈蚀影响的评判标准

评定标度值	1	2	3	4	5
碳化层深度/保护层厚度	<1*	<1	=1	>1	>1**

*构件全部实测比值均小于 1。

**构件全部实测比值均大于 1。

6. 桥梁结构混凝土钢筋分布及保护层厚度的评定标准

混凝土结构钢筋分布状况的调查包括钢筋位置和混凝土保护层厚度测量，对缺失资料的混凝土桥梁还应包括钢筋直径估测。由于混凝土保护层为钢筋提供了良好的保护，必要的保护层厚度能够推迟环境中的水汽、有害离子等扩散到钢筋表面的时间以及因混凝土碳化使钢筋失去碱性保护的时间，因此，混凝土保护层厚度及其分布均匀性是影响结构钢筋耐久性的一个重要因素。对每一测量部位，按下述方式来评判混凝土保护层厚度对结构钢筋耐久性的影响。

1）首先根据某一测量部位各测点混凝土厚度实测值，按下式求出混凝土保护层厚度平均值$\overline{D_n}$（精确至 0.1mm）。

$$\overline{D_n}=\frac{\sum_{i=1}^{n}D_{ni}}{n} \tag{4.3}$$

式中：D_{ni}——结构或构件测量部位测点混凝土保护层厚度，精确至 1mm。

n——测点数。

2）按照下式计算确定测量部位混凝土保护层厚度特征值D_{ne}（精确至 0.1mm）。

$$D_{ne}=\overline{D}-KS_D \tag{4.4}$$

式中：S_D——测量部位测点保护层厚度的标准差，精确至 0.1mm。

$$S_D=\sqrt{\frac{\sum_{i=1}^{n}\left(D_{ni}\right)^2-n\left(\overline{D_n}\right)^2}{n-1}}$$

K——为合格判定系数值，按表 4.10 取用。

表 4.10 混凝土保护层厚度合格判定系数值

n	10～15	16～24	≥25
k	1.695	1.645	1.595

3）然后根据测量部位实测保护层厚度特征值D_{ne}与其设计值D_{nd}的比值，混凝土保护层厚度对结构钢筋耐久性的影响按表 4.11 来评判。

表 4.11 混凝土保护层厚度对结构钢筋耐久性的影响评判标准

评定标准值	D_{ne}/D_{nd}	对结构钢筋耐久性的影响
1	>0.95	影响不显著
2	0.85～0.95	有轻度影响
3	0.70～0.85	有影响
4	0.55～0.70	有较大影响
5	<0.55	钢筋易失去碱性保护，发生锈蚀

4.4 桥梁结构检算评定

4.4.1 桥梁结构检算的要点

1. 一般规定

1）桥梁结构检算的主要依据为交通运输部颁布的相关专业的设计规范，主要包括《公路桥涵设计通用规范》、《公路砖石及混凝土桥涵设计规范》、《公路钢筋混凝土及预应力混凝土桥涵设计规范》、《公路桥涵地基与基础设计规范》、《公路桥涵钢结构及本结构设计规范》、《公路斜拉桥设计规范》等规范（以下简称《规范》）进行。

2）桥梁结构的检算，主要依据设计资料（包括变更设计）或竣工资料进行，对缺失资料的桥梁，可根据桥梁专项检测结果，参考同年代类似桥梁的设计资料或标准定型图进行检算。

3）对桥梁结构，着重进行结构主要控制断面、结构薄弱部位的检算。多孔桥结构相同、跨径相等的孔，应选择受力最不利与损坏较严重的孔进行检测与检算。

4）对梁式结构桥梁，当为水泥混凝土桥面铺装或整体浇筑的水泥混凝土垫层与梁体结合较好时，按照《公路养护技术规范》，对桥面铺装缺损状况进行评定的评定标度小于等于3 时，可考虑水泥混凝土桥面铺装（扣除表面 2cm 磨耗层）或整体浇筑的水泥混凝土垫层参与梁体共同受力。

5）拱桥拱上建筑的联合作用在检算分析时应予以考虑。可根据拱上建筑的类型、完好程度及所检算的截面位置等区别对待。当拱上建筑缺损状况评定标度大于等于 3 时，可不计拱上建筑的联合作用。

6）结构检算时，应参照设计采用的计算模型进行建模，当边界条件发生改变或受力体系出现转换时，应根据桥梁实际状况重新建立计算模型。

7）对某些空间受力特征较为明显的桥、或对某一复杂受力构件、或对结构局部强度进行检算分析时，可考虑采用空间有限元程序进行结构检算。

8）在桥梁结构检算时，对竖向顶应力取用应根据对其锚固、压浆和漏张等的检测情况，结合桥梁结构或构件表面开裂状况，考虑对竖向预应力有效设计计算值进行合理的折减。

2. 验算荷载的确定

1）检算荷载一般应按《公路桥涵设计通用规范》的规定取用。采用的荷载种类和等级与原设计采用的相同。对近期有承重要求（汽车与人群）的桥梁，可按《公路工程技术标准》的荷载等级进行检算。

2）当桥梁需要临时通过特殊重型车辆荷载，且重车产生的荷载效应大于该桥近期要求达到的标准荷载等级的荷载效应时，可按重型车辆的载重要求直接进行拉算。

3）对结构重力，可根据实际调查的结构重力变异情况。对原设计结构重力进行必要的调整与修正。

4）对预加应力，应根据对其锚固桥梁结构表面开裂和几何参数变化情况应力设计计算值的合理折减。压浆、漏张、断丝或滑丝等的检测情况，结合综合确定或通过结构拟合计算分析确定有效预应力合理计算值的折减。

5）对基础变位影响力。应根据桥举墩台与基础变位情况调查结果、桥梁几何形态参数测定结果，综合确定基础变位最终值，按弹性理论计算基础变位产生的超静定结构附加内力。

6）对钢筋混凝土及预应力混凝土桥梁，砖、石及混凝土桥梁，检算对应考虑日照温差引起的温度影响力。对箱形截面的连续结构，可按图 4.1 所示的日照温差图式考虑日照温差引起的温度影响力。

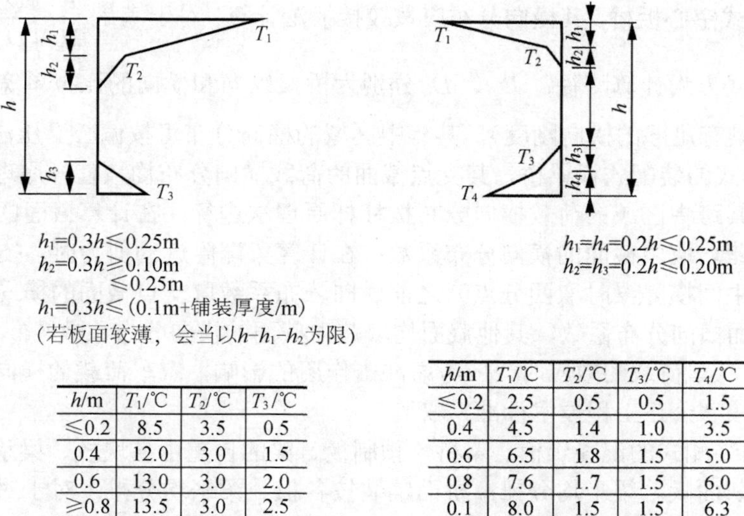

h/m	T_1/℃	T_2/℃	T_3/℃
≤0.2	8.5	3.5	0.5
0.4	12.0	3.0	1.5
0.6	13.0	3.0	2.0
≥0.8	13.5	3.0	2.5

（a）升温模式

h/m	T_1/℃	T_2/℃	T_3/℃	T_4/℃
≤0.2	2.5	0.5	0.5	1.5
0.4	4.5	1.4	1.0	3.5
0.6	6.5	1.8	1.5	5.0
0.8	7.6	1.7	1.5	6.0
0.1	8.0	1.5	1.5	6.3
≥0.2	8.4	0.5	1.0	6.5

（b）降温模式

图 4.1　箱形截面的日照温差模式

4.4.2　混凝土梁式结构的检算

1. 混凝土板、梁桥的检算

1）对弯桥，当 $2L^2/BR>1.0$ 时应按弯桥进行内力计算（L 为桥梁轴线弧长；R 为曲率半径；B 一桥梁的宽度），当弯桥的曲率半径 R 超过 90 m 时，对于纵向弯矩的计算可近似地按直线桥处理，但对于纵向扭矩仍需按有关的曲线梁理论进行结构分析。桥面铺装等外加重力和汽车、人群荷载等均应按横向分布计算各梁所分拉的荷载大小。

2）对斜度大于15°的预制装配式斜板、斜梁桥，需按斜交桥理论计算荷载的横向分布系数或内力。对斜度小于等于15°的预制装配式斜板、斜梁桥，可按正交桥理论计算荷载的横向分布系数或内力。对斜度大于15°的整体现浇斜板、斜梁桥，需按薄板理论计算法来计算恒载内力，活载内力计算可以利用斜板的内力影响系数，也可用其他简化的内力计算公式。计算内容应包括锐角处的支反力、钝角附近的弯矩及扭矩、自边到中心处的弯矩。对斜度小于15°的整体现挠斜板、斜梁桥，可以近似按正交桥理论计算荷载的横向分布系数。

3）整体式混凝土板、梁桥的恒载内力计算时，可将其简化为单位宽度的简支梁或连续梁，截面内力可按结构力学方法进行计算。在计算车辆荷载的作用时，可借用“荷载的有效分布宽度”的概念，将车辆荷载简化为单位宽度板、梁条上的横向均布荷载，截面内力仍可按结构力学方法进行计算。

4）对由主梁、连续的桥面板和多道横隔梁所组成的箱形及 T 形截面梁桥，当横隔梁间距与横隔梁的间距与横隔梁的长度之比小于 0.9 时，应按比拟正交异性板法计算各梁的横向分布系数。当横隔梁的长度之比小于 0.9 时，且纵向湿接缝较窄（<0.375 倍翼缘板宽度），同时是通过铰接方式连接两相邻翼缘板，应按铰接梁法计算横向分布系数；当纵向湿接缝较宽（>0.375 倍翼缘板宽度），应按刚接梁法计算横向分布系数，或湿接缝虽较窄，但相邻翼缘板通过焊接钢板连接时，应按刚接梁法计算横向分布系数。

5）对装配式空心板桥，其横向分布应按铰接板法计算；对于满足 $\frac{B}{2L}\sqrt{\frac{D_x}{D_y}}\leqslant 0.3$（其中：$B$ 为主梁全宽；L 为计算路径；D_x、D_y 分别为桥梁纵向和横向的比拟单宽刚度）的装配式梁桥（此时具有足够的横向刚度），其跨中区域的横向分布可按偏心受压法计算。

6）任何形式的装配式板梁桥，其支点截面的荷载横向分布均按杠杆原理法计算。对双主梁的梁桥，其跨中区域的荷载横向分布按杠杆原理法进行；在计算截面的弯矩及跨中区域剪力时，全跨均取中截面的横向分布系数；在计算梁端附近的剪力时，支点至第一道中间横隔梁（无中间横隔梁时取四分点）之前横向分布系数取支点截面的横向分布系数线性过渡到跨中截面横向分布系数，其他截面均取跨中截面的横向分布系数。

7）在计算汽车荷载的效应时，应考虑冲击作用的影响，汽车荷载的横向折减系数和横向布置车队数按《公路工程技术标准》取值。

8）对预制装配式的混凝土板、梁桥，预制板、梁的自重由各块板、梁承受，横向湿接缝的恒载按相邻面板、梁平均分摊；桥面铺装按各板、梁平均分摊；对于对称的护栏及人行道重力可按各板、梁平均分摊计算，也可在横向分布影响线上布载计算，对于不对称的护栏、人行道及铺装外加重力应在横向分布影响线上布载计算。

9）简支板桥的检算截面为跨中截面的弯矩和 1/4 截面的弯矩、剪力及支点截面的剪力。简支梁桥的检验截面为跨中截面的弯矩、第一道中间横隔梁中心处截面（无中横隔梁的取 1/4 截面）的弯矩和剪力、截面尺寸变化处的弯矩和剪力、支点截面的剪力。对连续板、梁桥，除以上截面上的内力外，还应包括连续支点截面的负弯矩。对具有严重缺损的截面，应列为检算截面。

2. 组合梁桥的检算

1）当组合梁结合面结合可靠（并未发现结合面混凝土开裂或结合面结合强度明显不足）时，跨中区域的荷载横向分布按混凝土板、梁桥的检算相关规定计算；当结合面上有影响整体受力的混凝土开裂时，跨中区域的荷载横向分布宜按杠杆法计算。

2）支点截面的荷载横向分布均按杠杆原理法计算。横向分布系数沿桥跨方向的变化，规律同混凝土板、梁桥的相关检算规定执行。

3）预制梁和整体组合梁的承载能力宜按容许应力法进行，检算截面位置同混凝土板、梁桥的检算中规定。

3. 混凝土箱梁结构的检算

1）对于箱壁较厚，或沿梁桥纵向布置有一定数量的横隔板，限制了箱梁的畸变，可只需考虑纵向弯曲应力和刚性扭转应力。对于少设或不设横隔板的宽箱薄壁梁，还须计算畸变应力和横向弯曲应力。

2）箱梁肋距不大时，可用初等梁理论计算其纵向弯曲应力；当助距较大时，需计入“剪力滞效应”，考虑其应力不均匀分布。

3）箱梁的应力计算中，既可采用空间分析法。

4）薄壁箱形截面的抗扭惯性矩计算为

$$I_T = \frac{4A^2}{\sum \frac{l_i}{t_i}} \tag{4.5}$$

式中：A ——薄壁中线所包围的面积；

l_i ——各薄壁中线长；

t_i ——各薄壁厚度。

对孔室高度小于截面高度 0.6 倍的厚望闭合截面，其抗扔惯性矩按下式计算

$$I_T = \frac{4A^2}{\sum \frac{l_i}{t_i}} + \sum C_i t_i^3 l_i \tag{4.6}$$

式中：C_i ——与 t_i/l_i 有关的系数，按下式计算

$$C_i = \frac{1}{3}\left[1 - 0.63\frac{t_i}{l_i} + 0.52\left(\frac{t_i}{l_i}\right)^2\right] \tag{4.7}$$

5）对直线箱形截面的桥梁也可采用经验估值法来近似处理约束扭转正应力和剪应力，即对于箱壁具有一定厚度且有横隔板加劲的箱形梁，忽略歪扭变形的畸变应力，将活载偏心作用引起的约束扭转正应力和扭转剪应力分别估计为活载对称作用下平面弯曲正应力的 15%和剪应力的 5%，因此当恒载对称作用时箱形梁任意截面计及扭转影响的总荷载内力可近似估计为

弯矩
$$M = M_g + 1.15M_P \tag{4.8}$$

剪力
$$Q = Q_g + 1.05Q_P \tag{4.9}$$

式中：M_g、Q_g ——恒载引起的弯矩和剪力；

M_p、Q_p ——全部活载对称于桥中线作用时引起的弯矩和剪力。

6）剪力滞效应可按剪力滞效应理论计算，也可按“翼缘有效宽度”法计算。

7）箱形截面横向内力可按框架分析法来分析。沿桥长方向承受的恒载与汽车等的等代均匀荷载或正弦分布荷载代替，在计算断面处取单位长度的微元框架，用结构力学的一般方法，如力法-位移法、弯矩分配法的平面刚架有限无法求解。

4.4.3　混凝土及圬工拱式结构的检算

1. 钢筋混凝土拱桥的检算

1）对于上承式钢筋混凝土拱桥，应考虑活载的横向分布。

拱上建筑为立柱排架式双曲拱可采用弹性支承连续梁计算反力的力法近似计算活载的横向分布系数。对于中、小跨径的双曲拱也可采用活载横向分布增大系数的简化计算方法。

桁架拱，当桥跨由 3 片以上桁片组成且跨宽比在 3 以上时，宜用弹性支承连续法、偏

心受压法（适用于宽跨比小于 1/3 的桁架拱）计算活载横向分布系数，其他情况则可按杠杆原理法计算。

刚架拱的活载横向分布系数可按弹性支承连续法计算。

2）在计算拱圈活载作用效应时，考虑多孔拱桥的连拱作用以及考虑拱上建筑与主拱联合作用的计算方法见多孔拱桥的连拱效应计算分析和拱桥计入拱上建筑联合作用的计算方法。

3）在主拱图内力计算中，应包括年温差内力计算和徐变温差内力计算。

4）混凝土收缩产生的内力计算可折算成温度额外降低引起拱圈内力，折算值为：

① 整体浇筑的钢筋混凝土的收缩影响，相当于降低温度 15～20℃。

② 分段浇筑的钢筋混凝土的收缩影响，相当于降低温度 10～15℃。

③ 装配式的钢筋混凝土的收缩影响，相当于降低温度 5～10℃。

5）计算年温差内力和混凝土收缩内力时，可根据实际资料考虑混凝土徐变的影响，如缺乏资料，计算内力可乘以下系数：温度变化影响力 0.7；混凝土收缩影响力 0.45。

6）墩台与基础变位引起的超静定拱结构附加内力，可乘以 0.5 的折减系数。

7）根据桥梁的实际情况，参考设计计算资料，着重对钢筋混凝土拱的主要控制截面面和薄弱部位进行检算。

2. 圬工拱桥的检算

1）拱上建筑为墙式和空腹式圬工拱，可按活载均匀分布于拱圈全宽计算。

2）圬工拱圈计算温度变化和混凝土收缩影响力的方法见钢筋混凝土拱桥的检算中的相关规定。

3）圬工拱圈由墩台与基础变位引起结构附加内力可乘以 0.5 的折减系数。

3. 多孔拱桥的连拱效应计算分析

1）多孔拱桥的桥墩与主拱圈的抗推刚度比值大于 37 时可按单孔拱计算，否则，应考虑多孔拱桥的连拱作用。连拱内力可采用简化计算方法计算，优先采用换算刚度法。

2）按换算刚度法计算拱跨结构的弹性常数时，对于多孔圬工拱、双曲拱、肋拱和箱形拱等简单体系拱桥，其计算简图可采用裸拱圈，不考虑拱上建筑的影响；对于多孔桁架拱、刚架拱等，其计算简图应包括拱上建筑。

3）计算拱跨上、下部结构弹性常数时，圬工材料均取受压弹性模量 E_c；上部结构为钢筋混凝土，取受压弹性模量 E_c，而对钢筋混凝土桩（柱）或桥墩，取用 0.67 E_c。

4）等跨无铰连拱中，计算拱中最大活载内力时，以中孔按截面弯矩 M_{max} 或 M_{min} 布载最不利。控制拱圈计算的情况一般是拱脚截面按 M_{min} 布载，孔跨 $3L/8$ 和拱顶截面截面按 M_{max} 布载。计算桥墩时，以边墩为不利。控制边墩计算的情况是边孔按 H_{max}（墩顶水平力最大）布载控制计算，仅在计算桩柱式桥墩时应按 M_{max}（墩顶弯矩最大）布载，求得墩项的最大弯矩值。

5）等跨二铰连拱中，计算拱圈最大活载内力时，以中孔按截面弯矩 M_{max} 布载最不利，一般是拱顶截面和拱跨 $l/4$ 截面。计算桥墩时以边孔 H_{max}（墩顶水平力最大）布载控制计算。

6）在等跨连拱中，恒载、温度变化和混凝土收缩均无连拱作用，上述各项相应的拱圈内力，按固定拱计算；在不等跨连拱中，恒载、温度变化和混凝土收缩产生的拱圈内力，均应考虑连拱作用。桥台变位引起的内力应按连拱计算。

4. 拱式结构考虑开裂引起结构内力量分布的计算分析方法

1）对于无铰双曲拱，当桥台发生水平位移超过 $L/2000$（L 为无铰拱计算跨径）且主拱圈拱脚截面已开裂时，可以采用开裂引起结构内力重分布的方法进行内力计算。

2）考虑开裂引起结构内力重分布的计算方法以裸拱为计算图式，不考虑拱上建筑的联合作用。

3）计算时可假定：主拱圈截面应变符合平截面；混凝土不承受拉应力，出现拉应力后，该部分混凝土退出工作。

4）计算时应考虑混凝土材料的非线性，其材料本构关系为

$$\sigma = 6.75\sigma_u (e^{-0.812\frac{\varepsilon}{\varepsilon_u}} - e^{-1.218\frac{\varepsilon}{\varepsilon_u}}) \tag{4.10}$$

式中：σ_μ ——混凝土极限抗压强度；

ε_μ ——混凝土极限抗压应变。

钢筋材料的本构关系取

$$\sigma = E_s \varepsilon \quad \varepsilon \leqslant \varepsilon_y \tag{4.11}$$

$$\sigma = \sigma_y \quad \varepsilon_y < \varepsilon < \varepsilon_u \tag{4.12}$$

式中：σ_y ——钢筋屈服强度；

ε_y、ε_u ——钢筋屈服时应变和极限应变；

E_s ——钢筋弹性模量。

5）当计算的截面上最大混凝土压应力小于混凝土容许压应力，计算的钢筋拉应力 σ 小于 0.8 倍的钢筋屈服应力（近似采用钢筋的抗拉设计强度值）时，认为双曲拱仍能正常工作。

5. 拱桥计入拱上建筑联合作用的计算方法

1）在活载作用下，空腹式拱桥主拱圈截面内力的计算，应考虑拱上建筑与主拱圈的联合作用。可应用平面杆系有限元程序进行计算，也可以根据具体情况采用简化方法——弯矩折减系数法进行计算。

2）对于拱式拱上建筑的空腹式拱桥，采用弯矩折减系数法计算主拱圈活载弯矩时，可根据主拱圈、腹拱和立柱的基本几何参数，由活载弯矩折减系数 β，乘以相应的裸拱截面弯矩，作为考虑拱上建筑联合作用的圈活载弯矩。活载在拱圈截面产生的轴向力仍采用裸拱的计算值，不必修正。

3）计算联合作用的活载弯矩时，在立柱的刚度中要计入垫梁和柱帽影响。计算主拱圈活载弯矩时，可根据具体情况考虑活载横向分布系数。

4）对于简支梁板式拱上建筑的空腹式拱桥，不考虑拱上建筑的联合作用。

5）对于连续梁板式拱上建筑的等截面无铰拱拱桥，采用弯矩折减系数计算考虑拱上建筑联合作用的主拱圈活载弯矩时，弯矩折减系数 β 计算式如下：

① 对于主拱圈拱脚截面有

$$\beta = \frac{1}{1 + \dfrac{0.35}{m} c_n} \tag{4.13}$$

$$m = C\frac{E_a I_{so}}{E_p I_{bk}} + D\frac{1}{i_o - 1} \tag{4.14}$$

式中：E_a、I_{so}——分别为主拱材料的抗压弹性模量和主拱拱顶截面惯性矩；

E_p、I_{bk}——分别为空腹梁段板抗压弹性模量和立柱位置处截面惯性矩；

i_o——$i_o = I_{sc}/I_{so}$，其中 I_{sc} 为拱顶处总的截面惯性矩；

C、D——为计算系数，见表 4.12。

表 4.12　C/D 值

a/L	（$L/4$）0.25	0.3	（$L/3$）0.333	0.35	0.4	（$L/2$）0.5
C	$0.5+0.319a$	$0.694+0.515a$	$0.805+0.515a$	$0.85+0.543a$	$0.952+0.608a$	$1+2/\pi a$
D	0.5	0.306	0.195	0.15	0.048	0

注：$\alpha = \frac{I_{bk}}{I_{bs}} - 1$。当空腹段梁板为等截面时，$\alpha = 0$；

I_{bk}、I_{bs} 分别为空腹段梁板脚处和跨中处截面的惯性矩；

a 空腹段长度；

C_n 与变拱系数 n 有关的参数。等截面无铰拱时 C_n 值见表 4.13。

表 4.13　等截面拱 C_n 值

f/L	1/6	1/8	1/10
n	1.24	1.15	1.10
C_n	1.08	1.05	1.03

② 对于主拱圈的 $L/4$ 截面有

$$\beta = \frac{1}{1 + \dfrac{0.68}{\dfrac{m}{\dfrac{1-n}{2}} - 0.29}} \tag{4.15}$$

6）对于拱式拱上建筑的空腹式拱桥，在计算均匀降温、收缩和拱脚向外水平位移产生主拱圈的附加内力时，可不考虑拱上建筑的联合作用，仍采用裸拱图式。

6. 组合体系拱桥的检算

1）组合体系拱桥是空间结构，可以简化为平面结构来计算构件内力。计算宜采用平面杆系有限元程序进行分析。

2）在进行组合体系拱桥的结构内力计算时，对于上承式组合拱结构，加劲纵梁截面几何特性计算应包括梁肋和桥面板混凝土，即考虑桥面板参与工作。对于系杆拱，桥面板与横梁一体为传力结构，不考虑参与系杆的共同受力；当桥面板为整体浇筑混凝土，采用足够的横向预应力钢筋使桥面板与系杆或纵梁成为整体时，可计入桥面板混凝土参与工作。

3）组合体系拱桥的拱助钢筋混凝土时，计算截面几何特性采用混凝土全截面，不计钢筋的影响；拱肋为钢管混凝土时，可按下列计算组合截面的刚度

$$EA = E_c A_c + E_s A_s \tag{4.16}$$

$$EI = E_c I_c + E_s I_s \tag{4.17}$$

式中：EA——钢管混凝土压缩和拉伸刚度；

EI ——钢管混凝土弯曲刚度；

E_c、A_c、I_c ——分别为混凝土的弹性模量、截面积和抗弯惯性矩；

E_s、A_s、I_s ——分别为钢管的弹性模量、截面积和抗弯惯性矩。

4）对于组合体系拱桥在使用阶段的恒载内力计算，若组合拱结构现浇或预制拼装分阶段受力时，恒载内力计算时必须考虑其实际施工步骤与施加预应力的工况，并考虑不同加载龄期影响，以及混凝土徐变发展情况分阶段计算。

5）组合体系拱桥的活载横向分布系数。双肋时可采用偏心受压法计算；多肋时可采用修正的偏心受压法或弹性支承连续梁法计算。

6）吊杆仅按使用阶段进行内力计算。系杆拱桥的横梁内力计算宜采用空间系有限元法。

4.4.4 桥面系结构的检算

1. 行车道板的检算

1）行车道板的检算，可依据《公路钢筋混凝土及预应力混凝土桥涵设计规范》进行，可分别按单向板、双向板、铰接悬臂板、悬臂板取计算图式。

2）行车道板的有效分布宽度，可按设计规范取用。结构检算时，T 型和 I 型截面的翼板可取全宽。

3）对梁式结构，当水泥混凝土桥面铺装或水泥混凝土垫层与梁体上翼缘结合较好，按照《公路养护技术规范》对桥面铺装缺损状况进行评定的评定标度小于等于 3 时，可考虑其与行车道板共同受力来检算：此时水泥混凝土桥面铺装应扣除 2cm 的磨耗层。

4）对于桥面连续结构，在进行行车道板检算时，除考虑桥面铺装与行车道板共同受力外，还应检算连续桥面的受力和变形。

5）当钢筋混凝土行车道板缺少技术资料时，可根据桥梁检测结果或参考同年代类似桥梁行车道板的技术资料进行检算；若无类似技术资料，可按下述方式近似估算：

假定行车道板钢筋保护层厚度：$a = 30\ \text{mm}$；

截面受压区高度：$x = 0.25(h-a)\ \text{mm}$；

依据下列公式计算受拉钢筋面积：

$$A_g = S_h / (h-a-x) \tag{4.18}$$

式中：S_h ——受压混凝土面积对中性轴的面积矩。

求出 A_g 后可按相关规范公式进行截面抗弯等检算。

2. 混凝土箱梁顶板的检算

1）箱形截面梁翼缘与腹板相连处若设置承托，翼缘厚度可计入承托加厚部分厚度：

$$h_h = \tan d \cdot b_h \tag{4.19}$$

式中：b_h ——承托宽度；

$\tan\alpha$ ——承托底面坡度。

当 $\tan\alpha > 1/3$ 时，取用 $h_h = b_h/3$。

2）箱形截面梁在腹板两侧上顶板（即上翼缘）的计算宽度可按顶板全宽计。对于宽箱梁顶板检算时，应考虑顶板在横向力与偏心的边缘剪力流作用下，将产生剪切扭转变形使顶板受压翼缘上的压应力随着离梁肋的距离增加而减小，即“剪力滞后效应”。对于箱梁在对称荷载作用下的弯曲应力也应考虑剪力滞效应，而使弯曲应力在箱梁顶板分布为非均匀的曲线分布。而在剪力滞效应作用下顶板的内力检算可按有限元电算法进行。

3）对于箱形截面顶板若按极限承载力状态检算时，可按顶板的有效分布宽度计算。其有效分布宽度b_{mi}的计算规定如下：

① 简支梁和连续梁各跨中部梁段、悬臂梁中间跨的中部段：

$$b_{mi} = \rho_f b_i \tag{4.20}$$

② 简支梁支点、连续梁端支点及中间支点、悬臂梁悬臂段：

$$b_{mi} = \rho_s b_i \tag{4.21}$$

式中：b_{mi}——腹板两侧上顶板（上翼缘）的计算宽度；

b_i——腹板两侧上顶板（上翼缘）的实际宽度；

ρ_f——有关简支梁和连续梁各跨中部梁段和悬臂梁中间跨的中部梁段翼缘计算宽度的计算系数；

ρ_s——简支梁支点、连续梁端支点及中间支点、悬臂梁悬臂段翼缘计算宽度的计算系数。

3）当梁高$h \geqslant b_i/0.3$时，翼缘计算宽度采用翼缘全宽。

3. 钢箱梁顶板的检算

对于悬索桥、斜拉桥所用的钢箱梁的桥面体系检算，可按正交异性板桥面结构承受车道竖向荷载作用产生的内力。根据钢箱梁构造情况，计算方法可采用 Pelikan.Esslinger 法，或按照平面格子梁理论利用计算机程序进行计算分析。对于直接支承于横梁和纵肋上的刚桥面板，应检算在车轮轴荷载作用下产生的局部应力及挠曲值。以满足钢桥面铺装对桥面板的要求。

4. 拱上建筑结构的检算

1）在考虑拱桥拱上建筑的联合作用时，拱上建筑应满足联合作用时的受力要求。并根据拱上建筑的类型、完好程度及所检算的截面位置等区别对待联合作用的大小。其联合作用的计算图式选取应视拱桥具体情况而定，其内力宜采用平面杆系有限元程序进行计算。

2）若不考虑拱上建筑与主拱联合作用时，拱上建筑用可按实际受力图式或简化图式计算其局部受力。若为梁板式拱上建筑，拱上建筑可视为沿桥纵向是一个支承在主拱圈上的多跨刚架，行车道纵梁可视为在刚架支承上的多跨连续梁进行检算。若为拱式拱上建筑，可按连拱检算。

3）对拱上建筑为横桥向排架立柱和横梁的空腹拱桥拱进行检算，应考虑活载不均匀分布的影响。当其横梁的线刚度与立柱的线刚度之比大于 5 时。双柱式立柱横梁可按简支梁计算，多柱式横梁可按连续梁计算；当梁的线刚度与柱的线刚度之比等于或小于 5 时，可按刚架计算。对于拱上立拄的检算应同时计算纵向和横向受力并检算其抗力。

4）刚架拱、桁架拱的桥面板可考虑与刚架和桁架拱片联合作用承受桥上活荷载，对桥面板检算时应考虑其承受永久荷载和活荷载的承载能力。

4.4.5 桥梁墩台与基础的检算

1）存在的病害对承载能力有影响的墩台，或当通过特种大型超重车辆认为比较薄弱的墩台，以及其他需要确定承载能力的墩台，均应根据实际情况进行必要的检算。

2）在主应力和附加力作用下，墩（台）身截面及基底的倾覆稳定系数 K_0 不得小于 1.5，滑动稳定系数 K_0 不得小于 1.3。

3）如墩台发生倾斜，在检算墩（台）身截面和基底的应力、偏心与倾覆稳定时，需考虑斜度的影响。

4）墩（台）身及基础，由于施工不良或某种病害产生环形裂缝时，对裂缝截面需进行应力、倾覆和滑动稳定检算。检算滑动稳定时，圬工间的摩擦系数 $f=0.6$，当断裂截面中渗入泥砂，其摩擦系数可根据实际情况而定。

5）位于冻胀土中的墩台基础，应检算切向冻胀稳定性。对墩（台）身及基础的薄弱端面（如墩身与基础连接处、施工接缝处），还需检算其拉应力。

6）各种基桩的检算容许承载力，可按《公路桥涵地基与基础设计规范》计算值提高 20%。

7）外力对基底截面重心的偏心 e_0，应符合下列规定：

① 在非岩石地基（包括砾、砂、土状的风化岩层）上的墩台，当承受主力加附加力时，$e_0 \leqslant \rho$；当土的基本承载力 $\sigma_0 \leqslant 200\text{kPa}$ 时，对桥台 $e_0 \leqslant 0.8\rho$。

② 在岩石地基上的墩台，当承受主力附加力时，对节理不发育、较发育和节理发育的硬质岩 $e_0 \leqslant 1.5\rho$；对其他岩石地基，$e_0 \leqslant 1.2\rho$。

③ 受斜土压力的桥墩，按桥台办理。

④ 当基底上的合力偏心超出上述规定时；如基础无下沉及倾斜的病害，可按应力重分布检算基底最大压应力。

4.5　桥梁结构承载能力评定

4.5.1　桥梁承载能力评定的方法与内容

1. 桥梁承载能力评定基本方法

1）对需要进行桥梁承载能力检测评定的桥梁，应根据桥梁档案资料和桥梁养护管理系统的检查评定结果选择最不利或有代表性的桥跨结构或构件作为承载能力检测评定的对象，并通过结构计算分析，初步了解桥梁结构或构件的承载能力。

2）针对确定的承载能力检测评定对象，应开展深入细致的桥梁调查与检测工作，并根据桥梁结构或构件的实际检测结果对分项检测指标做出评判。

3）基于桥梁结构或构件的检测评判结果，确定承载能力检算系数、恶化系数和截面折减系数以及活载影响修正系数的合理取值，依据桥梁结构或构件的设计或竣工技术资料，通过结构检算分析、必要时辅以荷载试验鉴定的方法，评定桥梁结构或构件的承载能力及其使用条件。

2. 桥梁承载能力评定内容

（1）结构或构件的强度与稳定性评定

对桥梁结构或构件，按有关规程要求进行的强度及稳定性检算符合要求，同时桥梁使用状况良好时，可评定桥梁结构或构件的强度及稳定性符合检算荷载要求；否则，应降低检算荷载重新进行检算评定，或进行加固补强与更换处理。

（2）地基与基础评定

地基承载力评定应以调查、检算资料为主。当桥梁经过多年营运和洪水考验，墩台未发生明显的不均匀沉陷、倾斜及由此引起的桥面纵横坡变化，墩台未发生明显的水平位移及由此引起的桥梁伸缩缝过度分开或抵拢、拱桥拱顶及供脚的严重开裂等，且地基与基础经检算通过时，可评定地基与基础承载能力符合检算荷载要求。

（3）结构或构件的刚度评定

当桥梁结构或构件的技术状况评定值小于 3 时。在检算荷载下，砖石及混凝土拱桥最大挠度，不应大于《公路砖石及混凝土桥涵设计规范》规定的允许值。钢筋混凝土及预应力混凝土桥检算的最大挠度，不应大于《公路钢筋混凝土及预应力桥涵设计》规定的允许值。公路桥梁钢结构检算的最大挠度，不应大于《公路桥涵钢结构及设计规范》规定的允许值。

当桥梁结构或构件的技术状况评定值大于等于 3 时，按本规程要求进行的刚度检算符合要求，同时桥梁使用状况良好时. 可评定桥梁结构或构件的刚度符合检算荷载要求。否则，应降低检算荷载重新进行检算评定，或进行加固补强或更换处理。

（4）结构或构件的开裂状况评定

桥梁结构或构件在持久状态下的裂缝宽度一般应不大于表 4.14 中的允许值。当裂缝发展严重（裂缝宽度大于表 4.16 中的允许值，裂缝间距小于计算值，高度大于计算值，出现典型受力临界裂缝）或裂缝仍在持续发展时，应认为结构或构件的开裂状况不符合要求。此时从上部构造本身和地基基础两方面查明原因，采用有效措施加固补强。

表 4.14　裂缝限值表

<table>
<tr><th>结构类别</th><th colspan="3">裂缝部位</th><th>允许最大缝宽</th><th>其他要求</th></tr>
<tr><td rowspan="5">钢筋混凝土</td><td colspan="3">主筋附近竖向裂缝</td><td>0.25</td><td></td></tr>
<tr><td colspan="3">腹板斜向裂缝</td><td>0.30</td><td></td></tr>
<tr><td colspan="3">组合梁结合面</td><td>0.50</td><td>不允许贯通结合面</td></tr>
<tr><td colspan="3">横隔板与梁体端部</td><td>0.30</td><td></td></tr>
<tr><td colspan="3">支座垫石</td><td>0.50</td><td></td></tr>
<tr><td rowspan="2">预应力混凝土梁</td><td colspan="3">梁体竖向裂缝</td><td>不允许</td><td></td></tr>
<tr><td colspan="3">梁体纵向裂缝</td><td>0.20</td><td></td></tr>
<tr><td rowspan="3">砖、石混凝土拱</td><td colspan="3">拱圈横向</td><td>0.30</td><td>裂缝高小于截面高一半</td></tr>
<tr><td colspan="3">拱圈纵向</td><td>0.50</td><td>半裂缝长小于跨径 0.125</td></tr>
<tr><td colspan="3">拱波与拱肋结合处</td><td>0.20</td><td></td></tr>
<tr><td rowspan="7">墩、台</td><td colspan="3">墩、台帽</td><td>0.30</td><td></td></tr>
<tr><td rowspan="5">墩台身</td><td rowspan="2">经常受侵蚀性环境水影响</td><td>有筋</td><td>0.20</td><td rowspan="4">不允许贯通墩台身截面的一半</td></tr>
<tr><td>无筋</td><td>0.30</td></tr>
<tr><td rowspan="2">常年有水，但无侵蚀性影响</td><td>有筋</td><td>0.25</td></tr>
<tr><td>无筋</td><td>0.35</td></tr>
<tr><td colspan="2">干沟或季节性有水河流</td><td>0.40</td><td></td></tr>
<tr><td colspan="3">有冻结作用部分</td><td>0.20</td><td></td></tr>
</table>

注：表中所列除特殊要求外适用于一般条件。对于潮湿和空气中含有较多腐蚀性气体等条件下的缝宽限制应要求严格一些

4.5.2　桥梁承载能力评定的原则

1. 承载能力检算系数（Z_1）的确定

1）在检算桥梁结构或构件的强度和稳定性时，应根据结构或构件的实际状态，采用承载能力检算系数 Z_1，对结构或构件的抗力效应进行折减或提高。

2）砖、石及混凝土结构与配筋混凝土结构的承载能力检算系数，应综合考虑桥梁结构或构件表现缺损状况、材质强度和桥梁结构固有模态等的检测评定结果，按下述方法确定：

① 根据表 4.15 推荐的权重，计算确定结构构件技术状况评定值 D 为

$$D=\sum a_jD_j \tag{4.22}$$

式中：a_j ——某一项检测指标的权重值，$\sum_{j=1}^{3}a_j=1$；

D_j ——结构或构件某项检测指标的评定标度值，见表 4.1～表 4.5 和表 4.12。

表 4.15　推荐用于确定桥梁承载能力检算的检测指标权重值

检测指标名称	桥梁外观质量	混凝土强度	结构模态参数
权重 a_j	0.4	0.3	0.3

② 根据结构或构件技术状况评定值，按表 4.16 选用桥梁承载能力检算系数 Z_1 值。

表 4.16　砖、石及混凝土与配筋混凝土结构桥梁的承载能力检算系数 Z_1 值

结构或构件技术情况评定值 D	受弯构件	轴心受压	轴心受拉	偏心受压	偏心受拉	受扭构件	局部承压
1	1.15	1.20	1.02	1.15	1.15	1.10	1.15
2	1.10	1.15	1.00	1.10	1.10	1.05	1.10
3	1.00	1.02	0.95	1.00	1.00	0.95	1.00
4	0.90	0.95	0.85	0.90	0.90	0.85	0.90
5	0.80	0.85	0.75	0.80	0.80	0.75	0.80

注：① 小偏心受压可参照轴心受压取用承载能力检算数 Z_1 值；

② 检算系数 Z_1 值，可按技术状况评定值 D 线性内插。

3）钢结构桥梁的承载能力检算系数 Z_1 值，按表 4.17 选用。

表 4.17　钢结构桥梁的承载能力检算系数 Z_1 值

Z_1 值	结构技术状况	桥梁状况	结构技术状况评定值
0.95～1.05	良好状态	焊缝完好，各节点铆钉、螺栓无松动；构件表面完好，无明显损伤，防护燥层略有老化、污垢	1
0.90～0.95	较好状态	焊缝完好，少数节点有个别铆钉、螺接松动变形；构件表面少量锈迹，防护徐层油漆变色、起泡剥落，面积在 10%内	2
0.85～0.90	较差状态	少数焊缝开裂，部分节点有铆钉、螺栓松动变形；构件表面完好，有少量锈迹，防护徐层油漆明显老化变色并伴有大量起泡剥落，面积在 10%～20%。个别次要构件有异常变形，行车稍感振动或摇晃	3

续表

Z_1值	结构技术状况	桥梁状况	结构技术状况评定值
0.80～0.85	坏的状态	焊缝开裂，并造成截面削弱。联结部位铆钉、螺栓松动变形，10%～30%已经损坏；构件表面锈迹严重，截面损失在3%～10%，防护涂层油漆明显老化变色并普遍的起泡剥落，面积在50%以上。个别主要构件有异常变形，行车有明显振动或摇晃并伴有异常声音	4
0.80以下	危险状态	焊缝开裂严重，造成截面削弱在10%以上。联结部位30%以上铆钉、螺栓已损坏；构件表面锈迹严重，截面损失在10%以上，材质特性明显退化；防护涂层油漆完全失效。主要构件有异常变形，行车振动或摇晃显著并伴有不正常移动	5

2. 承载能力恶化系数（ξ_e）的确定

1）在进行桥梁结构或构件承载能力鉴定时，对配筋混凝土结构，尚应考虑鉴定期内桥梁结构质量状况进一步衰退恶化产生的不利影响。在进行结构强度和稳定性检算时，采用承载能力恶化系数ξ_e来计及这一不利影响可能造成的结构抗力效应的降低。

2）对配筋混凝土结构，根据桥梁结构或构件表现缺损状况、构件材质强度、钢筋锈蚀电位、混凝土电阻率、混凝土中氯离子含量、混凝土碳化深度、钢筋保护层厚度等的检测评定结果，采用考虑各检测指标影响权重的综合评定方法，按表4.18计算确定桥梁结构或构件的恶化状况评定值E。然后根据不同环境条件。按表4.19取用承载能力恶化系数ξ_e值。

表4.18　推荐的配筋混凝土桥梁结构或构件检测指标影响权重及其恶化状况评定方法

序号	检测指标名称	权值a_j	综合评定方法
1	混凝土表现缺损	0.32	某一构件恶化状况评定值E按下式计算： $E=\sum_{j=1}^{7}E_j a_j$ 式中：E_j——结构或构件某一检测评定指标的评定标度值； a_j——某一检测评定指标的影响权重，$\sum_{j=1}^{7}a_j=1$
2	钢筋自然定位	0.11	
3	混凝土电阻率	0.05	
4	混凝土碳化深度	0.20	
5	混凝土保护层厚度	0.12	
6	氯离子（Cl^-）含量	0.15	
7	结构混凝土强度推定值	0.05	

表4.19　配筋混凝土桥梁的承载能力恶化系数ξ_e值

恶化状况评定值E	环境条件			
	干燥不冻无侵蚀介质	干、湿交替不冻无侵蚀介质	干、湿交替冻无侵蚀介质	干、湿交替冻无侵蚀介质
1	0.00	0.02	0.05	0.06
2	0.02	0.04	0.07	0.08
3	0.05	0.07	0.10	0.12
4	0.10	0.12	0.14	0.18
5	0.15	0.17	0.20	0.25

注：恶化系数ζe按结构或构件恶化状况评定值线性内插

3. 截面折减系数（ξ_c，ξ_s）的确定

1）对砖、石及混凝土结构与配筋混凝土结构，应考虑由于材料风化、碳化、物理与化学损伤（如混凝土剥落、疏松、掉棱、缺角、桩基与墩柱由于冲蚀引起的剥落缩颈等）引起的结构构件有效截面损失，以及由于钢筋腐蚀剥落造成的钢筋有效面积损失，对结构构件截面抗力效应的影响。在检算结构抗力效应时，可用分项截面折减系数计及这一影响。

2）砖、石及混凝土结构与配筋混凝土结构的截面折减系数，可按下述方法确定：

① 首先通过对桥梁进行检测，确定砖、石及混凝土结构与配筋混凝土结构材料风化、碳化、物理与化学损伤三项检测指标的评定标度。材料风化的评定标度见表 4.22，物理与化学损伤的评定标度见表 4.20，碳化的评定标度见表 4.16。

② 根据各检测指标的评定标度，计算确定结构或构件截面损伤的综合评定值 R 为

$$R=\sum_{i=1}^{N}R_j a_j \tag{4.23}$$

式中：R_j ——某项检测指标的评定标度值，见表 4.17～表 4.19；

a_j ——某项检测指标的权重值，$\sum_{j=1}^{N}a_j=1$，见表 4.22；

N ——对砖、石结构，$N=2$；对混凝土及配筋混凝土结构，$N=3$。

③ 然后依据截面损伤的综合评定值，按表 4.28 取用截面折减系数 ξ_c。

表 4.20　砖、石及混凝土结构与配筋混凝土结构材料风化评定标准

评定标度	材料风化状况	性状描述
1	微风化	手搓构件表面，无沙粒滚动摩擦的感觉，手掌上黏有构件材料粉末，无砂料。构件表面直观较光洁
2	弱风化	手搓构件表面，有沙粒滚动摩擦的感觉，手掌上附着物大多为构件材料粉末、砂粒较少。构件表面砂粒附着不明显或略显粗糙
3	中度风化	手搓构件表面，有较强的砂粒滚动摩擦的感觉或粗糙感，手掌上附着物大多为砂粒，粉末较少。构件表面明显可见砂粒附着或略显粗糙
4	较强风化	手搓构件表面，有强烈的砂粒滚动摩擦的感觉或粗糙感，手掌上附着物基本为砂粒，粉末很少。构件表面可见大量砂粒附着或有轻微粗糙
5	严重风化	构件表面可见大量砂粒附着，且构件部分表层剥离或混凝土已露粗骨料

表 4.21　砖、石及混凝土结构与配筋混凝土结构物理与化学损伤评定标准

评定标度	性状描述
1	构件表面较好，局部表面有轻微剥落
2	构件表面剥落面积在 5%以内。损失比较均匀，深度较浅，与截面损失发生部位构件最小尺寸之比小于 0.02
3	构件表面剥落面积在 10%以内。剥落一般仅发生在表层，局部最大深度在 1cm 以内或损失最大深度与截面损失发生部位构件最小尺寸之比小于 0.04
4	构件表面剥落面积在 15%以内。剥落深度较大，局部最大深度在 2cm 以内或损伤最大深度与截面损伤发生部位构件最小尺寸之比小于 0.04
5	构件表面剥落面积在 20%以内。局部保护层混凝土剥落，最大深度在 2cm 以上或损伤最大深度和截面损伤发生部位构件最小尺寸之比大于 0.10

表 4.22　推荐砖、石及混凝土结构与配筋混凝土结构材料风化、碳化及物理与化学损伤影响权重值

结构类别	检测指标名称	权重值 a_j
砖、石结构	材料风化	0.20
	物理与化学损伤	0.80
混凝土及配筋混凝土结构	材料风化	0.10
	碳化	0.35
	物理与化学损伤	0.55

表 4.23　砖、石及混凝土结构与配筋混凝土结构的截面折减系数 ξ_c 值

截面损伤综合评定值 R	截面折减系数 ξ_c
$1\leqslant R<2$	0.98～1.00
$2\leqslant R<3$	0.93～0.98
$3\leqslant R<4$	0.85～0.93
$4\leqslant R<5$	0.85 以下

3）配筋混凝土结构种，发生腐蚀剥落的钢筋的截面折减系数 ξ_s，可按表 4.24 选用。

表 4.24　配筋混凝土的钢筋截面折减系数 ξ_s 值

评定标度	性状描述	截面折减系数 ξ_s
1	沿钢筋出现裂缝，宽度小于限值	0.98～1.00
2	沿钢筋出现裂缝，宽度大于限值，或钢筋锈蚀引起混凝土发生层离	0.95～0.98
3	钢筋锈蚀引起混凝土剥落，钢筋外露，表面有膨胀薄锈层性或坑蚀	0.90～0.95
4	钢筋锈蚀引起混凝土剥落，钢筋外露，表面膨胀性绣层显著，钢筋断面损失在 10%以内	0.80～0.90
5	钢筋锈蚀引起混凝土剥落，钢筋外露，出现锈蚀剥落，钢筋断面损失在 10%以下	0.80 以下

4. 活载影响修正折减系数（ξ_q）的确定

1）对于频繁通行大吨位车、超重运输严重及交通量严重超限的重载交通桥梁应考虑实行运营荷载状况对结构承载能力所造成的不利影响。在进行荷载效应组合时可引入活载影响修正系数 ξ_q 适当的提高汽车检算荷载效应的分项系数，以反映桥梁实际承受荷载情况。

2）通过实际调查，重载交通桥梁的典型代表交通量、大吨位车辆混入率、轴荷分布，按下述方式确定其活载影响修正系数。

① 根据实际调查的典型代表交通量 Q_m 与设计交通量 Q_d 之比，按表 4.25 选用对应于交通量的活载影响修正系数 ξ_{q1} 值。

表 4.25　对应于交通量的荷载影响修正系数 ξ_{q1}

Q_m/Q_d	活载影响修正系数 z_{q1}
$1<\frac{Q_m}{Q_d}<1.3$	1.0～1.05
$1.3<\frac{Q_m}{Q_d}<1.7$	1.05～1.10

续表

Q_m/Q_d	活载影响修正系数 z_{q1}
$1.7<\dfrac{Q_m}{Q_d}<2.0$	1.10～1.20
$2.0<\dfrac{Q_m}{Q_d}$	1.20～1.35

② 依据实际调查的重量超过汽车检算荷载主车的大吨位车辆的交通量与实际交通量之比，即大吨位车辆混入率α。按表 4.26 取用对应于大吨位车辆混入率的活载影响修正系数ξ_{q2}值。

表 4.26　对应于大吨位车辆混入率的活载影响修正系数 ξ_{q2}

α	活载影响修正系数ξ_{q2}
$\alpha<0.3$	1.0～1.05
$0.3\leqslant\alpha<0.5$	1.05～1.10
$0.5\leqslant\alpha<0.8$	1.10～1.20
$0.8\leqslant\alpha<1.0$	1.20～1.35

注：活载影响系数的修正系数可按大吨位车辆混入率 α 值线性内插

③ 根据实际调查的轴荷分布，确定后轴重超过汽车检算荷载之最大轴荷的轴荷所占的百分数β，按下表 4.27 取用对应于轴荷分布的活载影响修正系数ξ_{q3}值。

表 4.27　对应于轴荷分布的活载影响修正喊数ξ_{q3}

β	活载影响修正系数ξ_{q3}
$\beta<5\%$	1.0
$5\%\leqslant\beta<15\%$	1.15
$15\%\leqslant\beta<30\%$	1.30
$\beta\geqslant30\%$	1.40

④ 根据确定对应于交通量、大吨位车辆混入率、轴荷分布的活载影响修正系数按下式计算汽车检算荷载的活载影响修正系数ξ_q值

$$\xi_q=\sqrt{\xi_{q1}\xi_{q2}\xi_{q3}} \tag{4.24}$$

式中：ξ_q——活载影响修正系数；

ξ_{q1}——对应于交通量的活载影响修正系数；

ξ_{q2}——对应于大吨位车辆混入率的活载影响修正系数；

ξ_{q3}——对应于轴荷分布的活载影响修正系数。

5. 持久状态桥梁结构承载能力极限状态鉴定计算

1）对砖、石及混凝土桥，应对《公路砖石及混凝土桥涵设计规范》（JTJ 022—85）第三章第 3.0.1 条荷载效应不利组合设计值小于或等于结构抗力效应设计值的方程式改变如下：

$$S_d(\gamma_{so}\psi\sum\gamma_{s1}Q)\leqslant R_d\left(\frac{R^i}{\gamma_m},\alpha_k\right)Z_1\xi_c \tag{4.25}$$

式中：S_d——荷载效应函数；

Q——荷载在结构上产生的效应；对重载交通桥梁，汽车荷载效应应计入活载影响修正系数 ξ_q；

γ_{so}——结构的重要性系数；

γ_{s1}——荷载安全系数；

ψ——荷载组合系数；

R_d——结构抗力效应函数；

R^i——材料或砌体的极限强度；

γ_m——材料或砌体的安全系数；

α_k——结构的几何尺寸；

Z_1——承载能力检算系数，见表 4.12；

ξ_c——截面折减系数，见表 4.14。

2）对配筋混凝土桥梁，应对《公路钢筋混凝土及预应力混凝土桥涵设计规范》（JTJ D62-2004）第一章第 1.0.5 条荷载效应不利组合设计值小于或等于结构抗力效应设计值的方程式改变如下：

$$s_d(\gamma_d G;\gamma_q \sum Q) \leqslant \gamma_b R_d \left(\xi_c \frac{R_c}{\gamma_c};\xi_s \frac{R_s}{\gamma_s}\right) Z_1(1-\xi_c) \tag{4.26}$$

式中：S_d——荷载效应函数；

G——永久荷载（结构重力）效应；

γ_g——永久荷载（结构重力）安全系数；

Q——可变荷载及永久荷载中混凝土收缩、徐变影响力效应，基础变位影响力效应应；对重载交通桥梁，汽车荷载效应应计入活载影响修正系数 ξ_q；

γ_q——荷载 Q 的安全系数；

R_d——结构抗力函数；

γ_b——结构工作条件系数；

R_c——混凝土强度设计采用值；

γ_c——在混凝土强度设计采用值基础上的混凝土安全系数；

R_s——预应力钢筋或非预应力钢筋强度设计采用值；

γ_s——在钢筋强度设计采用值基础上的钢筋安全系数；

Z_1——承载能力检算系数，见表 4.19；

ξ_e——承载能力恶化系数，见表 4.21；

ξ_c——配筋混凝土结构的截面折减系数，见表 4.25；

ξ_s——钢筋的截面折减系数，见表 4.26。

3）对钢结构，在进行结构构件的强度、总稳定性验算时，应对《公路桥涵钢结构及木结构设计规范》所列公式右项乘以表 4.19 所列的钢结构桥梁的承载能力检算系数 Z_1 值。

6. 持久状态桥梁结构正常使用极限状态鉴定计算

1）对砖、石及混凝土结构、配筋混凝土结构和钢结构桥梁，当桥梁结构或构件的技术状况评定值 $D \geqslant 3$ 时，应按下述方法，进行持久状态桥梁结构正常使用极限状态鉴定计算。

（2）对砖、石及混凝土拱桥，短期荷载作用下的变形即

$$f_d < Z_1 f_L \tag{4.27}$$

式中：f_d——考虑活载影响修正系数后的短期荷载变形计算值；

f_L——《公路砖石及混凝土桥涵设计规范》（JTJ 022—85）第 4.2.13 条规定的变位限值；

Z_1——承载能力检算系数，见表 4.16。

3）对配筋混凝土桥梁，应对《公路钢筋混凝土及预应力混凝土桥涵设计规范》（JTJ D62—2004）第一章第 1.0.6 条正常使用极限状态计算公式改变如下：

① 限制应力：

$$\sigma < Z_1 \sigma_L \tag{4.28}$$

式中：σ_d——计入活载影响修正系数的截面应力计算值；

σ_L——应力限值；

Z_1——承载能力检算系数，见表 4.16。

② 短期荷载作用下的变形

$$f_d < Z_1 f_L \tag{4.29}$$

式中：f_d——计入活载影响修正系数的短期荷载变形计算值；

f_L——变位限值；

Z_1——承载能力检算系数，见表 4.16。

4）对钢结构，短期荷载作用下的变形：

$$f_d < Z_1 [f] \tag{4.30}$$

式中：f_d——计入活载影响修正系数的短期荷载变形计算值；

$[f]$——允许变形值；

Z_1——承载能力检算系数，见表 4.17。

7. 持久状态桥梁地基与基础鉴定计算

1）经久压实的桥梁地基土，在墩台与基础无异常变位的情况下，容许承载能力的提高按《公路桥涵地基与基础设计规范》规定采用。

2）当桥头填土经久压实时，按规范采用的填土内摩擦角 φ 可根据土质情况适当放大 5°～10°，但最大不得超过 50°。

3）对桩基础，应根据桩基的实际检验结果，按《公路桥涵地基与基础设计规范》规定，进行桩基承载能力和桩身强度计算。

8. 桥梁承载能力鉴定表

1）鉴定报告应填写桥梁承载能力鉴定表，存入桥梁技术档案，便于今后有关单位查考使用。

2）桥梁承载能力鉴定表格式以相应规范格式执行，对于桥梁概况栏着重填写与桥梁承载能力有关的情况。附加条件栏为按鉴定的承载能力投入运营时，桥梁应采取的加固、养护、检查等保证措施，以及对通行车辆的车速、车间距、运行线路等的限制条件。

小　　结

本章主要讲述了桥梁结构检测评定内容，主要包括桥梁总体技术状态评定指标（构件混凝土表观缺损、材质强度状态、结构模态特征状态）和桥梁荷载试验（静力荷载试验、动力荷载试验），对于公路既有桥梁结构的评定，在上述评定内容的基础上，还要进行相关桥梁结构耐久性恶化状况指标评定、构件截面折减评定指标及活载变异的影响指标评定。

思　考　题

1. 外观评定的指标有哪些内容？
2. 荷载试验评定的标准有哪些？
3. 桥梁结构简算的内容有哪些？
4. 桥梁结构承载能力评定过程中，考虑耐久性恶化状况的系数有哪些？

第5章 工 程 实 例

5.1 概 述

通过前面几个章节的学习，对桥梁结构检测的目的、意义和内容有了深入的了解，如何选用检测的仪器，进行桥梁结构现场的技术状况检测与评定；如何确定桥梁结构现场的静载、动载试验的内容和方案，选用合适的仪器和设备确保现场试验数据的准确性和真实性；通过相关结构的检算与承载能力评定，计算与分析出检测桥梁结构的真实受力状况。下面按桥梁结构受力特点，通过实例对桥梁结构检测作进一步讲解。

5.2 桥梁外观检测评定

1. 工程概况

某T型梁桥桥梁全长101.4m，桥梁上部结构纵断面布置形式为5×20m装配式钢筋混凝土T型梁桥，横截面布置为1.00×2m+净7m，T梁混凝土标号为C30；下部结构为双柱式钢筋混凝土盖梁，钻孔灌注桩基础，盖梁与立柱混凝土标号为C30，钻孔灌注桩混凝土标号为C20；设计荷载为汽车-120，验算荷载为挂车-100，人群荷载为3.5kN/m^2，设计抗震烈度为8度。

2. 外观检测

在进行有针对性的特殊检查之前，首先对该桥目前整体质量进行了调查，调查主要针对桥梁的铺装层、伸缩缝、支座、栏杆、主梁、盖梁、立柱进行，表观质量检查发现桥梁桩基础冲刷比较严重，混凝土剥蚀，主筋锈蚀，T梁有顺主筋方向裂纹，并造成局部混凝土脱落，T梁钢筋锈蚀导致大面积混凝土剥落，局部有层离、剥落或露筋及掉棱或缺角、蜂窝麻面的情况出现。

根据《公路桥涵养护规范》(JTG H11—2004）中的桥梁技术评定方法对该桥桥梁外观进行评定，依据各分项确定的评定标度值，参考综合评定计算公式

$$D_r = 100 - \sum_{i=1}^{n} R_i W_i / 5 \tag{5.1}$$

式中：R_i——按《公路桥涵养护规范》(JTG H11—2004）中对各部件的评定标度；

W_i——各部件权重，$\sum W_i = 100$；

D_r——全桥结构技术状况评分（0～100）。

3. 典型外观破损图片

桥梁外观破损图片如图5.1～图5.8所示。

图 5.1　2 号墩桩基状况

图 5.2　3 号墩桩基状况

图 5.3　顶板渗水泛白状况

图 5.4　1 号跨梁端（斜裂缝）状况

图 5.5　2 号跨跨中区域状况

图 5.6　3 号梁底（跨中）破损露筋状况

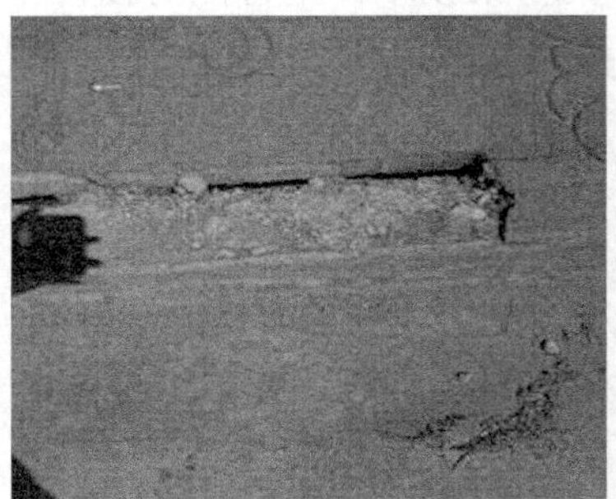

图 5.7　人行道状况

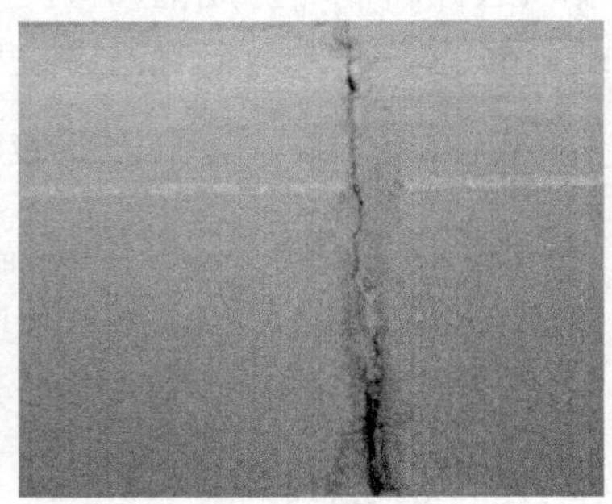

图 5.8　桥头坑槽状况

5.3 简支梁桥结构检测实例

1. 工程概况

某大桥建于1994年，为钢筋混凝土简支T梁桥，全长264.04m，纵向布置为13×20m，横向由5片T梁组成，T梁纵向由五道横隔梁通过钢板焊接连接，T梁混凝土标号为C25。桥面净空为7m+2m×0.75m，受力钢筋为Φ32Ⅱ级钢筋。桥面采用C30防水混凝土。下部为钻孔灌注桩基础，柱式墩台。

2. 试验内容

根据结构特点，拟定试验内容为：试验孔跨中断面混凝土应变沿主梁高度的分布规律测试；试验孔跨中断面5号梁及3号梁底缘受力钢筋应变测试；试验孔跨中断面的各主梁挠度及支点沉降测试；桥梁荷载横向分布规律测试；试验孔1.0倍梁高断面3号～5号梁的主拉应力测试等内容。

3. 试验荷载

桥梁现场试验荷载采用四辆大豆配载的载重汽车，实测的轴重及轴距如图5.9所示。

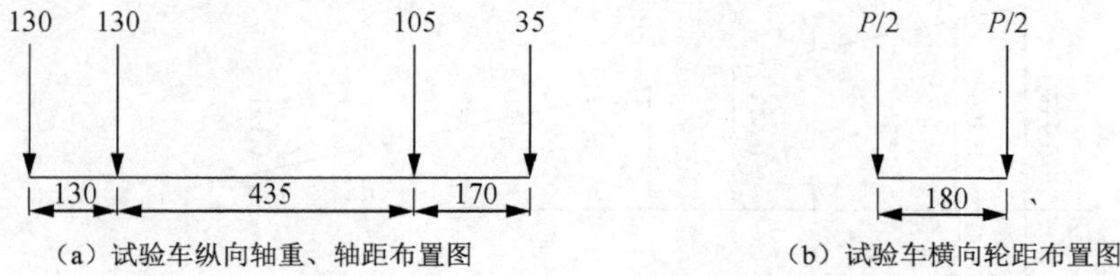

（a）试验车纵向轴重、轴距布置图 （b）试验车横向轮距布置图

图5.9 试验荷载图示（图中单位：cm、kN）

按上述测试内容，见表5.1的加载工况。

表5.1 试验加载工况

加载工况号	加载工况	控制内力或项目
1	双列偏心加载	试验孔跨中截面主梁挠度、支点沉降、混凝土应变及钢筋应变
2	双列中心加载	试验孔跨中截面主梁挠度、支点沉降、混凝土应变及钢筋应变
3	双列偏心加载	自梁底支座中心起向跨中作与水平线呈45°斜线，此斜线与截面中性轴高度线相交的交点的主拉应力或主压应力
4	双列中心加载	自梁底支座中心起向跨中作与水平线呈45°斜线，此斜线与截面中性轴高度线相交的交点的主拉应力或主压应力

4. 测点布置

工况1、工况2纵向加载情况如图5.10所示、工况3、工况4纵向加载情况如图5.11所示。横桥向加载情况如图5.12所示。测点布置如图5.13所示。

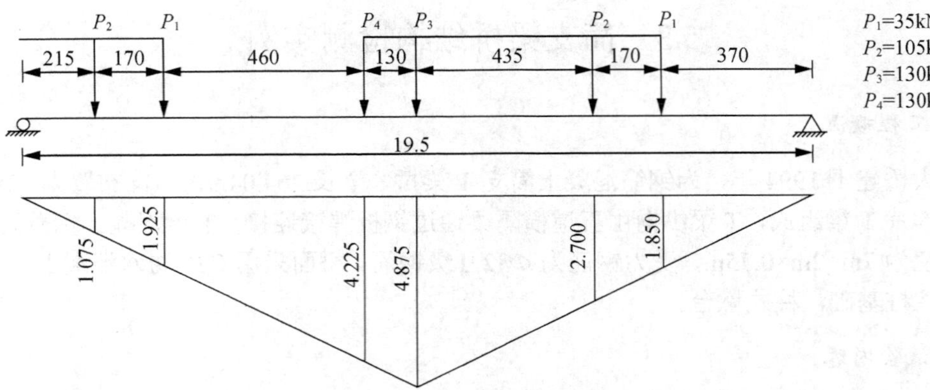

图 5.10　工况 1、2 纵向加载示意图

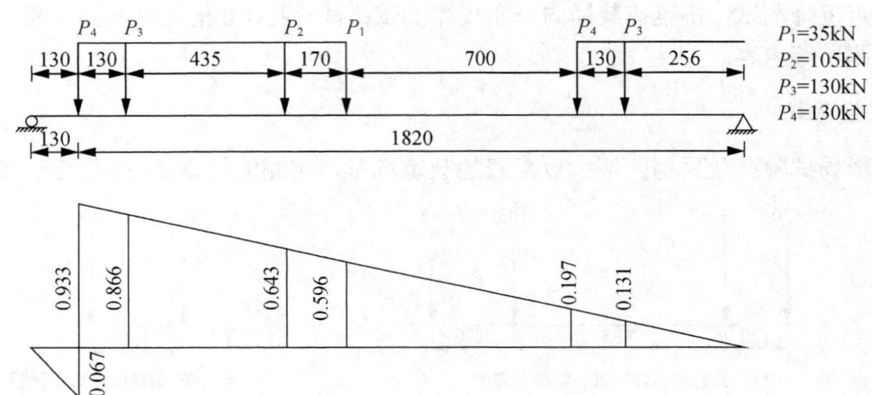

图 5.11　工况 3、4 纵向加载示意图

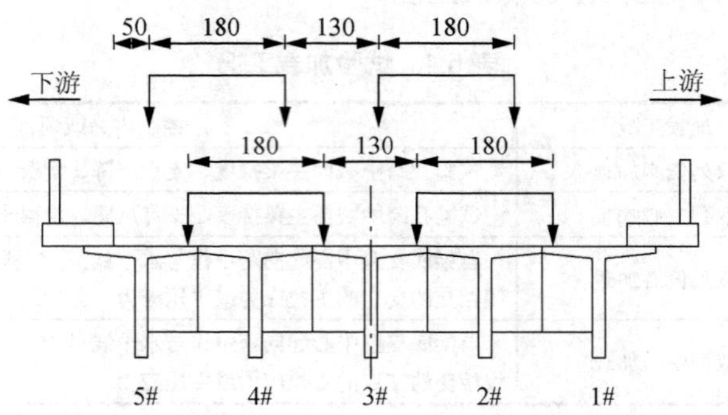

图 5.12　工况 1＃、2＃、3＃、4＃横向加载布置示意图

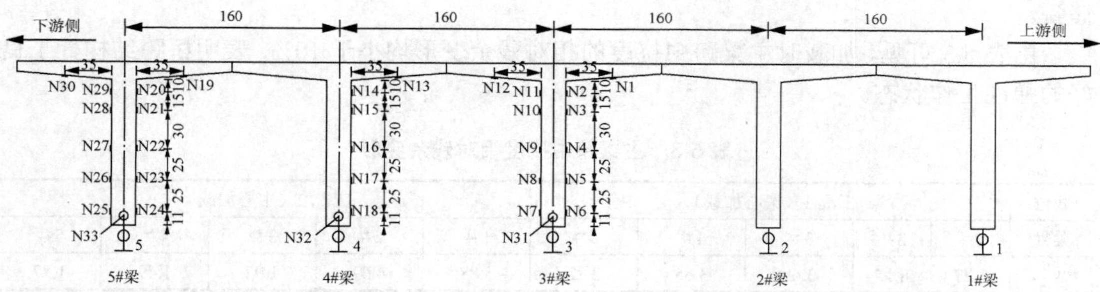

图 5.13　试验孔跨中断面应变测点布置图

注：1）图中尺寸以 cm 为单位；

2）N1～N30 为混凝土应变测点，其中 N7～N24 为千分表测点，N25～N30 为电测测点；

3）N31、N32 和 N33 为钢筋应变测点；

4）1.5 为挠度测点。

5. 试验结果与分析

（1）主梁刚度分析

简支梁桥在设计中常以跨中断面弯矩为主要控制指标，在试验荷载作用下跨中截面挠度（变形）实测值见表 5.2。

表 5.2　主梁跨中断面在工况 1、工况 2 荷载作用下挠度表

（单位：mm）

梁号		1#	2#	3#	4#	5#
工况 1	f_s/mm	5.98	4.62	11.69	13.11	10.74
	f_{LQS}/mm	2.67	2.07	6.32	7.33	5.501
	f_{LQ}/mm	12.31	15.16	16.75	18.98	23.68
	$\eta=f_s/f_{LQ}$	0.485	0.304	0.698	0.691	0.453
	$\eta_Q=f_{LQS}$/mm	4.27	3.31	10.11	11.73	8.80
	$\eta_Q=f_{LQS}/L$	1/4600	1/5890	1/1928	1/1669	1/2200
工况 2	f_s/mm	8.74	11.21	11.88	11.23	8.79
	f_{LQS}/mm	5.11	6.28	6.77	6.28	5.12
	f_{LQ}/mm	17.99	17.99	17.99	17.99	17.99
	$\eta=f_s/f_{LQ}$	0.486	0.623	0.660	0.624	0.489
	$\eta_Q=f_{LQS}$/mm	8.19	10.05	10.83	10.05	8.19
	$\eta_Q=f_{LQS}/L$	1/2380	1/1940	1/1800	1/1940	1/2380

注：1）f_s——试验荷载作用下挠度实测值；

2）f_{LQ}——试验荷载作用下挠度计算值；

3）η——挠度校验系数；

4）f_{LQS}——根据试验值换算得到的除恒载以外的短期荷载组合挠度实验值；

5）η_Q——挠度长期增长系数，取 1.6。

表 5.2 中数据表明，在两列偏载作用下挠度校验系数最大值为 0.698，在两列中载作用下挠度校验系数最大值为 0.660，均介于钢筋混凝土梁桥常见值 0.5～0.9。根据挠度试验值，按除恒载因素外的短期荷载组合计算的长期挠度的试验值与计算跨径比值，均小于 1/600，上述分析表明该桥主梁的竖向刚度能够满足公路-II级荷载的设计和使用要求，且有一定的

储备。

由表 5.3 可见，加载时主梁跨中挠度的相对残余变形均小于 10%，表明桥跨结构处于良好的弹性工作状态。

表 5.3　主梁跨中挠度相对残余变形

载位	工况 1（偏心加载）					工况 2（中心加载）				
梁号	1#	2#	3#	4#	5#	1#	2#	3#	4#	5#
s'_p	1.27	8.15	3.49	3.65	2.72	5.88	4.69	1.92	1.49	1.77

表 5.4 数据表明，在两列中心加载（工况 2）时，实测的主梁横向分布系数与理论基本相符；在两列偏载时，实测的主梁横向分布系数，5 号梁偏小，4 号梁及 3 号梁偏大，与理论分布有较大差异，分析其原因为 4 号梁与 3 号梁间中横梁的焊接钢板开焊所致。

表 5.4　主梁跨中截面在工况 1 及工况 2 荷载作用下实测的横向分布系数表

梁号		1#	2#	3#	4#	5#
偏心加载	实测挠度横向分布系数	0.259	0.200	0.506	0.568	0.466
	试验荷载理论横向分布系数	0.276	0.338	0.400	0.462	0.524
中心加载	实测挠度横向分布系数	0.337	0.432	0.458	0.433	0.339
	试验荷载理论横向分布系数	0.400	0.400	0.400	0.400	0.400

（2）应变应力分析

以工况 1、2 为例，混凝土应变沿梁高分布基本呈线性分布见表 5.5。实测的钢铰线应力，结果见表 5.6 和表 5.7。

表 5.5　主梁跨中截面混凝土应变试验曲线

梁号	5#梁
	$\varepsilon=3.53y-337$
工况 1	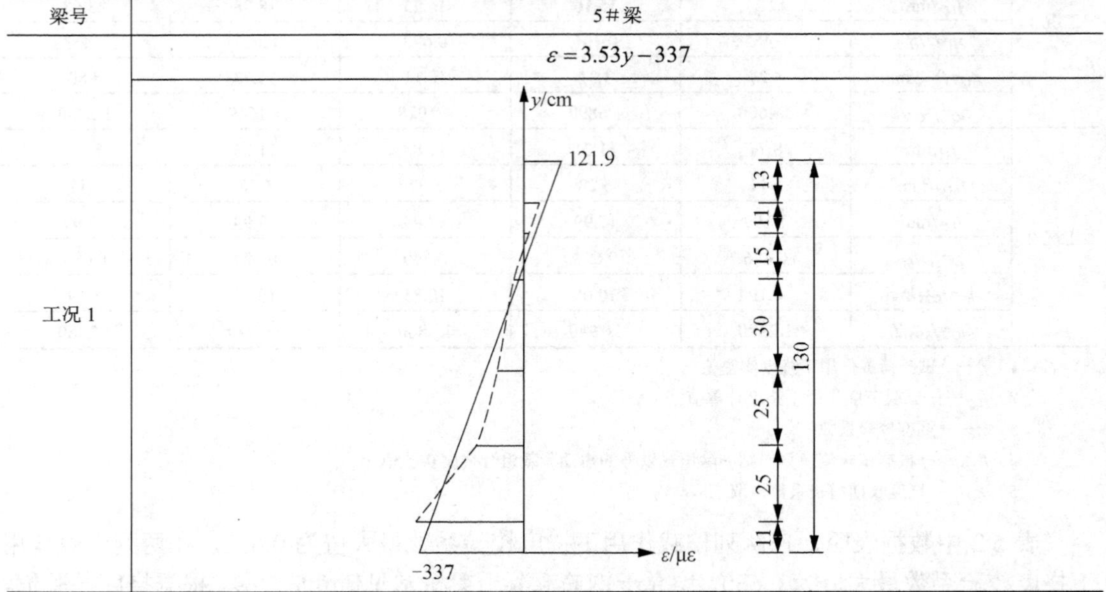

续表

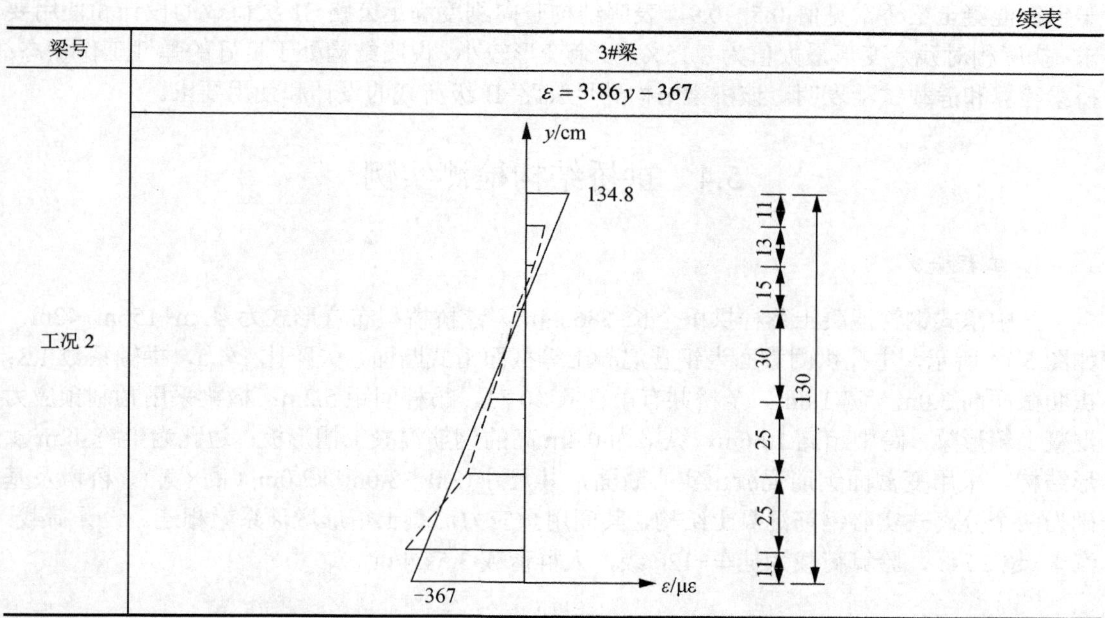

梁号	3#梁
工况 2	$\varepsilon = 3.86y - 367$

注：1）y 为测点距梁底的距离，单位 cm；
2）ε 为测点微应变；
3）应变以压为正，以拉为负；
4）虚线表示实测应变曲线，实线表示回归曲线。

表 5.6　工况 1 试验荷载作用下实测应力表

（单位：MPa）

梁号	上缘			下缘			附注
	混凝土			钢筋			
	实测	计算	校验系数	实测	计算	校验系数	
4#	3.83	5.93	0.65	76.8	120.19	0.64	1. 除校验系数无量纲外，其余均以 MPa 为单位； 2. 表中“+”表示压应力，“−”表示拉应力
5#	3.29	4.86	0.67	67.4	98.60	0.68	

表 5.7　在工况 2 试验荷载作用下实测应力表

梁号	上缘			下缘			附注
	混凝土			钢筋			
	实测	计算	校验系数	实测	计算	校验系数	1. 除校验系数无量纲外，其余均以 MPa 为单位；
3#	3.63	4.78	0.76	73.4	96.9	0.75	2. 表中“+”表示压应力，“−”表示拉应力

表 5.6 和表 5.7 中，应力计算值计算时，采用实测的横向分布系数。表 5.6 和表 5.7 数据表明，混凝土应力校验系数为 0.65～0.76，钢筋应力校验系数为 0.64～0.75，均介于《公路桥梁承载力检测评定规程》（2003 年征求意见稿）中常见值 0.4～0.8，说明在使用荷载作用下，结构的强度满足使用要求。

6. *承载能力评定*

在试验荷载作用下，挠度校验系数最大值 $\eta = 0.698$，混凝土应力校验系数最大值 $\eta = 0.76$，钢筋应力校验系数最大值为 0.75，均介于钢筋混凝土梁桥常见值 $\eta = 0.4 \sim 0.8$ 介于钢筋混凝土梁桥常见值 0.5～0.9，表明结构竖向刚度满足公路-II 级荷载的设计和使用要求；挠度相对残余变形最大值为 8.15%，残余变形较小，说明结构处于良好的弹性工作状态；桥梁检算和静载试验表明，该桥梁结构满足公路-II 级荷载的设计和使用要求。

5.4　拱桥结构检测实例

1. 工程概况

某中承式钢管混凝土系杆拱桥全长 586.24m。该桥桥型布置形式为 42m+156m+42m，如图 5.14 所示，主孔拱圈截面为钢管混凝土等截面桁式断面，矢跨比 1/4.5，拱轴系数 1.3；拱肋截面高 3.0m、宽 1.8m。全桥共有吊杆共 20 对，吊杆间距 5.2m；横梁采用预制预应力混凝土箱形梁，跨中箱高 1.66m，纵梁为 0.4m 高的钢筋混凝土槽形板；边孔为半跨 42m 拱形结构，采用变截面钢筋混凝土实心断面，其尺寸(2.0～3.0m)×2.0m（高×宽）。桥墩及基础为两个分离式实心钢筋混凝土结构，其间用预应力混凝土箱形墩顶系梁相连。设计荷载：汽车-超 20 级，验算荷载为挂车-120 级，人群荷载 3.5kN/m^2。

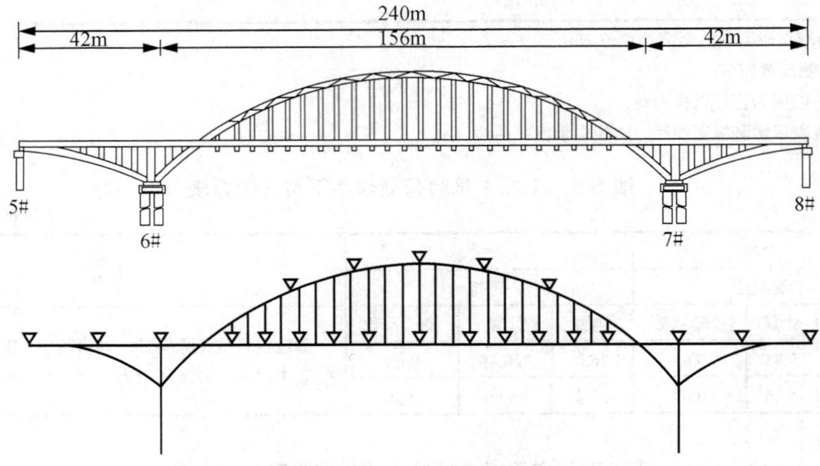

图 5.14　主桥桥型布置图及挠度测点布置图

2. 试验内容

该大桥结构检测的主要内容包括：主桥静载试验、超声法检查钢管拱内混凝土密实度、主桥动力试验、吊杆轴力检测。

3. 试验加载

根据《大跨径混凝土桥梁的试验方法》、静力试验荷载效率以及控制断面的设计弯矩值，确定选用 5 辆重车（每辆总重 550kN），其实际轴重和总重明细表见表 5.8。

表 5.8　加载车辆轴重明细表

编号	牌照号码	车型	前轴/kN	中后轴/kN	总重/kN
1	××××	重车	696	447.7	517.3

续表

编号	牌照号码	车型	前轴/kN	中后轴/kN	总重/kN
2	××××	重车	578	449.6	507.4
3	××××	重车	743	435.7	510.0
4	××××	重车	701	428.7	498.8
5	××××	重车	810	432.0	513.0

本次静载试验拟定如下几种工况：①按主拱拱顶正弯矩影响线布载；②按边拱拱脚负弯矩影响线布载；③按主拱拱脚负弯矩影响线布载；④按横梁跨中正弯矩影响线布载（图5.15）。

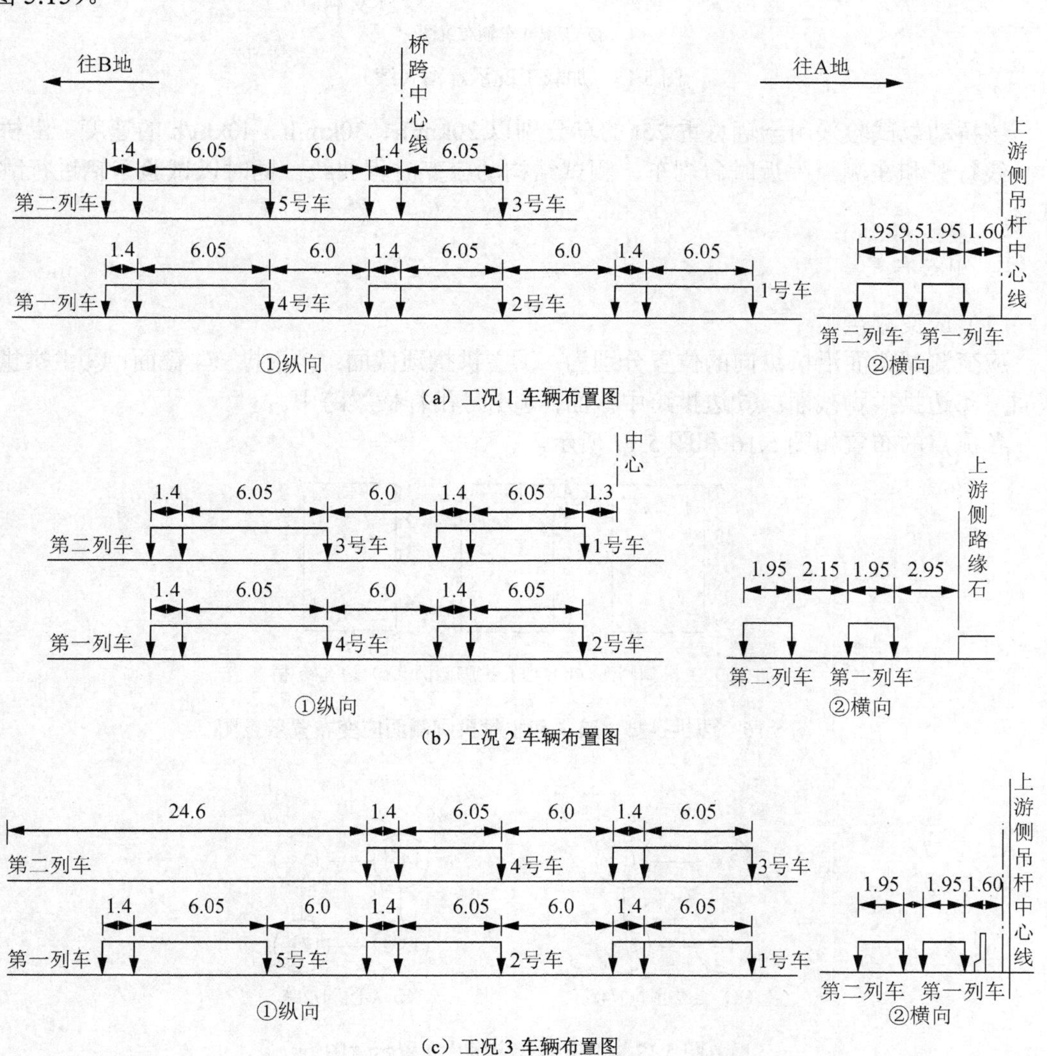

图5.15 加载工况示意图

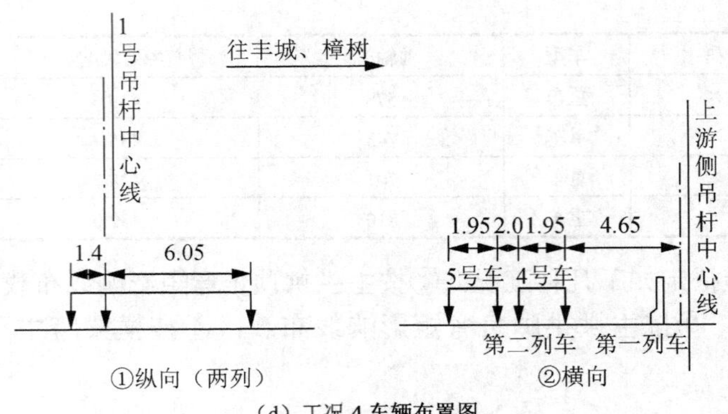

（d）工况 4 车辆布置图

图 5.15 加载工况示意图（续）

该桥动载试验采用一辆总重 25t 的车分别以 20km/h、30km/h、40km/h 的速度，沿桥面中心线行驶和在测点附近时急刹车，测试结构动应变时程曲线；同时以试验车辆进行跳车试验。

4. 测点布置

（1）应变测点

应变测试断面沿桥纵向的位置分别为：①主拱拱顶截面；②主拱 $L/4$ 截面；③主拱拱脚截面；④边拱拱脚截面；⑤边拱跨中截面；⑥1 号吊杆横梁跨中。

各测点的布置如图 5.16 和图 5.17 所示。

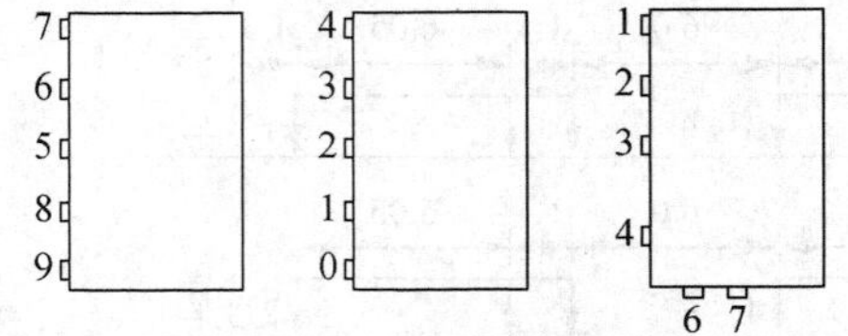

（a）主拱脚侧面 （b）边孔拱脚侧面 （c）边孔跨中

图 5.16 边拱拱脚、跨中和主拱拱脚侧面应变布置示意图

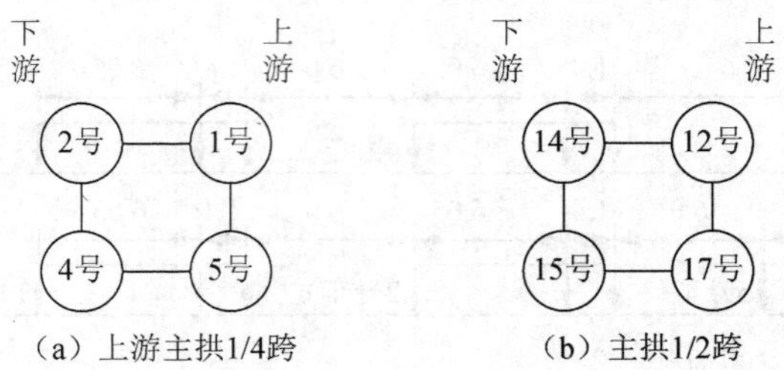

（a）上游主拱1/4跨 （b）主拱1/2跨

图 5.17 主拱钢管应变片布置示意图

（2）挠度测点

拱圈挠度测量断面为主拱的 1/4、3/8、1/2、5/8、3/4；桥面系挠度测点为两边拱端点、两边拱跨中、两主墩顶立柱处及主拱的 1#、3#、5#、7#、9#、12#、15#、17#、19#、21#、23#吊杆处，全桥共计挠度测点 22 个，如图 5.14 所示。

5. 试验测试结果与分析

（1）应变测试

拱圈应变。表5.9为各工况满载时各测试断面的应变实测值与理论值的比较表。从表中可以看出，各截面实测值一般均小于理论值，说明桥梁的实际刚度比理论刚度大；卸载后残余应变较小，说明结构弹性工作性能较好。

表5.9 满载时各截面的活载应变比较表（με）

位置＼项目		工况1			工况2			工况3		
		实测值	理论值	校验系数	实测值	理论值	校验系数	实测值	理论值	校验系数
主跨拱顶	上缘	0.128	0.145	0.882	0	0	1.00	13	25	0.52
	下缘	70	98	0.714	1	1	1.00	0.1	0.1	1.00
主跨拱脚	上缘	0.20	0.52	0.385	1	1	1.00	129	135	0.956
	下缘	25	31	0.806	0.1	0.1	1.00	0.151	0.151	1.00
边跨拱脚	上缘	0.5	0.6	0.833	57	65	0.877	2	2	1.00
	下缘	1	6	0.167	0.50	0.71	0.704	32	42	0.762
边跨跨中	上缘	0.3	0.3	1.00	0.46	0.68	0.676	1	1	1.00
	下缘	2	3	0.667	53	65	0.815	0.1	0.1	1.00

注：应变值以受拉为正，受压为负。

（2）挠度测试

表5.10为各工况满载时拱圈挠度的实测和理论值比较图表，实测和理论计算所得的挠度曲线两者吻合较好，实测值一般小于理论值，校验系数均小于1.05；满载时桥面系挠度的实测值与理论值比较表，两者也吻合较好，实测值一般小于理论值，校验系数均小于1.05。

表5.10 满载时拱圈挠度比较表

点号＼项目	工况1			工况2			工况3		
	实测值	理论值	校验系数	实测值	理论值	校验系数	实测值	理论值	校验系数
1	0	0	1.00	0	0	1.00	0	0	1.00
2	0.1	0.1	1.00	0.6	0.7	0.857	0	0	1.00
3	0	0	1.00	0	0	1.00	0	0	1.00
4	0.1	0.2	0.50	0	0	1.00	0.23	0.32	0.719
5	0.18	0.23	0.783	0	0	1.00	0.17	0.17	1.00
6	0.24	0.30	0.80	0	0	1.00	5	5	1.00
7	0.15	0.15	1.00	0	0	1.00	17	19	0.895
8	7	7	1.00	0	0	1.00	18	20	0.90
9	0	0	1.00	0	0	1.00	0	0	1.00
10	0.2	0.2	1.00	0	0	1.00	0.1	0.1	1.00
11	0	0	1.00	0	0	1.00	0	0	1.00

注：挠度变形以向下为负，向上为正。

由此可见，该桥实际刚度比理论刚度大；同时卸载后残余变形较小，说明结构在弹性范围内工作。

（3）吊杆轴力测试

经测试，在恒载及各工况荷载作用下各吊杆轴力均符合设计要求。

（4）裂缝观测情况

经检查，每个边拱拱脚负弯矩区域在加载前均存在一条 0.2mm 宽的裂缝。经初步调查分析，裂缝的产生的可能是支架下沉或在某个工况系杆张拉力偏小造成的。在边拱最大负弯矩布载时，裂缝有扩展迹象。

（5）动力特性测试

表 5.11 列出了结构前 5 阶振动频率的理论与实测值以及相应的阻尼比，由表可见，实测各阶振动频率均高于相应振型的理论计算值，表明结构刚度比理论刚度大（图 5.18）。

表 5.11　前 5 阶振动的振型及频率比较表

编号	振型	实测值	计算值
1	面外正对称	0.75	0.71
2	拱、桥反向振动	0.83	0.79
3	面内反对称	0.89	0.85
4	面外反对称	0.96	0.93
5	面内正对称	1.09	1.01

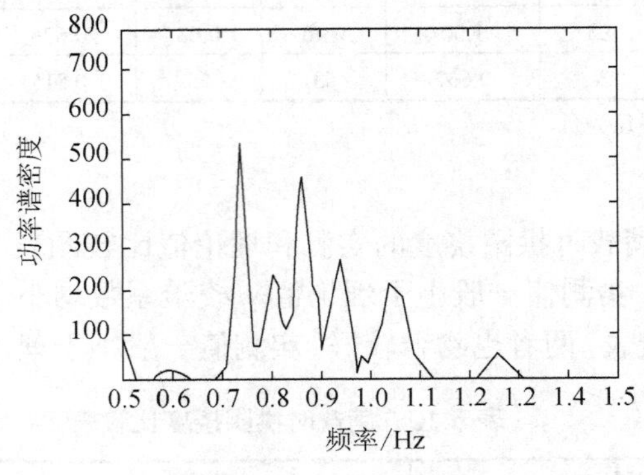

图 5.18　频谱分析图

6. 承载能力分析

静载试验加载时，测得的拱圈最大挠度、桥面系最大挠度、各测点最大应变均小于理论值；挠曲线形状与理论挠曲线形状较为接近；卸载后的残余变形较小；结构前 5 阶振型的实测频率均高于计算值；综合表明桥梁结构的实际刚度大于理论计算时的取值，整体刚度较大，结构处于弹性范围内工作。

5.5　连续梁桥结构检测实例

1. 工程概况

某连续梁桥，桥梁纵断面为 75m+3×130m+75m，主桥全宽 24.5m。桥梁设计荷载为汽车超-120，验算荷载为挂车-120 级，人群荷载为 3.5kN/m^2。结构采用单箱室箱梁，箱梁混凝土标号 C50，墩顶箱梁高度为 7.0m，跨中高度 2.5m，梁高在纵桥向按 1.8 次抛物线变化，桥型布置图及跨中和支点横截面如图 5.19 和图 5.20 所示。

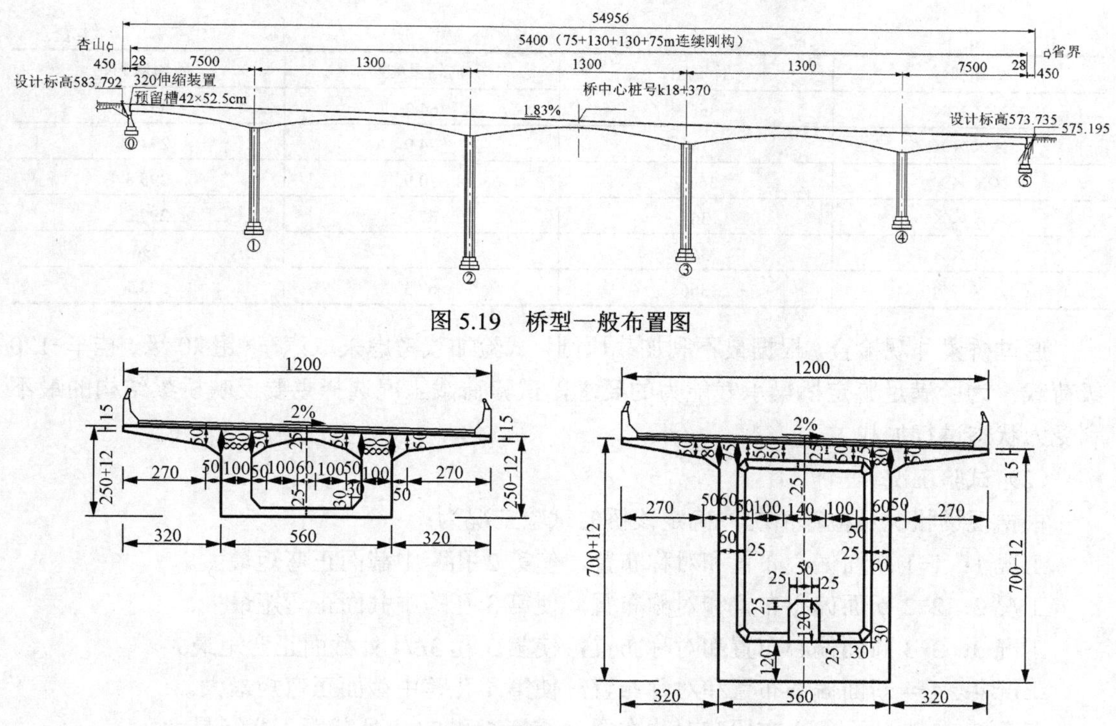

图 5.19　桥型一般布置图

图 5.20　箱梁跨中及墩顶横断面图

2. 试验内容

主跨跨中截面最大正弯矩的应变及挠度测试；主跨 3/4 处截面正弯矩的应变测试；墩顶截面最大负弯矩及应变测试；梁端截面最大剪力及应变测试；墩底墩柱截面最大负弯矩及应变测试等内容。结构振动的对数衰减率 δ 与阻尼比 ζ ；结构的固有频率 f_0；不同运行速度时的冲击系数 μ 。

3. 试验加载

（1）试验车辆的确定

按最不利位置布载，保证荷载试验效率 $\eta \geqslant 95\%$ 的条件下，按最不利位置布载，先采用两辆载重汽车作为试验荷载进行预加载，试验共用 12 台载重车，经称重计量后，按不同工况进行试验布载。模拟汽车超-120，挂车-120 级荷载标准进行中载和偏载试验。每次加载稳定一段时间后，采集各测点数据。各台车辆见表 5.12 所示。

表 5.12　现场试验加载车辆配重表

车辆牌号	总重/kN	前轴重/kN	后轴重/kN
××××	374.9	74.2	300.7
××××	365	95.3	269.7
××××	365.9	87.3	278.6
××××	381.3	75.1	306.2
××××	370.5	56.9	313.6
××××	365.5	87	278.5

续表

车辆牌号	总重/kN	前轴重/kN	后轴重/kN
××××	366.3	64.2	302.1
××××	369	74.9	294.1
××××	366.7	70.9	295.8
××××	367	67.8	299.2
××××	367	71	296
××××	366	67.3	298.7

通过桥梁外观检查，根据最不利加载原则，试验加载考虑采取汽车-超 20 级、挂车-120 级荷载，为了满足鉴定桥梁承载能力的要求，试验荷载工况选择主要反映桥梁结构的最不利受力状态进行加载。

（2）试验工况

根据现场状况及检算情况，确定该桥的试验工况为：

工况 1：1-1 断面偏心布置和对称布置，使第 2 孔跨中截面正弯矩最大。

工况 2：2-2 断面偏心布置和对称布置，使第 3 孔跨中截面正弯矩最大。

工况 3：3-3 断面偏心布置和对称布置，使第 3 孔 3*L*/4 处截面正弯矩最大。

工况 4：4-4 断面偏心布置和对称布置，使第 4 孔跨中截面正弯矩最大。

工况 5：5-5 断面偏心布置和对称布置，使第 5 孔 3*L*/4 处截面正弯矩最大。

工况 6：6-6 断面偏心布置和对称布置，使第 2#墩墩顶截面负弯矩最大。

工况 7：7-7 断面偏心布置和对称布置，使第 5 孔梁端截面支点剪力最大。

工况 8：8-8 断面偏心布置和对称布置，使第 2#墩墩底墩柱截面负弯矩最大。

偏心加载布置如图 5.21 所示。

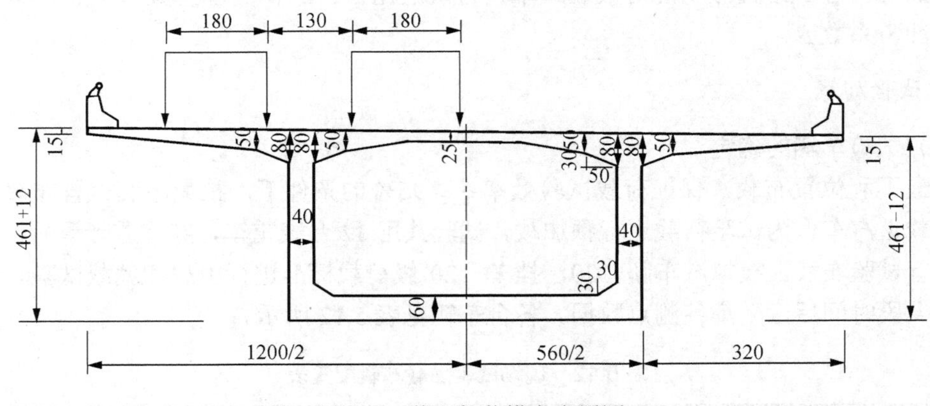

图 5.21 偏心加载横向布置图

对称加载布置如图 5.22 所示。

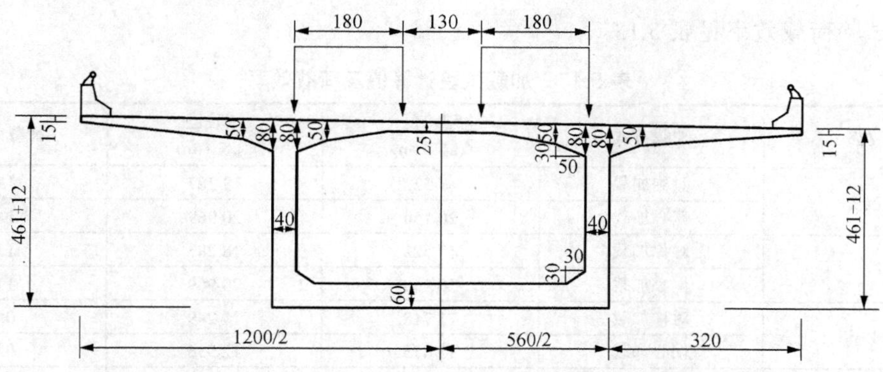

图 5.22　对称加载横向布置图

4. 测点布置

测试截面：选定第 2 孔、第 3 孔、第 3 孔 $3L/4$ 跨处截面、第 4 孔跨中截面、第 5 孔 $3L/4$ 跨处截面、第 2#墩墩顶处截面、第 5 孔梁端截面和第 2#墩墩底墩柱截面作为测试截面。以跨中测试截面应变测点布置为例，如图 5.23 所示。

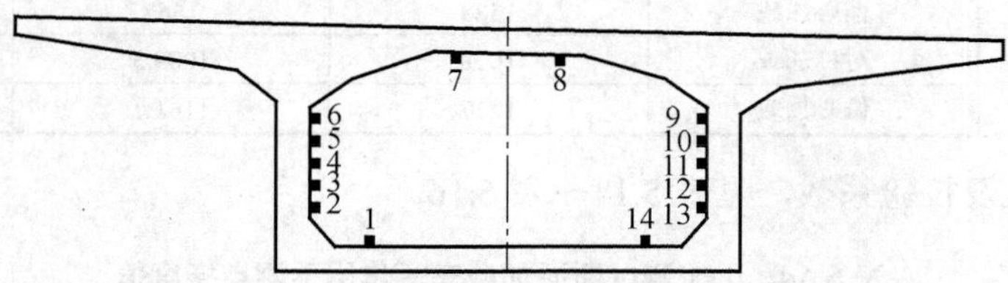

图 5.23　跨中测试截面应变测点布置图

墩顶测试截面应变测点布置如图 5.24 所示。

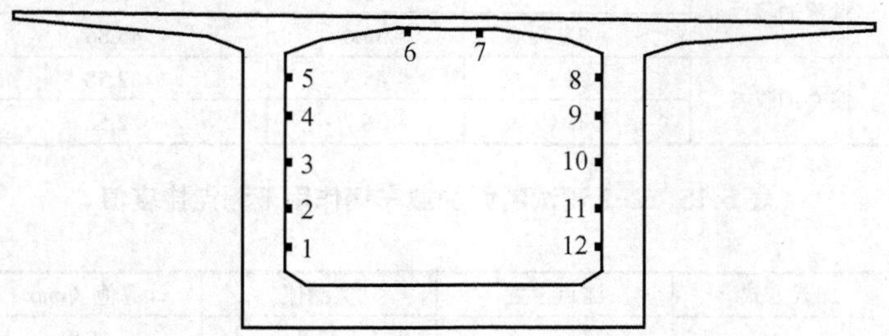

图 5.24　墩顶测试截面应变测点布置图

梁端测试截面应变测点布置如图 5.25 所示。

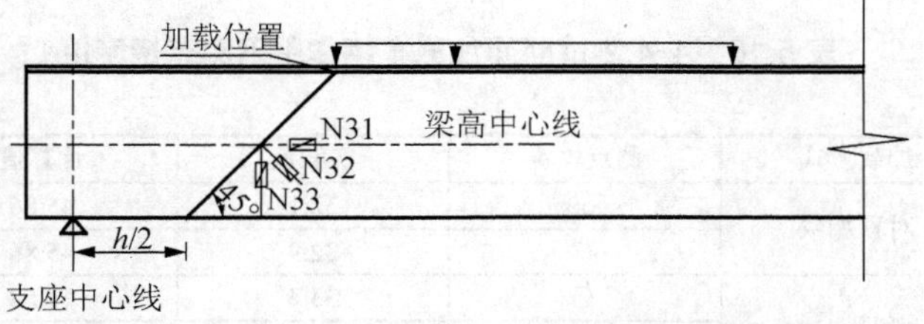

图 5.25　第 5 孔梁端最大剪力应变测点布置图

5. 试验结果与分析

1）试验荷载效率见表 5.13。

表 5.13　加载试验计算值及荷载效率

工况	加载方式	理论值 /(kN · m)	试验值 /(kN · m)	荷载效率 η
工况 1	对称加载	17 522	18 287	1.04
	偏心加载	20 150	20 969	1.04
工况 2	对称加载	17 522	18 287	1.04
	偏心加载	20 150	20 969	1.04
工况 3	对称加载	11 718	11 249	0.96
	偏心加载	13 475	12 936	0.96
工况 4	对称加载	17 522	18 287	1.04
	偏心加载	20 150	20 969	1.04
工况 5	对称加载	11 718	11 249	0.96
	偏心加载	13 475	12 936	0.96
工况 6	对称加载	56 473	53 746	0.95
	偏心加载	64 945	61 630	0.95
工况 7	对称加载	1381	1450	1.05
	偏心加载	1588	1667	1.05
工况 8	对称加载	1058	1009.3	0.95
	偏心加载	1217	1161.1	0.95

2）挠度测量及校验系数，见表 5.14～表 5.16。

表 5.14　1-1 测试断面加载车辆作用下测点挠度值

（单位：mm）

测试断面	加载方式	测点位置	实测值	计算值（max）	校验系数
1.1	对称加载	左	35.3	45.86	0.77
		右	36.6	45.86	0.80
	偏心加载	左	35.3	52.58	0.67
		右	36.7	52.58	0.70

表 5.15　2-2 测试断面加载车辆作用下测点挠度值

（单位：mm）

测试断面	加载方式	测点位置	实测值	计算值（max）	校验系数
2.2	对称加载	左	33.8	45.86	0.74
		右	26.0	45.86	0.57
	偏心加载	左	34.3	52.58	0.65
		右	24.0	52.58	0.46

表 5.16　4-4 测试断面加载车辆作用下测点挠度值

（单位：mm）

测试断面	加载方式	测点位置	实测值	计算值	校验系数
4.4	对称加载	左	32.1	45.86	0.70
		右	32.9	45.86	0.72
	偏心加载	左	33.2	52.58	0.63
		右	33.4	52.58	0.64

3）应变测量及校验系数，见表5.17～表5.19。

表5.17 1-1测试断面加载车辆作用下主要测点混凝土应变值

（单位：με）

测试断面	测点编号	中载			偏载		
		实测值	计算值	校验系数	实测值	计算值	校验系数
1.1	1#	103.1	107.5	0.96	126.6	123.2	1.03
	2#	76.1	75.5	1.01	86.1	87.6	0.98
	3#	53.9	55.6	0.97	64.8	65.5	0.99
	4#	32.9	35.8	0.92	42.8	43.4	0.99
	5#	15.3	15.9	0.96	20.3	21.3	0.95
	6#	4.0	0.4	1.00	0.8	0.8	1.00
	7#	46.1	0.48	0.96	46.1	49.5	0.93
	8#	45.2	0.48	0.94	47.2	49.5	0.95
	9#	4.0	0.4	1.00	0.8	0.8	1.00
	10#	15.0	15.9	0.94	20.6	21.3	0.97
	11#	34.9	35.8	0.98	42.0	43.4	0.97
	12#	53.2	55.6	0.96	63.3	65.5	0.97
	13#	72.2	75.5	0.96	87.5	87.6	1.00
	14#	105.6	107.5	0.98	121.1	123.2	0.98

注：混凝土拉应力为正，压应力为负。

表5.18 2-2测试断面加载车辆作用下主要测点混凝土应变值

（单位：με）

测试断面	测点编号	中载			偏载		
		实测值	计算值	校验系数	实测值	计算值	校验系数
2.2	1#	105	107.5	0.98	125	123.2	1.01
	2#	75	75.5	0.99	85	87.6	0.97
	3#	55	55.6	0.99	65	65.5	0.99
	4#	35	35.8	0.98	43	43.4	0.99
	5#	15	15.9	0.94	20	21.3	0.94
	6#	4	4	1.00	0	0.8	0.00
	7#	45	48	0.94	49	49.5	0.99
	8#	45	48	0.94	45	49.5	0.91
	9#	4	4	1.00	—	—	—
	10#	15	15.9	0.94	20	21.3	0.94
	11#	35	35.8	0.98	43	43.4	0.98
	12#	55	55.6	0.99	64	65.5	0. 98
	13#	70	75.5	0.93	85	87.6	0.97
	14#	110	107.5	1.02	120	123.2	0.97

注：混凝土拉应力为正，压应力为负。

表 5.19　4-4 测试断面加载车辆作用下主要测点混凝土应变值

（单位：με）

测试断面	测点编号	中载			偏载		
		实测值	计算值	校验系数	实测值	计算值	校验系数
4.4	1#	100	107.5	0.93	120	123.2	0.97
	2#	75	75.5	0.99	87	87.6	0.99
	3#	50	55.6	0.90	65	65.5	0.99
	4#	35	35.8	0.98	40	43.4	0.92
	5#	15	15.9	0.94	20	21.3	0.94
	6#	0.4	0.4	1.00	0	0.8	0.00
	7#	0.48	0.48	1.00	0.45	49.5	0.91
	8#	0.48	0.48	1.00	0.45	49.5	0.91
	9#	0.4	0.4	1.00	0	0.8	0.00
	10#	15	15.9	0.94	20	21.3	0.94
	11#	35	35.8	0.98	43	43.4	0.99
	12#	55	55.6	0.99	65	65.5	0.99
	13#	75	75.5	0.99	87	87.6	0.99
	14#	105	107.5	0.98	125	123.2	1.01

注：混凝土拉应力为正，压应力为负。

应变试验结果分析：从表中测试数据可以得出，在试验荷载作用下第 2 孔跨中正弯矩加载应变校验系数范围为 0.92～1.03，最大值为 1.03；第 3 孔跨中正弯矩加载应变校验系数范围为 0.91～1.02，最大值为 1.02；第 3 孔 3*L*/4 正弯矩加载应变校验系数范围为 0.89～1.08，最大值为 1.08；第 4 孔跨中正弯矩加载应变校验系数范围为 0.90～1.01，最大值为 1.01；第 5 孔 3L/4 正弯矩加载应变校验系数范围为 0.92～1.03，最大值为 1.03；在试验荷载作用下第 2 墩顶最大负弯矩加载应变校验系数范围为 0.78～0.96，最大值为 0.96；以上数据大部分大于 1.0 或接近于 1.0，超出了预应力混凝土桥常见应变（或应力）校验系数常值 0.50～0.90 范围。这表明该桥上部结构正截面抗拉强度已不能满足汽车-超 20 级、挂车-120 级荷载使用要求。

4）剪力测量及校验系数，见表 5.20 和表 5.21。

表 5.20　7.7 测试断面加载车辆作用下支点应变花计算值

实测应变值	单位/με	计算参数	单位/με	弹性模量 E	第一主应力 σ_1	0.31MPa
水平方向应变 ε_0	0	A	.5	34500MPa	第二主应力 σ_2	0.74MPa
竖直方向应变 ε_{90}	10	B	5	泊松比	最大剪力 τ_{max}	0.52 MPa
45° 方向应变 ε_{45}	12.5	C	17.5	0.2	主应力方向角 θ	37.03°

表 5.21　支点应变花校验系数表

（单位：MPa）

项目	实测值	理论值	校验系数
主拉应力	0.31	1.02	0.30
主压应力	0.74	1.08	0.68

应变试验结果分析：在试验荷载作用第 5 孔梁端处截面剪力校验系数为 0.68，未超出

预应力混凝土桥常见应变（或应力）校验系数常值 0.50～0.90 范围，并且小于 1.0，这说明第 5 孔梁端处截面抗剪强度可满足汽车-超 20 级、挂车-120 级荷载使用要求。

6. 动载试验结果与分析

（1）桥梁结构主频的测定（图 5.26～图 5.28、表 5.22 和表 5.23）

对于一般桥梁结构，第一个固有频率即基频，对结构动力分析才是重要的。对于较复杂的动力分析问题，也仅需要前几阶固有频率，因而在实际测试中，一些低阶振型才有实际意义。

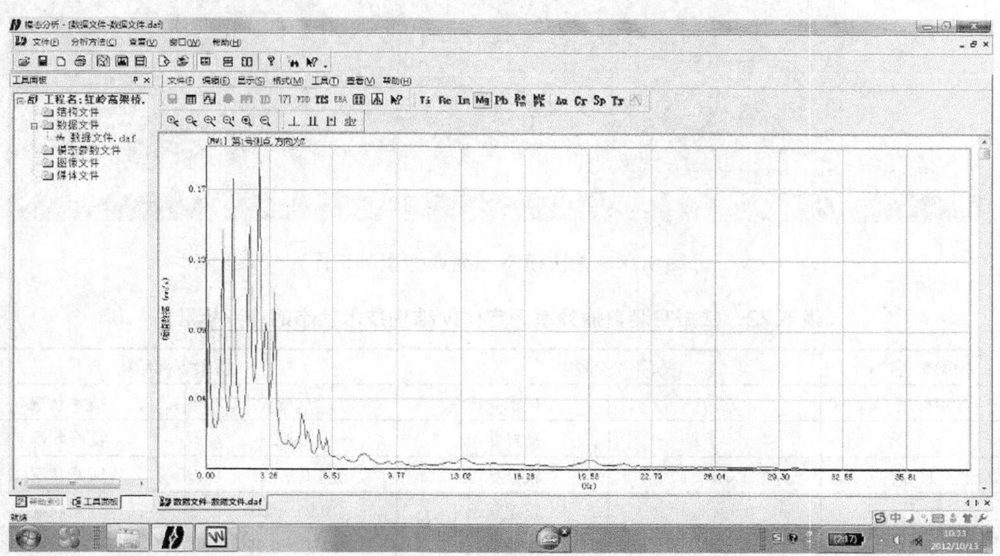

图 5.26　主桥一阶竖弯理论振型图

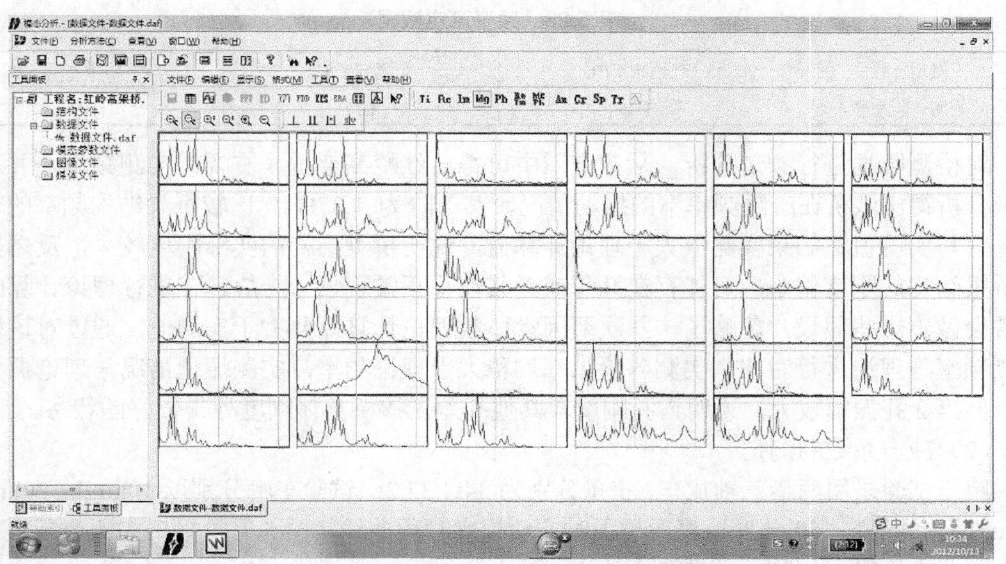

图 5.27　主桥模态振型频谱图

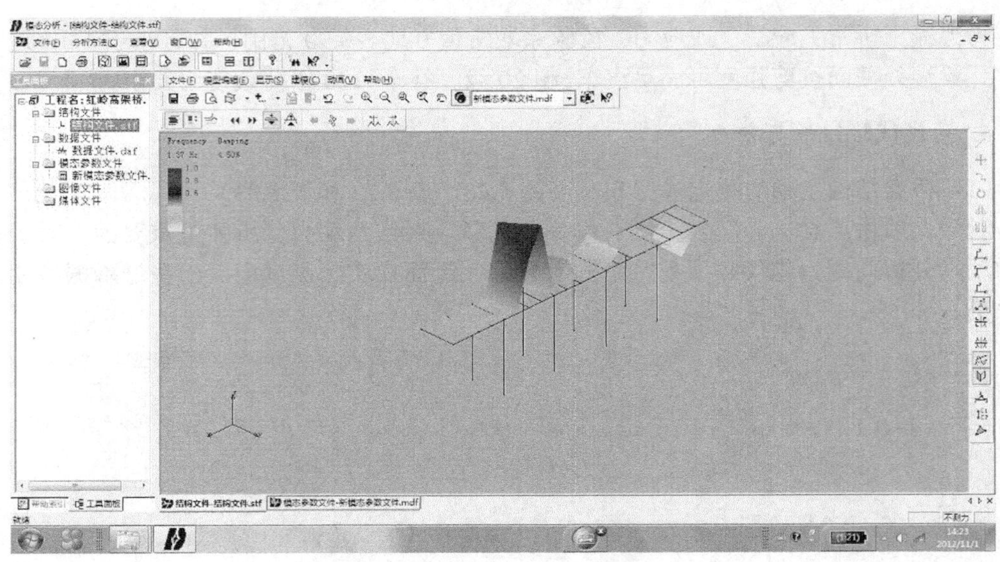

图 5.28　主桥模态各测点振型频谱图

表 5.22　根据实测自振频率测定桥梁结构技术状态的评判标准

桥梁部件	桥梁上部结构		桥梁下部结构	
评定标度	f_{mi}/f_{di}	技术状况	f_{mi}/f_{di}	技术状况
1	≥1.1	良好状况	≥1.2	良好状况
2	1.0～1.1	较好状况	1.0～1.2	较好状况
3	0.9 ～1.0	较差状况	0.95～1.0	较差状况
4	0.75～0.9	差的状况	0.80～0.95	差的状况
5	0.75 以下	危险状况	0.80 以下	危险状况

表 5.23　频率测定数据

振型特性	理论频率/Hz	实测频率/Hz	f_{mi}/f_{di}
竖向一阶频率	1.26	1.37	1.09

对检测数据进行频谱分析，从频谱图中可得出红岭高架桥（右幅）实测频率，并通过建模分析得出该桥在一阶频率下的振动情况，其一阶为 1.37Hz。比较桥梁结构频率的理论计算值与实测值，如果实测值大于理论计算值，说明桥梁结构的实际刚度较大，反之则说明桥梁结构的刚度偏小，可能存在开裂或者其他不正常现象。一般，在进行理论计算时，常常会做出一些假设，忽略了一些次要因素，故理论计算值要大于实测值。通过对该桥的实测频率与理论进行对比，实测各阶频率均稍大于理论频率，实测振型情况与理论振型相符，但第 2 孔振幅较大，说明该孔刚度较其他孔差，该桥整体刚度处于较好的状态。

（2）冲击系数的测定

跑车试验采用两辆三轴货车，重量分别为 34t、34.2t，试验车辆分别以 10km/h、20km/h、30km/h、40km/h、50km/h 速度通桥面时的动挠度时程曲线（图 5.9），根据实测数据，可得该桥的冲击系数为$1+\mu$，见表 5.24。

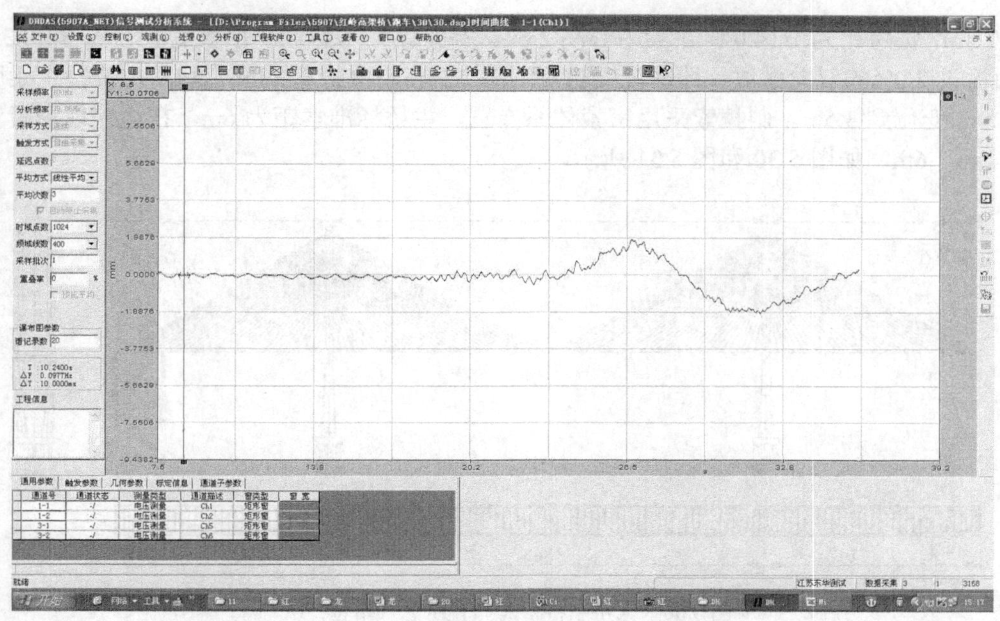

图 5.29 主跨跨中跑车 30km/h 时域图

表 5.24 主桥冲击系数测试表

类别	10km/h	20km/h	30km/h	40km/h	50km/h	60km/h
$1+\mu$ 实测值	1.28	1.40	1.02	1.17	1.09	1.05
$1+\mu$ 理论值	1.05	1.05	1.05	1.05	1.05	1.05

由上表数据可知，实测冲击系数介于 1.02～1.40，理论值为 1.05，根据动力冲击系数的实测值与理论值比较来评价桥梁结构的行车性能，说明汽车活载速度在 20km/h 冲击作用较大。

7. 承载能力评定

静载试验挠度数据表明，该桥上部结构在试验荷载作用下挠度校验系数在 0.46～0.80，最大值为 0.80，未超出预应力混凝土桥常见挠度校验系数常值 0.6～1.0，并且小于 1.0，这表明该桥上部结构刚度可满足汽车-超 20 级、挂车-120 级的使用要求，但安全储备较小。动力参数测定，实测频率大于理论频率，该桥动刚度较好，实测冲击系数介于 1.02～1.40，理论值为 1.05，根据动力冲击系数的实测值与理论值比较来评价桥梁结构的行车性能，说明汽车活载速度在 20km/h 冲击作用较大。

5.6 斜拉桥结构检测实例

1. 工程概况

某斜拉桥主桥长 766.00m，采用跨径组成为(43+147+386+147+43) m 的双塔双索面预应力混凝土斜拉桥。锚跨与主跨跨径之比为 0.4922，为了增加斜拉桥的整体刚度，两边跨各设一个辅助墩，将 190m 的边跨分成(43+147) m 两跨。主梁标准截面采用双主肋断面，全宽 27.5m，宽跨比为 1/14.04，主梁中心高 2.6m，高跨比为 1/148.5，顶板宽 23.5m，厚 0.30m，桥面板设 2.0%的双向横坡。标准段梁肋外侧高 2.33m，单肋宽 2.0m。边跨现浇段主梁肋宽由 2.0m 变化到 3.5m。斜拉索采用密索体系布置，主桥标准索距为 6m，在边跨现浇段索距为 4.5m、6m，如图 5.30 和图 5.31 所示。

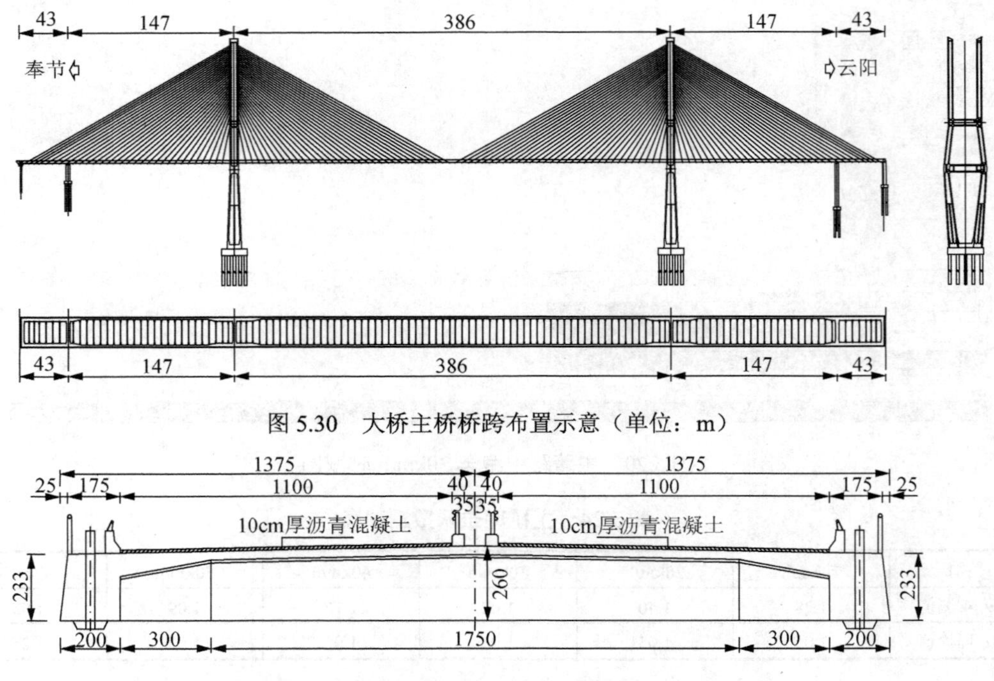

图 5.30　大桥主桥桥跨布置示意（单位：m）

图 5.31　主桥横断面布置示意（单位：cm）

2. 试验内容

1）静力荷载试验内容主要包括了如下试验参数的测设内容：①主梁控制截面的挠度；②主梁挠度沿纵桥向的分布；③索塔塔顶变位；④桥面板局部挠度；⑤主梁控制截面（部位）混凝土应力；⑥横梁混凝土应力；⑦桥面板混凝土局部应力；⑧索力增量明显的斜拉索索力增量。

2）动载试验内容主要包括了脉动试验、无障碍行车试验、紧急制动试验。测试大桥整体结构的振动特性参数，主要包括前 6 阶振动的频率、振型和阻尼比。无障碍行车试验及紧急制动试验主要测量车辆以不同车速驶过桥面时及在指定位置紧急制动工况下，主梁边跨和中跨跨中控制截面的动力响应。

3. 试验加载

（1）静力试验荷载确定原则

根据设计标准活荷载产生的该加载试验项目对应的控制截面内力最不利效应值，依据《公路桥梁承载能力检测评定标准》（JGT/T H21—2011）规定，来确定所需加载车辆的数量。

$$0.95 \leqslant \eta_q = \frac{S_s}{(1+\mu)S'} \leqslant 1.05$$

式中：η_q ——静力试验荷载效率；

S_s——静载试验荷载作用下，控制截面内力计算效应值；

S'——控制荷载作用下，控制截面最不利内力或变位计算值；

μ——计算取用的冲击系数。

（2）荷载试验项目及测试断面布置

为检验实际结构受力状况，根据理论计算的内力包络图，确定该桥荷载试验项目的测试断面（表5.25和图5.32）。

表5.25 主桥荷载试验项目表

序号	截面位置	截面编号	被检验构件	检验内容	测试参数	加载方式
1	中跨跨中截面	D	主梁	最大挠度、最大正弯矩	挠度及变形规律、混凝土应力、索力增量	对称加载偏心加载
2	云阳侧主塔顶部截面	M	主塔	最大偏位	纵向位移	对称加载偏心加载
3	云阳侧主塔与主梁交界附近截面	N	主塔	最大正弯矩	混凝土应力	对称加载偏心加载
4	云阳侧辅助墩附近截面	H	主梁	最大正弯矩	混凝土应力	对称加载偏心加载
5	中跨3/4L截面	E	主梁	最大正弯矩	混凝土应力、索力增量	对称加载偏心加载
6	主梁与云阳侧主塔交界附近截面	F	主梁	最大负弯矩	混凝土应力	偏心加载
7	奉节侧次边跨跨中截面	C	主梁	最大挠度、最大正弯矩	挠度及变形规律、混凝土应力、索力增量	对称加载偏心加载
8	云阳侧次边跨3/4L截面	G	主梁	最大挠度、最大正弯矩	挠度及变形规律、混凝土应力、索力增量	偏心加载
9	奉节侧辅助墩附近截面	B	主梁	最大负弯矩	混凝土应力	对称加载偏心加载
10	奉节侧边跨跨中截面	A	主梁	最大挠度、最大正弯矩、最大负弯矩	挠度及变形规律、混凝土应力、索力增量	对称加载偏心加载
11	A截面附近桥面板	—	桥面板	最大拉应力、最大挠度	挠度、混凝土应力	对称加载
12	E截面、G截面附近标准横梁	—	横梁	最大正弯矩	混凝土应力	对称加载

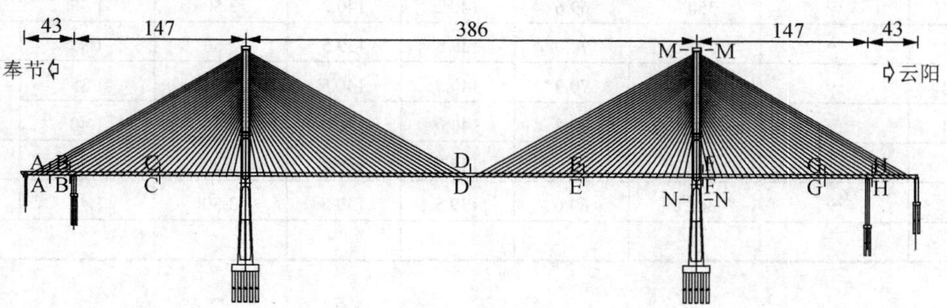

图5.32 主桥测试断面布置示意图（单位：cm）

（3）加载方式及试验加载车参数

1）试验加载车参数。本次试验采用 20 辆单辆车总荷载为 350kN 的三轴重载汽车进行加载。

① 试验加载车示意图如图 5.33 所示。

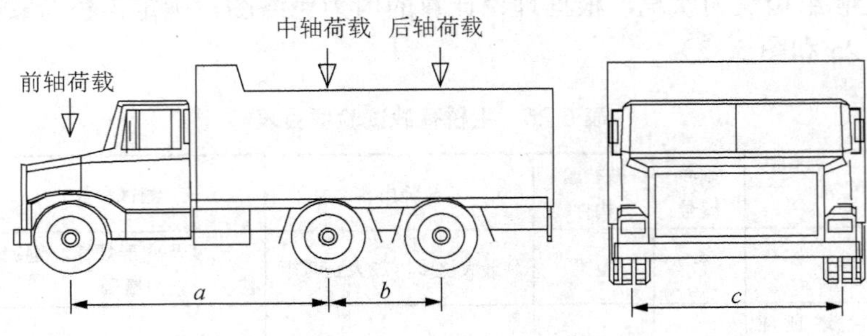

图 5.33　试验加载车示意图

② 试验加载车的理想参数分别为：单辆车总荷载为 350kN，前轴荷载 70kN，中轴和后轴荷载均为 140kN。

③ 称重办法：每辆车共称量 3 次。第一次，先将试验车往前慢慢行驶上地磅，至前轴完全作用在地磅上（中轴和后轴作用在地面上），进行称量，测出前轴的荷载；第二次，再将试验车往前慢慢行驶，使整个车辆的三个轴均完全作用在地磅上，进行称量，测出总的轴荷载；第三次，将试验车往前慢慢驶离地磅，至前轴和中轴完全作用在地面上，仅留下后轴作用在地磅上，进行称量，测出后轴的轴荷载；宣告称重完毕。根据前轴荷载、总荷载及后轴荷载，计算中轴荷载。

④ 试验前，测量每辆试验加载车的轮距（c）和轴距（a 和 b），精确到 cm；根据试验车参数对每辆试验车进行编号；并填写试验加载车参数表，见表 5.26。

表 5.26　试验加载车参数表

车辆编号	车牌号	总轴荷载/kN	各轴轴荷载/kN			轴距/m		轮距 c/m
			前轴荷载	中轴荷载	后轴荷载	前-中轴轴距 a	中-后轴轴距 b	
SYC1	…	350.0	69.6	140.2	140.2	3.50	1.35	1.80
SYC2	…	349.0	70.0	139.5	139.5	3.50	1.35	1.80
SYC3	…	351.9	70.9	140.5	140.5	3.50	1.35	1.80
SYC4	…	349.8	69.8	140.0	140.0	3.50	1.40	1.80
SYC5	…	349.9	70.1	139.9	139.9	3.50	1.40	1.80
SYC6	…	348.0	69.0	139.5	139.5	3.50	1.40	1.80
⋮								

2）试验荷载布置示意图（图 5.34 和图 5.35）。

附图1-1　工况1试验荷载布置

加载工况：1

加载位置：

备注：

观测项目	试验荷载效应	
主梁中跨跨中截面最大正弯矩、最大竖向位移效应（中载）	设计计算值/(kN×m)	26349
	试验计算值/(kN×m)	25199
	试验荷载效率（η）	0.956

分级加载	加载车编号	累计荷载效率
1-1	1+2+3+4	约11%
1-2	5+6+7+8	约52%
1-3	9+12	约72%
1-4	10+11	约91%
1-5	13+14+15+16	100%
加载车总数	16辆	

加载车辆技术参数

注：1、试验加载车选用三轴载重车；
2、试验加载车单辆总重约350kN

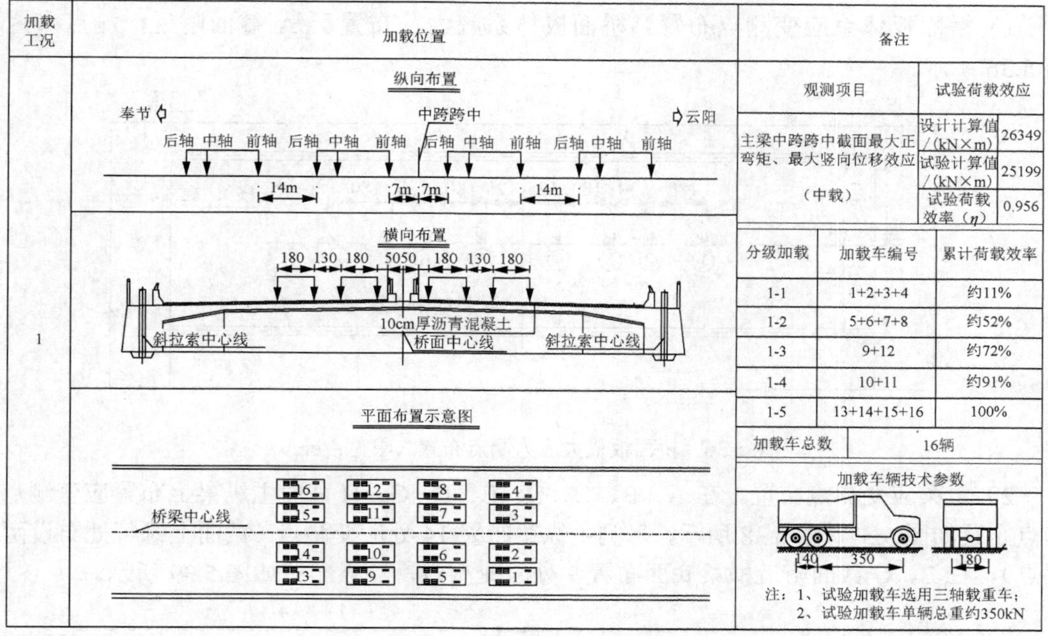

图 5.34　工况 1 对称加载布置示意图

附图1-2　工况2试验荷载布置

加载工况：2

加载位置：

备注：

观测项目	试验荷载效应	
主梁中跨跨中截面最大正弯矩、最大竖向位移效应（偏载）	设计计算值（kN×m）	26349
	试验计算值（kN×m）	25199
	试验荷载效率（η）	0.956

分级加载	加载车编号	累计荷载效率
1-1	1+2+3+4	约11%
1-2	5+6+7+8	约52%
1-3	9+12	约72%
1-4	10+11	约91%
1-5	13+14+15+16	100%
加载车总数	16辆	

加载车辆技术参数

注：1、试验加载车选用三轴载重车；
2、试验加载车单辆总重约350kN

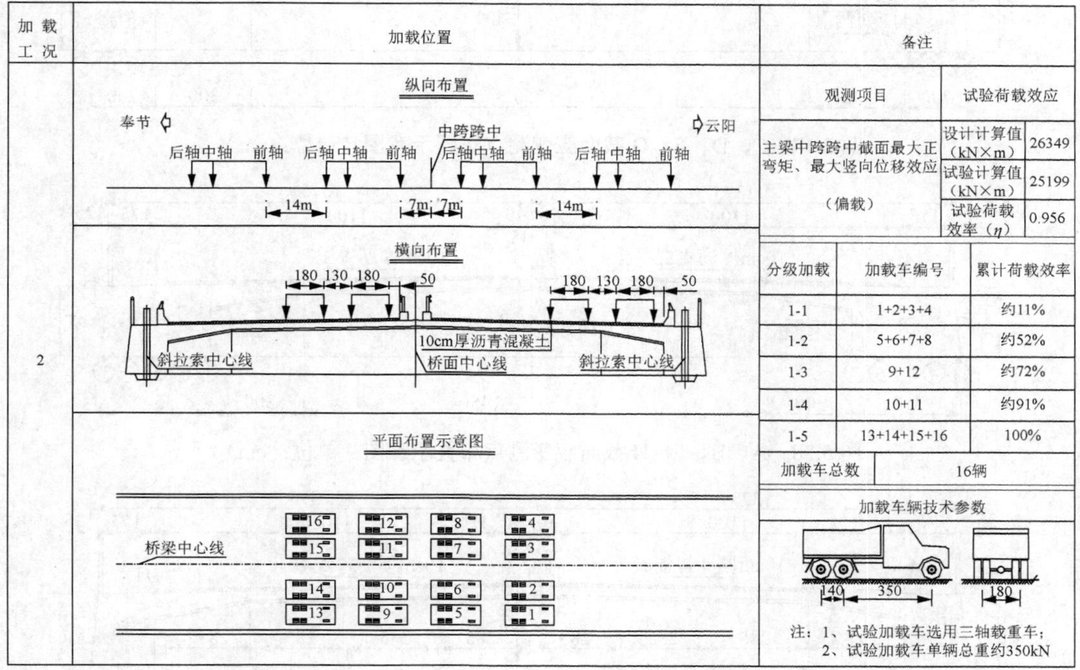

图 5.35　工况 2 偏心加载布置示意图

4. 测点布置

（1）静载试验

1）桥面板体系应变测点布置。桥面板体系应力，布置于 A 截面附近，测点布置如图 5.36 所示。

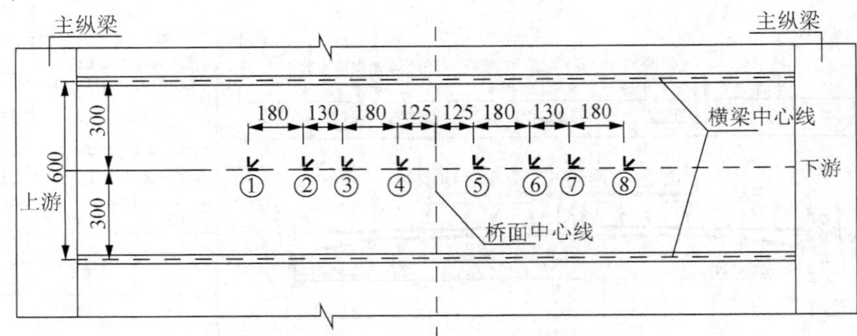

图 5.36　桥面板最大应力测点布置（单位：cm）

2）主梁应变测点布置。在 A、B、C、D、E、F、G、H 截面主纵梁上布置应变测点，测点布置如图 5.37、图 5.38 所示，每侧主纵梁布置 14 处应变测点（截面上缘每处布设两个测点）。在 E、G 截面附近横梁底面布置 9 处应变测点，测点布置如图 5.39 所示。

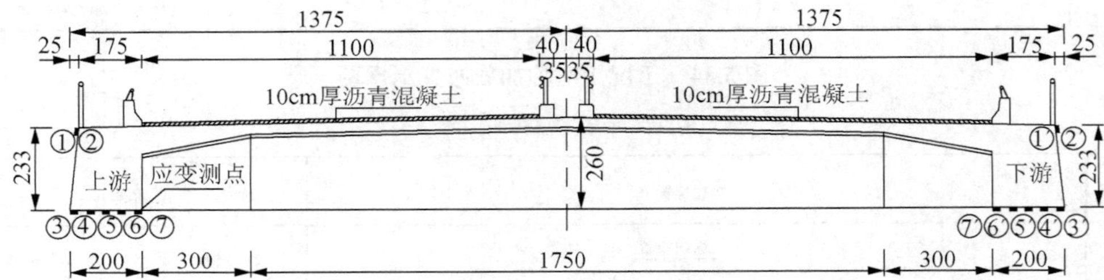

图 5.37　C、D、E、G 截面应变测点布置示意图（单位：cm）

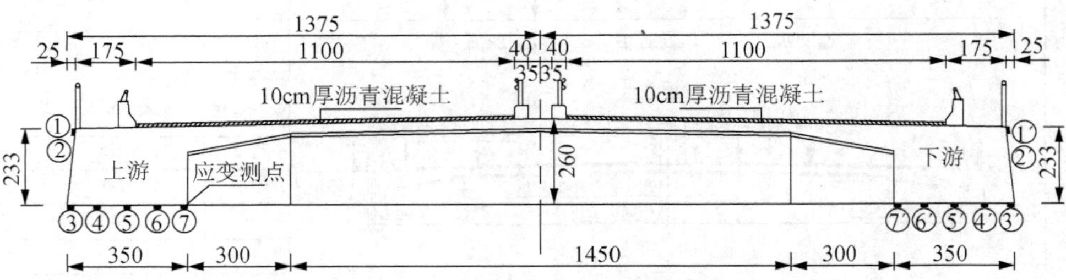

图 5.38　A、B、F、H 截面应变测点布置示意图（单位：cm）

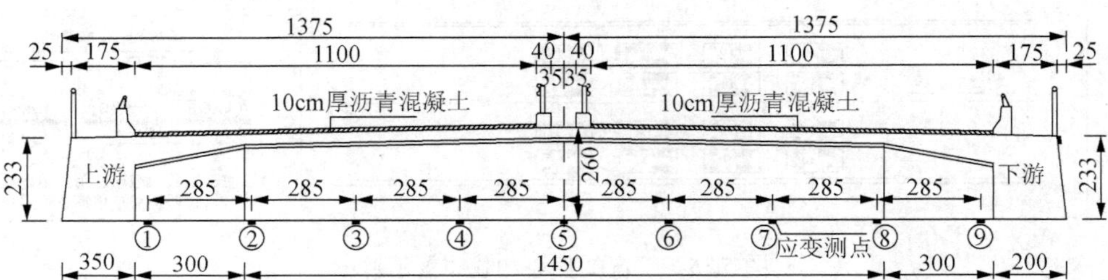

图 5.39　横梁截面应变测点布置示意图（单位：cm）

3）主塔应变测点布置。云阳侧主塔塔身应力测试控制截面设在桥面以上约 1m 位置塔柱对应截面，断面和测点布置分如图 5.40 所示。

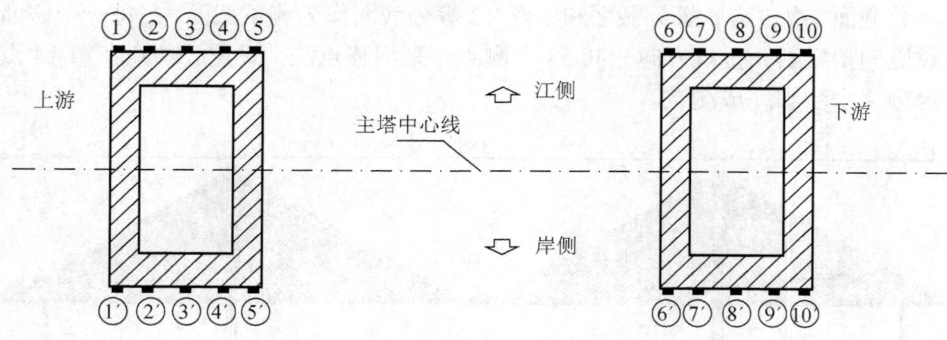

图 5.40 主塔应变测点布置示意图

4）进行索力增量测试的斜拉索选择。各试验工况作用下，索力增量明显的斜拉索索力增量测试，对应的斜拉索见表 5.27。

表 5.27 进行索力增量测试的斜拉索选择

序号	试验内容及工况	索力增量测试的斜拉索编号
1	中跨跨中截面，主梁最大挠度工况	云阳侧 J28、J29、J30、J31 斜拉索
2	主塔最大纵向偏位工况	云阳侧 J20、J21、J22、J23 、A28、A29、A30、A31 斜拉索
3	中跨 3*L*/4 截面主梁最大正弯矩工况	云阳侧 J13、J14、J15、J16 斜拉索
4	奉节侧次边跨跨中截面，主梁最大正弯矩工况	奉节侧 A11、A12、A13、A14 斜拉索
5	云阳侧次边跨 3L/4 截面，主梁最大正弯矩工况	云阳侧 A12、A13、A14、A15 斜拉索

5）桥面板局部加载挠度测点布置。在如图 5.36 所示应变花对应位置附近布设，共布设 8 个挠度测点。

6）主梁挠度测点布置。主梁挠度测点布置在边跨 A2、A5、A8、A12、A15、A18、A21、A27 斜拉索对应截面；中跨 J3、J7、J11、J15、J19、J23、J27、J29 斜拉索对应截面；中跨跨中截面，梁端支点截面，主塔主梁交界处截面，主梁与辅助墩交界处截面；全桥共计 39 个截面，每一截面的测点均布置在主梁上、下游两侧防撞墙上和中央分隔带靠近护栏约 20cm 的桥面上，全桥共布置 3 条测线、117 个测点，如图 5.41 所示。

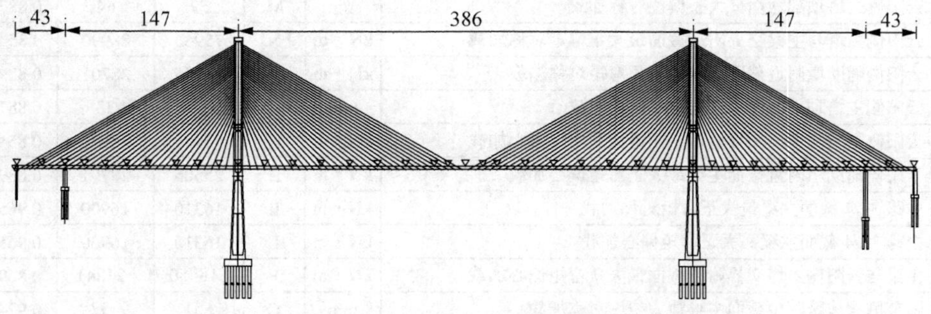

图 5.41 主梁纵向竖向变形测点布置

7）主塔塔顶纵向水平位移测点布置在**侧主塔顶部，在上下游各布设 1 个测点。

（2）动载试验

1）脉动试验测点。脉动试验测点布置如图 5.42 所示。主梁测点选择在各跨支点截面、边跨 2 等分截面、次边跨 6 等分截面和中跨 12 等分截面作为测试截面。在每一个截面的上、下游布设竖向拾振器。垂直方向一共 58 个测点，采用移点法，设置公共点在第 14 点位置，使用 8 台分 9 个步骤完成测试。

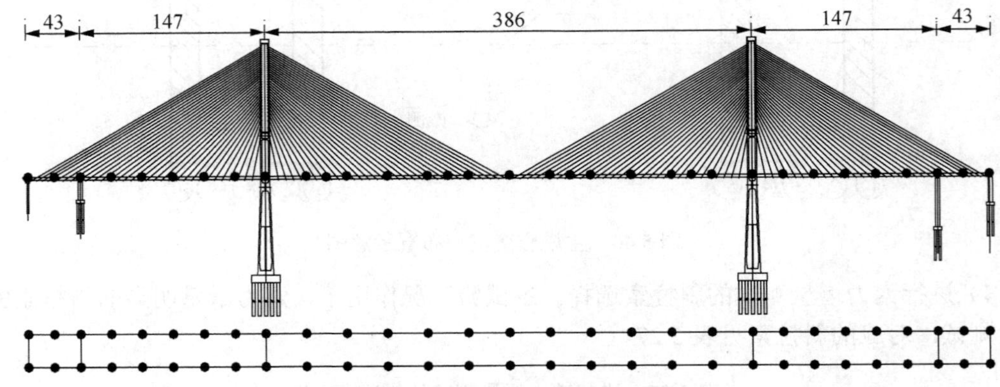

图 5.42 脉动试验主梁测点布置示意图

2）无障碍行车试验和制动试验测点。动应变测点布设在测试中跨跨中截面和侧次边跨跨中截面，布置在上下游侧的纵梁底面上，主跨每个截面每侧布设 2 个测点。

5. 试验结果与分析

（1）试验荷载效率

主桥加载工况及各工况荷载效率分别如表 5.28 所示。

表 5.28 加载荷载效率计算表

加载工况	加载项目	单位	对应截面	试验计算值	理论计算值	荷载效率	加载车数
1	中跨跨中截面主梁最大挠度对称加载	mm	D	−159	−181	0.878	16
	中跨跨中截面主梁最大正弯矩对称加载	kN · m	D	25199	26349	0.956	16
2	中跨跨中截面主梁最大挠度偏心加载	mm	D	−182	−207	0.878	16
	中跨跨中截面主梁最大正弯矩偏心加载	kN · m	D	25199	26349	0.956	16
3	云阳侧主塔顶部截面最大正偏位对称加载	mm	M	57	64	0.887	20
	云阳侧主塔与主梁交界附近截面最大正弯矩对称加载	kN · m	N	75966	88990	0.854	20
	云阳侧辅助墩附近截面主梁最大正弯矩对称加载	kN · m	H	25505	28701	0.889	20
4	云阳侧主塔顶部截面最大正偏位偏心加载	mm	M	65	73	0.887	20
	云阳侧主塔与主梁交界附近截面最大正弯矩偏心加载	kN · m	N	75966	88990	0.854	20
	云阳侧辅助墩附近截面主梁最大正弯矩偏心加载	kN · m	H	25505	28701	0.889	20
5	中跨 3L/4 截面主梁最大正弯矩对称加载	kN · m	E	16310	16900	0.965	12
6	中跨 3L/4 截面主梁最大正弯矩偏心加载	kN · m	E	16310	16900	0.965	12
7	主梁与云阳侧主塔交界附近截面最大负弯矩偏心加载	kN · m	F	−18450	−21241	0.869	12
8	奉节侧次边跨跨中截面主梁最大挠度对称加载	mm	C	−51	−52	0.974	12
	奉节侧次边跨跨中截面主梁最大正弯矩对称加载	kN · m	C	13754	17067	0.806	12
9	奉节侧次边跨跨中截面主梁最大挠度偏心加载	mm	C	−58	−60	0.974	12
	奉节侧次边跨跨中截面主梁最大正弯矩偏心加载	kN · m	C	13754	17067	0.806	12

续表

加载工况	加载项目	单位	对应截面	试验计算值	理论计算值	荷载效率	加载车数
10	云阳侧次边跨 3/4*L* 截面主梁最大挠度偏心加载	mm	G	49	49	1.001	12
	云阳侧次边跨 3/4*L* 截面主梁最大正弯矩偏心加载	kN·m	G	16678	20108	0.829	12
11	奉节侧辅助墩附近截面主梁最大负弯矩对称加载	kN·m	B	−12859	−12568	1.023	12
	奉节侧边跨跨中截面主梁最大负弯矩对称加载	kN·m	A	−29550	−35118	0.841	12
12	奉节侧辅助墩附近截面主梁最大负弯矩偏心加载	kN·m	B	−12859	−12568	1.023	12
	奉节侧边跨跨中截面主梁最大负弯矩偏心加载	kN·m	A	−29550	−35118	0.841	12
13	奉节侧边跨跨中截面主梁最大挠度对称加载	mm	A	−5.2	−5.6	0.920	8
	奉节侧边跨跨中截面主梁最大正弯矩对称加载	kN·m	A	15372	17137	0.897	8
14	奉节侧边跨跨中截面主梁最大挠度偏心加载	mm	A	−6.1	−6.7	0.920	8
	奉节侧边跨跨中截面主梁最大正弯矩偏心加载	kN·m	A	15372	17137	0.897	8
15	桥面板（A 截面附近）下缘最大拉应力对称加载	MPa	—	3.70	3.78	0.978	4
16	标准横梁（E 截面附近）跨中最大正弯矩对称加载	kN·m	—	647	656	0.986	4
17	标准横梁（G 截面附近）跨中最大正弯矩对称加载	kN·m	—	647	656	0.986	4

（2）静载试验测试结果

本例题只列出 D 断面测试结果。

1）工况 1：D 截面最大正弯矩及最大挠度对称加载试验。

① 主梁混凝土应变分析。试验荷载作用下，D–D 截面主梁混凝土应变实测结果及与理论值的比较见表 5.29。由表可见，满载实测主梁混凝土应变校验系数介于 0.621～0.893，应力状态正常；卸载后的相对残余应变在 0.41%～17.60%，表明桥跨结构在试验荷载作用下基本处于弹性工作状态。

表 5.29　试验荷载作用下 D–D 截面主梁混凝土应变实测结果

测点 \ 工况	1-1	1-2	1-3	1-4	1-5	卸载	相对残余应变/%	满载理论值	校验系数
1-D-S1	−2.4	−12.8	−15.7	−22.8	−28.3	−2.9	10.25	−43	0.658
1-D-S2	−3.9	−14.9	−20.9	−28.9	−26.7	−4.7	17.60	−43	0.621
1-D-S3	11.4	56.6	78.8	104.0	117.8	12.4	10.53	135	0.873
1-D-S4	9.9	54.8	80.5	107.2	112.0	18.6	16.61	135	0.829
1-D-S5	12.8	53.8	68.9	101.3	101.5	12.1	11.92	135	0.752
1-D-S6	8.7	58.8	81.7	94.0	113.4	17.6	15.53	135	0.840
1-D-S7	10.8	49.7	73.9	96.8	114.7	10.6	9.24	135	0.850
1-D-X1	—	—	—	—	—	—	—	−43	—
1-D-X2	−2.9	−16.3	−24.9	−27.1	−27.7	−4.3	15.54	−43	0.643
1-D-X3	11.2	54.6	81.8	94.6	116.4	14.6	12.54	135	0.862
1-D-X4	13.8	64.5	85.3	99.4	107.0	10.2	9.53	135	0.793
1-D-X5	7.8	58.8	79.0	103.5	113.6	3.6	3.17	135	0.841
1-D-X6	13.1	70.2	86.6	106.3	120.5	0.5	0.41	135	0.893
1-D-X7	11.9	62.1	72.0	93.6	107.9	0.8	0.74	135	0.799

注：1）应变单位为με，受拉为正，受压为负，下同；

2）测点编号第一部分为工况；第二部分为截面；第三部分为测点位置，下同；

3）表中“—”表示无意义读数，下同；

4）*S* 为上游测点，*X* 为下游测点，1–2 测点为主梁上缘测点，3–7 测点为主梁下缘测点，从外侧向内侧依次编号；测点布置示意如图 5.37 和图 5.38 所示，下同。

根据表 5.28 中数据绘制的典型测点 1–D–S3、1–D–X6 荷载–应变曲线如图 5.43 和图 5.44 所示，由图可见，典型测点的荷载–应变曲线呈线性规律分布。

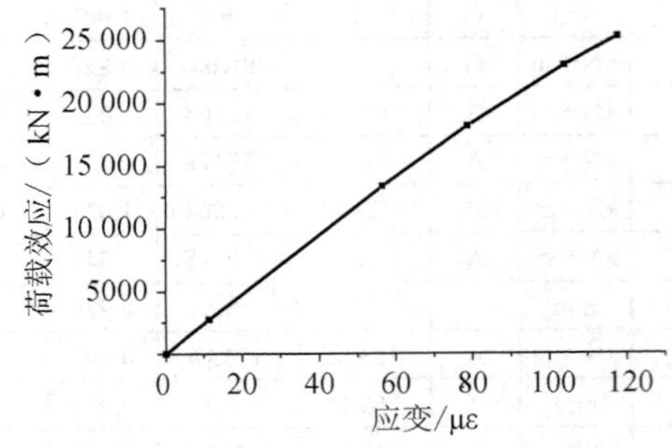

图 5.43 1–D–S3 测点荷载–应变曲线

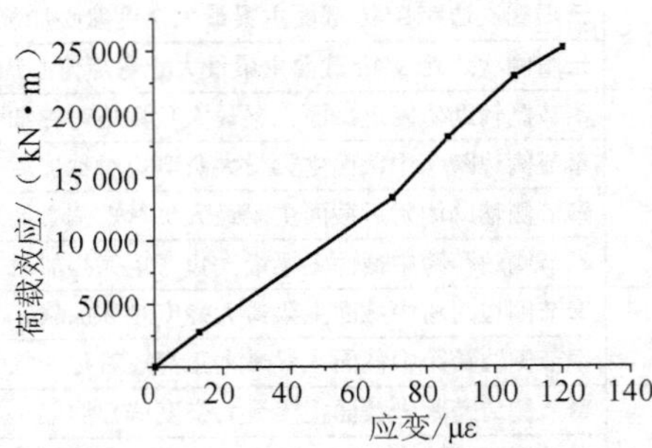

图 5.44 1–D–X6 测点荷载–应变曲线

② 主梁挠度分析。试验荷载作用下，D–D 截面主梁挠度实测结果及与理论值的比较见表 5.30。由表可见，实测主梁挠度校验系数介于 0.962～0.968，变形正常；卸载后的相对残余变形在 1.22%～2.05%，表明桥跨结构在试验荷载作用下基本处于弹性工作状态。

表 5.30 试验荷载作用下 D–D 截面主梁挠度实测结果

工况 测点	1–1	1–2	1–3	1–4	1–5	卸载	相对残余变形/%	满载理论值	校验系数
1–D–1	–32.39	–85.80	–100.40	–120.90	–153.21	–3.14	2.05	–159.21	0.962
1–D–2	–36.59	–90.02	–107.60	–127.82	–154.82	–1.89	1.22	–160.78	0.963
1–D–3	–39.07	–86.40	–103.88	–122.10	–154.10	–2.32	1.51	–159.17	0.968

注：1）挠度以向上为正，向下为负，单位为 mm，下同；

2）1、3 号测点位于左、右幅防撞护墙上，2 号测点位于中央分隔带边缘，下同。

根据表 5.30 中数据绘制的典型测点 1–D–2 荷载–挠度曲线如图 5.45 所示，由图可见，试验荷载作用下典型测点的荷载–挠度曲线与理论曲线基本吻合。

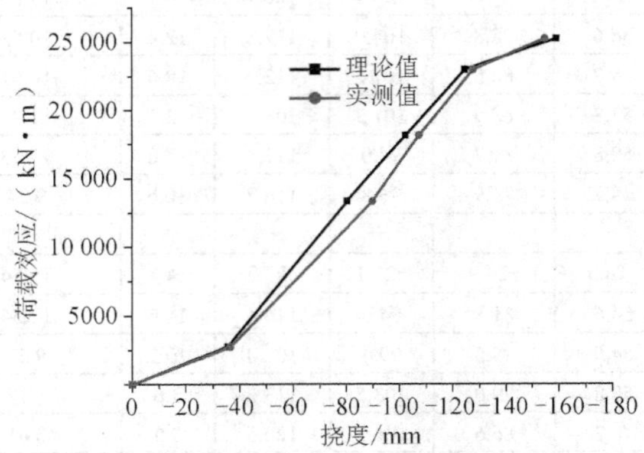

图 5.45 测点 1–D–2 荷载–挠度曲线

③ 主梁挠度沿纵桥向的分布规律分析。主梁挠度沿纵桥向的分布规律的挠度测点选取主梁中跨跨中截面，梁端支点截面，主塔主梁交界处截面，主梁与辅助墩交界处截面；边跨 A2、A5、A8、A12、A15、A18、A21、A27 斜拉索对应截面；中跨 J3、J7、J11、J15、

J19、J23、J27、J29 斜拉索对应截面作为测量截面，全桥共计 39 个截面，每一断面在主梁上、下游两侧和中央分隔带靠近护栏约 20cm 的桥面位置布置测点，共布设 3 条桥面线形监测线，从上游到下游分别为 A、B、C 测线，桥面上编号依次为 D1～D39。

主梁挠度实测结果及与理论值的比较见表 5.31。各测点实测挠度校验系数介于 0.705～0.997，变形正常。

表 5.31 试验荷载作用下主梁各测点挠度实测结果

测点编号	A 线			B 线			C 线		
	实测值/mm	理论值/mm	校验系数	实测值/mm	理论值/mm	校验系数	实测值/mm	理论值/mm	校验系数
D1	0.49	0.00	—	−0.13	0.00	—	−0.17	0.00	—
D2	0.51	0.54	0.950	0.44	0.54	0.810	0.48	0.55	0.880
D3	1.91	0.00	—	0.80	0.00	—	0.80	0.00	—
D4	7.80	7.92	0.984	7.36	7.92	0.930	7.07	7.91	0.894
D5	15.23	16.97	0.897	15.21	16.96	0.897	14.98	16.94	0.884
D6	19.88	22.01	0.903	19.58	22.00	0.890	19.14	21.98	0.871
D7	19.59	22.00	0.890	19.53	21.99	0.888	20.19	21.97	0.919
D8	16.09	16.48	0.976	16.09	16.47	0.977	15.09	16.46	0.917
D9	10.15	10.58	0.959	9.92	10.57	0.938	9.46	10.56	0.896
D10	3.51	4.64	0.757	3.33	4.63	0.719	3.26	4.63	0.705
D11	−1.33	−0.17	—	−1.36	−0.18	—	−0.43	−0.18	—
D12	−6.12	−6.48	0.945	−5.53	−6.48	0.854	−5.95	−6.47	0.920
D13	−12.64	−13.17	0.959	−11.59	−13.17	0.880	−12.96	−13.16	0.985
D14	−18.88	−20.87	0.905	−19.47	−20.86	0.933	−20.10	−20.85	0.964
D15	−30.97	−33.19	0.933	−29.21	−33.18	0.880	−29.93	−33.16	0.902
D16	−52.32	−56.24	0.930	−53.62	−56.23	0.954	−49.80	−56.21	0.886
D17	−84.04	−93.90	0.895	−86.57	−94.82	0.913	−80.90	−93.87	0.862
D18	−120.94	−137.29	0.881	−120.28	−138.65	0.868	−126.50	−137.26	0.922
D19	−140.32	−152.39	0.921	−141.31	−153.90	0.918	−144.80	−152.36	0.950
D20	−153.21	−159.21	0.962	−154.82	−160.78	0.963	−154.10	−159.17	0.968
D21	−140.50	−150.94	0.931	−140.00	−152.44	0.918	−148.10	−150.91	0.981
D22	−120.40	−134.91	0.892	−122.70	−136.24	0.901	−133.30	−134.87	0.988
D23	−84.70	−90.95	0.931	−86.20	−91.85	0.939	−90.40	−90.92	0.994
D24	−50.40	−54.12	0.931	−50.20	−54.11	0.928	−52.56	−54.10	0.972
D25	−27.00	−31.97	0.845	−28.10	−31.96	0.879	−30.77	−31.95	0.963
D26	−19.20	−20.22	0.949	−17.10	−20.21	0.846	−19.52	−20.21	0.966
D27	−12.50	−12.82	0.975	−10.60	−12.82	0.827	−11.43	−12.82	0.892
D28	−6.18	−6.31	0.978	−5.94	−6.31	0.941	−5.57	−6.31	0.883
D29	−1.40	−0.17	—	−1.70	−0.17	—	−1.41	−0.18	—
D30	3.20	4.52	0.709	3.20	4.51	0.710	3.21	4.50	0.713
D31	8.80	10.30	0.854	9.40	10.29	0.913	9.35	10.29	0.909
D32	13.68	16.05	0.852	15.39	16.04	0.959	15.56	16.03	0.971
D33	17.36	21.44	0.810	21.10	21.43	0.985	19.91	21.41	0.930
D34	21.30	21.46	0.993	20.70	21.44	0.965	20.91	21.43	0.976

续表

测点编号	A线			B线			C线		
	实测值/mm	理论值/mm	校验系数	实测值/mm	理论值/mm	校验系数	实测值/mm	理论值/mm	校验系数
D35	15.70	16.54	0.949	15.30	16.53	0.926	13.98	16.52	0.846
D36	6.96	7.73	0.901	6.60	7.72	0.855	6.74	7.71	0.874
D37	2.50	0.00	—	0.00	0.00	—	−0.66	0.00	—
D38	0.48	0.54	0.887	0.50	0.54	0.919	0.54	0.55	0.997
D39	0.20	0.00	—	−1.00	0.00	—	2.20	0.00	—

根据表 5.31 中数据绘制的主梁各测点挠度实测值-理论值对比图如图 5.46～图 5.48 所示，由图可见，试验荷载作用下挠度实测曲线与理论曲线基本相符，主梁挠度沿纵桥向的分布变化规律符合结构受力特点。

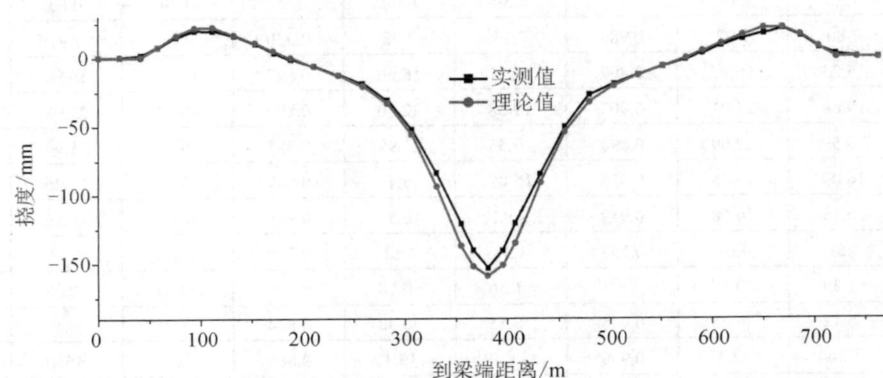

图 5.46　A 线主梁各测点挠度曲线实测值-理论值对比图

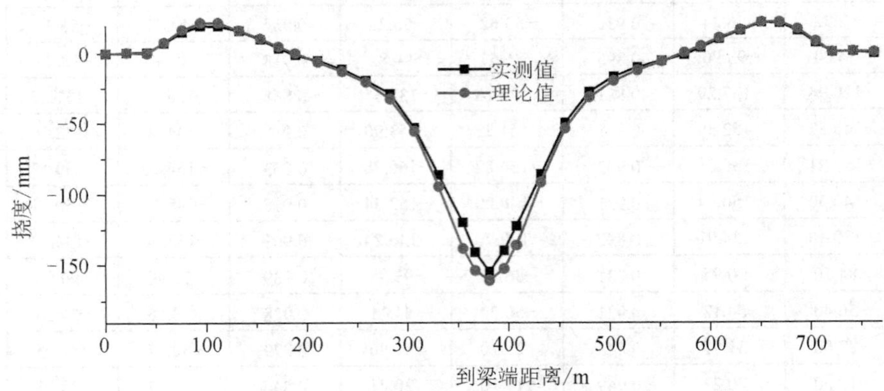

图 5.47　B 线主梁各测点挠度曲线实测值-理论值对比图

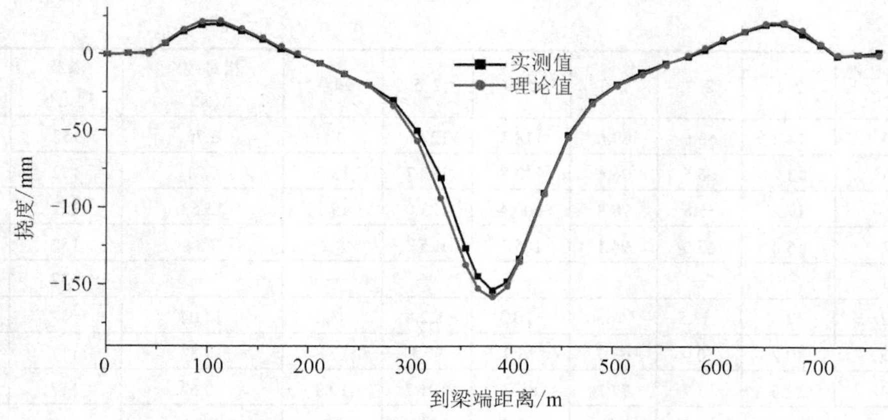

图 5.48　C 线主梁各测点挠度曲线实测值-理论值对比图

④ 斜拉索索力增量分析。试验荷载作用下，J28、J29、J30、J31 号斜拉索索力增量实测结果见表 5.32。由表可见，满载时实测索力增量校验系数介于 0.733～0.989，卸载后的索力增量相对残余在 4.82%～10.40%，斜拉索索力变化正常。

表 5.32　试验荷载作用下 J28～J31 斜拉索索力增量实测结果

测点＼工况	1−5	卸载	相对残余/%	满载理论值	校验系数
1-J28-S	243	20	8.42	298	0.816
1-J29-S	304	26	8.56	307	0.989
1-J30-S	280	17	6.08	310	0.902
1-J31-S	224	23	10.40	305	0.733
1-J28-X	249	12	4.82	298	0.835
1-J29-X	290	25	8.61	307	0.945
1-J30-X	280	19	6.78	310	0.905
1-J31-X	288	23	8.07	305	0.944

注：1）索力以增加为正，单位为 kN，下同；
2）测点编号第一部分为工况；第二部分为斜拉索编号；第三部分为位置，S 为上游，X 为下游，下同。

2）工况 2：D 截面最大正弯矩及最大挠度偏心加载试验。

① 主梁混凝土应变分析。试验荷载作用下，D−D 截面主梁混凝土应变实测结果及与理论值的比较见表 5.33。

由表 5.33 可见，满载实测主梁混凝土应变校验系数介于 0.616～0.920，应力状态正常。卸载后的相对残余应变在 0.77%～19.33%，表明桥跨结构在试验荷载作用下基本处于弹性工作状态。

表 5.33　试验荷载作用下 D−D 截面主纵梁应变实测结果

测点＼工况	2−1	2−2	2−3	2−4	2−5	卸载	相对残余应变/%	满载理论值	校验系数
2−D−S1	−3.0	−18.0	−22.5	−37.6	−39.1	−6.5	16.64	−51	0.766
2−D−S2	−4.9	−17.2	−22.1	−29.6	−35.4	−3.9	11.01	−51	0.695
2−D−S3	14.2	69.8	91.4	131.3	135.5	6.1	4.50	152	0.891

续表

测点 \ 工况	2-1	2-2	2-3	2-4	2-5	卸载	相对残余应变/%	满载理论值	校验系数
2-D-S4	14.3	63.6	89.6	118.1	127.6	4.8	3.76	152	0.839
2-D-S5	13.2	66.6	96.6	113.8	139.7	13.7	9.81	152	0.919
2-D-S6	17.2	55.8	78.8	109.4	123.0	19.1	15.53	152	0.809
2-D-S7	15.0	65.0	94.1	105.1	125.3	9.2	7.34	152	0.824
2-D-X1	—	—	—	—	—	—	—	-37	—
2-D-X2	-2.3	-13.5	-16.4	-20.3	-22.8	-3.2	14.04	-37	0.616
2-D-X3	10.2	50.9	63.7	76.9	92.1	17.8	19.33	117	0.787
2-D-X4	12.6	55.7	72.2	88.7	101.7	10.8	10.62	117	0.869
2-D-X5	8.5	42.0	73.4	96.7	107.6	9.9	9.20	117	0.920
2-D-X6	9.9	48.6	76.4	91.8	103.5	8.2	7.92	117	0.885
2-D-X7	8.8	45.1	67.7	87.0	90.4	0.7	0.77	117	0.773

根据表 5.33 中数据绘制的典型测点 2-D-S5、2-D-X5 荷载-应变曲线如图 5.49 和图 5.50 所示，由图可见，典型测点的荷载-应变曲线呈线性规律分布。

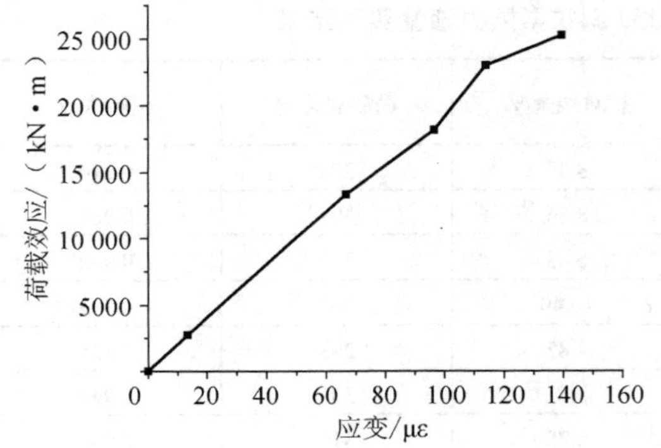

图 5.49　2-D-S5 测点荷载-应变曲线

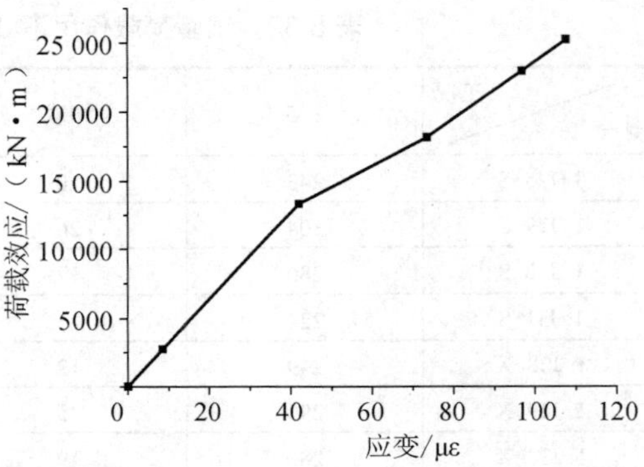

图 5.50　2-D-X5 测点荷载-应变曲线

② 主梁挠度分析。试验荷载作用下，D-D 截面主梁挠度实测结果及与理论值的比较见表 5.34。由表可见，实测主梁挠度校验系数介于 0.956～0.980，变形正常。卸载后的相对残余变形在 1.88%～2.47%，表明桥跨结构在试验荷载作用下基本处于弹性工作状态。

表 5.34　试验荷载作用下 D-D 截面主梁挠度实测结果

测点 \ 工况	2-1	2-2	2-3	2-4	2-5	卸载	相对残余变形/%	满载理论值	校验系数
2-D-1	-42.78	-80.45	-110.06	-130.83	-178.62	-3.50	1.96	-182.28	0.980
2-D-2	-20.95	-82.99	-108.64	-120.01	-157.62	-3.89	2.47	-160.89	0.980
2-D-3	-25.33	-68.74	-80.47	-98.12	-130.26	-2.45	1.88	-136.30	0.956

根据表 5.34 中数据绘制的典型测点 2-D-1 荷载-挠度曲线如图 5.51 所示，由图可见，试验荷载作用下典型测点的荷载-挠度曲线与理论曲线基本吻合。

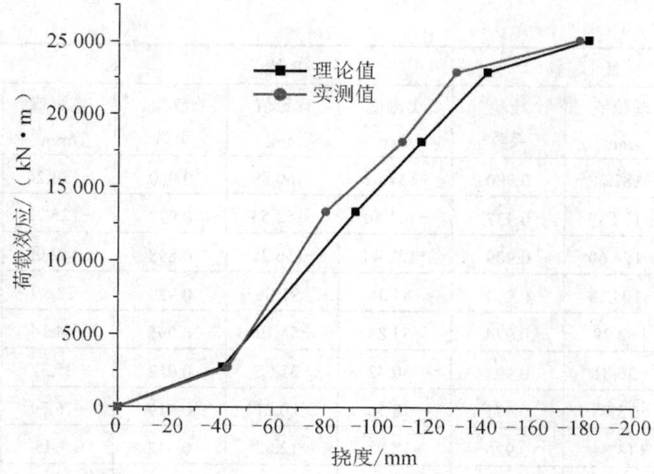

图 5.51　测点 2-D-1 荷载-挠度曲线

③ 主梁挠度沿纵桥向的分布规律分析。在工况 2 试验荷载作用下，主梁挠度挠度实测结果及与理论值的比较见表 5.35。各测点实测挠度校验系数介于 0.811～0.995，变形正常。

表 5.35　试验荷载作用下桥面纵向挠度实测结果

测点编号	A 线			B 线			C 线		
	实测值/mm	理论值/mm	校验系数	实测值/mm	理论值/mm	校验系数	实测值/mm	理论值/mm	校验系数
D1	0.11	0.00	—	−0.09	0.00	—	−0.26	0.00	—
D2	0.61	0.71	0.852	0.50	0.54	0.919	0.33	0.37	0.885
D3	−0.06	0.00	—	0.02	0.00	—	−0.25	0.00	—
D4	8.11	8.75	0.927	7.65	7.93	0.965	6.66	7.11	0.937
D5	17.25	18.73	0.921	15.26	16.97	0.899	14.51	15.20	0.954
D6	22.28	24.25	0.919	20.27	22.01	0.921	17.88	19.77	0.905
D7	22.13	24.17	0.915	20.37	21.99	0.926	18.37	19.81	0.927
D8	17.40	18.02	0.966	15.15	16.47	0.920	13.33	14.93	0.893
D9	10.74	11.48	0.935	10.11	10.57	0.956	8.35	9.67	0.864
D10	4.54	4.98	0.912	4.14	4.63	0.894	3.59	4.29	0.837
D11	−0.90	−0.20	—	−0.63	−0.18	—	−0.36	−0.15	—
D12	−6.88	−7.07	0.972	−5.82	−6.48	0.898	−5.65	−5.88	0.961
D13	−13.27	−14.72	0.902	−12.31	−13.17	0.935	−11.26	−11.62	0.970
D14	−23.35	−23.77	0.982	−19.64	−20.86	0.942	−16.99	−17.94	0.947
D15	−37.13	−38.17	0.973	−31.69	−33.16	0.956	−23.52	−28.16	0.835
D16	−64.18	−64.66	0.993	−54.91	−56.22	0.977	−46.30	−47.77	0.969
D17	−95.98	−107.66	0.891	−87.40	−94.84	0.922	−73.86	−80.15	0.922
D18	−141.11	−157.31	0.897	−123.40	−138.74	0.889	−110.57	−117.42	0.942
D19	−163.80	−174.54	0.938	−142.00	−154.01	0.922	−125.77	−130.43	0.964

续表

测点编号	A 线			B 线			C 线		
	实测值/mm	理论值/mm	校验系数	实测值/mm	理论值/mm	校验系数	实测值/mm	理论值/mm	校验系数
D20	−178.62	−182.28	0.980	−157.62	−160.89	0.980	−130.26	−136.30	0.956
D21	−162.06	−172.89	0.937	−141.50	−152.54	0.928	−125.22	−129.17	0.969
D22	−140.58	−154.60	0.909	−122.48	−136.32	0.898	−112.08	−115.34	0.972
D23	−95.37	−104.33	0.914	−85.36	−91.86	0.929	−73.99	−77.57	0.954
D24	−60.69	−62.29	0.974	−53.83	−54.10	0.995	−44.14	−45.91	0.961
D25	−36.56	−36.81	0.993	−30.42	−31.95	0.952	−25.32	−27.08	0.935
D26	−22.39	−23.05	0.971	−18.58	−20.21	0.919	−16.70	−17.37	0.961
D27	−13.28	−14.34	0.926	−12.08	−12.82	0.942	−9.45	−11.30	0.836
D28	−6.23	−6.90	0.904	−5.87	−6.31	0.929	−5.18	−5.73	0.905
D29	−0.72	−0.20	—	−1.80	−0.17	—	−1.16	−0.15	—
D30	4.62	4.85	0.952	4.20	4.51	0.931	3.65	4.17	0.874
D31	10.39	11.18	0.929	9.52	10.30	0.925	7.64	9.41	0.811
D32	15.60	17.55	0.889	14.55	16.04	0.907	13.80	14.54	0.950
D33	19.76	23.56	0.839	20.06	21.43	0.936	16.90	19.30	0.876
D34	23.40	23.64	0.990	20.12	21.45	0.938	17.31	19.25	0.899
D35	17.28	18.26	0.946	15.20	16.54	0.919	13.09	14.81	0.884
D36	7.99	8.53	0.937	7.18	7.73	0.929	6.50	6.93	0.939
D37	0.63	0.00	—	0.20	0.00	—	0.15	0.00	—
D38	0.65	0.71	0.913	0.46	0.54	0.849	0.31	0.38	0.822
D39	−0.63	0.00	—	−0.50	0.00	—	−0.22	0.00	—

根据表 5.34 中数据绘制的主梁各测点挠度实测值-理论值对比图如图 5.52、图 5.54 所示，由图可见，试验荷载作用下挠度实测曲线与理论曲线基本相符，主梁挠度沿纵桥向的分布变化规律符合结构受力特点。

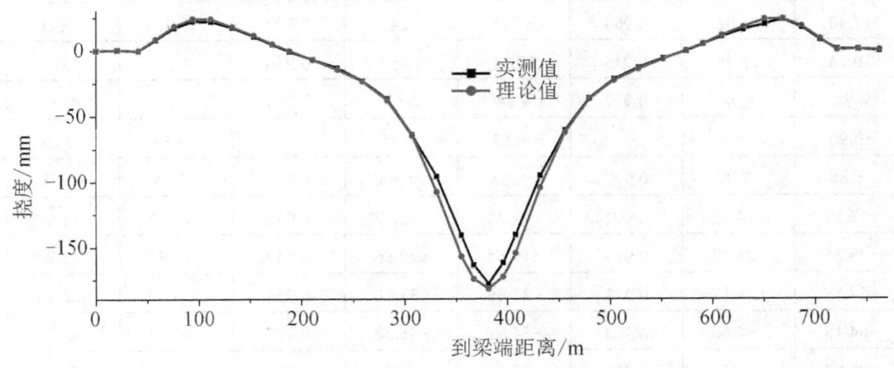

图 5.52　A 线主梁各测点挠度曲线实测值-理论值对比图

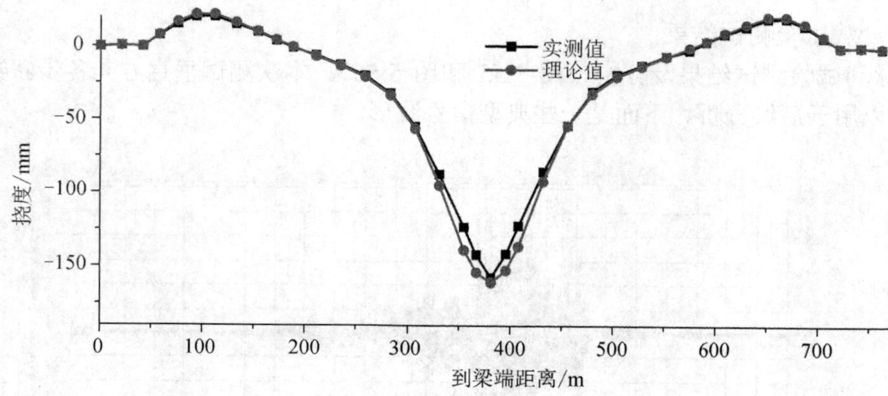

图 5.53 B 线主梁各测点挠度曲线实测值-理论值对比图

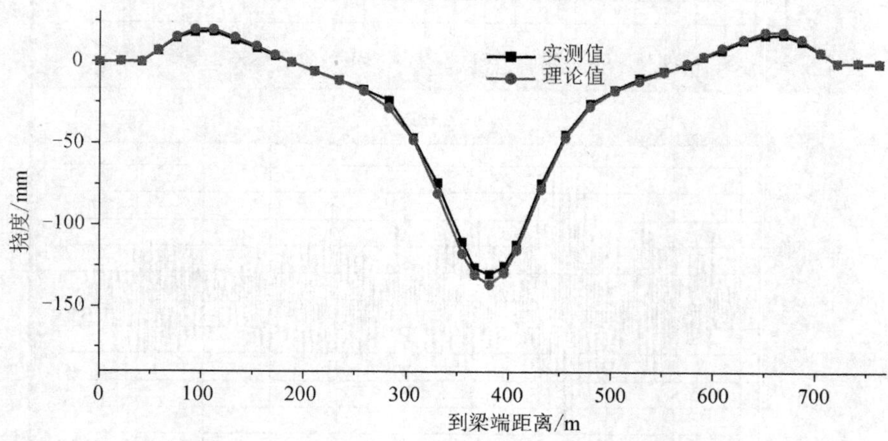

图 5.54 C 线主梁各测点挠度曲线实测值-理论值对比图

④ 斜拉索索力增量分析。试验荷载作用下，J28、J29、J30、J31 号斜拉索索力增量实测结果见表 5.36。由表可见，卸载后的索力增量相对残余在 3.17%～10.42%，表明桥跨结构在试验荷载作用下基本处于弹性工作状态；满载实测索力增量校验系数介于 0.808～0.988，斜拉索索力变化正常。

表 5.36 试验荷载作用下 J28、J29、J30、J31 斜拉索索力增量实测结果

工况 测点	2-5	卸载	相对残余/%	满载理论值	校验系数
2-J28-S	293	13	4.44	344	0.852
2-J29-S	334	21	6.17	354	0.945
2-J30-S	328	16	4.87	357	0.920
2-J31-S	284	9	3.17	351	0.808
2-J28-X	229	19	8.29	252	0.909
2-J29-X	257	20	7.94	260	0.988
2-J30-X	248	15	6.04	263	0.944
2-J31-X	249	26	10.42	259	0.963

（3）动载试验测试结果

1）脉动试验测试结果及分析（图 5.55 和图 5.56）。本次测试垂直方向各步骤数据品质良好，可以用于后续分析。下面是一些典型信号波形。

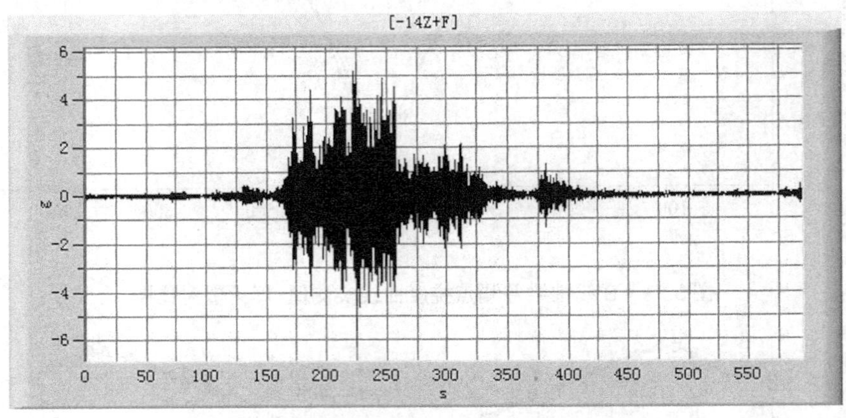

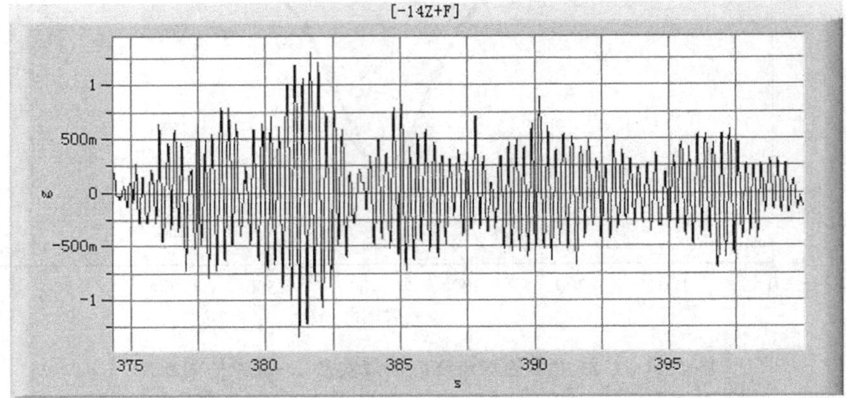

图 5.55　公共点测点时间历程及局部展开图

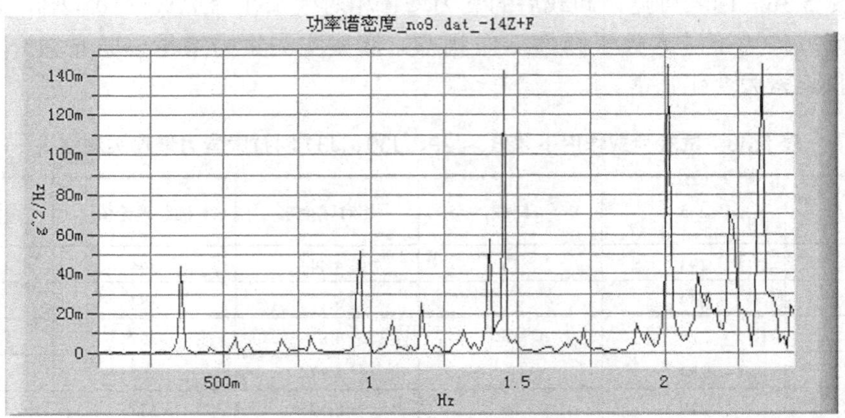

图 5.56　公共点频谱分析

本桥实测各阶频率大于计算频率，实测各阶阻尼比介于正常范围之内。详细实测结果见表 5.37。各阶振动振型如图 5.57～图 5.68 所示。

表 5.37　桥跨结构自振特性参数实测结果

序号	振型描述	计算频率/Hz	实测频率/Hz	实测阻尼比/%
1	主梁一阶对称竖弯	0.327	0.354	1.90
2	主梁一阶反对称竖弯	0.425	0.452	1.76
3	主梁一阶对称扭转	0.499	0.537	1.29
4	主梁二阶对称竖弯	0.616	0.696	1.07
5	主梁一阶反对称扭转	0.663	0.745	0.97
6	主梁二阶反对称竖弯	0.740	0.793	0.90

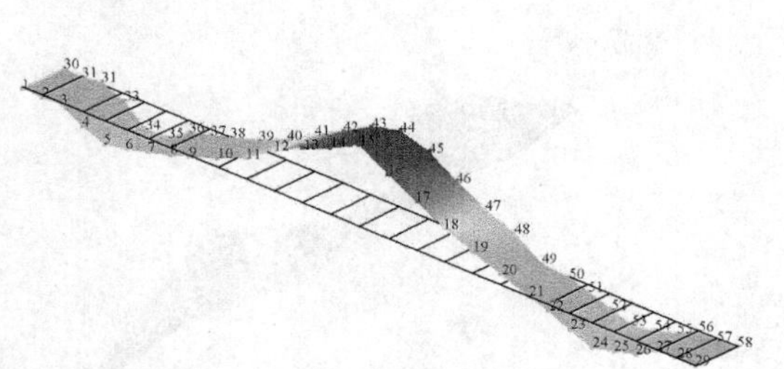

图 5.57　主梁一阶对称竖弯实测振型

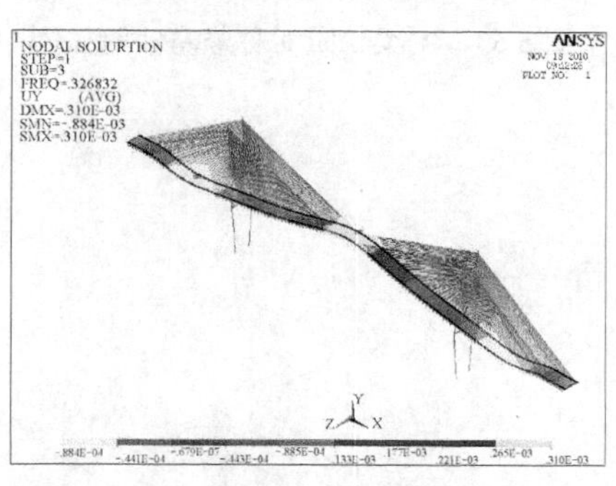

图 5.58　主梁一阶对称竖弯理论振型

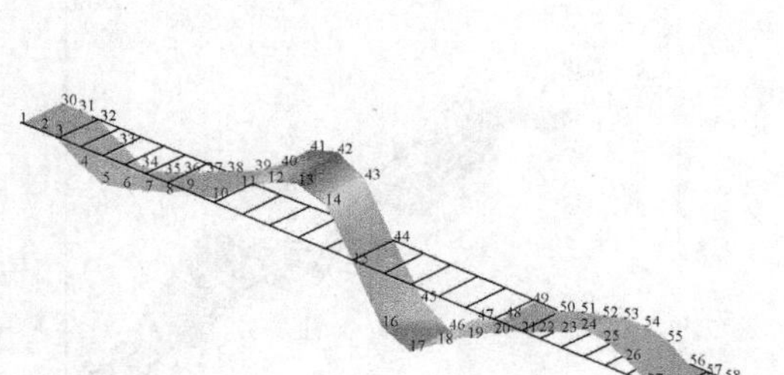

图 5.59　主梁一阶反对称竖弯实测振型

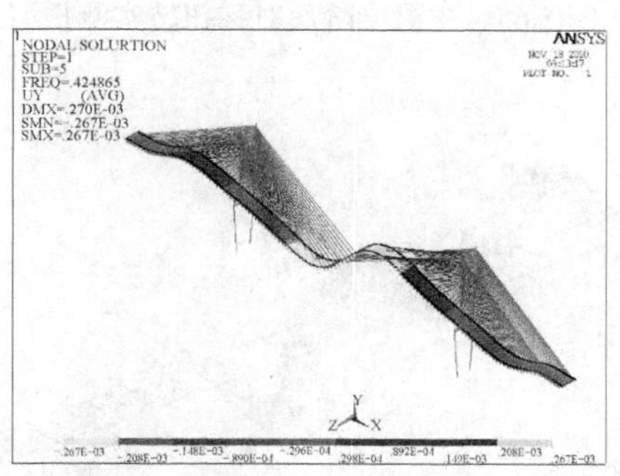

图 5.60　主梁一阶反对称竖弯理论振型

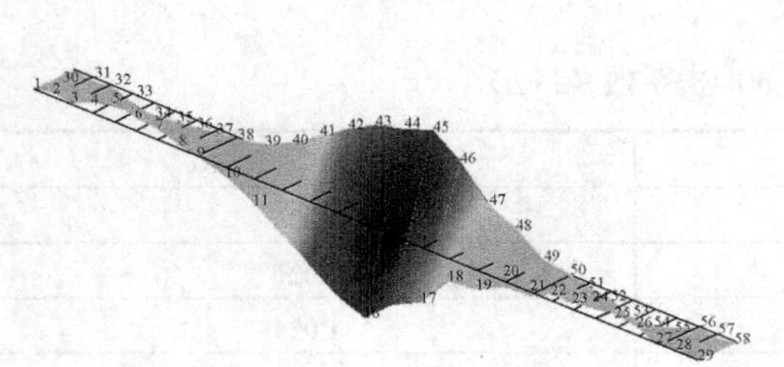

图 5.61　主梁一阶对称扭转实测振型

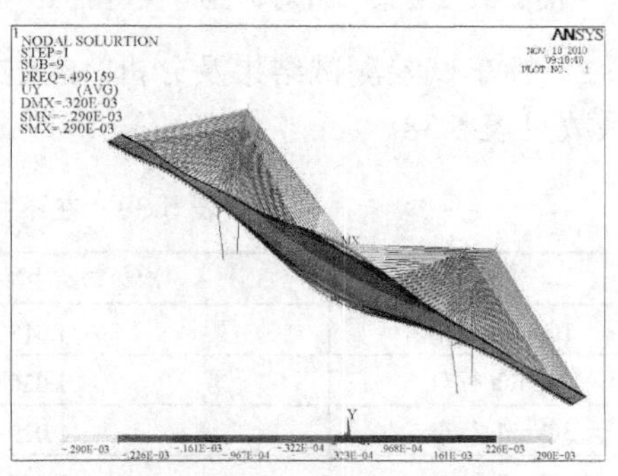

图 5.62　主梁一阶对称扭转理论振型

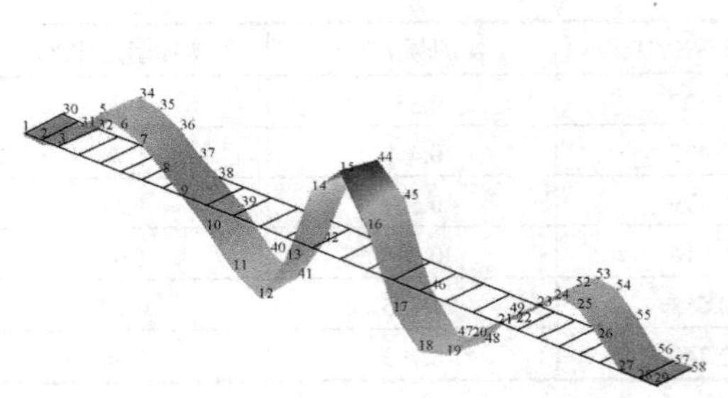

图 5.63　主梁二阶对称竖弯实测振型

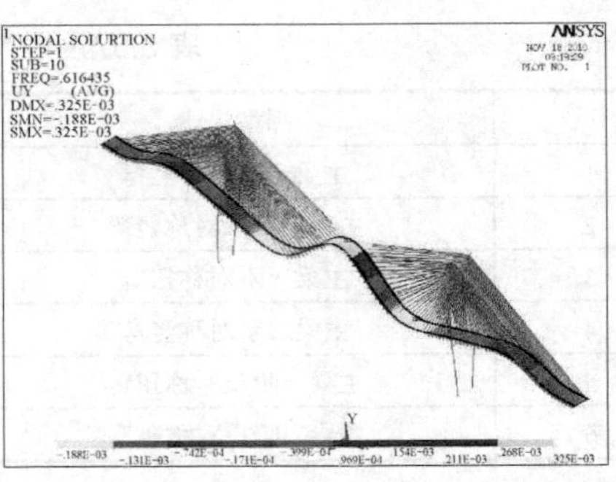

图 5.64　主梁二阶对称竖弯理论振型

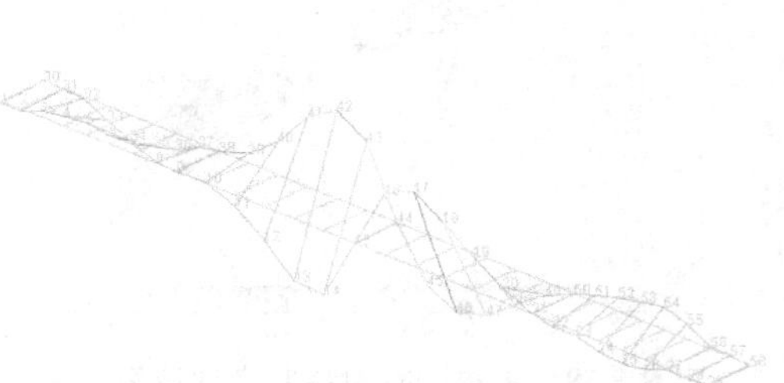

图 5.65　主梁一阶反对称扭转实测振型

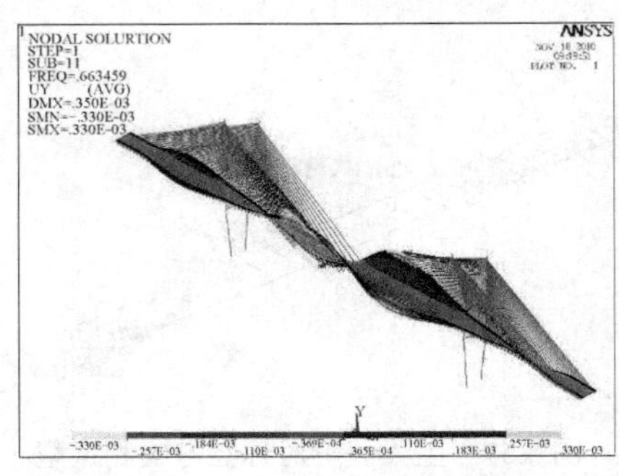

图 5.66　主梁一阶反对称扭转理论振型

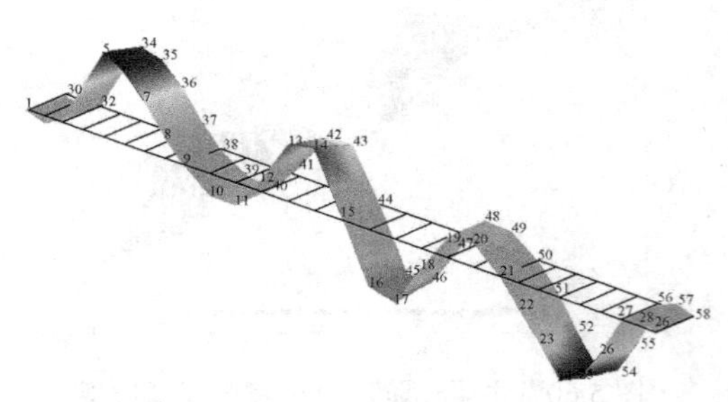

图 5.67　主梁二阶对称竖弯实测振型

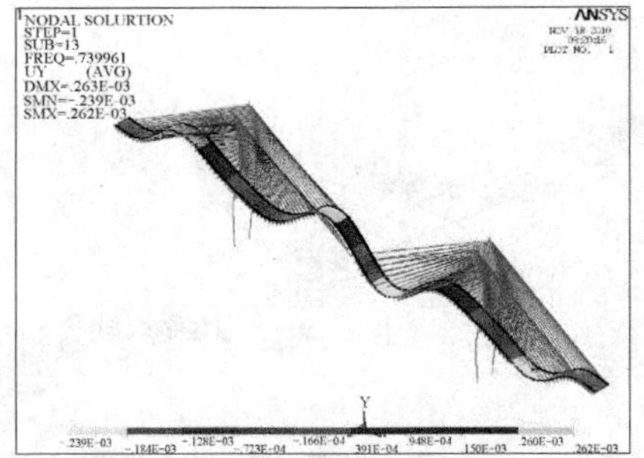

图 5.68　主梁二阶对称竖弯理论振型

2）行车试验测试结果及分析。经过软件自动采集计算得出该桥各孔在不同车速下的冲击系数见表 5.38。

表 5.38　在不同车速下的冲击系数（$1+\mu$）

工况	次边跨跨中冲击系数	中跨跨中冲击系数
10km/h 行车	1.013	1.026
20km/h 行车	1.020	1.021
30km/h 行车	1.029	1.024
40km/h 行车	1.045	1.026
50km/h 行车	1.032	1.021
60km/h 行车	1.023	1.047
30km/h 刹车	1.050	1.047

本桥按《公路桥涵设计通用规范》(JTG D60－2015)冲击系数理论计算值为1.05，表5.38中实测冲击系数均不大于此值，动力冲击效应小。

HY-65B3000B动态应变采集分析软件测试动应变时域曲线如图5.69和图5.70所示。

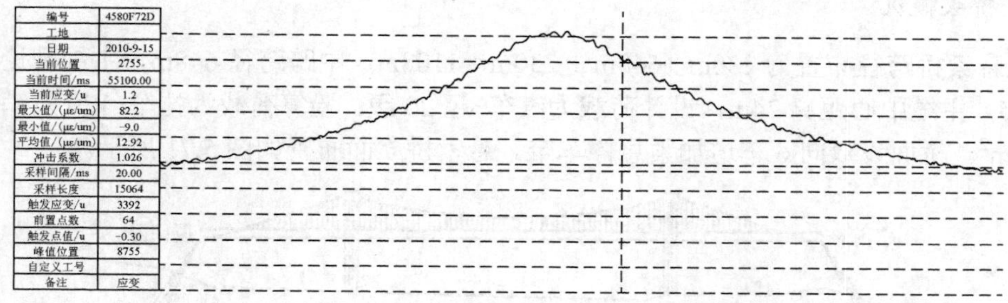

编号	4580F72D
工地	
日期	2010-9-15
当前位置	2755
当前时间/ms	55100.00
当前应变/u	1.2
最大值/(με/um)	82.2
最小值/(με/um)	-9.0
平均值/(με/um)	12.92
冲击系数	1.026
采样间隔/ms	20.00
采样长度	15064
触发应变/u	3392
前置点数	64
触发点值/u	-0.30
峰值位置	8755
自定义工号	
备注	应变

图5.69 10km/h时速行车中跨跨中典型测点应变行车历程曲线图

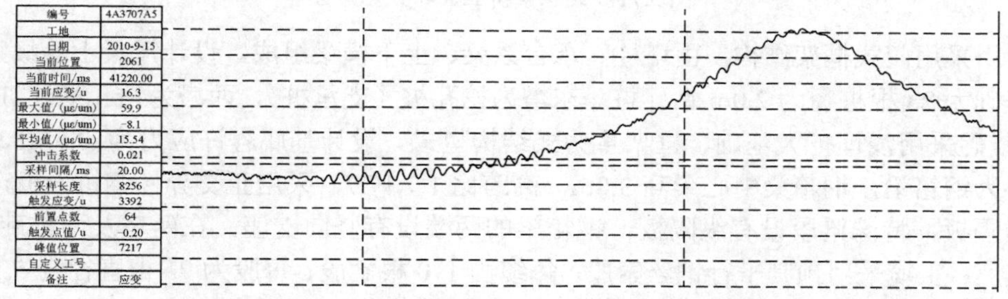

编号	4A3707A5
工地	
日期	2010-9-15
当前位置	2061
当前时间/ms	41220.00
当前应变/u	16.3
最大值/(με/um)	59.9
最小值/(με/um)	-8.1
平均值/(με/um)	15.54
冲击系数	0.021
采样间隔/ms	20.00
采样长度	8256
触发应变/u	3392
前置点数	64
触发点值/u	-0.20
峰值位置	7217
自定义工号	
备注	应变

图5.70 20km/h时速行车中跨跨中典型测点应变行车历程曲线图

6. 承载能力评定

（1）静载荷载试验结论及桥梁状况评价

静力荷载试验中各工况的静力荷载试验效率在0.806～1.023；分级加载过程中，各测点的荷载-挠度曲线和荷载-应变曲线基本呈线性状态，荷载卸零后，相对残余变形在5%以内，相对残余应变在19.5%以内，相对残余索力增量值在16%以内，表明桥跨结构在试验荷载作用下基本处于弹性工作状态；静力试验中索塔混凝土应变校验系数在0.836～0.963，实测值均小于计算值；主纵梁混凝土应变校验系数在0.504～0.947，实测值均小于计算值；横梁混凝土应变校验系数在0.510～0.842，实测值均小于计算值；主梁主要控制断面实测挠度校验系数介于0.723～0.980，实测值均小于计算值，表明主梁各个测试截面刚度满足设计要求；斜拉索索力增量校验系数在0.733～0.991，实测增量值均小于计算值，说明活载通过斜拉索向主塔传递正常。

（2）动载荷载试验结论及桥梁状况评价

动力荷载试验实测各阶频率大于计算频率，实测各阶阻尼比介于正常范围之内，动力特性正常；实测冲击系数边跨介于1.013～1.050，中跨介于1.026～1.047，均小于规范理论冲击系数1.05。

上述测试结果数据分析，斜拉桥大桥主桥承载能力满足设计荷载标准（公路-I级）的要求。

5.7 悬索桥结构检测实例

1. 桥梁概况

某悬索桥跨径布置为230m +648m + 230m＝1108m，中跨跨径 648m，主缆理论垂跨比 1∶10.5，主缆中心距离 24m，设计荷载为汽车-超 20 级；验算荷载为挂车-120 及满布人群 $3.0kN/m^2$。桥面设双向 6 车道加紧急停车带。悬索桥立面布置如图 5.71 所示。

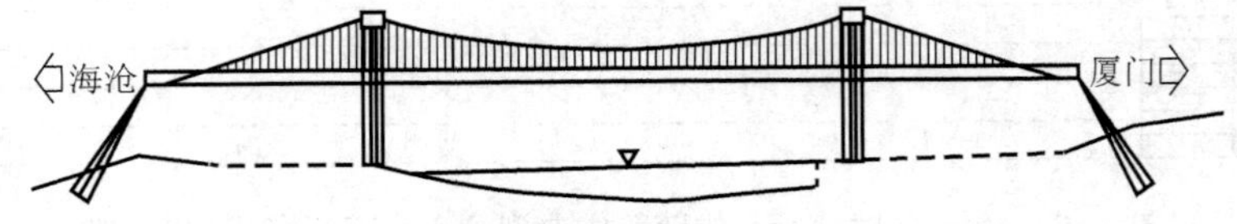

图 5.71 某悬索桥立面布置示意图

索塔采用门式框架结构，由塔柱、承台系梁、上下横梁组成。设计混凝土等级为 C50。索塔基础为 28 根桩径为 2.0m 钻孔桩。东塔为挖孔桩（支承桩），西塔为钻孔灌注桩（摩擦桩）；锚碇采用浅埋扩大基础、框架重力式结构型式。设计基底容许应力为 0.5MPa；加劲梁材料为钢箱梁，钢箱梁中心梁高 3.0m，高跨比 1∶17.7，采用正交异性钢桥面板，每 3m 设一横隔板，特殊梁段设有纵隔板。钢箱梁的两端设有竖向支座，在两塔及两锚碇处设有水平支座；主缆采用预制平行钢丝索股，每缆由 110 根索股、每股为 91 根直径为 5.1mm 镀锌高强钢丝组成，主缆直径 0.57m；吊索采用平行钢丝索股，间距 12m，塔两侧吊索间距 18m，锚碇区区 42m，吊索上下端均采用顺桥向销接连接。

2. 试验内容

（1）结构静载试验内容

检验钢箱箱梁正交异性桥面板工作性能、应力与变形状况的局部加载试验；控制吊索活载受力增量及其影响范围确定的加载试验；检验钢箱梁在最不利设计活载作用下最大纵向位移的加载试验；确定钢箱梁在最不利设计活载作用下最大竖向挠度的加载试验；检验钢箱梁在最不利设计活载作用下控制截面应力的加载试验；确定主缆在最不利设计活载作用下最大拉力的加载试验；检验索塔在最不利设计活载作用下的最大纵桥向水平位移和塔身根部控制截面应力的加载试验。

（2）动载试验内容

通过跳车、跑车和刹车试验分别测定测定结构固有动力特性（频率、振型和阻尼比）；测定桥面铺装层完好时运行车辆荷载作用下桥跨结构的动载反应；测定桥跨结构在运行车辆荷载作用下的动载反应。

3. 试验加载

试验荷载分成预加载和四级加载，两级卸零。加载方式为单次逐级递加到最大荷载，然后逐级卸到零级荷载。四级荷载分别为最不利效应值的 40%、60%、80%和 100%。确定加载位置与加载工况的原则是：用最少的加载车辆达到最大的试验荷载效率，同时应考虑简化加载工况，缩短试验时间，在满足试验荷载效率的前提下，适当合并加载工况，依据某一检验项目为主，兼顾其他检验项目。本次静载试验的加载工况、对应加载位置及相应检验项目见表5.39～表5.42。

表5.39 各静载试验的加载工况对应的检测及观测项目

工况	加载截面	检测及观测项目
Ⅰ.1	中跨 $l/2$	主缆变位及索股力，钢箱梁应力及挠度、桥面板应力、塔柱位移、塔柱底截面应力
Ⅰ.2	中跨 $l/4$	主缆索股力、吊索应力、钢箱梁应力及挠度、桥面板应力、塔柱位移、塔柱底截面应力
Ⅰ.3	东塔处	钢箱梁应力及挠度、桥面板应力
Ⅰ.4	东边跨 $l/2$	主缆应力、吊索应力、钢箱梁应力及挠度、桥面板应力、塔柱位移

表5.40 静载加载各工况加载截面及荷载布置

工况	加载截面	加载车辆	荷载布置	备注
Ⅰ.1	中跨 $l/2$	7×6+1=43	上、下行6车道荷载	对称加载
Ⅰ.2	中跨 $l/4$	6×6=36	上、下行6车道荷载	对称加载
Ⅰ.3	东塔处	2×6=12	上、下行6车道荷载	对称加载
Ⅰ.4	东边跨 $l/2$	6×6=36	上、下行6车道荷载	对称加载
Ⅱ.1	中跨 $l/4$、$3l/4$	6×2+6×2=24	上、下行2车道荷载	扭转
Ⅱ.2	中跨 $l/2$	14×2=28	下行2车道荷载	偏载
Ⅱ.3	东边跨 $l/2$	10×2=20	下行2车道荷载	偏载

表5.41 工况1的荷载效率系数计算

序号	试验加载项目	加载工况	试验荷载下的最大内力/变位值	设计荷载下的最大内力/变位值	荷载效率系数
1	主缆最大拉力	Ⅰ.1	l 18 052.3kN	122 486.6kN	0.96
2	索塔最大纵向变位	Ⅰ.1	东塔：0.164m	东塔：0.196m	0.84
3	钢箱梁最大竖向挠度	Ⅰ.1	中跨 $l/2$：1.961m	中跨 $l/2$：1.426m	1.38
4	钢箱梁梁端最大纵向漂移	Ⅰ.2	0.173m	0.138m	1.25
5	索塔控制截面最不利内力	Ⅰ.1	东塔南柱：105 148.2kN·m	127 082kN·m	0.83
6	钢箱梁中跨 $l/2$ 最大内力	Ⅰ.1	113 085.7kN·m	72 286.3kN·m	1.56
7	钢箱梁中跨 $l/4$ 最大内力	Ⅰ.2	93 822.5kN·m	62 573.0kN·m	1.50
8	索塔钢箱梁最大内力	Ⅰ.3	29 938.1kN·m	46 469.6kN·m	0.64
9	钢箱梁边跨 $l/2$ 最大内力	Ⅰ.4	126 147.5kN·m	72 286.3kN·m	1.75

表5.42 工况2荷载作用下的最大计算内力及时性变位

序号	项目	工况Ⅱ.1	工况Ⅱ.2	工况Ⅱ.3
1	钢箱梁中跨 $l/2$ 内力增量	轴力 N=27.3	轴力 N=114.5	轴力 N=133.3
		剪力 Q=0.0	剪力 Q=97.1	剪力 Q=8.0
		弯矩 M=16643.5	弯矩 M=44792.2	弯矩 M=1526.7
		扭矩 T=10696.6	扭矩 T=640.6	扭矩 T=928.3

续表

序号	项目	工况Ⅱ.1	工况Ⅱ.2	工况Ⅱ.3
2	钢箱梁中跨 $l/4$ 内力增量	轴力 N=4.5	轴力 N=73.2	轴力 N=284.4
		剪力 Q=109.6	剪力 Q=279.8	剪力 Q=37
		弯矩 M=28352.7	弯矩 M=16740.5	弯矩 M=3570.5
		扭矩 T=1560.4	扭矩 T=13009.5	扭矩 T=2328.4
3	索塔处钢箱梁内力增量	轴力 N=18.7	轴力 N=28.5	轴力 N=325.6
		剪力 Q=50.2	剪力 Q=25.0	剪力 Q=506.9
		弯矩 M=7019.0	弯矩 M=10312.0	弯矩 M=20185.7
		扭矩 T=5524.2	扭矩 T=4455.9	扭矩 T=7812.1
4	钢箱梁边跨 $l/2$ 内力增量	轴力 N=18.9	轴力 N=25.1	轴力 N=209.6
		剪力 Q=5.4	剪力 Q=73.4	剪力 Q=380.6
		弯矩 M=16993.5	弯矩 M=23910.6	弯矩 M=53457.2
		扭矩 T=1859.2	扭矩 T=135.0	扭矩 T=1337.1
5	东塔北柱控制截面内力增量	轴力 N=2829.8	轴力 N=3157.5	轴力 N=1380.4
		顺桥向 Q=401.5	顺桥向 Q=325.1	顺桥向 Q=401.8
		顺桥向 M=44989.7	顺桥向 M=55701.1	顺桥向 M=5764.4
		横桥向 Q=19.74	横桥向 Q=197.2	横桥向 Q=233.5
		横桥向 M=290.0	横桥向 M=1933.8	横桥向 M=2037.5
6	东塔南柱控制截面内力增量	轴力 N=3363.0	轴力 N=5183.0	轴力 N=2515.3
		顺桥向 Q=351.4	顺桥向 Q=825.9	顺桥向 Q=703.1
		顺桥向 M=42657.8	顺桥向 M=79078.2	顺桥向 M=71523.3
		横桥向 Q=25.7	横桥向 Q=145.8	横桥向 Q=184.9
		横桥向 M=442.1	横桥向 M=973.6	横桥向 M=1080.8
7	钢箱梁北线最大挠度	中跨 $3l/4$：0.494	中跨 $l/2$：0.952	东边跨 $l/2$：0.530
8	钢箱梁南线最大挠度	中跨 $l/2$：0.496	中跨 $l/2$：1.224	东边跨 $l/2$：0.644
9	北线主缆最大竖向挠度	中跨 $l/2$：0.486	中跨 $l/2$：0.950	东边跨 $l/2$：0.520
10	南线主缆最大竖向挠度	中跨 $3l/4$：0.486	中跨 $l/2$：1.221	东边跨 $l/2$：0.631

4. 测点布置

1）正交异性桥面板和钢箱梁的应力测试断面：主跨和主跨的 $l/4$ 截面，应力测点布置如图 5.72 所示。

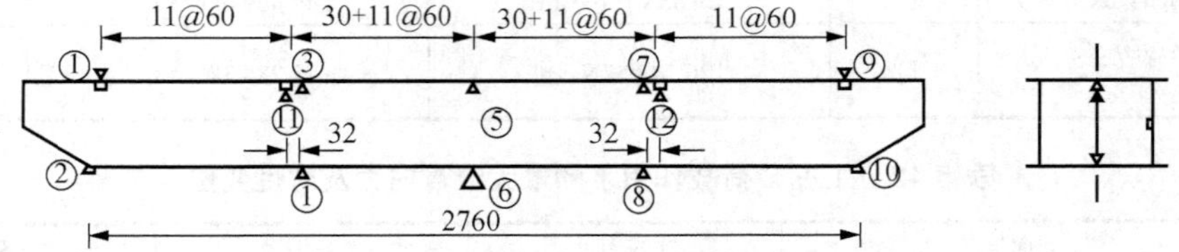

图 5.72　钢箱梁测试截面纵向应力测点布置示意图（尺寸单位：cm）

2）索塔塔身空置截面应力测量断面应力测点布置如图 5.73 所示。

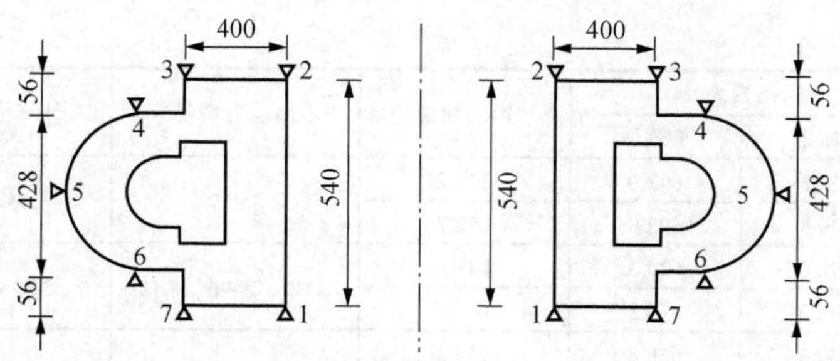

图 5.73 索塔测试断面应力测点布置示意图

3）吊索索力增量及其影响范围：跨中设 4 个；l/4 跨设 5 个吊点，吊索及左右各设 9 个吊点吊索，如图 5.74 所示。

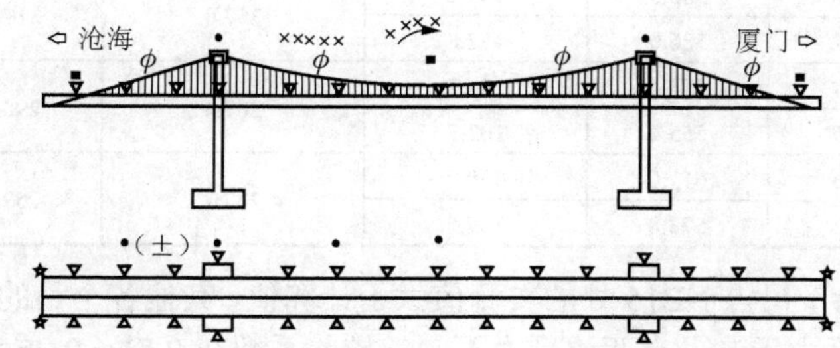

图 5.74 钢筋梁、主缆和塔顶测试截面测点布置示意图

4）锚跨张力：利用东西锚跨中预埋锚索压力传感器的索股测试。

5）钢箱梁纵向飘移：测点布置在钢箱梁东、西两端桥面行车道上下游边缘处。

6）动载测试：主要测点位于钢箱梁的动应变和动挠度，测点布置详如图 5.75 所示。

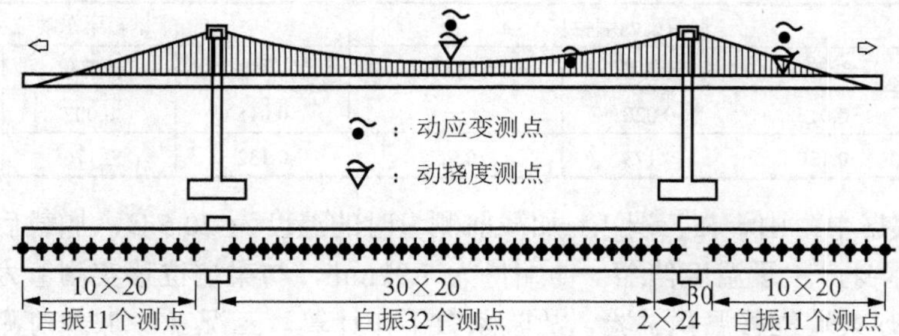

图 5.75 动载试验测点布置图

5. 试验结果与分析

(1) 吊索试验结果与分析

静载下的吊索力增量与理论值的比较结果见表 5.43。

表 5.43 工况 I.2 下的吊索力增量与理论值的比较

（单位：kN）

<table>
<tr><th rowspan="2">索号</th><th colspan="2">吊索力</th><th rowspan="2">索力增量</th><th rowspan="2">吊点力增量</th><th rowspan="2">计算值</th><th rowspan="2">校验系数</th></tr>
<tr><th>加载前</th><th>加载后</th></tr>
<tr><td>NE16</td><td>513.7</td><td>670.7</td><td>157</td><td rowspan="2">295.6</td><td rowspan="2">331.8</td><td rowspan="2">0.89</td></tr>
<tr><td>NE16</td><td>532.1</td><td>670.7</td><td>138.6</td></tr>
</table>

续表

索号	吊索力		索力增量	吊点力增量	计算值	校验系数
	加载前	加载后				
NE15	454.8	692.0	237.2	389.9	344	1.13
NE15	539.3	692.0	152.7			
NE14	492.0	639.3	147.3	294.6	346.3	0.85
NE14	492.0	639.3	147.3			
NE13	560.6	639.8	133.2	319.7	344.4	0.93
NE13	560.0	746.5	186.5			
NE12	474.7	619.5	144.8	297.2	332.8	0.89
NE12	474.7	627.1	152.4			
NE11	481.8	586.0	104.2	257.0	317.1	0.81
NE11	433.2	586.0	152.8			
NE10	451.7	555.4	103.7	207.4	290.2	0.71
NE10	451.7	555.4	103.7			
NE09	471.3	611.0	139.7	247.2	257.5	0.96
NE09	471.3	578.8	107.5			

上表数据中，除了吊点 NE15 处的实测值大于计算值，其他各个吊的实测值与计算值基本吻合，分析认为是由于该吊点两边受力不匀，校验系数在 0.71～0.96。

（2）钢箱梁试验结果与分析

钢箱梁梁端位移测量结果及分析见表 5.44。

表 5.44　梁端位移测量结果及分析

（单位：m）

工况	钢箱梁西端位移			钢箱梁东端位移		
	实测值	计算值	校检系数	实测值	计算值	校检系数
I.1	0.015	0.020	—	0.015	0.007	—
I.2	0.130	0.173	0.75	0.132	0.176	0.75

表 5.39 数据中，由于在工况 I.1 加载前测量时的温度为 20.5℃，加载后的测量温度为 19.9℃，梁体本身产生了温度伸缩，伸缩量为 7.92mm，与梁端位移实测值为同一量级，由于试验前未进行梁端位移温飘试验，故验系数不作计算。工况 I.2 加载前测量时的温度为 21.3℃，加载后的测量温度为 20.0℃，梁体本身产生的温度伸缩量为 17.16mm，故提供的校验系数与实际值略有差异。

（3）钢箱梁挠度试验结果与分析

钢箱梁挠度试验结果与分析。静载下的钢箱梁挠度与理论值的比较如下：静载下钢箱梁挠度与理论值（试验计算值及设计计算值，下同）的比较，见表 5.45。

表 5.45　工况 I.1 下钢箱梁实测挠度与计算值的比较

（单位：m）

钢箱梁截面位置	实测值			设计计算值δ_1	设计计算值δ_2	校验系数ξ_1	校验系数ξ_2
	南线	北线	平均值				
东边跨 $l/4$	0.317	0.325	0.321	0.332	0.319	0.97	1.01
东边跨 $l/2$	0.462	0.471	0.467	0.47	0.451	0.99	1.03

续表

钢箱梁截面位置	实测值			设计计算值δ_1	设计计算值δ_2	校验系数ξ_1	校验系数ξ_2
	南线	北线	平均值				
东边跨 3l/4	0.343	0.355	0.349	0.349	0.355	100	1.04
东塔处截面	0.209	0.127	0.168	0.156	0.172	108	0.98
中跨 l/8	0.116	0.123	0.12	—	0.066	—	—
中跨 l/4	0.316	0.295	0.306	0.319	0.396	0.96	0.77
中跨 3l/8	1.238	1.238	1.238	—	1.368	—	0.9
中跨 l/2	1.978	1.974	1.976	1.975	1.961	1.00	1.01
中跨 5l/8	1.380	1.366	1.373	—	1.411	—	0.97
中跨 3l/4	0.420	0.428	0.424	0.448	0.434	0.95	0.98
中跨 7l/8	0.052	0.056	0.054	—	0.048	—	—
西塔处截面	0.163	0.164	0.164	0.157	0.170	1.04	0.96
西边跨 l/4	0.335	0.334	0.335	0.337	0.377	0.99	0.99
西边跨 l/2	0.464	0.462	0.463	0.477	0.454	0.97	1.02
西边跨 3l/4	—	0.326	0.326	0.355	0.320	0.92	1.02

从加载工况的挠度测量结果可以看出结构受力变形对称，实测值与设计计算值，试验计算值相符，结构检验系数均在 1.0 左右，说明结构计算模式正确，精度较高。

（4）主缆加载试验结果与分析

1）主缆挠度与理论值的比较见表 5.46。

表 5.46 主缆挠度试验值与计算值的比较

（单位：m）

位置	实测值	试验计算值	设计计算值	校验系数 1	校验系数 2
东边跨 l/2	0.645	0.455	0.470	1.02	0.99
中跨 l/4	0.304	0.394	0.319	0.77	0.95
中跨 l/2	1.965	1.956	1.975	1.00	0.99
中跨 3 l/4	0.414	0.431	0.448	0.96	0.92
西边跨 l/2	0.477	0.457	0.447	1.04	1.00

从表 5.46 中测试结果分析，主缆整体受力变形处于弹性状态，满足设计要求。

2）荷载作用下主缆索股力测试结果与分析见表 5.47。

表 5.47 工况 1.1 下主缆索股力测试结果及分析

（单位：kN）

索股编号	11	22	34	36	49	60	62	85	87	98
实测索股力	965.5	894.7	1089.7	878.0	870.4	886.3	913.7	910.1	851.9	904.8
计算索股力	1050.9	1026.4	1003.4	1000.1	978.5	961.4	958.3	924.5	921.4	904.7
校验系数	0.919	0.872	1.086	0.878	0.889	0.922	0.953	0.984	0.925	1.000

从试验结果和初步计算值比较来着试验荷载下主缆索股力结构校验系数在 0.872～1.094，均在测试允许合理范围内。说明实际结构受力与设计计算吻合良好。

（5）动载试验结果与分析

1）自振特性测试。自振频率与振型特征实测结果与计算结果分别见表 5.48 和表 5.49，实测振型结果如图 5.76～图 5.78 所示。

表 5.48　实测自振频率与振型特征

序号	自振频率实测值/Hz	振型特征	对应阶次	估计阻尼比
1	0.122	纵飘	1 阶	—
2	0.175	竖向对称/反对称振动	2、3 阶	0.014
3	0.261	边跨竖向反对称振动	5 阶	0.010
4	0.378	边跨竖向对称	7 阶	0.005

表 5.49　计算自振频率与振型特征

序号	自振频率实测值/Hz	振型特征	序号	自振频率实测值/Hz	振型特征
1	0.121	纵飘为主	6	0.270	竖向对称振动
2	0.172	竖向反对称	7	0.368	边跨竖向对称
3	0.179	竖向反对称振动	8	0.393	竖向反对称振动
4	0.233	横向对称振动	9	0.421	主缆横向对称振动
5	0.264	边跨竖向反对称振动	10	0.440	扭转对称振动

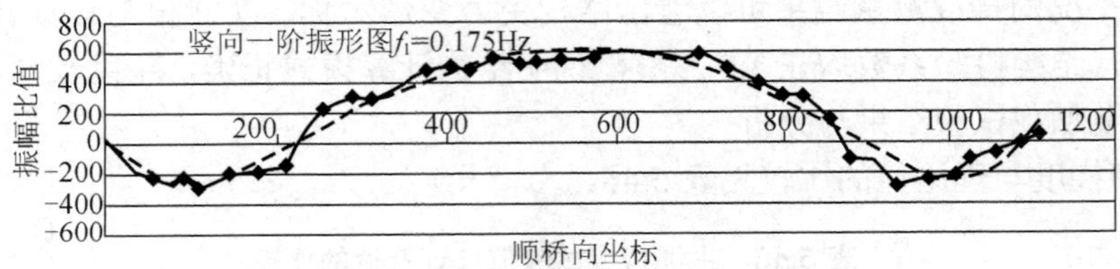

图 5.76　悬索桥竖向一阶振型图

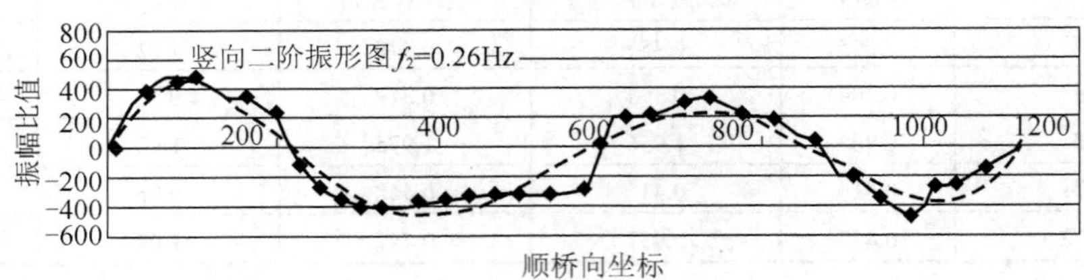

图 5.77　悬索桥竖向二阶振型图

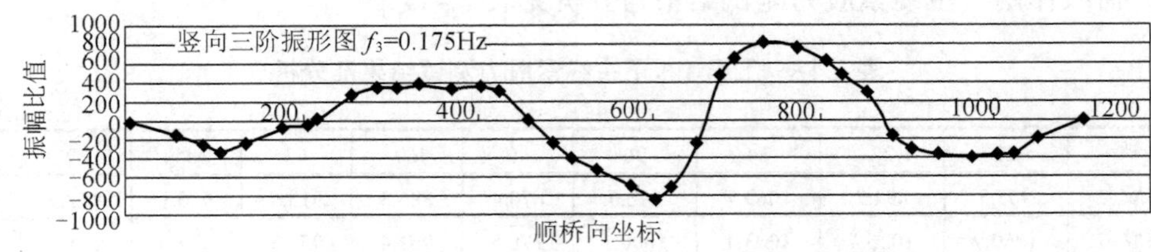

图 5.78　悬索桥竖向三阶振型图

从上面的测试结果及分析可以得出：

① 实测竖向基频为 0.175Hz 及纵飘频率为 0.122Hz 与计算值吻合，误差仅为.2.2%～1.7%，其他阶次的实测频率与计算值的误差均在 3%以内，说明结构动力计算模式及计算方法正确可靠。

② 实测一阶阻尼为 0.014，说明结构的阻尼系数较小，衰减较慢，这与结构的形式是一致的。

③ 从竖向一阶振型曲线可以看出：振幅比值的正峰值在自钢箱梁东端起 600m 附近，负峰值分别出现在 104m 和 930m 附近，实测拐点分别出现在 220m 及 870m 附近，拐点在东、西两塔偏向边跨约 10m。

2）动挠度测试结果与分析。在匀速行车速度小于 5km/h 下，桥跨中跨跨中截面和边跨跨中的顶、底板挠度测点的动挠度变化曲线分别如图 5.79 和图 5.80 所示。

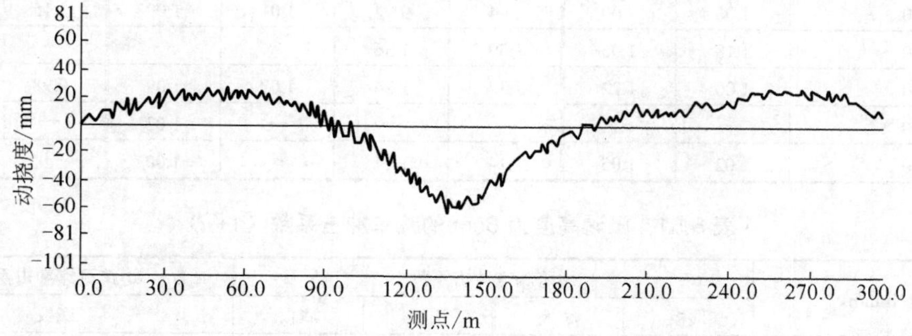

图 5.79 中跨跨中挠度影响线

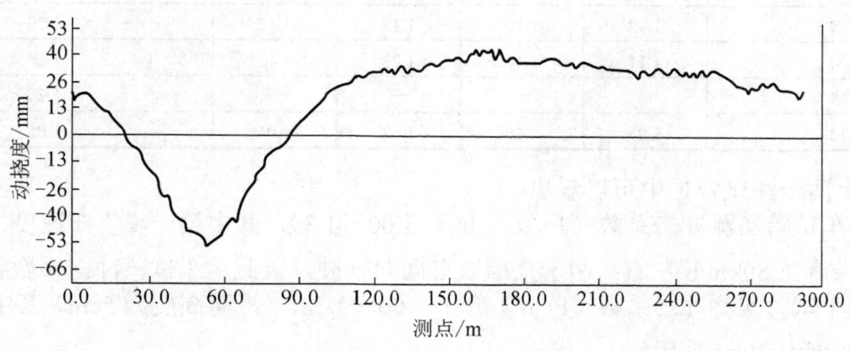

图 5.80 边跨跨中挠度影响线

当跑车试验采用车速以 10～80km/h 的速度通过桥跨结构，跳车试验采用 10～40km/h 的速度通过桥跨结构，由中跨跨中及边跨跨中的动挠度曲线图中可以得出：

① 跑车试验动态增大效应不明显，中跨跨中最大的挠度动态效应增大系数 $1+\mu=1.182$，对应车速为 60km/h，边跨跨中最大的挠度动态效应增大系数 $1+\mu=1.190$，对应车速为 50km/h；

② 跳车试验，动态增大效应随障碍高度的增加而增加。障碍高度为 5cm 时，中跨跨中最大的挠度动态效应增大系数 $1+\mu=1.182$，对应车速 20km/h，边跨跨中最大的挠度动态效应增大系数 $1+\mu=1.339$，对应车速 10km/h。障碍高度为 10cm 时，中跨跨中最大的挠度动态效应增大系数 $1+\mu=1.283$，对应车速为 20km/h，边跨跨跨中最大的挠度动态效应增大系数 $1+\mu=1.596$，对应车速为 10km/h。

3）动应变测试结果及分析。跑车试验时桥跨试验截面各测点的冲击系数见表 5.50，跳车试验时，测试结果见表 5.51。

表 5.50　跑车试验时桥跨测点冲击系数

车速/(km/h)	中跨测点冲击系数				边跨测点冲击系数			
	顶板	底板	顶板	底板	顶板	底板	顶板	底板
5	1.00	1.00	1.00	1.00	1.00	1.00	1.00	1.00
10	1.14	1.01	1.03	1.02	—	—	—	—
20	1.29	1.08	1.04	1.00	—	1.07	—	1.08
30	1.07	1.01	1.11	1.06	1.07	1.00	1.03	1.04
40	1.00	1.00	1.04	0.92	1.01	1.09	1.15	1.06
50	1.18	1.06	1.39	1.36	—	—	—	—
60	1.00	1.22	1.32	1.24	1.07	1.09	0.98	1.05
70	—	—	—	—	—	1.02	—	1.04
80	1.02	1.05	1.14	1.11	—	1.00	—	1.04

表 5.51　障碍高度为 5cm 的跳车冲击系数（$1+\mu$）

车速/(km/h)	中跨测点冲击系数				边跨测点冲击系数
	顶板	底板	顶板	底板	底板
5	1.00	1.00	1.00	1.00	1.00
10	1.12	1.10	1.21	1.08	1.19
15	1.09	1.10	1.18	1.12	1.20
20	1.11	1.16	1.28	1.13	1.19
25	—	—	—	—	1.28
30	1.05	1.16	1.38	1.06	1.05

从以上两个测试数据中可以看出：

① 跑车试验实测冲击系数（$1+\mu$）介于 1.00～1.39，其中第一峰值在速度 20km/h 左右，第二峰值在 50km/h 左右；由于采用双车同向行驶，因此跑车试验冲击系数相对较小。

② 跳车试验实测冲击系数（$1+\mu$）介于 1.00～1.38，（障碍高度为 5cm）其中较大值发生在行车速度为 30km/h 附近。

6. 试验结论与桥梁状况评定

（1）静载荷载试验结论及桥梁状况评价

在试验荷载下，桥梁结构变形对称性良好，无残余变形，表明结构处于弹性受力状态；中跨跨中钢箱梁截面加载下，钢箱梁挠度校验系数在 0.77～1.04；中跨 $l/4$ 钢箱梁截面加载下，钢箱梁挠度校验系数在 0.86～1.11；边跨跨中钢箱梁截面加载下，钢箱梁挠度校验系数在 0.86～0.96。表明结构挠度实测值与计算值一致，钢箱梁结构竖向刚度符合设计要求；主缆索股力结构校验系数在 0.85～1.09，索塔位移结构校验系数在 0.93～1.09，索塔控制截面应力结构校验系数在 0.70～1.08，主缆挠度校验系数在 0.77～1.06。说明结构在试验荷载作用下主缆最大拉力和挠度、索塔塔顶纵桥向水平变位及索塔控制截面应力等控制指标能满足设计要求。

（2）动载试验结论及桥梁状况评价

通过桥跨动载荷载试验及对试验结果的评价分析，得到如下几点结论与评价：

实测频率与计算值基本吻合，误差仅为-2.2%～1.7%，表明为桥跨结构抗风、抗震分析进行的自振特性理论计算结果与结构实际受力行为是一致的；桥跨结构振型曲线实测值与计算值较为一致，除个别测点外，其响应均小于理论计算值；桥跨结构实测阻尼比为0.005～0.014，属于小阻尼振动；结构跑车试验挠度动态增大效应不明显，效应增大系数 $1+\mu$介于1.000～1.19，跳车试验时，动态增大效应随障碍高度的增加而增加，障碍为5cm时的最大挠度效应增大系数为1.339，障碍为10cm时的最大挠度效应增大系数为1.596。

小 结

本章主要以工程实例介绍了桥梁结构检算检测评定内容，主要包括桥梁总体技术状态评定实例和桥梁荷载试验实例，针对的桥型有简支梁桥、连续梁桥、拱桥、斜拉桥、悬索桥，我们在实际工作中要根据不同桥型的特点，现场实际状况，选择相应的检测方案，完成桥梁的检测与评定工作。

思 考 题

1. 桥梁外观检测综合评定计算公式是什么？
2. 简支梁桥静载试验挠度的校验系数一般范围是多少？
3. 连续梁桥静载试验的测试断面包括哪些？
4. 悬索桥与斜拉桥检测内容有哪些？

第 6 章　桥梁施工控制和健康监测

6.1　施工控制概述

施工是设计意图实现的关键，好的桥梁设计必须要有高水平的桥梁施工技术来支持；另一方面，桥梁施工技术的发展为桥梁设计意图的实现提供了灵活多样的手段，为新结构、新材料的推广应用提供了充分的技术保障。桥梁施工技术包含施工设计计算、施工方法、施工工艺、施工设备、施工控制等诸多内容。其中，施工控制是施工技术的重要组成部分，并始终贯穿于桥梁施工中。

桥梁施工，特别是大跨径桥梁的施工，是一个复杂的系统工程。在该系统中，设计图是目标，而从开工到竣工整个施工过程中，将受到许多确定和不确定因素的影响，包括设计计算假定、材料性能参数、施工精度、施工荷载、大气温度等诸多方面的因素，这些因素总会使实际状态与理想目标状态之间存在一定的差异。因此，在施工过程中如何从受各种因素影响而失真的参数中找出相对真实之值，对施工状态进行实时监测、预测、调整，对设计目标的实现是至关重要的。一般地，上述工作常以现代控制论为理论基础来进行，所以称之为施工控制。近年来，随着桥梁跨径不断增大，人们已普遍认识到施工控制在施工技术中的重要地位与作用，施工控制越来越成为施工技术的重要内容。实际上，桥梁施工控制早在以前的施工过程中就已被人们采用，如在施工中为了保证桥梁建成时的线型符合设计要求，在有支架施工时总是要在支架上设置预拱度；在悬臂施工中总是要使施工节段的立模（或安装）标高高于设计标高一定数值，这实质上就是在对施工实施控制，这些方面处理的好坏常常被看做是施工技术水平高低的体现。

桥梁施工控制不仅是桥梁施工技术的重要组成部分，而且也是实施难度相对较大的部分。不同体系、不同施工方法、不同材料的桥梁，其施工控制技术要求也不一样。以钢桁梁的悬臂架设为例，为最终达到设计标高，通常采用预设拱度的方法来解决，即将先架设的节点预先抬高来考虑后架设节段的影响。由于钢材的匀质性和制造尺寸的相对准确性，预设拱度方法在钢桁梁悬臂拼装过程中是较为成功的方法。但是，对于同样采用悬臂浇筑法施工的混凝土桥梁就不那么容易，因为混凝土桥梁除了材料特性的离散性外，它还要受温度、湿度、时间等因素的影响，加上各节段混凝土的龄期、强度、持载历史等因素各不相同，这就会造成各节段的内力和变形随着混凝土浇筑过程变化而偏离设计值的现象，甚至出现超过设计允许的内力和变形。对这种情况，若不通过有效的施工控制实时跟踪、及时调整，就势必造成桥状态的线型和内力不符合设计要求。

桥梁施工控制是确保桥梁施工宏观质量的关键。衡量一座桥梁的施工宏观质量标准就是其成桥状态的线型以及受力情况是否符合设计要求。对采用多工序、多阶段施工的桥梁上部结构，要求结构内力和标高的最终状态符合设计要求是很不容易的。例如混凝土斜拉桥，悬臂施工时主梁各个节段要考虑预抬高以使其标高符合设计要求，同时还要求成桥状态下斜拉索的内力也达到设计要求，但由于斜拉桥是多次超静定结构，主梁标高的调整将影响到斜拉索的内力，某根斜拉索内力的调整又影响到主梁标高和邻近斜拉索的内力。因此，如不进行有效的监测控制，就可能导致内力或桥面线形难以达到设计目标值。例如，我国某混凝土斜拉桥，由于种种原因，成桥后主梁外观呈波浪形，不但影响行车舒适，也留下外观缺陷。为此，应对施工过程的各阶段、各工序进行模拟，考虑混凝土徐变、收缩的影响，预先计算出各阶段内力和位移的预计值。将施工中的实测值与预计值进行比较，若误差超过允许的范围即进行调整，并通过对设计参数的识别和拉索索力的优化调整，实现施工作业与施工控制之间的良性循环，最后达到对主梁变形和拉索索力双重控制的目的，使各阶段内力和变形达到或接近预计值，确保桥梁的施工质量。

桥梁施工控制又是桥梁建设的安全保证，这一点对于大跨度桥梁更为突出。在施工过程中，由于每一阶段结构的内力和变形目标值是可以预计的，各施工阶段结构的实际内力和变形是可以监测得到的，这样就可以较全面地跟踪掌握施工进程和发展情况。当发现施工过程中监测的实际值与计算的预计值相差过大时，就要进行检查、分析原因，采取及时必要的措施，否则将可能出现事故。例如，跨径 548.64m 的加拿大魁北克桥曾在施工中两次发生事故，该桥采用悬臂拼装法施工，当南侧桁架快架设完毕时，突然崩塌坠落，原因是桁架悬长度太长（悬臂长度 176.8m），靠近中间墩处的下弦杆受力过大，致使下弦杆腹板失去稳定而引起全桁架严重破坏。尽管造成事故的原因是设计问题，若当时采用了施工控制手段，在内力较大的杆件中布置监控测点，当发现异常现象时，及时停工检查，就不会发生突然崩塌坠落事故。由此可见，桥梁施工监测控制就是桥梁建设的安全系统，为确保桥梁施工安全，对施工过程进行监测控制是必不可少的。

6.2　施工控制系统与方法

影响桥梁施工控制的因素很多，特别是随着桥梁跨径的不断增大，建设规模也相应增大，施工中所受到的不确定性影响因素也越来越多，要使桥梁施工安全、顺利地向前推进，并保证成桥状态符合设计要求，就必须将其作为一个系统工程予以严格控制。由于桥梁施工控制的实施牵涉方方面面，所以必须事先建立完善、有效的控制系统才能达到预期的控制目标。

桥梁施工控制系统的建立及其功能的确定要根据不同的工程施工实际分别考虑，但不论是哪种类型的桥梁施工控制系统，都必须具备管理与控制的功能，即施工控制系统一般应由施工管理与现场（微机）控制两个分系统组成，而各分系统又由多个支系统组成。

1. 施工控制管理分系统

如前所述，桥梁施工控制本身是一个大的系统工程，它必须具备足够的人、财、物以及先进的管理手段方能使其正常运行。同时，桥梁施工通常涉及业主、设计、施工、社会监理、政府监督、施工控制等多个部门与单位，这些单位都将在施工控制中起到不同程度的作用。

业主负责整个工程实施，是施工控制的委托者和协调者（也有由施工单位委托控制的情况），对施工控制的内容、方案与目标发表意见，对施工控制实施过程中的有关问题进行协调；设计单位将对施工控制内容、方案、目标发表意见并予以确认，对施工控制单位根据控制需要提出的设计变更、施工方法与工艺的变更予以确认。

施工单位是桥梁施工的直接实施者，是施工控制的具体受益者，严格按设计要求与控制要求进行施工，负责反馈施工控制的实施情况与效果，提出调整建议等。

社会监理对施工控制内容、方案与目标发表意见，负责监督施工单位对施工控制的具体实施，对控制结果进行检查、验收，对控制提出改进意见，充当控制与施工单位之间的直接联系者。

政府对控制内容、方案、目标发表意见并予以监督；施工控制单位（小组）则是整个施工控制的组织者或实施者，负责施工控制内容、方案、目标的制定与实施。

控制单位由于所处地位的特殊性与重要性，往往也是整个桥梁施工的核心。由此可见，施工控制是多方协作、共同努力的结果。因此，在实施控制前必须首先建立一个完善的控制管理系统和组织机构，要求该系统既有分工负责，又有协同作战，做到上下、左右信息渠道畅通，令行禁止，高效运转。

2. 施工现场（微机）控制分系统

施工现场（微机）控制分系统是施工控制系统的核心，它包含整个施工控制的主要分析过程，具有数据比较、结构当前状态把握、误差分析、参数识别、前进或倒退仿真分析、未来预测等功能。

在现场施工中，首先将由设计计算确定的各施工阶段的施工控制目标数据送入微机控制分系统，然后在对当前施工阶段完成后的现场监测数据进行判别与“滤波”处理后，将其可靠数据也送入微机系统，微机系统则对两方面的数据信息进行分析处理，最后输出有关信息供施工控制组进行决策时参考。

施工现场（微机）控制分系统通常又由多个支系统组成，其中包括以下几个方面。

（1）施工控制分析支系统

施工控制分析支系统必须具有很强的适应性、可操作性和可视性，以满足施工中结构的多变性要求，一般都包含有：能快速、准确完成多种结构施工模拟分析的软件，它是判别当前结构状态是否与实际相符合和对未来状态进行预测的必备工具。可用于施工控制分析的软件多种多样，一般应根据实际需要选用。但应注意所用软件最好能将计算过程中以及计算结果数据转换成几何图形及图像信息，在屏幕上显示出来并进行交互处理，以便输入数据的正误检查，仿真显示施工过程中及相应结构内力与变形状态，形象地比较所控制项目的实测值、理论值以及参数的变化，一旦发现计算过程中有异常图形便可中断计算暂停施工，待查明原因或采取必要措施后再继续施工。

（2）参数识别支系统

参数识别支系统包括结构参数敏感性分析和结构参数识别计算分析两个子系统。前者就是考查各参数对结构状态的影响程度，通过参数敏感性分析，将参数分类，确定出主要参数（对结构状态影响较显著，呈现活性）和次要参数（对结构状态影响不敏感，呈现惰性），为参数识别打下基础。后者就是对结构参数进行分析、判定与确认。常用的识别方法有最小二乘法、模糊数据法、灰色理论法等。通过参数识别确定出结构参数综合效应真实值，为结构的准确分析提供可靠数据。

（3）误差分析支系统

施工中总是存在误差，其中主要包括分析误差与施工误差等，这些误差均将使施工偏离理想和控制目标。本系统主要功能是对结构理想状态、实测状态和误差信息进行分析，作出最佳调整方案，使结构施工实际状态、设计理论状态的差值控制在允许范围内。

（4）状态预测支系统

该支系统的功能是在计入结构参数调整修改值、结构初始状态最优估计值、结构施工误差、量测误差等信息后，通过控制模拟分析系统对结构施工状态确定出超前预测控制值。

（5）综合调优支系统

该系统的功能是通过修改施工方案，与状态预测系统形成循环，最终输出合理的、可指导下一步施工的建议或措施。

3. 结构状态监测分系统

该系统包括对结构设计参数进行监测以及对结构状态（包括应力、变形或标高）参数进行量测两个子系统。前者主要是为控制模拟分析提供合理的基本参数，后者则是为判断当前施工状态是否与设计（预测）值相符提供结构实际状态参数。

总之，施工控制是一个系统工程，牵涉的面很广，要有效实施施工控制，就必须保证在施工控制管理和控制技术上的有效性，否则控制必败无疑。所以，在实施施工控制前建立完善的控制系统和制定实施细则，并在实施中根据实际情况和需要进行调整。

6.3　施工控制误差分析与状态预测

桥梁结构可以通过结构的倒装计算或无应力状态分析确定桥梁结构各施工阶段中间理想状态，这种理想状态是我们期望在施工中实现的目标，但是在实际施工中，结构的实际状态并不总是与其理想状态吻合，甚至说结构的实际状态很难达到它的理想状态，换言之，桥梁结构的实际状态与理想状态总存在着一定的误差。施工中结构偏离目标的原因涉及的范围极其广泛，包括设计参数误差（如材料特性、截面特性、容量等）、施工误差（如制作误差、 架设误差、索的预张力误差等）、测量误差、结构分析模型误差等。

误差按其性质分为两种。

1）固定误差：指所发生的误差作为结构特征在以后不再变化的误差，如结构尺寸、重量、刚度等参数的误差。

2）变动误差：指以量测误差代表的各种参数误差。

从误差分布来看，沿桥梁纵向出现同号增加或减小的误差称为“大范围误差”；相反，出现正负交替的误差则被称为“小范围误差”。很明显，小范围误差类似于均值为零的白噪声干扰，可归于偶然误差一并考虑。小范围误差对参数识别的影响并不明著，而大范围误差才是予以调整计算的主要对象。例如，结构自重误差就是一种最常见的大范围误差（如天津永和桥的自重误差就达 5%以上）。同时，它又是最重要的结构参数之一，所以必须予以重视。

一般情况下，桥梁施工控制中的误差是指结构的实测值与实时修正后理论分析（计算）值之间的偏差。

桥梁施工控制中总是要先确定控制项目，控制项目的选择首先是项目、系统的反馈信息，即可通过量测手段定量出来。如在斜拉桥中施工中，一般选取索力、挠度和截面应力作为控制项目；对于劲性骨架施工的拱桥，则选用索力（对斜拉扣挂）、挠度、截面组分应力等作为控制项目；对桥梁的稳定性，由于无法直接量测而作为间接控制项目。由于没有误差的施工是不存在的，对各个控制项目必须建立容许误差的标准。对于像构件误差、材料特性误差等，在一般施工、设计规范中已有规定，但对一些大跨径桥梁施工中的一些特殊的控制项目的容许误差还没有标准可查，需要根据实际情况进行研究和优化，其原则是既要确保施工的准确度，又要给予施工一定的宽容度，方便施工。

从现代工程学角度出发，可以把桥梁施工看作为一个复杂的动态系统，运用现代控制理论，根据结构理想状态、现场实测状态和误差信息进行误差分析，并制定可调变量的最佳调整方案，指导施工现场调整作业，使结构施工的实际状态趋于理想状态。在此基础上，我们可以根据当前施工阶段结构的实际状态进行正装计算至成桥状态，预测今后施工可能出现的应力和变形状态，这就是施工控制的两大任务：即结构的前期预报和后期调整。为了完成施工控制的两大任务，必须以理论作为基础。桥梁施工控制采用的理论和方法主要有：设计参数识别以及本章第三节所讲的 Kalman 滤波法、灰色理论法和最小二乘法等。

设计参数误差是引起桥梁施工误差的主要因素之一。所谓设计参数误差，就是我们在进行桥梁结构分析时所采用的理想设计参数值与结构实际状态所具有的相应设计参数值的偏差。由于这种设计参数误差的存在，必然使我们通过结构分析而得到的桥梁结构的理想状态与施工后的结构实际状态之间存在误差。也就是说，结构的实际状态偏离或达不到我们所期望的理想状态。

在桥梁施工控制中，对于设计参数误差的调整就是通过量测施工过程中实际结构的行为，分析结构的实际状态和理想状态的偏差，用误差分析理论来确定或识别引起这种偏差的主要设计参数误差，来达到控制桥梁结构的实际状态与理想状态的偏差，使结构的成桥状态与设计相一致。

为了在施工中不断修正因涉及参数的误差引起的各个控制项目（如截面应力、变形、标高等）的失真，对设计参数进行识别是必需的。参数识别就是依据施工中的实测值对主要设计参数进行分析，然后将修正过的设计参数反馈到控制计算中去，重新给出施工中结构应力、变形、稳定安全系数等的理论期望值，以消除理论值与实测值不一致中的主要偏差——大范围误差，对于桥梁施工偏差在事后无法调整、调整手段不多或调整困难的情况下，事前正确预报就显得非常重要，这也就给设计参数的识别提出了更高的要求。

对于参数的识别，首先要确定引起桥梁结构偏差的主要设计参数，其次就是运用各种理论和方法（如最小二乘法）来分析、识别这些设计参数误差，最后得到设计参数的正确估计值，通过修正参数误差，使桥梁结构的实际状态和理想状态相一致。

1. 引起结构状态偏差的设计参数

桥梁结构的设计参数主要是指能引起结构状态（变形和内力）变化的要素。结构设计参数的变化能导致结构内力的变化和形状的改变，因此，我们在大跨度桥梁的施工控制中，必须对结构设计参数进行识别和修正。应该讲，在同一座桥梁结构中，不同的设计参数对结构状态的影响程度不同的。而且，同一个设计参数对不同的结构体系有不同的影响程度，因此，我们必须搞清楚每一结构体系包括哪些结构设计参数。总的说来，对于桥梁结构，如连续梁、连续刚构、拱桥、斜拉桥、悬索桥，主要的设计参数包括以下几个方面。

（1）结构几何形态参数

结构几何形态参数主要是指桥梁结构的跨径、矢跨比、塔高、缆索的线形以及悬索拆中的主鞍预偏量等，它们表征了结构的形状和结构最初的状态。

（2）截面特征参数

截面主要特征参数包括：墩（塔）截面抗弯惯矩、截面面积和抗推刚度；主梁截面的抗弯惯矩和截面面积；缆索截面的面积等。在桥梁结构的施工控制中，这些参数对结构的内力变化和结构变形都有较大的影响。

（3）与时间相关的参数

温度和混凝土龄期、收缩徐变是随时间而变化的设计参数。温度的变化对桥梁结构的内力和变形有较大的影响，在钢桥中尤为明显。桥梁结构中的温度场是至今无人搞清楚的难题，人们一贯的做法是通过定时观测（如每天早晨日出前进行观测）来尽量减少温度的影响。混凝土收缩徐变与桥梁结构的形成历程有着密切的关系，在混凝土桥梁结构中，混凝土收缩、徐变对结构的内力和变形都有明显的影响。

（4）荷载参数

在桥梁结构的施工控制中，荷载参数主要指结构构件自重力（容重）、施工临时荷载和预加力。对于钢结构构件来说，构件的恒载变化很小，加工误差引起恒载变化是很有限的，变化规律比较稳定。但对于现场浇筑的混凝土结构来说，由于容重变化、超厚、胀模引起的构件自重的变化是经常发生的，也没有一定的规律。施工临时荷载是较为稳定的量，但由于在已成结构上乱堆乱放材料，往往引起临时荷载较大的误差。对于预应力体系中的有效预加力，由于预应力损失的变化而常常引起不小的误差。对施工中可能遇到的风荷载也不能忽视。

（5）材料特性参数

材料特性参数主要指材料的弹性模量 E 和剪切模量 G。对于钢材来说，弹性模量和剪切模量是很稳定的参数，而对于混凝土材料来说，弹性模量和剪切模量有一定的波动，在桥梁的施工控制中要对其进行识别。

以上所讲的五类设计参数，对于不同的桥梁体系，它们的影响程度不同，因此在桥梁施工控制中，应根据桥梁的结构体系来分别加以区别和采用。

2. 设计参数的敏感性分析

前面我们讲的五类设计参数，在同一座桥梁的施工控制中并不是每一个设计参数都同时出现，而且不同的设计参数对桥梁结构状态的影响程度也不同，因此我们要对设计参数进行辨别，一方面要确定设计参数的实际值，另一方面要辨别对结构状态影响较大的设计参数即主要参数。为了达到这个目的，对设计参数的识别，总的来讲，有两种方法和手段：其一，通过现场量测来确定设计参数的值。这主要是指结构几何形态参数、某些截面特性参数和材料特性参数，它们可以通过现场测量方法或实验量测手段来确定。其二，通过结构计算分析来确定主要设计参数，这也就是我们要重点介绍的设计参数敏感性分析方法。

结构参数敏感性分析的任务就是要确定对桥梁施工结构行为影响较大的设计参数。具体表现在设计参数发生一定幅度变化后，由此而引起的结构控制部位的位移以及内力变化幅度的大小。根据各个参数对结构状态影响的敏感程度，将设计参数分为主要设计参数和次要设计参数。主要设计参数对结构行为影响较为显著，次要设计参数对结构行为的影响不敏感。结构参数的敏感性分析步骤如下：

1）将参数变化幅度控制在 10%左右。

2）选定控制目标，如桥梁结构跨中挠度，利用结构分析系统修改设计参数值，计算成桥状态跨中挠度变化幅度，并建立各参数敏感性方程。

3）根据影响程度确定出主要设计参数和次要设计参数。

通过设计参数的敏感性分析，确定出主要设计参数，在桥梁结构的施工控制中，着重考虑对主要设计参数的修正。

3. 主要设计参数的估计和修正

确定了主要设计参数之后，我们就要对主要设计参数进行正确的估计，根据参数估计和结果，对原假定参数进行修正。参数估计的方法很多，常用的估计准则有：最小差准则、极大似然准则、线性最小方差准则以及最小二乘法准则。由于最小方差准则和极大似然准则均要求知道被估计参数 X 和观测值 Z 的联合分布密度函数，而在一般桥梁工程施工控制中很难满足这个条件。

6.4　施工控制应用实例

1. 工程概况

某大桥主桥采用的结构形式为单箱单室混凝土预应力箱型连续刚构桥，其中主桥跨度为 75m+130m+75m，分上下行分幅布置，箱梁顶面设 2%横坡，箱底水平。主桥箱梁顶板宽 13.55m，底板宽 5.5m，根部梁高 7.5m，高跨比 1/17.3；跨中梁高 3.3m，高跨比为 1/39.4，梁底变化曲线为 1.7 次抛物线；箱内顶板厚度标准段为 28cm，根部加厚到 50cm；腹板厚度从根部到跨中按 85cm、70cm、55cm 直线线性变化；底板厚度根部是 110cm，跨中 32cm，变化规律同梁底变化曲线。主桥箱梁采用纵、横、竖三向预应力混凝土结构。主桥主墩基础采用钻孔桩和整体式承台。主桥立面布置图，如图 6.1 所示。主桥箱梁结构，如图 6.2 所示。

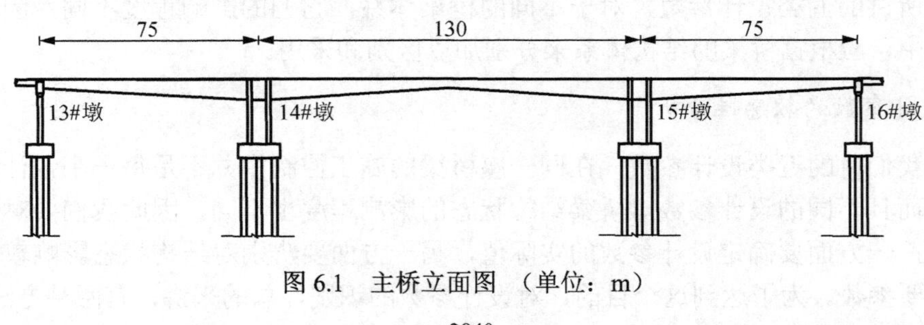

图 6.1　主桥立面图　（单位：m）

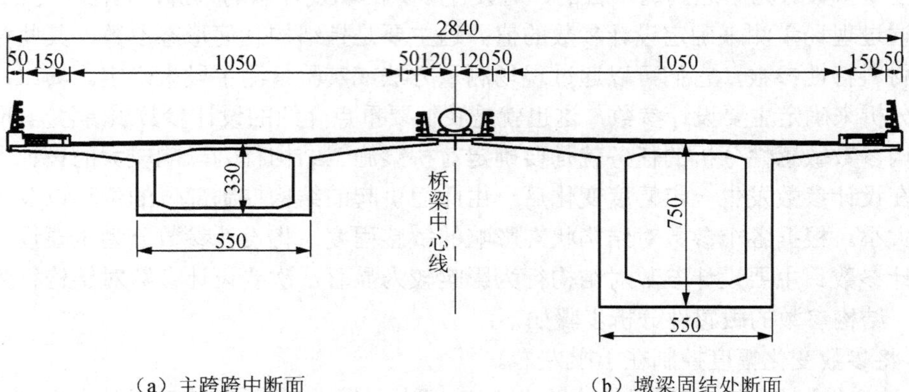

图 6.2　主桥箱梁断面（单位：cm）

2. 施工控制内容

预应力混凝土刚构桥是一种结合悬臂浇筑方法施工的合理桥梁结构形式。但是采用悬臂施工方法的刚构箱梁桥的施工却是一项比较困难的任务，这是因为一方面作为高次超静定桥跨结构，其成桥的梁部线形和结构恒载内力与施工方法有着密切的关系，不同的施工方法和工序会导致不同的结构线形和内力；另一方面，由于各种因素（如材料的弹性模量、混凝土收缩徐变系数、结构自重、施工荷载、温度影响等）的随机影响，以及在测量等方面产生的误差，结构的原理论设计取值难以做到与实际测量真值完全一致，两者之间会存在偏差。针对上述情况该大桥施工监控的主要任务包括：

1）根据施工全过程实际发生的各项影响桥梁内力与变形的参数，结合施工过程中现场测得的各阶段主梁内力（应力）与变形数据，进行实时分析和结构验算。

2）对每一施工阶段，根据分析验算结果给出梁段立模标高等施工控制参数。

3）采集各类施工中反馈的主梁内力和变形值，以应力预警体系及施工误差容许度指标对施工状态进行安全度评价和灾害预警；进行施工误差状态分析、找出产生误差不合理状态的原因，提出修正对策和调整措施。

4）确保成桥以后的内力状态和外形曲线满足设计规范和设计理论的要求。

3. 施工控制技术体系

桥梁的施工监控与桥梁的设计和施工有密切的联系。根据该桥梁设计和施工的具体特点，借鉴国内外有关桥梁施工监控的经验、教训和最新成果，建立如图 6.3 所示的施工监控技术体系，依此进行施工监控。

4. 施工控制组织体系

为保障施工监控工作的保质、保量、高效地完成，必须明确施工监控实施过程中的工作制度和组织制度。结合该大桥施工的实际情况和施工监控工作的具体技术内容，成立“××大桥施工监控工作领导组”，由大桥的建设单位、设计单位、监理单位、监控单位和施工单位的负责人组成。领导组负责施工监控工作实施过程中的总体协调工作。同时，由承担施工监控任务的单位牵头建立“××大桥施工监控工作组”，成员由参加大桥施工监控任务的技术人员组成。工作组负责施工监控具体任务的实施。施工监控工作组的具体组成如图 6.4 说明。施工监控领导组负责在每月的工地例会中组织施工监控工作专题内容讨论，听取施工监控工作组对施工监控工作情况的通报。有重大问题时，组织召集进行临时技术讨论。

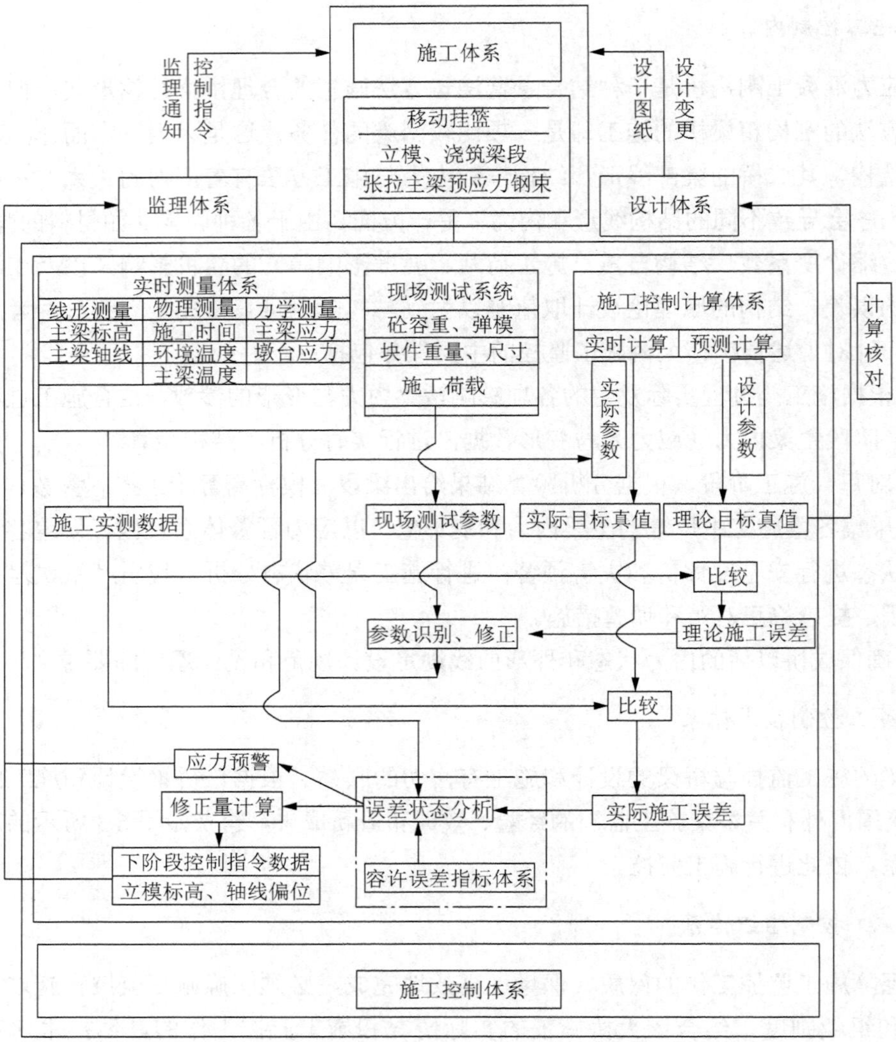

施工体系
移动挂篮
立模、浇筑梁段
张拉主梁预应力钢束
监理通知
控制指令
设计图纸
设计变更
监理体系
设计体系
实时测量体系
线形测量
物理测量
力学测量
主梁标高
施工时间
主梁应力
主梁轴线
环境温度
墩台应力
主梁温度
现场测试系统
砼容重、弹模
块件重量、尺寸
施工荷载
施工控制计算体系
实时计算
预测计算
计算核对
实际参数
设计参数
施工实测数据
现场测试参数
实际目标真值
理论目标真值
比较
参数识别、修正
理论施工误差
比较
应力预警
修正量计算
误差状态分析
实际施工误差
下阶段控制指令数据
立模标高、轴线偏位
容许误差指标体系
施工控制体系

图 6.3　施工控制技术体系

项目负责人
项目总工
桥梁顾问
测量组负责人
传感器组负责人
计算分析组负责人
线形测量组
传感器测量组
计算分析组

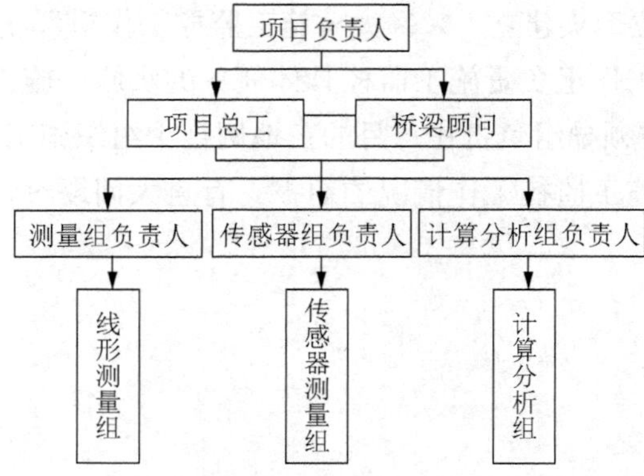

图 6.4　施工监控工作组

5. 施工监控信息传递体系

为项目实施将建立如图6.5所示的信息传递机制，以监控报表体系为核心，进行施工监控的日常工作。施工监控的工作接受监理工程师的全面监理。对施工监控而言，其日常工作需要得到设计和施工部门的大力支持和配合，需要信息和意见的及时交流；其控制指令和结果则需要借助监理予以发布、执行和反馈。在施工监控工作中涉及的各类报表内容和填表要求均在下面加以说明。

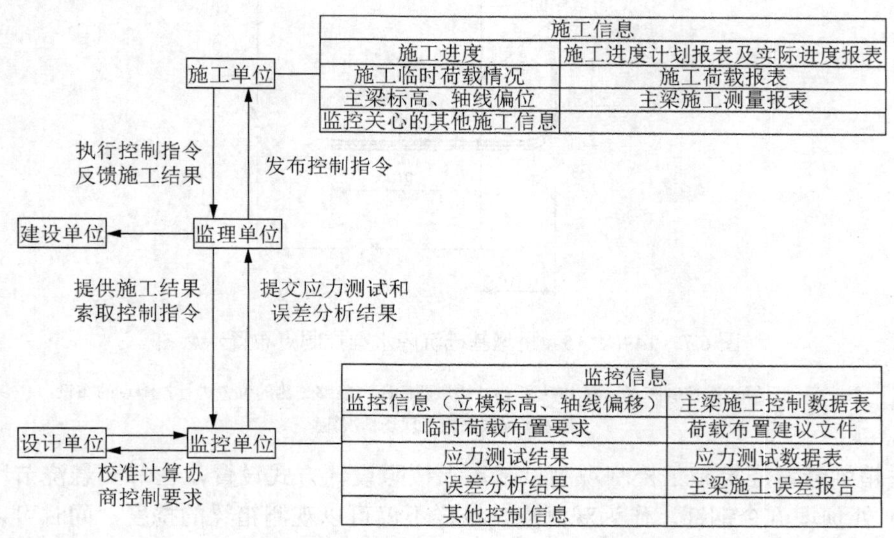

图6.5　施工监控信息传递体系

6. 施工控制技术措施

（1）施工监控控制网的建立和复测

施工监控观测的首要工作是建立高程控制的测量控制网，复测与加密施工测量控制网，设置高程监控观测点和施工临时水准点。由于主梁的线形测量是对主梁各块件控制点的标高测量和主梁中轴线测量，而主梁的线形测量又是以线形通测和局部块件标高测量相结合的，在每个悬浇梁段的浇筑阶段和张拉阶段结束后，应对已成梁段的标高进行一次通测，以反映出实际施工时主梁的挠度变化。在合拢前后阶段、二期恒载施加前后阶段等关键施工阶段都应对全桥的主梁线形进行一次通测。这些数据是进行高程控制分析中最重要因素之一。

大桥的高程测量控制网设置在12＃～17＃桥墩中心线，由左右幅桥面中轴线组成，从S1～S12共12个控制点组成一个矩形控制网。而后根据施工的进度安排将桥墩上的控制点转移到各自桥墩主梁的0＃块中心处，按固定水准点设置要求建立主桥悬臂浇筑临时测量水准点，形成局部水准网，建议使用10cm厚钢板加焊20mm直径的竖直钢筋预埋在0＃块中心处，形成主桥悬臂浇筑临时测量水准点，同时基础沉降观测基点设在薄臂墩底侧面中心线处。由于临时水准基点随着基础一起沉降，因此在施工中需要随时对基础沉降进行观测，以便修正水准基点标高。具体设置布置如图6.6和图6.7所示。

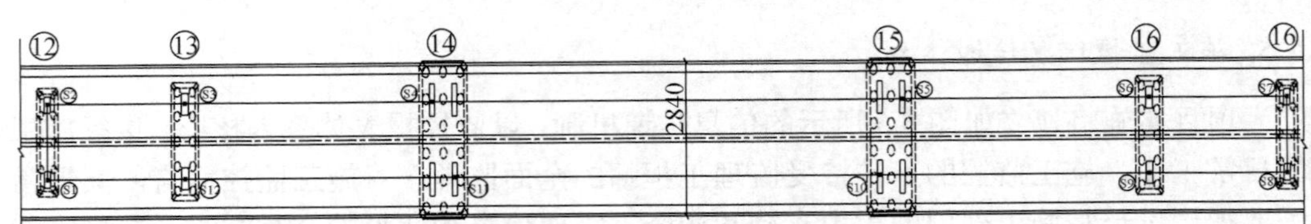

图 6.6　12＃～17＃桥墩水准控制网示意图

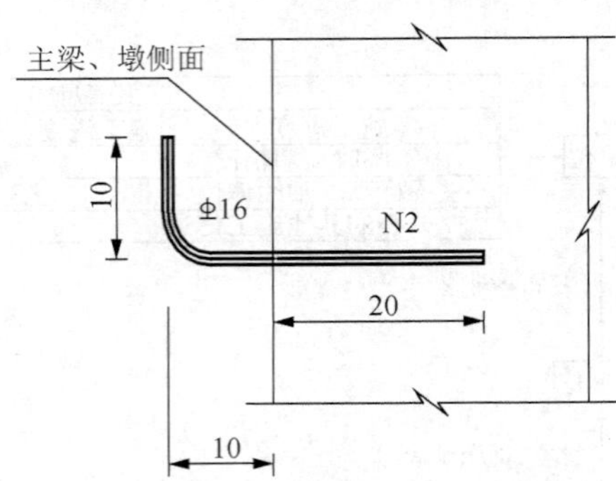

图 6.7　14＃、15＃桥墩基础沉降水准控制点布置示意图

注：基础沉降水准控制布置选取 14＃和 15＃桥墩两侧距离能够施测的位置进行控制点的布设，具体情况根据施工现场情况定

主桥箱梁悬臂浇筑施工控制观测点基本上按照设计方式设置，在每一悬浇节段顶面端部 3.5cm 处预埋五个钢钎，作为观测点。这样不仅可以观测箱梁的挠度，同时可以观察箱梁是否发生扭转变形。在施工过程中，对每一断面需要进行立模、混凝土浇筑前、混凝土浇筑后、钢束张拉前、钢束张拉后的标高观测，以便观察悬臂浇筑梁段的各点挠度及 T 构的整体线形变化历程，以保证 T 构悬臂端的合拢精度及最终的全桥线形符合设计标高。

具体观测内容及顺序：

1）立模标高，待浇箱梁底模前缘标高。以“××大桥主桥施工监控指令表”形式下达给施工单位，在移动（或安装）挂篮后，施工单位以此数据来调整挂篮的前吊带千斤顶，从而达到施工高程控制的目的。

2）在浇筑混凝土之前（此时钢筋工作结束，挂篮前吊带千斤顶、端模板最后一次校正完毕），测量端模板 A、E 两点附近模板接头处的高程。在浇筑混凝土刚结束时再复测一次。用两次数据的差值减去挂篮变形值后，即为浇筑挠度实测值。

3）在张拉阶段之前约半天，实测箱梁顶板 A、B、C、D、E 五点的高程。

4）在张拉阶段结束后，移挂篮之前，实测箱梁顶板 A、B、C、D、E 五点的高程。这里需要说明两点：首先，测量时后视的临时水准点为各 T 构 0#块施工临时水准点；其次，因为移挂篮阶段的施工挠度很小，此阶段的施工挠度未进行实测。

具体悬臂浇筑阶段主梁顶面标高监测利用建立在各自桥墩主梁 0#块顶面临时水准点进行控制；底板立模标高 F 点的观测利用在各自桥墩主梁 0#块顶面临时水准点和主梁 0＃块横隔梁内部建立的各个桥墩主梁独立的水准网，进行现场监测控制，具体的主梁测点断面布置图和各自主墩横隔板内临时水准点布置图如图 6.8～图 6.10 所示。

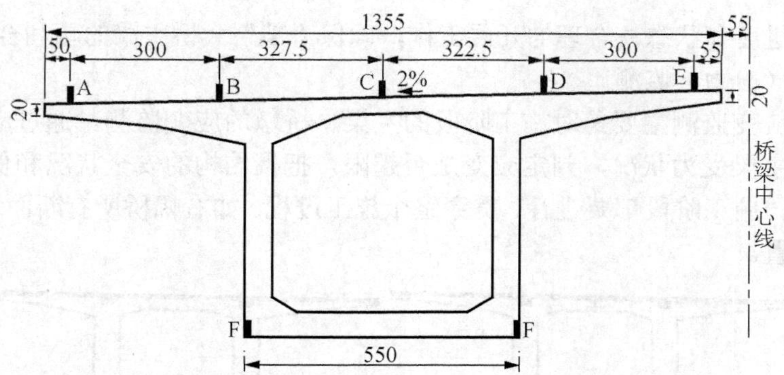

图 6.8　悬臂浇筑节段主梁顶板标高控制及底板立模标高测点布置图

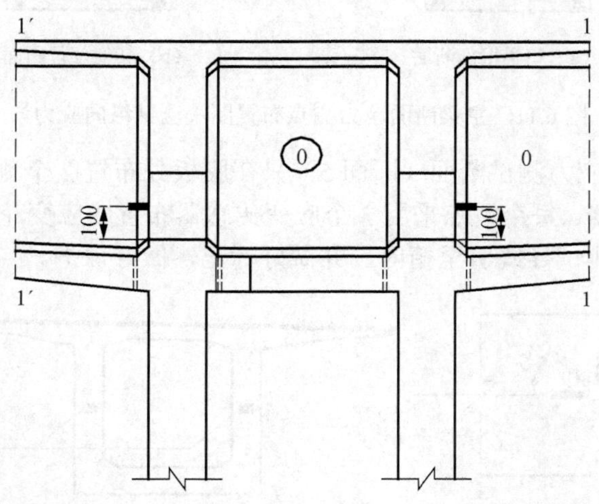

图 6.9　悬臂浇筑节段主梁底板立模标高施测临时水准点立面布置图

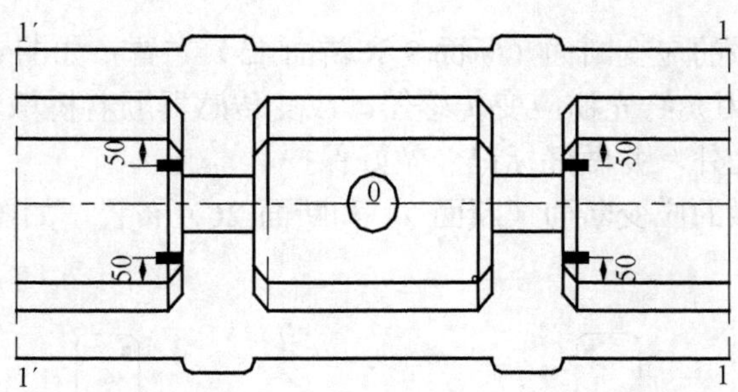

图 6.10　悬臂浇筑节段主梁底板立模标高施测临时水准点平面布置图

注：主梁 0＃块内横隔梁设置悬臂浇筑节段立模标高 F 施测的临时水准点设置，建议采用 6mm 厚钢板，长度为 30cm，具体设置位置以立面与平面图示意为准进行布置

待水准网和临时水准测点设置完毕后，应再由施工单位、监理单位和施工监控单位反复核实确定的监测控制网站与临时水准点。同时在施工期间还应对控制网进行复测，复测周期初步为：主梁未浇前，复测周期为三个月；主梁浇筑过程中每 50 天复测一次。由于主梁线形对温度、日照较敏感，所以测量时间应选在日出之前温度较恒定的时段内进行。

对××大桥的主梁中线偏位监测、墩顶水平偏位监测及墩身的沉降监测，也应根据现场的具体施工进度和状态，合理的开展工作，确保“某”大桥主梁的顺利合拢。

（2）应变（应力）监测

××大桥应变监测主要是对施工阶段的主梁、桥墩的应变监测。通过应变跟踪观测，随时知道大桥主梁受力状况，判定应变是否超限，把握结构的安全状况和保证施工安全。该项观测在每一施工阶段都要进行，贯穿整个施工过程。如右幅桥所有断面均按图 6.11（b）所示的方式布置。

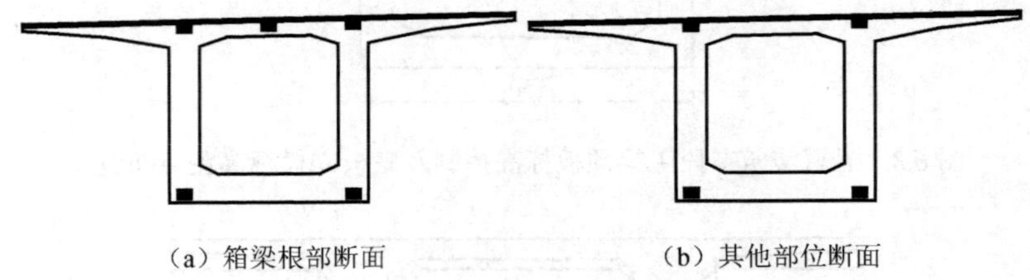

（a）箱梁根部断面　　（b）其他部位断面

图 6.11　主梁断面应力测点布置图（测试纵向应力）

l/4 跨处箱梁主拉应力测试断面（断面 5）只在腹板处布置 2 个测点（图 6.12），同样采用光纤光栅应变传感器。每个测点采用 3 个应变传感器布置成应变花形式，其中一个按 45°方向固定在钢筋上，测试导线引至箱内，并做好标记，做好保护。

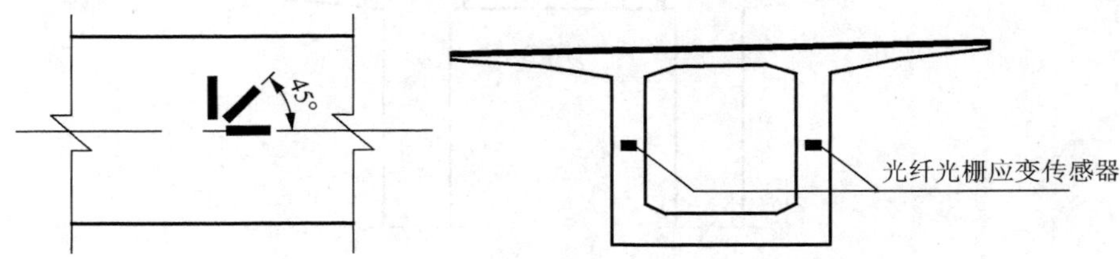

图 6.12　主梁断面应力测点布置图（测试主拉应力）

左幅桥双薄壁桥墩的应变断面（断面 9 和断面 15）布置，如图 6.13 所示，每个断面布设 2 个应力测点，采用光纤光栅应变传感器。应变传感器顺着桥墩竖向固定在主筋上，测试导线引至桥墩断面之外，并做好标记，做好保护。

右幅桥双薄壁桥墩的应变断面（断面 21 和断面 26）布置，如图 6.14 所示，每个断面布设 1 个应力测点。

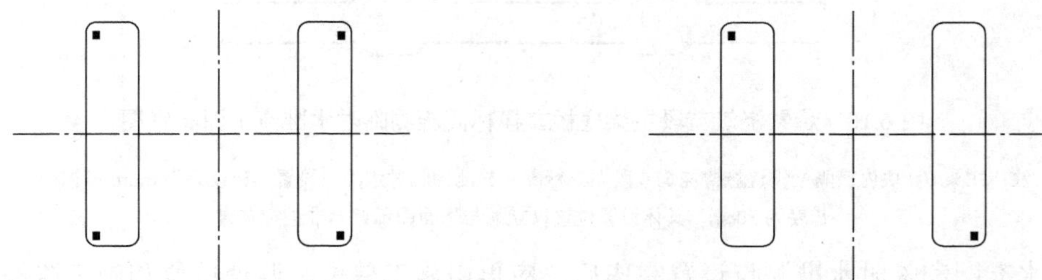

图 6.13　左幅桥桥墩断面应力测点布置图　　图 6.14　右幅桥桥墩断面应力测点布置图

（3）温度监测

大跨度桥梁的内力和变形对温度场变化十分敏感，应力测试、几何测试的同时都需要进行温度场测试，以对实测数据进行修正便于分析。“某”大桥温度监测的主要内容如下：

1）桥址环境温度，大气温度。

2）主桥混凝土箱梁以及桥墩的内外表面温度。

根据已有文献，预应力混凝土箱梁断面温度分布规律，结构内部应变测点布置断面同应变传感器，同一断面内顶底板分别布置一个光纤光栅温度传感器温度测点以修正应变测点数值。具体布置如图 6.15 和图 6.16 所示。

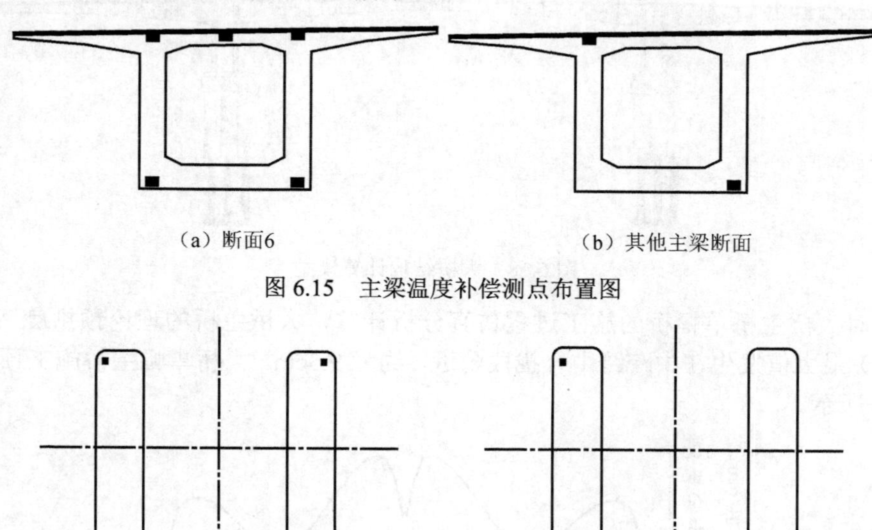

（a）断面6　（b）其他主梁断面

图 6.15　主梁温度补偿测点布置图

（a）断面13　（b）其他桥墩断面

图 6.16　桥墩温度补偿测点布置图

温度梯度测量选在左幅桥主跨距桥墩 $l/4$ 跨处，测点布置如图 6.17 所示。

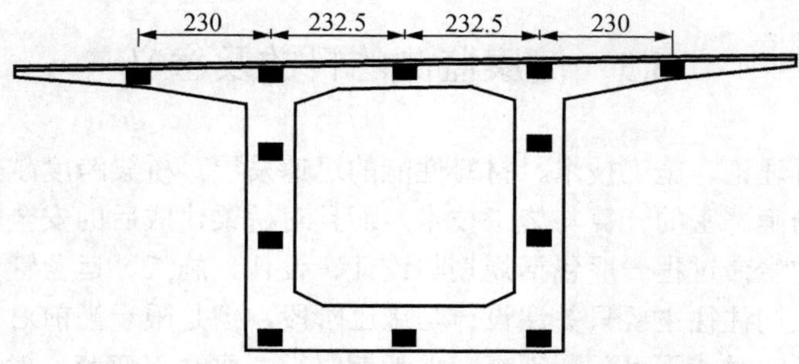

图 6.17　箱梁温度测点布置图

监测时间：箱梁温度场观测选择在天气晴朗温度比较高的两天进行。考虑到白天温度上升比较明显，晚上温差相对较小的原因，一天中的观测时间安排如下：从上午 10:00 开始，白天每两个小时测一次，夜间每 3h 测一次，直到次日 8:00 为止，作为一个 24h 连续观测，如此进行两次，完成整个 48h 梁体温度连续观测。

7. 施工控制计算数据及实测数据对比分析

选择箱梁悬臂浇筑合理计算图式是准确分析挠度的基础。模型采取的是浇筑梁段，就生成单元，挂篮模拟成施工荷载，这样就能够计算出混凝土在浇注后本块的前端挠度。在确定计算模型（图 6.18）后，大桥预拱度曲线分 74 个阶段进行，计算内容考虑温度、收缩徐变、施工荷载和体系转换。为保证结果的正确性，用另外一个程序计算，相互校核。高程监控计算与设计结构计算内容基本一致，但采用的参数不同，监控计算采用的材料容重、弹性模量、结构上下缘温差及收缩徐变参数都是采用的实际施工数值。

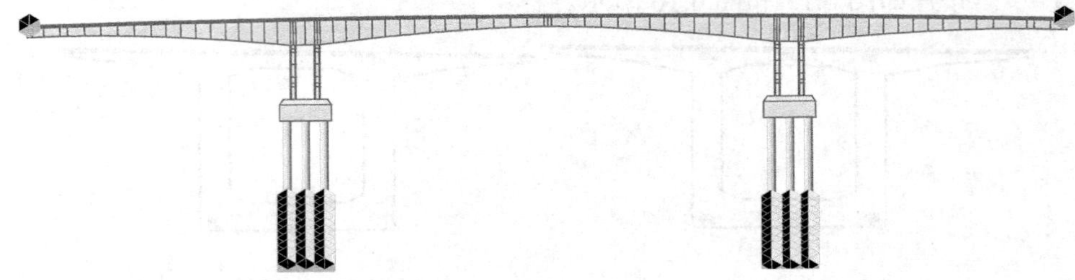

图 6.18　大桥结构计算模型

通过对大桥主桥单幅桥的施工过程仿真分析计算，大桥主桥的理论预拱度（考虑 1/2 活载效应）最大值发生在中跨跨中合拢段附近，约为 9.5cm。大桥单幅主桥施工预拱度图形如图 6.19 所示。

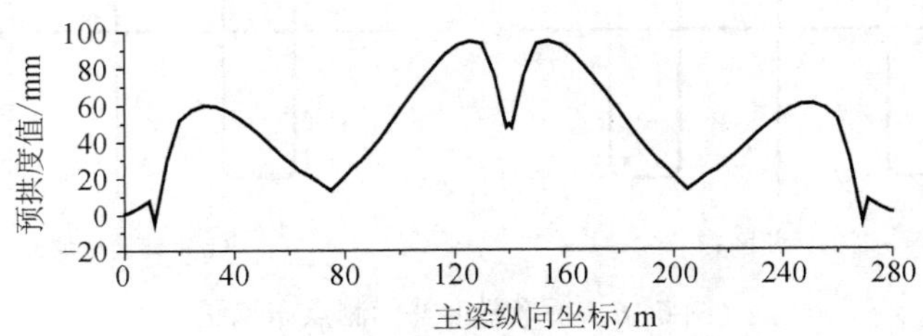

图 6.19　大桥主桥单幅桥施工理论预拱度图形

6.5　健康监测的目的及意义

随着桥梁分析理论、施工技术、材料性能的迅速发展，桥梁跨度越来越大、结构越来越柔，不仅要求精确严密的计算与施工技术，而且对桥梁建成后的安全养护提出了更高的要求。大型桥梁的生命过程一般包括规划与论证、设计、施工、运营管理以及养护维修等几个阶段，以往人们往往主要只关注设计与施工阶段，但是限于当前对于大型复杂结构的认识程度及许多不定时或不可预测因素，如超期服役、腐蚀、疲劳、撞击、爆炸、地震、洪水、飓风等自然灾害，人们难以进行预测与控制，为了确保大型复杂结构特别是大型桥梁的使用安全与耐久性，时时了解其健康状况是非常重要的。结构健康监测就是指在现场进行结构特性，包括结构响应的无损检测和分析，目的是当结构在不同阶段发生损伤状况，就立刻进行损伤识别、确定损伤的位置、估计损伤的严重程度并评价损伤对结构影响后果。对于桥梁结构健康监测系统就必须同时能够进行结构损伤检测和状况评估。

对于近二十年建成的大型桥梁，大部分建立了以收缴过桥费为主要职能的桥梁管理机构，但是健康监测、养护与维修得不到应有的重视，往往是在出现问题后才亡羊补牢。一般来说是不足取的一种方式；由于资金有限，也不可能一次性全部进行加固改造，需要区分轻重缓急，需要对桥梁状态作出科学准确的评判。由于大型桥梁的复杂性，传统的人工检测方法由于其滞后性、效率低，造成桥梁管理成本的提高与资源配置的不合理，已跟不上桥梁发展需求，也不符合经济运作的规律。在这种情况下，建立桥梁健康监测与安全评定系统，能够大大提高检测效率，实时掌握桥梁状态变化，评价桥梁的承载能力和使用功能，以及桥梁的安全可靠性，其意义主要有：

1）及时把握桥梁结构运营阶段的工作状态，识别结构损伤以及评定结构的安全、可靠性与耐久性。

2）为运营、维护、管理提供决策依据，可以使得既有桥梁的技术改造决策更加科学、改造技术方案的设计更加合理、经济。

3）验证桥梁设计建造理论与方法，完善相关设计施工技术规程，提高桥梁设计水平和安全可靠度，保障结构的使用安全，具有重要的社会意义、经济价值和广泛的应用前景。

在欧美、日本等一些发达国家与地区，桥梁工程的重点已由新桥建设逐步转到既有桥梁的健康监测、状态评估和养护、维修、加固与改造等方面，颁布了基于结构可靠性理论和概率思想的旧桥评估规范和规程，并且把桥梁承载能力的评估纳入桥梁管理系统范畴。桥梁管理系统包括桥梁健康监测、损伤诊断与识别、状态评估与承载力退化、可靠性与耐久性评估、使用寿命预测、加固改造技术、新型改性材料等方面，严格科学规范管理，已经取得比较显著的经济效益。

6.6　桥梁健康系统设计总则

1. 健康系统设计总则

桥梁结构监测系统的总体设计时需要考虑监测内容、监测系统的等级和功能三个方面。

（1）健康监测系统的监测内容

桥梁的监测内容概括起来有两大类：荷载监测和响应监测。桥梁上的荷载主要有风荷载、温度荷载、湿度和车辆荷载等；结构响应分为局部性态变量响应和整体性态变量响应，局部性态变量主要为应变，整体性态变量主要为加速度和位移等，索力既可以通过局部性态变量应变获得，也可以通过整体性态变量加速度获得。桥梁结构的监测变量见表 6.1。

表 6.1　桥梁健康监测系统的监测变量

监测变量类型		监测变量
荷载		车辆、风、温度、湿度、雨量
响应	全局性态变量	静动位移、加速度、索力
	局部性态变量	应变、索力

（2）健康监测系统的等级

根据桥梁结构的规模、重要性、投资、服役环境及其服役期内性能退化情况，桥梁结构健康监测系统的等级也不同，按照其运行方式，桥梁结构健康监测系统划分为三个等级：即在线实时监测系统一级；定期离线监测系统二级；定期检测系统三级。一级健康监测系统一般用于大跨度重要桥梁，如悬索桥或斜拉桥；二级用于中等跨度的悬索桥和斜拉桥、大中型跨度的连续梁桥及拱桥；三级用于一般跨度的桥梁。显然，不同等级的健康监测系统的自动化、实时性、网络化、规模、监测系统硬件和软件将有所不同，其功能也不同。桥梁结构健康监测系统的等级划分见表 6.2。

表 6.2　桥梁健康监测系统的等级

等级	桥型	监测系统的性能
一级	大跨度斜拉桥和悬索桥	监测内容全、系统硬软件先进、系统自动化、实时性、集成化和网络化程度高
二级	中等跨度的悬索桥和斜拉桥、大中型跨度的拱桥和连续梁桥	监测内容较全、系统硬软件先进、系统离线定期连续监测（每次连续监测多天）、自动化程度较高、数据管理系统网络化运行
三级	一般跨度桥梁	检测内容、检测系统硬软件、检测制度等符合国家桥梁养维护技术手册的相应要求，数据管理系统网络化运行

桥梁结构健康监测系统的等级是桥梁结构健康监测系统硬软件设计与选型原则、系统集成技术及其水平确定的依据。

（3）健康监测系统的功能

健康监测系统的等级不同，其功能也不同，但一个桥梁结构的健康监测系统至少应满足图 6.20 所示的四个基本功能。

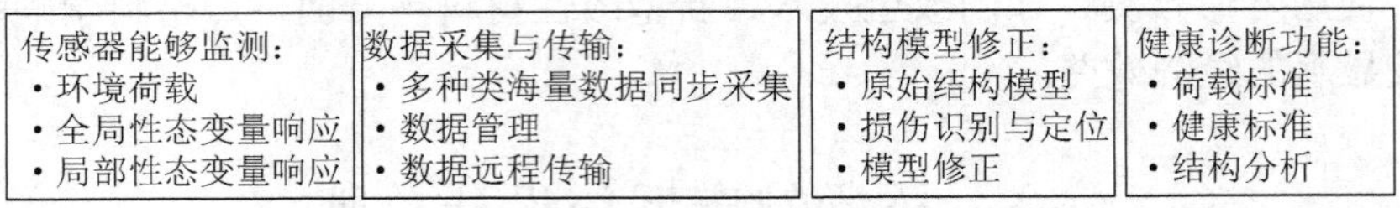

传感器能够监测：	数据采集与传输：	结构模型修正：	健康诊断功能：
· 环境荷载 · 全局性态变量响应 · 局部性态变量响应	· 多种类海量数据同步采集 · 数据管理 · 数据远程传输	· 原始结构模型 · 损伤识别与定位 · 模型修正	· 荷载标准 · 健康标准 · 结构分析

图 6.20　健康监测统的基本功能

2. 传感器测点优化理论与传感器选型原则

（1）传感器及其测点优化理论

根据监测内容，桥梁健康监测系统传感器测点优化布设分别采取不同的方法。

荷载监测：风荷载一般采用风速仪测试，风速仪应安装在风荷载较大和受桥梁结构外形影响较小的位置，如桥塔顶部或桥面合龙段；车辆荷载一般采用动态地秤，往往设在桥头或收费站处；引起桥梁结构内力的温度有季节温差和日照温差，温度传感器的布设需要能够监测环境温度和温度在构件内的梯度分布，目前性能最好的温度传感器是光纤光栅温度传感器。

局部性态变量监测：局部性态变量主要是应变，应变传感器按照热点应力法和保证一定冗余度的原则布设，目前常用光纤光栅应变传感器、干涉型光纤传感器、振弦式应变传感器等。

整体性态变量监测：整体性态变量主要为静动位移和加速度。桥梁结构的静位移可以采用 GPS 系统、全站仪或连通管测试，上述传感器测点应布设在静变形较大和桥墩处（沉降）；测试动位移和加速度反应可以采用加速度传感器或 GPS 系统，按照测点优化理论确定它们的最小数量和最优位置，同时考虑一定的冗余度，也可以根据桥梁结构主要参与振动的模态确定传感器的数量和位置。

斜拉索索力的监测：斜拉索索力可以通过测试斜拉索的应变或其自振频率获得，考虑到短索受力不利，长索振动较大，所以应在短索和长索上布设传感器，并适当在中长度的斜拉索上也布设少量的传感器。斜拉桥每一个索塔至少布设一个测试整体性态变量的传感器。

（2）传感器选型原则

本着技术先进、经济合理、性能可靠适用、长期稳定、满足监测要求的目的确定传感器的选型。

1）先进性原则：根据监测要求，尽量选用技术成熟、性能先进的传感器。

2）实用、可靠性原则：保证系统在桥梁服役环境下安全可靠运行，经济实用。

3）耐久性原则：选用耐久性好和抗干扰强的传感器和传输线。

4）可维护、可扩展原则：传感器易于维护和更换。

5）精度适中：根据桥梁受力和变形特点，选用精度满足监测要求的传感器。

用于桥梁健康监测系统的常用传感器的选型原则具体分述如下。

1）风速仪：能测量脉动风，进行风谱分析，按照桥梁的设计风速确定精度和量程，可以适用于风吹雨淋环境，工作温度满足桥梁建设地点的冬季和夏季的最低和最高温度。

2）地秤：能测试车辆的重量和车速、精度满足有关规范要求、抗电磁干扰强、耐久性好。

3）温度传感器：能实现绝对测量、测量精度满足有关规范要求、量程满足桥梁建设地点历史统计资料的最低和最高温度、抗电磁干扰强、耐久性好。

4）应变传感器：能绝对测量、精度满足有关规范要求、最大量程与所用钢筋的极限应变相同或略高、工作温度满足桥梁建设地点的最低和最高温度要求、抗电磁干扰强、耐久性好。

5）加速度传感器：根据桥梁动态响应确定加速度传感器的精度、量程和轴向（单轴、双轴和三轴）；根据桥梁的自振特性确定加速度传感器的频响特性；根据桥梁建设地点的历史统计资料，确定加速度传感器的适宜工作温度和环境。

6）位移传感器：根据桥梁静态响应确定测量精度和量程。其他指标与加速度传感器相同。

3. 数据采集硬软件系统及其总线方案

数据采集系统硬软件的设计原则是根据桥梁结构健康监测系统的等级并结合传感器的性能指标和信号特征以及结构响应特点确定的。桥梁结构的监测信号按照随时间变化的特征可以分为静态信号和动态信号，从感知机理上分为光信号和电信号等。

对所有传感器信号的真实记录是数据采集硬件系统选择的最终要求。传感器信号特征、信号采样频率、I/O 数据吞吐量及对信号的预处理等要求决定了数据采集硬件系统的基本方式和具体硬件设备的选择。通常，遵循简单协议和接口标准的基于串口并口的数据采集硬件即可满足单一特征信号及较低信号采样频率等的要求，而基于 ISA、PCI、PXI 等局部总线标准以及基于 CAN、LonWorks 等现场总线的数据采集硬件更可以满足较高的信号采集要求甚至目前现有桥梁结构信号采集的所有要求。另外，对信号进行放大、滤波、去噪、隔离等硬件设备在必要时也可采用。

软件是数据采集系统的关键，选择正确的软件系统可以最大限度发挥硬件的性能。目前有多种程序开发语言或软件开发平台可供选择。一般来说，越低级的语言开发出的数据采集系统效率越高，但开发技术复杂；利用高级语言或软件开发平台进行数据采集软件的开发通常较为简单易学，数据处理方式简单，但效率较低，常用于非严格场合。目前从低级到高级的开发工具主要有：汇编语言、BASIC 语言、C 语言、Visual C++开发平台、LabWindows/CVI 开发平台、LabVIEW 开发平台。

数据采样频率是数据采集系统设计中的一个重要问题，采样频率过高，将对数据采集、传输和存储系统的硬件性能的要求非常高，导致系统造价大幅度提高，若采样频率过低，将使采集的数据不能真实反映桥梁的振动特性。数据采样频率需要根据桥梁结构动态响应的频响范围确定，此外，所有传感器的信号应同步采集或间隔同步采集；桥梁结构健康监测系统的数据量大，需要考虑监测数据的存储策略，一般可以通过设定阈值的方法对桥梁较小反应的数据不存储，另一种方法是根据交通流量和环境变化来分时间段确定数据采集和存储策略，如分别在交通流量较大和交通流量特别少（消除交通车辆对桥梁自振特性的影响）的时间段内采集数据等。对于特别多传感器或采样频率很高的情况，实时采集和需要存储的数据量也会非常大，对这种情况，通常采用缓存技术进行延时存储，但在地震等极端荷载作用下的桥梁结构或可能发生突然失稳破坏的大跨度悬索桥中，延时存储可能导致结构紧急情况下数据的丢失，因此本地硬盘的二进制数据应急存储（备份存储）在这种情况下是有必要的，该部分冗余数据可以定期清除。

4. 数据传输技术

数据传输技术分为现场传输和远程传输。现场传输是指从传感器至工控机；远程传输是指从工控机至服务器接入 Intranet/Intemet 网络（实现 Intranet/Intemet 网络存储和发布数据）。对现场传输而言，GPS 系统和无线传感器一般采用无线传输技术将传感器的信号直接传输至工控机，其他传感器采用有线传输；对远程传输而言，若桥梁建设地点本身有 Internet 网络可以利用，则可以将监测数据直接存入服务器，进而实现网上存储和发布数据，若桥梁建设地点没有 Internet 网络可用，则可以采用微波等无线通讯技术将监测系统采集的数据从工控机传输至有 Internet 网络地点的某个服务器上，进而实现网络存储和发布数据。对远程无线传输系统，传输数据量和传输距离是无线通讯系统的主要性能指标。

5. 损伤识别、模型修正与安全评定方法

在桥梁上安装健康监测系统的目的是对桥梁的损伤进行识别，建立损伤桥梁的计算分析模型，进一步对桥梁的健康和安全状态进行评定，并及时预警。

桥梁的安全评定分为基于构件的安全评定和基于整体桥梁的安全评定。基于构件的安全评定可以按照下述原则在线实时进行：监测的关键构件关键截面上的应力是否超过规范的允许值；监测的加速度是否超过舒适度的要求；监测的位移是否超过规范的允许值；与历史同期数据相比，是否某些监测的变量有明显的变化？

但基于整体桥梁的安全评定需要在损伤识别和修正模型的基础上进行。考虑到目前准确地识别结构的损伤、建立较精确的修正模型和进行整体桥梁的安全评定还有一定的困难，因此，在设计桥梁在线健康监测系统时，一般还需要离线进行更细致的分析。

6. 数据管理系统设计原则与功能

数据管理系统是健康监测系统的“仓库”，它存储和管理桥梁及其健康监测系统所有的硬件和软件以及监测和分析结果全过程的信息。桥梁结构健康监测数据管理系统的设计包括数据库结构设计和数据库功能设计。为了使多用户能同时访问桥梁结构健康监测的数据，同时使监测数据通过 Internet 网络发布，一般采用网络数据库，这也便于与我国桥梁养护管理系统接口。

桥梁健康监测系统的数据库结构应包括桥梁地理位置子库、桥梁设计 CAD 图纸子库、桥梁施工监控子库、成桥试验子库、健康监测系统硬件和软件信息子库、桥梁结构监测数据子库、桥梁结构分析结果子库等。桥梁结构健康监测系统的数据管理系统如图 6.21 所示。

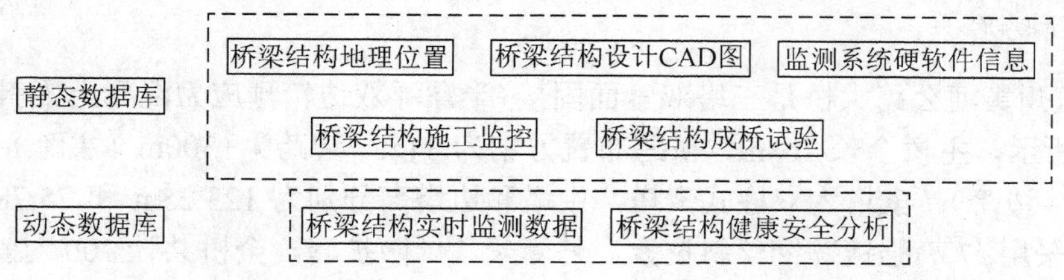

图 6.21　桥梁健康监测系统数据管理系统

7. 施工监控、成桥试验和运营健康监测系统的共享性

按照桥梁结构设计规范，大型桥梁施工过程均需要进行施工监控、桥梁合拢通车前需要进行成桥试验，运营阶段需要进行健康监测。上述三个部分在时间顺序上是相互衔接的，如图 6.22 所示。施工监控和成桥试验均需要在桥梁结构上布设临时传感器和测试系统，因此，充分考虑桥梁结构施工监控、成桥试验和运营健康监测系统的共享性，将不仅节省大量的费用，而且有关数据将形成桥梁结构建造和运行的档案，根据成桥试验获得的模型作为桥梁的健康模型，从而为建立未来桥梁结构损伤模型提供参考模型。因此，桥梁结构健康监测系统的设计与实现应充分考虑在传感器、数据采集系统和采集数据上共享。

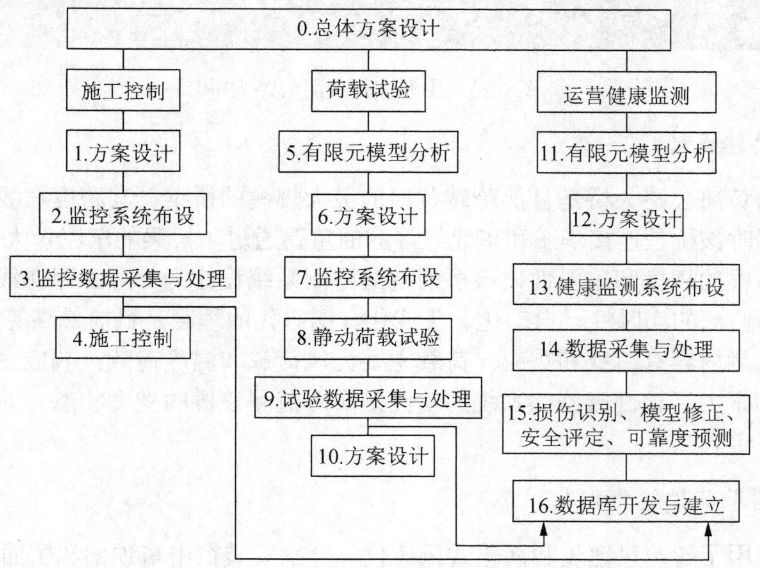

图 6.22　施工监控、成桥试验和运营健康监测系统的共享性

6.7　健康监测应用实例

1. 工程概况

山东滨州黄河公路大桥是三塔双索面固接+半漂浮双边箱预应力混凝土梁斜拉桥体系，如图 6.23 所示。主桥全长 768m，桥跨布置方案为 84m（边跨）+300m（主跨）+300m（主跨）+84m（边跨）。索塔为双柱式索塔，中塔和边塔高分别为 123.25m 和 75.78m（塔座以上）。本桥采用ϕ7 高强镀锌钢丝斜拉索，外套聚乙烯防护套，全桥共计 100 对斜索。

山东滨州黄河公路大桥于 2003 年 11 月合拢，2004 年 7 月 3～6 日进行了成桥试验，2004 年 7 月 18 日正式通车。

图 6.23　山东滨州黄河公路大桥

2. 系统总体设计

山东滨州黄河公路大桥是目前跨越黄河的最大规模的桥梁，其跨度在我国同类桥梁中排名第三，同时该桥是连接华东和华北经济圈的重要通道，桥梁的车流量大。

根据该桥梁的规模和重要性，该桥的健康监测系统设计为一等，即在线实时健康监测系统，该健康监测的实时性、自动化、集成化、网络化的程度是目前最高等级。

桥梁的监测内容有荷载和响应。荷载主要为风荷载和温度荷载；响应主要为应变、位移、加速度和索力。该健康监测系统的功能是实时监测该桥的受力状态，对该桥的健康安全状况进行评定。

3. 传感器及其性能与测点

风荷载采用了超声风速仪和涡轮式风速仪，分别安装在中塔顶部和桥面上，如图 6.24 所示。超声风速仪可以监测风速、风向和温度等，能直接计算风谱，采样频率为 4～32Hz，适宜工作温度为-50～+50℃，风速测量范围为 0～40m/s；涡轮式风速仪可以监测风速。温度采用光纤光栅温度传感器，其耐久性好，能绝对测量，测试精度为±0.1℃，温度传感器的布设既考虑了温度在梁内的分布特点，同时也考虑了光纤光栅应变传感器的温度补偿。

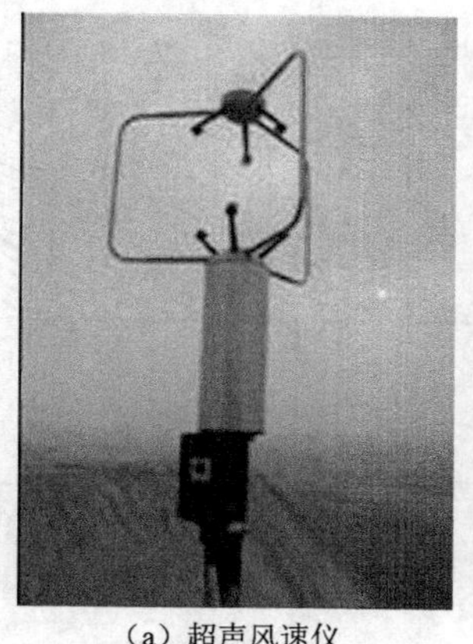

（a）超声风速仪

（b）涡轮式风速仪

图 6.24　风速仪

应变采用光纤光栅应变传感器，其测试精度为±2μs，耐久性好、绝对测量、分布式测量，光纤光栅应变传感器及其测点布设如图 6.25 所示。

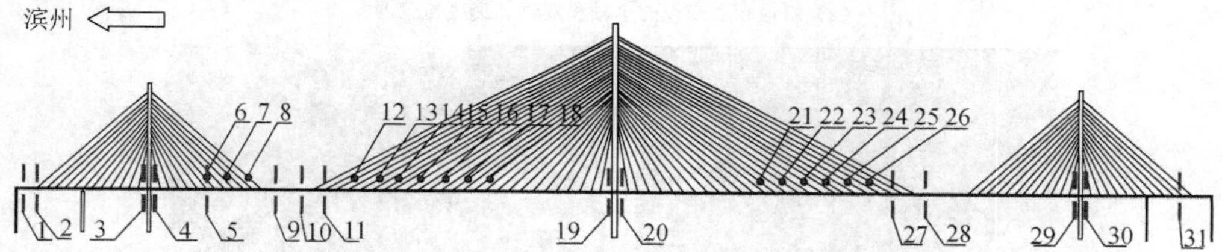

Ⅰ设置于主梁处的光纤传感器　•设置于斜拉索处的光纤传感器

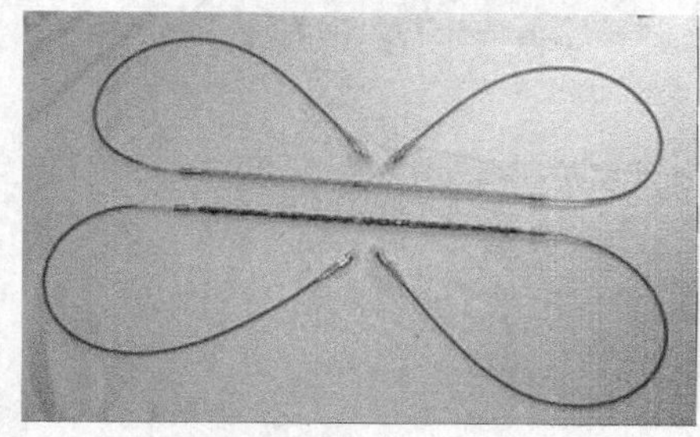

图 6.25　光纤光栅应变传感器在主梁和斜拉索上的布设位置

根据桥梁结构的自振频率，分别选用了力平衡式和压电式加速度传感器。按照振动特点，在桥塔顶部安装了 1 个双轴的加速度传感器，在主跨合拢处安装了 2 个三轴加速度传感器（图 6.26）；在桥梁主跨上下游分别布设了 7 个单轴加速度传感器；在斜拉索上分别布设了单轴和双轴加速度传感器；该桥上共布设了 39 个加速度传感器，如图 6.27 所示。

位移采用 JAVAD 公司的 GB.1000 双频 GPS，在该桥上共安装了（1+4）套 GPS 系统，分别设置在中塔顶部、合拢段的上下游和岸边，如图 6.27 所示。

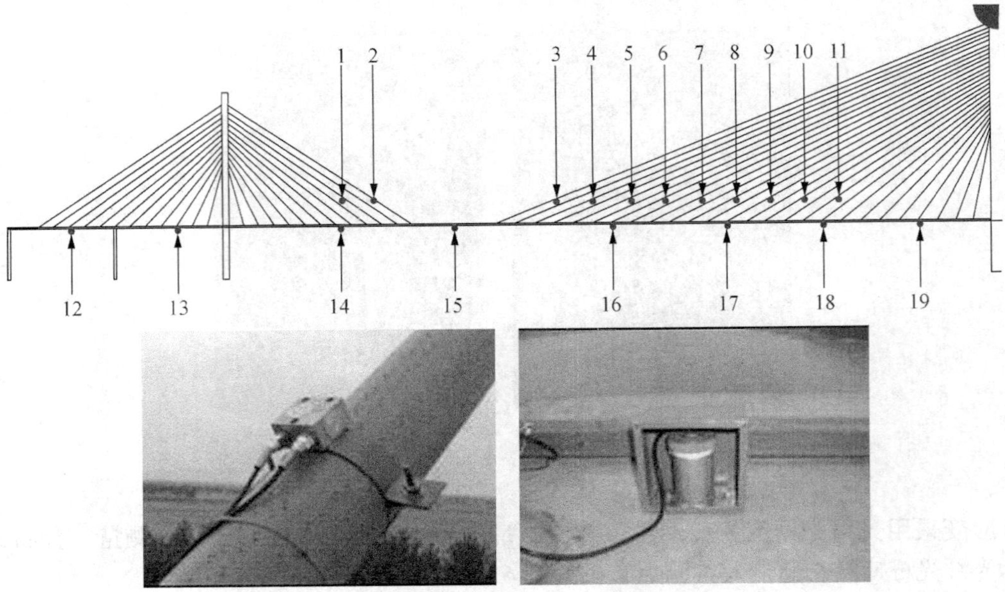

（a）斜拉索上布设的单轴和双轴加速度传感器

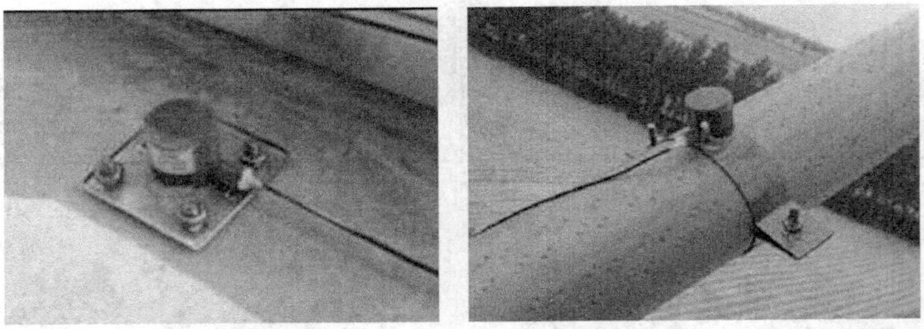

（b）桥面上布设的加速度传感器

图 6.26　加速度传感器

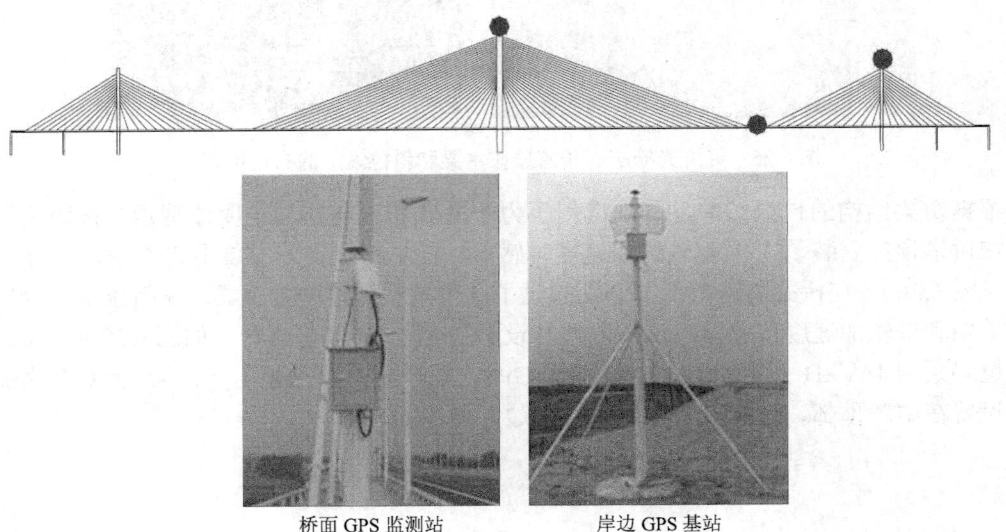

桥面 GPS 监测站　　岸边 GPS 基站

图 6.27　山东滨州黄河公路大桥布设的 GPS 系统

4. 数据采集系统的硬软件及其总线方案

本桥健康监测系统传感器的信号既有电信号、也有光信号。所有的电信号都直接采用数据采集卡采集，然后存入桥梁中控室内的控制中心的工控机内；光信号采用光纤光栅解调仪进行采集。所有的数据采集软件均采用LabVIEW编写。采用PCI总线。加速度和桥面涡轮式风速仪的采用频率是50Hz，塔顶超声风速仪的采样频率为20Hz，光纤光栅应变和温度的采用频率为100Hz，GPS系统的采样频率为100Hz。

5. 无线传输系统

在所有布设的传感器中，从传感器至工控机的信号现场传输只有GPS系统采用了无线传输技术，其他信号的现场传输均有有线传输，并将所有采集的数据存储在桥梁现场中控室内的工控机内。由于该桥建设地点附近没有网络可以利用，无法直接实现网上数据存储和发布，为此，采用微波无线通讯系统将工控机内的数据实时传输至10km处的桥梁收费站内设置的服务器内，从而实现了数据实时网上存储和发布。无线通讯系统分别设在桥塔顶部和收费站建筑物的顶部，如图6.28所示。

(a) 塔顶远程无线设备

(b) 收费站远程无线设备

图6.28　山东滨州黄河公路大桥微波无线通讯系统

在整个建成的GPS数据传输无线链路中，提供的带宽将达到2MB，从桥中控室到市中心点的带宽将保证在1MB，最大传输距离为15km。

桥梁上现场采集数据和收费站内服务器内采集数据的比较表明，两者的数据完全相同，说明该系统传输数据的实时性和再现性均满足本监测系统的要求。

6. 模型修正

本桥当前是一座新建桥梁，桥梁没有损伤，但目前采集的数据为研究斜拉桥结构的模型修正方法提供了基础，作者及其课题组已经对斜拉索和索塔的参数进行了识别，得到了与设计和实测结果吻合较好的子结构模型。在该健康监测系统中，目前采用了基于构件的安全评定方法。

7. 数据管理子系统

采用SQL Server2000编制开发数据管理系统，它不仅满足监测系统网络化的要求，同时也满足与桥梁养护管理系统接口的要求。数据管理系统分为静态数据库和动态数据库。其中静态数据库主要包括：

1）桥梁结构信息数据库（StructureInf），主要存储桥梁结构的设计资料，如桥梁结构的

CAD 设计图纸等。

2）结构模型数据库，主要存储基于成桥试验的健康分析模型和基于模型修正的损伤桥梁结构分析模型。

3）传感器信息数据库，主要记录传感器在桥梁结构上的安装位置信息，传感器性能指标信息，及传感器与结构构件之间的对应关系。分为加速度传感器、光纤光栅传感器、风速仪、GPS 等。

4）结构动力性能数据库（StrucModalInf），主要记录结构振型、频率、阻尼等动力学参数的健康值、理论计算值和损伤后的数值等。

5）成桥试验数据库，主要记录成桥试验的加载工况、试验与分析结果以及成桥试验报告等。

6）施工监控数据库，主要记录施工监控过程的全部信息。

动态数据库主要包括：

1）结构外部荷载数据库，主要记录风荷载、温度荷载、湿度、车辆荷载等的时程信息。

2）结构局部性态变量与整体性态变量数据库，主要记录梁、索（主缆、吊索、斜拉索、吊杆）、塔和拱等关键构件的应变、加速度、位移等信息。

3）结构安全评定分析结果数据库（HealEvalu），主要记录实时在线及离线的各种安全评定结果，以及专家评价结果等信息，该数据库一般可以与桥梁 养护管理系统数据库进行接口和数据共享。

8. 集成技术

本系统采用 LabVIEW 作为系统集成的开发平台，所有的硬软件的运行均由该软自动“指挥”和“调用”完成。系统在网上运行，有关界面如图 6.29 所示。

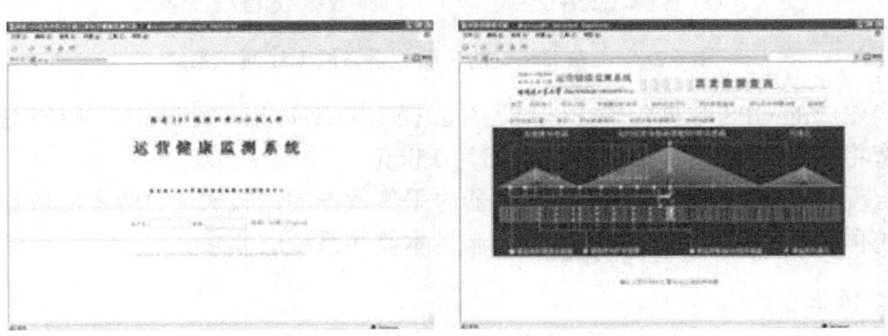

图 6.29　系统网络运行界面

9. 系统运行结果分析

该健康监测系统在成桥试验阶段开始运行，成桥试验中利用此系统记录了山东滨州黄河公路大桥在试验工况下的受力状态，验证了该系统的性能。下面是部分试验结果。

（1）光纤光栅传感器

对主梁北主跨塔根部北侧最大负弯矩的中载加载工况，采用光纤光栅传感器测试了主梁截面上的应变，截面如图 3.30 所示，测试的应变如图 6.31 所示。

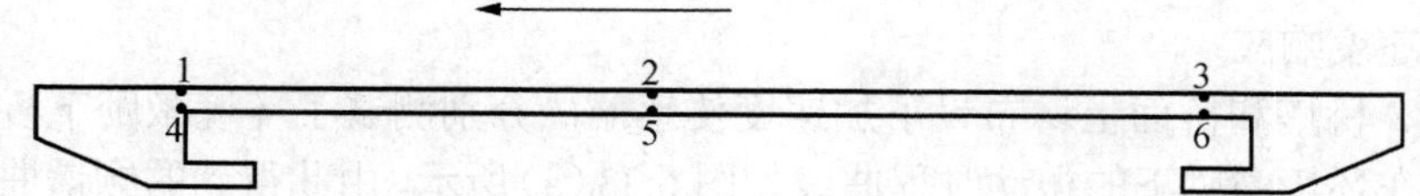

图 6.30　主梁截面上的应变测点

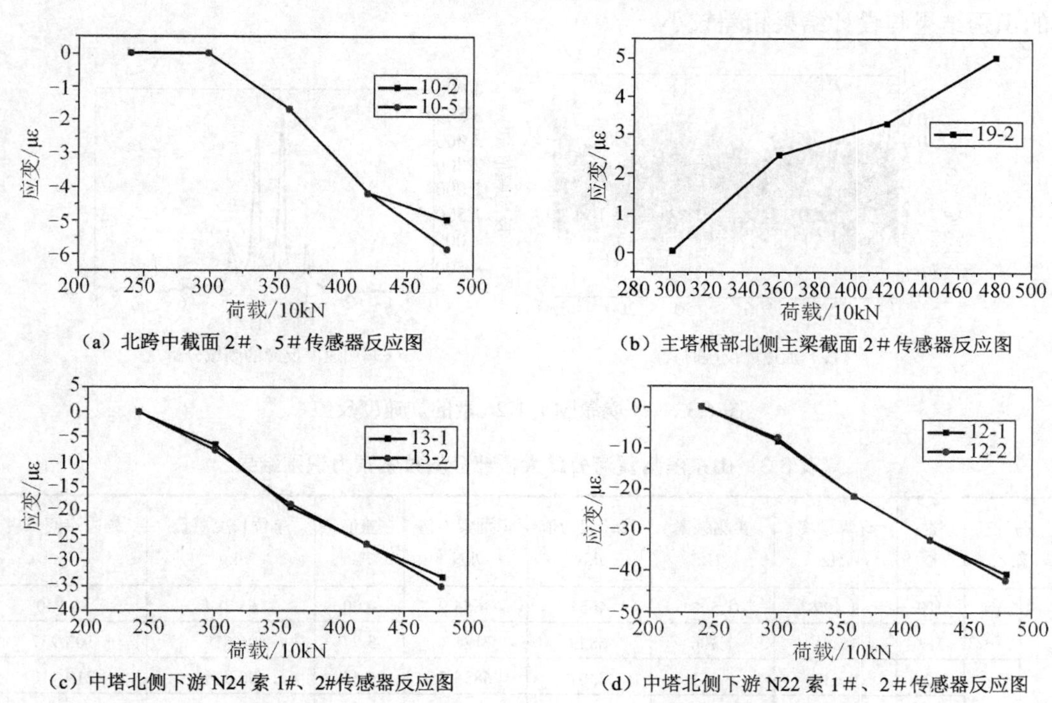

（a）北跨中截面 2#、5#传感器反应图

（b）主塔根部北侧主梁截面 2#传感器反应图

（c）中塔北侧下游 N24 索 1#、2#传感器反应图

（d）中塔北侧下游 N22 索 1#、2#传感器反应图

图 6.31　光纤光栅应变传感器静力加载下的测试结果

在无障碍行车试验（在桥面无任何障碍的情况下，用两辆载重分别为 150kN 的汽车以 10km/h、20km/h、30km/h、40km/h、…的速度驶过该桥）下测量桥梁结构在动应变和温度变化，如图 6.32 所示。

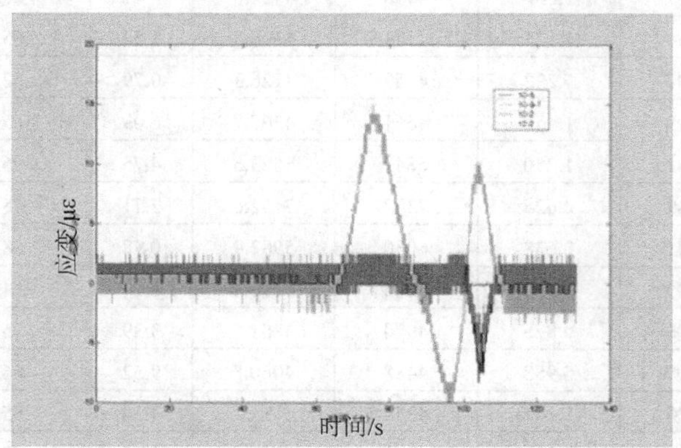

图 6.32　由南向北时速 50km/h 无障碍行车应变、温度反应图

从上述结果可以看出，光纤光栅传感器可以测试静动态应变，测试精度较高；也可以准确测试桥梁结构的温度。

（2）加速度响应

斜拉索、桥塔和桥面上均布设了加速度传感器，分别测试了环境激励下桥梁的振动。其中斜拉索在环境激励下的振动时程曲线如图 6.33（a）所示，由此得到的频谱曲线如图 6.33（b）所示，通过斜拉索的振动频率识别得到的斜拉索的索力见表 6.3，由此可见，斜拉索索力的识别结果与设计结果相差较小。

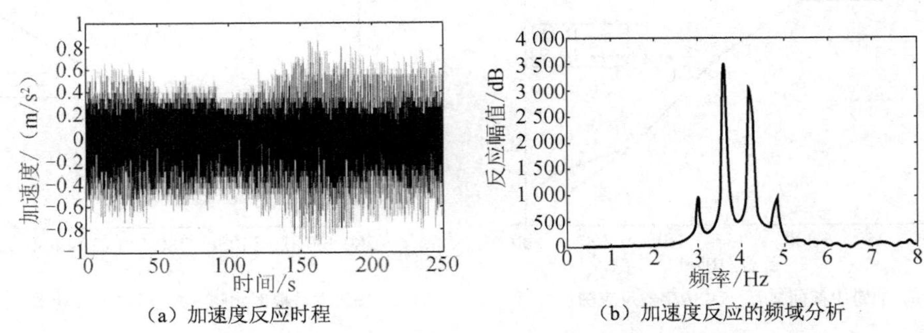

（a）加速度反应时程　　（b）加速度反应的频域分析

图 6.33　环境激励下 N26 索的加速度反应

表 6.3　山东滨州黄河公路大桥部分斜拉索索力识别结果

位置		索号	计算频率/Hz	实测频率/Hz	设计索力值/kN	识别索力值/kN	差值/%	单位长度质量/kg	锚固点间长度/m
上游	南塔	J10	1.499	1.500	4651	4654.9	0.00	65.384	88.940
		J12	1.281	1.306	6849	7121.1	3.97	96.619	103.937
	中塔	N26	0.632	0.611	7307	6835.7	6.45	95.089	219.410
		N24	0.641	0.650	6030	6210	2.99	88.190	204.124
		N22	0.716	0.7083	5780	5680	2.11	79.028	188.883
		N20	0.765	0.750	5469	5265	3.73	77.558	173.698
		N18	0.783	0.792	5215	5341.9	2.43	84.682	158.562
		N16	0.890	0.875	4970	4801.5	3.39	76.081	143.553
		N14	1.007	1.000	4488	4424.6	1.41	66.814	128.669
		N12	1.134	1.125	4374	4306.5	1.54	65.544	113.924
		N10	1.297	1.292	4159	4126.3	0.79	62.658	99.312
下游	南塔	J10	1.499	1.453	4651	4367.7	6.09	65.384	88.940
		J12	1.281	1.250	6849	6523.5	4.75	96.619	103.937
	中塔	N26	0.632	0.625	7307	7152.6	2.11	95.089	219.410
		N24	0.641	0.638	6030	5982.9	0.78	88.190	204.124
		N18	0.783	0.750	5215	4790.4	8.14	84.682	158.562
		N16	0.890	0.875	4970	4801.5	3.39	76.081	143.553
		N14	1.007	0.958	4488	4060.8	9.52	66.814	128.669
		N12	1.134	1.157	4374	4555	4.14	65.544	113.924
		N10	1.297	1.282	4159	4062.7	2.32	62.658	99.312

桥塔在环境激励下的加速度时程反应如图 6.34 和图 6.35 所示，分别通过傅里叶变换和 Hilbert.Huang 变换识别了桥塔的振动频率，其横桥向前三阶振动频率分别为 0.27Hz、1.67Hz

和 4.8Hz，根据上述测试的频率，采用模型修正方法，获得了桥塔的修正有限元模型。

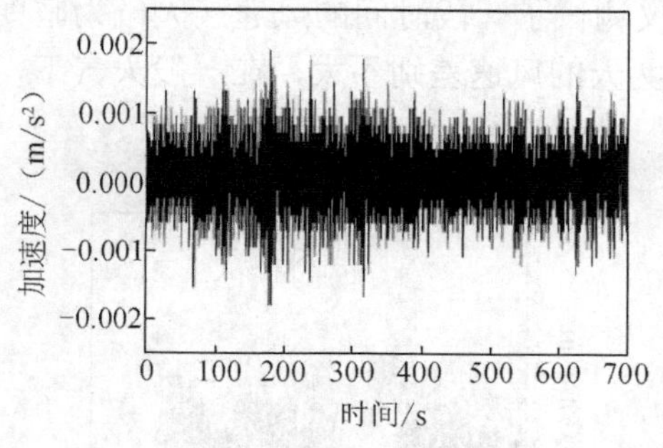

图 6.34　桥塔沿桥横向

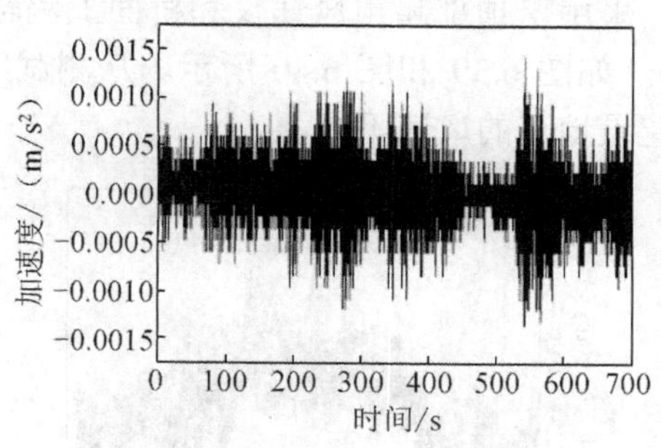

图 6.35　桥塔沿桥纵向

成桥试验车辆动荷载和环境激励下桥面合拢处的竖向振动如图 6.36 和图 6.37 所示。桥面系的动力特性及其修正的有限元模型还需要进一步研究建立。

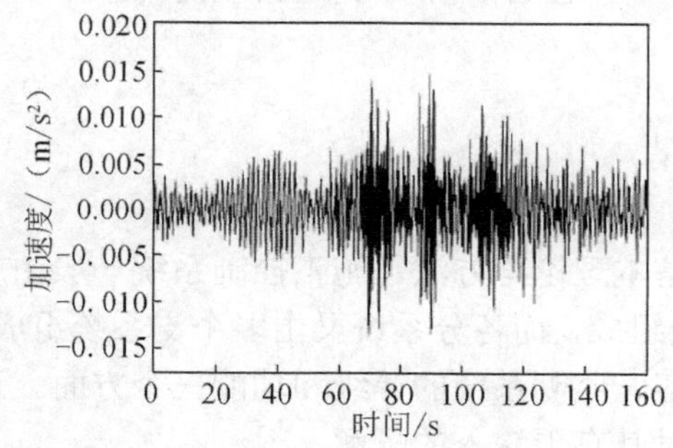

图 6.36　合龙段成桥试验

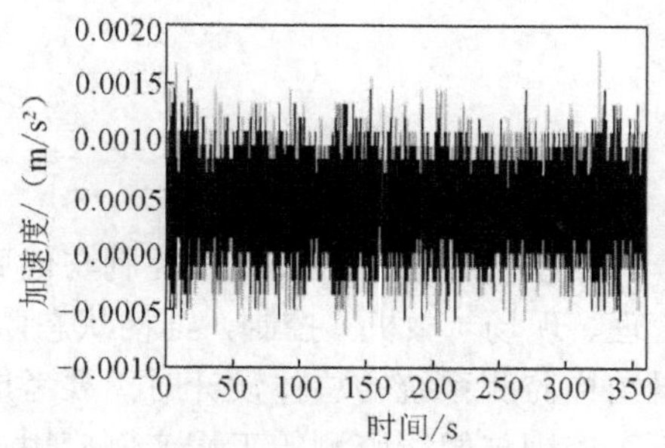

图 6.37　合龙段环境激励

（3）GPS 系统测试的位移反应

通过 GPS 系统测试获得的桥塔顶部在顺桥向和横桥向的坐标变化如图 6.38 所示，进一步处理可以得到 GPS 系统测试的桥塔的位移反应。

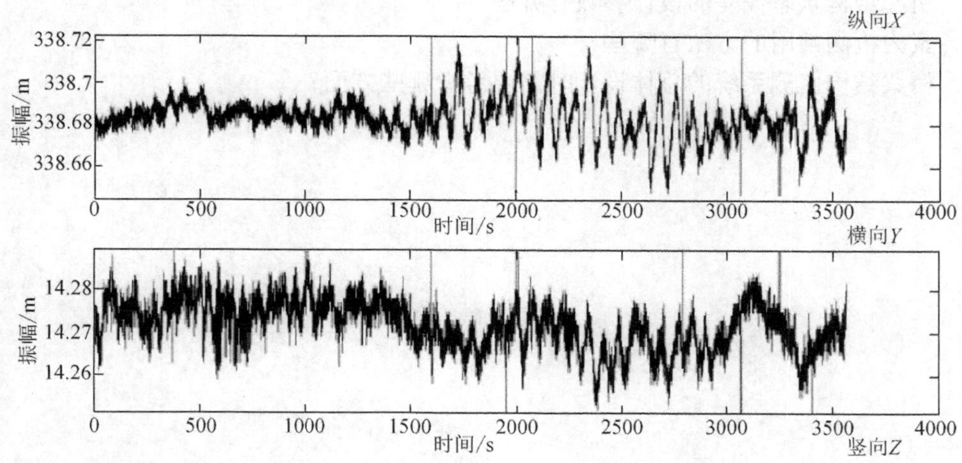

图 6.38　桥东主塔三维时程图

(4) 风速

采用塔顶部超声风速仪和桥面上涡轮式风速仪测试了一段时间的风速（天气为晴朗无风），如图 6.39 和图 6.40 所示。从测试结果看，两天的风速差别不大，在一般天气下，桥梁建设地点的风速不大。

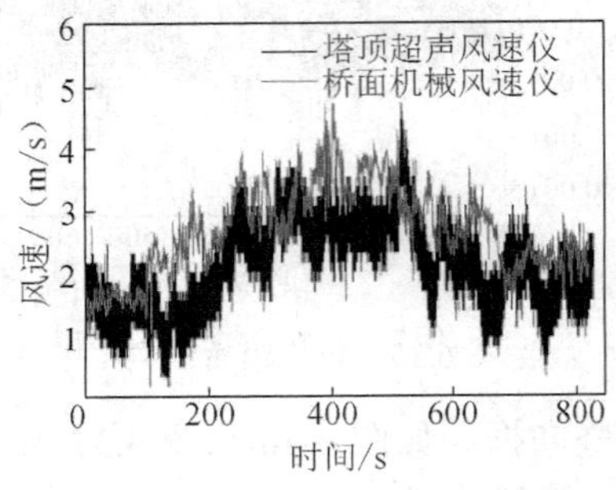

图 6.39　7 月 7 日上午实测风速

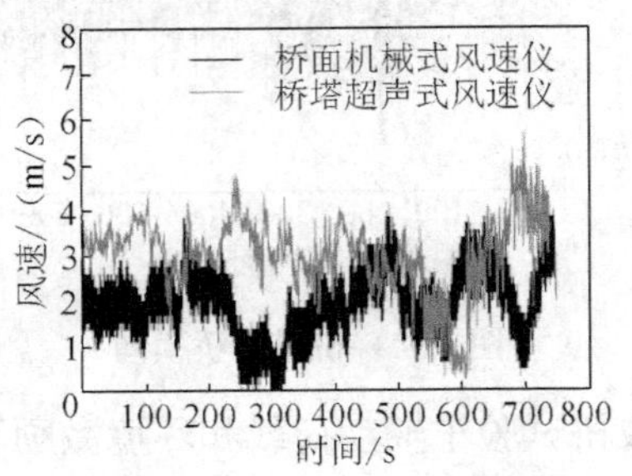

图 6.40　7 月 8 日上午实测风速

小　　结

本章主要介绍了桥梁施工控制与健康监测的基本理论与方法。施工控制系统一般由施工管理、现场（微机）控制，结构状态监测分系统组成，而各分系统又由多个支系统组成。桥梁结构监测系统的总体设计时需要考虑监测内容、监测系统的等级和功能三个方面。通过施工控制与健康监测的工程实例应用，使读者对其有更深入的了解。

思　考　题

1. 桥梁施工控制与健康监测的目的与意义是什么？
2. 引起结构状态偏差的设计参数有哪些？
3. 索力检测常用的方法有哪些？
4. 桥梁结构监测系统的总体设计时需要考虑哪些方面？

下篇　桥梁结构加固

第 7 章　绪　　论

7.1　桥梁结构加固的意义

7.1.1　桥梁维修加固的基本概念

桥梁维修加固工作包括日常养护维修、加固和改建三个项目。

养护维修是一项经常性的工作，一旦发现桥梁产生小的缺陷，就必须及时处理。由养护道班工人对缺陷进行修理。日常养护维修对于防止缺陷的产生和扩大具有积极的意义。

加固是通过加大（加强）桥梁构件和对重大病害进行彻底整治来提高整座桥梁承载能力的措施。加固可以有各种不同的方式，视旧桥的使用要求及其承载能力的降低程度而定。能长期保留加大桥梁建筑物承载能力作用的加固，称为永久性的加固；为了维持临时通车而采用的临时加固，称为临时性的加固。

对旧桥进行拓宽、升高桥面，改桥为涵、全部更换桥梁主要承重构件等工作一般称为桥梁的改建。

由于桥梁的加固与改建工作往往密切相关，加上习惯上的原因，因此，加固与改建工作习惯上没有进行严格的划分。

7.1.2　桥梁维修加固的意义

近 20 年来大量修建的预应力混凝土连续刚构桥，普遍出现在收缩徐变完成后，跨中仍然持续下挠，腹板底板开裂；近 10 多年发展起来的钢管混凝土拱桥，以其优异的施工性、经济性、造型美风靡全国，但实践的真实反映这一组合结构的计算方法并不成熟，管节点焊缝疲劳没能很好解决，吊杆寿命难以估计；近 30 年大量修建的钢筋混凝土箱型拱桥，桥面系病害多；诞生于 20 世纪 60 年代初的双曲拱桥，以其耗钢材少、造价低、施工方便的优点而风靡全国。到 1979 年全国建成双曲拱桥 4085 座、总长达到 35 万延米，占全国当时大中型公路桥梁 25.7%，双曲拱桥施工中突出优点是化整为零，施工完成后聚零为整，这又是它的突出缺点，因为大量的接缝形成了结构中的薄弱环节，加上当时人们认识局限，钢材投资又严重不足，过分强调浅基薄面，建成的双曲拱桥，经短期通车，少数垮塌，部分弃而不用，部分已经加固，部分正在或等待加固，正常使用的甚少。

我国桥梁设计载重标准经历了从汽-10、汽-13、汽-15、汽-20、汽超-20 的发展过程，其中载重标准在汽-20 以下的桥梁占多数；验算荷载也由拖-30、拖-60、拖-80 发展到挂-100 和挂-120；规范规定的车辆荷载安全系数为 1.40，低于美国的 1.75 和英国的 1.73；按交通部以往的桥涵设计规范，室外受雨淋（干湿交替环境）的混凝土构件，钢筋保护层最小设计厚度尚不到国际通用规范规定的一半等。原先设计规范标准过低，加上日益增加的交通量和车辆超限超载现象泛滥，相应的公路桥涵负荷日趋加重，一大批桥梁出现不同程度的病害，结构老化、破损、变形较大，开裂现象严重，桥梁的持荷能力明显下降，有相当一部分成为危桥，我国的桥梁安全状况不容乐观，桥梁加固已成为继桥梁建设后的又一大难题。

由联合国经济合作与发展组织（OECD）主持召开了关于“道路桥梁维修与管理”的会议，会议提出如下六个方面的问题要求加以研究：

1）如何正确评定现有桥梁的实际承载能力与安全度的问题。

2）如何及早地检查发现桥梁产生的损坏及异常现象，正确地鉴定结构物的损失程度，从而采用合理的维修加固方法问题。

3）桥梁损坏与维修加固的实际应用问题。

4）桥梁维修加固技术，即采用维修加固新的技术与方法问题。

5）桥梁设计与维修管理的关系，即如何把维修加固中发现的问题，放到今后桥梁设计上进行考虑的问题。

6）桥梁维修加固的未来展望，即维修加固方法将来会怎样发展，如何提出更合理的维修管理方法与策略的问题。

由此可见，对旧桥、危桥的加固维修，以及如何提高其承载力的问题研究、试验与推广，已经引起了世界性的关注。很多资料还表明，当前有些交通发达的国家，桥梁建设重点放在旧桥加固与改造方面，而新建桥梁已降为次要地位。

我国公路桥梁大部分为中华人民共和国成立后所建，桥龄一般在 30 年以内，病害问题尚未到大量暴露之时，但值得注意的是目前已有不少桥梁发生老化、破损、裂缝等现象，危桥逐年增多，荷载能力明显下降。随着公路交通的发展，汽车保有量与国民经济的同步上升，公路客货运输量不断增长，对公路提供安全、快速、重载行驶的要求也越来越高。桥梁是确保公路畅通的咽喉，其承载能力和通行能力优势贯通全线的关键。为免重蹈工业发达国家的覆辙，有计划、有步骤的突出重点，及时加强对现有桥梁进行调查研究，区别情况，分析损坏原因，采取相应的维修加固措施，检验评定旧桥承载能力和提出提高桥梁荷载等级的有效办法，从实践中取得成效，以充分发挥经济效益和社会效益，确保公路交通正常运行，这应是我国公路建设发展中具有战略意义和深远影响的迫切任务。

桥梁加固可以节省大量投资，收到良好的社会经济效益。采用适当的加固技术和拓宽措施，不仅可以避免因拆除旧桥与重建新桥而增加工程费用；而且对现有交通运输影响较小有的甚至可以在不中断交通的情况下完成；同时也恢复和提高了旧桥的承载能力及通行能力，延长桥梁的使用寿命，满足现代化交通运输的需求。

7.2 桥梁结构加固的特点

长期以来，桥梁重建轻养的现象并不鲜见，桥梁建成之后疏于养护，致使小的缺陷病害发展到影响到安全的严重病害事例很多。因此，提高养护作用与重要性的认识，掌握病害进程就显得十分重要。检查是为了及早发现问题，完整的检查养护档案为日后的维修加固提供很重要的参考价值。对建成桥梁不定期检查养护，或走过场的现象，必定导致小缺陷酿成大病害。错过维修加固的最佳时机，导致日后大规模加固，形成过大的资金浪费。因此，好的加固设计应该在一个技术合理、造价合理的范围内。

与新建桥梁工程相比，旧桥的维修加固施工有不少特点，现分述如下。

1. 维修加固的标准与设计时所采用的标准往往会有不同

由于旧有建筑物的存在，以及未来使用年限要求的不同，桥梁加固或改建的标准不可能与设计时所采用的标准完全相同。比如，旧桥的荷载等级假设是汽车1.3，而经加固后，其荷载等级可能会提高。故应在保证行车安全的前提下，根据使用要求和耐久性要求的具体情况，正确地掌握和提出加固或改建的有关标准要求。

2. 维修加固工作的难度要比新建时大

维修加固桥梁建筑物的工作必须在不妨碍交通的条件下进行，因此，往往会增加不少困难。即使会使施工产生困难，也必须尽量照顾交通。因此，在桥梁维修加固工作中，应从设计上和施工组织上采取有效措施，尽量减少对交通的影响。

维持交通或尽量减少对交通的影响，可采用如下的措施：

1）做好维修加固作业计划。为了提高施工效率，加快维修速度，应预先制定出作业计划。制订计划时，要事先做好调查研究工作，并根据过去维修加固工作的经验，充分研讨，然后按照施工力量以及工程量的大小制定出施工作业计划。

2）采取半边施工半边维持交通，即间断通车的措施。采用此法维持交通时，施工都应尽可能安排在交通量较少（如夜间）的时候进行。

3）搭设便桥维持交通。这种方式由于费工费时，并增大费用，因此只有在现场条件困难，非常必要时才采用。

4）利用绕道通行，设立交通标志的方法维持交通。

3. 桥梁的维修加固工作应充分利用原有结构

桥梁的维修加固，应在对原有结构作周密、细致检查评定的基础上，合理利用原有结构，能不换原有结构的就不更换，能充分利用旧桥的，要充分利用。

4. 桥梁维修加固工作比起新建桥梁来有更好的经济效果

桥梁在营运使用过程中，或者由于某种原因而产生较大损坏，承载能力降低；或者，随着交通运输的日益繁忙，桥梁承载能力和通过能力不能满足要求。解决旧桥承载能力和通过能力不足的问题通常有两种方案可供选择：一是拆除旧桥后重建新桥的重建法和换下全部旧桥主梁，架设荷载等级高的新梁的换梁法；另一种即采用各种加固措施，或除采用加固措施外，同时对旧桥加以拓宽的加固法。前者施工费时、费力，且造价较高，后者所需费用节约很多，一般仅为建造新桥的1/10至3/10。

可见，采用维修加固提高桥梁承载力和通过能力，是提高现有桥梁经济效益，节省投资减少人力、物力的重要途径。

5. 桥梁维修加固施工更要注意安全

桥梁维修加固施工是在荷载存在的情况下进行的，因此必须保证施工每一阶段结构的安全。特别是混凝土的修理、凿毛和破坏作业，拆换部分受力构件，在桥梁上施加新的施工荷载等，都使结构受力条件发生变化，均应作出分析评定。必要时，在施工中要加强观测，并采取有效的安全措施等。

6. 桥梁维修加固方法很多是新的施工工艺

由于桥梁维修加固工作是一项新近出现的技术，许多施工工艺是全新的，因此，其工艺的可靠性、可行性、合理性、耐久性等必须经过反复的科学试验和实践论证且需经受实践的考验。只有在车辆的反复作用下，才能充分验证是否获得了预期成效。通过大量实践，进一步探求其规律，为改进新工艺奠定基础。但缺乏准入机制，某些不适用于桥梁加固的技术和材料，也有一定规模的应用，造成不必要的浪费和损失。

延长桥梁使用寿命，达到桥梁耐久性的目的。从发展中分析，旧的公路桥梁加固有利于促进桥梁建设的可持续发展。既满足现代人的需求，又不损害后代人满足需求的能力，使经济、社会、资源和环境保护协调发展。

7.3　桥梁结构加固的基本内容

7.3.1　桥梁维修养护中常见的问题

长时期以来，在公路桥梁的维修养护工作中，遇到不少问题，其中常见的可概括为一下八个主要问题。

1. 桥面不平、不洁

由于缺乏经常性的维修养护，在车辆轮胎的不断作用下，许多桥梁的桥面板易产生破坏，特别对于使用数十年以上的旧桥，或用沥青材料铺装的桥面最易遭到损坏。

桥面不平整对行车的影响，轻则使行车有轻微颠簸，重则产生跳车，以至不得不低速行驶。在简支梁的梁端接头处和挂梁的悬臂梁挂梁支点处的填缝材料，由于缺乏养护而产生脱落，且遭受车轮的磨耗，从而出现较大沟槽，这是引起跳车的主要原因。

当车辆经过跳车处时，即会引起临近梁段的严重振动，从而增加构件的疲劳。对此如不改善，势必将缩短桥梁的使用寿命。

桥面上因长期无人清扫、整理，所以桥面不清洁，泄水孔堵塞，这些问题在许多中、小型桥梁中普遍存在。

桥面上不清洁往往体现在护轮带下积存垃圾、泥土污物形成三角形硬块，造成泄水孔被堵塞，下雨时桥面产生积水，车辆过桥时泥浆飞溅，影响行车通过。

2. 桥面栏杆破损不完整

桥面栏杆损坏后，没有及时维修恢复，在许多失养的公路线上都能看到。

造成桥面栏杆局部损坏的原因，绝大多数是机动车交通事故造成的；部分桥梁是车载长大笨重货物（如水泥电柱等）在桥上行驶时不慎碰坏的；少数桥梁的栏杆是人为碰损或盗窃所致。

桥梁栏杆损坏，如不及时修整，不但影响美观，更重要的是使桥上交通缺少安全感。

3. 桥头产生跳车

由于桥头引道高填土产生不均匀沉降，致使许多桥梁桥面与引道路面衔接处不够平整、顺适，从而使车辆驶过桥头时，产生轻微或严重跳车。

桥头跳车不但影响车速，降低行车质量，而且为司机、乘客所厌恶；长期不消灭跳车现象，也会影响桥梁使用寿命；严重的跳车甚至能引起汽车弹簧钢板振断事故。

4. 桥梁构件小坏不修

桥梁构件由于施工或交付使用后出现的空洞、裂缝、沉陷、变位等毛病在日常维修养护中缺乏经常检查与及时维修，致使钢筋锈蚀，小裂缝发展成大裂缝，活动支座失去活动能力，混凝土发生脱落现象等。

对桥梁的下部墩台、锥坡、护岸、上部物件的背面极少巡视查看，因此发生问题也不能及时发现，汛期抗洪能力极差，易遭水毁，所以有的桥梁“小病不治酿成大病”。

5. 桥孔通水不畅，通航净空不足

不少中小桥的桥孔水流不畅，桥孔附近河床淤塞。位于城镇郊区和工厂附近的桥梁，由于排放大量生活污水和工业废水，使桥孔淤塞更为严重。

桥孔淤塞后，在日常维修养护工作中又没有适时的清理疏导河道；汛前也很少做这种泄洪准备工作。因此汛期一到，桥孔泄洪能力差，不该水毁的桥梁也会被洪水冲垮。

6. 桥梁承载能力不足，危桥情况不明

现有公路上的桥梁是在不同时期按不同的技术标准修建的，因此其承载力显然不同。特别是对于建国前建造的桥梁，其标准与现有通行车辆轴重不相适应，显得过低。加上近年来，由于超重车辆越来越多，对桥梁承载能力的要求也就越来越高。桥梁承载能力不足是当前桥梁维修加固工作中的主要问题。

对一些确实承载能力过低，或遭受严重破坏，已不能正常发挥作用的桥梁，其承载能力受到限制，可定为“危桥”，对车辆通行加以限制。然而往往对这部分“危桥”缺乏必要的调查研究，对危桥危到什么程度，能通过多大重量的车辆不甚明确。

7. 路宽桥窄，形成“瓶颈”，影响通过能力

许多桥梁由于建造年限较长，标准较低，桥面窄小。在公路路线的维修改建中，往往路面拓宽后，而桥梁又没有相应拓宽改建，形成“瓶颈”，既影响通过能力，又增加行车的危险性。

8. 桥梁荷载标准不明，以致产生错误和混乱

桥梁两端往往必须设置荷载标志，特别是对于交通繁忙、常有大件运输的干线公路上的某些桥梁，应该设置限制轴重标志，以提醒过桥车辆司机注意。然而一些桥梁由于年久失修，资料丢失，或资料虽齐全，但对设立标志不重视，所以在许多桥梁中没有按规定设立荷载标志。

由于桥梁建设的年代不同，其荷载标准也不同，而且桥梁的设计荷载标准变化频繁，如果对桥梁技术档案资料不重视，则往往还会出现把桥梁荷载标准搞错或设置标志不明确

的问题。

上述是桥梁维修加固中容易出现的主要问题，另外其他可能发生的特殊情况或问题，也必须予以必要的重视。

7.3.2　桥梁维修加固的工作内容

桥梁维修加固包括养护维修和加固两个方面。

1. 桥梁的养护维修

桥梁的养护维修是指经常性的养护管理工作，其内容包括：

1）桥梁构造物的小修小养，保持构造物表面的清洁完整，防止表面的风化和及时修理风化部分。保持排水设备的良好状态，除掉排水管中堵塞的泥土，防止砌缝砂浆漏水和修理其侵蚀部分。经常检查各部分有无毛病发生，当发现圬工上有裂缝、小洞、剥落、缺角、钢筋外漏等局部缺陷或表面损伤时，必须及时修理。保证伸缩缝装置能够自由活动，清除影响支座活动的阻碍物。对木桥进行防腐，对钢梁涂防锈油漆等。

2）对桥梁结构物进行定期检查，并检定其实际安全承载能力，确定其损坏程度。当发现桥梁结构产生异常或损坏时，要分析其产生的原因，判断损坏对结构使用的影响，说明维修加固的必要性，并对修补加固方法进行比较选择。发现异常时则必须及早维修，若损坏严重则必须在调查原桥的损坏程度、历史状况、现场具体条件、特点，现在及将来交通运输对桥梁宽度、设计荷载的要求，公路发展规划等方面的资料后，对旧桥维修加固方案与部分或全部改建的方案进行经济比较，通过成本效益分析，作出决策，选择最优方案。

3）超重车辆或履带车不得随意经过现有桥梁，必须经过公路管理部门的许可。因此，做好超重车辆或履带车过桥的管理工作，也是桥梁养护维修的一项不可缺少的工作内容。

4）对原有桥梁技术资料进行管理，建立和保存桥梁档案资料。技术资料的内容包括：工程地质和水文勘探资料，桥梁设计图纸，设计变更通知以及其他有关设计资料；桥梁施工的检查记录和隐蔽工程记录，质量事故处理记录，原材料、半成品和成品的出厂合格证和试验、化验报告，沉降观察记录、工程竣工图纸和其他有关施工文件；桥梁交付使用阶段的沉降观测记录，重要的检查和检定记录，大修和加固施工图纸和施工记录等。

2. 桥梁的加固与改建

桥梁加固与改建工作的主要内容：对发生重大病害和不能满足运输要求的桥涵设备彻底进行整治加固、改善和更新。目的是恢复原有桥梁建筑物的整体使用效能和延长使用年限；提高原有桥梁建筑物的荷载等级和通过能力。

桥梁加固与改建工作的主要内容有：

1）对旧桥上部构件进行加固。

2）对旧桥下部构件进行加固。

3）拓宽桥梁的行车道或人行道。

4）升高桥梁上部构件的高度。

5）更换桥梁行车道路面或引桥路面的结构。

6）部分或全部更换桥梁损坏或破旧的结构物。

桥梁的加固与改建工作，应充分利用原有的部分，凡能加固的，则不宜改建。如能部分改建的，则不应全部改建。

7.3.3 桥梁维修加固的工作步骤

在桥梁结构发生病害后，需要采取措施进行加固维修或者更换。桥梁加固工程一般应遵循以下工作程序：

结构可靠性鉴定→加固方案确定→加固设计→施工组织设计→施工→验收。

结构可靠性鉴定，主要是对病害结构的病情诊断。加固方案好比处方，加固设计是现行规范及有关标准对加固方案的深化过程。加固施工是对被加固结构按加固设计进行加固的施工过程，对于大型结构加固，为确保质量和安全，施工前应编制施工组织设计。

小 结

本章介绍了桥梁加固的意义、特点、基本内容。对桥梁维修养护中常见的问题进行了分析，维修加固的工作内容与步骤进行了讲解。

思考题

1. 随着社会经济增长，交通量日益增加，桥梁加固发挥着重要作用，桥梁加固的具体意义是什么？
2. 请列举桥梁结构加固的基本内容？
3. 谈谈桥梁加固的特点有哪些？旧桥加固与新桥建设之间有哪些区别与联系？

第 8 章　桥梁结构缺陷及其产生原因分析

8.1　概　　述

8.1.1　混凝土桥梁结构的缺陷

混凝土桥梁结构，往往由于设计考虑不周、施工不当、养护管理不善以及混凝土本身老化等方面的因素，致使结构引起不同程度的缺陷。在混凝土桥梁结构所发生的各种缺陷中，根据其结构类型、构造形式、使用条件、缺陷发生部位和形式的不同，一般可分为表层缺陷和内部缺陷两类。

1）表层缺陷主要有：蜂窝，麻面、露筋、孔洞、层隙、磨损、表面腐蚀、老化、剥落、表面裂缝、掉角、模板走样、接缝不平、构件变形等。

2）内部隐蔽缺陷主要有：混凝土的强度标号、抗渗标号、抗冻标号不足，内部空洞和蜂窝，钢筋的型号、数量、位置不对，焊接质量不良，混凝土保护层不足，钢筋的锈蚀等。

混凝土表层或内部存在的蜂窝、孔洞和层隙等缺陷往往是由于施工不当造成的。蜂窝是指混凝土构件中，粗集料颗粒之间砂浆没有填满而存有的空隙；孔洞或空洞是指表层或内部混凝土中，由于混合料浇筑过程中缺乏振捣或模板严重漏浆而导致集料和砂浆未能充填所形成的洞穴；层隙则是指混凝土中处理不当的施工缝、温度缝和收缩缝以及混凝土内因外来杂物而造成的偶然性夹层。

混凝土表层磨损、腐蚀老化、剥落等，则是构件在使用中所出现的缺陷。表层磨损是指构件在外界作用下集料和砂浆的磨损脱落现象；腐蚀老化是指混凝土表面或整体上出现的因物理、化学性质变化而形成的损坏现象；剥落是指混凝土表面的砂浆脱落、粗集料外露的现象，如果严重时则形成集料及包着集料的砂浆脱落。

8.1.2　混凝土桥梁结构缺陷的产生原因

1. 表面缺陷的产生原因

引起混凝土桥梁结构表层缺陷的原因是多方面的，除了设计、施工（包括混凝土混合料配合比、操作等）可能产生的缺陷外，还有使用不当以及养护维修不善等所形成的缺陷。

2. 内部缺陷的产生原因

混凝土桥梁结构内部出现缺陷多数是由于设计、施工不当（钢筋过密，集料过粗，振捣不实等）和营运使用中各种外部因素造成的。设计不当包括结构不合理、计算上出现差错以及图纸不完善等几个方面，由此而造成结构强度不足，稳定性不好，刚度不足。施工不当则主要是指施工质量不好。施工中使用材料的规格与性能不符合要求，操作违反规程等。营运使用的外部因素主要指交通流量的增加，运载质量的增大，地震、洪水、泥石流等自然灾害的影响，以及海水、污水的浸蚀作用。

8.1.3 混凝土桥梁结构产生缺陷的危害

混凝土桥梁结构的表层缺陷虽不会引起塌桥等重大事故，但这并不意味着表层缺陷没有任何危害。对于混凝土结构，由于缺陷受外界各种因素的影响，加上长年累月地发生变化，往往会有扩大的危险性。例如，由于表层损坏，会使保护层减薄或钢筋外露，导致钢筋锈蚀，严重时会削弱结构的强度和刚度，使建筑物遭到破坏。有些表层损坏还会向构件内部发展，造成混凝土强度降低，危及结构的安全使用，从而缩短桥梁结构的使用寿命。

对于结构的表层缺陷应及时维修，以防表层损坏的进一步扩大，避免发生更严重的破坏。

结构内部缺陷的危害性更大，如混凝土强度不足、钢筋配置不符合设计要求、内部产生空洞等。都会直接危及结构的安全使用，严重的会造成结构的直接破坏。因此，对于这类缺陷，查清后就必须及时加以处理，或者进行修补加固，或者报废重新浇筑。

8.1.4 表面缺陷的检查分析

1. *表层缺陷的检查*

当发现混凝土桥梁结构表层产生缺陷时，应对缺陷进行仔细的调查研究，进一步检查、观测其发展变化，以便区别情况，采取相应的处理措施。

1）实施修补前，应对要进行修补的结构物缺陷作实地踏勘，内容包括构造物的材料采样或原始资料的收集。同时，还要对缺陷形成的原因、现状、发展趋势等进行周密的调查研究，以确定缺陷的程度和性质。

2）了解所测构件的形状、施工截面、周围环境、影响因素及其特殊要求等，做好施工前的资料汇集、整理工作。

2. *表层缺陷的分析*

1）收集分析缺陷用的资料。

2）根据结构受力状况、缺陷产生原因与发展趋势来分析缺陷对结构影响的严重程度。缺陷的存在可能使结构功能受到一定程度的损失和削弱，且在继续发展；或者对结构功能暂时无多大影响，但影响外观；或介于上述两者之间，属于哪种情况必须经过分析确定。

3）修补方案的确定。应在分析比较的基础上，慎重选择。方案一经确定。应认真做好各项有关的准备工作，并做好修补施工计划。

8.2 桥梁上部结构缺陷及其原因

混凝土梁桥包括钢筋混凝土梁桥和预应力混凝土梁桥，这是公路上使用得最多的一类桥梁结构，也是公路上修建时间较长、数量较多、分布地区很广的一种桥梁。由于设计、施工和材料可能存在某些缺陷，使得桥梁结构在先天上存在着某些薄弱点，以及在运营过程中经常地超载行车，使得很多桥梁受拉区裂缝较多，支点附近梗腋处出现剪切裂缝，并且随着使用年限的增加，裂缝不断发展扩大。拱桥中，混凝土预制砌块拱桥，潜力很大，除个别因特殊原因遭到破坏外，损坏的极少，并且可以超载行车，很少需要修理加固。肋拱桥我国修建很少，缺乏修理加固的实际经验。主要是双曲拱桥和少量的桁架拱桥，损坏较多，需要进行修理加固。

特别是双曲拱桥，从 20 世纪 60 年代起，我国修建较多，分布也很广。初期修建的双曲拱桥，在构造接合等方面缺乏经验，加之双曲拱桥本身整体性较差，在软土地区又有沉陷位移，问题较多，损坏情况较为严重。

此外，混凝土桥梁的钢筋锈蚀，混凝土结构的坏化，桥梁跨中挠度超过规范允许值等也较为常见。因此，发现混凝土桥梁出现缺陷后，必须及时对缺陷进行调查研究，分析缺陷产生的原因、现状、发展趋势，以及桥梁遭受破坏的程度，对使用的影响等，及时采取措施进行维修加固。

8.2.1 混凝土桥梁结构的裂缝分类

混凝土桥梁结构出现裂缝的形式很多，根据裂缝产生的原因，一般可分为：由自身应力形成的裂缝与荷载作用下产生的裂缝两大类。

1. 混凝土自身应力形成的裂缝

1）收缩裂缝。混凝土凝固时，一些水分与水泥颗粒结合，使体积减小，称为凝缩，另一些水分蒸发，使体积减小，称为干缩。凝缩与干缩合称为收缩。混凝土的干燥过程是由表面逐步扩展到内部的，在混凝土内呈现含水梯度，因此产生表面收缩大、内部收缩小的不均匀收缩，致使表面混凝土承受拉力，内部混凝土承受压力。当表面混凝土所受的拉力超过其抗拉强度时，便产生收缩裂缝。

2）温度裂缝。混凝土受水泥水化放热、阳光照射、大气及周围温度、电弧焊接等因素影响而出现冷热变化时，将发生收缩和膨胀，产生温度应力，温度应力超过混凝土强度时，即产生裂缝，称为温度裂缝。大体积混凝土（厚度超过 2m）灌注之后由于水化放热，内部温度很高，如无妥善散热措施，由于内外温差太大，很易形成温度裂缝。蒸汽养护及冬季施工时如措施不当，混凝土骤冷骤热，内部温度不均，也易发生温度裂缝。当构件较长且两端固定时，由于周围温度变化将产生附加的温度应力，该附加应力和原有内力的合力超过混凝土强度时就会产生破坏裂缝。在新旧混凝土接头处、沿接缝面的垂直方向也易产生裂缝，这也是由于水泥水化热引起的温度裂缝。预制构件安装时，预埋铁件焊接措施不当，使铁件附近混凝土产生的裂缝也是一种温度裂缝。

2. 荷载作用下产生的裂缝

1）弯曲裂缝。在混凝土梁上施加弯矩时，将产生弯曲裂缝。弯曲裂缝也称垂直裂缝。对受弯构件和压弯构件来说，弯曲裂缝首先出现在弯矩最大的截面的混凝土受拉区。梁板结构的正弯矩裂缝一般位于跨中，从底边开始向上发展，负弯矩裂缝位于连续或悬臂梁板的支座附件，自上向下发展。随着荷载的增大，裂缝宽度增大，长度延伸，缝数增多，裂缝区域逐渐向两侧发展。

2）剪切裂缝。剪切裂缝有时也称斜裂缝。首先发生在剪应力最大的部位。对受弯构件和压弯构件，往往发生在支座附近，由下部开始，沿着与轴线呈 25°～50°的角度裂开。随着荷载的增大，裂缝长度不断增长并向受压区发展，裂缝缝数不断增多并分岔，裂缝区也逐渐向跨中方向扩大。剪切裂缝一旦出现，就应加强观察。如裂缝发展缓慢并限制在受拉区，还是允许的，但如裂缝不断发展或者裂缝已接近受压区，则不论其宽度和挠度如何都应及时给予必要的加固处理。

3）断开裂缝。钢筋混凝土构件受拉时，进入整个截面的裂缝称为断开裂缝。受拉构件在荷载作用下产生的裂缝均沿正截面开展，裂缝间距有一定规律性。受拉构件在内力较小时，混凝土和钢筋均匀承受拉力，拉应力值较小不超过混凝土抗拉极限，这是未出现裂缝的构件的工作状态。随着内力增大，混凝土内拉应力达到其受拉极限，产生裂缝并退出工作，全部拉力由钢筋承担，这是允许出现裂缝的构件的工作状态。裂缝很宽超过设计规范允许宽度的许多倍，这时多为使用所不允许的或构件将接近破坏的状态。

4）扭曲裂缝。混凝土构件受扭转与弯曲的同时作用而产生的裂缝称为扭曲裂缝。该裂缝一般呈 45°倾斜方向。钢筋混凝土构件在扭曲作用下，产生的裂缝一般有许多条，裂缝出现后混凝土保护层剥落，扭曲产生的扭矩改由钢筋承担，直至钢筋滑动时构件完全破坏。

5）局部应力引起的裂缝。局部应力引起的裂缝主要表现在：墩台支座处受较大局部压力；构件突然受到冲击荷载；构件角隅处：顶应力梁端锚固端受到较大局部应力而引起裂缝。

8.2.2 主梁混凝土开裂

为了便于对主梁混凝土开裂及其原因进行比较系统的阐述，将裂缝种类按结构性裂缝与非结构性裂缝归类，进行分述。

1. 钢筋混凝土梁常见结构性裂缝

1）下缘受拉区的裂缝。多发生在梁跨中部，梁跨度越大，裂缝越多。自下缘向上发展，一般至上冀缘与梁肋相接处停止。裂缝间距为 0.1～0.2m，宽度为 0.03～0.1mm。对跨度小于 10m 的梁，其裂缝少而细小（宽度 0.03mm 以下）。主要是由于混凝土收缩和梁受挠曲所产生的裂缝。

2）腹板上的竖向裂缝。它是最普遍也是较为严重的一种裂缝。裂缝多处于薄腹部分，在梁的半高线附近裂缝宽度较大，一般在 0.15～0.3mm。跨度越大，裂缝越宽越长。经荷载作用后，向上、下两端延伸。裂缝一般在跨中地段宽度大，两侧逐渐变窄。裂缝部位及走向在一片梁的内外侧有的大致吻合，形成对裂或环裂，外侧裂缝比内侧长而宽。主要原因是在设计上存在缺陷，如梁跨度大、梁身较高、梁肋较薄且分布钢筋较稀，以及施工质量影响、养护不及时、温度及周围环境条件的影响。

3）腹板上的斜裂缝。它是钢筋混凝土梁中出现最多的一种裂缝。裂缝多在跨中两侧，倾角在 15°～45°，离跨中越近，倾角越小。腹板竖向变更截面者，裂缝由梁的半高处向上、下端斜伸，不变更者，多由下缘向上斜伸。裂缝宽度一般在 0.3mm 以下。主要是由于混凝土收缩预先使梁产生微观裂缝或存在一定的初拉应力，同时腹板受拉区实际上参加了工作，致使主拉应力有时较大，混凝土不能负担时就会产生裂缝。另外，若施工质量不良，也会加速裂缝的产生与发展。

4）施工运梁不当引起的裂缝。根据支承点的不同，裂缝的位置不同、程度不同，严重时应及时维修。主要是由于在运梁时，支承点未设在梁的吊点上，而是偏向跨中，使支承点处上部出现负弯矩，引起开裂。

5）梁顶端裂缝。一般均为由下往上开裂，严重者宽度可达 0.3mm 以上。主要是由于墩台不均匀下沉，形成梁端局部支承压力增大，产生局部应力所致。

6）梁与梁间横隔板上的裂缝。裂缝由下往上，不规则，主要是由于支座设置时与桥轴垂直向有偏斜，以及通行重型车辆时梁受力不均匀所致。

7）连续梁中支点梁顶面裂缝。此类裂缝是常见的。当中支点截面在恒活载作用下的负弯矩过大时，就会开裂，裂缝自上而下发展，在边支点下沉量大于中支点下沉量时，裂缝会加剧。

2. 预应力混凝土梁的常见裂缝

1）梁端沿钢丝束的裂缝。裂缝基本上与钢丝束方向一致，通常发生在端部扩大部分；裂缝比较细小，有的仅几厘米长，最长在 2m 左右，宽度小于 0.1mm，个别在 0.2mm 左右；在营运初期有所发展，但不严重，以后趋于稳定。

主要由于端部集中应力所致。加上运营过程中受各种综合作用显露出来；端部混凝土质量不良（后灌注砂浆较多）。

2）梁端沿钢丝束的裂缝。裂缝均起始于张拉端面，近水平状向跨中方向延伸，通常自梁底 50～130cm 高度范围内有 1～5 条，宽度 0.1mm 左右，长度一般只延伸至扩大部分的变截面处。由于无弯起钢丝束，全部钢丝束均集中在下缘，上缘仅 1～2 根，因上下两组钢丝束相距很远，而预应力在梁端传递有一定范围，由于局部应力，在两组钢丝束的中间部分的梁端混凝土处于受拉区，使梁端发生水平裂缝；因锚头处应力集中和锚头产生的楔形作用会使锚头附近产生细小的水平裂缝。

3）下翼缘的纵向裂缝。这是预应力梁中最严重的一种裂缝，多发生在梁端第一、二节间的下翼缘侧面及梁底，或腹板与下翼缘交界处，也有少数发生在腹板上；裂缝一般处于最外的一排钢丝束部位；宽度一般为 0.05～0.1mm，个别达 0.5mm，长度在 0.5～4.0m。

由于下翼缘受到过高的纵向压力导致梁体产生过大的横向位移；管道保护层太薄，压浆时又受到较大压力的作用；寒冷地区在浆中多系水分受冻膨胀引起；混凝土质量不良的影响。

4）腹板垂直裂缝。是厂制过程中产生的一种裂缝，数量不多；大多在脱模后 2～3 天内发生，裂缝通常从上梁肋至下梁肋，整个腹板裂通；宽度 0.2～0.4mm，个别严重的甚至桥面及梁底部被裂断；施加预应力后，裂缝大都闭合，但在孔道压浆时还会从裂缝中挤出浆来。主要是混凝土收缩温差所致。

5）桥面及上翼缘斜面上的龟裂。方向无一定规律；长度不大，但裂缝有的很宽，达 1～2mm。主要原因是干缩，即施工质量不良，裂缝处混凝土泥浆较多，混凝土坍落度大，水和水泥用量较多，捣固不良，不注意收浆，浮浆层厚，养护不良等。

6）混凝土箱梁悬臂桥面板的裂缝。悬臂桥面板部出现间隔 3～5m、宽度约 0.1mm 的横桥方向的裂缝。梁板分开施工，因材龄差异引起收缩裂缝；悬臂桥面板分布钢筋数量不够。

3. 预应力混凝土箱梁桥常见结构性裂缝分析

预应力混凝土箱梁桥是目前桥梁工程中跨径在 60～300m 时，经常采用的一种形式。预应力混凝土箱梁桥的设计有全预应力和部分预应力。但是目前大多数预应力混凝土箱梁桥的设计遵循全预应力设计原则，即在理论上要求结构不出现拉应力。然而，在建成的一些桥梁中出现了各种裂缝，其中有纵向弯曲裂缝，桥墩两侧箱梁腹板和独立支承处箱梁隔板中的裂缝，温度、收缩裂缝，锚下裂缝和大吨位预加力在结构中引起的裂缝，以及因纵向预应力筋布置不合理引起的裂缝。

针对常用的预应力混凝土箱梁结构而言，裂缝形成的原因，主要有以下几点：

1）主桥总体设计中对箱梁截面尺寸的拟定不合理。变截面箱梁由于其经济性而在大跨径连续梁桥中广泛应用。合理选择高跨比十分重要。一般公路桥梁支点梁高取用跨径的1/18～1/20，跨中梁高取用跨径的1/40～1/50。而在某些工程设计中，由于单纯地考虑减少结构的徐变和温度效应而选用偏小的跨中梁高尺寸，因而建成后导致跨中梁的挠度增加，梁体局部出现了裂缝，严重影响了桥梁的使用品质和耐久性。

2）对次内力影响考虑不足。在超静定体系设计时，必须计及各项次内力的影响。大跨径预应力混凝土连续梁在施工过程中需经多次体系转换，而每转换一次体系，在合拢段中所施加的连续预应力必然引起结构的次力矩。同时，在超静定体系中。混凝土收缩、徐变由于受到多余约束的限制，也会在桥梁结构中产生收缩、徐变次内力。若忽略了这些次内力的影响，则结构容易出现抗弯能力不足而导致裂缝的产生。

3）忽视了温度应力。由于混凝土的导热能力差，在日照情况下，沿混凝土箱梁的高度将产生温度梯度。这种温度梯度除了产生箱梁顶板与底板之间的温差应力外，还将在超静定结构和连续梁中产生外约束力。在预应力混凝土结构中，在静载和预应力作用下可能存在应力储备较低区域，在该区域内由于温度应力的影响，使得应力很容易达到或超过混凝土抗拉应力限值，这通常就导致接近中间支点处的竖向裂缝。这些裂缝可能被支点处的承压应力或支承区曲线力筋的辐射应力进一步增大或加剧。

4）预应力钢筋布置不合理。负弯矩预应力钢筋在节段接缝处锚固，对接触处的左右截面未作验算，有时负弯矩预应力钢筋和连续力筋虽然在表面上“覆盖”，但是预应力锚固传递需要一定长度，锚固点之间的搭接不够，实际预应力的作用范围并没有覆盖，往往会导致未覆盖受拉区出现不良裂缝。

在单一截面内截断较多的连续预应力筋，顶底板中预应力锚具之间的水平方向错开的距离不够，以及普通钢筋数量不足，而使预应力筋的作用点产生过大的拉应力，从而导致裂缝。

5）没有考虑施工期间经受的应力。施工期间裂缝产生的主要原因表现为低估施工设备的质量，浇筑混凝土之间或浇筑过程中偶然发生的形状偏差，致使桥面加厚加重或可能产生相反的情况导致混凝土受压面积减少。

4. 混凝土梁中的非结构性裂缝

由于混凝土组成材料的特性，其在塑性状态或固化后均可能产生由内应力引起的裂缝。混凝土梁中的非结构性裂缝主要表现为混凝上梁塑性状态时出现的裂缝（初期数小时内）、早期热缩裂缝（1 天到 2～3 周内）和长期干缩裂缝（数周或数月后）。如钢筋混凝土梁侧表面的网状裂缝是其中一典型的非结构性裂缝，裂缝细小，宽度为 0.03～0.05mm，并无一定规律性，多为混凝土收缩所引起的表面龟裂。

1）塑性状态时出现的裂缝。塑性状态时出现的裂缝主要有塑性沉降裂缝和塑性收缩裂缝。塑性沉降裂缝仅当泌水量较大及沉降较多时发生，由沉降受约束所致。此类裂缝在混凝土梁中较少出现，但有时在矩形截面梁上侧主筋上面也有发生。塑性收缩裂缝发生在灌筑混凝土后数小时内，最常见于板梁中。产生的主要原因是快速干燥，当蒸发速率超过泌水速率时，混凝土表面干燥，在固体颗粒间水面形成新月形产生毛细管张力。

2）早期热缩裂缝。水泥和水的水化作用是一种发热的化学作用，伴随有两次升温和两次降温过程。由于混凝土材料导热性能差，升温时混凝土内部体积膨胀，降温时混凝土表面收缩，膨胀时混凝土内部产生压应力，收缩时混凝土表面产生拉应力，当压应力和拉应力超过当时其抗压抗拉强度时（早期抗压抗拉强度均较低），将产生热缩裂缝。

3）长期干缩裂缝。干缩是混凝土在硬化过程中及随后暴露于不饱和空气中化学的及物理的失水使体积缩小的现象。其中化学失水即水分参与水化反应只占很少一部分，而物理失水即水分逐渐蒸发占绝大部分的失水。干缩作用使混凝土内产生不同程度的拉应力。由于混凝土硬化初期抗拉强度小，如果干缩产生的拉应力超过其抗拉强度时，将会出现裂缝现象。但长期干缩产生的应变在实际构件中的速率是非常慢的，因此，徐变产生的松弛是有利的。有研究测得大跨度桥梁结构 5 年后的干缩应变约为 30×10^6Pa，而固化后混凝土的拉应力极限约为 80×10^6Pa～150×10^6Pa，所以单是长期干缩不可能引发裂缝。

4）其他形式的裂缝。除了以上三类主要的非结构性裂缝外，还有某种化学反应生成物体积增大，如碱集料反应、硫酸盐的侵蚀、保护层过薄而导致混凝土中钢筋锈蚀；或生成物体积减小，如水化水泥浆中的氢氧化钙与空气中的二氧化碳结合生成碳酸钙等均可能使混凝土梁中产生非结构性裂缝。

8.2.3 钢筋锈蚀

1. 钢筋产生锈蚀的原因

在钢筋混凝土结构中，钢筋处于水泥水化时生成的强碱介质里（pH 在 12～14）。钢筋在这种介质中，表面会形成钝化膜，可以抑制钢筋的锈蚀过程。因此，在一般情况下，钢筋受到周围混凝土的保护，并不产生锈蚀。但如果混凝土密实性不足，或保护层太薄以至遭到破坏，或混凝土施工时掺入过量的外加剂（或食盐、氯化钙等），再加上外界条件的作用，钢筋周围钝化膜将遭到局部破坏而发生锈蚀。钢筋锈蚀的早期现象一般是在混凝土表面产生沿钢筋方向的裂缝。严重的可以看到钢筋周围混凝土保护层剥落，钢筋表面生成黑褐色颗粒状锈蚀层，此时应及时地对其进行处理，否则将很快会危及桥梁的正常使用。

导致钢筋锈蚀的原因很多，具体如下：

1）混凝土密实性不足。当混凝土密实性不足，即混凝土的孔隙率很高，组织不均匀时，则空气中的二氧化碳容易渗入混凝土内部而引起中性化（亦称碳化），使混凝土碱性降低，减弱对钢筋的保护作用，从而导致钢筋的锈蚀。

2）混凝土保护层太薄。保护层太薄时，在使用期间里，混凝土的碳化深度很容易达到钢筋的范围，同样使钢筋周围失去碱性，钝化膜局部破坏。当混凝土处于一定的潮湿状态时，钢筋就易于受到锈蚀。

3）混凝土保护层破坏。保护层破坏而引起钢筋锈蚀，是比较常见的。钢筋混凝土构件在施工或使用过程中，往往会出现各种表层缺陷，如蜂窝、掉角、剥离露筋、裂缝等。由于这些缺陷，往往使钢筋直接暴露在外界条件之下而发生锈蚀。在露天、潮湿环境和干湿交替等条件下，失去保护的钢筋的锈蚀速度很快

4）钢筋锈蚀的其他原因。海洋环境、大气中的酸性气体以及潮湿环境等，都是促进钢筋锈蚀的客观原因。处于海洋环境中的钢筋混凝土结构物，其水上部位尤其是经常受浪花溅湿的地方，由于海水的溅湿或吸收大气中含有盐分的水气，在水分蒸发后，使盐分不断积累，提高混凝土的导电性质和钢筋周围氯离子的浓度，引起钢筋钝化膜的破坏，加快钢

筋的锈蚀。同样工业区的大气中存在有酸性气体，如二氧化硫、氯化氢、氯气等，被混凝土吸收而与氢氧化钙相结合，从而使混凝土的碱性急剧下降，混凝土一旦失去了天赋的碱性，则对钢筋不起钝化作用，当混凝土处于一定的潮湿环境时，钢筋便发生锈蚀。

5）结构产生裂缝，加速钢筋锈蚀。桥梁构件产生裂缝将会加速钢筋锈蚀的进程。处于水、氧、二氧化碳或氯离子等环境介质的混凝土，一旦出现裂缝而且宽度超过一定的界限时，这些介质就会通过裂缝顺畅地达到裂缝处的钢筋表而，如果二氧化碳侵入，将使钢筋周围的混凝土碳化，碱性降低，使钢筋失去碱性保护，如果氯浸入并达到一定浓度后，将引起钢筋钝化膜的破坏。在水、氧具备的条件下，都会引起钢筋锈蚀。可见，裂缝对钢筋锈蚀起着促进的作用。

2. 钢筋锈蚀对结构产生的影响

钢筋锈蚀对混凝土桥梁结构强度的影响很大，主要表现在：

1）钢筋锈蚀而引起体积膨胀（约为原来的 2.5 倍），从而使混凝土产生剥离、开裂，破坏了混凝土的受力性能，降低了材料的耐久性能，影响桥的使用寿命。

2）削弱钢筋的受力断面。特别是高强钢丝的表面积大而断面小，锈蚀对受力的危害甚大。

3）铁锈层及其引起的混凝土裂缝（主要是沿钢筋纵向的裂缝），削弱了钢筋（抗拉抗剪）和混凝土（抗压）的共同作用。 因此，钢筋锈蚀将使桥梁遭到严重破坏。根据有关资料记载，美国华盛大顿的一座海面浮桥建造仅 4 年，即因钢筋严重锈蚀而破坏。南斯拉夫的一座七跨预应力混凝土桥梁，因采用钢丝束而尚未作喷射混凝土保护层之前，仅经五、六个月，钢丝即自行拉断。在巴西也曾有过桥梁中钢筋氢脆破坏（硫化氢腐蚀）的实例。

8.2.4　混凝土结构的坏化

混凝土结构的坏化与病害已成为当前世界各国所共同关心的问题，主要是由碳化、氯化物的渗入、碱硅反应、硫酸盐侵蚀、酸侵蚀和冻融作用等原因所引起的。它的形成将直接影响到桥梁结构的使用寿命，应得到及时的处理和采取有效的修补措施。

1. 碳化

碳化是水泥的水化物与碳酸起作用，形成碳酸钙和一种胶状物。碳酸一般是空气中的二氧化碳形成的，对于空隙率不大的混凝土，初始碳化层具有使表面水泥浆密实的效果，从而形成进一步碳化的防护层，使碳化作用减缓。

2. 氯化物的渗入

氯离子渗入本身并不直接危害混凝土，但它的存在会破坏钢筋的钝化，使它暴露在腐蚀的危险之下。混凝土抗氯化物侵入能力取决于混凝土的渗透性和水泥浆成分与氯离子结合的能力。

3. 碱硅反应

碱硅反应发生在集料中某种类型的硅与水泥浆中氢氧根离子作用而形成。硅酸钙水化物（CSH），其体积膨胀足以使混凝土破裂。发生碱硅反应的三个必要条件即碱、集料中的活性硅和水必须同时存在。碱硅反应又称碱集料反应，它可在混凝土浇筑后过许多年才发生。

4. 硫酸盐的侵蚀

硫酸盐离子与水泥中铝酸盐反应形成钙矾石和石膏结晶，这是一种膨胀性反应，可引起混凝土的严重开裂。硫酸盐的侵蚀具有提高混凝土中氢氧根离子浓度的效果，这时如果存在敏感的集料，就增加了碱硅反应的可能性。因此，碱硅反应往往与硫酸盐侵蚀在一起被发现。

5. 酸侵蚀

在工业环境中碳酸和硫酸是最常见的对混凝土的酸侵蚀。碳化是碳酸和水泥的水化物反应的结果。一般情况下，混凝土的碳化是比较缓慢的。但是高酸性水流经过混凝土表面时，碳化速度将急剧加快，因为氢氧化钙被溶解而流失，将新的表面连续地暴露在侵蚀环境之下，即使混凝土质量密实良好，也无济于事。硫酸的作用是使混凝土表面产生一层石膏，这层石膏极容易除去，使新的表面暴露在侵蚀介质的作用下，连续加深腐蚀。

6. 冻融作用

当混凝土内部存在水分时，如降温，这些水分成为一种移动的冰，当移动不受约束，混凝土不会受破坏。但如水分被限制在内部，则冰冻时水分体积的膨胀足以使混凝土胀裂。防止冻融破坏的一般措施是采用加气混凝土，使混凝土内部水分有移动的余地，不致造成足以导致破坏的张力。

8.2.5 无黏结预应力混凝土的若干问题

无黏结预应力混凝土是近几年来在我国开始应用的一种新工艺，其原理是通过预应力筋的防腐润滑油等涂层与混凝土无黏结，并与混凝土之间存在永久性的滑动特性。尽管与有黏结相比，无黏结具有施工工艺简便、摩擦系数小等优点，但其与混凝土间存在永久性滑动的特性，导致无黏结预应力混凝土梁或板的结构性能不能像有黏结预应力混凝土那样尽如人意和直接满足工程要求。

无黏结预应力混凝土主要存在以下若干问题。

1. 预应力索的松弛

无黏结预应力索长期处在一种极限状态拉力作用下，它的松弛随着时间增长而增加，当松弛超过一定的限度将导致主梁开裂；同时，预应力是一种加在构件上的外力，采用无黏结预应力，这个巨大的外力始终作用在锚头的混凝土处，混凝土在这种强大的外力作用下，会产生比其他部位更大的徐变，为此产生的塑性变形会大大加速预应力索的松弛。

2. 锚头混凝土冲击破坏

无黏结预应力作为外力始终作用在锚头的混凝土处，一旦遇上地震，每个上百吨压力下的锚头会产生很大的冲击力，使本来已处在极限状态的锚头接触的混凝土更是雪上加霜，可能首先压碎而导致主梁发生严重破坏。

3. 极限强度

由于无黏结预应力索与混凝土之间存在着滑动，其应变势必沿预应力索全长分配，所以梁内最大弯矩（或开裂截面处）预应力索的实际应变只是平均应变。这就造成在极限荷载作用下的无黏结预应力索的实际应力远远小于相应的有黏结的实际应力。精心设计的低配筋指数的有黏结预应力混凝土梁在破坏时，其预应力筋的应力可达到或接近它自身的极限强度，而相应的，无黏结筋在梁破坏时达不到它自身的屈服强度。所以无黏结预应力混凝土梁的抗弯极限强度要大大低于相应的有黏结的。

4. 裂缝

由于预应力筋与混凝土无黏结，无黏结预应力混凝土在超过开裂荷载作用下，混凝土的开裂很集中，裂缝表现为少而宽，不像有黏结预应力混凝土梁的裂缝那样沿梁长分布，且细小。这种开裂集中，最后造成梁的过早破坏。

5. 连续破坏

对于连续多跨的单向无黏结预应力混凝土梁结构，当其中某一跨在遭受偶然的灾难性破坏而造成预应力筋失效时，势必会导致其他跨梁的预应力丧失及承载能力的大幅度降低，甚至连续垮塌破坏，所以对在地震区使用的更是不利。

6. 能耗与延性

由于无黏结预应力索的应变是沿整个索长分配，所以无黏结预应力混凝土梁即使在最严重的地震作用下，梁中的无黏结预应力索的应力也不可能被期望超出自身的弹性范围。因此，梁中的无黏结预应力索几乎不耗能，对地震区桥梁结构的延性是不利的。

8.2.6　跨中挠度及裂缝超过容许限值

钢筋混凝土 T 梁桥，一般在施工时设置预拱度，其值等于恒载和半个静活载所产生的竖向挠度。预应力混凝土板、梁桥也应根据实际情况设置预拱度。恒载挠度一般由施工预留拱度来消除，但是，很多桥梁由于设计荷载较低，设计忽略因素太多，或者超重车经常地行驶，往往使主梁在无活载情况下，也存在较大的跨中挠度和过宽的裂缝，均超过桥梁设计规范允许的限值，使桥面下垂，起伏不平，影响行车的平稳舒适，裂缝日益增多加大。这种损坏主要是由于桥面主梁的承载能力不足，因此必须加强主梁构件的承载能力。

8.2.7　钢筋混凝土梁端损坏

钢筋混凝土梁端支座处是比较容易损坏的一个部位，由于桥梁地基不均匀沉陷，或温度变化、车辆荷载等作用，特别是在桥头跳车以及伸缩缝损坏后车辆荷载的冲击作用下，往住使梁端支座处最先损坏，支座错位脱落，端部混凝土开裂，钢筋外露。在这种情况下，若不及时对梁端混凝土及桥面进行修理加固，会导致病害进一步加深并从两端向中间发展，使损害面扩大，桥梁使用性能严重下降，影响行车的平稳舒适性，并且使桥梁的使用耐久性也降低，故在遇钢筋混凝土梁端损坏时，必须对梁端混凝土及桥面进行必要的处治，以恢复原设计的承载能力和使用功能。

8.2.8　双曲拱桥缺陷

双曲拱桥是江苏省无锡县于 1964 年首创的一种新型桥梁形式。由于这种桥梁结构具有结构新颖、轻巧、省料、便于施工等优点，因此一经出现就很快在全国范围内得到推广应用，如图 8.1 所示。然而，由于设计、施工的经验不足以及其他种种原因，不少拱桥使用一定时间后，就出现不同程度的损坏，亟须进行维修加固，如图 8.2 所示。

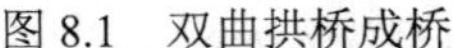
图 8.1　双曲拱桥成桥

图 8.2　双曲拱桥拱波开裂

双曲拱桥的损坏，少数为原设计通行能力不足，设计载重低，拱肋之间横向用套管连接，在拱肋与拱波间也不设剪力钢板因而整体性很差所引起的；大部分双曲拱桥的损坏，则主要是由于建在软土地基上，因软土地基的不均匀沉陷和桥台拱座的水平位移而引起的。如桥台拱座水平位移后，桥跨增大，拱座向后倾斜转动，拱脚处拱圈起拱线上部开口，拱肋下部混凝土压碎，拱圈拱线变形，跨中部位下挠，$l/4$ 跨处部位向上突起，并出现受拉裂缝；以及拱上建筑开裂，空腹孔的面板搁置不住，栏杆随拱轴线的挠曲上下起伏不齐等。

损坏原因分述如下。

1. 墩台位移而引起破坏

双曲拱桥由于自重较大，其相应的水平推力也较大，当设计、施工不当时，往往容易引起墩台的较大位移和沉降，特别是位于软土地基上的双曲拱桥。

由于位移和沉降较大，必将出现拱圈下沉、开裂，拱肋与拱波分离，侧墙与拱肋分离，空腹小拱开裂或立柱严重裂缝等损坏现象。

2. 拱肋强度不足而引起承载能力降低

拱肋是拱桥主拱圈的重要组成部分，它和拱圈共同承受全部恒载与活载，是主要受力构件。因此，当其抗弯强度与刚度不足时，往往使承载能力降低，同时也会引起其他构件损坏。

3. 横向联系不足而引起失稳

双曲拱桥拱肋中设置横向联系梁是很重要的。当拱肋间无横向联系时，在集中荷载（车辆荷载）作用下，各片拱肋的变形在横桥方向是很不均匀的。有横向联系的拱圈，各肋间的变形就比较均匀。随着横向联系的加强，各肋间的变形就更趋于一致。由于横向联系的设立，使单片的拱肋在横向联成整体，形成一个拱形框架，从而大大加强了拱肋的横向刚度，保证了拱肋的横向稳定性。当横向联系布置不够或强度不足而产生损坏时，将会使拱桥横向稳定性减低，拱波顶出现纵向裂缝。

4. 拱上填料排水不畅等引起的侧墙鼓肚破坏

双曲拱桥侧墙发生鼓肚，一般是由于排水不良，填土内聚积大量水分而造成膨胀，也可能是砌筑质量不佳引起的。

8.2.9　桁架拱桥缺陷

桁架拱桥尽管建造的时间不长，但不少桥梁是在 1966～1976 年建造，由于各种因素，加上设计和施工经验不足，更重要的是缺乏科学管理，施工质量控制不严，因此桥梁建成后即存在一定的问题。再加上近年来交通量不断剧增，要求荷载等级的提高以及河流疏浚等因素，致使不少桁架拱桥遭到不同程度的损坏，亟须进行维修加固。

1. 因桥台位移而使拱桥上弦杆悬空

由于拱桥修建时考虑不周，跨径太小，桥梁建成后不能满足过水断面的需要，在长期水力冲刷作用下，使桥台基础外露掏空。大雨季节，严重的台后被冲垮，被迫中断交通；轻的使桥台产生沉降外移，拱桥上弦杆就处于悬空或接近悬空的状态。

2. 施工缝处出现较大裂缝，拱片连接处混凝土断裂或钢板接头脱开

因桁架拱片一般不是一次成形的，在浇筑混凝土过程中要分次进行，即先浇下弦杆，包括相应的横系梁，再浇筑竖杆和斜杆包括剪力撑，最后再浇上弦杆及其横系梁，因此就存在了施工缝。施工缝处往往是强度较弱的部位，在外荷载作用下，容易产生裂缝，甚至碎裂。

此外，当跨径较大，桁架拱片要分段预制时，就必须设接头。拱片接头一般有现浇混凝土接头和钢板接头两种。这些接头由于施工质量欠佳，再加上荷载的反复作用，容易损坏开脱。

3. 构件裂缝

桁架拱桥由于是钢筋混凝土结构，因此，构件受拉时会出现裂缝。裂缝在容许宽度范围内时并不影响拱桥的使用，但当桥梁所承受的荷载大大超过其原设计荷载等级时，构件会受到过大拉力的作用而不可避免地产生较大裂缝。较大裂缝的产生，势必影响到拱梁的正常使用。

4. 拱上建筑破坏

桁架拱桥桥面微弯板或空心板脱空、断裂，甚至出现空洞。此类病害产生的原因往往是施工不当，微弯板或空心板架设时没有采用坐浆法安砌；或者是由于板太短，与主拱片连接不好以及板本身配筋少、强度不足并且又经常地受到超过其设计荷载等级的汽车荷载的冲击作用。出现桥面系破坏，应及时处治，以免病害继续扩大。

8.2.10　桥头跳车

对运营数年后的钢筋混凝土桥梁而言，桥头跳车是一种普遍的病害现象。

1. 特征及危害

据对部分运营中的钢筋混凝土桥梁病害的调查分析得到的有关资料，台后路面与桥台路面高差普遍在 2～3cm，个别的桥梁甚至达到了 6～7cm，桥台与台后路面明显存在着台阶。

桥头跳车使行车不平稳，感觉不舒适，常须在此处减速慢行，同时剧烈地振动对汽车也会产生相当的危害，增加汽车的故障率；对桥台和结构产生过大的冲击力，诱发或加重桥梁的病害；影响桥头伸缩缝的工作性能，加速其破坏过程，降低其使用寿命，使伸缩缝维修、更换频率提高。此外，桥头跳车产生的冲击力对支座也会产生一定程度的危害。

2. 原因分析

引起桥头跳车的主要原因是台后填土及路基与桥台间的不均匀沉降。台后施工一般采用回填土，回填土要求透水性好，在接近最佳含水率的情况下分层夯实，密实度控制在 90%～98%，但满足这些要求的回填土也会产生沉降，只不过这种沉降在短时间内可以完成且其沉降量不大，不至于引起与桥台间过大的沉降差。若施工时回填土不满足要求，或分层夯实每层厚度偏大，填土高度过大等，均会使回填土沉降显著加大，且这种沉降在较长时间内才能达到稳定，如 2～3 年或更长时间。而桥台一般采用桩基础或落于持力层较好的天然地基上，其沉降量基本上在施工完毕后已完成。这就导致在运营一段时间后两者之间的沉降差逐渐形成。其次，桥面伸缩缝不平顺或损坏，也会造成桥头跳车，如橡胶条伸缩缝，由于橡胶性能所限，夏季梁热胀将橡胶条挤出，高于桥面铺装而造成跳车。

8.2.11　桥梁承载力不足

20 世纪 80 年代以前修建的桥梁由于设计标准低，交通发展后又经常地超载行车，有时还受到冰冻、洪水等自然灾害的侵蚀破坏，普遍存在着承载能力不足的现象。现今只能限载通车，有必要对其加固补强，以提高承载能力。

桥梁承载能力不足主要表现为设计荷载低，主梁的最大挠度、裂缝宽度已经超过规范容许的限值，墩、台发生不均匀的沉陷而影响到桥梁的正常使用或者基底严重冲刷，墩、台倾斜走动等。另外，双曲拱桥在全国范围内分布极广，其中有很多是修建于平原软土地基上的，在拱脚强大的竖向和水平推力作用下，软土地基容易产生压缩沉陷和剪切滑动。同时，双曲拱桥整体性又很差，导致拱轴线变形严重，局部构件受损开裂，使其承载能力大大降低。

桥梁承载能力不足的原因主要有：

1）我国公路桥梁荷载标准，是经过多次修改逐步提高的。除民国时期修的桥梁标准较低外，中华人民共和国成立后又经过三次较大的修改（分别为 1954 年颁布《公路工程设计准则》，1957 年颁布《公路桥涵车辆荷载及净空标准暂行规定》，1972 年颁布《公路工程技术标准（试行）》），但公路桥梁的荷载标准仍然偏低，不能满足当前汽车荷载标准的要求。1981 年又补充了一个荷载等级，即汽车超-20，挂车-120，使桥梁的设计车辆荷载标准成为现行的四个等级（汽车-10 级，履带-50；汽车-15 级，挂车-80；汽车-20，挂车-100；汽车超-20，挂车-120）。1988 年，修订颁布《公路工程技术标准》（JTJ 01—88）时，即按此荷载标准，不再变动。所以，20 世纪 80 年代以前修建的桥梁均存在设计标准低的缺陷，交通发展后车辆荷载增大，又经常超载行车，承载能力更加下降。这是桥梁承载能力不足的最主要的原因。

2）桥梁为野外露天建筑，长年受日晒雨淋和冰冻等自然侵蚀，又受大气温度变化的影响而伸缩开裂，时间一长，容易损坏，降低了其承载能力和使用年限。

3）有些地区洪水发生的频率很高，破坏也较大。一些墩台基础埋置深度不够，河床压缩过多，抗御洪水能力较低的桥梁，在经历数次洪水袭击之后，基底已被掏空，墩台发生倾斜或走动，严重影响到承载能力。

4）平原软土地区修建的桥梁，由于建桥后软土地基压缩沉陷和剪切滑动，引起桥梁变形，裂损坏的现象也是常见的。特别是平原软土地区那些采用重力式桥台或者桥头路堤填土过高的桥梁，一般易发生软土地基沉陷和滑动，影响到桥梁本身的稳定性，从而破坏其承载能力；桥梁承载能力的评定可以从桥梁出现的损坏情况（一般为裂缝、挠度和桥台沉陷与水平位移这三个指标）、验算桥梁主要受力构件的断面尺寸以及进行桥梁荷载试验这三个方面进行，对那些承载能力不足的桥梁应进行补强加固，以提高承载能力，但一般以提高一个荷载标准等级为经济合理。

8.2.12　上部结构过窄

我国很多干线公路技术标准低，为适应公路交通发展的需要，正在拓宽改建，以提高公路等级，而这些干线上的原有桥梁承载能力不足，桥面狭窄，“宽路狭桥”现象严重存在，使得桥梁成为限制道路行车能力的“瓶颈”。为有效发挥整条公路的通车效能，除了要对桥梁进行加固补强，以提高承载力外，还需对其拓宽加固。

桥梁的拓宽，包括桥面部分拓宽和墩台部分拓宽两个部分。桥面的拓宽是将原来狭窄的桥面，按提高的标准要求，加宽行车道宽度和人行道宽度。墩台的拓宽是将原来较狭窄的墩台加宽到能够支持拓宽桥面所需要的宽度。桥梁拓宽可以单侧或双侧进行，应根据实际情况与需要决定。

8.2.13　桥梁缺陷的产生原因与种类

混凝土桥主要缺陷中，除设计荷载偏小、承载能力和通过能力不足是由于人为与客观原因造成的外，其他主要是由于设计、施工和外界因素等原因造成的。混凝土桥上部结构形成缺陷的各种主要原因，具体叙述如下。

1. 设计方面的原因

设计上引起缺陷主要有结构不合理、计算上的错误以及设计施工图不完善等方面。

1）结构不合理。在桥梁设计方案的选择过程中，一般由桥梁地质条件、施工方法、经济指标、使用要求等多方面的因素来决定所选用的结构形式，包括是采用钢筋混凝土结构，还是采用预应力混凝土结构；是采用简支梁桥，还是采用连续梁或悬臂结构；是采用板梁，还是 T 梁或箱形梁、工字梁等断面形式；最后是跨径的划分和梁高等问题的确定。如果结构选择确定不合理，将会使桥梁建成后有可能发生缺陷。

2）设计计算方面的错误。在桥梁设计计算过程中，由于计算错误和取值差错等原因可能使桥梁建成后就出现问题。同时，在预应力混凝土构件设计中没有很好地考虑二次应力、干燥收缩、徐变影响的情况也是经常有的。很多问题的出现是由于一些设计人员技术水平不高，经验不足，在设计时用错标准，不恰当地确定设计条件和容许应力所造成的。

另外，在构件的一些特殊部位，如构件的角隅处、预应力钢筋的锚固处，这些部位往往由于局部应力的影响，会出现异常，但对这些部位的设计经常是仅靠一些经验数据，而忽视了计算。

3）设计施工图不完善。在设计图纸中，钢筋和预应力钢筋的布置往往是存在一定问题的，如钢筋接头部位、锚固处有一些构造钢筋的布置等构造细节，在施工图纸上有时没有标细，因此，在施工中常常会出现不正确的做法。如将20m以上的钢筋作为一根示于图中，在施工现场，当然不能用那么长的钢筋作备料。施工时，如若把钢筋接头设置在弯矩最大处，便容易出现隐患。

2. 施工方面的原因

1）材料质量不好。施工中所采用的混凝土、钢筋、预应力钢材等材料，如质量不好，不符合规范的要求，则常常是导致桥梁结构产生各种缺陷的内在因素。

2）施工质量不好。在混凝土结构物产生破坏的原因中，最多的是由于施工质量不好引起的。特别是修建混凝土路桥时，工程种类多，其大部分是现场施工，每个现场施工操作工作往往要负担多方面的工作，如钢筋工、起重工、混凝土工等。而且桥梁工程的工序较多，如果不注意或搞错，就有可能使结构出现缺陷并最后暴露出来。此外，施工操作人员的技术熟练程度与素质，也对施工质量起着重要作用。

现就容易产生缺陷的主要工种，作一概略说明。

1）钢筋安装。钢筋网或钢筋骨架在安装中最容易出现的是安装后钢筋混凝土的保护层太厚或太薄的问题。保护层太薄或太厚都有可能使结构局部强度不足，在外力作用下而产生破坏。

2）混凝土的浇筑和养生。混凝土浇筑不慎会导致结构出现空洞、蜂窝、麻面等缺陷；养生不足又会使结构出现裂缝。

3）预制构件的安装。预制构件安装不好，如尺寸出现偏差，断面尺寸有可能不足，从而使结构强度存在问题。

4）模板等临时工程的设置。模板设立不好，或拆除过早，也都是导致结构产生缺陷的原因。

3. 外界因素

外界因素是指行驶于桥梁上的车辆流量的不断增加，车辆载重的加大；发生突然事故，如受机械撞击的影响；受到自然界特大灾害，如地震、洪水等的破坏；周围恶劣环境，如海水、污水等化学作用；以及桥梁基础产生破坏，出现不均匀沉陷等因素。这些因素也都是导致桥梁结构产生缺陷的重要原因。

8.3 桥梁下部结构缺陷及其原因

墩台和基础是桥梁的重要组成部分，是直接承受桥梁上部结构的荷载，同时将荷载传递给地基的受力结构。

桥台使桥梁与路堤相连接，因此，它除了承受上部结构的荷载外，还要承受来自台后路堤填上的土压力。桥墩除了承受上部结构荷载外，还要承受风力、流水压力、冰压力、浮力以及在特殊情况下可能发生的船只或漂流物的撞击力等的作用，受力比桥台更复杂。还有，桥梁墩台基础在长年使用过程中，还将受到自然界各种因素的影响作用，如大气、雨水的侵袭，洪水的冲刷。在地震区，还不可避免地受到地震力的作用。此外，由于过桥车辆的日益重型化，实际上大部分活载强度已超过设计规范规定的负荷要求，墩台的负荷强度在不断地增加，经常受到过重活荷载的作用。

这样，桥梁墩台基础在建造过程中或经过多年使用后，将会出现不同程度的损坏，产生各种缺陷，如图 8.3 和图 8.4 所示。

图 8.3　桥墩混凝土剥落、露筋

图 8.4　桥墩环向裂缝

8.3.1　桥梁基础的沉陷

1. 基础的沉降和不均匀沉降

由于地基的压密下沉引起基础沉降，这对于任何一座桥梁来说都是难以避免的，在一定范围内这是正常现象，而超出一定的范围则将对桥梁产生有害的影响。在软土地基上修建的桥梁基础，由于经常受到土基压实下沉和地下水位升降等的影响，往往还会产生不均匀的沉降。

为此，在桥梁施工过程中或通车后相当长的一段时间内，应定期和及时地做好基础沉降变位的观测分析工作，以便了解基础的沉降情况和发展趋势，分析沉降和不均匀沉降对桥梁结构的影响，并对有害的基础沉降采取有效的防治措施。

2. 基础的冲刷和滑移倾斜

1）基础由于经常受到洪水的冲刷而发生滑移。砂砾石河床上的桥梁，洪水时墩台周围的水流，由于受到墩台的阻挡，使水流发生很大变化，不是按原水流方向直线下流，而是变为表面的小部分水流向上扩散，壅高水位，下面的大部分水流转为向下流动，直接冲刷河床砂砾，使墩台周围局部冲深，待冲到一定深度水流无法再冲动砂砾时，再稳定下来：冲刷深度由河流的河床纵坡和河床堆积物成分等因素所决定。一般很难预先估计冲刷有多深，事先必须经过充分的调查，以探求其冲刷深度。

2）由于河床浚挖，减少了桥台台前临河面地基土层的侧向压力，从而使基础产生侧向滑移。

3）桥台基础建造于软土地基，当台背填土超过一定高度且基础构造处理不当时，作用于台背的水平力增大，将导致地基失稳，产生塑性流动，使桥台前移。当基础上、下受力不均匀时，台身也随之产生不均匀的滑移，导致基础出现倾斜。

产生滑移或倾斜的桥台基础，多为建造在软土地基上的重力式桥台、倒 T 形桥台。沉井基础也有产生前移的，这是由于沉井基础施工时扰动了地基且承受台背土压力的宽度大，可又不能像桩基础那样，有使流动土压力从桩间挤过去的效果，所以作用于沉井基础的流动土压力比桩基础的大。

4）基础产生的滑移或倾斜，在严重时会导致桥梁结构的破坏。其破坏方式如图 8.5 所示。

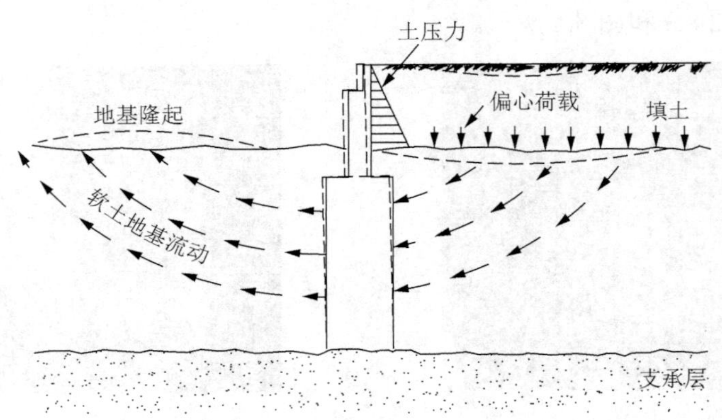

图 8.5　桥台基础的前移

① 支座和墩台支承面破坏以及梁从支承面上滑落下来。

② 伸缩缝装置被破坏或使接缝宽度减小，伸缩机能受损。

③ 当滑移量过大时，梁端与台背紧贴，严重时导致台背破坏或梁局部压屈。

3. 基础结构物的异常应力和开裂

基础结构物由于受力不均，往往产生局部异常应力，并导致横向或竖向裂缝。在特殊外荷载作用下，还会使基础结构物因出现异常应力而产生局部损坏。

桥梁基础的主要类型及常见的缺陷见表 8.1。

表 8.1　桥梁基础类型与常见缺陷

基础类型			常见的缺陷
浅基础	天然地基上的浅基础		1.埋置深度浅，易受冲刷而淘空； 2.埋置深度不足，受冻害影响； 3.地其不稳定，易产生滑移或倾斜
	岩石基础		1.基础置下风化石层上，风化部分未处理好，经水流冲刷而淘空或悬空； 2.受地震时的剪切作用，易产生裂缝
	人工地基基础		因处于软弱地基上，在竖向荷载作用下压实沉陷，使基础下沉
桩基础	打入桩	木桩	地下水位下降时，桩身常腐蚀
		钢筋混凝土预制桩	1.打桩时，桩身受损坏； 2.受水冲刷、浸蚀；产生空洞、剥落等； 3.受船只或其他漂浮物的撞击而损坏
	钻孔桩		1.施工时淤泥未完全清除即灌注混凝土，因而使形成后的桩基产生下沉； 2.施工不当，或受水冲刷、浸蚀而产生空洞、剥落、俐筋外露等； 3.灌注混凝土过程中发生 AA 孔而未作处理，桩身部分脱空； 4.受外力冲击而产生损坏
	管桩基础		承载力不足而使基础产生下沉
	沉井基础		1.地基下沉时，基础也常发生一些下沉； 2.地基下沉不均时，或桥台背高填土受地基侧向流动的影响时基础产生滑移、倾斜

8.3.2　墩（台）身的缺陷

桥墩（台）身位于桥梁上部结构和基础之间，是桥梁下部结构的主体，并且多数的墩台是由砖石砌体或钢筋混凝土构件构成的。墩台结构由于具有将上部结构的荷载传递给基础的功能，因此，墩台容易受到上部结构荷载增加和基础出现缺陷的直接影响。当基础产生不均匀沉降、滑移、倾斜等现象时，将会使墩台受到很大的损坏。

墩台损坏的主要形式是出现裂缝。常见的裂缝有水平裂缝、竖向裂缝及网状裂缝等。裂缝的出现会引起钢筋的锈蚀，混凝土的碳化，降低混凝土的抗冻融、抗疲劳及抗渗能力等。由以下原因可引起墩（台）身的开裂。

1）温度裂缝。由于墩身混凝土属于大体积混凝土，施工时间内外温差及温度不均匀分布导致混凝土开裂。温度裂缝的走向通常无一定规律，大面积结构裂缝长纵横交错；裂缝宽度大小不一，受温度变化影响较为明显，冬季较宽，夏季较窄。

2）不均匀沉降裂缝。由于地基不均匀沉降，造成了对基础的不均匀作用，使得基础及桥墩在某个方向受到竖向剪力作用，当桥墩不足以抵抗这一剪力时，桥墩便出现裂缝（如图 8.6 所示）；地基不均匀沉降是墩身开裂的外部原因，而墩身受剪钢筋不足是导致受剪开裂的内在原因；对于典型双柱式多柱式桥墩，各桥墩不均匀沉降，会引起桥墩内力的急剧增加，在关键截面产生裂缝。

3）受力裂缝。由于桥墩承载力不足，在某些部位不足以承担尾部荷载产生的应力，尤其是拉应力，进而产生受力裂缝。如图 8.7 所示，某 T 形桥墩墩顶及侧面出现了一定数量的竖向裂缝，裂缝位置均靠近墩顶中部，其为两侧悬臂荷载产生的受力裂缝，该裂缝对于墩顶承受负弯矩的悬臂型桥墩具有典型的意义。又如桥墩根部的抗弯承载力不足产生的弯曲裂缝，此类裂缝常常由于各种原因导致弯矩荷载的增加，使得原设计承载力不足而引起，包括地基的不均匀沉降等。

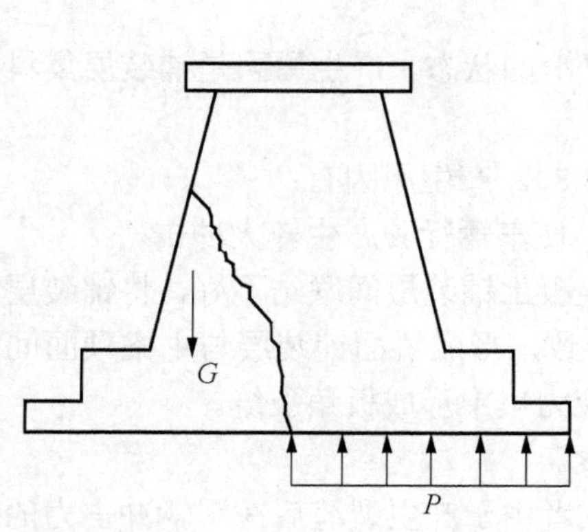

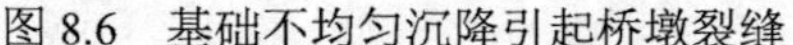

图 8.6　基础不均匀沉降引起桥墩裂缝

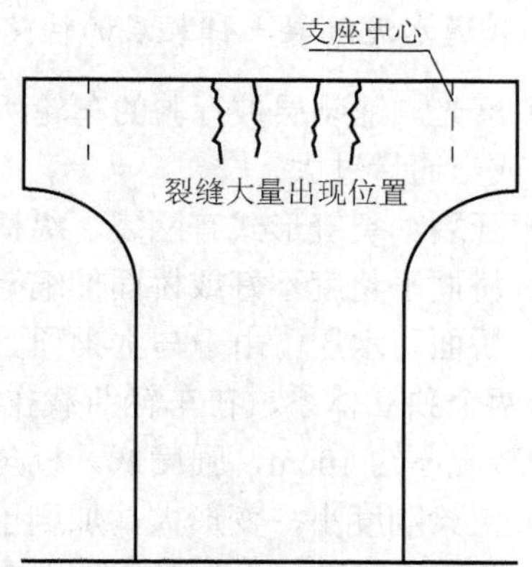

图 8.7　T 形桥墩墩顶受力裂缝

4）船只撞击裂缝。位于航道的桥墩面临着船只撞击的风险，尤其是未考虑防撞措施的桥墩，在受到船只撞击时，裂缝等病害常常开展严重。对于空心薄壁墩，抗撞击能力较低，更易产生船只撞击裂缝。此外，墩台身材料随使用时间的增长还会老化。

总而言之，桥梁墩台身的缺陷主要有：裂缝、剥落、空洞、钢筋外露、锈蚀、老化、结构的变形位移等。

8.3.3　墩、台及基础承载力不足

早期修建的桥梁，承载能力较低，多少年来一直超负荷地运营通车；其中有些还会受到不良地基的不利影响，基础滑移、倾斜，因此普遍存在承载能力不足的现象。随着公路等级和车辆荷载等级的提高，许多干线公路上的旧桥都在逐步地采取补强、加固和拓宽措施，使其适应现代交通的需要。但桥梁结构是一个整体，在上部结构补强加固和拓宽的同时，其下部结构（墩、台基础）也应相应地采取切合实际的加固措施，以提高承载能力，使下部结构适应上部结构传递荷载的需要。

8.4　桥面及附属设施缺陷及其原因

桥面及附属设施，包括桥面铺装层、桥面防水层、桥面排水设施、桥面伸缩缝装置、栏杆以及桥头引道，是桥梁结构不可缺少的组成部分。它们的好坏将直接影响到桥梁结构的使用性能和耐久性，当发现桥面及附属设施有缺陷时，应尽可能地修补完善。

8.4.1　桥面铺装的常见缺陷

为了保证车辆安全、舒适地通过桥面，需要在桥面上铺筑桥面铺装层，它可以使属于主梁整体部分的钢筋混凝土桥面板不遭受车轮的直接磨耗和剪切作用以及雨水的侵蚀影响，并对车辆轮重集中荷载起分布作用。

桥面铺装要求具有一定的强度，以防止开裂，并应有一定的耐磨与抗滑性能。一般采用水泥混凝土和沥青混凝土两类材料做桥面铺装层。由于使用材料的不同，缺陷的形式也不一样。

1. 普通水泥混凝土铺装层的缺陷

1）磨光。铺装层被行驶的车轮所磨耗，形成平滑的状态。产生原因是铺装层集料抗磨性能差或交通量过大。

2）开裂。裂缝形式有网裂、纵横裂缝等（图 8.8）。产生原因有：

① 桥面平整度不好或桥面伸缩缝附近不平整，使车辆行驶产生较大冲击。

② 桥面防水层，由于与主梁顶面和桥面水泥混凝土铺装层间联结不好，将铺装层与主梁分为两个独立体系，在车辆荷载作用下变形不一致，形成桥面铺装层与主梁顶面间的空隙；铺装层厚约 10cm，强度低，板角及板缝处的应力集中形成板角裂缝。

③ 主梁刚度小，变形大，加剧了裂缝发展速度。

3）脱皮、露骨。由于施工时没有一次成形，或者由于产生裂缝后在车辆冲击力的作用下，表层产生脱皮或局部破损露骨，如图 8.9 所示。

4）高低不平，产生“跳车”。产生原因有：

① 在桥跨结构物的连接部位，由于结构物与填土部位之间的不均匀沉陷，使过桥车辆产生“跳车”。

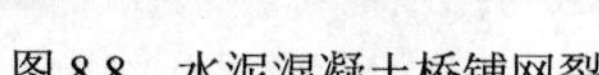
图 8.8　水泥混凝土桥铺网裂

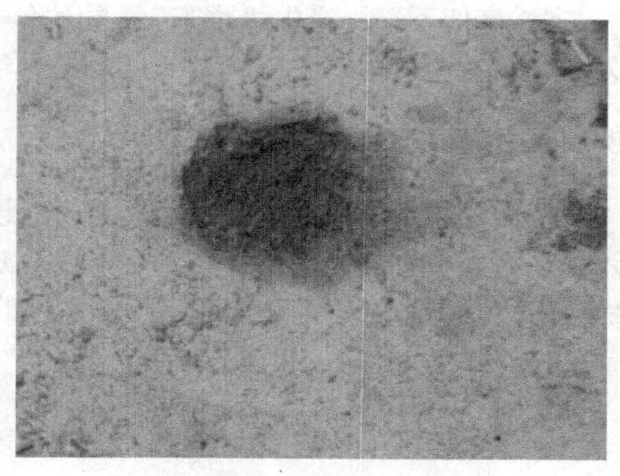

图 8.9　水泥混凝土桥铺坑槽

② 桥面伸缩缝不平顺或者损坏，造成桥头跳车。埋式伸缩缝，钢板、型钢镶边伸缩缝，由于缝中的塑料胶泥在梁热胀时被挤出，高于桥而的铺装填料造成跳车；橡胶条伸缩缝，由于橡胶性能所限，夏季梁热胀使橡胶条高于桥面而造成跳车。严重的跳车，甚至导致汽车弹簧钢板的断裂。

2. 沥青混凝土铺装层的缺陷

1）泛油。这是由于沥青用量过多，集料级配不良，以及沥青材料软化点太低所致。桥面出现泛油后，车辆过桥时粘轮，下雨时易于打滑，使行驶安全性降低。

2）松散、露骨。由于行驶车辆的作用，铺装层表面的细集料慢慢松散、脱离，表面出现锯齿状的粗糙状态。原因是沥青混合料压实不足或用油量太少所致。

3）裂缝。裂缝形式有纵裂、横裂或网裂，主要是由沥青老化或桥面板本身出现损坏破裂所引起的（图 8.10）。

4）壅包。沥青混凝土桥面通车一段时间后，刹车减速产生的水平力形成沥青混凝土铺装层突起或波浪状的起伏（图 8.11）。产生原因有：

① 沥青混凝土面层，局部与路面基层的黏结力削弱，造成结合不牢，或沥青混凝土的热稳定性差。

② 板面铺装沥青混凝土前潮湿或有水，桥面板（如钢梁时）变形大。

图 8.10　桥面横向裂缝

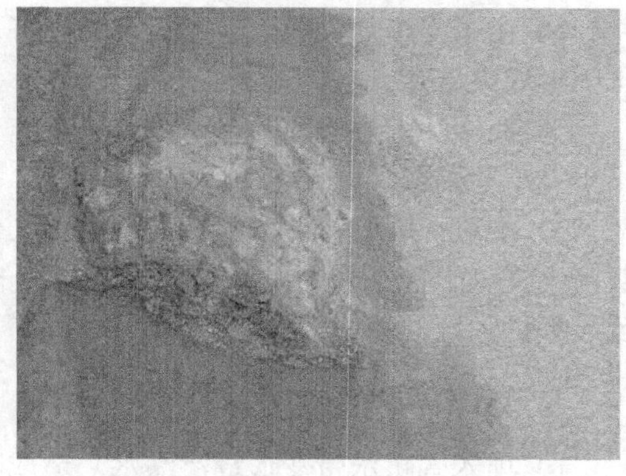

图 8.11　桥面壅包

5）高低不平，产生“跳车”。原因除与前述普通水泥混凝土铺装层的两点原因相同之外，还有壅包也会导致跳车。

8.4.2　桥面防水层的常见缺陷

桥面铺装中，在铺装层与桥面之间应设置防水层。为弥补桥面不平或设置桥面横坡，还需在桥面板上加铺垫层。防水层可以有效地防止雨水透过桥面铺装渗入桥面板内，从而保证主梁不受雨水侵蚀破坏。有关防水层的质量通病和缺陷及其产生的原因如下。

1. 卷材防水的质量通病

1）防水层空鼓。卷材空鼓处，是防水层的薄弱点，漏水时极易形成渗漏的通道。原因有：

① 防水基层潮湿，沥青胶结材料与基层黏结不良。

② 由于其他工序影响及人员穿行，粘铺前，找平层表面被玷污，又未做处理，使卷材与基层黏结不良。

③ 操作方法及贴铺顺序不当，造成局部空气未排除而空鼓。

2）卷材搭接不严。卷材搭接不严，造成防水层搭接处漏水或防水性能差，此缺陷的存在将大大削弱防水层的防水性能。原因有：

① 现场组织管理不善，工序搭接不紧凑，不按防水工程技术操作要求施工。

② 通道、地道桥底板垫层四周尚未砌侧墙保护墙，使底板防水卷材甩茬难以保护，造成污损破坏。

3）卷材转角部位后期渗漏，造成桥面的防水工程失败，原因有：

① 在阴阳角处等部位，卷材未按转角轮廓辅贴严实，后浇混凝土结构时，此处卷材遭破坏。

② 所用卷材材质韧性较差，阴阳角处操作不便，沥青胶结材料温度过高或过低。未能确保转角处卷材铺贴严密。

③ 阴阳角处未增设卷材附加层；桥面卷材在栏杆地袱处处理不当。

2. 防水混凝土的质量通病

1）混凝土施工缝渗漏水，形成防水混凝土结构的防水漏洞。原因有：

① 施工缝留的位置不当。

② 由于支模后锯末、铁钉等杂物没有及时清除干净，浇灌上层混凝土后，在新旧混凝土间形成夹层。

③ 在浇注上层混凝土时，没有先在施工缝处铺一层水泥浆或水泥砂浆，上、下层混凝土不能牢固黏结。

2）混凝土裂缝渗漏水。桥面混凝土（包括防水混凝土）开裂，水由裂缝渗入铺装层，甚至会浸入上部结构的梁板，桥面及梁板的钢筋受到裂缝浸入水的作用而锈蚀；为碱集料反应提供水源，混凝土愈发开裂。原因同普通水泥混凝土铺装层缺陷中的开裂部分。

3. 变形缝防水质量通病

1）埋入式止水带变形缝渗漏水，造成防水结构在变形缝周围发生漏水。原因有：

① 止水带未采用固定措施，或固定方法不当，埋设位置不准确，或被浇注的混凝土挤偏。

② 止水带两翼的混凝土包裹不严，特别是底板部位的止水带下面，混凝土振捣不严或留有空隙。

③ 钢筋过密，浇注混凝土方法不当等，造成止水带周围粗集料集中。这种现象，多发生在下部的转角处。

④ 施工人员对止水带的作用不甚了解，操作马虎，甚至将止水带钉上而破坏。

2）涂刷式氯丁胶片变形缝渗漏水，造成结构防水功能的失效。原因有：

① 基层处理不符合要求。

② 胶层涂刷薄厚不均匀，转角处玻璃布铺贴不实，局部出现气泡等。

③ 覆盖层过薄或未分层覆盖，产生空鼓或收缩裂缝。

8.4.3 桥面排水设施的常见缺陷

为了迅速排除雨水，防止雨水渗入梁体引起锈蚀而影响桥梁的耐久性，确保公路桥梁的正常使用，除了在桥面铺装内设置防水层外，还应设置排水设施。

1. 桥面排水边坡不当，将造成桥面局部积水

主要是由于在铺设桥面混凝土时，纵向路边未向泄水孔倾斜。

2. 桥面排水不畅，漫流污染台面

桥台支承面、翼墙等平面上，因排水不畅，水在其上漫流，锈蚀支座，锈水等污染桥台前墙。主要是由于台后、翼墙后排水反滤层失效，水不能经过滤层、排水管排出桥外。

3. 泄水管缺陷

1）桥面漏留泄水管。主要是由于桥面铺装时，组织工作不细造成的。

2）管道破坏、损伤。在外界作用影响下而产生局部破裂、损伤、出现洞穴而产生漏水等，如图 8.12 所示。

3）管体脱落。主要由于接头连接不牢而产生掉落，失去排水作用。

4）管内有泥石杂物堵塞，从而排水不畅，甚至水流不通，如图 8.13 所示。

5）管口有泥石杂物堆积。由于桥面不清洁，往往集中在护轮带下积存垃圾泥土污物而形成三角形硬块，因此堵死泄水管管口。

图 8.12　排水设施破损

图 8.13　排水孔堵塞

4. 饮水槽的缺陷

饮水槽缺陷主要有堆泥、堵塞、水流不畅、槽口破裂损坏而出现漏水、积水等。

8.4.4　桥面伸缩装置的常见缺陷

桥面伸缩缝由于设置在梁端构造薄弱部位，直接承受车辆反复荷载的作用，又多暴露于大自然中，受到各种自然因素的影响，因此，可以说伸缩缝是易损坏、难修补的部位，经常产生各种不同程度的缺陷。

1. 锌铁皮伸缩缝

1）软性防水材料如沥青砂或聚氯乙烯胶泥等老化、脱落。
2）伸缩缝凹槽填入其他硬物，不能自由变形，如图 8.14 所示。
3）锌铁皮上压填的铺装层如水泥混凝土或沥青混凝土等断裂、剥离。
4）伸缩缝上后铺压填部分发生沉陷，高低不平。
5）由于墩台下沉，出现异常的伸缩，车辆行驶时出现冲击及噪声等。

2. 钢板伸缩缝（包括梳形钢板伸缩缝）

1）角钢与钢筋混凝土梁锚固不牢，使钢板松动，在车辆行驶时受到冲击振动，更加速它的破损。
2）缝内塞进石块或铁夹物，使伸缩缝接头活动异常，不能自由变形。
3）排水管发生破坏损伤或被土砂堵塞。
4）表面钢板焊接部位破损。
5）梳形钢板伸缩缝在梳齿与承托板的焊接处出现裂缝，更严重的出现剪断现象。

3. 橡胶伸缩缝

1）橡胶条破坏损伤。
2）橡胶条剥离（如图 8.15 所示）。
3）在橡胶嵌条连接部位漏水。
4）锚固构件破损，锚固螺栓松脱。

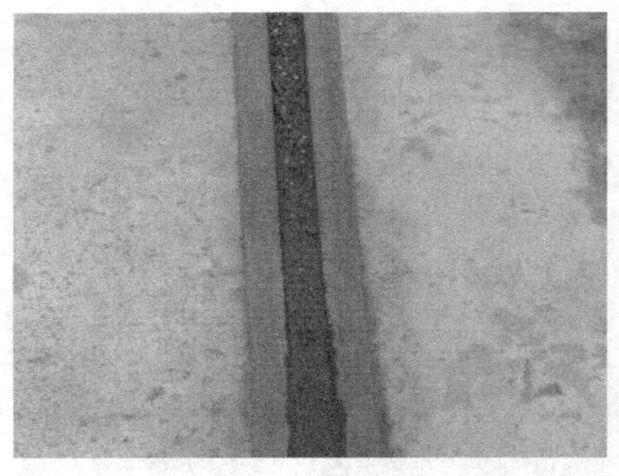

图 8.14　伸缩缝堵塞

图 8.15　伸缩缝橡胶条脱落

5）伸缩缝构造部位下陷或凸出。

6）车辆行驶不适，发生噪声。

4. 桥面伸缩缝不贯通

由于伸缩缝没有完全贯通，造成未断开的桥台侧翼墙、地袱、防撞护栏、栏杆扶手的裂损。

8.4.5　栏杆的常见缺陷

公路桥梁的栏杆作为一种安全防护设备，是桥梁上部结构一个不可缺少的组成部分。同时，从艺术角度上看，栏杆又是桥梁美化的一种艺术装饰。公路桥梁栏杆的缺陷主要有以下几种情况。

1. 栏杆外观粗糙，尺寸规格误差大

1）模板接头部位变形刚度不足，组装不紧固，接缝不严，造成尺寸误差大；模板支得不牢，浇注中振捣混凝土时变形，或振捣时间过长等，造成跑浆、漏浆，引起掉皮、变形。

2）混凝土和易性掌握不好。如混凝土坍落度太大，脱模后混凝土自行沉坍。

3）模具上的灰浆杂物清除不干净，模具灌注混凝土前隔剂涂不匀。

4）预制安装的栏杆柱顶不在一条直线上，栏杆柱顶高程不一致，造成扶手棱线不直顺。

5）曲线处模板不圆顺，形成死弯、折线。

2. 撞坏

多数为在交通事故中由车辆冲撞所致，也有的是车辆在运输超宽物件时不慎碰坏等。

3. 缺损

缺乏养护管理，被人偷拆，或者金属、木料栏杆遭到锈蚀、腐烂破坏，造成个别部件缺损（图 8.16 和图 8.17）。

4. 裂缝

钢筋混凝土栏杆长期外露，混凝土表面常因水分浸入致钢筋锈胀而使构件产生裂缝，混凝土保护层出现损坏、剥离、脱落等现象。也有因在伸缩缝处栏杆未断开，栏杆受力变形开裂。

图 8.16　栏杆缺损

图 8.17　栏杆锈蚀

8.4.6 桥头引道的常见缺陷

桥头引道是桥梁与道路的衔接部分，其常见缺陷如下：

1）桥面与引道路面衔接处，路面沉陷，交接段引道纵坡与桥纵坡不一致，衔接不顺适致使桥头产生“跳车”。

2）引道路面损坏，产生积水、渗水，出现坑塘，高低不平。

3）引道两边的挡土墙、护栏等产生严重变形、破坏或缺损。

4）护坡、锥形溜坡因受洪水冲刷而发生冲空、坍塌或产生缺口。

5）引道上如设有涵管或水渠时，其顶部受损，路面遭受破坏，并有渗水现象等。

8.4.7 桥梁支座缺陷

桥梁支座是桥梁上、下部结构的连接点，其作用是将上部结构的荷载（包括恒载和活载）顺适、安全地传递到桥梁墩台上去，同时要保证上部结构在支座处能自由变形（转动或移动），以便使结构的实际受力情况与计算图式相符合。因此，对桥梁支座要正确设置，并经常注意维护，对其损坏部分要进行修补加固。

1. 桥梁支座损坏

（1）支座本身的损坏

各种形式支座本身的损坏情况不同，分别有：

1）油毛毡支座损坏（如坏裂、掉落、腐烂等），从而失去作用。

2）切线弧形支座滑动面、滚动面生锈，从而不能自由移动、转动。

3）摆柱式支座的混凝土摆柱脱皮露筋或出现其他异常现象。

4）支座的滑动面不平整，轴承有裂纹、切口，滚轴有偏移和下降。

5）支座螺母松动或螺拴脱落。

6）钢辊轴式支座辊轴（或摇轴）的实际纵向位移偏大或发生横向位移。

7）橡胶支座出现橡胶老化、变质现象，梁丧失自由伸缩能力。图 8.18～图 8.21 是几种支座损坏的情况。

图 8.18 支座脱空

图 8.19 支座发生偏移

图 8.20　支座垫板锈蚀

图 8.21　支座剪切变形

（2）支座座板的损坏

支座座板的损坏形式有：

1）支座座板翘起、扭曲、断裂。

2）座板贴角焊缝开裂。

3）填充砂浆裂缝。

4）支座座板混凝土压坏、剥离、掉角。

2. 斜、弯桥及板梁桥支座脱空

桥梁安装后，要求梁与支座紧密接触，不得脱空。但由于结构形式、施工及各方面的原因，支座脱空的现象时有发生。支座脱空后，使主梁局部承压增加，在反复荷载作用下，箱梁、板梁会产生振动，影响桥梁的使用性能，降低箱梁、板梁的稳定性，也会很快降低支座的使用寿命。

（1）弯桥支座脱空的成因及分析

1）温升的影响（主要原因）。在温度升高时，梁体混凝土膨胀，理论上梁体要由内侧向外侧自由变形，但实际上因受到固定支座的约束作用，影响到箱梁的自由变形，从而梁体与桥面系发生变形。

2）墩柱偏心受压。因设计上考虑的墩柱支承点并非梁体重心，墩柱支承点外侧比内侧重，即墩柱处于偏心受压状态，内侧受拉，也是成为支座脱空的一个因素。

3）预应力张拉。由于顶应力束具有平面曲率，预应力束（顶板束）产生对梁的水平径向作用力，这种水平力对梁的剪切中心的偏心扭矩使梁产生附加弯矩而引起支座的脱空。

（2）板梁桥支座脱空的成因及分析

1）施工过程控制不严格，未达到标准要求，而板梁安装时又相对粗心。

2）板梁安装后未及时整体化，没有及时施工桥面铺装，造成反拱度太大，使支座脱空，特别在斜交桥，在预应力的作用下，短边有向上翘的趋势。

小　　结

本章主要介绍了桥梁结构缺陷极其产生的原因进行了分析。上部结构对裂缝、钢筋锈蚀、碳化、挠度、主梁梁端、无黏结预应力筋等缺陷原因进行了分析；下部结构对基础、墩身、桥面系极其附属设施等缺陷原因进行了分析。

思　考　题

1. 桥梁上部结构存在哪些病害？其造成病害的原因是什么？试举 3~5 例进行说明。

2. 桥梁下部结构存在哪些病害？其造成病害的原因是什么？试举 3~5 例进行说明。

3. 桥面系及附属设施对桥梁正常运行起着重要作用，试述桥面系及附属设施存在的病害及其对行车的影响？

第 9 章　桥梁结构常见加固维修方法

9.1　桥梁上部结构常见维修加固方法

9.1.1　增大截面

增大截面加固是在构件表面加大混凝土尺寸，增加受力钢筋，使其与原结构形成整体，从而增大构件有效高度和受力钢筋面积，增加构件刚度，提高桥梁整体承载能力。通常增大截面的途径有增加受力钢筋主筋截面、加大主梁混凝土截面、锚喷混凝土和加厚原桥面板等方式。

1. 特点及适用条件

增大截面加固法可以明显改善桥梁由于原来的钢筋和截面尺寸偏小而无法满足当今交通需要这一状态，可广泛适用于钢筋混凝土或预应力钢筋混凝土梁（板）桥及拱桥的加固，一般要求按现场检测结果确定的原结构构件混凝土强度：钢筋混凝土受弯构件不低于 C20，受压构件不低于 C15，预应力钢筋混凝土构件不应低于 C30。

1）增加受力钢筋主筋截面：当原结构因主筋应力超过容许范围，而桥下净空受到限制时宜采用，由于施工复杂，现已较少使用。

2）加大主梁混凝土截面：主梁间距较大，净空较足的桥梁，如 T 梁桥、带拱肋的拱桥等，如图 9.1 所示。

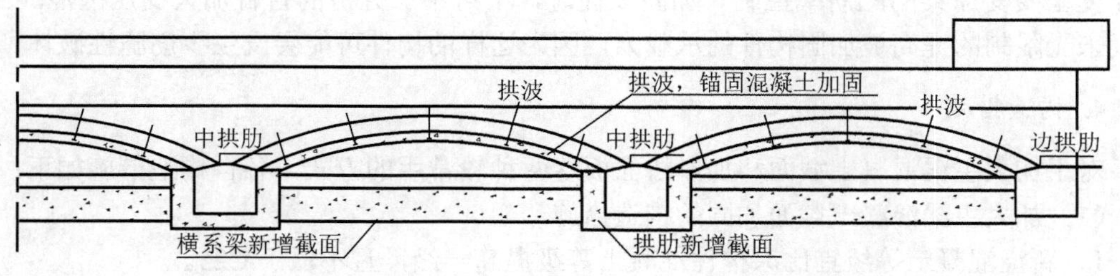

图 9.1　双曲拱桥拱肋、横系梁及拱波增大截面加固示意图

3）锚喷混凝土：结构下缘出现超过容许值的裂缝，结构较高或不宜立模施工的桥梁，由于喷射混凝土技术难度较大，目前应用较少。

4）加厚桥面板：原桥承载能力不足，而墩台及基础较好的桥梁，常用于工字形梁桥和 Π 形梁桥等。

上述各方式均会导致上部结构恒载增加，对原结构及基础承载力有一定影响，且采用加厚原桥面板加固时桥面高程将受影响，连接路面或桥面的纵坡应予以调整，一般需要凿除原桥面铺装并改造原桥梁伸缩缝装置。

2. 材料要求

1）混凝土：优先选用早强砂浆和早强混凝土或膨胀混凝土，配制混凝土的石子宜用坚硬耐久的卵石或碎石，其最大粒径不宜大于 20mm。应用于桥面补强层的混凝土还应具有足够的韧性、抗冲击能力和抗渗性，多选用纤维混凝土。

2）钢筋：增大截面内纵向受力钢筋直径不宜小于 12mm，封闭式箍筋直径不宜小于 8mm，U 型箍筋直径宜与原有箍筋直径相同，且由于锚固长度一般较短，为增加新旧混凝土的有效结合，应采用螺纹钢筋增加握裹力。

3）植筋胶：植筋胶应具备黏结力强、耐久性好、快硬性和低毒、无害等特性，一般可采用环氧树脂类黏结材料。

4）界面剂：由于旧混凝土表面吸水特性，引起新旧混凝土界面不宜黏结，采用界面剂可增强他们之间的黏结力。界面剂对混凝土黏结力强、抗化学腐蚀、强度高，可用于潮湿表面，并有适当的操作时间。

3. 力学特点

增大截面和增加配筋后，加固结构属于二次受力的叠合构件，原结构除承受已有应力外还需承受后期恒载和活载产生的应力，因此，需要按照二次受力叠合构件对结构进行极限状态验算。

加厚桥面板加固的构件正截面抗弯承载力计算，从原理上讲，应考虑分阶段受力的特点，按两阶段受力构件计算。但是，由于受桥面标高的限制，后加桥面的厚度不可能太大，一般情况下加固后的截面中性轴不会进入新旧混凝土连接面，新旧混凝土共同承担压力，受压区混凝土的应变图存在两个峰值，考虑到混凝土的塑性影响，在极限状态下后加混凝土层的应力亦可达到抗压强度设计值 f_{cd}。这样，加厚桥面板加固的构件正截面抗弯承载力即可按一般钢筋混凝土构件计算。

应该指出，采用加厚混凝土桥面板（即加大受压区混凝土厚度）方法，其最大允许加厚厚度主要受原梁的配筋率控制。加固设计时，不可不加分析的盲目加大受压区混凝土层厚度来无限制的提高被加固构件的承载力，因为这样的构件可能会发生少筋脆性破坏。

4. 构造措施

对于加大主梁混凝土截面和加厚桥面板这两种较常用的方式，各自构造措施如下：

（1）加大主梁混凝土截面加固的构造措施

1）新浇混凝土等级宜比原构件混凝土等级提高一级，且不低于 C25。

2）新浇混凝土的最小厚度，对板不宜小于 100mm，对梁和受压构件不宜小于 150mm。

3）加固的受力钢筋与原结构的受力钢筋净距不应大于 20mm，并采用短筋焊接连接；箍筋应采用封闭式或 U 形箍筋。

4）当加固的受力钢筋与构件的受力钢筋采用短筋焊接时，短筋的直径不应小于 20mm，长度不小于 $5d$（d 为新增纵筋和原有纵筋直径的较小值），各短筋的中距不大于 500mm。

5）当用单侧或双侧加固时，应设置 U 形箍筋。U 形箍筋应焊在原有箍筋上，单面焊缝长度为 $10d$，双面焊缝为 $5d$（d 为 U 形箍筋直径）。U 形箍筋还可焊在增设的锚钉上，或直接伸入锚孔内锚固，锚钉直径不应小于 10mm，锚钉距构件边沿不小于 $3d$，且不小于 40mm，锚钉锚固深度不小于 $10d$，并采用环氧砂浆或高强度等级水泥砂浆将锚钉锚固于原构件内，钻孔直径应大于锚钉直径 4mm。

（2）加厚桥面板加固的构造措施

1）桥面板（主梁）表面应做成凹凸不小于 4～6mm 的粗糙面，无表面浮浆，集料外露清晰，这样有利于新旧混凝土接合，亦可在表面涂刷界面剂以加强新旧混凝土的黏结。

2）补强层宜选用较高强度等级混凝土，其强度等级不应低于 C30 及主梁混凝土的强度等级，厚度不宜小于 10cm。

3）接合面应设置接合钢筋，接合钢筋宜用螺纹钢筋，直钢筋末端弯成直钩，纵向设置间距不应大于 50cm，直径不小于 8mm，也不应大于 20mm，接合钢筋植埋于桥面板（主梁）的深度符合胶黏材料的要求，伸入补强层的直线长度不宜小于 $5d$（d 为接合钢筋的直径）且大于 6cm。

4）补强层与原结构混凝土龄期一般相差较大，为减少和避免补强层出现混凝土收缩裂缝，补强层中须设置构造钢筋，其间距应不大于 15cm，直径宜在 8～16mm。

5. 施工工序

（1）加大主梁混凝土截面加固的施工工序

1）为了加强新、旧混凝土的接合，应对原构件混凝土存在的缺陷清理至密实部位，并将构件表面凿毛，要求打成麻坑或沟槽，沟槽深度不宜小于 6mm，间距不宜大于箍筋的间距或 200mm。

2）当采用三面或四面外包方法加固旧桥构件时，应将构件的棱角敲掉，同时应除去浮渣、尘土。

3）原有混凝土表面应冲洗干净，浇筑新混凝土前，原混凝土表面应以水泥浆等界面剂进行处理，以加强新、旧混凝土的接合。

4）对原有和新设受力钢筋应进行除锈处理，有条件时并逐根分区分段分层进行焊接，以减少原受力钢筋的热变形，在受力钢筋施焊前采取卸荷或支顶措施，使原结构的承载力不致遭受较大影响。

5）外包混凝土加固法施工不如整体浇筑混凝土构件方便，必须采取措施，保证模板搭设、钢筋安置以及新混凝土的浇筑和振捣的质量，以达到混凝土密实要求。同时，应加强新浇混凝土的养护，养护期最好达 14d 以上。

6）增焊主筋法。其要点如下：

① 增焊主筋。首先凿开梁的混凝土保护层，露出主筋，将原箍筋切断拉直，再把新增钢筋焊在原主筋上，增焊钢筋的断头宜设在弯矩较小的截面。为减少焊接时的温度应力，采用断续双面焊缝，从跨中向两端依次施焊。

② 增设箍筋。如果原桥梁的箍筋不足，梁腹出现剪切裂缝，则加固过程中，在增焊主筋的同时，应在梁的侧面增加箍筋。具体作法是在梁腹上埋上销钉，把补充的箍筋固定起来，并把箍筋上端埋入桥面板中。

③ 卸除部分恒载。加固时为了减少原结构的截面应力，使新增加的钢筋充分发挥作用，有条件时应采取多点起顶措施将梁顶起，或凿除部分桥面铺装，然后再进行加固（起顶位置和吨位由计算来确定）。

④ 恢复保护层。钢筋焊接好并接长箍筋后，应重新做好保护层，材料最好是用环氧树脂小石子混凝土（砂浆）或膨胀水泥混凝土（砂浆）。修复保护层通常有三种可供选择使用的方法：涂抹法、压力灌注法和喷护法。采用喷护法时，应分层喷护水泥砂浆，每次喷涂

厚度以 1～3cm 为宜，待砂浆达到一定的强度后，再进行表面整修。

（2）加厚桥面板加固的施工工序

1）凿除桥面铺装混凝土。为减小凿除桥面铺装混凝土对主梁的损伤，应采取人工凿除等对主梁损伤影响较小的方法。

2）桥面板（主梁）接合面处理。接合面处理对保证新旧混凝土整体受力、共同工作具有重要作用。接合面应凿除主梁表面浮浆，使集料外露，形成 4～6mm 自然凹凸粗糙面或用机械刻槽形成粗糙面，并彻底清扫干净。要求施工时不能损坏原结构混凝土的强度，不应有局部光滑接合面。对存在缺陷的部位如空洞，应进行修补，在凿除疏松部分混凝土后，用强度高一级的细石子混凝土填筑密实；出现钢筋锈蚀引起混凝土胀裂时，先剔除松动开裂的混凝土，再进行钢筋表面除锈和防护等工作。

3）植埋接合钢筋。接合钢筋植埋应严格按照设计和所采用的结构胶乳剂的要求进行，施工步骤和技术要求如下：

① 桥面板上钻孔。孔深与接合钢筋埋设深度相同，孔径比接合钢筋大 2～3mm，孔位应避让原结构的预应力筋束和普通钢筋，以免钻孔对其造成损伤，并应使孔位间距在设计要求范围之内。

② 清理钻孔。先用硬鬃毛刷清理，再以高压干燥空气吹去孔底灰尘，注胶前应注意防止沙石、土粒和水等进入孔内。

③ 灌胶。将植筋胶由孔底灌注至约孔深 3/4 处，待插入接合钢筋后，应使胶液充满整个孔洞。

④ 插入接合钢筋。接合钢筋插入前应清除插入部分的表面污物，并须插到孔底，孔口多余的胶液应清除。

⑤ 在胶液凝固之前，避免扰动接合钢筋，在孔位附近不得有明水。

4）浇筑补强层混凝土。

① 在浇筑补强层混凝土前，应对接合面进行彻底清理，检查接合钢筋及其他构造钢筋数量及布置是否正确。原结构的接合面应充分湿润，但不应有明水。若使用界面剂，应控制好混凝土的浇筑时间。

② 补强层混凝土浇筑应按设计规定的程序进行。由于补强层中钢筋较密，振捣必须充分到位。厚度薄时应注意避免过振引起的集料沉底、砂浆上翻的现象。对钢纤维混凝土，宜采用平板式振捣器振捣密实，最后再用圆棒滚压表面，使表层钢纤维沉入内部。

③ 加入外掺剂或纤维的混凝土在制备时，应严格按照有关产品说明书及设计要求进行操作，掌握掺入量和掺入方法。必要时应做工艺试验，选用最佳方法。

④ 由于补强层面积大、厚度薄，新旧混凝土存在龄期差，混凝土浇筑完后应特别注意养护。一是尽早进行养护，二是延长养护时间，一般要求湿养护时间不少于 14d，并随季节、气温进行调整。

9.1.2 粘贴加固

粘贴加固是采用环氧树脂等黏结剂将抗拉材料粘贴在钢筋混凝土结构受拉区域或薄弱部位，用以代替需增设的补强钢筋，使之与原结构形成整体，提高结构的承载能力，达到补强效果的一种加固方法。随着科技的发展，目前应用于粘贴加固中常用的抗拉材料有钢板、钢筋、玻璃钢、碳纤维片、芳纶纤维布等，其中应用较广的为粘贴钢板和粘贴碳纤维片来加固桥梁。

1. 特点及适用条件

使用粘贴加固桥梁，在国内外已得到广泛应用（如图 9.2 所示），因为其有以下优点：

1）不需要破坏被加固的原有结构物。

2）加固工程几乎不增大原结构尺寸。

3）尽管工程质量要求很高，但施工时并不要求高级的专门技术人员操作。

4）能在短期内完成加固工程。

5）几乎可以不改变具有历史价值建筑的原有艺术特点。

粘贴钢板可适用于既有桥梁结构出现主梁承载力不足，或纵向主筋出现严重的锈蚀，或主梁出现严重横向裂缝等情况，可用于加固受弯、受剪或受拉构件，适用于环境温度在 −20～60℃、相对湿度不大于 70%、无化学腐蚀地区。

粘贴碳纤维片具有加固材料轻质高强、操作简单、易于粘贴、不锈蚀等优点，可用于抗弯、抗剪、抗压（偏心受压）及抗震等多种形式构件的加固，对于配筋率较低或钢筋锈蚀严重的旧桥，加固效果较为显著。该法还适用于混凝土墩柱的抗剪、抗压补强，抗震延性补强以及地震破坏后的修复等。其施工现场如图 9.3 所示。

两种方法均要求按现场检测结果确定的原结构构件混凝土强度：钢筋混凝土受弯构件不低于 C20，受压构件不低于 C15，预应力钢筋混凝土构件不应低于 C30。

图 9.2　主梁粘贴钢板加固后效果

图 9.3　粘贴碳纤维现场图

2. 材料要求

1）钢板、锚固螺栓、胶黏剂应满足设计和《公路桥梁加固设计规范》（JTG/T J22—2008）中表 4.6.5 的要求。

2）纤维片和胶黏剂必须由供应商配套提供，并同时给出材料的各项性能指标，其指标应满足设计和《公路桥梁加固设计规范》（JTG/T J22—2008）中表 4.6.2 和表 4.6.4 的要求。

3. 力学特点

粘贴钢板加固有以下受力特点：

1）在适筋范围内，随着荷载的增加，原梁中钢筋屈服，钢板也达到屈服，随即混凝土被压碎而破坏。

2）对粘贴钢板加固受弯构件，破坏前外贴钢板与混凝土之间具有较好的粘贴性能，可以保证钢板与被加固构件间的共同工作，并保证钢板达到屈服强度。但是，进入破坏阶段后，多数构件钢板与混凝土之间发生局部剥离，沿钢板与混凝土交界面出现较长的顺筋裂缝，混凝土被撕裂，导致构件破坏。

3）对粘贴钢板加固受剪构件，其破坏类似于普通钢筋混凝土受剪构件，首先出现斜裂缝，然后裂缝不断发展，钢板应力明显增大，最后构件产生破坏。但是，在构件受力过程的后期，明显可以观察到锚固端混凝土的局部损伤甚至剥离。

4. 构造措施

（1）粘贴钢板加固构造措施

1）混凝土强度等级不应低于 C20。

2）粘贴钢板的锚固长度，对于受拉区不得小于 200δ（δ为钢板厚度），亦不得小于 600mm；对于受压区，不得小于 160δ，亦不得小于 480mm；对于大跨度结构或可能经受反复荷载的结构，锚固区尚宜增设 U 形箍板或螺栓等附加锚固措施。

3）钢板及其邻接的混凝土表面，应进行密封防水、防腐处理。

（2）粘贴碳纤维片加固构造措施

构造要求见《公路桥梁加固设计规范》（JTG/T J22—2008）第 7.7 节。

5. 施工工序

（1）加固构件接合面处理

1）为确保粘贴效果，应对接合面进行凿毛，至少凿除 5mm 厚表层，直至完全露出新鲜面，并用压缩空气除去粉尘。处理后，若表面严重凹凸不平，可用环氧树脂砂浆修补。

2）对于龄期在 3 个月以内或湿度较大的混凝土构件，粘贴钢板前尚须进行人工干燥处理。

（2）钢板接合面处理

如钢板未生锈或轻微锈蚀，可用喷砂、砂布或平砂轮打磨，直至出现金属光泽后方可粘贴。打磨粗糙度越大越好，打磨纹路尽量与钢板受力方向垂直，最后用脱脂棉花蘸丙酮擦拭干净。

（3）卸荷

为了减轻粘贴钢板的应力、应变滞后现象，粘贴钢板后的胶液固化期间，宜封闭交通。

（4）配胶

黏结剂中最常用的是环氧类黏结剂。操作中将环氧类黏结剂分为甲、乙两组，使用前应进行现场质量检验，合格后方能使用。

（5）粘贴

黏结剂配制好后，用抹刀同时涂抹在已处理好的混凝土表面和钢板上，厚度 1～3mm，中间厚边缘薄，然后将钢板贴于预定位置。若是立面粘贴，为防止胶液流淌，可加一层脱蜡玻璃丝布。粘好钢板后，用手锤沿粘贴面轻轻敲击钢板，如无空洞声，表示已粘贴密实，否则应剥下钢板补胶，重新粘贴。

（6）固定与加压

钢板粘贴好后立即用特制 U 形夹具夹紧或用木杆顶撑，压力保持为 0.05～0.1MPa，以使胶液刚从钢板边缝挤出为度。若用膨胀螺栓固定，膨胀螺栓一般是钢板的永久附加锚固，其埋设孔洞应于钢板涂胶前钻成。

（7）固化

环氧类黏结剂在常温下固化，温度保持在 20℃以上，24h 即可拆除夹具或支撑，若温度低于 15℃，应采用人工加温，一般用红外线灯加热。固化期间不得对钢板有任何扰动。

（8）防腐处理

按照设计要求，对钢板进行防腐处理。

9.1.3　外包钢加固

外包钢加固是在混凝土结构外部配加型钢，是一种为克服钢筋混凝土结构某些缺陷而仿效钢结构的一种新型加固方法。通常分为干式外包和湿式外包两种方式，其中前者是指把型钢直接外包于原构件，与原构件间没有黏结，或虽填塞有水泥砂浆，但不能保证结合面剪力有效传递不能整体工作，只能单独受力的外包钢加固方法，后者在型钢与原构件间填塞乳胶水泥粘贴或以环氧树脂化学灌浆等方法黏结，将两者黏结成整体工作共同受力的加固方法。

1. 技术特点及适用条件

外包钢加固法施工简便、效果直观明显、对施工环境影响小、成本低，不显著增大原构件截面尺寸和自重，但可大幅度提高其承载能力。

外包钢加固法主要用于提高受压为主构件（桥墩、拱肋、桁架杆等）的承载力、刚度及延性，适用于环境温度在 20～60℃、相对湿度不大于 70%、无化学腐蚀地区。

外包钢加固法也有其附加影响：

1）须对接合面进行处理，钻孔埋植锚栓，对原结构有一定损伤。

2）钢材需作防腐处理，增加了日后养护的费用。

2. 材料要求

（1）钢材

外包钢采用的型钢、钢板、扁钢和钢管应采用 Q235、Q345、钢材、连接螺栓及焊缝的强度设计值，应按《钢结构设计规范》（GB 50017—2003）规定采用。

（2）混凝土

被加固构件混凝土强度不宜低于 C20，表面应凿除疏松杂质，露出新鲜密实混凝土。

（3）连接材料

1）湿式外包钢法中，当采用化学浆液灌浆连接时，其浆液组成在工程应用前应进行试配，选择可灌性好、收缩性小、黏结强度高、固化时间可调整、耐久性好，且材料是无毒或低毒的浆液。

2）外包钢材与原混凝土宜采用膨胀螺栓或植钢筋连接，以保证两者协同工作，其质量应符合有关技术标准的规定。

3. 力学特点

干式外包钢加固法受力简单直观，其外包钢可以按刚度比分担原结构的荷载，加固效果明显。

湿式外包钢加固法除角钢可以分担原结构的荷载外，外套扁钢箍可以对核心混凝土产生约束作用提高其受压强度，加固效果较干式外包钢加固法好。

4. 构造措施

1）外包角钢时，角钢厚度不应小于 3mm，也不宜大于 8mm。角钢边长，对于梁不宜小于 50mm，对于柱不宜小于 75mm，对于桁架不宜小于 50mm。扁钢箍截面不应小于 25mm×3mm，其间距不宜大于 $20r$（r 为单根角钢截面的最小回转半径），且不应大于 50mm。

2）外包型钢两端应有可靠的连接和锚固。

3）锚固螺栓的直径不宜小于 10mm，间距不宜大于 20（$d+2\delta$）（d 为锚固螺栓直径，δ 为型钢厚度）。

4）当采用环氧树脂化学灌浆外包钢加固时，扁钢箍应紧贴混凝土表面，并与角钢平焊连接。当采用乳胶水泥浆粘贴外包钢时，扁钢可以焊于角钢外面。

5）型钢及其邻接的混凝土表面，应进行密封防水、防腐处理。如采用水泥砂浆抹面，其厚度不应小于 25mm。

5. 施工工序

（1）加固构件接合面处理

1）为确保粘贴效果，对接合面凿毛至少 5mm，直至完全露出新鲜密实混凝土，并用压缩空气去除粉尘。

2）构件表面凿毛后，如果表面局部严重不平整，应采用环氧树脂砂浆找平。

3）对于龄期在 3 个月以内或湿度较大的混凝土构件，外包钢加固前须进行人工干燥处理。

（2）钢材接合面处理

对钢材表面进行除锈打磨，直至出现金属光泽。打磨粗糙度越大越好，打磨纹路尽量与钢板受力方向垂直，最后用脱脂棉花蘸丙酮擦拭干净。

（3）角钢、缀板制作

根据设计及构件的实际尺寸进行现场下料，以使钢材与原构件更好地贴合。

（4）承压钢板、节点板固定

预埋钢件进行固定。

（5）钢材固定

按设计要求，用植埋螺栓固定钢材。

（6）封边

对于湿式外包钢加固法，应在型钢与原构件之间填塞胶泥，使两者接合密实。

（7）配胶及灌注

灌胶液按比例混合后充分搅拌均匀，根据灌胶时情况不同，可采用有压力灌胶或无压力灌胶。灌胶要求饱满，必要时留有可控制溢出口，以便检查灌胶饱满程度。配制好的胶液必须在规定时间内使用完，时间太久容易使胶液固化，影响灌胶效果。因此，配胶时应根据使用量配制，灌注宜一次完成，补灌会对粘贴质量有影响。

（8）防腐处理

按照设计要求，对钢材进行防腐处理。

9.1.4　体外预应力加固

体外预应力加固是指运用预应力原理，在原有构件外，施加预应力的一种加固方法。

1. 技术特点及适用条件

（1）体外预应力加固方法的特点

1）施工工艺简单、干扰交通少、所需设备简单、人力投入少、工期短、经济效益明显。

2）能较大幅度提高或恢复桥梁的承载能力。

3）对原结构损伤小，可以做到不影响桥下净空、不增加桥面高程。

4）预应力加固需要可靠的防腐设计。

图 9.4 和图 9.5 是两种体外预应力加固。

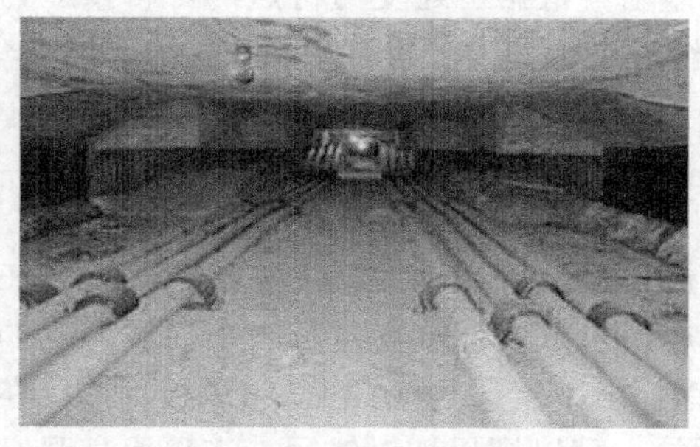

图 9.4　大型梁内体外预应力加固图

图 9.5　中小桥体外预应力加固图

（2）体外预应力加固方法的适用条件

1）适用于正截面抗弯承载能力不足或正截面受拉区钢筋锈蚀的情况。

2）适用于梁斜截面抗剪承载能力不足的情况。

（3）体外预应力加固方法的附加影响

1）预应力加固法实际上是改变了梁体原有受力体系，结构加固以后，新的受力体系在荷载作用下的力学行为与原来的结构是有差异的。预应力加固完成后，由于预应力的作用，原来的受力结构会出现不同程度的卸载现象，导致原结构发生内力重分布。

2）由于预应力筋转向块和锚固点处存在着巨大的集中力，这一区域的受力比较复杂，应引起重视。

3）由于预应力加固梁桥时，预应力筋布置在梁截面外部，易受环境（如温度、酸性气体等）的影响。

2. 材料要求

（1）混凝土

被加固混凝土强度等级不宜低于 C30。当混凝土强度过低时，应当考虑结构是否需要其他方面的加固措施进行综合加固。

（2）预应力钢材

1）应满足《无黏结预应力混凝土结构技术规程》的规定要求，即：强度要高、具有较好的塑性和焊接性能、松弛率较低、耐腐蚀等。

2）根据加固所要达到的目的要求不同，预应力钢材应当满足可重复张拉、锚固可靠（或有利于锚固）的要求。

3）预应力筋防腐材料应是不含对力筋或套管腐蚀的有害杂质（如氯化物、硫化物）的水泥浆体、油脂、石蜡、沥青产品或掺有适宜外加剂（如防锈剂）的具有塑性基的聚氨酯水泥浆混合物。防腐材料应填满管道并覆盖预应力筋全长，含气泡较少，具有一定的柔性，不易产生裂缝，在正常温度范围内防腐材料不流淌。

3. 力学特点

预应力加固方法实际上是使被加固结构成为一个带柔性拉杆的超静定结构，与其他预应力结构或其他加固方法不同的是：加固前桥梁所受荷载由恒载和汽车荷载组成，预应力筋的张拉控制值是在上部结构的恒载作用下读取的，即带载加固。因此，在计算预应力筋荷载作用下的应力增量时，应仅考虑汽车荷载的作用。根据上述受力特点，可将预应力加固梁桥结构分为施加预应力与汽车荷载作用两个阶段进行受力分析。

4. 构造措施

（1）水平筋

水平筋也称为水平拉杆，多由高强螺纹粗钢筋、钢丝束或钢绞线组成，其作用是在梁底部位施加纵向预应力，从而对梁体产生反向弯矩，以抵消部分自重及汽车荷载产生的正弯矩，提高梁的承载能力。当水平筋采用高强粗钢筋时，一般为冷拉 III、IV 级钢筋，亦可用 45 号圆钢制作。在钢筋（杆）的两端做粗制螺纹，配以螺母加以锚固。当采用高强钢丝束时（通常不设斜筋），用锚头将其两端锚固在梁顶的端部。钢丝束的纵向线形由设在梁底两侧的箍筋加以固定。当采用钢丝绳时，可直接用锚固锁将两端固定在主梁的腹板上，张拉后用钢丝夹头锁住，也可将高强钢丝绳的两端锚固在梁底的滑块上。

（2）斜筋

斜筋也称为斜杆，多由高强粗钢筋或槽钢做成。斜杆的下端通过设置在梁底的滑块与水平筋连接，上端锚固于梁端顶部或梁端腹板处。斜杆的作用是提供梁端部位的负弯矩和预剪力，从而提高梁的承载能力。当采用钢丝束或钢丝绳时，可以不单独设斜筋，而将斜筋和水平筋一体相连。

（3）锚固系统

体外预应力的锚固体系一般可以分成可更换的和不可更换的两大类。若采用不可更换的体外预应力索的锚具，一般应用于体外预应力索与混凝土结构有离散黏结的桥梁结构。可以更换的体外预应力锚固系统必须保证锚具与混凝土结构之间相互隔断，对于体外预应力混凝土结构而言，关键在于锚固位置及转向结构处。在可以更换的体外预应力锚具中，包括钢索无法放松和可以放松两种类型。前者在钢索张拉后不预留能够再次张拉的长度，钢索在张拉后无法放松，使用这种类型锚具的体外预应力索既可以是普通的钢绞线，也可以是单根无黏结钢绞线。使用普通钢绞线时，在管道中灌注非刚性灌浆材料（油脂或石蜡）；使用无黏结钢绞线时，管道中一般灌注水泥浆。但是，无论采用何种钢索，锚具内均使用防腐材料填密而不用水泥浆，以满足可更换的要求。对于用体外预应力维修加固旧桥的体系而言，采用的是可更换的体系。

（4）转向块

转向装置是体外预应力混凝土结构中的关键构造之一，箱内的体外索转向装置简称转向块或转向肋，构造如图 9.6 所示。转向装置的平面尺寸与体外索的断面尺寸、束数、间距及转向力大小等因素有关。新浇筑混凝土转向装置的厚度不宜小于 1500mm。根据其受力要求选择如下：

1）块式转向构造[图 9.6(a)]，简称转向块，用于转向钢束较少的情况，或用于两个转向构造之间的钢束定位，以减小钢束的振动及其引起的二次效应，转向块通常用混凝土或钢板制作；

2）底横肋式转向构造[图 9.6(b)]，简称横向转向肋，用于横桥向转向较大的情况，或用于两个转向构造之间的钢束定位；

3）带竖肋块式转向构造[图 9.6(c)]，简称为竖向转向肋，用于体外索竖向转向力较大的情况；

4）竖横肋式转向构造[图 9.6(d)]，简称转向横隔板，用于体外索竖、横向力均比较大的情况。

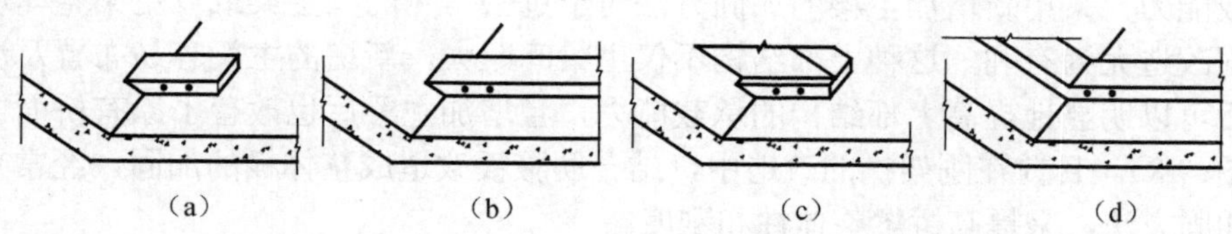

图 9.6　转向构造结构图

5. 施工工序

（1）原梁体钢筋位置探测

体外索加固施工时，需对上锚固点、滑块垫板及跨中预应力钢筋、固定支座的位置进行准确的放样定位。由于梁的顶板和腹板中均有钢筋存在，特别是受力钢筋，一般要适当调整锚固点以避开这些钢筋，位置调整后应对体系重新进行检算。

（2）加固材料及施工现场准备

加工好体外预应力筋，准备好锚固用器材和施加预应力的机械设备，需要在锚固端设置横梁来锚固体外预应力筋，制备用来粘贴锚固和支承钢垫板的高强黏结剂，设置锚固点，锚栓孔打眼。

（3）滑块及垫板施工

根据放样的转向块位置，将转向块部位的混凝土凿除 2cm 左右，涂环氧胶液后用环氧砂浆找平，把支承板粘贴在转向点。转向块需设置锚栓锚固，以确保安全。

（4）预应力筋的安装及张拉

检查完施工机具和预应力锚具、夹具后，按照加固设计，安装预应力筋。预应力筋张拉程序如图 9.7 所示。

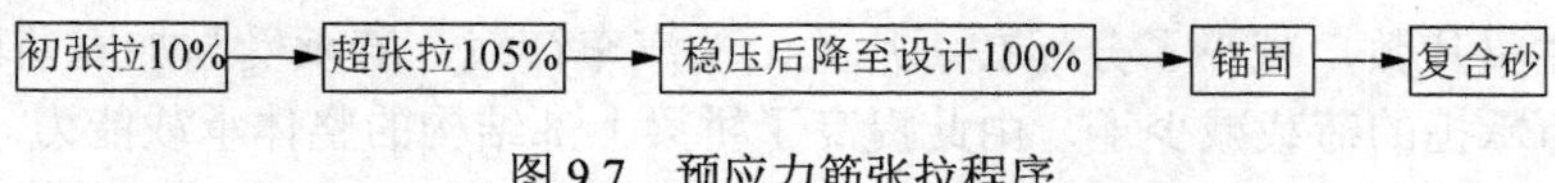

图 9.7　预应力筋张拉程序

（5）防腐处理

加固体系中的主要铁件如水平筋、斜筋、钢丝束、滑块（支承座）、垫板、锚固座等均应进行防腐处理。高强钢丝、钢绞线应采用热挤 PE 套管防腐。防腐工作应尽可能在施工准备阶段完成，条件不具备时也要在预应力张拉后尽早完成。

9.1.5　增设构件加固

增设构件加固通常有两种形式：一种是当墩台基础在提高承载能力方面尚有潜力时，增设承载能力高和刚度大的新纵梁与旧梁相连接，从而共同受力，由于荷载在桥梁结构中重新分布，使原有梁中荷载减小，加固后的桥梁承载能力和刚度得到提高；另一种是为了提高桥梁的通过能力，适应路线的改建要求，必须把宽度较窄的桥梁通过增设构件加以拓宽，通常又分为单边拓宽和双边拓宽两种方法。

1. 增设纵梁加固技术

（1）技术特点及适用条件

此方法要求原桥墩台及基础在提高承载能力方面尚有潜力，它可以较为有效地提高结构的承载能力。采用新增加主梁的加固方法对于过去常见的少主梁或双主梁整体现浇式桥梁的加固改造尤为有利，这种上部结构不仅主梁间距大，新增的主梁容易布置及浇筑，增加主梁后可以明显地提高上部结构的承载能力，且增加主梁后也改善了原有桥面板的受力情况（图 9.8）。目前在刚架拱的改造中，结合肋腋板改造成整体板的加固，经常采用增设拱肋的加固方法，来提高桥梁整体性和刚度。

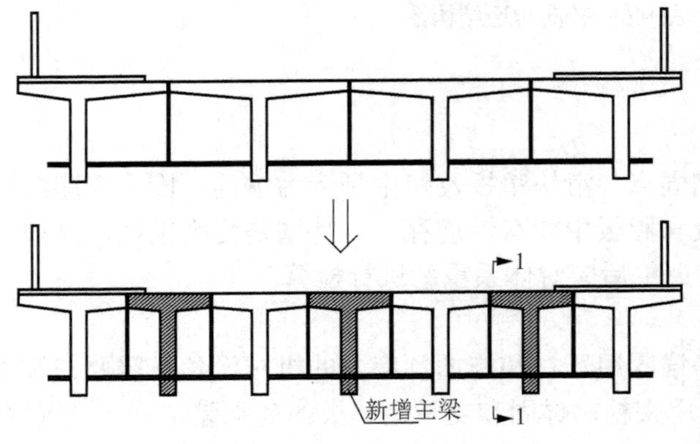

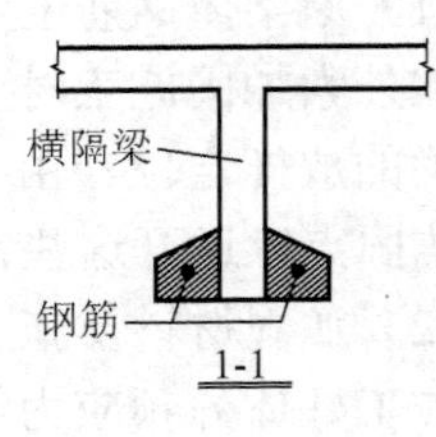

图 9.8　增设纵梁加固

附加影响：

1）新梁混凝土收缩徐变会影响新旧主梁的连接，若连接方式不当，将影响加固效果。

2）凿除切割旧梁翼缘可能有过大冲击力而对梁体部分带来一定程度损伤。

3）伸缩缝等附属部分均要拆换，要加入不少新支座。

4）需对原桥附近的管线妥善处理。

（2）力学特点

增加了主梁片数，减小了分配在每片梁上的汽车荷载，若承受与加固前同样的车辆荷载，每片梁所承担的荷载减少了，由此提高了桥梁上部结构的整体承载能力。

此外，更新的桥面铺装也减少了汽车对桥梁的冲击力，并加强了桥梁的横向联系，有利于桥梁荷载的横向分配。

（3）构造措施

1）加强横隔梁连接。将新旧主梁的横隔梁内的钢筋焊接起来，或预埋钢板焊接，并在横隔板下部增设两个贯通于原桥宽的拉结钢筋，加大横隔梁下缘的混凝土截面，将钢筋包裹起来。而有时为减轻旧边梁负荷，边梁与相邻新梁之间的横隔板钢筋互不焊接，形成铰接形式，使边梁不受中梁横向分布的影响，减小承载能力。

2）加强翼缘板连接。对于装配式板梁，可采用企口铰接、键槽连接的形式，常用的是梁跨中部分采用企口铰接，而在较薄弱的梁端部采用数道键槽连接（图 9.9）。原桥为装配式 T 梁时，可采用沿梁跨设置数道键槽的方法，使新加纵梁与原主梁的翼缘板连接成一体。这种键槽连接能够承受接头处的剪切应力和局部压力。为实现这种连接，施工时必须在原梁翼板上每隔一小段距离凿出一个正方形或圆形孔洞，同时在新设纵梁同样位置上也凿一个正方形或圆形孔洞，安装后正好相互吻合对齐。施工时可在对齐后的孔洞上，安设柔性钢筋或刚性钢筋。

在设置好锚固钢筋和防收缩钢筋网之后，在对齐的孔洞中和装配式钢筋混凝土梁的接缝中浇筑细石水泥混凝土使之成为整体。

原桥型为刚架拱桥时，新增拱肋与原拱肋之间应通过横隔板加强联系，通过现浇桥面板形成整体。

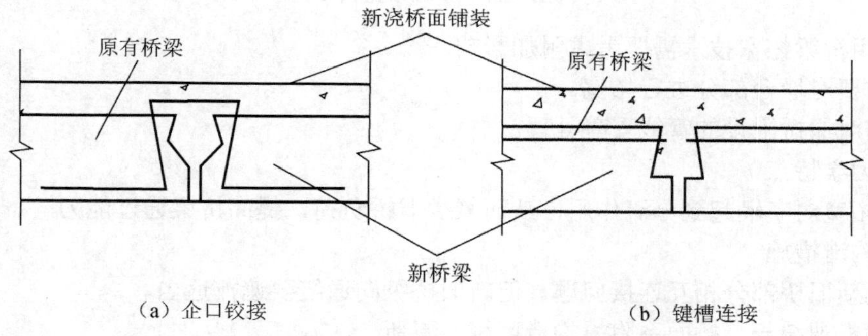

图 9.9　新旧钢筋混凝土板梁连接形式

（4）施工工序

1）掀开桥面铺装，将需要增加新主梁处的旧梁翼缘板凿除，切断横隔板。

2）可以利用原结构设置悬挂模板，安装钢筋骨架，安放支座，现场浇筑新梁，也可事先预制好后安装就位。

3）进行新旧纵梁之间横隔板及翼缘板连接。

4）重新铺装桥面。

2. 桥梁拓宽技术

（1）技术特点及适用条件

单边拓宽较为常见，但为与路线双边对称拓宽方案相适应，或由于公路路面上为快慢车道分流画有分界线，桥面上也需画线，与之适应，可采用增设独立边梁或边桥的方案双边拓宽旧桥，这样做可以取得减少拆除、简化施工工艺、降低改建费用、提高桥梁车辆通过能力的结果。与增设边梁拓宽加固法不同点在于，新增设的独立边梁或边桥不参与旧桥的荷载横向分布，单边拓宽及双边拓宽如图 9.10 和图 9.11 所示。

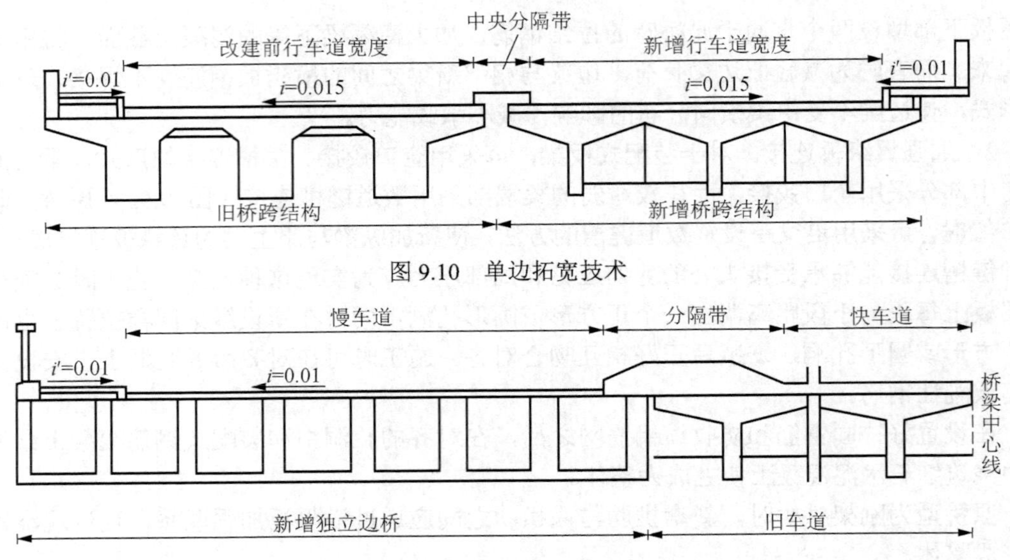

图 9.10　单边拓宽技术

图 9.11　双边拓宽技术

在应用桥梁拓宽技术需要考虑附加影响：

1）需要对墩台部分进行拓宽。

2）需对原桥附设的管线妥善处理。

（2）力学特点

桥面拓宽对车辆起到分流作用，从而减少旧桥负荷，提高桥梁通过能力。

（3）构造措施

1）无新旧桥部分相互连接问题，但新旧桥纵向通缝要遮掩适当。

2）为景观统一，桥面系附属构造可统一更新。

（4）施工工序

1）拓宽桥梁墩台，拆除靠近新梁的人行道栏杆等附属部分。

2）旧桥沿纵向可设一通缝，互不相连，各自受力。纵向接缝采用钢板搭接，并在此位置即桥面中心线上设置一预制混凝土分隔带，使上下行车辆在各自车道内行驶，与路线改建相适应。

9.1.6　改变结构体系加固

改变结构体系加固实际就是通过改变桥梁结构体系以减小梁内应力，例如：在简支梁下增设支架或桥墩；或将相邻简支梁加以连接，从而由简支变为连续；或在梁下增设钢桁架等加劲梁、叠合梁；或改小桥为涵洞等，以提高桥梁的承载能力。

改变结构体系的方法很多，但往往皆要在桥下操作，或设置永久设施，因而影响桥下净空。因此，要在不影响通航及桥梁排洪能力的情况下使用。

该法由于加固效果较好，因此，目前这是一种解决临时通行超重车辆常见的加固措施。重车通过后，临时支墩可以随时拆除，故对通航、排洪影响不大。

1. 简支梁变为连续梁加固法

采用在简支梁下增设临时支墩，或把相邻的简支梁加以连接的方法，可改变原有结构物的受力体系，由简支梁变为连续梁，如图 9.12 所示。

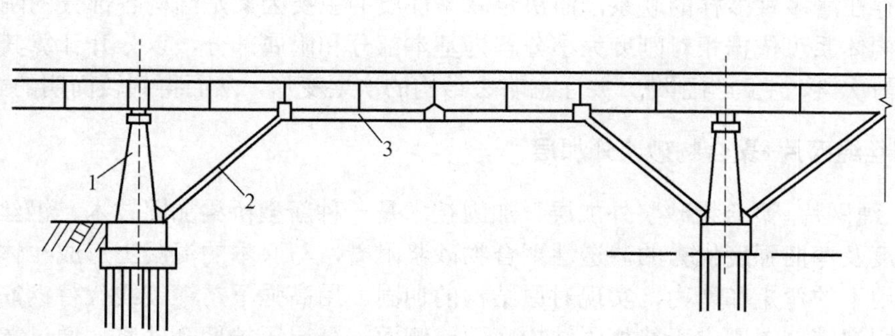

图 9.12　简支梁下增加斜腿刚架改变结构体系示意图

1. 原有桥墩；2. 斜撑；3. 横撑

（1）构造措施应满足的条件

1）墩顶采用设置普通钢筋形成连续构造时，纵向受力钢筋应为螺纹钢筋，直径不应小于 12mm；布设长度应超出连续梁墩顶的负弯矩包络图范围并不应小于梁高的 2 倍，还应与原梁钢筋牢固连接；连接困难时，亦可以植筋技术或锚栓技术与原梁形成整体。墩顶采用设置预应力钢束形成连续构造时，宜采用小吨位预应力扁锚分散错位锚固，纵向错位间距不宜小于 1.5m，布设长度应超出连续梁墩顶负弯矩包络图范围并不宜小于梁高的 4 倍。

2）墩顶连续构造处顶面应设置一定数量的防裂钢筋，新老混凝土结合面应设置一定数量抗剪钢筋。墩顶两端横隔板间宜现浇形成整体横梁，混凝土强度应高于原梁一个等级，并采取措施做好桥面防水。

3）墩顶宜采用新设单支座。确需保留双排支座形式时，应对墩柱承载力进行计算。

4）连续钢筋或预应力钢束具体构造应严格按照《规范》规定，行车道板内主钢筋直径不应小于 10mm。人行道板内的主钢筋直径不应小于 8mm。

（2）施工工序

1）掀开桥面铺装层，将梁顶保护层凿除，使主筋外露，并将箍筋切断拉直。然后，沿梁顶增设纵向受力主筋；钢筋直径和根数依梁端连接处所受负弯矩大小而配置；

2）浇筑梁顶加高混凝土和梁端接头混凝土；

3）拆除原有支座，用一组带有加劲垫板的新支座代替原有的两个支座；

4）重新做好桥面铺装。

2. 加劲梁或叠合梁加固法

加劲梁或叠合梁以增强主梁的承载能力，也是常用的改变桥梁结构体系的一种加固法。加劲梁或叠合梁的形式有多种，如图 9.13 所示。

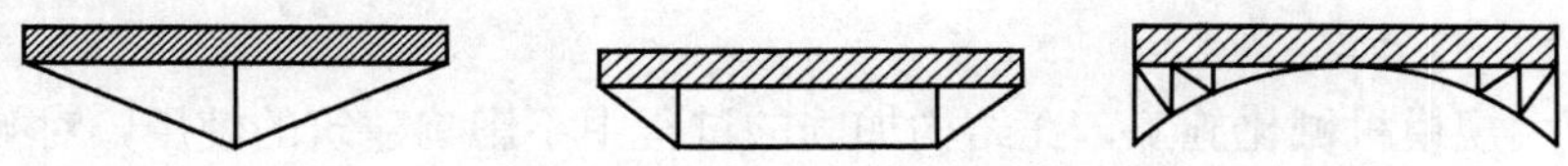

图 9.13　加劲梁或叠合梁加固法

采用加劲梁和叠合梁加固时，应根据加固时结构体系转换的实际受力状态，分清主次，进行合理的抽象和简化，得出计算图示，进行补强计算。因实际结构比较复杂，各种结构部分之间存在着多种多样的联系，而决定联系性质的主要因素是结构各部分的刚度比值。故新旧结构体系可依据相对刚度大小分解为基本部分和附属部分，以分开计算其内力，如分为主梁与次梁、主跨与副跨，并注意略去结构的次要变形，从而得到较简明的力学图式。

9.1.7　钢丝绳网片+聚合物砂浆外加层

“钢丝绳网片+聚合物砂浆外加层”加固技术是一种新型桥梁加固技术，钢丝绳网片通过黏合强度及弯曲强度优秀的渗透性聚合物砂浆附着，与原本的混凝土形成一体，共同承担荷载作用下的弯矩和剪力，实现对原结构的加固。用高强不锈钢绞线代替钢筋，将钢绞线网通过固定销装置固定于待加固结构底面或侧面，分层压抹聚合砂浆，通过渗透性聚合物砂浆的优秀黏结性能，与原结构同时工作，实现对结构受拉区或截面侧面的加固，发挥加固效果，如图 9.14 所示。采用高强钢丝绳网片和渗透性聚合物砂浆，对混凝土结构进行抗弯及抗剪加固均可取得很好的加固效果，不仅抗弯承载力和抗剪承载力可以得到显著提高，抗弯刚度也能够得到显著提高。高强钢丝绳网片具有强度高、造价低、耐火性能好等优点，该技术是对传统材料在加固领域的开发应用。

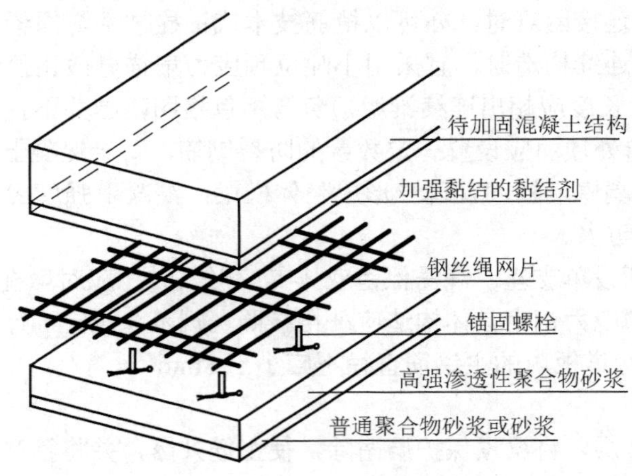

图 9.14　钢丝绳网片+聚合物砂浆示意图

1. 技术特点及适用条件

1）钢丝绳网片+聚合物砂浆外加层具有耐火、耐高温、耐腐蚀、耐老化等优点。由于渗透性聚合物砂浆为无机材料，它不存在如碳纤维加固、黏钢加固需要使用结构胶这样的有机加固材料而导致的老化、耐高温性能差等问题；钢丝绳网片也不存在钢筋锈蚀和黏钢加固中钢材腐蚀的问题。

2）高强不锈钢绞线强度高，其标准强度约为普通钢材的 5 倍，加固施工后对结构自重增加很小。

3）易于大规模机械化施工，在结构加固的过程中不影响建筑的使用，对被加固的母体表面没有平整要求，节点处理方便，可以加固有缺陷或强度低的混凝土结构，非常适合混凝土桥梁的加固。

4）解决了加固后的耐久性、防火、耐高温性能等问题，加固性能可靠。

5）根据现场环境选择一般抹装或喷浆方式工作。

2. 材料要求

（1）钢丝绳网片

所用高强不锈钢绞线的规格、性能指标见《混凝土结构加固设计规范》（GB 50367—2006），钢绞线的截面及固定销示意如图 9.15 所示，截面组成为 7×7 的结构形式。

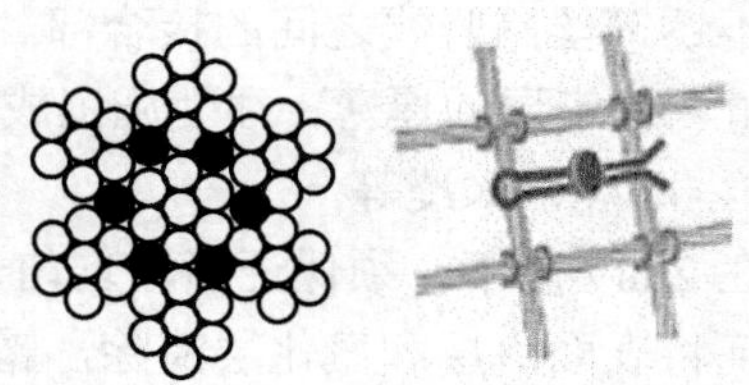

图 9.15　高强不锈钢绞线截面及固定销示意图

（2）渗透性聚合物砂浆

渗透性聚合物砂浆具有的特性如下：强度高，使钢绞线与基底共同工作；与基底的聚合强度高；无收缩性，不发生龟裂；二氧化碳的透过性小，对混凝土中性化的抵抗性能好；对氯化物的渗透抵抗性好，可防止内部钢筋的腐蚀；与原混凝土具有相似的机械性能；优异的抗冻融性能和耐久性；优异的抗化学腐蚀性能。渗透性聚合物砂浆的性能指标见《混凝土结构加固设计规范》（GB 50367—2006）。

（3）乳状灰浆界面剂

用途：乳状灰浆界面剂可以增强原混凝土和渗透性聚合物砂浆的黏合力。作为无机材料，是与混凝土结构物物性相同的优秀修补材料。

特性：黏合力高，可用作原混凝土和渗透性聚合物砂浆的界面剂；强度高，施工简便；物性与混凝土相似；可修补细微裂缝；对盐化物的抵抗性强。

3. 力学特点

1）不锈钢绞线的抗拉强度高，直到被破坏为止，可耐较高的应力，且伸长率大，不生锈，钢绞线和砂浆间的黏结强度好。

2）渗透性聚合物砂浆的黏结强度及抗压强度高，与混凝土的黏结力强，并且具有抵抗化学腐蚀的特性。

3）添加无机防锈混合剂的砂浆，具有良好的抵抗盐害及环境污染能力。

4）计算理论与原结构计算原则一致，加固效果有十分把握。

5）与原混凝土完全相接合，理论与实际效果一致。

6）抗弯加固不仅可以显著地提高承载力，而且可以显著地提高刚度，这是碳纤维加固所不可比的。

4. 构造措施

1）施工材料的使用一定要严格按照说明书的配合比，乳液先按用量的 75%～80%分量拌和，根据需要逐步增量，拌和量每次不宜太多。控制在有效的操作时间内，调和开始时，尽量做出稀的状态。

2）禁止在日平均气温 30℃以上的地方施工，如需施工，应满足混凝土工程设计中对混凝土温度的相关规定。

3）禁止在日平均气温 5℃以下的地方施工，如需施工，应满足混凝土工程设计中对混凝土温度的相关规定。

4）渗透性聚合砂浆材料的保管应注意防冻和避免夏天的直接阳光照射及雨淋。材料拌和过程中，稠度大时不得加水稀释。

5）固定销的锚固点应在不锈钢丝网竖线之间的接合部。

6）根据聚合砂浆的使用量和施工层的厚薄，须使施工成品在 30min～4h 内维持湿润状态，已施工的灰浆须防止冻结、雨淋、水浸等。

7）界面剂的喷涂每次应在 2mm 以下，须保证喷涂均匀，防止龟裂发生。

8）基面处理工序中须保证将表面涂层和风化层清除，露出新鲜混凝土。

9）钢丝绳网片的固定与张紧工序中，须严格按照工序质量要求和施工注意事项进行作业，不得出现漏销、悬垂现象。

10）对腹拱的维修整治必须在拆除原桥面、拱上填料和浇筑轻质混凝土填料两道工序间进行。在拆除原桥面和拱上填料工序结束后进行腹拱的施工、养护，只有当养护时间达到相关工艺要求时，才能进行桥面的下一道工序即浇筑轻质混凝土填料施工。

5. 施工工序

高强钢丝绳网片+聚合物砂浆外加层加固技术施工工艺流程如图 9.16 所示，关键工艺如图 9.17 所示。

（1）结构物表面处理

对裂化的混凝土表面使用打磨器、碎石机等用具清除干净，清除异物质及附着物。

（2）设置高强不锈钢绞线

1）先根据需要对高强不锈钢绞线进行剪裁，这时应用切断机进行剪裁。

2）用固定销将高强不锈钢绞线固定在结构上。

3）装置固定销的方法是根据工地条件，利用ϕ6.0 或ϕ6.5 的钻孔机，在固定销固定处钻孔，再将固定销固定在高强不锈钢绞线辅筋之间的结束部。固定销设置间隔应在 150mm 以内，插入固定销的钻孔深度大约 40mm 即可。

4）如果往高强不锈钢绞线的主筋方向施工中，因材料尺寸不符需要，材料连接附着时，附着材料的接缝长度应为 50～100cm。

（3）施工部位的冲洗

用高压水枪对加固结构施工部位进行冲洗，清洗混凝土表面的粉尘以保持洁净，否则会影响灰浆与混凝土表面间的附着力（黏结力）。

（4）喷涂乳液灰浆（界面剂）

1）乳液灰浆喷涂前，在施工面上充分洒水 3～4 次，使内部水分饱和，并在表面无水的情况下进行喷涂施工。

2）喷涂的施工工作面分为一系列流水工作段，每段的间隔时间：以喷涂乳液灰浆指触不粘手为下一道工序的开始时间。

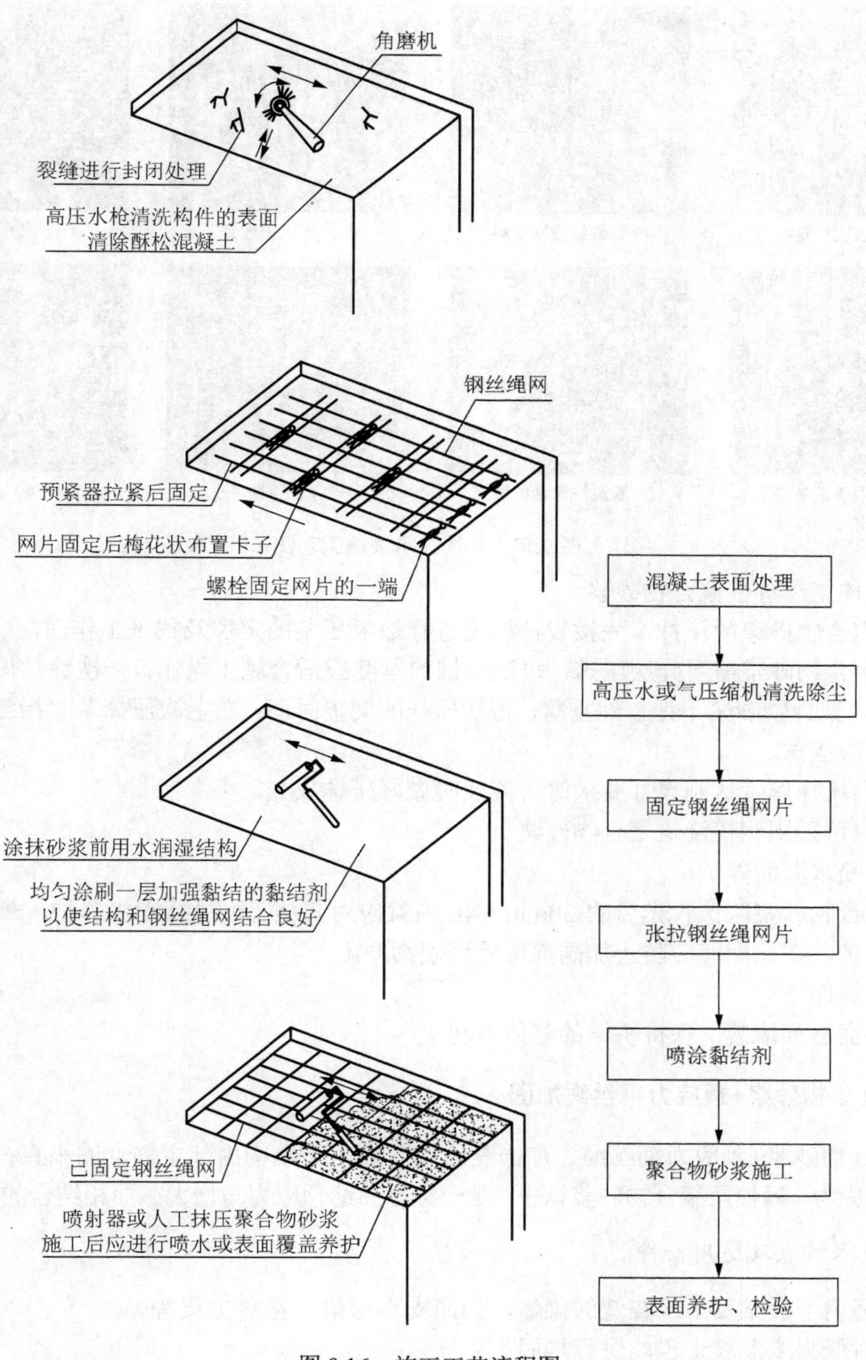

图 9.16　施工工艺流程图

（a）表面处理　（b）钢绞线网下料　（c）固定销设置　（d）高压水清洗
（e）涂刷乳液灰浆　（f）渗透性聚合物砂浆　（g）喷抹　（h）养护

图 9.17　加固技术关键工艺图

（5）施工渗透性聚合物砂浆

1）聚合物砂浆的压抹，先按设计厚度进行边板压条的定位及找平工作面。

2）聚合物砂浆需要分层压抹，每次压抹的厚度应适合施工操作，一次涂抹厚度不可超过 10mm，聚合物砂浆不得自然垂落，每次压抹的间隔时间：在上次压抹灰浆指触不粘手时进行第二次压抹。

3）当压抹厚度达到尺寸要求时，应及时做好压抹收光。

4）也可采用钢模浇筑聚合物砂浆

（6）喷水湿润养护

在聚合物砂浆压抹收光后的 30min～4h 内就应对其施工面进行喷水养护，最少 7 天实行湿润养护，在此期间应防止加固部位受到硬物冲击。

（7）涂面

对表面进行涂装，保持桥梁的整体美观。

9.1.8　聚合物砂浆+预应力钢丝绳加固

“聚合物砂浆+预应力钢丝绳”加固是通过对固定于结构内部主筋上的小直径高强钢丝绳施加预应力，后使用聚合物砂浆抹平，是一种有黏结预应力与增大截面相结合的加固方式。

1. 技术特点及适用条件

1）适用于板梁及下缘较宽的梁体，如简支小箱梁、宽幅 T 梁等。

2）对低强度混凝土也能进行加固。

3）耐腐蚀、防火性能好。

4）能够避免发生黏结破坏等脆性破坏或无法估计承载力的破坏，而是发生受压区混凝土压坏和钢筋屈服、加固材料拉伸断裂的延性破坏，对其承载力可以估计得非常准确。

5）多道防线保证其抗疲劳性能、抗腐蚀性能等。

6）施工成本低，施工操作方便，适用面广泛。

该技术适用于桥梁由于施工缺陷、材料老化、荷载增加、梁板损坏等原因导致的原有结构承载力不足的加固，尤其适用于已有损伤、无法卸载的结构加固，比现有其他加固方法更有优势。

附加影响：

1）采用化学螺栓法固定端部锚具时需埋置锚栓，对原结构产生一定损伤。

2）加固增加厚度小，基本不影响原结构的净空。

3）对原混凝土强度无限制，对环境条件无特别要求，可应用于高温等特殊环境。

2. 材料要求

1）高强预应力钢丝绳的强度设计值应符合表 9.1 的要求。

表 9.1　高强预应力钢丝绳抗拉强度设计值（MPa）

种类	符号	不锈钢预应力钢丝绳			镀锌预应力钢丝绳		
		公称直径/mm	抗拉强度标准值（f_{pk}）	抗拉强度设计值（f_{rw}）	公称直径/mm	抗拉强度标准值（f_{pk}）	抗拉强度设计值（f_{rw}）
1×19	Φ^s	3.0～7.0	1650	1150	3.0～7.0	1560	1100
			1770	1260		1650	1150

2）防护砂浆（混凝土）为锚固砂浆范围以外的砂浆（混凝土），应具有早强、黏结性能好、延性好、施工性好等特点。其性能指标应符合表 9.2 的Ⅱ级砂浆的要求。

表 9.2　各等级砂浆技术指标表

检验项目／砂浆等级	劈裂抗拉强度/MPa	正拉黏结强度/MPa	抗折强度/MPa	抗压强度/MPa	钢套筒黏结抗剪强度标准值/MPa
Ⅰ级	≥7.0	≥2.5，且为混凝土内聚破坏	≥12	≥55	≥12
Ⅱ级	≥5.5		≥10	≥45	≥9

3）不同直径高强钢丝绳套管尺寸及压制成型锚头尺寸应满足表 9.3 的规定。

表 9.3　套管、锚头尺寸表

套管号	D/mm		L_{min}/mm	S/mm	挤压力/kN（参考值）
	基本尺寸	极限偏差			
3	9	±0.5	22	2	180
4	11		28	2	200
5	12		32	2	250
6	13	±0.5	36	3	300
7	15		40	4	350

锚头挤压过程如图 9.18 所示。

4）高强钢丝绳锚具。根据高强钢丝绳直径及数量确定锚具槽道宽度及槽道间距。槽道间距，为槽道中心至中心的距离可按表 9.4 提供参数设计。锚具开槽边距≥$D/2$，深度≥d+5mm，厚度≥1.5D+10mm，锚具宽度≥30mm，如图 9.19 所示。

表 9.4　锚具槽道尺寸表

钢丝绳直径/mm	槽道宽度/mm	允许偏差/mm	槽道间距/mm	允许偏差/mm
d	≥d+1	±0.5	≥D	+0.5

注：D 为钢丝绳锚头的直径。锚具槽道形状宜做成上窄下宽（图 9.18），上下口宽度相差 2mm 为宜。

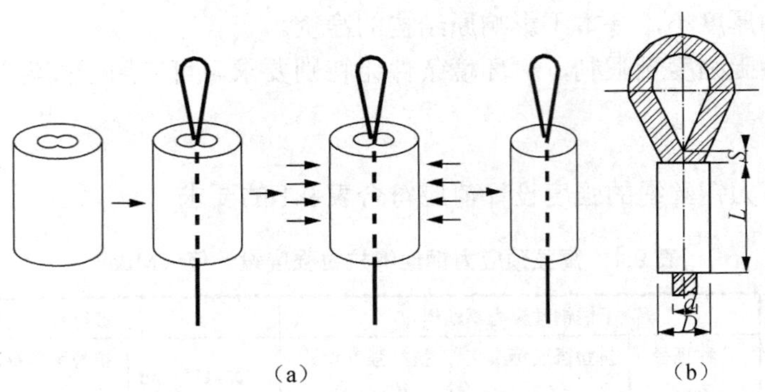

图 9.18　锚头挤压过程及挤压形式示意图

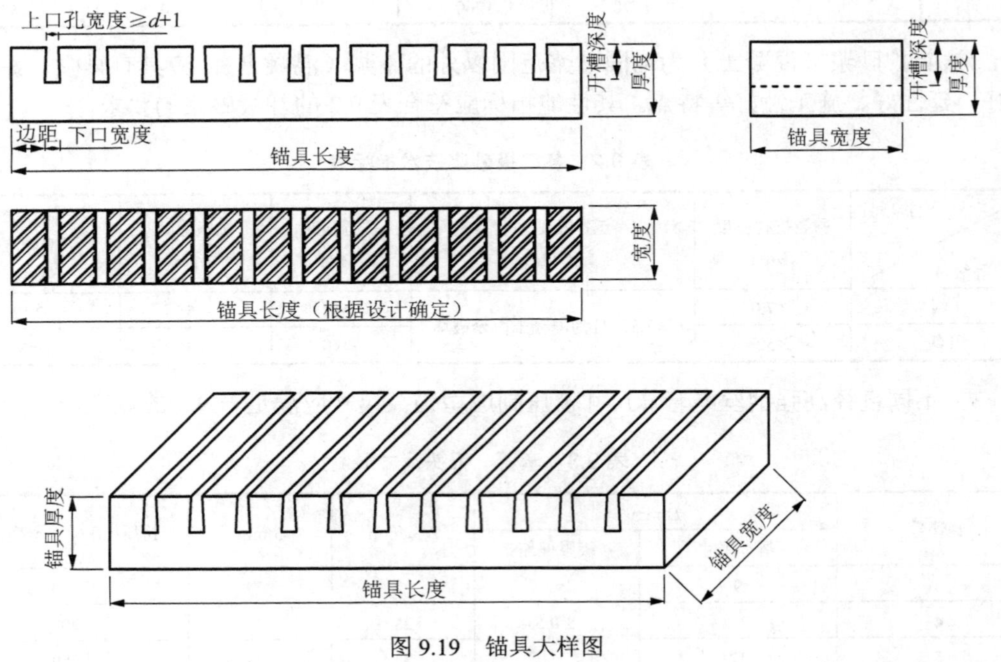

图 9.19　锚具大样图

3. 力学特点

1）预应力钢丝绳、聚合物砂浆加固技术对构件刚度和承载力的提高要比常规加固方法好得多，尤其对开裂荷载有着较大幅度的提高，可达到 260%以上。

2）加固后的钢筋混凝土构件发生钢筋屈服、预应力钢丝绳拉伸断裂的延性破坏，具有其他加固方法所没有的延性，其承载力估算容易。

3）由于预应力作用的效果，减小开裂截面的裂缝高度，可有效增加开裂截面换算截面的截面刚度，减小加固构件的挠度。

4. 构造措施

1）采用纵筋焊接法时，端部槽口的开凿宽度取 10cm，深度以暴露出待加固混凝土受弯构件内部的已配纵筋并能牢固焊接端部锚具为宜，一般为底部混凝土保护层厚度。

2）预应力钢绞线的布置间距应大于等于所用锚头直径，建议不小于 8mm，层数可设置 1～2 层。

3）端部锚具的具体结构需根据钢绞线所承担的拉力荷载进行设定，厚度 20～30mm，不宜过大，宽度 30～50mm，开槽深度大于等于锚头挤压后的半径。

4）预应力钢绞线的端部锚头由挤压模具、挤压机械对其进行强力挤压，使挤压锚头与钢绞线形成一体，挤压力大小通过实验确定，以锚头完全挤压密实、无飞边现象为准。如对于直径 3mm 的预应力钢绞线，其锚头的挤压力为 100～140kN。

5）采用化学螺栓法固定端部锚具时，化学螺栓的最小间距不小于 50mm，设置数量按照等强原则按我国《钢结构设计规范》（GB 50017—2003）相关规定计算。

6）植栓植入深度应符合下列要求：

① 用有机结构胶植剪切销钉，植入深度不应小于 $5d$（d 为销钉直径），且不应小于 40mm。

② 用无机材料植剪切销钉，植入深度不应小于 $8d$，且不应小于 60mm。

7）采用焊接纵筋法固定端部锚具时，灌注锚固砂浆强度至少比待加固桥梁混凝土等级提高一级。

8）高性能水泥复合砂浆层厚度宜为 25～45mm，且钢绞线的砂浆保护层厚度不宜超过 25mm。

9）当钢绞线的砂浆保护层厚度为 15mm，被加固构件的耐火极限要求分别为 1.5h、2.0h、2.5h 时，应在水泥复合砂浆层表面分别加抹不少于 2mm、5mm、10mm 厚的石膏或石灰砂浆面层。

10）施工控制量应按采用的施加预应力方法计算。若采用千斤顶张拉，可按张拉力 σ_{con} 控制；若按伸长率控制，伸长率中应计入裂缝闭合的影响。

11）预应力钢绞线张拉顺序不应使构件产生扭转、侧弯，宜采用对称张拉的原则。

5. 施工工序

预应力钢丝绳+聚合物砂浆加固技术，根据其端部锚具固定的方式不同，可采用纵筋焊接法或化学螺栓法。以下主要以纵筋焊接法说明该技术的实现工艺，工艺流程图如图 9.20 所示。

（1）受弯构件端部开槽

沿宽度方向凿出约 100mm 宽槽口，暴露出构件内部纵筋。

（2）锚具制作及固定

把开有槽道的锚具与纵筋焊接成一整体或者采用化学螺栓等其他方法固定锚具。

（3）槽口灌注锚固砂浆

槽口灌注高性能砂浆共同锚固锚具。

（4）反力点的设置

为保证钢丝绳张拉后与混凝土梁完全密实接触，在梁底合适位置设置反力点。

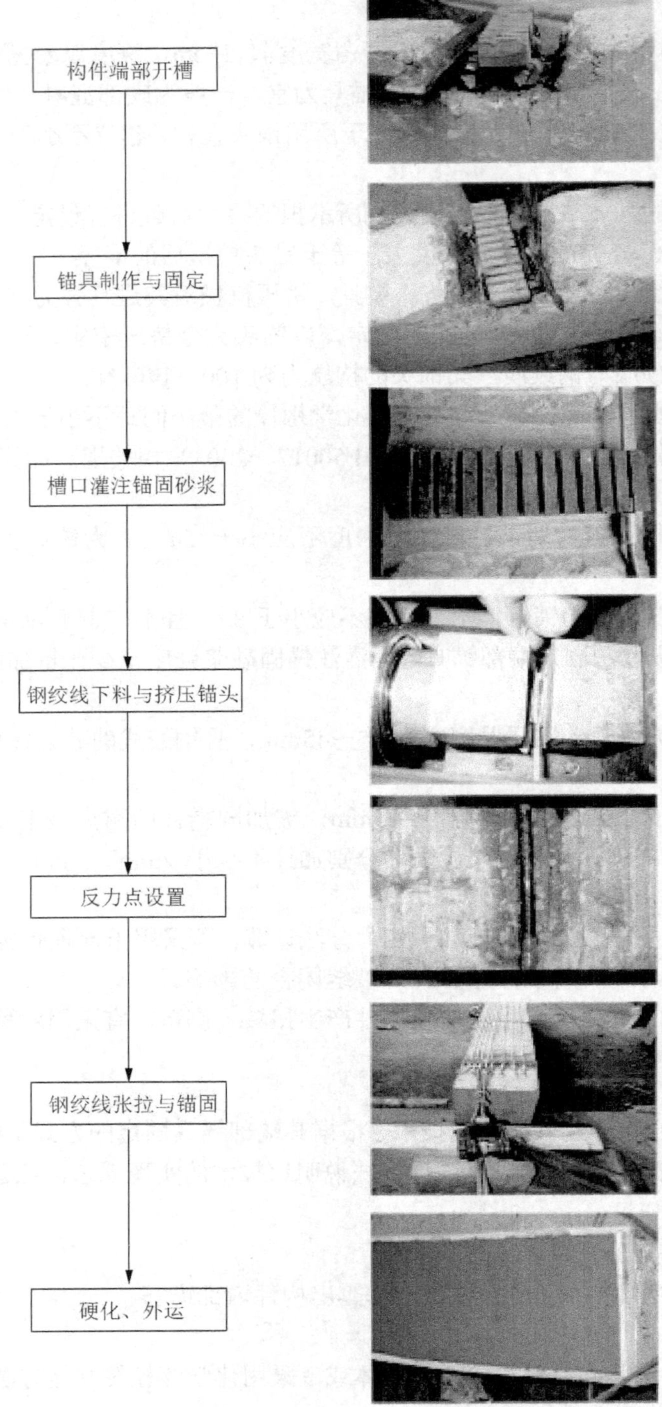

图 9.20　复合砂浆预应力加固桥梁技术流程图

（5）钢丝绳下料与挤压锚头制作

根据设计的张拉控制应力确定钢丝绳下料长度。下料后用专门设计的机具挤压铝合金套筒使其与钢丝绳成为一体。

（6）钢丝绳张拉与锚固

一侧的钢丝绳直接卡在锚具侧面，另一侧由专门设计的张拉器进行张拉，钢丝绳伸长并使挤压锚头超过锚具时进行锚固。

（7）聚合物砂浆防护

在钢丝绳外侧涂刷砂浆，不仅可以防护钢丝绳，而且砂浆能共同参与锚固钢丝绳受力，减轻锚具压力，减少预应力钢丝绳的松弛等。

采用化学螺栓固定端部锚具时，通过在待加固混凝土受弯构件的底部两端埋置化学螺栓，分别锚固一块钢板，继而将端部锚具焊接于锚固钢板底部，实现预应力高强钢丝绳中拉力的传递，其他工艺同焊接纵筋法。

9.2　桥梁下部结构常见维修加固方法

9.2.1　扩大基础加固

扩大基础加固即对桥梁基础扩大底面积的加固。

1. 技术特点及适用条件

适应于基础承载力不足或埋置太浅，而墩台又是砖石或混凝土刚性实体基础的情况。当构造物基础具有较大的不均匀沉降，并且地基土质比较坚实时，可以采用扩大基础法进行加固。在刚性实体式基础周围加石砌圬工或混凝土，以扩大基础的承载面积，如图 9.21 所示。

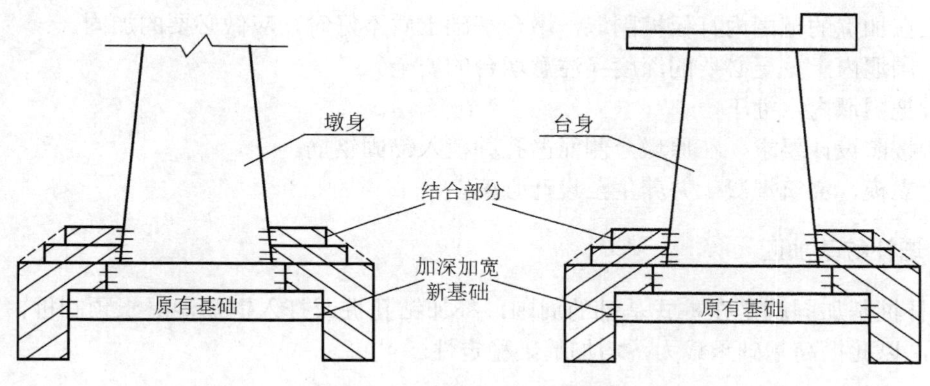

图 9.21　墩台扩大基础加固图

附加影响：需要对基础所在位置进行开挖，开挖需要采取得力措施，确保墩台基础的稳定。

2. 力学特点

新老基础合在一起共同受力。

3. 构造措施

扩大墩台基础加固主要注意新老基础应接合牢固，以防止发生裂缝，并且使加固后的扩大基础能与原结构共同受力。其具体措施如下：

1）将旧墩基础混凝土侧面凿毛，然后再注入新加部分的混凝土。

2）若原墩台身为浆砌片石砌体，则可将原墩身对应于新加部分的一面拆除表层的一部分石块，然后再砌新砌体，使新旧砌体犬牙交错，互相咬合。

3）有条件时可制作一个强劲的钢筋混凝土箍把新旧两部分统一箍紧。在其新旧接合处附近局部加设加强钢筋，以保证该处不会产生裂缝。

4）对于拱桥，可在桥台两侧加设钢筋混凝土实体耳墙，并将耳墙与原桥台用钢栓连接起来，从而达到增大桥台基础面积，提高桥台承载力的目的。加固后耳墙与原桥台连接在一起，因此，既增加了竖向承压面积，又由于耳墙的自重而增加了抗水平推力的摩阻力，如图 9.22 所示。

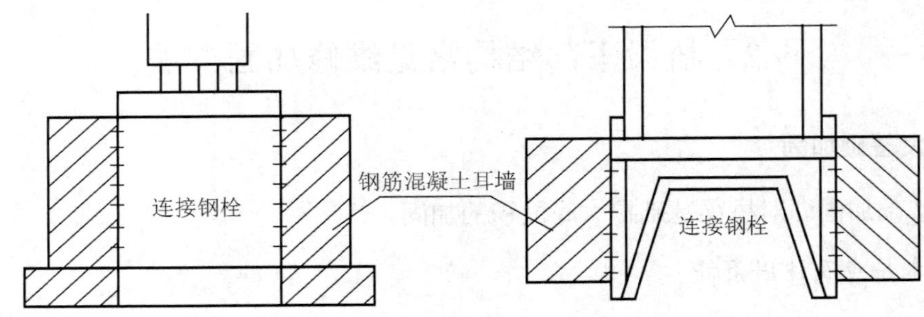

图 9.22　拱桥桥台加设耳墙加固图

4. 施工工序

墩台扩大基础加固的施工顺序如下：

1）在加宽的范围内打板桩围堰，墩台基础土质不好时，应做必要的加固。

2）围堰内土挖至必要的深度（注意墩台的安全）。

3）把围堰内水抽干。

4）按照设计要求，在原墩台侧面凿孔并植入锚固钢筋。

5）立模，浇筑混凝土并养生至设计强度。

9.2.2　增补桩基加固

增补桩基加固就是在桩式基础的周围，补加钻孔桩或打入钢筋混凝土预制桩，并扩大原承台，以此提高基础承载力，增加基础稳定性。

1. 技术特点及适用条件

当地基承载力不够时，为提高地基承载力，对桩式基础可增设基桩（钻孔桩或打入桩）并扩大原承台，使墩台的压力部分传递至新桩基。在桩式基础的周围补加钻孔桩或打入钢筋混凝土预制桩并扩大原承台，并将承台与桩顶连接在一起，以此提高基础承载力，增加基础稳定性，这种方法称增补桩基加固法（图 9.23）。这种加固方法的优点是不需要进行抽水筑坝等水下施工作业，且加固效果显著。其缺点是需搭设打桩架和开凿桥面，对桥头原有架空线路及陆上、水上交通均有一定影响。

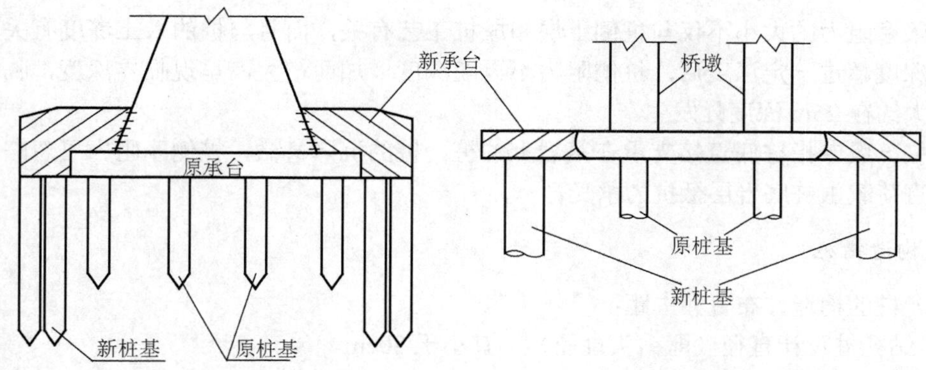

图 9.23　增补桩基加固墩台基础

增补桩基的加固方法适用于以下情形：

1）采用桩基础的桥梁改造拓宽项目，通过增加桩的数量，扩大承台面积，提高基础承载力。

2）桥梁墩台基底下有软弱层，墩台发生沉陷，而桩的深度不足。

3）由于风蚀、水蚀或冲刷等原因使桩基外露或发生倾斜时。

对单排架桩式桥墩采用打桩（或钻孔灌注桩）加固时，如原有桩距较大（在 4～5 倍桩径时），可在桩间插桩；如原有桩距较小且通航净跨允许缩小时，可在原排架两侧增加桩数，成为三排式的墩桩。

当桥台垂直承载力不足时，一般可在台前增加一排桩并浇筑盖梁，以分担上部结构传来的压力。打桩（或钻孔桩）时可利用原有桥面作脚手架，在桥面上开洞插桩。增浇的盖梁可单独受力，也可连接在一起，使旧盖梁、旧桩及新桩一起受力。

在对一些结构良好的老桥采用增补桩基实施下部结构加固时，往往受桥下净空影响，不能满足常规机械的进入需要，可利用老桥的上部结构自重，以手动大吨位千斤顶，将预制桩无振动无噪声地嵌入土中。压入桩的承台与施工反梁合二为一，既作为静压施工传递上部恒载的反梁，又为加固的桥墩提供一个新老桩基共同受力的承台。

附加影响：

1）增加的桩基会引起河床过水断面面积的减少，从而引起水流速度加大，这样将会加剧原有桩基的冲刷。

2）通航净跨由于增加桩基而缩小。

3）在桩间加桩时，较小的桩基中距，对桩基的承载力有一定影响。

4）基础的整体性由于新、旧桩基及承台的连接将有所降低。

2. 力学特点

桥梁荷载通过桩基础传递给地基，垂直荷载一般将由桩底土层抵抗力和桩身与桩侧土产生的摩阻力来支承，水平荷载一般由桩和桩侧土的水平抗力来支承。由于地基土的分层和其物理力学性质不同，桩在土中的尺寸和设置方法不同，都会影响桩的受力状态。根据桩的受力分析，增补桩基加固法中常采用摩擦桩和柱桩两种桩基形式。

摩擦桩主要依靠桩侧土的摩阻力支承垂直荷载，桩底土层抵抗力也支承部分垂直荷载。摩擦桩在设计范围内总是桩周摩阻力首先充分发挥作用，而这时桩尖阻力仅占很小一部分。

桩侧极限摩阻力的大小不仅与桩侧土层和成桩工艺有关，而且与桩的入土深度有关。当桩的入土深度超过一定深度后，桩侧阻力不再随深度增加而增大，呈现临界深度，临界极限摩阻力大约在 25m 深度处发生。

柱桩一般专指桩底直接支承在基岩上的桩，桩的沉降甚微，桩侧摩阻力可忽略不计，全部垂直荷载由桩底岩层抵抗力承受。

3. 构造措施

（1）桩的构造、布置和中距

1）钻孔桩设计直径（即钻头直径）不宜小于 80cm。

2）混凝土强度等级，对于钻孔桩不低于 C15，水下混凝土不应低于 C20；对于打入桩不低于 C25。

3）钢筋混凝土沉桩的桩身应按运输、沉入和使用各阶段内力要求通长配筋。桩的两端或接桩区箍筋或螺旋筋的间距需加密。

4）加桩与原桩可采用对称布置。

5）采用摩擦桩时，钻孔灌注桩中距不得小于成孔直径的 2.5 倍，打入桩在桩尖处的中距不得小于桩径（或边长）的 3～4 倍，且在承台底面处的中距均不得小于桩径（或边长）的 1.5 倍。

6）采用柱桩时，桩基中距不宜小于桩径（或边长）的 2.0～2.5 倍。

7）边桩外侧与承台边缘的距离，对于直径（或边长）不大于 1m 的桩，不得小于 0.5 倍桩径（或边长）并不小于 25cm；对于直径（或边长）大于 1m 的桩，不得小于 0.3 倍桩径并不小于 50cm。

（2）混凝土承台的新旧连接

加桩时，可以扩大原来承台尺寸或在原有承台上再加一层新承台，把上部传来的荷载通过新承台传递到新桩。为使上部荷载由墩身很好地传递给新建承台，可在新建承台与既有承台接触范围内，将原承台凿成锯齿状剪力键，设置钎钉；也可采用植筋法连接新老承台，即通过植入的钢筋承接和传导弯矩及剪力，并使新旧混凝土形成有机整体，以达到扩大原承台尺寸的目的。为加强新旧混凝土的接合，应把原承台有蜂窝或空洞缺陷部分尽可能凿除，并对新承台下的加桩顶部分进行凿毛处理，使之露出新鲜混凝土，让混凝土表面保持湿润、清洁。在完成以上工作后，立即在钢筋及其周围的混凝土上涂抹一层水泥浆液或其他胶黏剂，把浆液仔细地注入混凝土内并均匀地涂到钢筋上，同时，在涂抹的浆液尚未凝固时，立即浇筑新的混凝土。

4. 施工工序

1）完成围堰施工及抽水。

2）清理承台或系梁。

3）逐根完成加柱施工。

4）按照设计要求，在承台或系梁侧面钻孔并植入钢筋，并与新增承台或系梁钢筋绑扎。

5）立模、浇筑混凝土并养生至设计强度。

9.2.3　人工地基改良加固

当基础下的天然土基松软，不能承受很大荷载，或上层土壤良好，但深层土质不良引起基础沉降时，可采用人工地基改良的方式加固基础，从而提高基础的承载能力，最常见的桥梁墩台地基改良加固方法为旋喷注浆法。

1. 技术特点及适用条件

旋喷注浆法属于高压注浆法的一种，利用钻机，将预先配制好的浆液，通过高压泵，使液流获得巨大能量后，高速喷射出来，形成一股能量高度集中的液流，直接冲击破坏土体，喷射过程中，钻杆边旋转、边徐徐提升，从而使浆液与土体充分搅拌混合，便在土中形成一个有一定直径的柱状固结体，使地基得到加固。

由于高压旋喷射流是高能高速集中和连续作用于土体中，具有冲击切削破坏土体并使浆液与土搅拌混合的功能。其加固范围就是喷射距离加上渗透部分或压缩部分的长度为半径的圆柱体。高压旋喷桩具有应用范围广、工艺简便、固结体形状易控制等特点。

高压旋喷桩适用于淤泥、淤泥质土、黏性土、黄土、砂土、人工填土和碎石土等各种软土地基的加固；加固地基范围广，不受土的粒度、密度、硬化剂黏性及硬化时间的影响。

一般来说，对松散、软弱的底层，其加固，即桩径大或喷射距离长；反之对坚硬的地层其切割范围小，桩径也小。砂性土易于切割分散，固与水泥浆混合均匀，而黏性土较难分离，则搅拌均匀程度差。但是在地下水丰富的砂、卵石（碎石）底层，难以成桩。

高压旋喷桩的基本工艺类型有：单管法、二重管法、三重管法和多重管法等四种方法。

1）单管旋喷注浆法。这种方法是注浆管钻进一定深度之后，由高压泥浆泵等高压发生装置，以一定的压力，将浆液从喷嘴中喷射出去冲击破坏土体，同时使浆液与土搅拌混合，在土中成圆柱状的固结体。

2）二重管旋喷注浆法，是使用双通道的二重注浆管，当注浆管钻进至预定深度后，通过双重喷嘴，同时喷射出高压浆液和空气，利用两种介质的喷射冲击破坏土体。

3）三重管旋喷注浆法。分别使用输送水、气、浆二种介质的三重注浆管。由此可在土中凝固为直径较大的圆柱状固结体。

2. 材料要求

水泥采用 P.O 42.5 普通硅酸盐水泥，水泥浆水灰比宜为 1.0～1.1。若该段属于水质侵蚀性类型需另掺入一定量的粉煤灰，且在制作水泥浆时，可适当掺入添加剂。

3. 力学特点

旋喷固结体最初并不受力，由于时间的推移，原有地层在恒压力的作用下，土体产生徐变或滑移，使原土体承受的一部分压力转移到刚度较大的旋喷固结体上。但这种转移是不大的，因此，只有构筑物新增加荷载时，才为旋喷固结体所承受。固结体和原土体共同受力；固结体的弹性模量是原土体的很多倍，固结体和原土体的受力时间上不同步，一般是土体已达到或接近其极限强度后，固结体才进入工作状态。当基岩层较浅时，一般按照支承桩设计和计算；若基岩较深，则可设计成摩擦桩。

4. 构造措施

1）钻机与高压注浆泵的距离不宜过远。钻孔的位置与设计位置的偏差不得大于 50mm，垂直施工时，钻孔倾斜度小于 1.5%。

2）当注浆管贯入土中，喷嘴达到设计标高时，即可喷射注浆。在喷射注浆参数达到规定值后，随即旋喷、提升注浆管、由下而上喷射注浆，保持旋转和提升的连续性；注浆管分段提升的搭接长度不得小于 0.1m。

3）对需要扩大加固范围或提高强度的工程，可采用复喷措施。

4）在旋喷注浆过程中如实记录旋喷注浆的各项参数和异常现象，出现压力骤然下降、上升或大量冒浆等异常情况时，应查明产生的原因并及时采取措施。

5）当高压喷射注浆完毕，应迅速拔出注浆管。为防止浆液凝固收缩影响桩顶高程，必要时可在原孔位采用冒浆回灌或第二次注浆等措施。

6）当处理既有构筑物地基时，应采取速凝浆液或大间距隔孔旋喷和冒浆回灌等措施，以防旋喷过程中地基产生附加变形和地基与基础间出现脱空现象，影响被加固工程及邻近建筑。

5. 施工工序

旋喷注浆加固地基流程如图 9.24 所示。

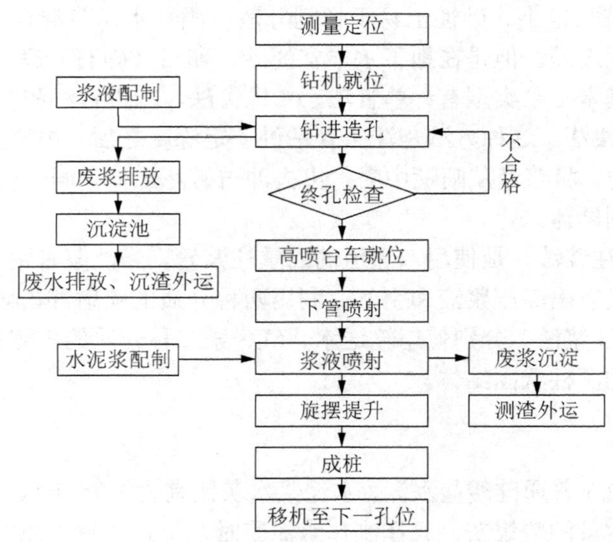

图 9.24 旋喷注浆加固地基流程图

（1）机械就位

机械就位应平稳，立轴、转盘与孔位对正，高压设备与管路系统应符合施工图及安全要求，防止管路堵塞，密封良好。

（2）钻孔

一般使用地质钻机成孔。钻孔过程中应详细测量并记录实际孔位、孔深及地层变化情况，直到钻至桩底高程。

（3）插管，试喷

引孔钻好后，插入旋喷管，进行试喷，确定施工技术参数。

（4）高压旋喷注浆

1）施工前预先准备排浆沟及泥浆池，施工工程中应将废弃的冒浆液导入或排入泥浆池，沉淀凝结后集中运至场外存放或弃置。

2）旋喷前检查高压设备和管路系统，其压力和流量必须满足设计要求。注浆管及喷嘴内不得有任何杂物。注浆管接头的密封圈必须良好。

3）做好每个孔位的记录，记录实际孔位、孔深和每个钻孔内的地下障碍物、注浆量等资料。

4）当注浆管贯入土中，喷嘴达到设计标高时，即可按确定的施工参数喷射注浆（施工参数根据试桩报告中的成果参数选定）。喷射时应先达到预定的喷射压力，量正常后再逐渐提升注浆管，由下而上旋喷注浆。应注意设备开动顺序二重管，气、浆供应应有序进行，衔接紧密。

5）每次旋喷时，均应先喷浆后旋转和提升，以防止浆管扭断。

6）配制水泥浆时，水灰比要求按设计规定，不得随意更改，在喷浆过程中应防止水泥浆沉淀，使浓度降低。每次投料后拌和时间不得少于 3min，待压浆前将浆液倒入集料斗中。水泥浆应随拌随用。

7）高压喷射注浆过程中出现骤然下降、上升或大量冒浆等异常情况时，应查明产生的原因并及时采取措施。

8）一旦出现中断供浆、供气，立即将喷管下沉至停供点以下 0.3m，待复供后再行提升。

9）当提升至设计桩顶下 1.0m 深度时，放慢提升速度至设计高程。

10）喷射作业结束后，用冒出浆液回灌到孔内，直至不下沉为止。

分层选择喷射参数。对深层长桩应根据地质条件，分层选择适宜的喷射参数，保证成桩均匀一致。

（5）拔管

旋喷达到桩底深度后，可停风，继续用旋喷灌浆，待水泥浆从孔口返出后，即可停止灌浆，然后将灌浆泵的吸水管移至清水箱，抽吸一定量的清水将灌浆泵和灌浆管路中的浆液顶出，然后停泵，拔管要迅速，不可久留孔中。桩顶凹坑应及时以水胶比 0.6 的水泥浆补灌。

卸下灌浆管后，立即用清水将各通道冲洗干净，并拧上堵头。灌浆泵、送浆管路和浆液搅拌机等都要用清水清洗干净。压气管路和高压泵管路也要分别送风、送水冲洗干净。

（6）废弃浆液处理

喷射注浆施工中，将产生不少废弃浆液。为确保场地整洁和顺利施工，在施工前拟在场地内设置泥浆池，泥浆在施工中抽排汇入泥浆池中，待泥浆固结后再外运处理。

（7）冲洗机具

当高压喷射注浆完毕，应迅速拔出注浆管彻底清洗浆管和注浆泵，防止被浆液凝固堵塞（因故停工 3h，妥善清洗泵体和喷浆管道）。

（8）移动旋喷机具至下一孔位

9.3　桥梁桥面系及其他结构常见维修加固方法

9.3.1　更换支座

现代公路桥梁支座多采用橡胶板式或盆式橡胶支座，常见支座发生破碎、橡胶老化、转角超限、锚栓剪断及偏位过大等病害，此时需将支座进行更换，目前更换支座最常见且有效的方法为顶升法。桥梁顶升技术是通过一定的仪器设备使原有桥梁实现竖直方向抬升和更换支座的一种比较先进的现代化施工技术方法。

1. 技术特点及适用条件

顶升系统是由电动机、高压液压泵、油箱、操作控制系统、千斤顶和油管及分流器等组成，如图 9.25 所示。

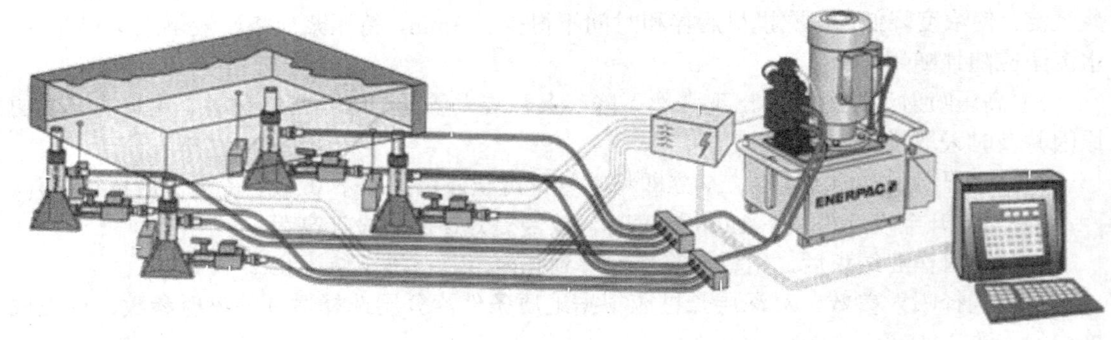

图 9.25　顶升控制系统流程图

目前顶升更换支座常用于梁式结构包括简支梁、悬臂梁、连续梁等，当顶升支点与原支座位置距离较小时，结构受力状态通常变化不大，若采用这种方法，就能保证桥梁整体、均匀、缓慢地抬高。

桥梁顶升对上部结构的影响主要体现在以下几方面：

1）顶升点与原支点间的偏差，使结构发生体系转换。

2）各千斤顶之间伸长量不等，造成上部结构各施力点顶升速度不同步。

3）改造后桥梁纵、横坡值发生变化使桥梁的整体受力状态发生改变。上述三方面对桥梁上部结构影响程度并不相同，前两点对结构影响较大。

2. 施工工序

1）顶升反力基础的确定是同步顶升技术中关键的一环，反力基础选取是否得当，直接影响到顶升的效果。由于梁下空间无法安放千斤顶，所以在承台上或盖梁上搭设置，也可设置钢牛腿锚固在盖梁上或地面上搭设支架，如图 9.26 所示。根据上部结构形式及重量，确定千斤顶的个数、型号及安放位置，同时要求千斤顶的顶升力有不小于 2.0 倍主梁自重的安全储备系数。

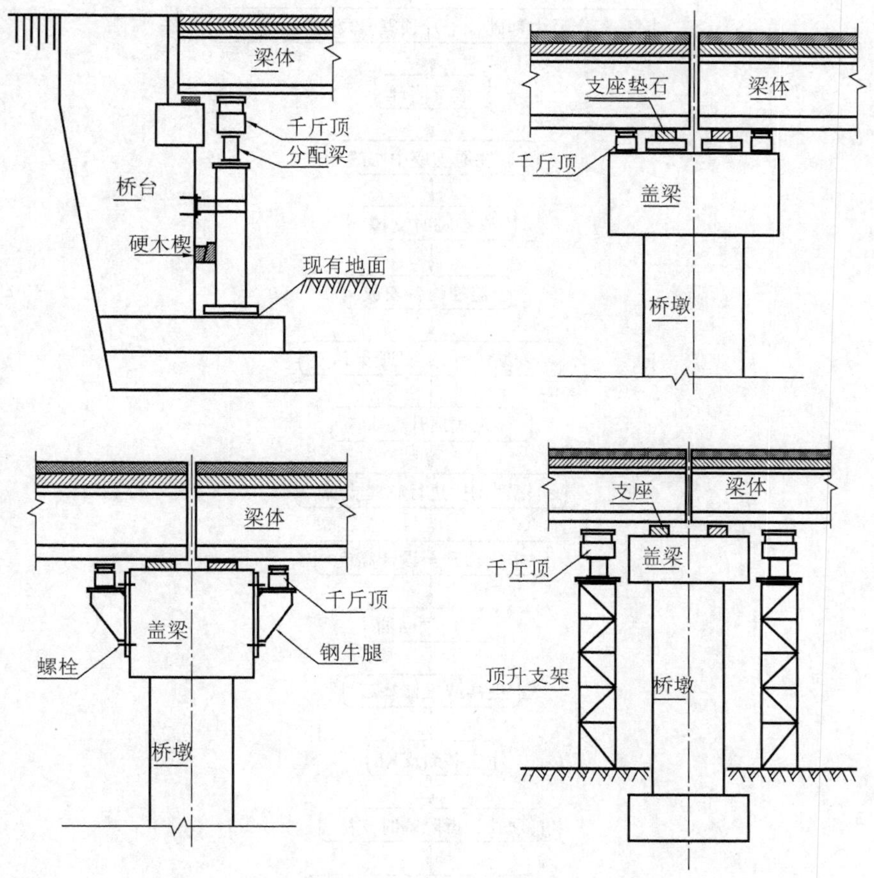

图 9.26　反力基础设置几种方法

2）顶升前需确认原桥梁结构是否满足顶升条件，薄弱断面是否完全加固完毕，达到顶升要求。认真检查各项施工准备是否到位，千斤顶给油过程是否有漏油现象，监控设备是否完全安放就位，横向限位装置是否牢固等。准备全部完毕后，需进行试顶，验证千斤顶的同步性，消除千斤顶的非弹性变形，同时验证各项施工工序衔接是否顺畅，消除顶升过程中可能发生的意外状况，保证顶升过程顺利进行及各部分信息的及时汇总。试顶完毕后，各项均正常即可准备开始正式顶升，顶升就严格按照顶升工艺进行，分级顶升达到设计要求高度，不可一次顶升即达到设计高度，以减少对主梁受力的影响。

3）顶升施工前需搭设简易脚手架方便施工及设备的安放，脚手架搭设要求施工时便于人员在上行走，梁体顶升前，需对千斤顶、油泵、压力表等设备进行全面的调试检查，检查润滑油是否够用，油泵上的设施是否漏油、损坏，油管是否破裂、老化、长度是否合适，千斤顶行程及速度是否正常，有无漏油现象，至此完全符合要求，如图 9.27 所示。

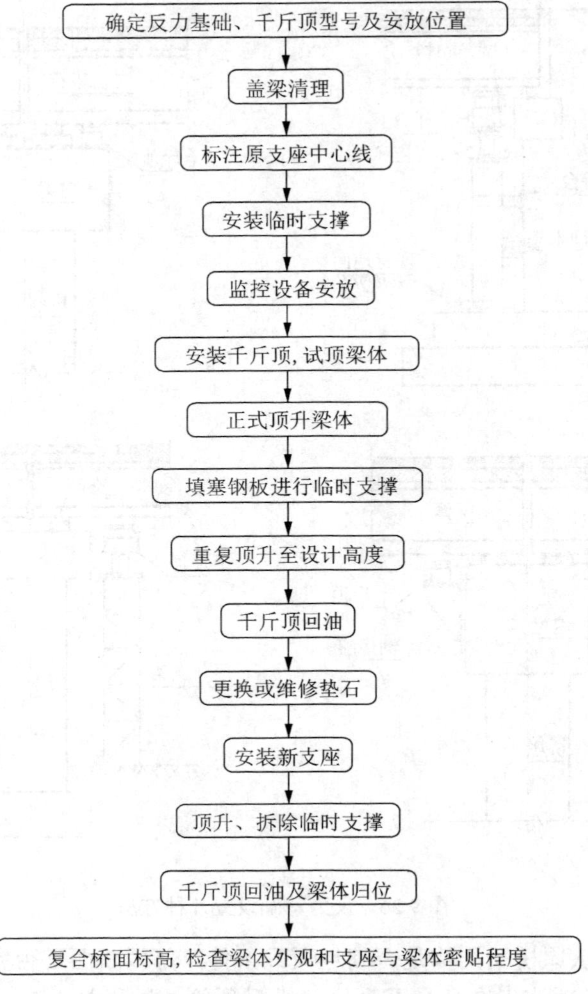

图 9.27　顶升施工流程图

4）标注梁和原支座中心线，用记号笔在梁的中心处对应支座部位及左右两边同样做好明显标记，可以用来控制更换支座时梁和新的橡胶支座发生位移。

5）顶升片梁。千斤顶布置在盖梁或桥台上，当梁底面与盖梁间净空满足不了千斤顶高度时，将在盖梁侧面增设钢牛腿作为顶梁反力的支点。正式顶梁前须进行试顶，以检查各顶升设备的同步性、稳定性，待一切正常后，方可开始顶升。

6）梁体顶升时采用位移与顶力双控，以梁体位移为主，当油表出现异常时则立即停止工作，待查明原因后再进行梁体顶升工作。顶升过程中加强对主梁进行监测，观测裂缝有无异常变化，一旦出现异常应立即停止，查明原因后，制定出可靠的施工方案，经监理工程师批准后再恢复施工。顶落梁时，安排专职人员对梁体进行监控。顶升时随升随用楔子楔紧，顶升后每片梁下都用钢楔子对称顶好。

7）凿除旧支座并清理盖梁顶面的混凝土碎渣。

8）安装新支座。梁体顶升到位后，须立即进行支座更换工作，安装时在支座垫石下做一层环氧砂浆，此环氧砂浆既可作细调平又可将支座定位粘牢，为保证梁底与支座顶面水平紧密接触，在支座顶面与梁底之间须设置一块楔形钢板，此板用环氧树脂粘贴在梁底。楔形钢板的厚薄由施工队前详细测量而定。

检查梁下平整度安放好新支座，然后千斤顶将梁顶起 1～2mm，再撤除钢楔子，千斤顶回油落放梁体。落下时分步分阶段进行，每步每阶段回落过程，梁体落放要认真检查，查看新支座有无严重变形，支座和梁有无位移、不平、漏空等缺陷。如发现问题及时纠正处理，不留后患。

9）复核桥面标高，检查梁体外观和支座垫石与梁体的密贴程度。

9.3.2 桥面铺装的维修

目前我国公路桥梁桥面铺装病害形式较多，且原因也有多种，在病害调查及处理中也无法一概而论。

1. 水泥混凝土桥面铺装层的维修

1）裂缝、填充裂缝。当裂缝小于 0.2mm 并且周边材质没有破碎现象，可采用环氧树脂浆类进行注浆封闭；裂缝较大时，并且周边材质没有破碎现象，可以采用沥青或硅胶材质进行填充封闭。

2）坑槽、破裂等缺陷，通常可用如下方法进行维修对于发展为坑槽或破裂的部位，可以采用对原结构进行修补，将原水泥混凝土铺装层的表面凿毛，并尽可能深一些，使骨料露出，用清水冲洗干净并充分润湿，再涂上同强度等级的水泥砂浆（或其他黏结材料），最后铺筑一层 4～5cm 厚的水泥混凝土铺装层（注意应达到荷载要求）。

3）磨光、脱皮、露骨等缺陷。除了修补外，如果整体的性能较好的Ⅱ、Ⅲ级公路可以采用加铺一层 2～3cm 的沥青混凝土磨耗层进行处理。

4）全面翻修。桥面铺装层如果已损坏严重，可以采用重筑的方法修补。新铺的面层可采用普通混凝土或者使用钢纤维混凝土等其他材料。

2. 沥青混凝土桥面铺装层的维修

主要解决以下病害：封闭裂缝、填充裂缝、修补坑槽、修补龟甲状裂缝、修补车辙、修补松散、修补泛油、修补搓板路、翻修等项问题。

1）采用注入法封闭常见裂缝工艺程序：清理、清扫、注入沥青、检查、整理、开放交通。

2）用沥青混凝土修补损伤铺装层方法：清理出修补面（面积>1m，深度达桥面板）、洒涂沥青黏结剂、骨料粒径 5～10cm 沥青混凝土进行超填、碾压、洒粉（砂）、修饰、开放交通。

3）用切削法处理纵横面波：对付车辙的一种有效方法，一般还要采用同时加热的工序。

4）泛油处理：局部就采用撒布粗砂和小石子，进行碾压处治；如果泛油程度严重，应结合切削施工法共同处治。

5）磨光：应用刻槽施工法、树脂加硬骨料黏结路面施工法。

6）老化产生的裂缝：采用乳化沥青喷雾封面和以沥青砂封面，填充小裂缝、表面孔隙和坑槽。

7）翻修：依据桥面铺装损伤程度，可以采用全部翻修铺装厚度、仅翻修面层、翻修部分的任意厚度铺装层的三种方式。施工要注意原施工结构的清理工作、修补断面的处理、修补材料的设计、碾压养护等各项工作的程序。

9.3.3 表层缺陷的修补

通常桥梁表层缺陷主要有混凝土出现的蜂窝麻面、松散、孔洞、破碎、剥落等缺陷的部位以及钢筋外露区域等，在修补前应做好修复区的清理工作。

1. 材料要求

混凝土应符合以下规定。

1）一般采用与原结构混凝土级配相同的材料，或者比原结构更高一等级的细石混凝土材料；水泥应采用强度等级不低于 42.5 级的硅酸盐水泥、快硬硅酸盐水泥或普通硅酸盐水泥，水灰比尽量取小值，并且通过实验来确定，必要时可以加入减水剂来调节和易性。

2）混凝土采用小石子混凝土，集料的最大粒径不超过 10mm。粗集料应选用质密、坚硬、强度高、耐久性好的碎石或卵石，不得采用含有活性二氧化硅石料制成的粗集料。细集料应选用中、粗砂，其细度模数宜控制在 2.6～3.7。

3）混凝土拌和用水应满足下列要求：

① 水中不应含有影响水泥正常凝固与硬化的有害杂质或油脂、糖类及游离酸类等。

② 污水、pH 小于 5 的酸性水及含硫酸盐量按 SO_4^{2-} 计超过 0.27mg/cm^3 的水不得使用。

③ 供饮用的水。

4）混凝土胶黏剂。有些科研院校研制出不同的混凝土胶结材料，可以根据不同要求拌制成净浆、砂浆剂混凝土几种形式，可以采用表面封涂、灌浆、黏结、浇筑等方法，对缺陷进行修补，其效果较为满意。常用的胶液是硅酸钠，固化剂可用氟硅酸钠进行配制。

① 钢筋和钢板应符合 GB 1499.2—2007 与 GB 1499.1—2008 的规定。

② 混凝土修补采用环氧树脂砂浆。

③ 钢筋防锈采用除锈漆。

2. 施工工序

（1）表层缺陷清理

1）对混凝土出现的蜂窝麻面、松散、孔洞、破碎、剥落等缺陷的部位以及钢筋外露区域，可采用人工凿除法、气动工具凿除法或高速射水法将该处松散、破损、污损的混凝土清除干净，直至露出坚硬密实的基面，同时应注意保证该部位无油污、油脂、蜡状物、灰尘以及附着物等物质（图 9.25）。

对于缺陷深度≥10cm，面积≥（10cm×10cm）时，表面要凿成方波型和锯齿状，且凿至坚实层，判断的标准是以能够看见混凝土粗骨料为宜。

清理混凝土病害部位时注意不要损伤梁体原有钢筋（尤其是主筋），不剪断外露钢筋。

严格按照桥梁维修养护相关规定及要求实施。

2）混凝土表面破损清理完毕后清理钢筋锈蚀区域。用钢刷清除钢筋表面的浮锈，使之露出光洁部分。

3）钢筋防锈、阻锈处理。对外露的钢筋涂刷钢筋保护剂，钢筋保护剂的选用应满足设计提出的材料特性要求，涂刷时满足施工规范要求。

对钢筋锈蚀区域采用多功能阻锈剂（表面涂刷型）处理，可滚刷或喷涂于混凝土结构表面，选用材料应满足设计要求，并按施工规范进行施工。

钢筋保护剂属化学产品，施工过程中应采取必要的防护措施。

多功能阻锈剂有很强的渗透性，施工时应配戴手套及口罩，严禁与皮肤直接接触，在水平结构底面施工时，应注意不要滴落到身体或皮肤上任何部位，如已滴落到皮肤表面或眼睛里，应立即用清水冲洗干净并及时就医。

根据所选用材料的物理化学性能指标选择合适的施工条件进行施工。

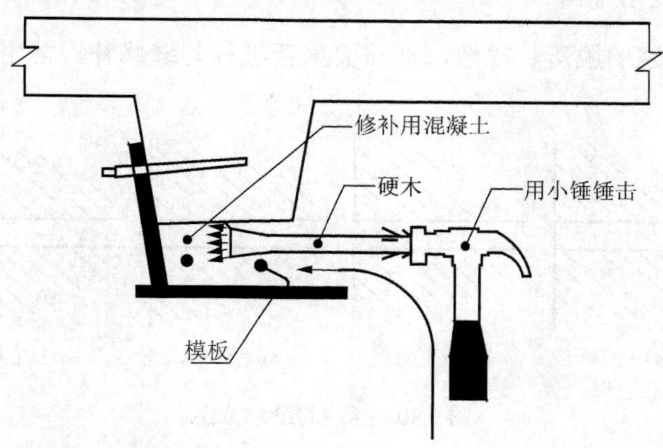

图 9.28　混凝土破损区域清理示意图

（2）混凝土破损修补处理

在混凝土破损区域清理完成以及钢筋除锈、阻锈处理工作完毕后进行。

按照桥梁维修养护相关规定及要求，采用环氧修补砂浆或环氧混凝土（对破损区域过大处使用）对破损区域进行修补，要求修补后结构表面平整密实（图 9.29）。

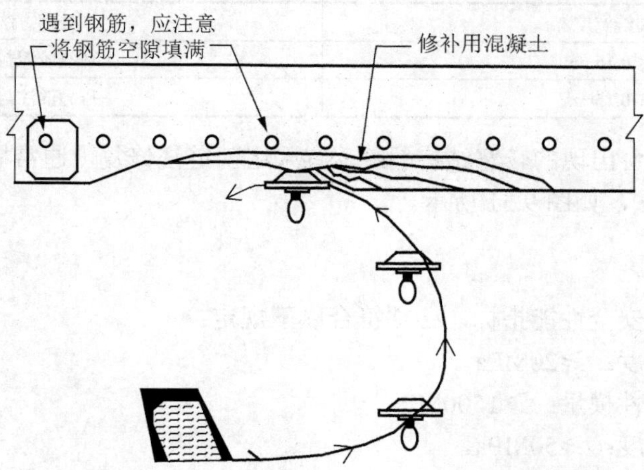

图 9.29　混凝土破损区域修补示意图

所用环氧砂浆或环氧混凝土应具有较低的膨胀系数、收缩率和放热温度，并且还应具有较高的黏结力、硬度及抗冲击性能，环氧砂浆或环氧混凝土的配合比根据试验确定。

修补区域如处于潮湿状态，应采取相应措施使修补位置保持干燥，或选用能在潮湿状态下施工的材料，确保修补质量。

应根据材料物理化学特性、修补厚度以及气候条件等因素作好养护工作。

9.3.4 结构裂缝的修补

裂缝也是桥梁结构常见的病害之一，圬工结构多为砌缝脱落，混凝土结构多为主梁或墩台裂缝。在结构加固如粘贴钢板、粘贴碳纤维布或外包混凝土前，均需对裂缝先进行修复。

1. 技术特点及适用范围

1）对于砌缝砂浆的脱落、松散，都需要重新进行勾缝修补。常用勾缝形式如图 9.30 所示。

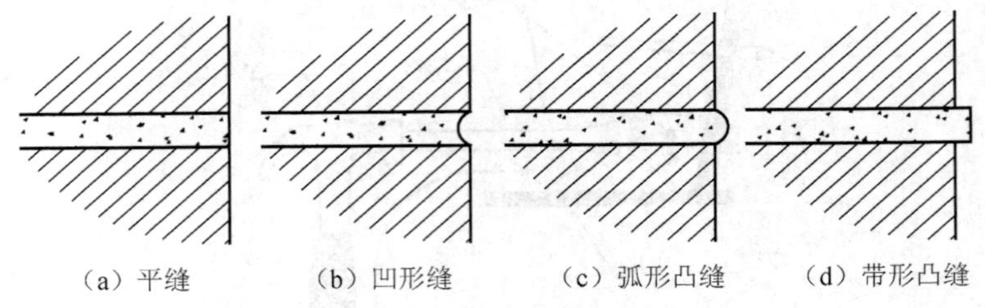

（a）平缝　（b）凹形缝　（c）弧形凸缝　（d）带形凸缝

图 9.30　常用勾缝示意图

2）对混凝土结构上、下部存在的所有可见裂缝进行封闭处理。裂缝按其宽度分别采用表面涂刷封闭和灌注封闭两种方法进行处理。因为现场测量裂缝宽度时可能存在不准确的情况，为了使超过规范规定的裂缝尽可能得到维修，并提高桥梁整体维修效果，将表面涂刷封闭和灌注封闭的分界值设为 0.15mm。对于所有可见裂缝，均应进行处理，见表 9.5。

表 9.5　按缝宽划分裂缝的处理方法

裂缝宽度 δ	处理方法
＜0.15mm	环氧胶泥封闭
≥0.15mm	压力灌注封闭

3）对于桥梁墩台出现的较宽结构裂缝，宜采用骑缝法修复，通常根据情况可采用钢板骑缝法或钢筋骑缝法，如图 9.31 所示。

2. 材料要求

1）裂缝修补胶安全性能指标，必须符合以下规定：

① 胶体抗拉强度：≥20MPa。

② 胶体受拉弹性模量：≥1500MPa。

③ 胶体抗压强度：≥50MPa。

④ 胶体抗弯强度：≥30MPa，且不得呈脆性（碎裂状）破坏。

⑤ 不挥发物含量（固体含量）≥99%。

⑥ 可灌注性：在产品使用说明书规定的压力下，能注入宽度为 0.1mm 的裂缝内。

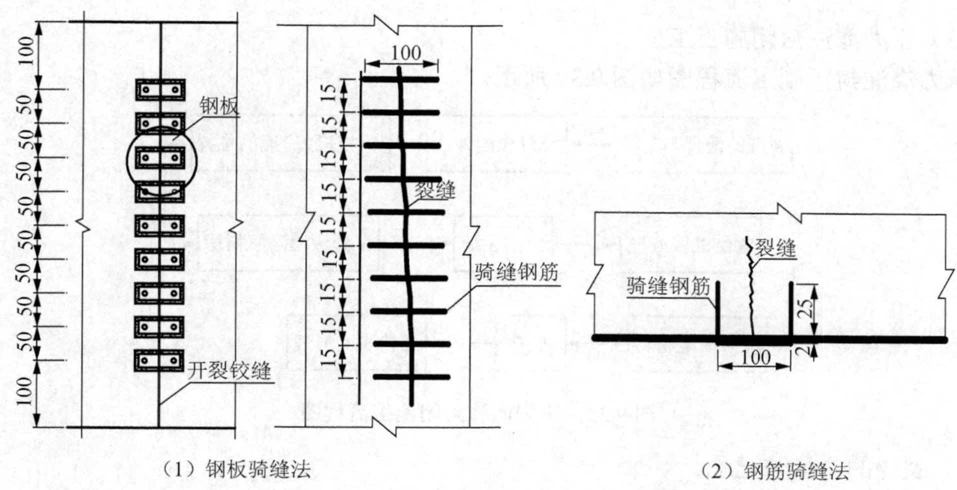

图 9.31　常用骑缝法修复墩台裂缝示意图

2）植筋用的胶黏剂，安全性能指标必须满足《公路桥梁加固设计规范》（JTG/T J22—2008）要求，其性能指标如下：

① 胶体劈裂强度：A 级胶≥8.5MPa。

② 胶体抗弯强度：A 级胶≥50MPa。

③ 胶体抗压强度：A 级胶≥60MPa。

④ 钢-钢拉伸抗剪强度标准值：A 级胶≥16MPa。

⑤ 不挥发物含量（固体含量）：≥99%。

3）胶黏剂的钢-钢拉伸抗剪强度性能必须经湿热老化检验合格，其湿热老化时间不得少于 90 天。

4）胶黏剂中严禁使用乙二胺作改性环氧树脂固化剂，严禁掺加挥发性有害溶剂和非反应性稀释剂。

5）使用的胶黏剂应有耐冻融性能试验合格证书。

3. 施工工序

（1）勾缝法施工工序

勾缝时，可用手凿或风动凿子凿去已破损的灰缝，深度 3～5cm，用压力水彻底冲洗干净，再用 M10 以上的水泥浆重新勾缝。采用的方法是：用抹子把砂浆填入缝内，再用勾缝器压紧，形成凹形缝，切去飞边使其密实。

（2）表面环氧胶泥封闭施工工序

先用小铲刀将胶泥刮抹到裂缝上，厚度 1mm 左右，宽度 20～30mm，抹胶时应防止产生小孔和气泡，要刮平整，保证封闭严密可靠。裂缝封闭后应进行压气试漏，待胶泥有一定强度时，沿裂缝涂一层肥皂水，从注胶底座通入压缩空气，若有气泡冒出则说明该处漏气，做好标记。用胶泥对漏气的区域进行封闭，待达到强度再气检，如此反复直至不漏气为止。

（3）压力灌注封闭施工工序

压力灌注封闭施工流程图如图 9.32 所示。

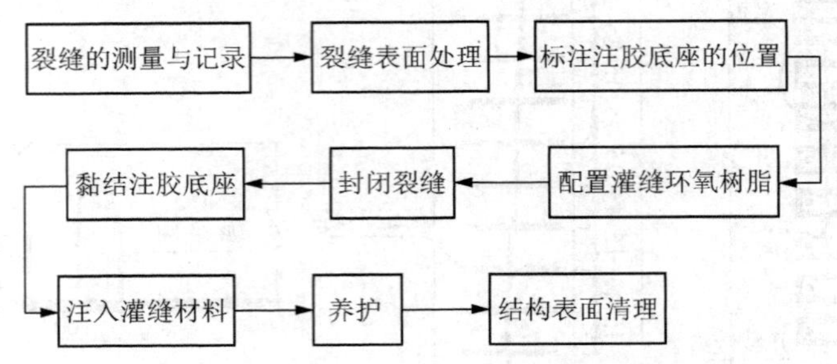

图 9.32　压力灌注封闭施工流程图

1）裂缝的测量与记录。

① 首先测量裂缝的位置、宽度、长度，绘制裂缝展开图。

② 由于结构内部连通的裂缝可能在混凝土构件表面分散分布，因此，需将主裂缝附近的细微裂缝标出，防止遗漏。

2）裂缝表面处理。

① 用钢丝刷沿裂缝走向清理宽约 5cm 范围的混凝土表面，使混凝土表面保持清洁。

② 用锤子和钢钎凿除两侧疏松的混凝土块和砂粒，露出坚实的混凝土面。

③ 用略潮湿的抹布清除表面的浮尘，并彻底晾干，用丙酮清除表面的油污，如缝内潮湿，要等其充分干燥，必要时可用喷灯烘干。

3）标记注胶底座的位置。

① 根据裂缝的宽度及推算裂缝深度，确定注胶底座的位置。并用粉笔在裂缝表面做出标记。

② 注胶底座的粘贴间距应为 300～350mm。

4）黏结注胶底座。

① 调和注胶底座黏结胶。该胶呈腻子状，按主剂与固化剂的配合比 1∶1 进行调和，直至调和均匀为止。

② 在注胶底座下底面周边涂抹调和后的底座黏结胶。

③ 将注胶底座按标注位置顺缝粘贴在裂缝表面，适当用力下压底座，使底部黏结胶部分溢出，包住注胶底座边缘。

5）封闭裂缝。

① 用封缝胶将注胶底座之间的裂缝完全封闭。

② 封缝胶的涂抹宽度应以 2～3cm，厚度 2mm 为宜。

③ 涂抹封缝胶至注胶底座处时，应用封缝胶对注胶底座周围进行环绕封闭。

④ 粘贴表示注胶底座橡胶膨胀限度的纸条。

⑤ 为确保固化，封缝胶应至少养护 12h 以上。

6）配置灌缝用环氧树脂。

① 根据裂缝状况估算在可使用时间内可以用完的灌缝树脂材料。并按一个人进行灌注时，一次用量为 500～1000g 进行树脂称量。

② 灌缝用环氧树脂（TJ）的配合比按通用型树脂材料配比，即主剂与固化剂之比 2∶1

进行调配。

7）注入灌缝材料。

① 将灌缝树脂混合均匀后，装入专用的手动或脚踏式压力泵内。

② 给压力泵套上专用的灌胶嘴，通过推拉压力泵上的阀门逐渐加压进行灌注，直至弹性橡胶膜膨胀至限高纸条处。

③ 当弹性橡胶膜内树脂不足时，表示应进行补充灌注，直至达到预估灌缝树脂用量或橡胶膜内树脂不再减少。

④ 补充注入的灌胶控制时间一般为 15～20min，低温施工时，该时间可适当缩短。超过此时间如橡胶球内树脂无继续渗入的趋势，则视为裂缝已灌注饱满。

压力灌注方式如图 9.33 所示。

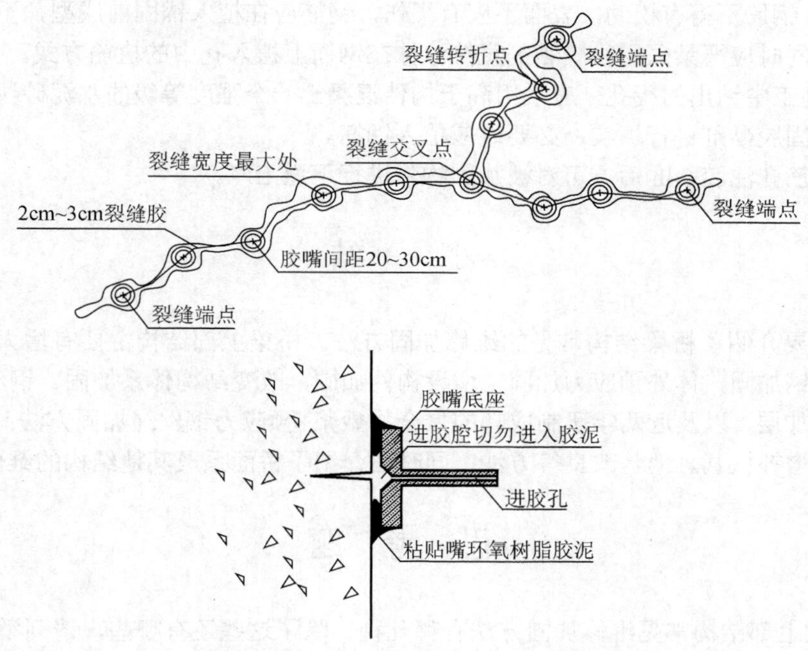

图 9.33　压力灌注封闭及注胶嘴大样图

8）养护。灌缝完毕后，应养护一昼夜，等待灌缝树脂固化。根据季节及温度的不同，有时需要养护一昼夜以上。

9）结构表面清理。

① 灌缝材料固化后，要进行表面清理，使混凝土构件表面平滑。

② 先铲除注胶底座和封缝胶，残存的树脂可以用砂轮等工具进行清除。

（4）骑缝法施工工序

骑缝法施工工序较为简单，可以分为：裂缝的测量与记录、裂缝表面处理、钻植筋孔、植筋、养护。其中植筋过程中应注意：

1）钻孔植筋前，必须探明钢筋位置，严禁盲目钻孔植筋，如有冲突，可适当调整植筋位置，施工前应在现场进行拉拔试验，检验植筋工艺。

2）植筋时其成孔必须采用电锤钻钻孔，禁止采用金刚石钻孔机成孔。

3）在进行植筋时，安装锚固筋前，必须采用人工或高压风、水清除孔内积水和岩粉、碎屑等杂物，同时对需植入钢筋上的锈迹、油污进行除锈与清理，必须确保孔内清洁无灰尘，且必须保持干燥，以确保锚固质量。

4）植筋孔注胶时，必须使孔内胶液饱满，注胶应在气温较高时进行。

5）锚固钢筋用胶性能应符合《公路桥梁加固设计规范》（JTG/TJ22—2008）相关规定。施工时应注意材料与配胶方式的相互配套，不得在现场配置植筋用胶黏剂。

6）植筋用胶黏剂应采用专门灌注器或注射器进行灌注，灌注量一般为孔深的 2/3，并应保证在植入钢筋后有少许胶黏剂溢出。

7）注入胶黏剂后应立即单向旋转插入钢筋，直至达到设计的深度。胶黏剂固化前，不得触动或振动已植入的钢筋，以免影响其黏结性能。

8）植入钢筋不得有松动，表面不应有损伤，钢筋应在植入锚固前成型，不得锚固后改变其形状。同时应严禁采用将胶黏剂直接涂抹在钢筋上植入孔中的植筋方式。

9）对施工中钻出的废孔，应采用高于构件混凝土一个强度等级的水泥砂浆、聚合物水泥砂浆或锚固胶黏剂进行填实，必要时应植入钢筋。

10）植筋孔注胶 24h 后方可对被加固构件进行下道工序。

小　结

本章主要介绍了桥梁结构常见的维修加固方法。桥梁上部结构主要有增大截面，粘贴加固，外包钢加固，体外预应力加固，增设构件加固，改变结构体系加固，钢丝绳网片+聚合物砂浆外加层，以及近两年研制成功的聚合物砂浆+预应力钢丝绳加固方法；下部主要有基础加宽、增补桩基、地基改良等方法，同时还介绍了桥面系及其他结构的维修加固方法。

思 考 题

1. 桥梁上部结构常见维修加固方法有哪几种？除了这些还有哪些，请列举 5 种。

2. 桥梁下部结构常见维修加固方法有哪几种？除了这些还有哪些，请列举 3 种。

3. “钢丝绳网片+聚合物砂浆外加层”加固法与“聚合物砂浆+预应力钢丝绳”加固法有什么区别和联系？

4. 主梁粘贴钢板与外包钢有什么区别和联系？

第 10 章　桥梁结构加固实例

10.1　概　　述

前面章节阐述了不同形式桥梁的上部结构、下部结构和桥面系的常见病害类型及加固改造措施。作者根据近些年所从事的桥梁检测与加固项目，从中遴选出具有代表性的各类桥型的加固改造工程实例。阐述了简支梁桥结构、连续箱梁桥结构、拱桥结构、斜拉桥结构以及下部基础结构的主要病害形式、病害成因，并介绍了各工程对应的加固改造方案及其设计与施工方法。通过对本章节的阅读，广大读者可以更直观、更全面的了解和掌握桥梁结构加固改造的方法及要点。

10.2　简支梁桥结构加固实例

10.2.1　实例 1　7×20m 简支 T 梁桥加固维修工程（主梁粘贴钢板+全桥更换支座）

1. 工程概况

某钢筋混凝土简支 T 梁桥，桥梁设计荷载为汽车-20 级，挂车-100，该桥跨径布置形式为 7×20m，桥面横向布置为 0.5m（防撞栏）+10m（车行道）+1.5m（人行道），单向两车道。

（1）上部结构

T 梁梁高为 132cm，宽 160cm，其中悬臂为 71cm，梁肋宽 18cm，端部厚 12cm，根部厚 17cm。

（2）下部结构

下部结构采用柱式桥墩，基础形式为钻孔灌注桩基础。该桥布置形式如图 10.1 所示，横断面布置图如图 10.2 所示。

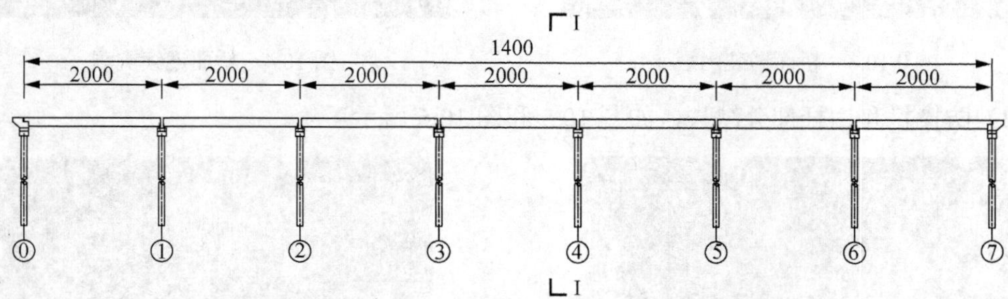

图 10.1　简支 T 梁桥布置形式示意图（单位：cm）

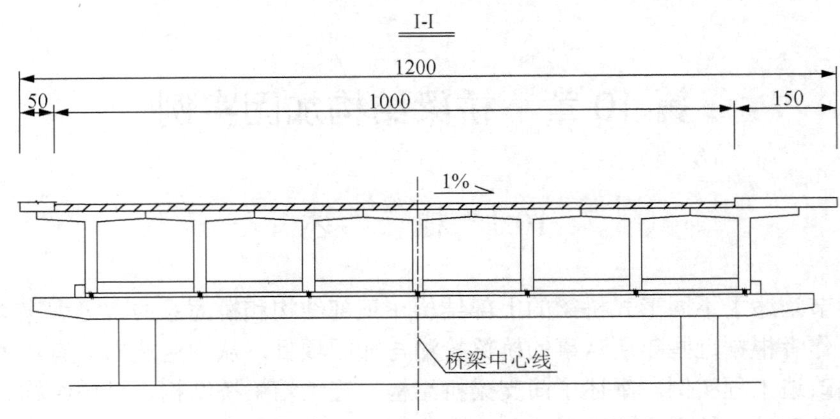

图 10.2　简支 T 梁桥横断面示意图（单位：cm）

2. 主要病害现状

该桥存在的主要病害为：两侧锥坡破损、杂草滋生；桥台渗水较严重；桥墩盖梁存在局部渗水；全桥支座基本被碎石或土掩埋、支座破损严重且变形过大；全桥 T 梁均有竖向裂缝，部分主梁梁底有破损露筋现象；部分主梁顶板有渗水泛白现象，部分横隔板破损露筋；桥面有纵向裂缝和网裂现象，并存在修补痕迹，桥面连续处均出现裂缝，部分出现坑洞；防撞栏和栏杆部分缺失。

（1）桥面系检查结果

1）桥面有纵向裂缝和网裂现象，桥面连续处均出现裂缝，部分出现坑洞，如图 10.3 和图 10.4 所示。

图 10.3　桥面铺装网裂

图 10.4　桥面连续坑洞

2）防撞栏和栏杆部分缺失，如图 10.5 和图 10.6 所示。

图 10.5　栏杆缺失图 1

图 10.6　栏杆缺失图 2

（2）上部结构检查结果

1）全桥支座基本被碎石或土掩埋、支座破损严重，变形过大，如图 10.7 和图 10.8 所示。

图 10.7　支座情况图 1

图 10.8　支座情况图 2

2）T 梁竖向裂缝、部分主梁梁底破损露筋，如图 10.9 和图 10.10 所示。

图 10.9　T 梁竖向裂缝

图 10.10　梁底破损漏筋

3）主梁顶板渗水泛白现象，部分横隔板破损露筋，如图 10.11 和图 10.12 所示。

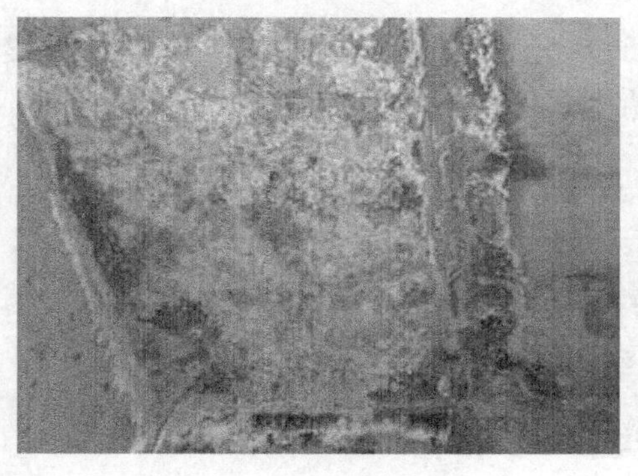

图 10.11　T 梁顶板渗水

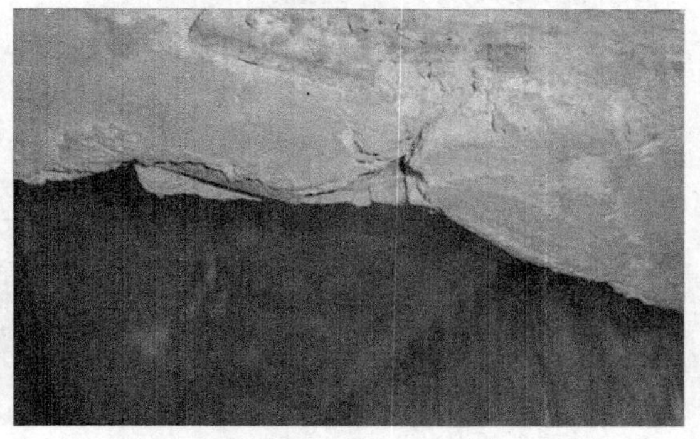

图 10.12　横隔板破损漏筋

（3）下部结构检查结果

1）两侧锥坡破损、杂草滋生，如图 10.13 和图 10.14 所示。

图 10.13　锥坡情况图 1

图 10.14　锥坡情况图 2

2）桥台、桥墩盖梁渗水，如图 10.15 和图 10.16 所示。

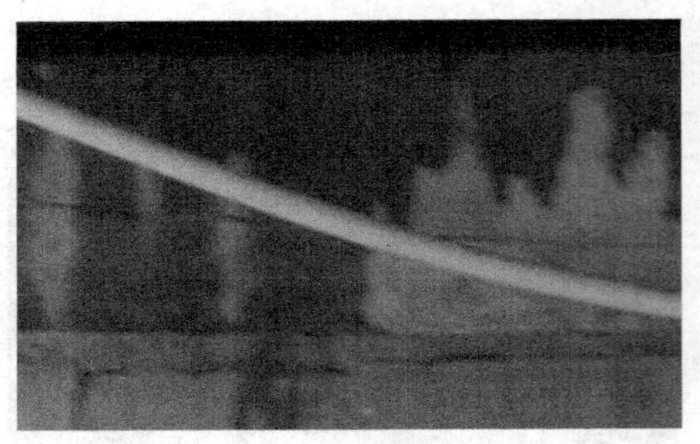

图 10.15　桥台盖梁渗水

图 10.16　桥墩盖梁渗水

3. 病害成因分析

（1）原结构复算

该 T 梁桥的边梁与中梁构造相近且预应力钢束相同，因此仅需要计算受力最不利的边梁结构的受力及变形等指标。

应用桥梁博士计算软件建立边梁的模型，通过单元截面定义来模拟发生损伤的 T 梁，模型共分为 10 个单元，11 个节点，如图 10.17 所示。

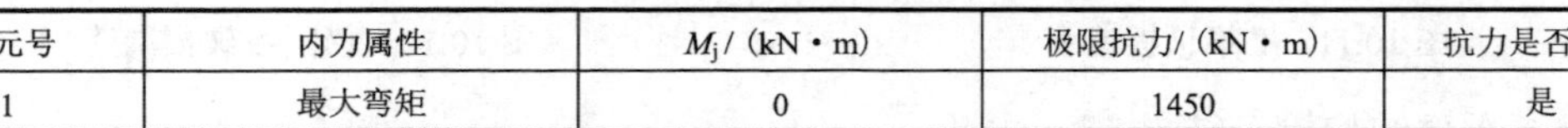

图 10.17　边梁桥梁博士计算模型图

承载能力极限状态基本组合正截面强度验算结果见表 10.1。

表 10.1　承载能力极限组合强度验算表

单元号	内力属性	M_j/（kN·m）	极限抗力/（kN·m）	抗力是否满足
1	最大弯矩	0	1450	是
2	最大弯矩	874	1450	是
3	最大弯矩	1400	1450	是
4	最大弯矩	1675	1450	否
5	最大弯矩	1925	1450	否
6	最大弯矩	1675	1450	否

续表

单元号	内力属性	M_j/ (kN·m)	极限抗力/ (kN·m)	抗力是否满足
7	最大弯矩	1400	1450	是
8	最大弯矩	874	1450	是
9	最大弯矩	553	1450	是
10	最大弯矩	0	1450	是

由上表计算数据可以看出：跨中部分单元的内力不满足极限承载能力状况下截面强度的要求，这也是造成该桥 T 梁跨中裂缝的根本原因。

（2）病害成因分析

1）两侧锥坡破损、杂草滋生。主要原因为养护不及时，没有及时清除锥坡杂草、修复破损部位。

2）下部结构渗水。桥面伸缩缝及桥面连续处损毁，雨水下渗至桥墩、桥台盖梁上。

3）全桥支座变形、损毁。长年老化、交通荷载的作用是造成桥梁支座剪切变形的主要原因；此外养护的不及时也加速了支座的损毁。

4）主梁、横隔板病害。前文计算结果说明主梁截面的削弱是造成 T 梁开裂的根本原因，荷载作用下横隔板出现不均匀受力，致使横隔板开裂的发生。另外，上述病害的出现会使雨水下渗，这也是 T 梁顶板渗水泛白的原因。

4. 加固维修措施

主要针对该 T 梁桥主梁承载能力不足、支座损毁及桥面系病害进行加固方案的制订。遵循施工方式简便、工程费用低和技术方法先进等原则，该桥具体加固措施如下：

1）对主梁支点附近采用粘贴钢板进行斜截面加固，提高抗剪能力。

2）对主梁跨中一定范围内采用粘贴钢板进行正截面加固，提高承载能力。

3）新建桥面铺装，在 0 号台、3 号墩、7 号台处各设置一道 GQF-MZ80 型伸缩缝，其余墩顶处设置桥面连续。

4）采用同步顶升施工工艺更换全桥支座。

5）对 T 形梁裂缝宽度大于等于 0.15mm 的，采用压力灌注法注胶封闭裂缝，对宽度小于 0.15mm 的裂缝采用表面涂刷环氧胶封闭处理。

5. 加固后结构复算

按照加固后的材料及截面特性，重新对该桥边梁进行计算。计算内容包括 T 梁的强度验算及刚度验算。

（1）计算荷载

1）结构重力：混凝土容重按 $26kN/m^3$ 计算，程序自动计入。

2）二期恒载：包括桥面铺装、防撞栏按 4.6kN/m 计算。

3）活载：公路-Ⅱ级。

（2）强度验算（10.18）

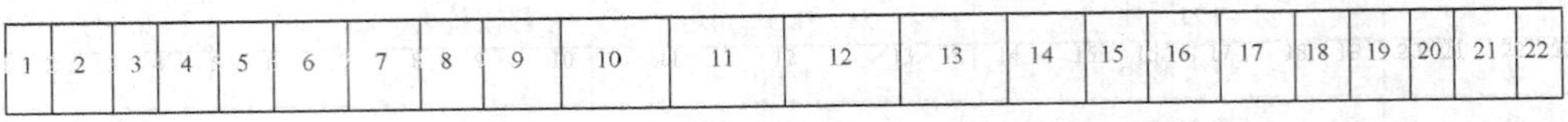

1 2 3 4 5 6 7 8 9 10 11 12 13 14 15 16 17 18 19 20 21 22

图 10.18　加固后边梁桥梁博士计算模型图

承载能力极限状态内力计算见表 10.2。

表 10.2　加固后承载能力极限组合强度验算表

单元号	内力属性	M_j/（kN・m）	极限抗力/（kN・m）	抗力是否满足
1	最大弯矩	0	842	是
2	最大弯矩	266	842	是
3	最大弯矩	586	1310	是
4	最大弯矩	813	1310	是
5	最大弯矩	1080	1770	是
6	最大弯矩	1300	1770	是
7	最大弯矩	1570	2210	是
8	最大弯矩	1780	2210	是
9	最大弯矩	1930	2210	是
10	最大弯矩	2090	2700	是
11	最大弯矩	2230	2700	是
12	最大弯矩	2290	2700	是
13	最大弯矩	2220	2700	是
14	最大弯矩	2080	2210	是
15	最大弯矩	1930	2210	是
16	最大弯矩	1780	2210	是
17	最大弯矩	1570	1770	是
18	最大弯矩	1300	1770	是
19	最大弯矩	1080	1310	是
20	最大弯矩	813	1310	是
21	最大弯矩	587	842	是
22	最大弯矩	266	842	是

上表计算结果表明：加固后，各单元承载能力极限状态下强度均满足要求。

（3）刚度验算

该桥在短期效应组合并考虑长期影响下长期挠度值，在消除结构自重产生的长期挠度后为 14.7mm，小于主梁计算跨径的 1/600=32.5mm，满足《公路桥涵设计通用规范》（JTG D60—2004）要求；

各单元在正常使用荷载状况组合下裂缝宽度为 0.06～0.16mm，均小于 0.2mm，满足《规范》要求。

6. 施工要点

针对该桥加固处理措施，其加固施工技术要点如下：

1）施工单位在进入施工现场后，要对原桥纵断面及墩台高程进行测量。

2）摊铺桥面铺装混凝土前，T 梁顶应进行凿毛，凹凸深度不小于 6mm，并在 T 梁顶植连接筋。应保证 T 梁顶部清洁、湿润，以利桥面铺装混凝土与 T 梁良好结合。

3）凿除旧混凝土时，要彻底消除旧混凝土表面的抹灰层和已软化、风化、变质或严重破坏的旧混凝土面层，直至坚实层为止。

4）主梁粘贴钢板加固时，应对主梁表面进行打磨处理，保证接触面的清洁。

5）沥青混凝土桥面铺装施工前应在水泥混凝土桥铺表面撒布乳化沥青粘层油，规格为 $0.9kg/m^2$。

6）桥面铺装增高部分在 0＃台和 7＃台处采用沥青混凝土做顺坡处理。

（1）主梁粘贴钢板施工要点

1）粘贴钢板不得在潮湿环境下施工、不得在温度过高和过低的环境中施工，适宜温度为 15～40℃，如低温施工，应采用低温用胶及保温加热措施。

2）钢板粘贴施工流程：被粘混凝土和钢板表面处理→黏结剂配制、加固构件卸荷→固定、加压→螺栓锚固→注胶→固化→卸支撑、检验→涂刷防锈漆。

3）首先应将混凝土表面的破碎部分清除，然后进行凿毛，使骨料外露，用铁刷或压缩空气清除浮尘。对破损部分可用环氧砂浆补平。粘贴钢板前还应用丙酮擦洗一遍，彻底清除浮尘和油污。

4）为了防止钢板腐蚀，延缓黏结剂的老化，粘贴的钢板表面应做密封防水防腐处理。防腐处理的方法是：清除钢板表面油污和铁锈后，涂刷防锈漆。

（2）同步顶升更换支座施工要点

1）顶升反力基础的确定是同步顶升技术中关键的一环，反力基础选取是否得当，直接影响到顶升的效果。由于梁下空间无法安放千斤顶，所以在盖梁上搭设钢牛腿，用化学锚栓将钢牛腿锚固在盖梁上。根据上部结构形式及重量，确定千斤顶的个数、型号及安放位置，同时要求千斤顶的顶升力有不小于 2.0 倍主梁自重的安全储备系数，如图 10.19 所示。

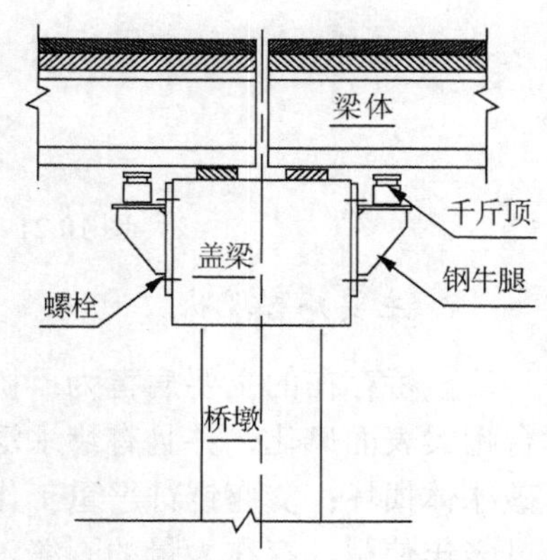

图 10.19　盖梁牛腿反力基础示意图

2）顶升施工前需搭设简易脚手架方便施工及设备的安放，脚手架搭设要求施工时便于人员在上行走，梁体顶升前，需对千斤顶、油泵、压力表等设备进行全面的调试检查，检查润滑油是否够用，油泵上的设施是否漏油，有无漏油现象。

3）顶升主梁，取出旧支座，清理碎渣后安装新支座。期间对顶升过程实时监控。

7. 典型施工图设计图纸

见附录 1

10.2.2　实例 2　8×16.80m 简支 T 梁桥加固维修工程（主梁体外预应力+全桥更换支座）

1. 工程概况

某钢筋混凝土简支 T 梁桥，该桥跨径布置形式为 8×16.80m，桥面横向布置为：0.5m（护缘带)+6.5m(车行道)+0.5m(护缘带)，单向两车道。该桥建成于 1967 年 10 月，当时已运营 45 年。

（1）上部结构

T 梁梁高为 116cm，宽 180cm，其中悬臂长为 80cm，梁肋宽 20cm，翼缘端厚 10cm，根部厚 20.5cm。

（2）下部结构

下部结构采用桩柱式墩台，钻孔桩基础。该桥布置形式如图 10.20 所示，横断面布置图如图 10.21 所示。

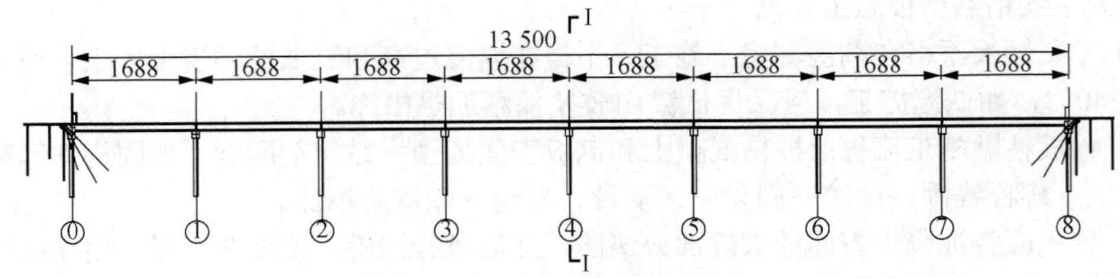

图 10.20 简支 T 梁桥布置形式示意图（单位：cm）

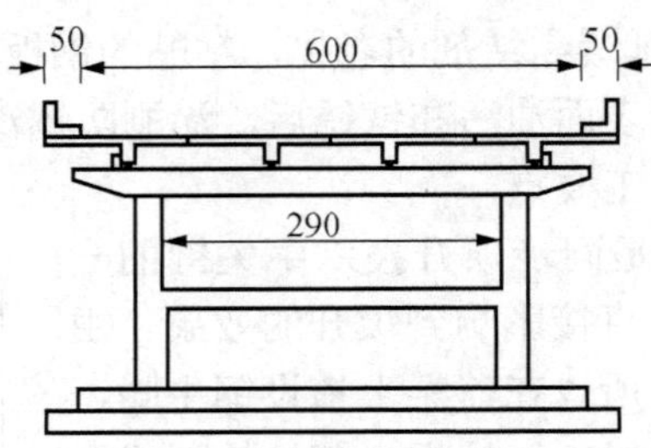

图 10.21 简支 T 梁桥横断面示意图（单位：cm）

2. 主要病害现状

该桥存在的主要病害为：桥台锥坡砌石脱落、破碎严重，护坡损坏严重钢筋裸露；桥台帽梁表面风化，并且有渗水泛白现象；桥墩在冲刷及冻融作用下表面卵石混凝土剥蚀；破冰体损坏；支座锈蚀严重工作性能较差，重型车辆行驶过程中产生较大的振动；主梁经过多年使用，存在大量的裂缝，部分主梁支点处混凝土压碎；横隔板多处露筋；桥面铺装混凝土剥落严重钢筋裸露；伸缩缝损坏；栏杆多处发生缺失或损坏，对桥梁的安全运营构成一定的威胁。

（1）桥面系检查结果

1）桥面铺装混凝土剥落严重钢筋裸露，桥面铺装破损情况，如图 10.22～图 10.25 所示。

图 10.22　桥面铺装露筋

图 10.23　桥面铺装混凝土剥落

图 10.24　桥面铺装露筋

图 10.25　桥面铺装露筋

2）桥头有跳车现象，如图 10.26 所示。

图 10.26　桥头跳车

3）伸缩缝。伸缩缝损坏严重，失去伸缩作用，对行车的顺畅已经造成了威胁，如图 10.27～图 10.30 所示。

图 10.27　0＃台伸缩缝损坏

图 10.28　0＃台伸缩缝损坏

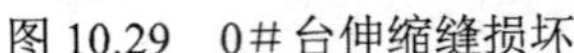

图 10.29　0＃台伸缩缝损坏

图 10.30　0＃台伸缩缝损坏

4）栏杆、护缘带。有部分栏杆丢失，大量栏杆、护缘带开裂，有露筋现象，桥头立柱倾斜，直接影响到行人的安全，如图 10.31～图 10.34 所示。

图 10.31　下游侧第一跨栏杆缺失

图 10.32　下游侧第三跨栏杆损坏

图 10.33　部分栏杆露筋

图 10.34　大部分护缘带破损

5）排水设施。大部分排水口不通畅，有堵塞现象，如图 10.35 和图 10.36 所示。

图 10.35　大部分排水口堵塞

图 10.36　大部分排水口堵塞

（2）上部结构检查结果

1）支座。支座锈蚀严重工作性能较差，重型车辆行驶过程中产生较大的振动，如图 10.37 和图 10.38 所示。

图 10.37　支座锈蚀严重

图 10.38　支座锈蚀严重

2）上部承重构件。主梁经过多年使用，存在大量的裂缝，在跨中部位每隔半米存在一道贯穿梁肋的竖向裂缝，2-1 号主梁混凝土剥落，1-1 号主梁支点处混凝土压碎，梁底有蜂窝、麻面、水迹、泛白现象和修补痕迹，典型破坏如图 10.39～图 10.44 所示。

图 10.39　主梁间铰缝渗水泛白

图 10.40　主梁间铰缝渗水泛白

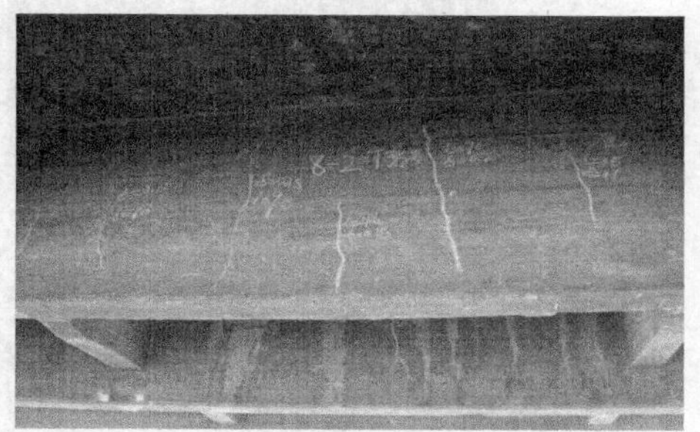

图 10.41　主梁裂缝

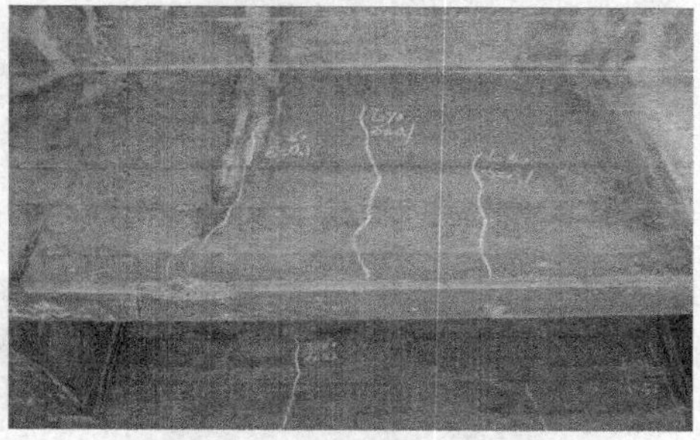

图 10.42　主梁裂缝

图 10.43　主梁支点处混凝土压碎

图 10.44　主梁翼缘处渗水

3）上部一般构件。横隔板有多处破坏，连接钢筋脱焊，混凝土脱落，破坏情况如图 10.45～图 10.50 所示。

图 10.45　1-1、1-2 号主梁间横隔板露筋

图 10.46　2-2、2-3 号主梁间横隔板露筋

图 10.47　2-2、2-3 号主梁间横隔板露筋

图 10.48　3-3、3-4 号主梁间横隔板露筋

图 10.49　4-3、4-4 号主梁间横隔板露筋

图 10.50　8-2、8-3 号主梁间横隔板露筋

（3）下部结构检查结果

1）锥坡、护坡。锥坡砌石脱落、破碎严重，护坡损坏严重钢筋裸露，如图 10.51～图 10.54 所示。

图 10.51　0 号台下游侧锥坡破碎

图 10.52　8 号台上游侧锥坡砌石脱落

图 10.53　8 号台下游侧锥坡砌石脱落

图 10.54　8 号台护坡露筋

2）桥台及基础。桥台帽梁表面风化，并且有渗水泛白现象，如图 10.55 和图 10.56 所示。

图 10.55　0 号台帽梁表面风化

图 10.56　8 号台帽梁表面风化

3）桥墩及基础。桥墩在水流冲刷及冻融作用下表面存在风化麻面、混凝土剥落、坑槽现象；桥墩盖梁有渗水现象，破冰体有不同程度损坏，如图 10.57～图 10.60 所示。

图 10.57　7 号墩表面混凝土剥蚀

图 10.58　4 号、5 号墩破冰体损坏

图 10.59　7 号墩表面混凝土剥蚀

图 10.60　6 号墩盖梁渗水泛白

3. 病害成因分析

（1）原结构复算

根据现场测量数据，边梁与中梁构造相近且预应力钢束相同，因此仅需要计算受力最不利的边梁结构的受力及变形等指标。计算得出边梁横向分布系数最大，为 0.475。原桥结构汽车荷载采用公路-Ⅱ级荷载进行验算。

应用桥梁博士计算软件建立边梁的模型，通过单元截面定义来模拟发生损伤的 T 梁，模型共分为 16 个单元，17 个节点，如图 10.61 所示。

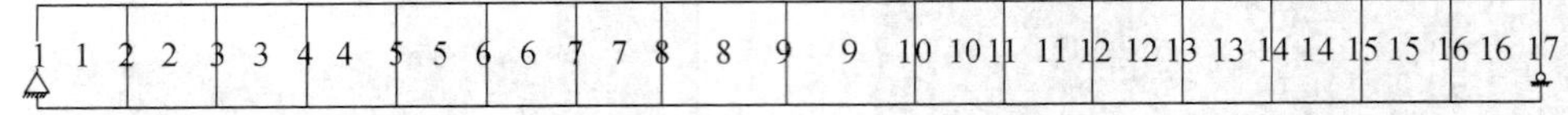

图 10.61　边梁桥梁博士计算模型图

承载能力极限状态基本组合正截面强度验算结果见表 10.3。

表 10.3　承载能力极限组合强度验算表

单元号	内力属性	M_j/（kN·m）	极限抗力/（kN·m）	抗力是否满足
1	最大弯矩	0	1738	是
2	最大弯矩	451	1738	是
3	最大弯矩	826	1738	是
4	最大弯矩	1150	1738	是
5	最大弯矩	1430	1738	是
6	最大弯矩	1640	1738	是
7	最大弯矩	1820	1738	否
8	最大弯矩	1910	1738	否

续表

单元号	内力属性	M_j/（kN・m）	极限抗力/（kN・m）	抗力是否满足
9	最大弯矩	1980	1738	否
10	最大弯矩	1910	1738	否
11	最大弯矩	1820	1738	否
12	最大弯矩	1640	1738	是
13	最大弯矩	1430	1738	是
14	最大弯矩	1150	1738	是
15	最大弯矩	825	1738	是
16	最大弯矩	438	1738	是

由上表计算数据可以看出：跨中部分单元不能满足公路-Ⅱ级荷载等级的受力要求，需要对梁体进行加固，来提高桥梁的承载能力。

（2）病害成因分析

1）桥台锥坡砌石脱落、破碎严重，护坡损坏严重钢筋裸露。雨水冲刷侵蚀导致锥坡破损，桥台处大面积渗水，护坡长期受到渗水、雨水冲刷侵蚀，导致勾缝砂浆脱落，护坡开裂，砌石局部破碎而露筋。

2）桥台帽梁表面风化均有局部裂缝产生，并且有渗水、泛白现象。初步分析由于桥面伸缩缝止水带破损，桥面积水通过伸缩缝下渗至桥台引起的。另外，混凝土与空气中的化学物质反应从而导致泛白现象的出现。

3）桥墩表面风化麻面、混凝土剥落、坑槽现象、破冰体损坏。由于河流冲刷及反复冻融作用导致桥墩表面风化麻面、混凝土剥落、坑槽现象；破冰体损坏也是漂流物常年撞击，日常养护不及时所致。

4）支座锈蚀严重工作性能较差，重型车辆行驶过程中产生较大的振动。初步分析为支座钢板防护漆脱落或未粉刷，使得钢板裸露于空气中，再加上由桥台伸缩缝处向下渗水，致使支座钢板锈蚀更快速，更严重；支座年久老化，且长期在重荷载作用下，工作性能减退，加上桥梁承载力不足，桥梁下挠较大，导致桥梁振动大。

5）主梁经过多年使用，存在大量的裂缝，部分主梁支点处混凝土压碎。桥梁承载能力不能满足现在的荷载等级需求，导致主梁出现裂缝；支点混凝土压碎是因为桥梁支点抗剪能力不足导致的。

6）横隔板多处露筋。桥梁承载能力不足，荷载作用下横隔板出现不均匀受力，致使横隔板开裂露筋；另外，铰缝内填充材料不密实。

7）桥面铺装混凝土剥落严重钢筋裸露。由于保护层不够，桥面常年磨耗导致露筋；车辆长期冲击加上冻融作用导致桥面混凝土剥落。

8）伸缩缝锚固区混凝土剥落。常年在车辆冲击作用下导致混凝土剥落。

9）栏杆多处发生缺失或损坏。车辆撞击或维护不当造成。

4. 加固维修措施

主要针对该 T 梁桥主梁承载能力不足、支座损毁及桥面系病害进行加固方案的制订。遵循施工简便、工程费用低和技术方法先进等原则，该桥具体加固措施如下：

1）对主梁采用粘贴钢板进行斜截面加固和采用体外预应力法进行正截面加固。

2）拆除原桥面铺装，重新浇注 15～18cm 厚 C40 防水混凝土。

3）在 0 号台、4 号墩、8 号台处设置一道 D80 型伸缩缝，其余墩处设置桥面连续。

4）对 T 形梁裂缝宽度大于等于 0.15mm 的，采用压力灌注法注胶封闭裂缝，对宽度小于 0.15mm 的裂缝采用表面涂刷环氧胶封闭处理。

5）对桥梁局部破损（包括渗水泛碱）部位，先将表面破损部位混凝土凿除，使其露出新鲜界面，保证表面清洁，最后涂抹水泥砂浆修补。

6）拆除原来支座，更换为板式橡胶支座。

5. 加固后结构复算

按照加固后的材料及截面特性，重新对该桥边梁进行计算。计算内容包括 T 梁的强度验算及刚度验算。

（1）计算荷载

1）结构重力：混凝土容重按 26kN/m^3 计算，程序自动计入。

2）二期恒载：包括桥面铺装、防撞栏按 4.6kN/m 计算。

3）活载：公路-Ⅱ级。

（2）强度验算（图 10.62）

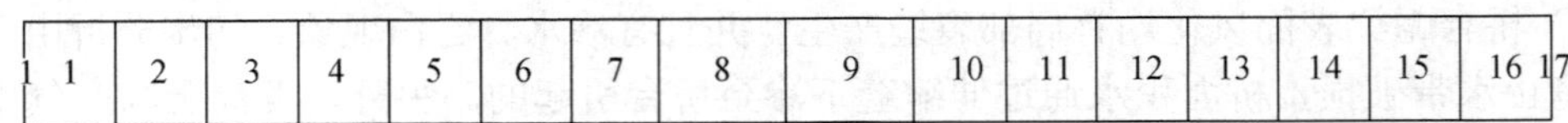

图 10.62　加固后边梁桥博计算模型图

承载能力极限状态内力计算见表 10.4。

表 10.4　加固后承载能力极限组合强度验算表

单元号	内力属性	M_j/（kN·m）	极限抗力/（kN·m）	抗力是否满足
1	最大弯矩	0	2362	是
2	最大弯矩	459	2362	是
3	最大弯矩	850	2362	是
4	最大弯矩	1217	2362	是
5	最大弯矩	1458	2362	是
6	最大弯矩	1715	2362	是
7	最大弯矩	1824	2362	是
8	最大弯矩	1920	2362	是
9	最大弯矩	2156	2362	是
10	最大弯矩	1948	2362	是
11	最大弯矩	1908	2362	是
12	最大弯矩	1648	2362	是
13	最大弯矩	1435	2362	是
14	最大弯矩	1261	2362	是
15	最大弯矩	872	2362	是
16	最大弯矩	470	2362	是

上表计算结果表明：各单元承载能力极限状态下强度均满足要求。

（3）刚度验算

该桥在短期效应组合并考虑长期影响下长期挠度值，在消除结构自重产生的长期挠度后为 17.35mm，小于主梁计算跨径的 1/600=28.0mm，满足《公路桥涵设计通用规范》（JTG D60—2004）要求；

各单元在正常使用荷载状况组合下裂缝宽度为 0.04～0.14mm，均小于 0.2mm，满足《规范》要求。

6. 施工要点

针对该桥加固处理措施，其加固施工技术要点如下：

1）施工单位在进入施工现场后，要对原桥纵断面及墩台及墩台高程进行测量。

2）原桥面铺装凿除后，摊铺桥面铺装混凝土前，T 梁顶应进行凿毛，凹凸深度不小于 6mm，并在 T 梁顶植连接筋。应保证 T 梁顶部清洁、湿润，以利桥面铺装混凝土与 T 梁良好结合。

3）拆除的桥面铺装应及时运出，避免堵塞河道。

4）凿除旧混凝土时，要彻底消除旧混凝土表面的抹灰层和已软化、风化、变质或严重破坏的旧混凝土面层，直至坚实层为止。

5）凿除旧混凝土，重新浇筑新混凝土时，一定要将已锈蚀的钢筋除锈，或更换已锈蚀的钢筋，并清除周围的混凝土，才允许绑扎或焊接新钢筋与浇筑新混凝土。

（1）预应力钢丝绳施工要点

1）施工材料的使用一定要严格按照说明书的配合比，乳液先按用量的 75%～80%分量拌和，根据需要逐步增量，拌和量每次不宜太多，控制在有效的操作时间内，调和开始，尽量做出稀的状态。

2）环氧基聚合物砂浆材料的保管应注意防冻和夏天的直接阳光照射及雨淋。材料拌和，稠度大时不得加水稀释。

3）根据聚合砂浆的使用量和施工层的厚薄，须使施工成品在 30min～4h 内维持湿润状态，已施工的灰浆须防止冻结、雨淋、水浸等。

4）基面处理工序中须保证将表面涂层和风化层清除，露出新鲜混凝土。

5）钢丝绳的固定与张紧工序中须严格按照工序质量要求和施工注意事项进行作业，不得出现漏销、悬垂现象。

（2）同步顶升更换支座和粘钢板加固施工要点同实例 1。

7. 典型施工图设计图纸

见附录 2。

10.3 连续梁桥结构加固实例

10.3.1 实例 1 刚构-连续组合梁桥加固维修工程（体外束加固主梁+腹板粘贴钢板）

1. 工程概况

某 35m+60m+90m+60m+35m 刚构-连续组合梁桥，其中主孔为 60m+90m+60m 连续刚构，边孔为 35m 连续梁，桥梁全长 280m。桥面净宽：净 10.5m 行车道+（2m×0.75m）防撞护栏，全宽 12.0m。桥梁设计荷载：汽车-超 20 级，挂车-120，人群荷载 3.5kN/m。

（1）上部结构

上部结构采用单箱单室箱梁，箱梁采用 50 号混凝土，墩顶箱梁高度为 5.0m，跨中箱梁高 2.0m，其间的梁高在纵桥向按二次抛物线变化。箱梁内设置纵、横、竖三向预应力。其中，纵、横向预应力钢束均采用标准的 270 级ϕj15.24 低松弛高强钢绞线，竖向预应力钢束采用 75/100 级高强精轧螺纹粗钢筋；本桥采用平衡悬臂浇注法施工，全桥共有两个单 T。每个单 T 以墩对称，分成 10 块，墩顶零号块长度为 7.0m，1～2 号为现浇块，其余 8 块为悬浇块。

（2）下部结构

下部结构采用钢筋混凝土薄壁式墩台，钻孔灌注桩基础。该桥布置形式，如图 10.63 所示。横断面布置图，如图 10.64 所示。

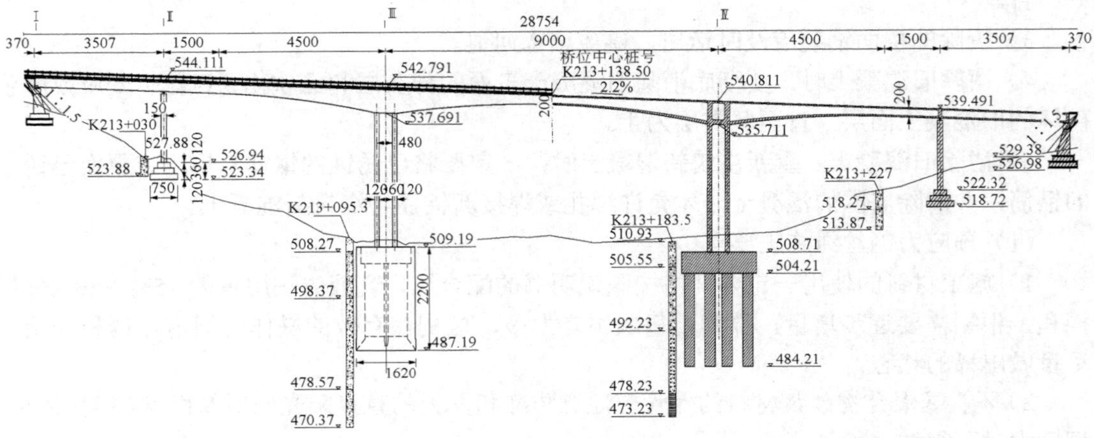

图 10.63　连续梁桥布置形式示意图（单位：cm）

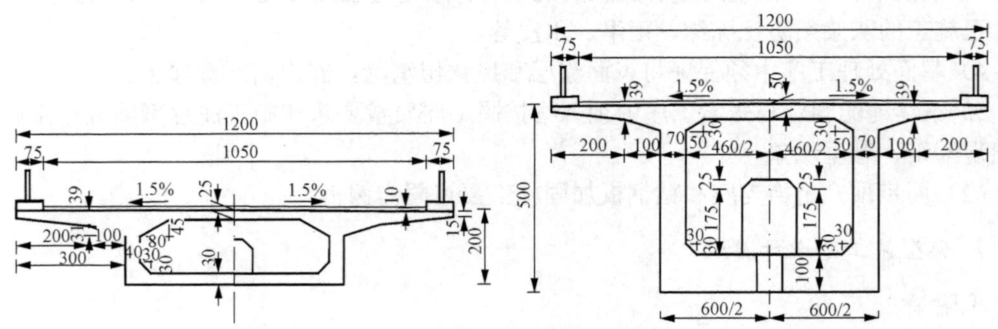

图 10.64　连续梁桥横断面示意图（单位：cm）

2. 主要病害现状

该桥存在的主要病害为：水泥混凝土桥面铺装大面积网裂；两侧伸缩缝堵塞、橡胶条损毁；主梁腹板处开裂，梁底开裂，横隔板混凝土破损、开裂。

（1）桥面系检查结果

1）桥面铺装网裂，如图 10.65 和图 10.66 所示。

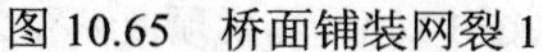

图 10.65　桥面铺装网裂 1

图 10.66　桥面铺装网裂 2

2）伸缩缝堵塞、橡胶条损毁，如图 10.67 和图 10.68 所示。

图 10.67　伸缩缝情况图 1

图 10.68　伸缩缝情况图 2

（2）上部结构检查结果

1）钢筋混凝土主梁腹板开裂，如图 10.69 和图 10.70 所示。

图 10.69　腹板斜裂缝 1

图 10.70　腹板斜裂缝 2

2）箱梁顶板开裂、漏筋，如图 10.71～图 10.74 所示。

图 10.71　箱梁顶板漏筋

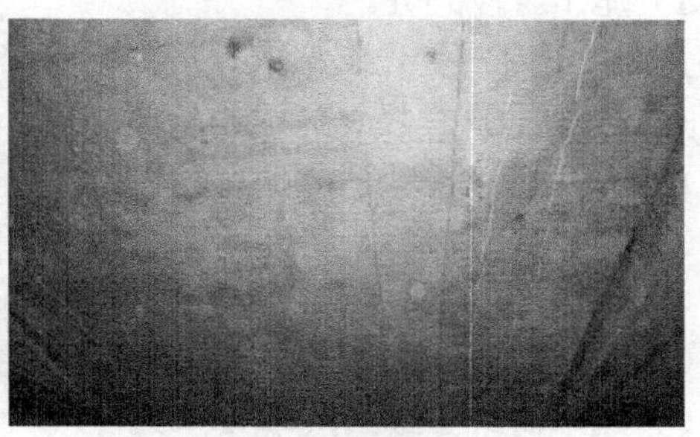

图 10.72　箱梁顶板纵裂 1

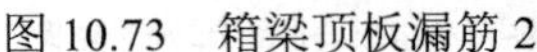

图 10.73　箱梁顶板漏筋 2

图 10.74　箱梁顶板纵裂 2

3）箱梁横隔板开裂，如图 10.75 和图 10.76 所示。

图 10.75　横隔板裂缝图 1

图 10.76　横隔板裂缝图 2

（3）下部结构检查结果

薄壁桥墩裂缝。

（4）其他项目检查结果

栏杆及底座，经现场检查，两侧栏杆完好，没有发现缺失，且线性平顺。

3. 病害成因分析

（1）原结构复算

原结构复算按照《公路钢筋混凝土及预应力混凝土桥涵设计规范》（JTJ D62—2004）（以下简称《规范》）要求进行。

计算采用专业有限元计算软件 Ansys 建立该连续箱梁桥的全桥实体模型，并合理的对结构进行网格的划分。计算模型取全桥上部结构进行计算，借助模型中的参数设置模拟既有桥梁的技术状态，尽量做到与原结构相匹配，如图 10.77 所示。

1）施工阶段划分。

施工阶段 1：搭设支架，等载预压支架，消除支架的非弹性变形。

施工阶段 2：立模、完成结构的成形。

施工阶段 3：考虑十年收缩徐变。

2）计算荷载。

① 结构重力：混凝土容重按 25kN/m^3 计算，程序自动计入。

② 二期恒载：包括桥面铺装、栏杆等按 20.7kN/m 计算。

③ 汽车荷载等级：汽车-20 级。

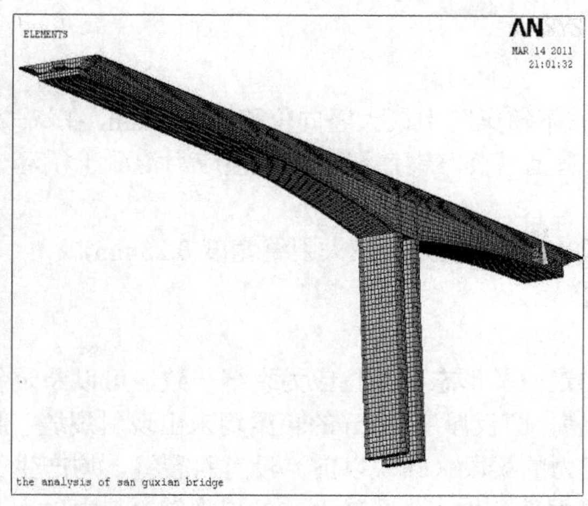

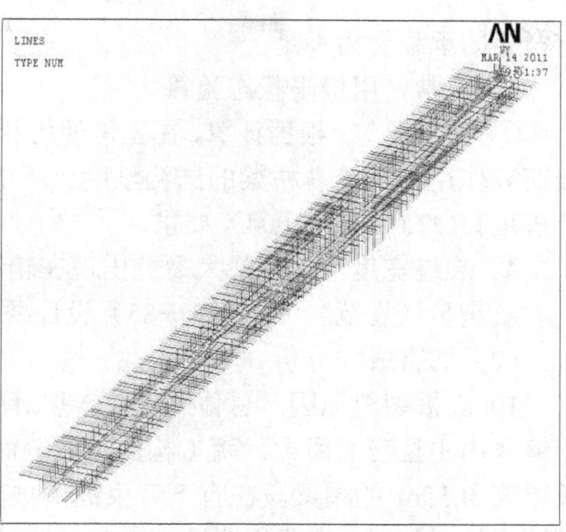

图 10.77 连续箱梁桥 Ansys 计算模型图

3）承载能力极限状态验算。承载能力极限状态计算结果见表 10.5。

表 10.5 承载能力极限组合内力验算表

位 置	最大弯矩/(kN·m)			最小弯矩/(kN·m)		
	极限弯矩	截面抗力	是否满足	极限弯矩	截面抗力	是否满足
1（支点）	0	21600	满足	0	21600	满足
8（边跨跨中）	17000	41500	满足	3070	4130	满足
17（支点）	52.7	55100	满足	29300	55100	满足
23（合拢段起）	17200	31300	满足	8820	9760	满足
24（合拢段止）	18200	31700	满足	8840	19000	满足
34（0 号块起）	140000	360000	满足	281000	360000	满足
35（0 号块）	143000	366000	满足	289000	366000	满足
36（0 号块）	142000	367000	满足	297000	367000	满足
37（0 号块）	145000	367000	满足	297000	367000	满足
38（0 号块）	154000	368000	满足	301000	368000	满足
39（0 号块）	159000	367000	满足	314000	367000	满足
40（0 号块）	163000	367000	满足	323000	367000	满足
41（0 号块）	158000	366000	满足	313000	366000	满足
42（1 号块左）	154000	360000	满足	304000	360000	满足
43（2 号块左）	126000	313000	满足	254000	313000	满足
44（3 号块左）	96000	251000	满足	119000	251000	满足
45（4 号块左）	68500	119000	满足	149000	199000	满足
46（5 号块左）	44900	148000	满足	107000	148000	满足
47（6 号块左）	24900	114000	满足	73400	144000	满足
48（7 号块左）	8190	71200	满足	47600	84900	满足
49（8 号块左）	5250	6470	满足	28000	55400	满足
50（9 号块左）	25500	60800	满足	14300	44500	满足
51（10 号块左）	33300	64500	满足	6450	38400	满足
52 合拢段左	68200	60200	不满足	3570	26400	满足
53 合拢段中	68500	61200	不满足	3250	15600	满足

注：表中轴力“－”表示受压，弯矩“－”表示上缘受拉。

在汽车-20 级荷载作用下，连续箱梁结构跨中部分截面不能满足承载能力设计要求，既有桥梁的承载能力不足。

4）正常使用极限状态验算。

① 变形验算：根据计算，在正常使用状态下箱梁跨中最大竖向位移为132mm。在汽-20级荷载作用下，既有桥梁的结构刚度已不能满足《公路钢筋混凝土及预应力混凝土桥涵设计规范》（JTJ D62—2004）要求。

② 裂缝宽度验算：最大裂缝出现在箱梁 $l/4$ 跨腹板处，最大裂缝宽度 0.25mm，

不满足《规范》（JTJ 023—85）设计要求。

（2）病害成因分析

1）腹板裂缝原因。总体来看，斜裂缝的走向及形态与主拉应力裂缝一致，可以断定斜裂缝系由主拉应力所致。就 T 构的斜裂缝而言，腹板厚度 0.7m 的箱梁均未出现斜裂缝；腹板厚度 0.55m 的箱梁段在有下弯束提供预剪力的梁段（5#块以前）没有斜裂缝，均产生了较严重的斜裂缝；在腹板厚度为 0.4m 的梁段大部分均产生了较严重的斜裂缝，其中以次边跨距 1#墩（4#墩）中心 1.6～15m 范围内（顶板有下弯束、底板上弯束）为重，该段为现浇段、梁高 2m。初步分析斜裂缝严重段无下弯束，竖向预应力钢筋失效导致腹板开裂。

2）顶板纵向裂缝成因。纵观顶板纵向裂缝的分布情况，可见在顶板设置直预应力束的梁段，均未发现顶板纵向裂缝，在存在顶板平弯预应力束的梁段均发现顶板纵向裂缝，据此初步推断顶板纵向裂缝可能由纵向预应力束张拉引起的。

3）横隔板开裂成因。根据裂缝的形态，1#墩、2#墩的横隔板均在上缘角隅处产生斜向裂缝，初步认为应力集中是主要因素；中横隔板的裂缝主要是入洞上缘产生的竖向裂缝，且裂缝贯通横梁的厚度，初步判定在超载重车作用下，横隔板空间效应产生过大的横向应力所致。

4. 加固维修措施

主要针对该连续箱梁桥上部结构承载能力不足产生的裂缝等病害及伸缩缝病害进行加固方案的制订。遵循施工方式简便、工程费用低和技术方法先进等原则，该桥具体加固措施如下：

1）纵向抗弯加固：采用体外预应力束增强结构的纵向承载能力。后加体外预应力筋数量，按使用荷载作用下截面受拉边缘保持较大压应力储备的预应力构件受力要求确定，并考虑腹板、顶板、桥面系加固可能引起的结构自重增加的不利影响。

拟采用可调可换式体外预应力锚具，并采用具有多重防护功能的体外预应力钢索作为体外束。可调可换式体外预应力锚具可以进行换索，可以调整索力，能够适应以后桥梁的维护。体外索所用的光面钢绞线应为符合国家标准《预应力混凝土用钢绞线》（GB/T 5234—2003）标准的高强度、低松弛钢绞线，其标准抗拉强度为 1860MPa，环氧喷涂无黏结钢绞线外加 HDPE 套管具有良好的抗侵蚀能力，能够适应具有严重侵蚀性的恶劣环境。

由于增设的体外预应力筋数量较多，采用沿箱梁底板和顶板分散布置的方案。

2）腹板斜截面抗剪加固：采用在腹板两侧粘贴竖向钢板条的形式，对斜截面进行加固补强；对出现严重斜裂缝的梁段，首先进行灌缝处理，然后在腹板内外侧粘贴竖向钢板条。对于增设转向横隔板的梁段，先粘贴钢板，后浇注横隔板混凝土。其他梁段在粘贴钢板后张拉体外预应力。

3）裂缝灌浆封闭：既有裂缝应进行化学灌浆处理，以防裂缝进一步扩大及有害物质的

侵入，造成受力钢筋的锈蚀，影响结构安全。

4）桥面系病害处理：原桥边跨体外预应力锚固需将桥台背墙凿出，箱梁接长，故将原桥伸缩装置拆除，重新安装，使桥台与主梁伸缩装置更平顺。伸缩装置设置止水带，做好防水处理。

5. 加固后结构复算

按照加固后的材料及截面特性，重新对该桥进行计算。计算内容包括上部结构的强度验算及刚度验算。

（1）计算荷载

1）结构重力：混凝土容重按 26kN/m^3 计算，程序自动计入。

2）二期恒载：包括桥面铺装、防撞栏按 20.7kN/m 计算。

3）活载：公路-Ⅱ级。

（2）强度验算

按照加固后的截面及预应力束布置形式，重新建立该桥的计算模型，如图 10.78 所示。典型断面处承载能力极限状态内力计算见表 10.6。

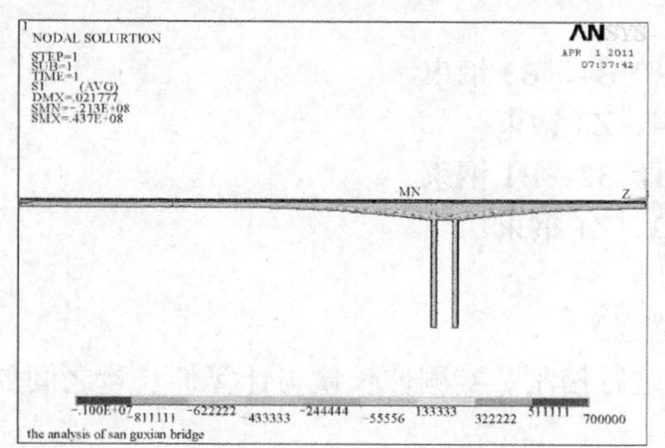

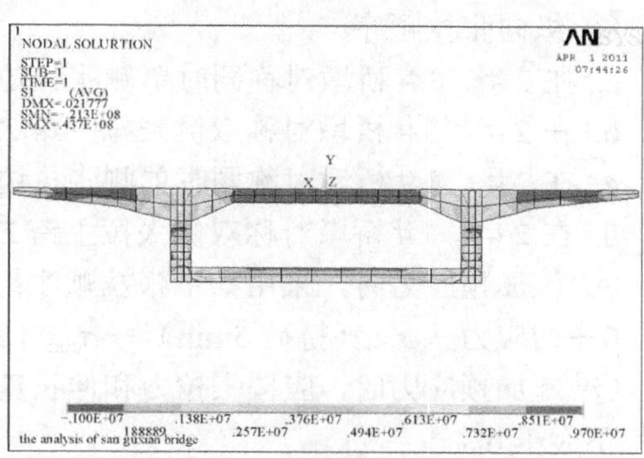

图 10.78　加固后双曲拱桥 MIDAS 计算模型图

表 10.6　加固后承载能力极限组合强度验算表

位置	工况	加固前最大承载能力/(kN·m)	加固后承载能力/(kN·m)	强度提高比值
支点	最不利	21600	27535.4	1.27
边跨跨中	最不利	41500	50210.8	1.21
合拢段左	最不利	60200	69493.2	1.15
合拢段中	最不利	61200	71121.9	1.16

上表计算结果表明：经增加体外束加固后该连续箱梁桥承载能力最少提高 1.15 倍，在加固后最不利组合作用下各截面强度均满足《规范》要求，加固效果良好。

（3）刚度验算

在正常使用状态下结构最大竖向位移为 94.4mm，满足《公路圬工桥涵设计规范》（JTG D61—2005）第 5.1.1 条的要求；在公路-Ⅱ级活载作用下该桥加固后比原结构挠度值减小 28.5%。

6. 施工要点

针对该桥增加体外束等加固处理措施，其加固施工技术要点如下：

1）裂缝修补：对宽度小于 0.15mm 的裂缝，采用封闭法修补；对宽度大于 0.15mm 的裂缝采用注浆法修补。

2）粘贴钢板：钢板的前期处理，先将钢板表面用角磨机打出金属光泽，使刻痕的纹路平行于裂缝方向，根据原梁体中钢筋位置确定植筋位置，然后用电钻在钢板上的设计位置钻孔；混凝土表面的前期处理，先用高效洗涤剂，刷除表面油垢污物，用角磨机打磨混凝土表面，使之露出新鲜的混凝土，并用压缩空气吹除粉粒。然后用环氧树脂纯浆液涂抹在混凝土表面凹处，待纯浆液半干时，再用环氧胶泥或环氧砂浆填补修平；然后进行钻孔，配胶，粘贴，固定加压等措施完成腹板的钢板粘贴。

3）体外束张拉：

① 张拉千斤顶为 YCW250B 型千斤顶，采用 ZB4/500 油泵。

② 横向张拉顺序：先张拉外侧，后张拉内侧。

B4→B3→B2→B1　Z4→Z3→Z2→Z1

③ 纵向张拉顺序：

a. 在 2＃、3＃桥墩对称同时单侧张拉边跨 B4、B3 钢束。

b. 在 2＃、3＃桥墩对称双侧张拉主跨 Z4、Z3 钢束。

c. 在 2＃、3＃桥墩对称同时单侧张拉边跨 B2、B1 钢束。

d. 在 2＃、3＃桥墩对称双侧张拉主跨 Z2、Z1 钢束。

④ 施加预应力时，采用如下张拉顺序：

0→初应力→σ_{con}（持荷 5min）→σ_{con}（锚固）

⑤ 施加预应力时，应按张拉力和伸长量进行控制，实测伸长量与计算伸长量之间的差值应不大于 6%。

7. 典型施工图设计图纸

见附录 3。

10.4　拱桥结构加固实例

10.4.1　实例 1　6×30m 双曲拱桥加固维修工程（拱肋增大截面+全桥拱波修复）

1. 工程概况

某钢筋混凝土双曲拱桥，桥跨布置为 6×30m 双曲拱形式，桥梁全长 209m。该桥原设计荷载为汽车-13 级，桥面横向布置为：0.55m（防撞栏）+6m（车行道）+0.55m（防撞栏）。

1）上部结构。单跨拱桥结构共有 6 片钢筋混凝土拱肋，拱肋底宽 20cm，横系梁长度为 85cm，每两道拱肋之间有 7 道横系梁联系。

2）下部结构。下部结构采用混凝土墩、台，基础形式为扩大刚性基础。该桥布置形式如图 10.79 所示；横断面布置图如图 10.80 所示。

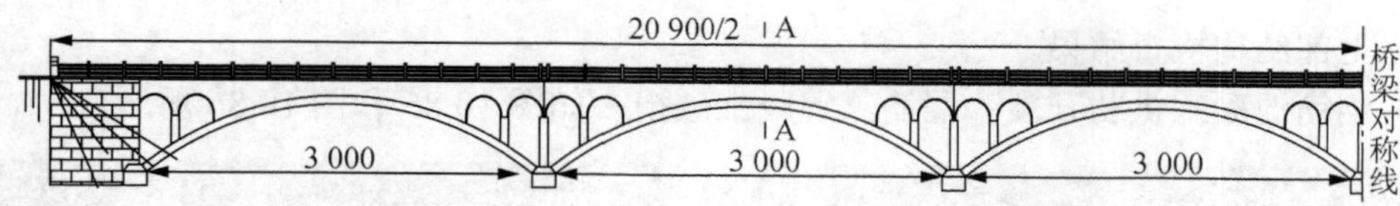

图 10.79　双曲拱桥布置形式示意图（单位：cm）

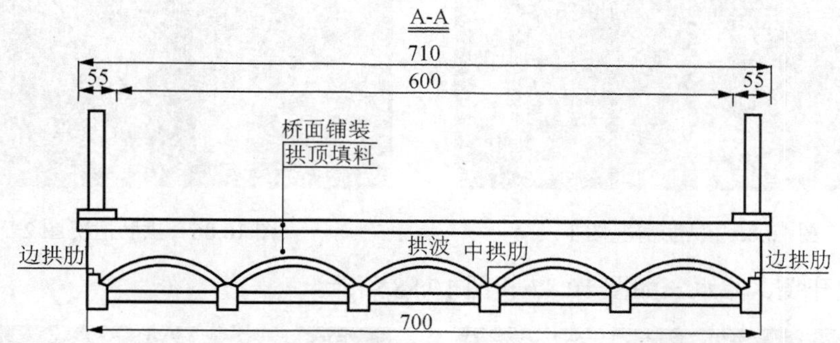

图 10.80　双曲拱桥横断面示意图（单位：cm）

2. 主要病害现状

该桥存在的主要病害为：两侧锥坡破损；桥台渗水、开裂；桥墩渗水、麻面，局部漏筋；全桥钢筋混凝土拱肋均有不同程度的破损、漏筋现象；部分拱波开裂、渗水，横系梁混凝土破损、缺失；桥面铺装坑槽，桥头跳车；防撞栏和栏杆部分缺失、损坏。

1）桥面系检查结果。

① 桥面铺装坑槽，桥头跳车，如图 10.81 和图 10.82 所示。

图 10.81　桥面铺装坑槽

图 10.82　桥头跳车

② 防撞栏和栏杆部分缺失、损坏，如图 10.83 和图 10.84 所示。

图 10.83　栏杆缺失

图 10.84　底座损坏

2）上部结构检查结果。

① 钢筋混凝土拱肋开裂、漏筋，混凝土破损，如图 10.85 和图 10.86 所示。

图 10.85　拱肋情况图 1

图 10.86　拱肋情况图 2

② 拱波开裂、渗水，如图 10.87 和图 10.88 所示。

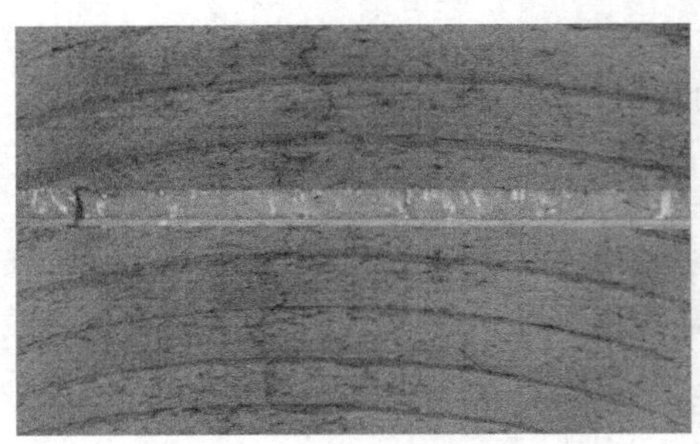

图 10.87　拱波开裂

图 10.88　拱波渗水

③ 拱肋间横系梁混凝土破损、漏筋，如图 10.89 和图 10.90 所示。

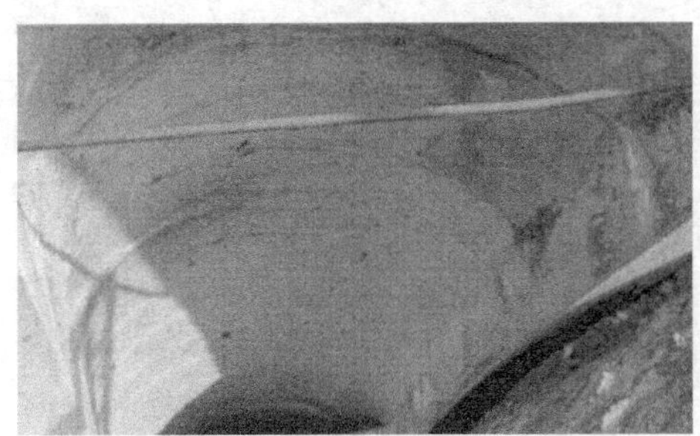

图 10.89　横系梁情况图 1

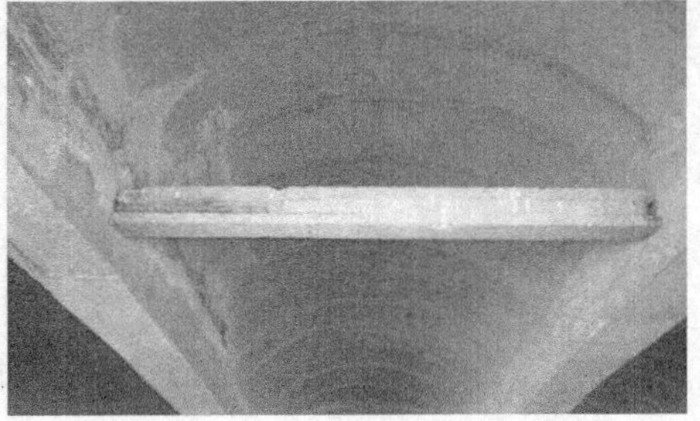

图 10.90　横系梁情况图 2

3）下部结构检查结果。

① 两侧锥坡砌块缺失，如图 10.91 和图 10.92 所示。

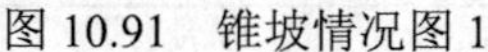
图 10.91　锥坡情况图 1

图 10.92　锥坡情况图 2

② 0#桥台渗水、3#桥墩开裂，如图 10.93 和图 10.94 所示。

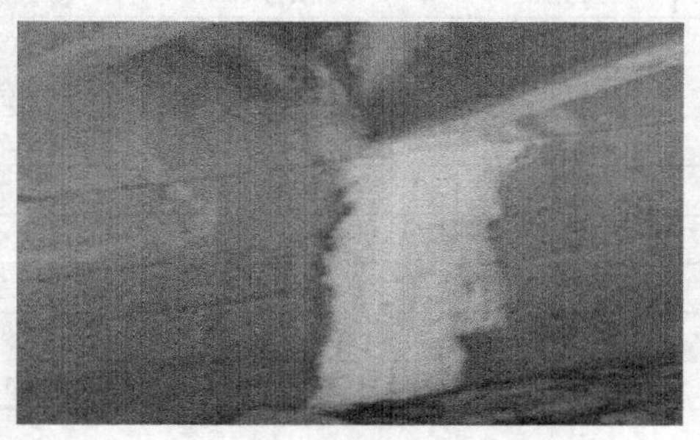

图 10.93　0#桥台渗水

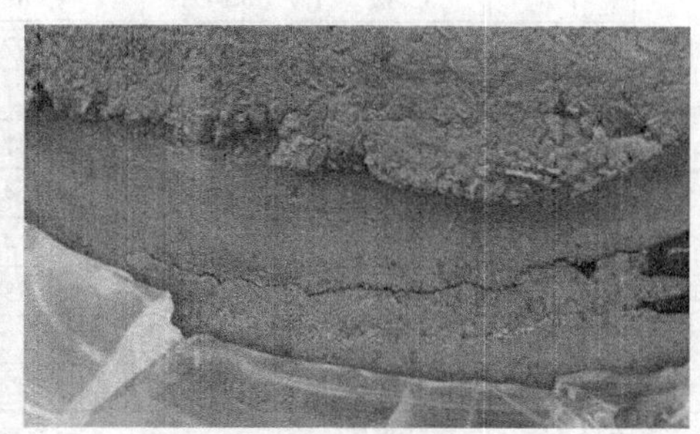

图 10.94　3#桥墩开裂

3. 病害成因分析

（1）原结构复算

原结构复算按照《公路钢筋混凝土及预应力混凝土桥涵设计规范》（JTJ D62—2004）（以下简称《规范》）要求进行。

利用 MIDAS/Civil 有限元软件建立六跨空间模型并进行计算分析，并合理的对结构进行离散。计算模型取全桥上部结构进行计算，含边拱肋和中拱肋计算模型，全桥共划分 3511 个单元，1542 个节点。其中拱肋、拱板、拱波等采用空间梁单元模拟，如图 10.95 所示。

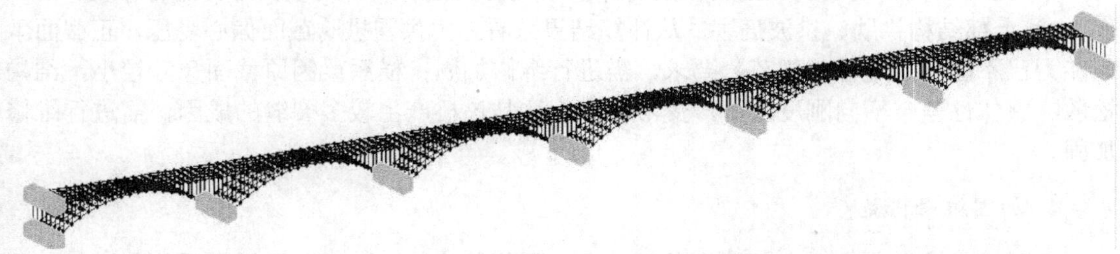

图 10.95　全桥 MIDAS 计算模型图

1）施工阶段划分。

施工阶段 1：搭设支架，等载预压支架，消除支架的非弹性变形；

施工阶段 2：立模、绑扎钢筋，完成腹拱圈等的混凝土浇筑；

施工阶段 3：十年收缩徐变。

2）计算荷载。

① 结构重力：混凝土容重按 25kN/m^3 计算，程序自动计入。

② 二期恒载：包括桥面铺装、栏杆及拱上填料按 3.9kN/m 计算。

③ 汽车荷载等级：汽车-13 级。

3）承载能力极限状态验算（表 10.7）。

表 10.7　承载能力极限组合内力验算表

（单位：kN，kN·m）

位置＼内力		恒载＋汽车		恒载＋汽车+收缩徐变＋温度		极限承载能力	
		M	N	M	N	N_j	M_j
边肋	拱脚	32.66	7.35	49.62	212.13	279.19	54.58
	l/4	32.82	6.14	49.82	213.76	279.19	54.80
	拱顶	22.75	7.97	78.07	84.9	279.19	85.88
	3L/4	94.10	14.08	128.1	61.7	279.19	140.7
	拱脚	99.14	11.86	54.47	193.2	279.19	115.7
中肋	拱脚	106.9	9.10	103.4	74.28	279.19	116.7
	L/4	101.9	10.86	43.74	258.8	279.19	111.5
	拱顶	103.9	3.28	53.83	152.9	279.19	114.3
	3L/4	71.4	6.39	176. 3	65.37	279.19	78.5
	拱脚	28.7	6.45	37.37	93.56	279.19	31.6

注：表中轴力“－”表示受压，弯矩“－”表示上缘受拉。

在汽车-13 级荷载作用下，拱肋截面强度虽能满足承载能力设计要求，但安全储备很小。

4）正常使用极限状态验算。

① 变形验算：根据计算，在正常使用状态下拱肋最大竖向位移为 15.6mm。在汽-13 级荷载作用下主拱圈拱肋最大位移为 1.49mm，小于计算跨径的 1/800，满足《公路钢筋混凝土及预应力混凝土桥涵设计规范》（JTJ D62—2004）要求。

② 裂缝宽度验算：最大裂缝出现在中拱肋 3/4 跨处，最大裂缝宽度为 0.1909mm，满足《规范》（JTJ 023—85）设计要求。

（2）病害成因分析

1）两侧锥坡砌块缺失。主要原因为养护不及时，没有及时对缺失部分进行修复。

2）上部结构拱肋、拱波病害。从计算结果来看，主拱圈拱肋截面偏心受压，正截面承载能力已不能满足现行《规范》要求，需进行维修加固；横系梁因原截面尺寸较小，结构松散、整体性差，横向刚度较小，变形较大，这是该桥产生较多裂缝的成因，需进行维修加固。

4. 加固维修措施

主要针对该双曲拱桥上部结构承载能力、下部结构渗水等病害及桥面系病害进行加固方案的制订。遵循施工方式简便、工程费用低和技术方法先进等原则，该桥具体加固措施如下：

1）上部结构处理：对全桥拱肋采用增大截面法进行加固，在拱肋两侧和底部各加厚 15cm 混凝土，新增截面内增加抗弯受力钢筋。新增钢筋与原拱肋植筋进行焊接，以保证新增截面能与原结构共同受力；对于全桥拱波采用锚筋挂钢筋网喷混凝土进行加固；对主拱圈拱肋间的横系梁采用增大截面法（厚度为 15cm）进行加固。

2）下部结构处理：对墩帽处裂缝进行灌胶处理，并建议管养单位观测裂缝的封闭情况；对两侧桥台扩大基础进行基础注浆处理；为防止基础进一步冲刷，对桥台及桥墩采用石笼防护。

3）桥面系处理：拆除全桥原有铺装层，重新浇注双层钢筋网水泥混凝土桥面铺装。拆除原栏杆及护轮带，新建栏杆及护轮带，并设置泄水孔。

4）桥头跳车处理：新建桥头搭板，并对路基进行处理。

5. 加固后结构复算

按照加固后的材料及截面特性，重新对该桥进行计算。计算内容包括上部拱肋的强度验算及刚度验算。

（1）计算荷载

1）结构重力：混凝土容重按 26kN/m^3 计算，程序自动计入。

2）二期恒载：包括桥面铺装、防撞栏按 3.9kN/m 计算。

3）活载：公路-Ⅱ级。

（2）强度验算

按照加固后的截面及配筋形式，重新建立该桥的计算模型，如图 10.96 所示。

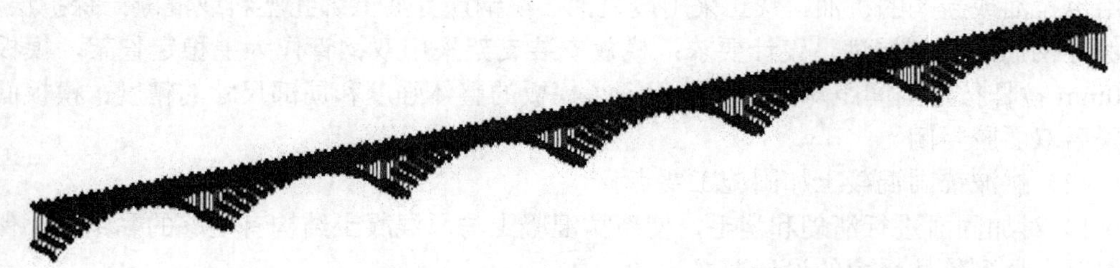

图 10.96　加固后双曲拱桥 MIDAS 计算模型图

承载能力极限状态内力计算见表 10.8。

表 10.8　加固后承载能力极限组合强度验算表

位置	工况	加固前最大承载能力/kN	加固后承载能力/kN	强度提高比值
边肋	组合 1	504.3	912.8	1.81
	组合 2	279.2	810.2	1.94
中肋	组合 1	279.2	480.2	1.72
	组合 2	504.3	806.9	1.60

上表计算结果表明：经加固后拱肋承载能力最少提高 1.6 倍，在加固后设计荷载最不利组合作用下各截面强度均满足《规范》要求，加固效果明显。

（3）刚度验算

在正常使用状态下拱肋最大竖向位移为 1.878mm，作用短期效应组合一个桥跨范围内正负挠度之和最大值为 0.85mm，满足《公路圬工桥涵设计规范》（JTG D61—2005）第 5.1.1 条的要求；在公路-Ⅱ级活载作用下拱肋加固后比原结构挠度值减小 46.9%。

经模型计算，各单元在正常使用荷载状况组合下裂缝宽度为 0.04～0.12mm，小于原结构裂缝宽度值，亦满足《规范》要求。

6. 施工要点

针对该桥加固处理措施，其加固施工技术要点如下：

1）施工单位在进入施工现场后，要对原桥纵断面及墩台高程进行测量。

2）拆除的桥面铺装应及时运出，避免堵塞河道。

3）凿除旧混凝土时，要彻底消除旧混凝土表面的抹灰层和已软化、风化、变质或严重破坏的旧混凝土面层，直至坚实层为止。

4）重新浇筑新混凝土时，一定要将已锈蚀的钢筋除锈，或更换已锈蚀的钢筋，并清除周围的混凝土，才允许绑扎或焊接新钢筋和浇筑新混凝土。

（1）拱肋增大截面施工工艺及注意事项

1）构件表面处理。施工前仔细检查病害状况，对混凝土露粗骨料、麻面和风化的面层都应该凿毛至露出新鲜结构层，对外露钢筋除锈后在钢筋表面涂刷阻锈剂，对存在的裂缝进行灌浆或封闭处理。

2）植筋施工。在新增截面上加强受力钢筋，并将新增截面的联结钢筋植入原结构，以保证新增截面能与原结构共同受力。

3）立模板。所用模板表面平整度和光洁度应满足有关规范的要求；模板安装之前，把浇筑混凝土范围内所有垃圾清理干净，并用淡水将其冲洗；在模板上涂抹脱模剂，脱模剂采用色拉油或新购的机油，禁止采用废机油；在钢筋骨架上绑扎塑料或混凝土保护层垫块，以保证钢筋的保护层满足设计要求；模板安装支架采用双钢管作为主稳定骨架，模板间用ϕ20mm 拉杆按适当间距对拉，从而保证了模板的整体强度和局部尺寸的精度；模板间的缝隙采用双面胶封闭。

（2）拱波锚固混凝土加固施工要点

1）对加固面进行清理和凿毛，使新抹混凝土与原混凝土结构有足够的黏结力，保证两种混凝土达到整体受力的设计要求。

2）对植筋孔位置进行测量放样，并做出网格标记；用冲击钻钻孔，呈梅花形布置，钻孔直径 Φ12mm，在钻孔过程中，若遇到钢筋，应退出换位重钻；用水清除孔中混凝土碎渣；清孔后将环氧树脂胶结材料注入孔内，将钢筋植入，并用水泥净浆封口。

3）待胶结材料凝固一定时间后，挂设钢筋网，挂设时，单根钢筋紧靠植筋就位，先绑扎后点焊于植筋上。

4）新抹混凝土施工，并冲洗、润湿加固面；新抹时，对骨料的选用，水灰比的选择，以便使新抹混凝土与钢筋有较好的握裹效果，并降低回弹量；待新抹混凝土初凝后将尺寸线以外的材料刮掉，然后抹砂浆，达到美观效果。

5）新抹混凝土终凝后，应及时喷水养生，确保强度的形成并避免开裂。

（3）钢筋锈蚀区域的处理要点

在混凝土表面破损清理完毕后进行；用钢刷清除钢筋表面的浮锈，使之露出光洁部分；对经探查确定的钢筋锈蚀区域，应清除掉混凝土表面的油污、油脂、蜡状物等有机污物。

7. 典型施工图设计图纸

见附录 4。

10.4.2　实例 2　1×50m 刚架拱桥加固维修工程（拱片外包 U 形钢板+全桥拱波修复）

1. 工程概况

某钢筋混凝土刚架拱桥，桥跨布置为 1×50m 刚架拱桥形式，路线交角为 90°，桥梁全长 52.82m。桥梁设计荷载为城市 A 级；人群：3.5kN/m^2。桥面横向布置：5.0m 人行道+15.50m 行车道+0.6m 中央分隔带+15.50m 行车道+5.0m 人行道=41.60m。

（1）上部结构

桥梁上部结构 1-50m 刚架拱，矢高 6.25m，矢跨比 1/8。拱片及微弯板预制安装施工，共 13 个拱片，拱片由实腹段、内弦杆、外弦杆、斜撑、主拱腿组成，实腹段及内外弦杆间对称布置 16 道横系梁，每边主拱腿间设 2 道横系梁。

（2）下部结构

桥梁下部结构桥台为钢筋混凝土 U 型桥台，承台厚 2m，下接钢筋混凝土钻孔灌注桩，桩径 1.2m，如图 10.97 和图 10.98 所示。

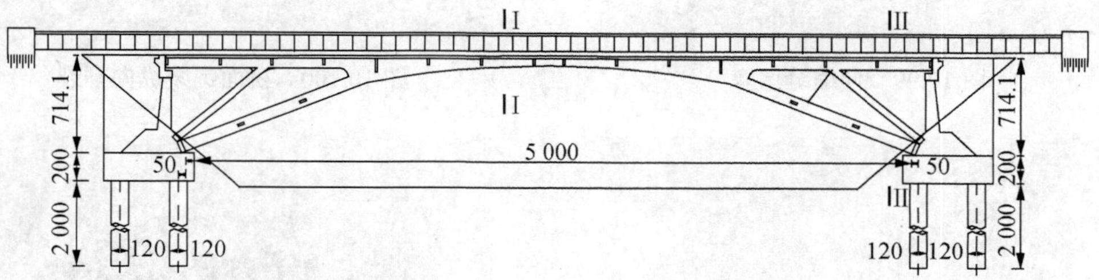

图 10.97　刚架拱桥布置形式示意图（单位：cm）

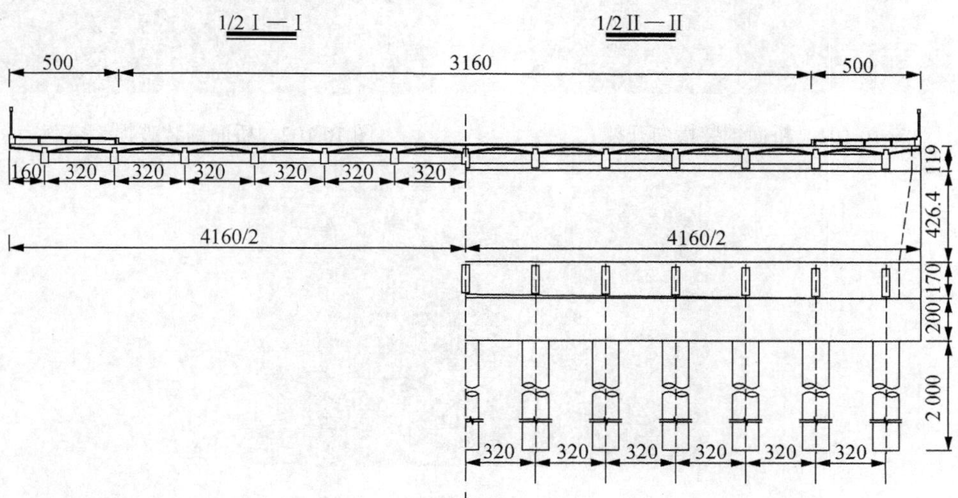

图 10.98　刚架拱桥横断面示意图（单位：cm）

2. 主要病害现状

该桥存在的主要病害为：桥面沥青混凝土铺装层磨损较为严重，表面局部露骨，并且存在横纵向开裂。拱片实腹端跨中拼接处开裂，钢板锈蚀，跨中存在竖向裂缝。弦杆存在裂缝，部分呈 U 形。次拱腿存在横向裂缝，次拱腿与外弦杆现浇混凝土接头处上部混凝土存在轻微碎裂现象，混凝土疏松剥落。微弯板局部破损露筋，并存在横、纵向裂缝，微弯板小横梁存在裂缝。横系梁存在竖向裂缝，并且与拱片连接处存在错位、下沉及开裂现象。台帽破损、露筋、渗水，局部横向开裂，两侧桥台台身存在明显竖向裂缝。

（1）桥面系检查结果

桥面铺装存在横纵向开裂，主要集中在中央分隔带两侧 5m 范围内，纵向开裂 6 条；桥面铺装出现破损、空洞、露筋；伸缩缝杂物堵塞，如图 10.99～图 10.103 所示。

图 10.99　伸缩缝堵塞

图 10.100　桥面铺装纵向开裂

图 10.101　桥面铺装横向开裂

图 10.102　桥面铺装破损、空洞

图 10.103　桥面铺装破损、空洞

（2）上部结构检查结果

1）拱片主要病害为：实腹段跨中处拱片多条竖向裂缝，部分裂缝为 U 形，裂缝长 35～115cm，宽 0.06～0.16mm；拱片跨中拼接处混凝土普遍开裂，内外上弦杆多条裂缝，部分裂缝为 U 形，裂缝长 35～175cm，宽 0.04～0.2mm；主拱腿与上弦杆节点个别位置出混凝土开裂，如图 10.104～图 10.107 所示。

图 10.104　拱腿与上弦杆节点开裂

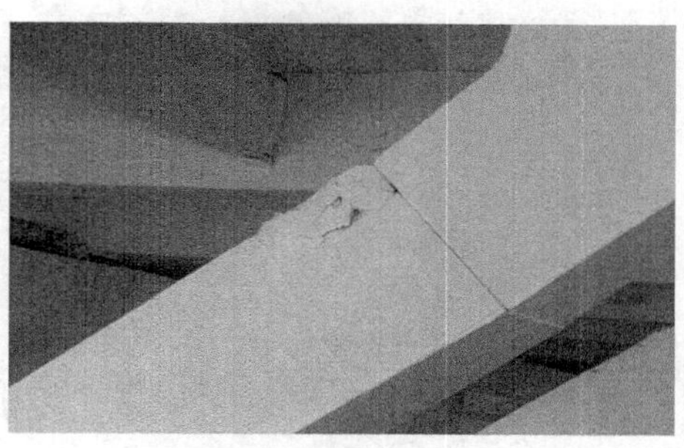

图 10.105　拱腿与上弦杆节点右侧面处破损

图 10.106　拱腿与上弦杆节点右侧面处破损

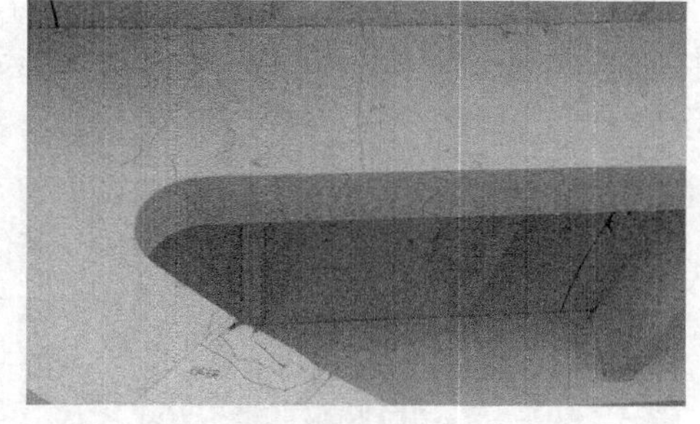

图 10.107　次拱腿与上弦杆节点右侧面处破损

2）微弯板主要病害为：微弯板普遍存在裂缝，微弯板小横梁普遍存在 U 形裂缝，微弯板混凝土破损、露筋，微弯板渗水痕迹、泛白，如图 10.108～图 10.113 所示。

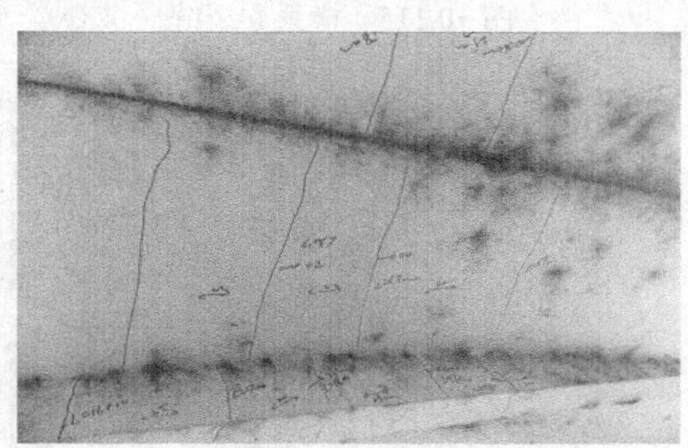

图 10.108　微弯板裂缝

图 10.109　微弯板裂缝

图 10.110　微弯板混凝土破损

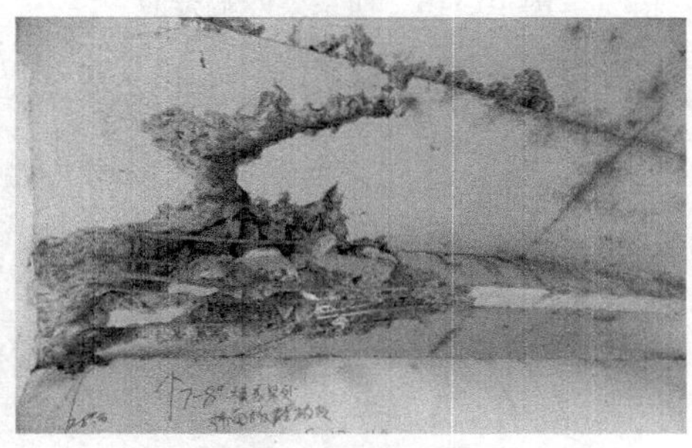

图 10.111　微弯板混凝土破损

图 10.112　横系梁间微弯板渗水痕迹

图 10.113　横系梁间微弯板渗水痕迹

3）横系梁主要病害为：横系梁普遍存在裂缝，个别横系梁与拱片连接处混凝土开裂，连接钢板锈蚀、开焊、错位。拱肋间横系梁混凝土破损、漏筋，如图 10.114～图 10.118 所示。

图 10.114　横系梁裂缝

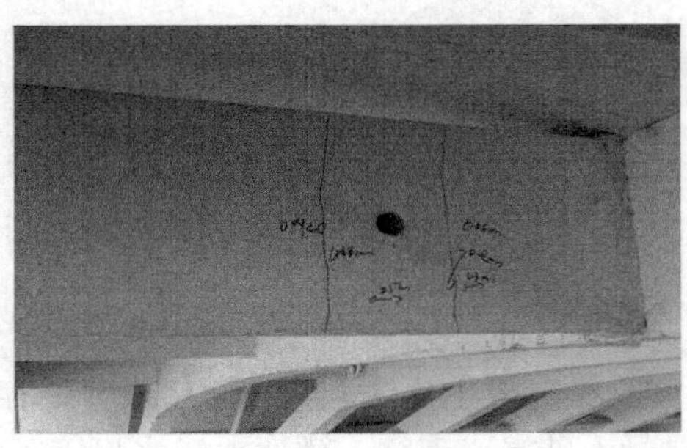

图 10.115　横系梁裂缝

图 10.116　横系梁两端开裂

图 10.117　横系梁底部混凝土脱落、钢板开焊

图 10.118　横系梁右端下移 7cm

（3）下部结构检查结果

1）桥台主要病害为：0#台身共有 15 条竖向裂缝，其中 10 条裂缝为竖向贯通裂缝。台帽 2#拱片处混凝土破损；1#台身共有 13 条竖向裂缝，其中 4 条裂缝为竖向贯通裂缝，其余裂缝从下往上发展。台帽右端 1、2#拱片间混凝土剥落、露筋、骨料外露、渗水，如图 10.119～图 10.122 所示。

图 10.119　1#台帽混凝土剥落、露筋、骨料外露

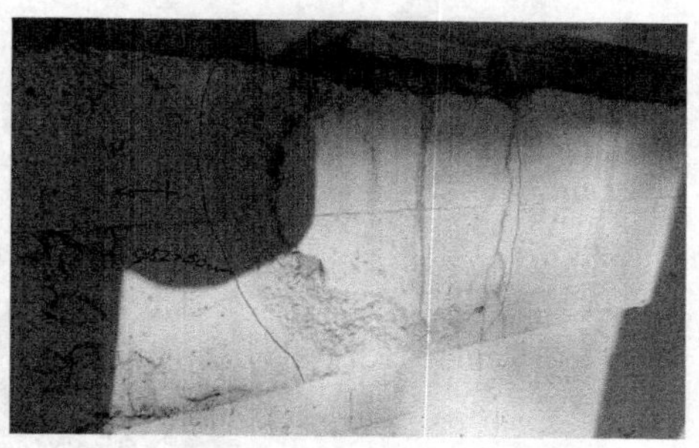

图 10.120　0#台帽混凝土开裂、破损

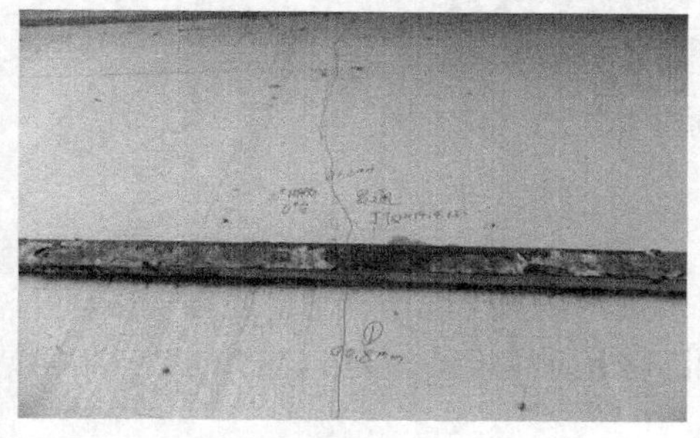

图 10.121　0#台身裂缝示例照

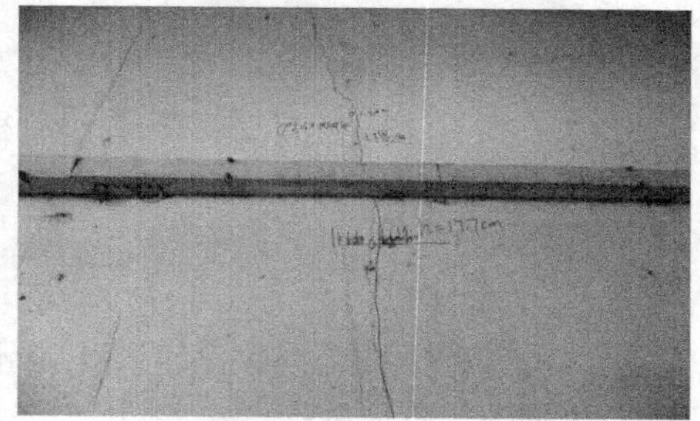

图 10.122　0#台身裂缝示例照

2）支座主要病害为：支座钢垫板全部锈蚀，橡胶支座轻微剪切变形，1-2#支座东侧顶部横向开裂，长 15cm，1-11#支座东侧顶部破损，四氟板挤出，如图 10.123～图 10.127 所示。

图 10.123　0#台支座钢垫板锈蚀示例照

图 10.124　1#台支座钢垫板锈蚀示例照

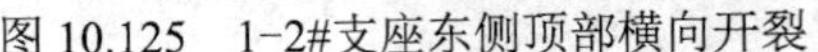

图 10.125　1-2#支座东侧顶部横向开裂

图 10.126　1-11#支座东侧顶部鼓包，四氟板挤出

图 10.127　1-13#支座向东错出上钢垫板

3. 病害成因分析

（1）原结构复算

原结构复算按照《公路钢筋混凝土及预应力混凝土桥涵设计规范》（JTJ D62—2004）（以下简称《规范》）要求进行。

结构按照加固维修施工图设计加固措施，选取最不利一片梁对加固后桥梁结构进行验算。全桥模型及验算截面如图 10.128 所示。计算在设计荷载（城-A 级，人群 3.5kN/m^2）作用下结构的控制弯矩、轴力，如图 10.128 所示。

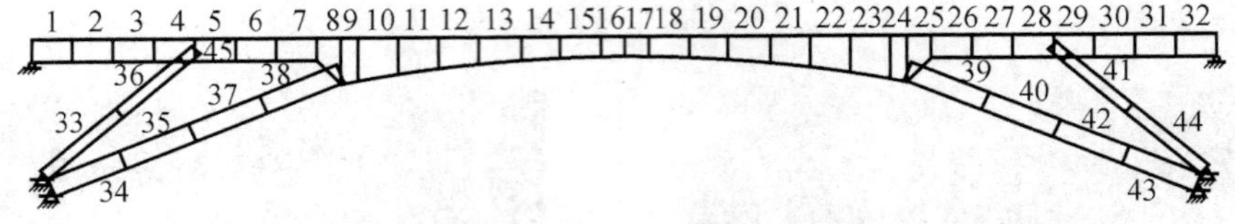

图 10.128　全桥桥博计算模型图

1）计算荷载。

① 结构重力：混凝土容重按 25kN/m^3 计算，程序自动计入。

② 二期恒载：包括桥面铺装、栏杆及拱上填料按 3.9kN/m 计算。

③ 计算荷载等级：城市-A 级。

2）承载能力极限状态验算。该桥在使用过程中，将受到系统温度，移动荷载等多重作用，上述各项作用引起的梁体承载能力极限状态荷载组合后，构件的抗力与效应值如图 10.129 所示，经对比，抗力大于效应值，满足要求。

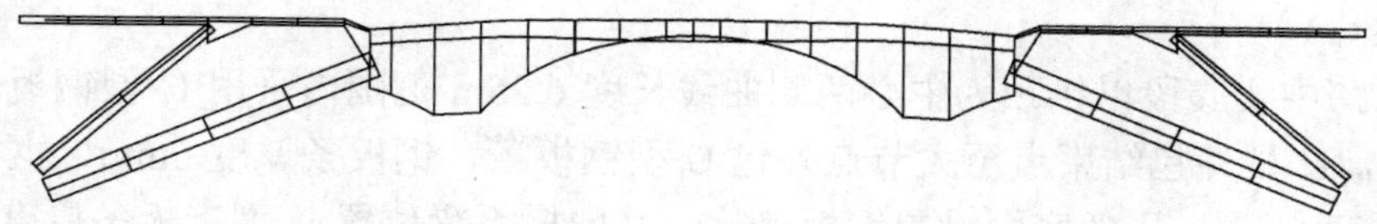

图 10.129　最大抗力及对应效应值比较

由图 10.130 可知：承载能力极限状态下，刚片拱部分截面不满足承载能力要求。

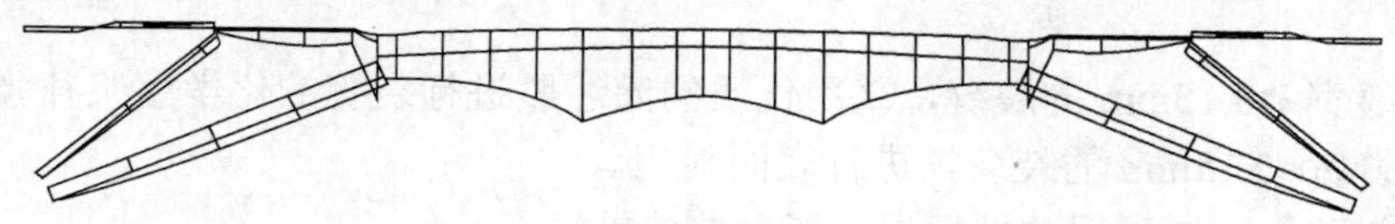

图 10.130　最小抗力及弯矩效应值比较

3）截面抗裂验算。短期效应组合下，最大裂缝达 0.416mm，部分裂缝大于《规范》第 6.4.2 条钢筋混凝土构件，其计算的最大裂缝宽度不应超过 0.2mm 的规定。图 10.131 所示为短期效应组合效应裂缝。

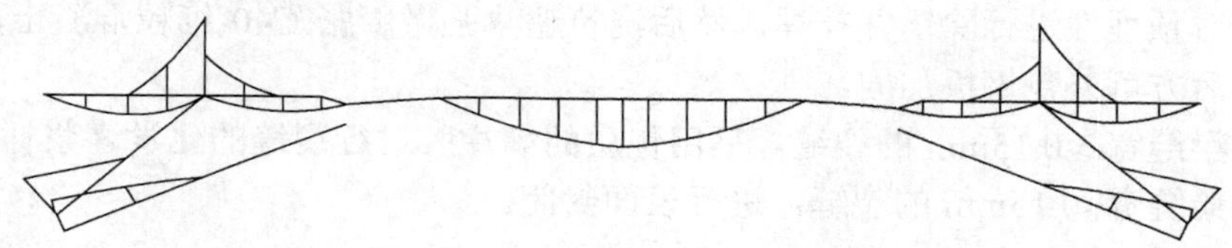

图 10.131　短期效应组合效应裂缝

在城市-A 级荷载作用下，拱肋截面承载能力和抗裂能力不满足荷载要求。

（2）病害成因分析

1）桥面沥青混凝土铺装层磨损较为严重，表面局部露骨，并且存在横纵向开裂。桥面沥青老化及车辆作用，雨水下渗，上部结构填料被冲刷，导致裂缝。

2）拱片、弦杆、拱腿、微弯板及横梁均出现裂缝。刚架拱设计时遵循恒载作用下各构件弯矩最小的原则，各构件截面尺寸较小，对荷载的增加十分敏感。随着交通的发展，承受荷载增大，致使桥梁不堪负重。局部位置出现裂缝，此外温度、收缩等因素也是造成拱片出现裂缝的主要因素。

拱片间通过横系梁连接成为整体，但横系梁截面尺寸较小，致使全桥横向整体性欠佳，在长期使用后，横系梁自身出现裂缝，以及与拱片连接点混凝土出现破损，进一步减弱了拱片间的横向联系，活荷载横向分布受到一定影响，易造成个别拱片单片受力，进一步加剧了拱片的病害。

3）支座钢垫板锈蚀，橡胶支座轻微剪切变形，四氟板挤出。由于支座使用年限长加上桥台、桥台渗水，使支座老化、钢板锈蚀；重载增大，桥梁属相荷载加大，超出支座承载能力而导致四氟板挤出，剪切变形则是由于冲击力大导致。

4. 加固维修措施

主要针对刚架拱桥承载能力不足和局部病害进行加固方案的制订。遵循施工简便、工程费用低和技术方法先进等原则，该桥具体加固措施如下：

（1）拱片

对拱片跨中实腹段以拱顶为中心两侧曲线长度 6.25m 范围内采用 U 型钢板外包，钢板厚度 10mm，U 型外包结束点至大节点外包 U 型钢板条，钢板条厚度 6mm，钢板条设置压条，压条厚度 6mm，压条底面设置钢板垫片。其中横系梁位置 U 型钢板条厚度为 10mm。对拱片内、外弦杆底缘粘贴 8mm 的钢板条，对内外弦杆侧面粘贴厚度为 10mm 的钢板。对大小节点采用厚度 10mm 的异形钢板外包。主拱腿 1.5m 长度范围内外包钢板焊接，钢板厚度 6mm。

对拱片缝宽≥0.15mm 的裂缝，采用优质的灌注胶进行裂缝的化学灌浆补强。

对拱片缝宽<0.15mm 的裂缝，进行表面封闭。

拱片局部破损区域采用改性环氧树脂砂浆修补。

（2）横系梁

对横系梁外包 U 型钢板，并与拱片侧面和底缘外包钢板焊接。

横系梁加固前应先对原横系梁接头处混凝土处进行检查，原设计为预制拼装构件，横系梁预埋件与拱片预埋件焊接，并现浇混凝土。对不满足设计要求的横系梁接头处混凝土进行凿除，对预埋件进行除锈并补焊，然后浇筑超早强微膨胀 C40 细粒混凝土，横系梁接头处理完毕后方可外包钢板加固。

对横系梁缝宽≥0.15mm 的裂缝，采用优质的灌注胶进行裂缝的化学灌浆补强。

对横系梁缝宽<0.15mm 的裂缝，进行表面封闭。

（3）微弯板

将微弯板局部破损处混凝土凿除，对外漏钢筋进行除锈阻锈，然后采用改性环氧树脂砂浆修补。对微弯板及微弯板小横梁裂缝进行封闭处理，对横系梁缝宽≥0.15mm 的裂缝，采用优质的灌注胶进行裂缝的化学灌浆补强。

对横系梁缝宽<0.15mm 的裂缝，进行表面封闭。

（4）桥台及基础

对桥台竖向裂缝进行灌缝处理，防止结构钢筋锈蚀。对桥台混凝土局部破损区域，凿除松散混凝土，然后钢筋进行除锈处理，采用改性环氧树脂砂浆修补。

桥台台后填土进行钢花管注浆加固。

（5）桥面铺装

铣刨桥面沥青混凝土铺装层 5cm，然后铺设 PGM14 型土工布，摊铺 5cm AC-16C 改性沥青混凝土（掺进口博尼维纤维）。桥面铺装铣刨后，观察大小节点附近混凝土桥面板上缘是否存在裂缝，若存在裂缝，应进行灌缝处理。

（6）其他病害处理

对其他构件裂缝按裂缝处治要求进行处理，对混凝土局部破损采用改性环氧砂浆进行修复。

5. 加固后结构复算

按照加固后的材料及截面特性，重新对该桥进行计算。计算内容包括上部拱肋的强度验算及刚度验算。

（1）计算荷载

1）施工阶段划分：考虑实际施工，划分为三个施工阶段。

第一阶段：安装拱片、微弯板，浇筑混凝土桥面板、沥青混凝土铺装层以及人行道、栏杆。约束方式为：斜撑、拱腿铰接。

第二阶段：收缩徐变。约束方式为：斜撑铰接，拱腿固结。

第三阶段：粘贴钢板，施加附加荷载。约束方式为：斜撑铰接，拱腿固结。

2）作用（荷载）。

① 5cm 沥青混凝土重量：3.82kN/m；

② 栏杆+人行道重量：3.1kN/m；

③ 系统温度作用（常年气温作用），即

- 混凝土结构升温：20℃。
- 混凝土结构降温：-40℃。
- 梯度温度：10℃。

将拱片底缘粘贴钢板面积折减 85%后换算为钢筋面积，输入截面底缘，保护层厚度考虑 5mm。

（2）强度验算

按照加固后的截面及配筋形式，重新建立该桥的计算模型，如图 10.132 所示。

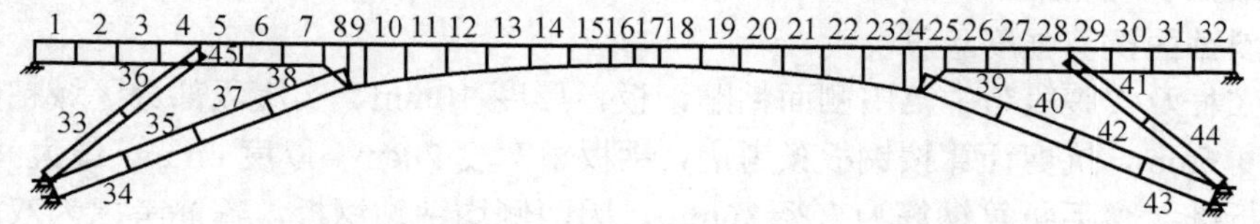

图 10.132　加固后刚架拱桥桥博计算模型图

（2）承载能力极限状态验算

该桥在使用过程中，将受到系统温度，移动荷载等多重作用，上述各项作用引起的梁体承载能力极限状态荷载组合后，构件的抗力与效应值如图 10.133 所示，经对比，抗力大于效应值，满足要求。

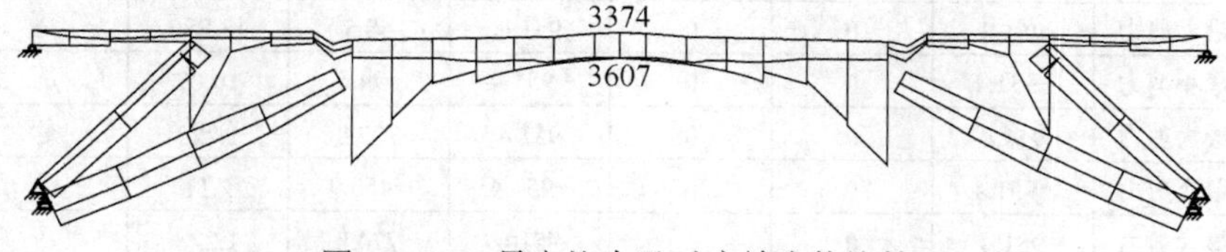

图 10.133　最大抗力及对应效应值比较

由图 10.134 可知：加固后，承载能力极限状态下，刚片拱各个截面均满足承载能力要求，结构安全可靠。

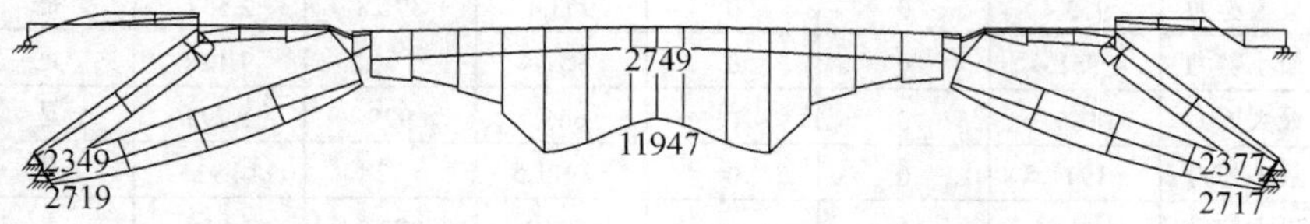

图 10.134　最小抗力及弯矩效应值比较

（3）截面抗裂验算

截面抗裂验算如图 10.135 和图 10.136 所示。

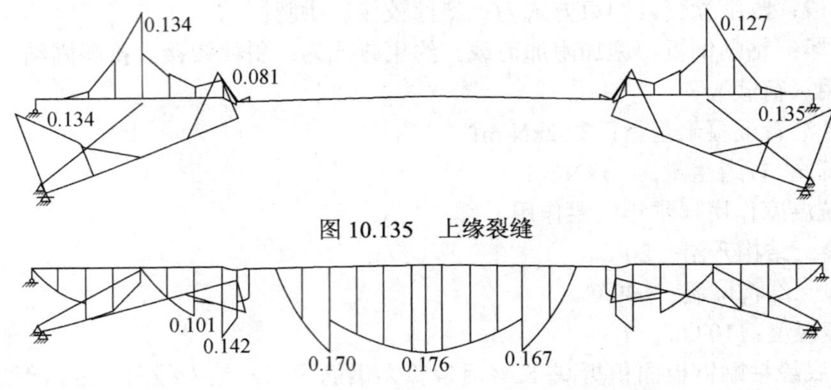

图 10.135　上缘裂缝

图 10.136　下缘裂缝

加固后，短期效应组合下，各截面下缘裂缝均小于《规范》第 6.4.2 条钢筋混凝土构件，其计算的最大裂缝宽度不应超过 0.2mm 的规定。

（4）斜截面抗剪强度验算

拱片弦杆及实腹段跨中范围侧面粘贴钢板，厚度 10mm，实腹段部分区域粘贴 U 型钢板条，厚度 6mm，抗剪计算按钢板条考虑，钢板条宽度 20cm，厚度 6mm，最大间距 55cm，根据面积折减 85%后折算钢筋为直径 36mm。因两侧均粘贴钢板，箍筋考虑为双肢。

由表 10.9 可知，加固后，正常使用极限状态下，刚架拱各个截面抗剪均满足要求。

表 10.9　抗剪强度验算内力验算表

（单位：kN）

X	内力属性	V 箍筋	V 弯起	V 预应力	总抗力	设计剪力	VR/Vd	满足	尺寸
1.4	最大剪力	951.4	0	0	951.4	265.8	3.579	是	是
1.4	最小剪力	951.4	0	0	951.4	16.4	57.908	是	是
3.4	最大剪力	951.4	0	0	951.4	68.5	13.889	是	是
3.4	最小剪力	−951.4	0	0	−951.4	−94.5	10.07	是	是
5.4	最大剪力	951.4	0	0	951.4	777.8	1.223	是	是
5.4	最小剪力	−951.4	0	0	−951.4	−450.9	2.11	是	是
7.4	最大剪力	951.4	0	0	951.4	774.8	1.228	是	是
7.4	最小剪力	951.4	0	0	951.4	18.5	51.381	是	是
9.4	最大剪力	951.4	0	0	951.4	592.8	1.605	是	是
9.4	最小剪力	−951.4	0	0	−951.4	−58.8	16.185	是	是
11.4	最大剪力	953.4	0	0	953.4	372.8	2.557	是	是
11.4	最小剪力	−951.4	0	0	−951.4	−104.2	9.128	是	是
13.4	最大剪力	1665.9	0	0	1665.9	929	1.793	是	是
13.4	最小剪力	−1911.5	0	0	−1911.5	−128	14.935	是	是
15.4	最大剪力	1574.1	0	0	1574.1	870.3	1.809	是	是
15.4	最小剪力	1574.1	0	0	1574.1	204	7.714	是	是
17.4	最大剪力	1299.4	0	0	1299.4	716.5	1.814	是	是

续表

X	内力属性	V 箍筋	V 弯起	V 预应力	总抗力	设计剪力	VR/Vd	满足	尺寸
17.4	最小剪力	-1174.9	0	0	-1174.9	-0.1	18474.56	是	是
19.4	最大剪力	1070.3	0	0	1070.3	532.7	2.009	是	是
19.4	最小剪力	-1070	0	0	-1070	-74.4	14.391	是	是
21.4	最大剪力	996.1	0	0	996.1	430	2.316	是	是
21.4	最小剪力	1248.4	0	0	1248.4	52.8	23.627	是	是
23.4	最大剪力	956.7	0	0	956.7	333.5	2.868	是	是
23.4	最小剪力	-1095.9	0	0	-1095.9	-49.6	22.112	是	是
25.4	最大剪力	956.7	0	0	956.7	235.2	4.067	是	是
25.4	最小剪力	-1000.7	0	0	-1000.7	-154.1	6.492	是	是
27.4	最大剪力	1000.7	0	0	1000.7	151.2	6.62	是	是
27.4	最小剪力	-956.7	0	0	-956.7	-245.1	3.903	是	是
29.4	最大剪力	1095.9	0	0	1095.9	46.6	23.532	是	是
29.4	最小剪力	-956.7	0	0	-956.7	-343.8	2.783	是	是
31.4	最大剪力	-1248.4	0	0	-1248.4	-55.9	22.344	是	是
31.4	最小剪力	-996.1	0	0	-996.1	-434	2.295	是	是
33.4	最大剪力	1070	0	0	1070	71.4	14.988	是	是
33.4	最小剪力	-1073.3	0	0	-1073.3	-540.1	1.987	是	是
35.4	最大剪力	-1174.9	0	0	-1174.9	-2.9	404.691	是	是
35.4	最小剪力	-1302.3	0	0	-1302.3	-716.2	1.818	是	是
37.4	最大剪力	-1574.1	0	0	-1574.1	-207.1	7.602	是	是
37.4	最小剪力	-1574.1	0	0	-1574.1	-874.2	1.801	是	是
39.4	最大剪力	1453.9	0	0	1453.9	161.8	8.987	是	是
39.4	最小剪力	-1667.1	0	0	-1667.1	-933.7	1.786	是	是
41.4	最大剪力	951.4	0	0	951.4	121.3	7.843	是	是
41.4	最小剪力	-952.7	0	0	-952.7	-650.9	1.464	是	是
43.4	最大剪力	951.4	0	0	951.4	71.3	13.35	是	是
43.4	最小剪力	-951.4	0	0	-951.4	-575.7	1.653	是	是
45.4	最大剪力	-951.4	0	0	-951.4	-5.8	164.812	是	是
45.4	最小剪力	-951.4	0	0	-951.4	-761.2	1.25	是	是
47.4	最大剪力	951.4	0	0	951.4	441.8	2.153	是	是
47.4	最小剪力	-951.4	0	0	-951.4	-764.2	1.245	是	是
49.4	最大剪力	951.4	0	0	951.4	89.9	10.584	是	是
49.4	最小剪力	-951.4	0	0	-951.4	-73	13.034	是	是
51.4	最大剪力	-951.4	0	0	-951.4	-19.2	49.662	是	是
51.4	最小剪力	-951.4	0	0	-951.4	-287.2	3.312	是	是
52.8	最大剪力	-951.4	0	0	-951.4	-31.7	30.004	是	是
52.8	最小剪力	-951.4	0	0	-951.4	-650	1.464	是	是

6. 施工要点

加固材料、施工工艺应满足《公路桥梁加固设计规范》(JTG/T J22—2008)、《公路桥梁加固施工技术规范》(JTG/T J23—2008) 和《公路桥涵施工技术规范》(JTG/T F50—2011) 的要求。

（1）压力灌胶粘贴钢板施工要点

1）对设计粘贴钢板区域的混凝土表面，用专用凿毛机凿除表层混凝土，深度为 5mm 至 10mm，使坚实混凝土结构层外露，且大面平整，原错台在 1～3cm 内进行凿平，错台在 3cm 以上位置采用改性环氧混凝土找平，无局部凸起，用电动钢丝轮扫除浮碴，用吸尘器除尘；在要黏合时用乙醇类试剂刷洗干净。注意表面应清洁干燥。

2）钢板制备：按设计要求分块下料；钢板成型后按图纸要求位置线上钻通孔；黏合面喷砂处理，除氧化层，使全部新鲜钢面外露；在要黏合时用乙醇类试剂擦洗干净。注意喷砂后不能过夜，以防锈蚀。

3）钢板粘贴：按经进场验证合格的粘钢结构胶配合比，准确称量，搅拌均匀后，沿钢板纵桥向边线内挂胶，挂胶宽度 6cm。利用专用支架使钢板就位，胶层应饱满，胶层厚度在 4mm 左右，黏合钢板时应采取辅助措施给钢板均匀加压，保证钢板粘贴牢固。钢板安装后现场进行焊接时，要采用跳焊的方式进行，防止局部过热影响混凝土的使用性。

4）植栓紧固：用冲击电锤沿钢板孔钻混凝土植栓孔。24h 后加平垫圈螺母紧固。注意紧固力应适当。同一钢板上的螺母应尽量均匀紧固。

5）灌注结构胶：进行气密性检查，安装压浆嘴，无漏气时开始灌胶作业。按进场验证合格的灌注结构胶配合比，准确称量，搅拌均匀。从各带阀的灌胶嘴以 0.1MPa 的无油压缩尘气为动力进行灌注，观察高点的各带阀的排气嘴无夹气排胶时关闭阀门，持压 10min 以上，带压关闭灌胶嘴。

6）养护检验：按国标 GB/T 2567—2008 每天随机抽取灌注结构胶试件一组，自然养护七天，作抗压强度试验评定；用敲击法听声音和感觉判定是否灌注饱满。若有空隙区应补压胶。

7）钢板防腐：粘贴钢板施工完成后，对钢板外露面进行人工和动力工具打磨，表面光洁度达到 St3 级标准，表面处理经监理工程师验收后立即进行涂层施工，并在 4h 内涂装完毕，涂装后应对涂膜认真维护，在固化前避免雨淋、曝晒及刮蹭，避免对涂层的损伤。

（2）钻孔植栓施工要点

植栓胶应采用优质 A 级改性环氧树脂类植栓结构胶，植栓胶应具有良好的触变性，且具有足够的黏结强度和耐久性，其性能应符合《公路桥梁加固设计规范》(JTG/T J22—2008）第 4.6.6 条的要求，植栓主要工艺流程：钻孔→清理钻孔→钻孔注胶→植入锚栓→养护。

1）钻孔：钻孔采用电锤或风钻，孔径比锚栓大 2～8mm，孔道应顺直。

2）清理钻孔：以高压干燥空气吹去孔底灰尘、碎片和水分，孔内应保持干燥。

3）注胶：将胶黏剂由孔底灌注至孔深 2/3 处，旋转插入锚栓后，胶剂充满整个孔洞。

（3）钢花管钻孔及压力注浆的处理要点

1）钢花管钻孔、埋管。按设计孔位放线布点，回旋钻机就位，校正钻杆垂直度，要求垂直偏差小于 1%。成孔后插入钢花管。为了防止相邻钢花管之间串浆，出浆孔用透明胶封住。钢花管采用ϕ60×6mm 的热轧无缝钢管（GB 8162）加工而成，钢管顶部车螺纹接注浆头，上部 1.5m 长度内不钻出浆孔，注浆段沿钢花管长度方向每米钻 6～7 个ϕ6mm 注浆孔，呈螺旋型布置，孔眼应略向上端倾斜，孔外用弹性较好的橡胶带包裹。

2）钢花管注浆。

① 工前检查。注浆前准备工作包括机械器具、仪表、管路、注浆材料等，注浆开始后应尽量避免中断，并设置施工安全标志。

② 注浆材料。采用优质水泥浆作为注浆材料，水泥采用强度等级为 42.5 号普通硅酸盐水泥，水灰比为 1∶1。

③ 浆液制作。采用有刻度的钢筒作为储浆筒，搅拌机安放在储浆筒上部，搅拌叶片伸入筒内，筒内加水放入水泥后，搅拌制浆，注浆过程中连续搅拌，浆液在泵送前经过筛网过滤。

④ 注浆压力。一般情况下使用较高的压力更为有利，较大压力能使浆液更好的压入桥台地基，可以获得较大的扩散范围，取得较好的注浆效果。但注浆压力过大，会对桥台产生过大的推挤压力，影响结构安全。设计要求注浆最大压力≤0.8MPa。

⑤ 注浆量。要求稳定压力达到 0.8MPa 则终止注浆，即使未达到上述标准，如出现台身隆起或其他结构物变形及同一孔连续两次冒浆等异常现象，则立即停止注浆。

7. 典型施工图设计图纸

见附录 5。

10.5　斜拉桥加固维修实例（更换斜拉索+重铺桥面铺装）

10.5.1　工程概况

某斜拉桥跨越铁路线，为人行天桥，仅供行人和非机动车通行。该桥为一座偏东西走向单塔斜拉人行天桥，共由 8 跨组成，其中主桥为 2 跨单塔斜拉桥，两端各 3 跨简支矩形梁梯道桥，桥梁总长为 169.6m。桥宽布置为：0.10m 栏杆基座+6.0m 通行净宽+0.10m 栏杆基座。桥面均采用钢筋混凝土铺装。

1. 上部结构

跨径组合自东向西依次为：3×12.5m（东端 3 跨简支矩形梁梯道桥）+2×47.0m（主桥，2 跨单塔斜拉桥）+3×12.5m（西端 3 跨简支矩形梁梯道桥）。该桥主桥为单塔式斜拉桥，上部结构由主梁、拉索和索塔三部分组成，主桥主梁采用两跨等跨径等截面连续钢箱梁，拉索采用辐射型双面索，索塔采用门式钢筋混凝土索塔，结构体系采用塔墩固结，塔梁分离，在塔墩处主梁下设置竖向支撑——半漂浮体系。

2. 下部结构

下部结构均采用桩柱式桥墩和重力式桥台。该桥布置形式如图 10.137 所示。

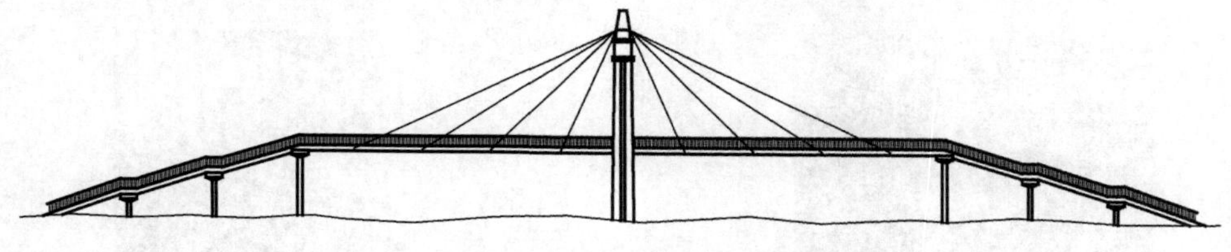

图 10.137　斜拉桥桥型布置图

10.5.2 主要病害现状

该斜拉桥存在的主要病害为：桥面铺装破损、开裂，主梁钢箱梁梁底锈蚀、焊缝处渗水，锚头保护罩脱落、锈蚀，斜拉索外包 PVC 管开裂，索塔表面破损、露筋，盖梁破损、露筋。

1. 桥面系检查结果

该桥主桥桥面采用钢筋混凝土铺装，铺装层局部起壳、破损，并分布有大面积的网状裂缝，如图 10.138 和图 10.139 所示。

图 10.138　桥面铺装破损情况图

图 10.139　桥面铺装开裂情况图

2. 上部结构检查结果

1）主梁等截面连续钢箱梁底面、侧面均有大面积防锈漆脱落、钢板锈蚀现象，主梁焊接位置处渗水，如图 10.140 和图 10.141 所示。

图 10.140　钢主梁锈蚀情况图（一）

图 10.141　钢主梁锈蚀情况图（二）

2）南北两侧索面均对称分布有 8 条斜拉索，部分斜拉索底端锚头保护罩脱落，致使斜拉索锚头直接暴露在外界环境中，该桥拉索简易外包 PVC 管出现不同程度开裂，如图 10.142 和图 10.143 所示。

图 10.142　锚头防护罩脱落、锈蚀情况图

图 10.143　斜拉索护管开裂

3）索塔表面存在局部混凝土破损、钢筋外漏锈蚀现象，如图 10.144 和图 10.145 所示。

3. 下部结构检查结果

引桥盖梁东西两侧面均有混凝土局部破损、钢筋外漏锈蚀现象。

图 10.144　索塔混凝土破损情况图（一）

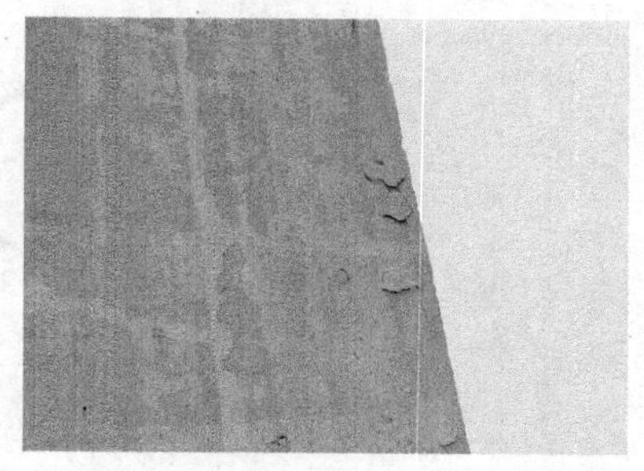

图 10.145　索塔混凝土破损情况图（二）

10.5.3　病害成因分析

1. 原结构复算

原结构复算按照《公路钢筋混凝土及预应力混凝土桥涵设计规范》(JTJ D62—2004)（以下简称《规范》）要求进行。

计算采用 MIDAS/Civil 有限元软件建立六跨空间模型进行计算分析，并合理的对结构进行离散。计算模型取上部结构进行计算，全桥共分为 172 个单元，178 个节点，本模型用梁单元及桁架单元进行模拟，如图 10.146 所示。

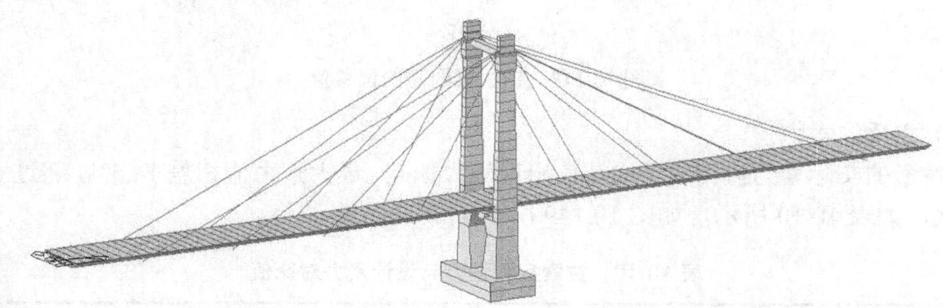

图 10.146　全桥 MIDAS 计算模型图

（1）施工阶段划分

① 施工阶段 1：主塔浇筑。

② 施工阶段 2：主梁浇筑。

③ 施工阶段 3：铺筑桥铺。

④ 施工阶段 4：十年收缩徐变。

（2）计算荷载

1）结构重力：混凝土容重按 25kN/m^3 计算，程序自动计入。

2）二期恒载：包括桥面铺装、栏杆按 15kN/m 计算。

（3）承载能力极限状态验算

钢主梁的上下缘应力如图 10.147 所示，上缘最大应力为 39.8MPa，下缘最大应力为 54.1MPa，均小于抗拉/压强度值±310MPa，满足承载能力要求。

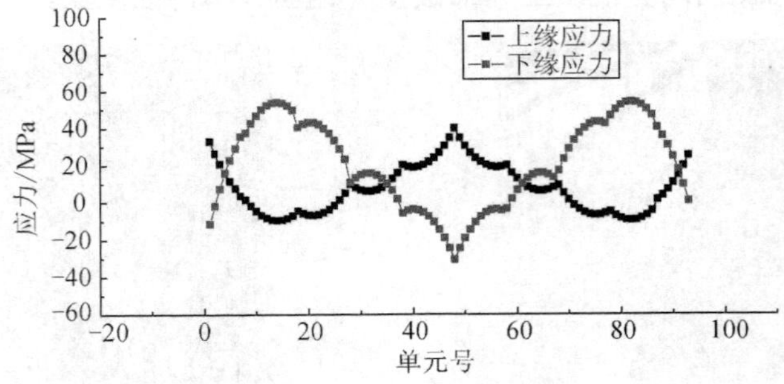

图 10.147　钢箱梁上下缘应力值

（4）正常使用极限状态验算

变形验算：如图 10.148 所示，在正常使用状态下钢主梁的最大竖向位移为 31.9mm，均小于计算跨径的 $l/600$=78.75mm，满足《规范》要求。

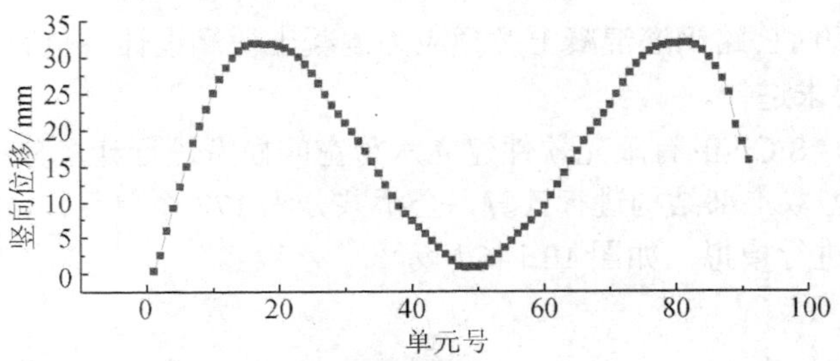

图 10.148　钢主梁的竖向位移值

（5）主桥的索力

斜拉索的实际索力值相比于设计值出现较大偏差，最大索力值相差 14.5%，超过《规范》要求 2%，如表 10.10 所示，如图 10.149 所示。

表 10.10　拉索实测索力与设计索力对比值

永久索编号	实测索力/kN	设计索力/kN	差值/%
1BN	174.2	168	3.69
2BN	191.8	197	−2.64
3BN	203.6	209	−2.58
4BN	165.9	153	8.43
4AN	143.5	153	−6.21
3AN	220	209	5.26
2AN	197.9	197	0.46
1AN	158.3	168	−5.77
1BS	143.7	168	−14.46
2BS	193.7	197	−1.68
3BS	216.1	209	3.40

续表

永久索编号	实测索力/kN	设计索力/kN	差值/%
4BS	150.4	153	−1.70
4AS	154	153	0.65
3AS	196.9	209	−5.79
2AS	203.1	197	3.10
1AS	194.8	168	15.95

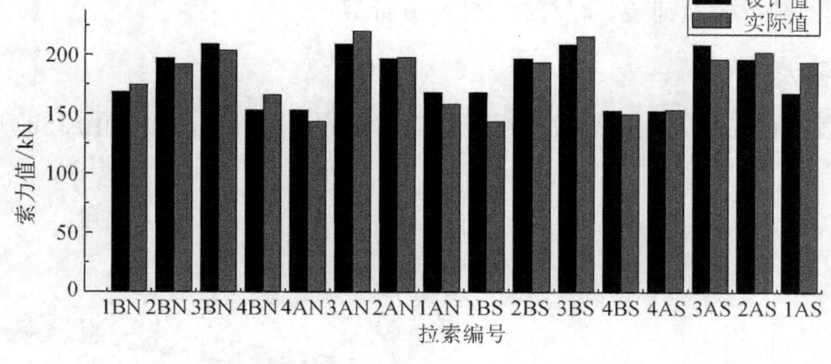

图 10.149　拉索的设计与实际索力值

2. 病害成因分析

1）桥面铺装破损、开裂。可能是由于桥面积水腐蚀，冻融作用导致桥面材料性能变化，出现破损、开裂现象。

2）锚头保护罩脱落、锈蚀，斜拉索 PVC 保护罩开裂。

该桥自建成已运营近 30 年，锚头保护罩及 PVC 保护罩长期暴露在大气环境下，保护罩已经风化，并且已超过该类型斜拉索的设计使用年限，安全性已不能保证，需进行斜拉索的更换。

10.5.4　加固维修措施

主要针对该斜拉上部结构锚头保护罩脱落、锈蚀，拉索外包保护罩开裂等病害及桥面铺装破损、开裂等病害进行加固方案的制定。遵循施工方式简便、工程费用低和技术方法先进等原则，该桥具体加固措施如下：

1）上部结构处理：对全桥更换斜拉索。换索时采用临时支护，由于该桥跨越火车轨道，临时支护无法采用搭设临时墩，因此采用张拉临时防护索进行防护。钢梁长期裸露在外，受外界环境的侵蚀较为严重，从而导致钢箱梁锈蚀，按照相关涂装工艺，先对主梁进行除锈，再进行防腐涂装。由于两阶段钢箱梁施工缝位置焊接不密实，在涂装前对该处除锈，进行补焊。对引桥主梁进行钢筋除锈，混凝土打磨、环氧砂浆修补，并对梁底粘贴钢板。对索塔进行钢筋除锈、混凝土打磨、环氧砂浆修补，并对索塔涂装防腐材料。

2）下部结构处理：对引桥盖梁进行钢筋除锈、混凝土打磨、环氧砂浆修补，并对索塔涂装防腐材料。

3）桥面系处理：凿除原混凝土桥面铺装，重新浇筑钢筋混凝土桥面铺装。涂刷栏杆，对栏杆基座进行局部修补。

10.5.5 加固后结构复算

按照加固后的材料及截面特性，重新对该桥进行计算。计算内容包括上部拱肋的强度验算及刚度验算。

1. 计算荷载

1）结构重力：混凝土容重按 26kN/m^3 计算，程序自动计入。
2）二期恒载：桥面铺装、栏杆按 15kN/m 计算。

2. 强度验算

按照加固后的截面及配筋形式，重新建立该桥的计算模型，如图 10.150 所示。

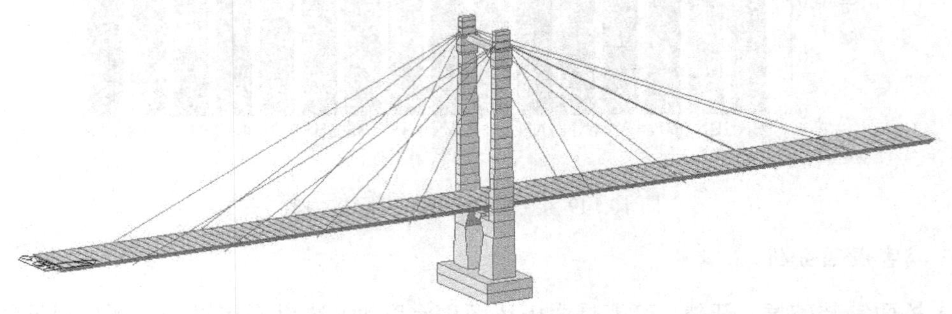

图 10.150 换索时斜拉桥 MIDAS 计算模型图

换索后索力值见表 10.11。

表 10.11 换索后实测索力与设计索力对比值

索号	实测索力/kN	设计索力/kN	差值/%
1BN	169.5	168	0.9
2BN	198.8	197	0.9
3BN	207.0	209	−1.0
4BN	154.4	153	0.9
4AN	154.7	153	1.1
3AN	208.9	209	0.0
2AN	195.9	197	−0.6
1AN	166.1	168	−1.1
1BS	167.3	168	−0.4
2BS	196.7	197	−0.2
3BS	208.3	209	−0.3
4BS	151.5	153	−1.0
4AS	151.7	153	−0.8
3AS	208.9	209	0.0
2AS	198.0	197	0.5
1AS	169.9	168	1.1

从索力的实测值与设计值对比图可以看出：斜拉索的基本索力都接近设计索力，从

图 10.151 的实测值与设计值差值相对百分比可以看出，最大幅度为 1.1%，不超过《规范》要求 2%，说明换索后斜拉索的索力与设计值基本接近，达到设计的要求。

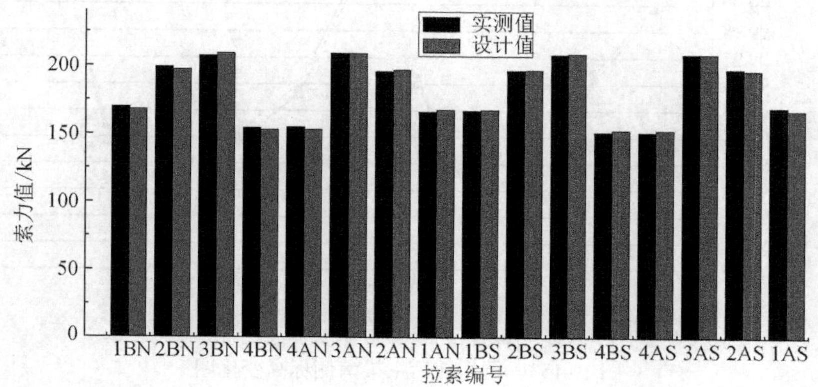

图 10.151　调索后实测索力与设计索力对比值

换索后标高测点布置如图 10.152 所示。

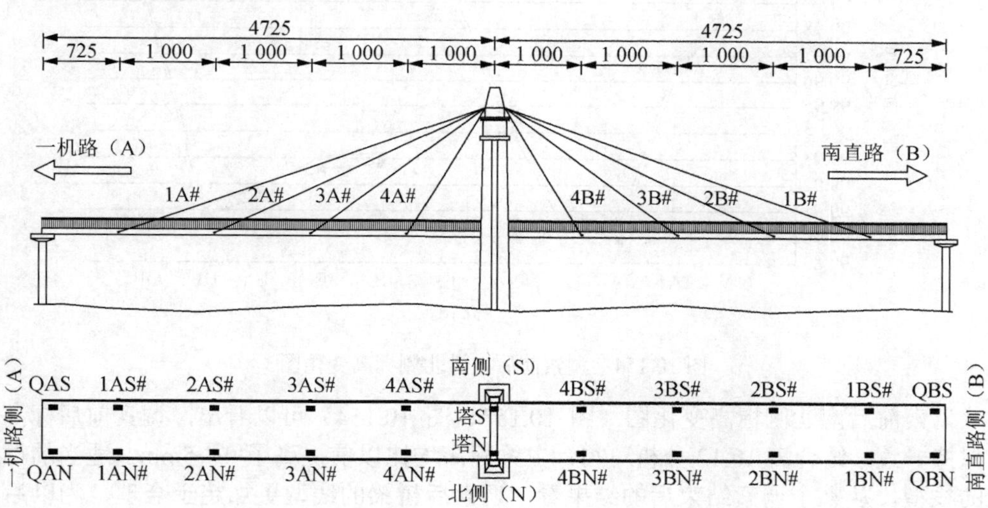

图 10.152　主梁标高测点布置

调索完成后，主梁标高变化最大位置比调索前提高 0～0.5cm，具体数据见表 10.12、图 10.153 和图 10.154。数据显示，根据计算分析认为是比较合理的，也符合原设计的要求。

表 10.12　调索施工主梁标高变化值表

工况	位置	QA	1A	2A	3A	4A	塔	4B	3B	2B	1B	QB
调索前	南侧	99.988	99.961	99.914	99.912	99.960	100.001	99.956	99.939	99.904	99.918	100.005
	北侧	99.990	99.964	99.899	99.906	99.949	99.998	99.928	99.926	99.915	99.908	99.990
调索后	南侧	99.990	99.964	99.916	99.916	99.962	100.004	99.960	99.942	99.907	99.922	100.008
	北侧	99.994	99.969	99.904	99.909	99.954	100.002	99.932	99.931	99.919	99.912	99.995
变化值	南侧	0.002	0.003	0.002	0.004	0.002	0.003	0.004	0.003	0.003	0.004	0.003
	北侧	0.004	0.005	0.005	0.003	0.005	0.004	0.004	0.005	0.004	0.004	0.005

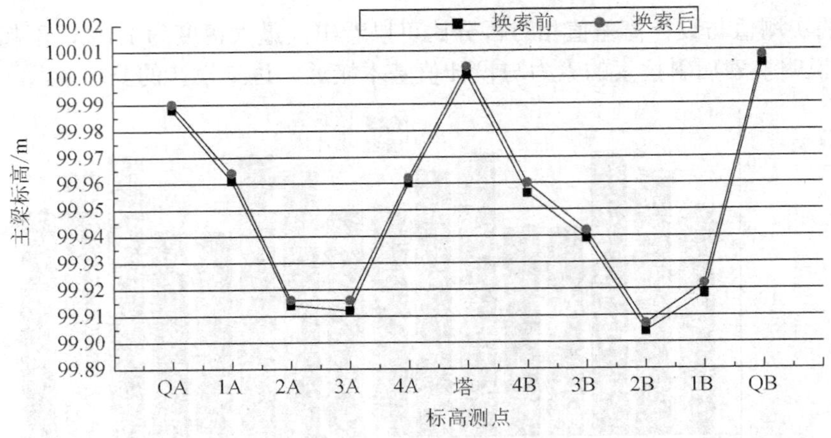

图 10.153　调索前后主梁南侧标高变化图

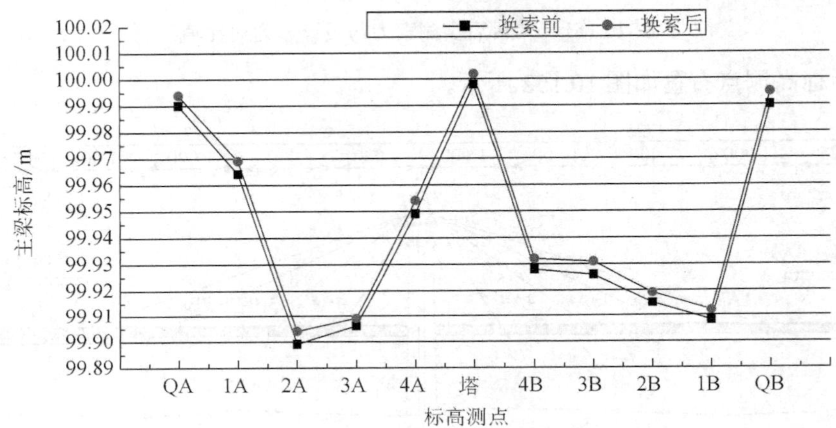

图 10.154　调索前后主梁北侧标高变化图

从调索前后南北侧标高变化图（图 10.153、图 10.154）可以看出，调索前后标高线型基本保持一致，结合表 10.12 分析可得：主梁标高均比以前提高了 0～5mm，适当的调整了桥梁的线型，从整个调索结束后的结果看，调索后桥梁的线型更加趋于合理，为以后桥梁安全的运营提供了保障。

从标高变化值表（表 10.13）和标高变化对比值图（图 10.153 和图 10.154）可以看出：张拉临时索后，主梁标高整体增大，最大提高 0.095m，拆除原索后，主梁标高相对减小，最大减小 0.036m，安装新索后，主梁标高相对增大，最大提高 0.037m，拆除临时索后，主梁标高相对减小，最大减小 0.057m。主梁标高经过换索后，标高最大提高了 0.054m，改善了主梁的线形，使该桥受力更加合理，达到了设计要求，说明换索是成功的。

10.5.6　施工要点

针对该桥加固处理措施，其加固施工技术要点如下：

1. 换索前的施工准备

（1）施工现场准备

搭设脚手架。根据换索施工现场的需要搭设脚手架。

清理工作。此项工作主要针对上锚杯、下锚箱、上下锚管的清理。首先，打开原上锚杯钢护筒，清除黄油、旧钢丝及锈迹。然后，对下锚箱外封钢板气割清除，利用空压机配以风镐凿除下锚箱内的残存混凝土。最后，在上下锚箱清理工作完成后，即着手对上、下锚管的清理。先拆除橡胶减振器，凿除混凝土索座，割除多余锚管，利用电钻、风钻及钢钎将锚管内清理干净，然后在底锚管和索管之间进行防护，在接点处采取注塑防护，严防雨水侵入。如果不进行清理工作，拉索上锚具卸不下来。因此，此项工作需换索前完成。

核对拉索参数。当塔和梁上的支架完成以后，打开拉索锚箱，对拉索锚端的外露尺寸进行测量，以便计算、复核拉索制作长度。

（2）施工机械准备

拉索更换工作需要的主要施工机械有卸索、挂索的连接器，张拉螺杆引出杆、张拉千斤顶及油泵、卷扬机、油表、反力架，垫板等。监测设备主要有索力仪和精密水准仪。

（3）施工监控准备

在换索工程中需要进行全方位监控，主要针对索力和标高的监控。在卸索和张拉新索的施工程序中，运用索力仪和精密水准仪等仪器对所换索及相邻各索进行索力监测、对对应位置处的桥面标高位移进行监测，此外，还可以进行梁底或塔根部的混凝土应力监测。

2. 卸索分以下几个步骤

1）桥面安装收（放）索滚轮，在待换索的固定端设置索盘。

2）清除梁上锚头钢护筒内混凝土。打开塔上锚头钢护筒内的锚盖，用钢刷或砂纸清除锚杯里的锈，除锈后涮一层机油防锈。

3）在索塔根部安装卷扬机。

4）在梁上待换索位安装挂篮。

5）卸索时应分级进行，每级放松 1～5cm，放松时密切监控两侧标高。

6）利用卷扬机将索徐徐放下。桥面上安装滚轮，间隔约 3m，将拉索放在滚轮上。

7）进入预先安置在梁身段锚固端的挂篮，拆除固定端螺母。用 3t 卷扬机牵引将拉索下锚头从钢护筒中抽出，然后将端头固定在空盘上开始收盘，收好盘后再运出现场。

3. 挂索分以下步骤

1）新索运抵工地后，进行验收核对，堆放时采取防潮措施，并盖帆布防雨，编号待用。

2）将新索吊至拉索梁身段锚固端附近，桥面上靠近防撞栏处安置滚轮，放置长度与索长相近，间隔约 3m。用卷扬机牵引将拉索展开，平放在滚轮上，避免索与桥面接触，防止拉索在拖动中划伤防护层。

3）穿挂索并对称张拉至设计吨位，并由跨中向两侧对称进行。

4）旋进固定螺母后，拆除软牵引装置，安装张拉设备。张拉采用张拉力与伸长值双控，张拉值以千斤顶标定表为依据。张拉时分级张拉，每级行程 1～5cm，目的是使拉索均衡受力，反复进行，当张拉至目标吨位时应持荷 10min。没有特殊情况，该索张拉完成。

5）张拉完毕后，拆除张拉设备并移至下一工作平台。

4. 施工监控

1）在换索过程中对更换索索位标高进行换索前、卸下旧索、换上新索三个阶段的标高监测，测量时采取短暂封闭交通的措施。

2）索力的测定采用随机振动法。换索后新索索力与原索力保持一致，这就是此次换索过程中索力监控的目标，也是换索过程中索力检测的依据。

10.5.7 典型施工图设计图纸

见附录 6。

10.6 桥梁基础加固实例

10.6.1 实例 1 钢筋混凝土简支梁桥基础加固维修工程（基础外包混凝土加固+河道整治）

1. 工程概况

某钢筋混凝土简支梁桥，跨径组合为 3×10m，桥梁全长 30m。桥面净宽：净 7.0m 行车道+（2×0.5m）防护轮带，全宽 8.0m。桥梁设计荷载：汽车-15 级、挂-80。

（1）上部结构

上部结构采用钢筋混凝土简支工字形梁桥。

（2）下部结构

下部结构采用 U 型桥台，重力式桥墩和扩大基础。该桥布置形式如图 10.155 所示。

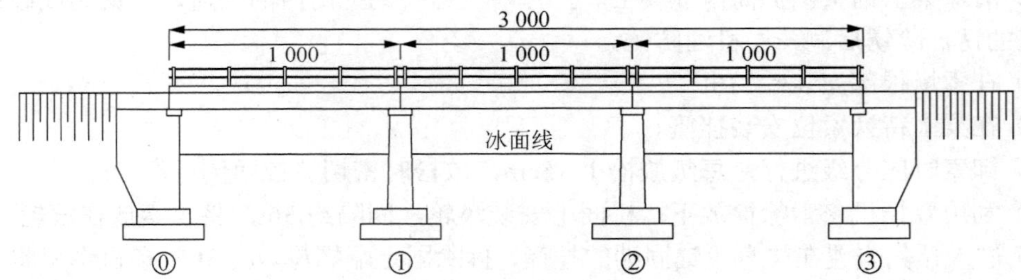

图 10.155 桥墩扩大基础示意图

2. 主要病害现状

该桥基础存在的主要病害为：墩台基础存在冲刷现象，如图 10.156 和图 10.157 所示。

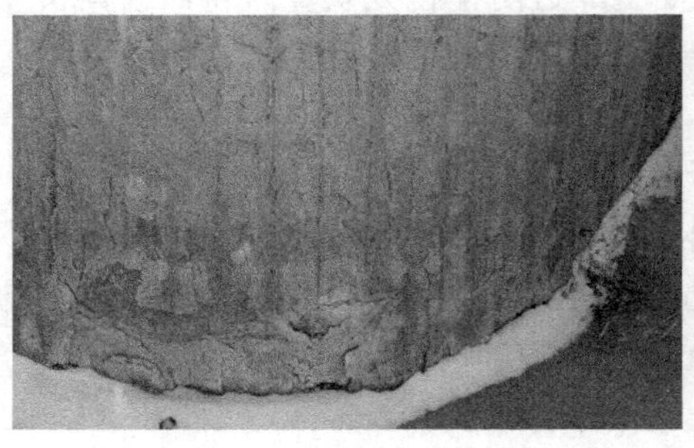

图 10.156 桥墩及基础冲刷图（1）

图 10.157 桥墩及基础冲刷图（2）

3. 病害成因分析

病害成因分析。基础冲刷严重的原因：由于水流量大，冲刷严重，基础未做有效的防护措施所致。

4. 加固维修措施

针对该桥墩台及基础冲刷的问题，遵循施工方式简便、工程费用低和耐久性好等原则，该桥下部结构具体加固措施如下：

1）墩台及基础外包混凝土。

2）整治河道。

5. 施工要点

针对该桥基础外包混凝土及河道整治等处理措施，其加固施工技术要点如下：

1）钻孔植筋前，必须探明钢筋位置，严禁盲目钻孔植筋，如有冲突，可适当调整植筋位置，施工前应在现场进行拉拔试验，检验植筋工艺。

2）植筋时其成孔必须采用电锤钻钻孔，禁止采用金刚石钻孔机成孔。

3）在进行植筋时，安装锚固筋前，必须采用人工或高压风、水清除孔内积水和岩粉、碎屑等杂物，同时对需植入钢筋上的锈迹、油污进行除锈与清理，必须确保孔内清洁无灰尘，且必须保持干燥，以确保锚固质量。

4）植筋孔注胶时，必须使孔内胶液饱满，注胶应在气温较高时进行。

5）锚固钢筋用胶性能应符合《公路桥梁加固设计规范》（JTG/T J22—2008）相关规定。施工时应注意材料与配胶方式的相互配套，不得在现场配置植筋用胶黏剂。

6）植筋用胶黏剂应采用专门灌注器或注射器进行灌注，灌注量一般为孔深的 2/3，并应保证在植入钢筋后有少许胶黏剂溢出。

7）注入胶黏剂后应立即单向旋转插入钢筋，直至达到设计的深度。胶黏剂固化前，不得触动或振动已植入的钢筋，以免影响其黏结性能。

8）植入钢筋不得有松动，表面不应有损伤，钢筋应在植入锚固前成型，不得锚固后改变其形状。同时应严禁采用将胶黏剂直接涂抹在钢筋上植入孔中的植筋方式。

10）植筋孔注胶 24 小时后方可对被加固构件进行下道工序。

11）河道整治所用的块石要求石质坚硬，遇水不易破碎或水解，石头强度等级≥MU80，软化系数 k_d≥0.75，密度不小于 2.65t/m，粒径为 0.15～0.45m，单块重量不得小于 10kg/块。不允许使用薄片、条状、尖角等形状的块石。

6. 典型施工图设计图纸

见附录 7。

10.6.2　实例 2　连续钢箱梁基础加固维修工程（基础补桩加固）

1. 工程概况

某钢箱连续梁，跨径组合为 24.4+25+50+50+40+32.912m，部分桥跨位于半径为 R=85m 的平曲线上，部分桥跨位于半径 R=2000m 的竖曲线上，桥面纵坡 0.3%～3.5%，桥面横坡为-1%～2%，由钢箱梁的顶板自倾而成。桥面净宽：净 7.0m 行车道+（2×0.5m）防撞护栏，全宽 8.0m。桥梁设计荷载：城市-A 级。

（1）上部结构

上部结构采用钢箱连续梁桥，单箱三室。该桥的一个边跨和一个次边跨为变高度梁，其余各跨均为等高度梁段，梁高变化范围为 0.95～1.5m，按二次抛物线变化，是一个典型空间钢结构曲线。

（2）下部结构

下部结构采用圆柱形高墩及钻孔灌注桩基础。该桥布置形式如图 10.158 所示。

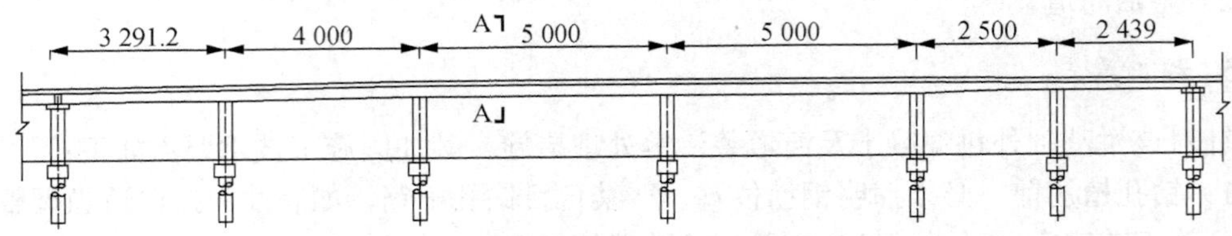

图 10.158　桥墩钻孔灌注桩基础示意图

2. 主要病害现状

在检测计算中，发现该桥桩的安全系数为 1.01～1.46，承载能力满足要求，但桩长富裕量不大。

3. 加固维修措施

针对该桥基础承载能力安全系数不足，遵循施工方式简便、工程费用低和耐久性好等原则，该桥基础部位具体加固措施如下：

对桥梁桩基础采用补桩的方式对桩基进行加固：

为使新旧承台紧密贴合，在新旧承台相交处预留长 3.2m、宽 2.2m、深 0.15m 的后浇带，承台 C40 混凝土浇筑完成后，待混凝土强度达到 95%以后，将两个 YBD100-15 扁形千斤顶置于新旧承台间预留 15cm 空隙内，千斤顶同步给油，待每个千斤顶顶升力达到 800kN 时，在预留范围内压注 C40 微膨胀水泥浆。新承台下为 2 根直径为 1.2m、桩长为 30m 的钻孔灌注桩。

4. 施工要点

针对该桥基础补桩加固的处理措施，其加固施工技术要点：钻孔桩 100%采用超声波检测，做超声探测时用三根ϕ50mm 无缝钢管，通长至桩底，呈等边三角形布置。管底用钢板焊封。

5. 典型施工图设计图纸

见附录 8。

10.6.3　实例 3　拱桥扩大基础加固维修工程（基础注浆加固+石笼防护基础）

1. 工程概况

某钢筋混凝土双曲拱桥，跨径组合为 6×30m，桥梁全长 210m。桥面净宽：净 6.0m 行车道+（2×0.55m）防撞护栏，全宽 7.1m。桥梁设计荷载：汽车-超 20 级，挂车-120。

（1）上部结构

上部结构采用钢筋混凝土双曲拱形式。

（2）下部结构

下部结构采用钢筋混凝土墩台，扩大基础。该桥布置形式如图 10.159 所示。

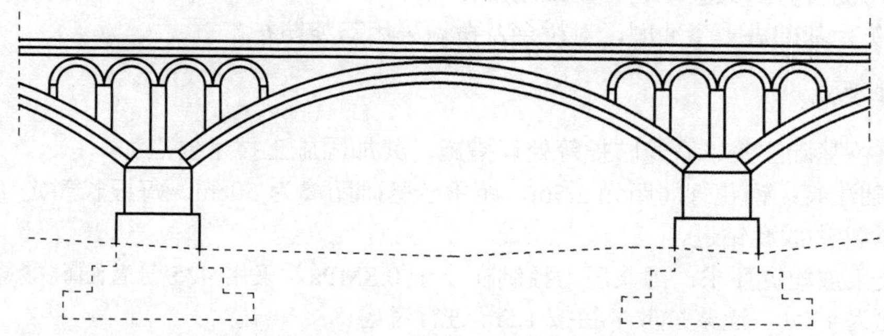

图 10.159　桥墩扩大基础示意图

2. 主要病害现状

该桥基础存在的主要病害为：桥墩、桥台渗水泛白，基础少许偏位。

（1）墩台检查结果

墩台身混凝土渗水、泛白，如图 10.160 和图 10.161 所示。

图 10.160　墩身渗水泛白

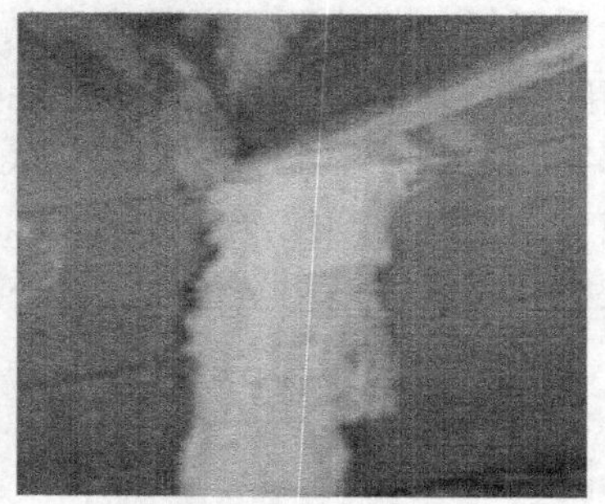

图 10.161　台身渗水泛白

（2）基础检查结果

经现场检测，该桥 2#、4#桥墩基础及 0#基础少许倾斜，基础周围填料松散。

3. 病害成因分析

1）墩台身混凝土渗水、泛白。现场检测结果表明，桥面系的损毁、拱上填料及拱波的破坏时造成墩台身混凝土渗水泛白的根本原因。雨水从桥面下渗到拱上填料，由于拱波的开裂造成进一步的下渗就产生了墩台身处的渗水现象；水对混凝土的长期作用是出现泛白的主要成因。

2）基础倾斜。纵观该桥墩台处填料现状，存在填料松散现象，此外水流的长期冲刷作用使得墩、台的扩大基础地面填料不规律的缺失和松散，这是造成桥台及桥墩基础少许倾斜的直接原因。

4. 加固维修措施

针对该桥基础填料的松散造成的基础倾斜病害，遵循施工方式简便、工程费用低和耐久性好等原则，该桥基础部位具体加固措施如下：

1）对墩帽处损毁部分混凝土进行修补处理。

2）对两侧桥台扩大基础进行基础注浆处理。

3）为防止基础进一步冲刷，对桥台及桥墩采用石笼防护。

5. 施工要点

针对该桥基础注浆、石笼防护等处理措施，其加固施工技术要点如下：

1）基础注浆：钢花管间距为2.5m，距承台基础距离为50cm。每根长暂定10m，采用110mm钻头冲进成孔钻进。

灌浆及浆液配置要求：灌浆压力控制在小于0.8MPa，采用425号普通硅酸盐水泥，水泥浆水灰比为1∶1，灌浆扩散半径按1.5m进行考虑。

2）石笼防护：抛石所用的块石要求石质坚硬，遇水不易破碎或水解，石头强度等级≥MU80，软化系数 k_d≥0.75，密度不小于2.65t/m，粒径为0.15～0.45m，单块重量不得小于10kg/块。不允许使用薄片、条状、尖角等形状的块石。

3）混凝土修补：在混凝土破损区域清理完成以及钢筋除锈、阻锈处理工作完毕后进行；

按照桥梁维修加固相关规定及要求，采用环氧修补砂浆或环氧混凝土（对破损区域过大处使用）对破损区域进行修补，要求修补后结构表面平整密实。

所用环氧砂浆或环氧混凝土应具有较低的膨胀系数、收缩率和放热温度，并且还应具有较高的黏结力、硬度及抗冲击性能，环氧砂浆或环氧混凝土的配合比根据试验确定。

修补区域如处于潮湿状态，应采取相应措施使修补位置保持干燥，或选用能在潮湿状态下施工的材料，确保修补质量。

应根据材料物理化学特性、修补厚度以及气候条件等因素作好养护工作。

6. 典型施工图设计图纸

见附录9。

小　结

本章主要介绍了具有代表性的几种不同桥型的加固改造工程实例。通过工程实例阐述了简支梁桥结构、连续箱梁桥结构、拱桥结构、斜拉桥结构以及下部基础结构的主要病害形式、病害成因，介绍了各工程对应的加固改造方案及其设计与施工方法。

思　考　题

1. 简支梁桥常见的病害及加固措施有哪些？加固设计中理论计算的内容有哪些？
2. 拱桥常见的病害及加固措施有哪些？论述其主要施工要点。
3. 连续梁桥常见的病害及加固措施有哪些？论述其设计计算应考虑的内容。
4. 桥梁基础常见的病害及加固措施有哪些？主要施工流程是什么？

附录 1　10.2.1 节实例图纸

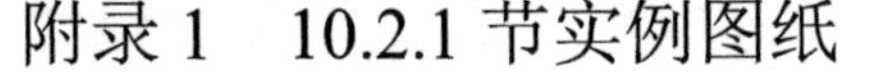

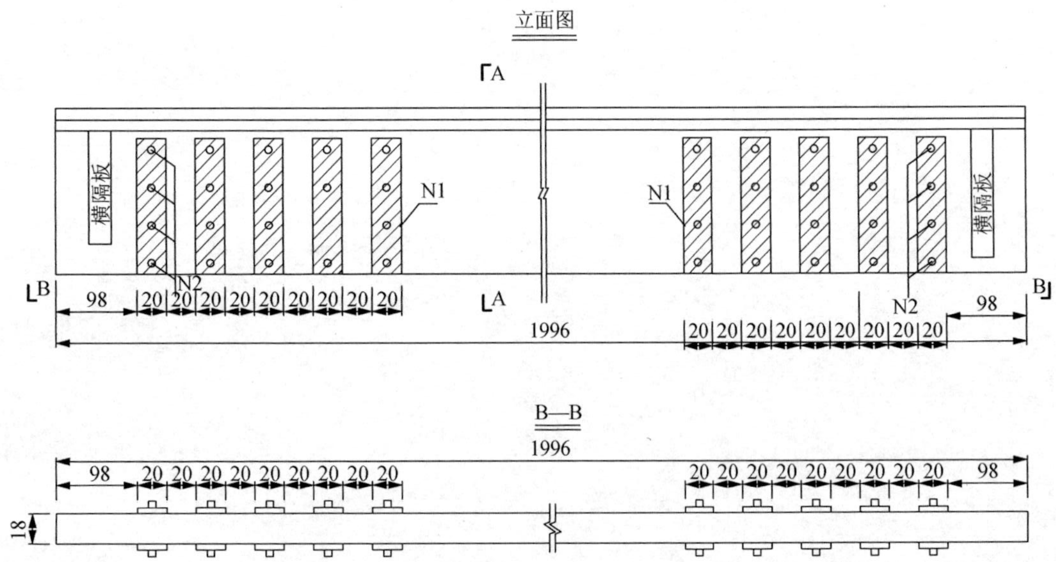

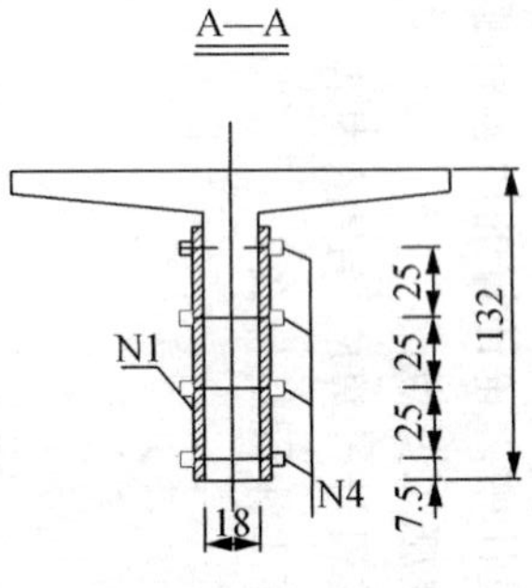

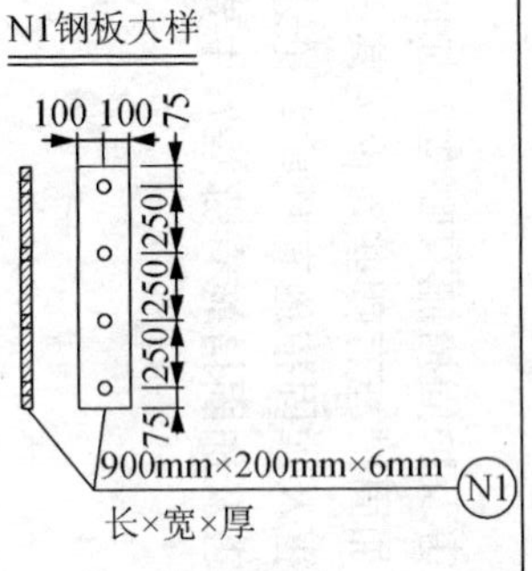

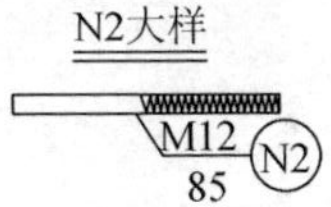

全桥数量表

编号	规格 /mm×mm×mm	数量 /块	体积 /m³	单位重 /（kg/m³）	共重 /kg	合计 /kg
N1	⌷900×200×6钢板	980	1.508	7850.00	8308.4	8308.4
N2	M12×85高强螺栓980					
	混凝土打磨：176.4m² 环氧胶液：176.4m²					

注：

1.图中尺寸除钢板和螺栓大样尺寸以mm计以外，其余均以cm计。
2.粘贴钢板N1时采用压力注胶粘贴，保证主梁与钢板间不留缝隙。
3.粘贴钢板前应先对混凝土病害进行相应处理，粘贴完钢板后，必须对钢板进行除锈处理，然后在其表面涂刷防锈漆。
4.施工时探明原结构钢筋位置，钻孔时要小心施工，螺栓可适当移动位置避让原结构主筋，确保原结构安全。
5.高强螺栓N2长度8.5cm，植入深度为5.5cm。

附图 1.1　主梁钢板加固图（一）

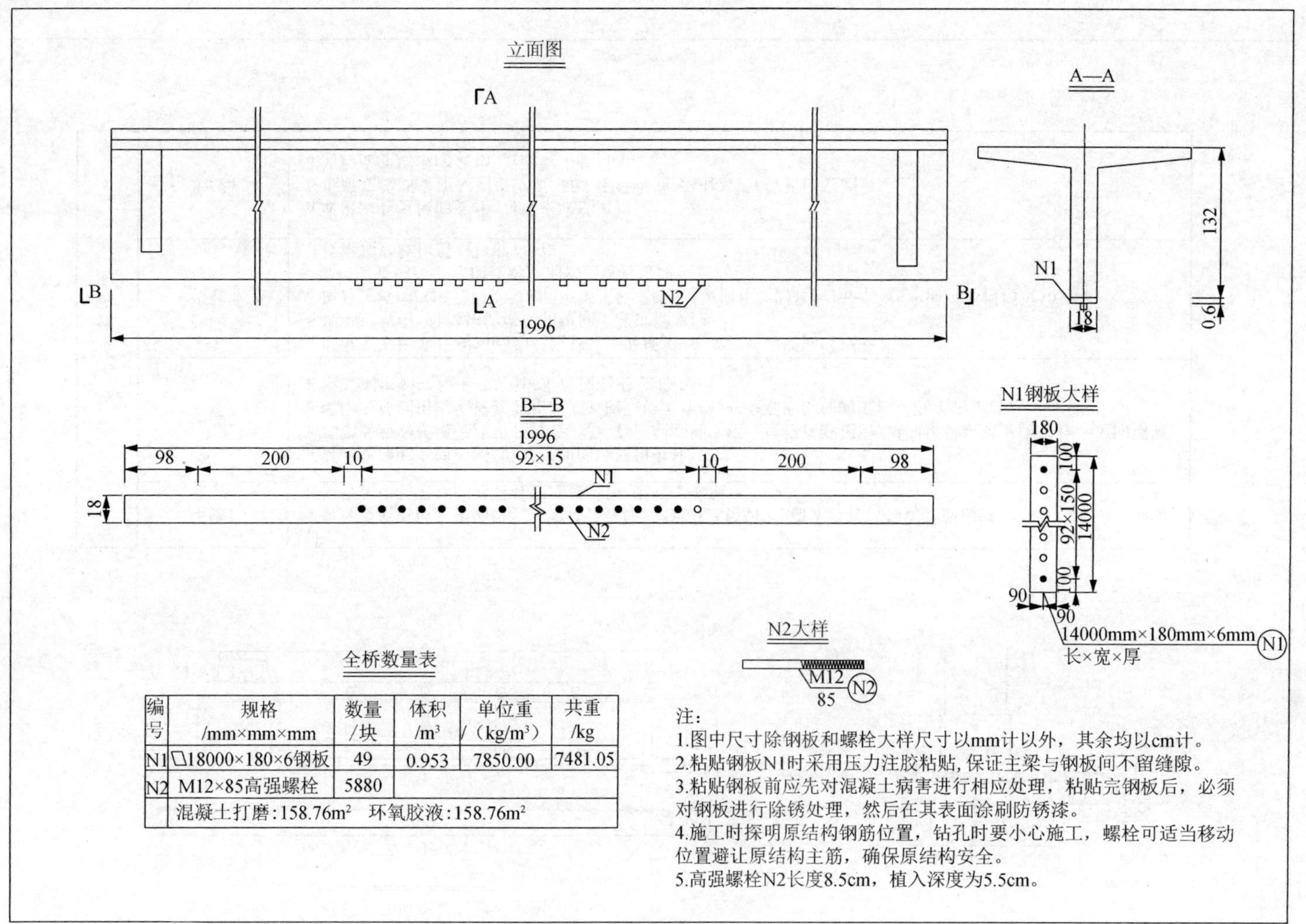

全桥数量表

编号	规格 /mm×mm×mm	数量 /块	体积 /m³	单位重 /(kg/m³)	共重 /kg
N1	▢18000×180×6钢板	49	0.953	7850.00	7481.05
N2	M12×85高强螺栓	5880			
	混凝土打磨：158.76m²　环氧胶液：158.76m²				

注：
1.图中尺寸除钢板和螺栓大样尺寸以mm计以外，其余均以cm计。
2.粘贴钢板N1时采用压力注胶粘贴，保证主梁与钢板间不留缝隙。
3.粘贴钢板前应先对混凝土病害进行相应处理，粘贴完钢板后，必须对钢板进行除锈处理，然后在其表面涂刷防锈漆。
4.施工时探明原结构钢筋位置，钻孔时要小心施工，螺栓可适当移动位置避让原结构主筋，确保原结构安全。
5.高强螺栓N2长度8.5cm，植入深度为5.5cm。

附图 1.2　主梁钢板加固图（二）

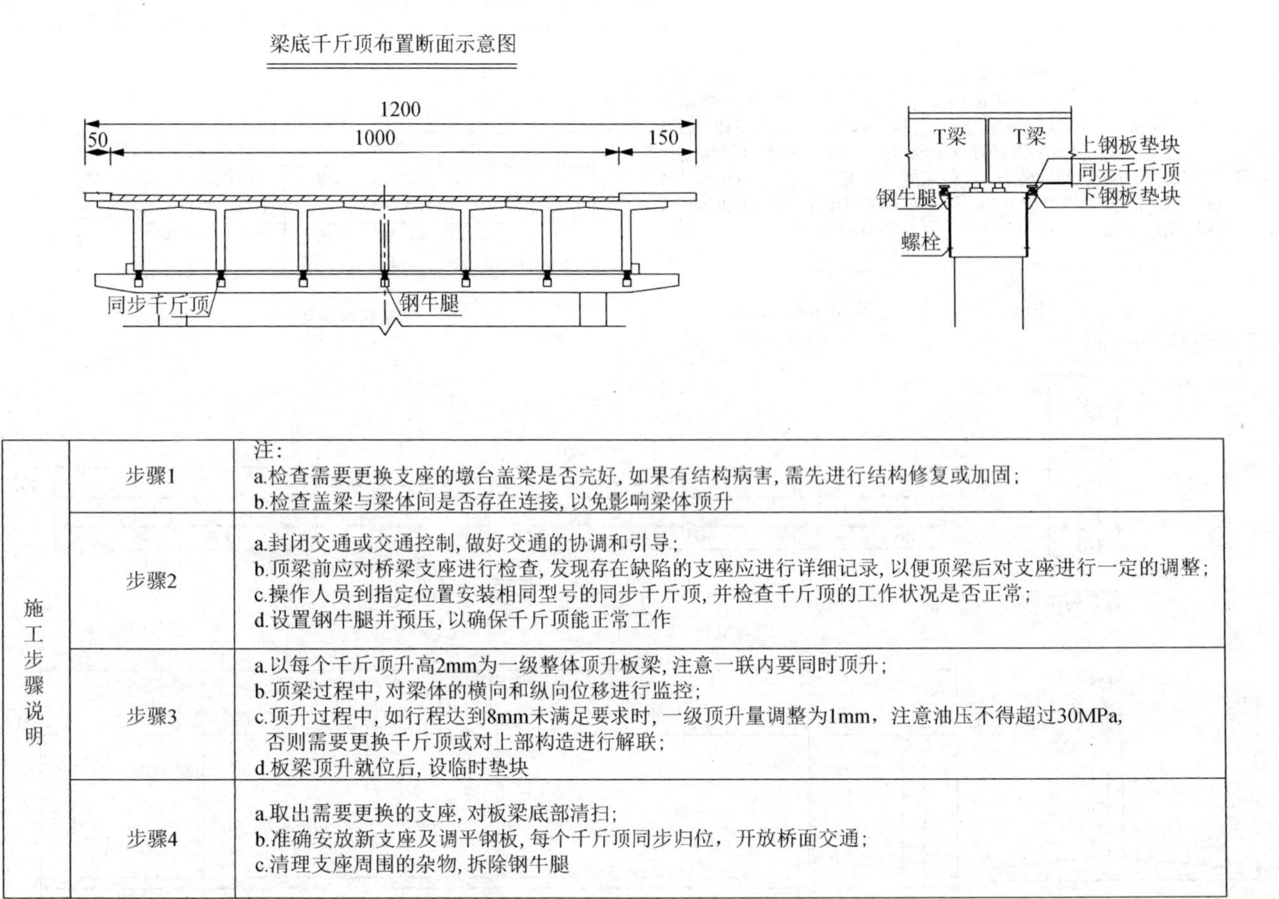

施工步骤说明		
	步骤1	注： a.检查需要更换支座的墩台盖梁是否完好，如果有结构病害，需先进行结构修复或加固； b.检查盖梁与梁体间是否存在连接，以免影响梁体顶升
	步骤2	a.封闭交通或交通控制，做好交通的协调和引导； b.顶梁前应对桥梁支座进行检查，发现存在缺陷的支座应进行详细记录，以便顶梁后对支座进行一定的调整； c.操作人员到指定位置安装相同型号的同步千斤顶，并检查千斤顶的工作状况是否正常； d.设置钢牛腿并预压，以确保千斤顶能正常工作
	步骤3	a.以每个千斤顶升高2mm为一级整体顶升板梁，注意一联内要同时顶升； b.顶梁过程中，对梁体的横向和纵向位移进行监控； c.顶升过程中，如行程达到8mm未满足要求时，一级顶升量调整为1mm，注意油压不得超过30MPa，否则需要更换千斤顶或对上部构造进行解联； d.板梁顶升就位后，设临时垫块
	步骤4	a.取出需要更换的支座，对板梁底部清扫； b.准确安放新支座及调平钢板，每个千斤顶同步归位，开放桥面交通； c.清理支座周围的杂物，拆除钢牛腿

附图 1.3　支座更换过程示意图

附录 2　10.2.2 节实例图纸

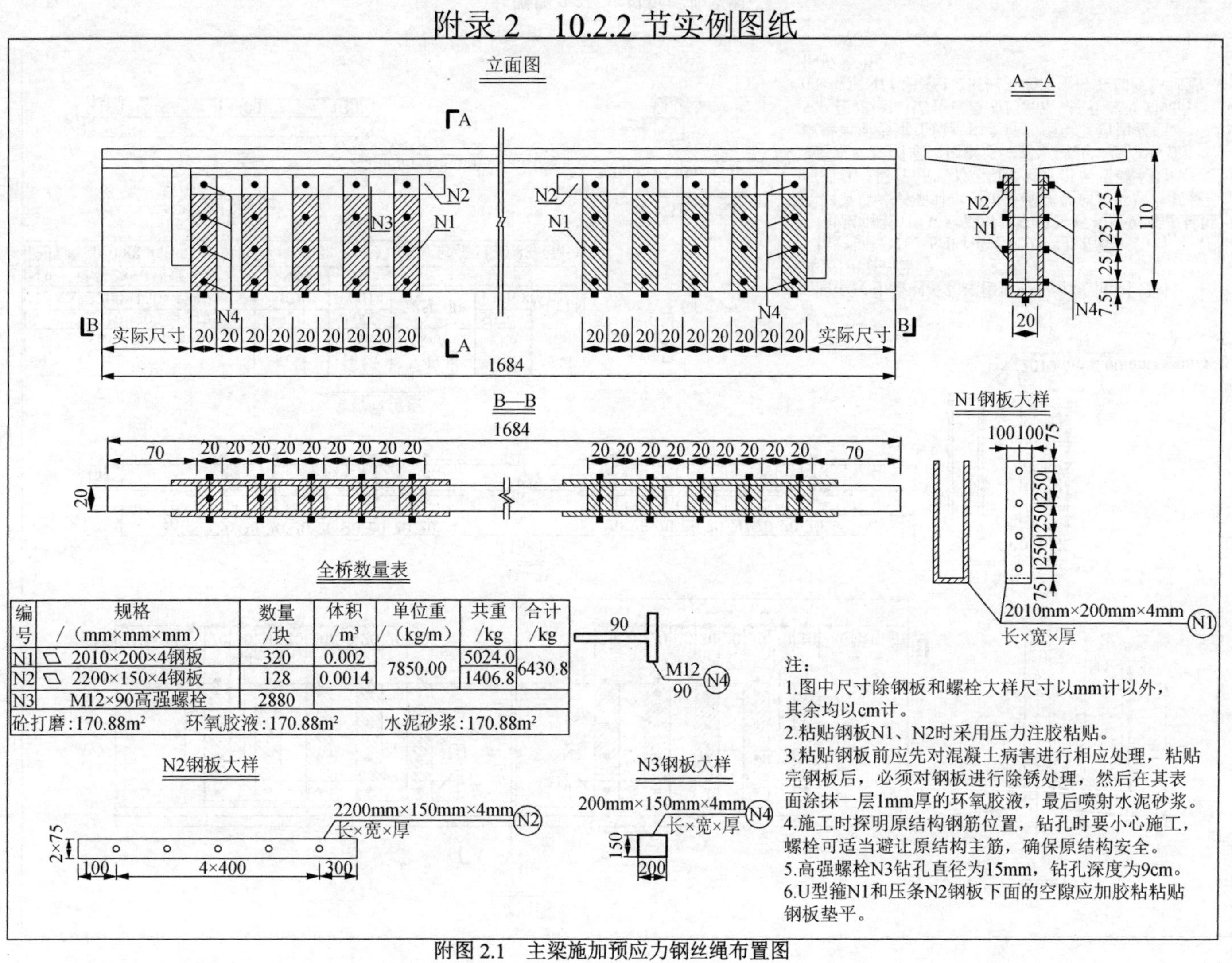

全桥数量表

编号	规格 /（mm×mm×mm）	数量 /块	体积 /m³	单位重 /（kg/m）	共重 /kg	合计 /kg
N1	▱ 2010×200×4钢板	320	0.002	7850.00	5024.0	6430.8
N2	▱ 2200×150×4钢板	128	0.0014		1406.8	
N3	M12×90高强螺栓	2880				
砼打磨：170.88m²	环氧胶液：170.88m²	水泥砂浆：170.88m²				

注：

1.图中尺寸除钢板和螺栓大样尺寸以mm计以外，其余均以cm计。

2.粘贴钢板N1、N2时采用压力注胶粘贴。

3.粘贴钢板前应先对混凝土病害进行相应处理，粘贴完钢板后，必须对钢板进行除锈处理，然后在其表面涂抹一层1mm厚的环氧胶液，最后喷射水泥砂浆。

4.施工时探明原结构钢筋位置，钻孔时要小心施工，螺栓可适当避让原结构主筋，确保原结构安全。

5.高强螺栓N3钻孔直径为15mm，钻孔深度为9cm。

6.U型箍N1和压条N2钢板下面的空隙应加胶粘粘贴钢板垫平。

附图 2.1　主梁施加预应力钢丝绳布置图

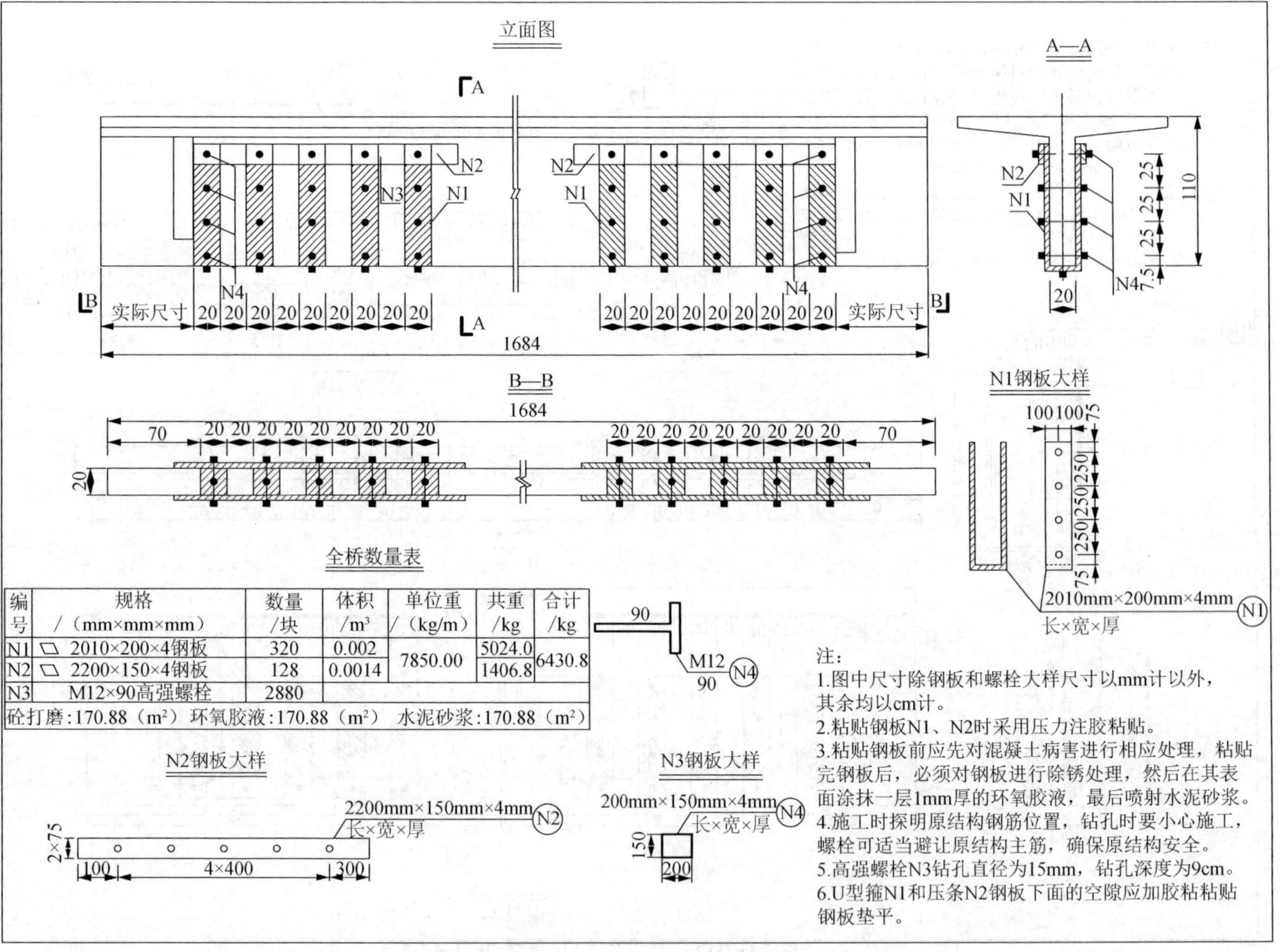

全桥数量表

编号	规格/（mm×mm×mm）	数量/块	体积/m³	单位重/（kg/m）	共重/kg	合计/kg
N1	⏥ 2010×200×4钢板	320	0.002	7850.00	5024.0	6430.8
N2	⏥ 2200×150×4钢板	128	0.0014		1406.8	
N3	M12×90高强螺栓	2880				
砼打磨：170.88（m²）环氧胶液：170.88（m²）水泥砂浆：170.88（m²）						

附图 2.2　主梁钢板加固图

附录 3　10.3 节实例图纸

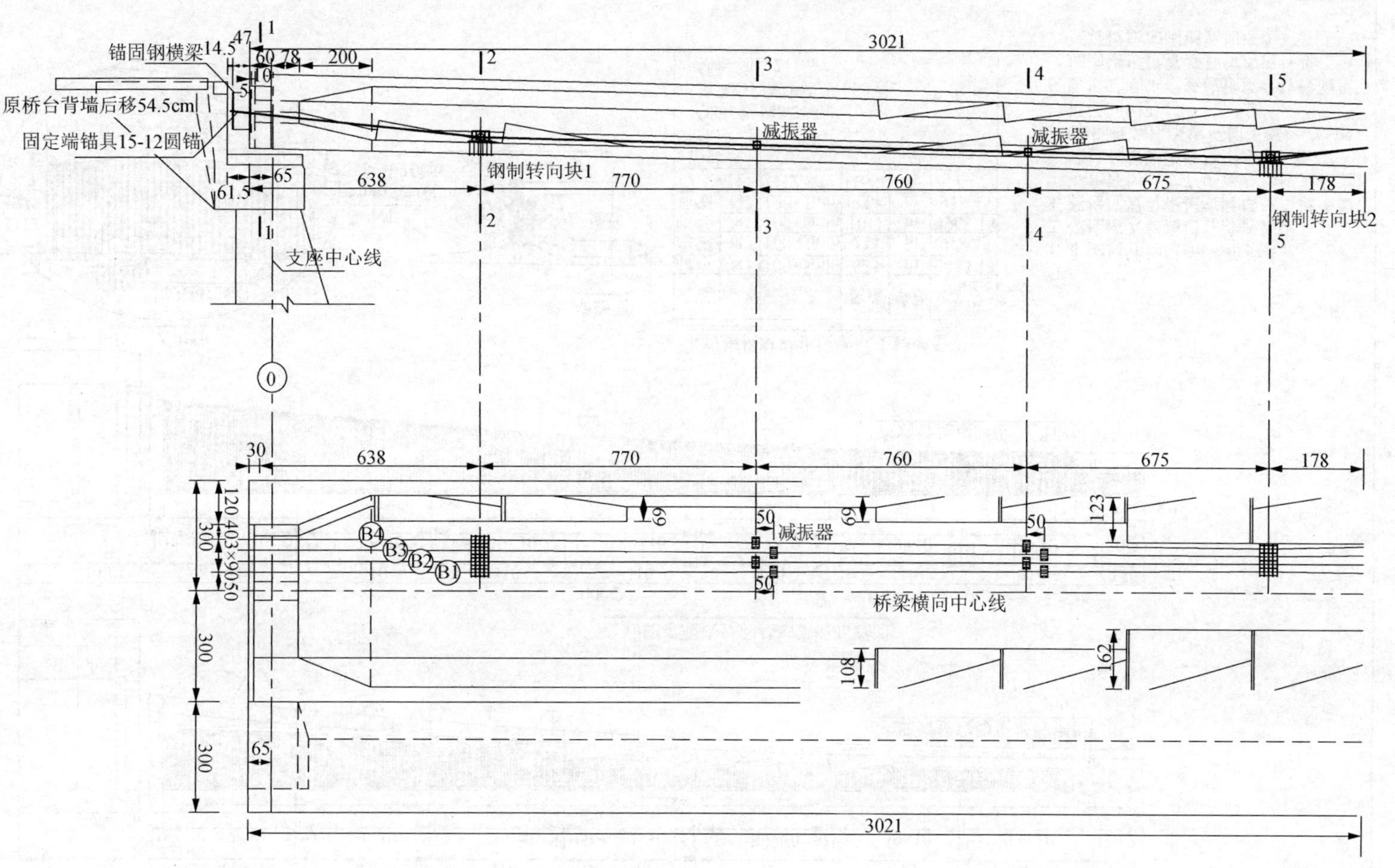

附图 3.1　设计图纸

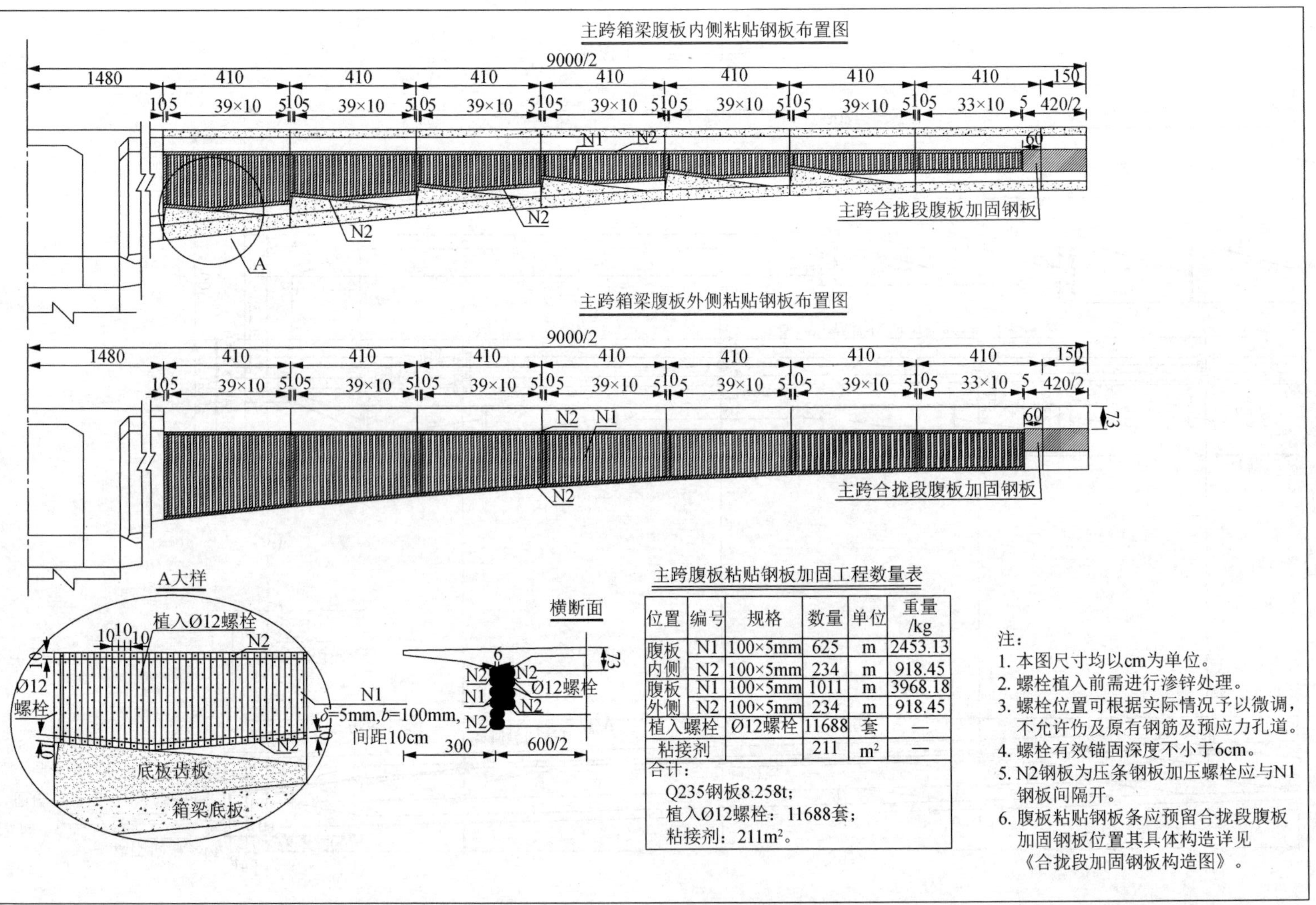

主跨腹板粘贴钢板加固工程数量表

位置	编号	规格	数量	单位	重量/kg
腹板内侧	N1	100×5mm	625	m	2453.13
	N2	100×5mm	234	m	918.45
腹板外侧	N1	100×5mm	1011	m	3968.18
	N2	100×5mm	234	m	918.45
植入螺栓		Ø12螺栓	11688	套	—
粘接剂			211	m²	—
合计： Q235钢板8.258t； 植入Ø12螺栓：11688套； 粘接剂：211m²。					

注：

1. 本图尺寸均以cm为单位。
2. 螺栓植入前需进行渗锌处理。
3. 螺栓位置可根据实际情况予以微调，不允许伤及原有钢筋及预应力孔道。
4. 螺栓有效锚固深度不小于6cm。
5. N2钢板为压条钢板加压螺栓应与N1钢板间隔开。
6. 腹板粘贴钢板条应预留合拢段腹板加固钢板位置其具体构造详见《合拢段加固钢板构造图》。

附图 3.2　主跨腹板粘贴钢板加固构造图

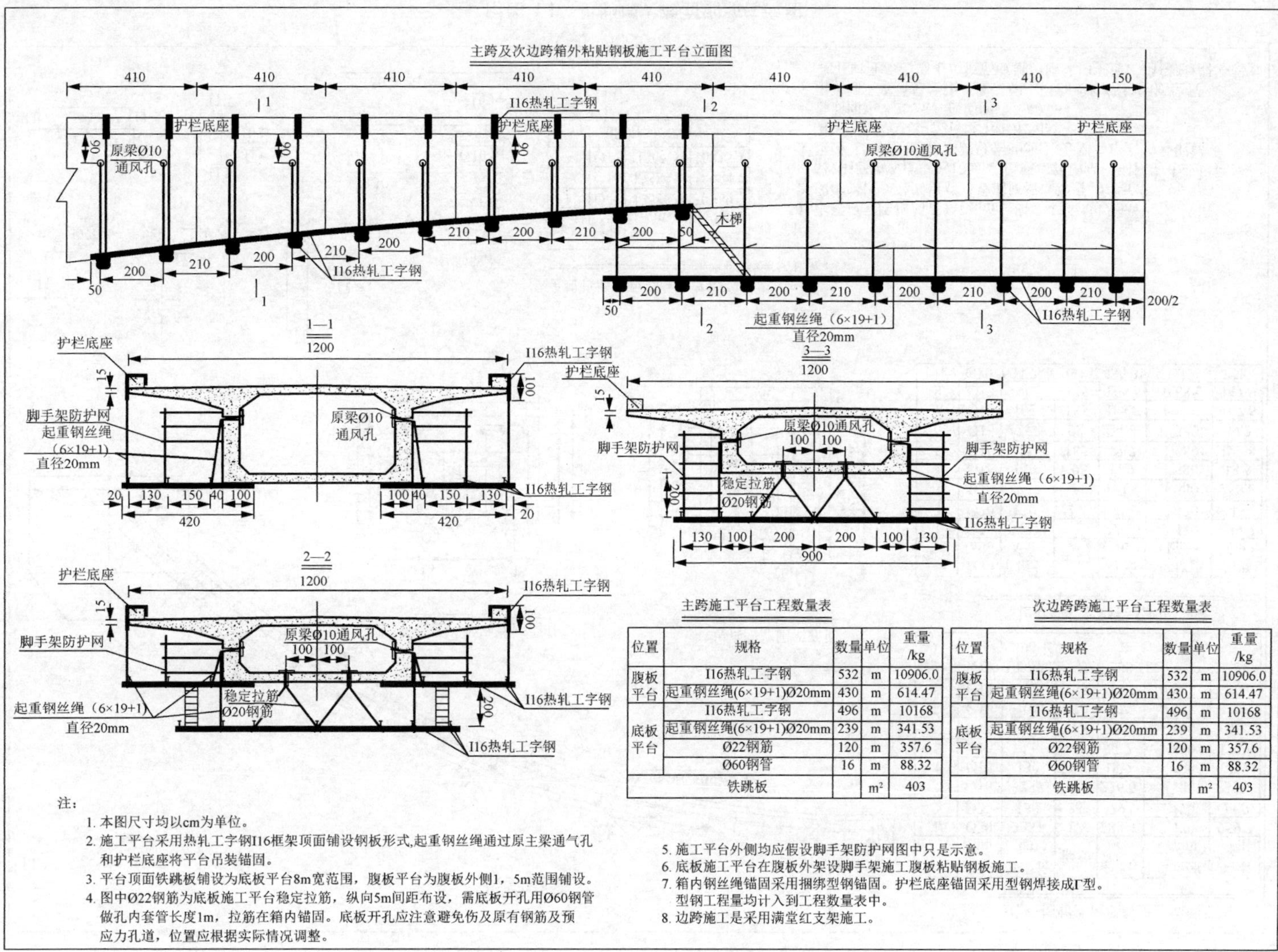

主跨施工平台工程数量表

位置	规格	数量	单位	重量/kg
腹板平台	I16热轧工字钢	532	m	10906.0
	起重钢丝绳(6×19+1)Ø20mm	430	m	614.47
底板平台	I16热轧工字钢	496	m	10168
	起重钢丝绳(6×19+1)Ø20mm	239	m	341.53
	Ø22钢筋	120	m	357.6
	Ø60钢管	16	m	88.32
	铁跳板		m^2	403

次边跨跨施工平台工程数量表

位置	规格	数量	单位	重量/kg
腹板平台	I16热轧工字钢	532	m	10906.0
	起重钢丝绳(6×19+1)Ø20mm	430	m	614.47
底板平台	I16热轧工字钢	496	m	10168
	起重钢丝绳(6×19+1)Ø20mm	239	m	341.53
	Ø22钢筋	120	m	357.6
	Ø60钢管	16	m	88.32
	铁跳板		m^2	403

注：

1. 本图尺寸均以cm为单位。
2. 施工平台采用热轧工字钢I16框架顶面铺设钢板形式,起重钢丝绳通过原主梁通气孔和护栏底座将平台吊装锚固。
3. 平台顶面铁跳板铺设为底板平台8m宽范围，腹板平台为腹板外侧1，5m范围铺设。
4. 图中Ø22钢筋为底板施工平台稳定拉筋，纵向5m间距布设，需底板开孔用Ø60钢管做孔内套管长度1m，拉筋在箱内锚固。底板开孔应注意避免伤及原有钢筋及预应力孔道，位置应根据实际情况调整。
5. 施工平台外侧均应假设脚手架防护网图中只是示意。
6. 底板施工平台在腹板外架设脚手架施工腹板粘贴钢板施工。
7. 箱内钢丝绳锚固采用捆绑型钢锚固。护栏底座锚固采用型钢焊接成Γ型。型钢工程量均计入到工程数量表中。
8. 边跨施工是采用满堂红支架施工。

附图3.3　施工平台构造图

附录 4　10.4.1 节实例图纸

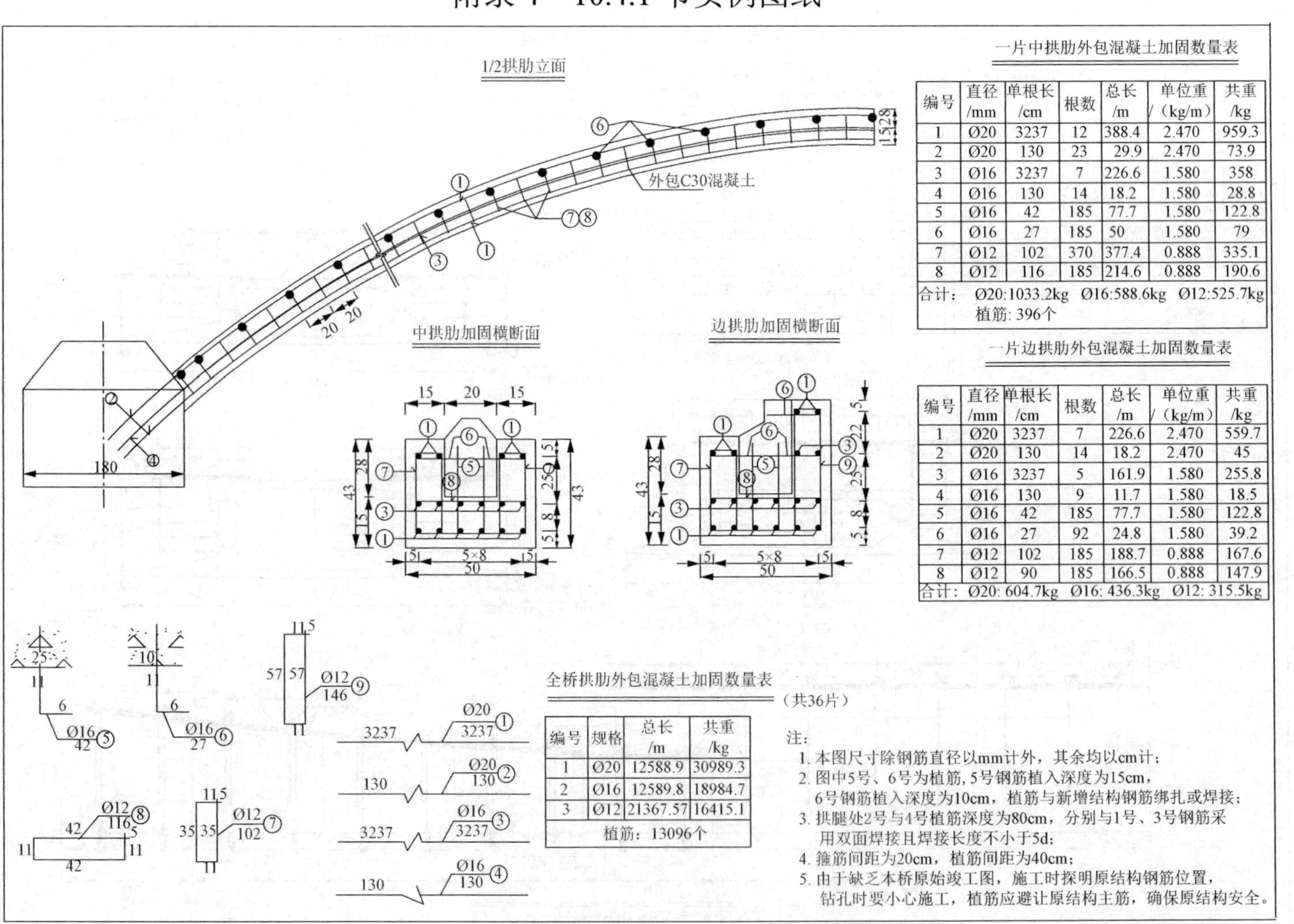

一片中拱肋外包混凝土加固数量表

编号	直径/mm	单根长/cm	根数	总长/m	单位重/（kg/m）	共重/kg
1	Ø20	3237	12	388.4	2.470	959.3
2	Ø20	130	23	29.9	2.470	73.9
3	Ø16	3237	7	226.6	1.580	358
4	Ø16	130	14	18.2	1.580	28.8
5	Ø16	42	185	77.7	1.580	122.8
6	Ø16	27	185	50	1.580	79
7	Ø12	102	370	377.4	0.888	335.1
8	Ø12	116	185	214.6	0.888	190.6
合计：	Ø20:1033.2kg　Ø16:588.6kg　Ø12:525.7kg 植筋: 396个					

一片边拱肋外包混凝土加固数量表

编号	直径/mm	单根长/cm	根数	总长/m	单位重/（kg/m）	共重/kg
1	Ø20	3237	7	226.6	2.470	559.7
2	Ø20	130	14	18.2	2.470	45
3	Ø16	3237	5	161.9	1.580	255.8
4	Ø16	130	9	11.7	1.580	18.5
5	Ø16	42	185	77.7	1.580	122.8
6	Ø16	27	92	24.8	1.580	39.2
7	Ø12	102	185	188.7	0.888	167.6
8	Ø12	90	185	166.5	0.888	147.9
合计：	Ø20: 604.7kg　Ø16: 436.3kg　Ø12: 315.5kg					

全桥拱肋外包混凝土加固数量表（共36片）

编号	规格	总长/m	共重/kg
1	Ø20	12588.9	30989.3
2	Ø16	12589.8	18984.7
3	Ø12	21367.57	16415.1
植筋：13096个			

注：

1. 本图尺寸除钢筋直径以mm计外，其余均以cm计；
2. 图中5号、6号为植筋，5号钢筋植入深度为15cm，6号钢筋植入深度为10cm，植筋与新增结构钢筋绑扎或焊接；
3. 拱腿处2号与4号植筋深度为80cm，分别与1号、3号钢筋采用双面焊接且焊接长度不小于5d；
4. 箍筋间距为20cm，植筋间距为40cm；
5. 由于缺乏本桥原始竣工图，施工时探明原结构钢筋位置，钻孔时要小心施工，植筋应避让原结构主筋，确保原结构安全。

附图 4.1　拱肋增大截面钢筋构造图

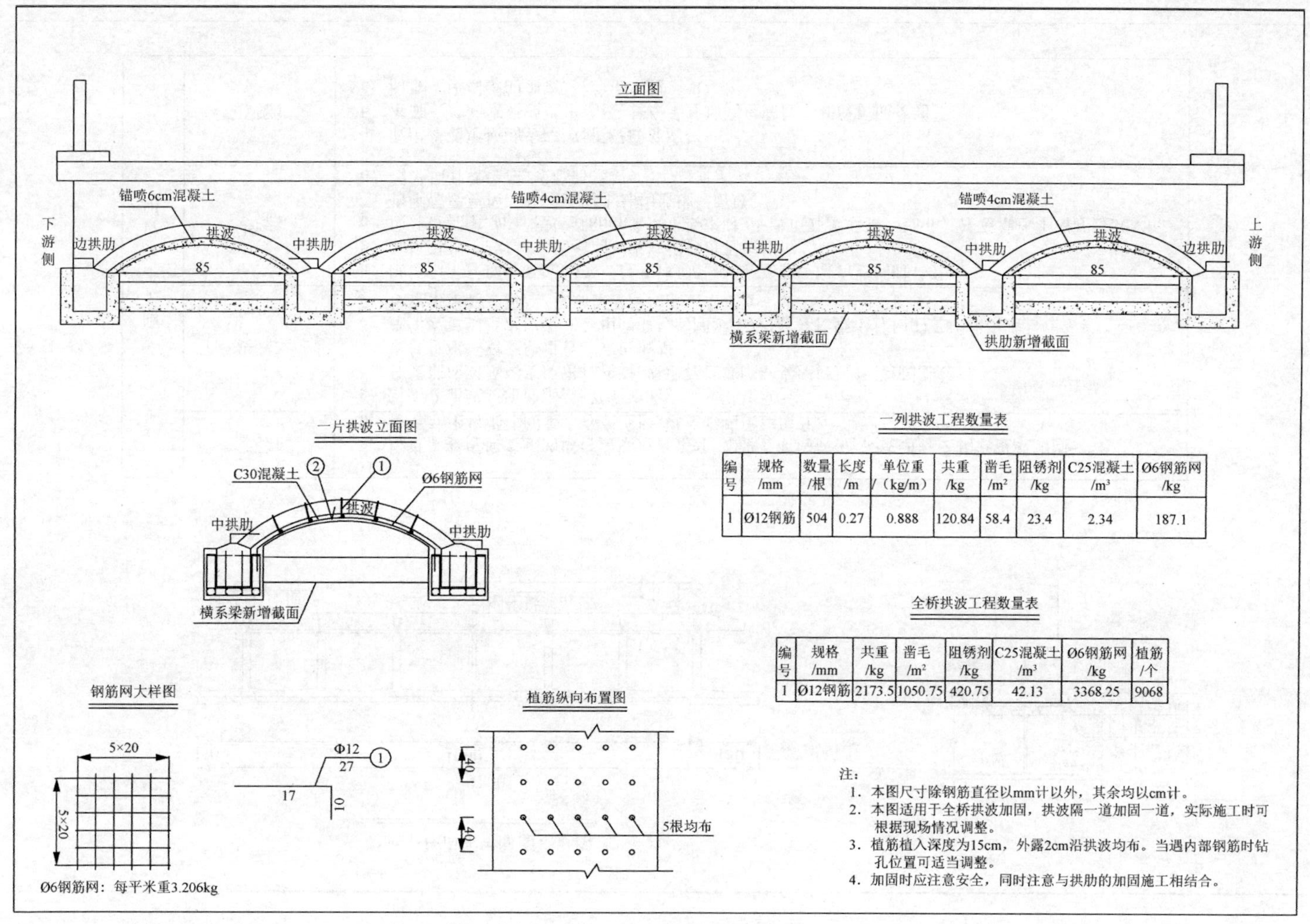

一列拱波工程数量表

编号	规格/mm	数量/根	长度/m	单位重/（kg/m）	共重/kg	凿毛/m²	阻锈剂/kg	C25混凝土/m³	Ø6钢筋网/kg
1	Ø12钢筋	504	0.27	0.888	120.84	58.4	23.4	2.34	187.1

全桥拱波工程数量表

编号	规格/mm	共重/kg	凿毛/m²	阻锈剂/kg	C25混凝土/m³	Ø6钢筋网/kg	植筋/个
1	Ø12钢筋	2173.5	1050.75	420.75	42.13	3368.25	9068

注：
1. 本图尺寸除钢筋直径以mm计以外，其余均以cm计。
2. 本图适用于全桥拱波加固，拱波隔一道加固一道，实际施工时可根据现场情况调整。
3. 植筋植入深度为15cm，外露2cm沿拱波均布。当遇内部钢筋时钻孔位置可适当调整。
4. 加固时应注意安全，同时注意与拱肋的加固施工相结合。

附图 4.2　拱波加固钢筋构造图

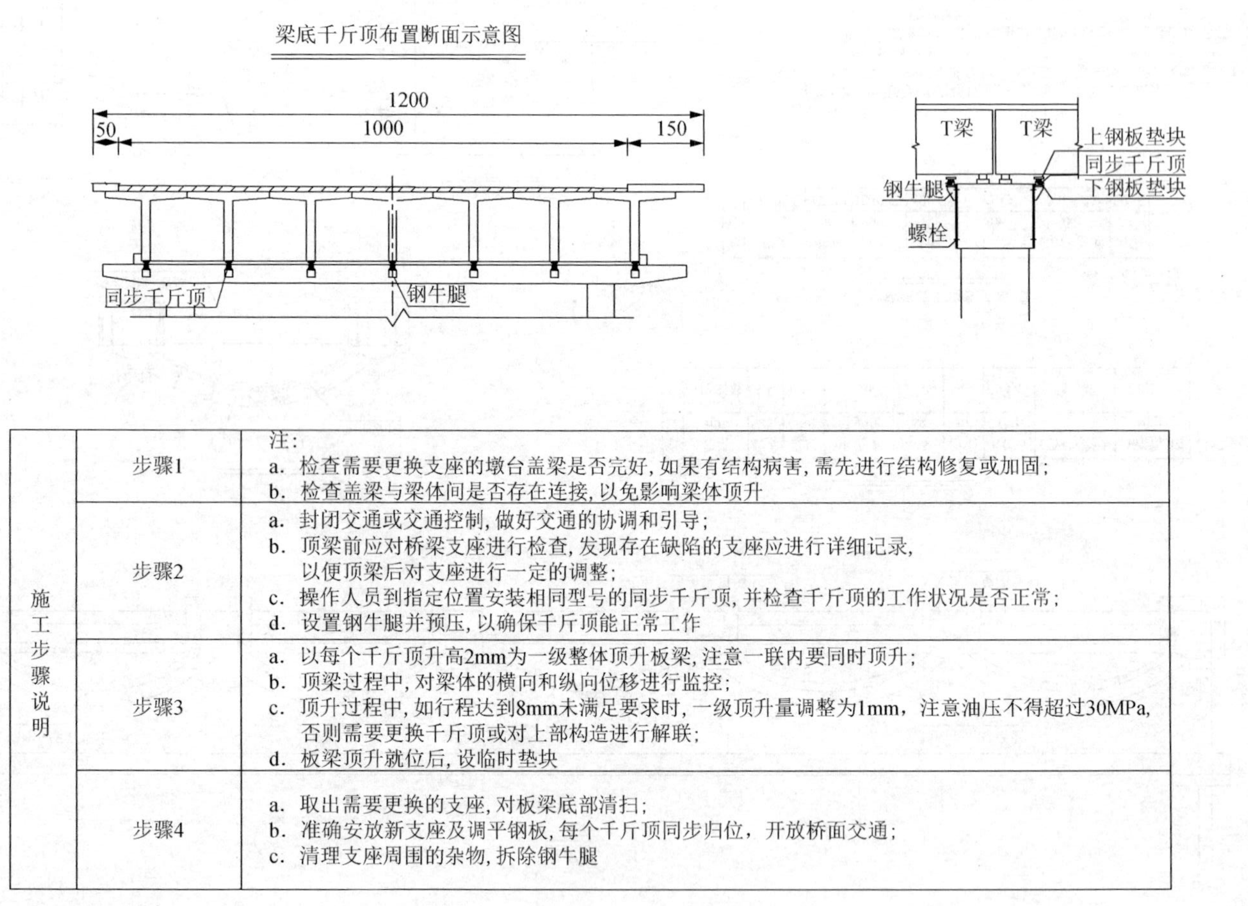

施工步骤说明	步骤1	注： a. 检查需要更换支座的墩台盖梁是否完好，如果有结构病害，需先进行结构修复或加固； b. 检查盖梁与梁体间是否存在连接，以免影响梁体顶升
	步骤2	a. 封闭交通或交通控制，做好交通的协调和引导； b. 顶梁前应对桥梁支座进行检查，发现存在缺陷的支座应进行详细记录，以便顶梁后对支座进行一定的调整； c. 操作人员到指定位置安装相同型号的同步千斤顶，并检查千斤顶的工作状况是否正常； d. 设置钢牛腿并预压，以确保千斤顶能正常工作
	步骤3	a. 以每个千斤顶升高2mm为一级整体顶升板梁，注意一联内要同时顶升； b. 顶梁过程中，对梁体的横向和纵向位移进行监控； c. 顶升过程中，如行程达到8mm未满足要求时，一级顶升量调整为1mm，注意油压不得超过30MPa，否则需要更换千斤顶或对上部构造进行解联； d. 板梁顶升就位后，设临时垫块
	步骤4	a. 取出需要更换的支座，对板梁底部清扫； b. 准确安放新支座及调平钢板，每个千斤顶同步归位，开放桥面交通； c. 清理支座周围的杂物，拆除钢牛腿

附图 4.3　支座更换过程示意图

附录 5　10.4.2 节实例图纸

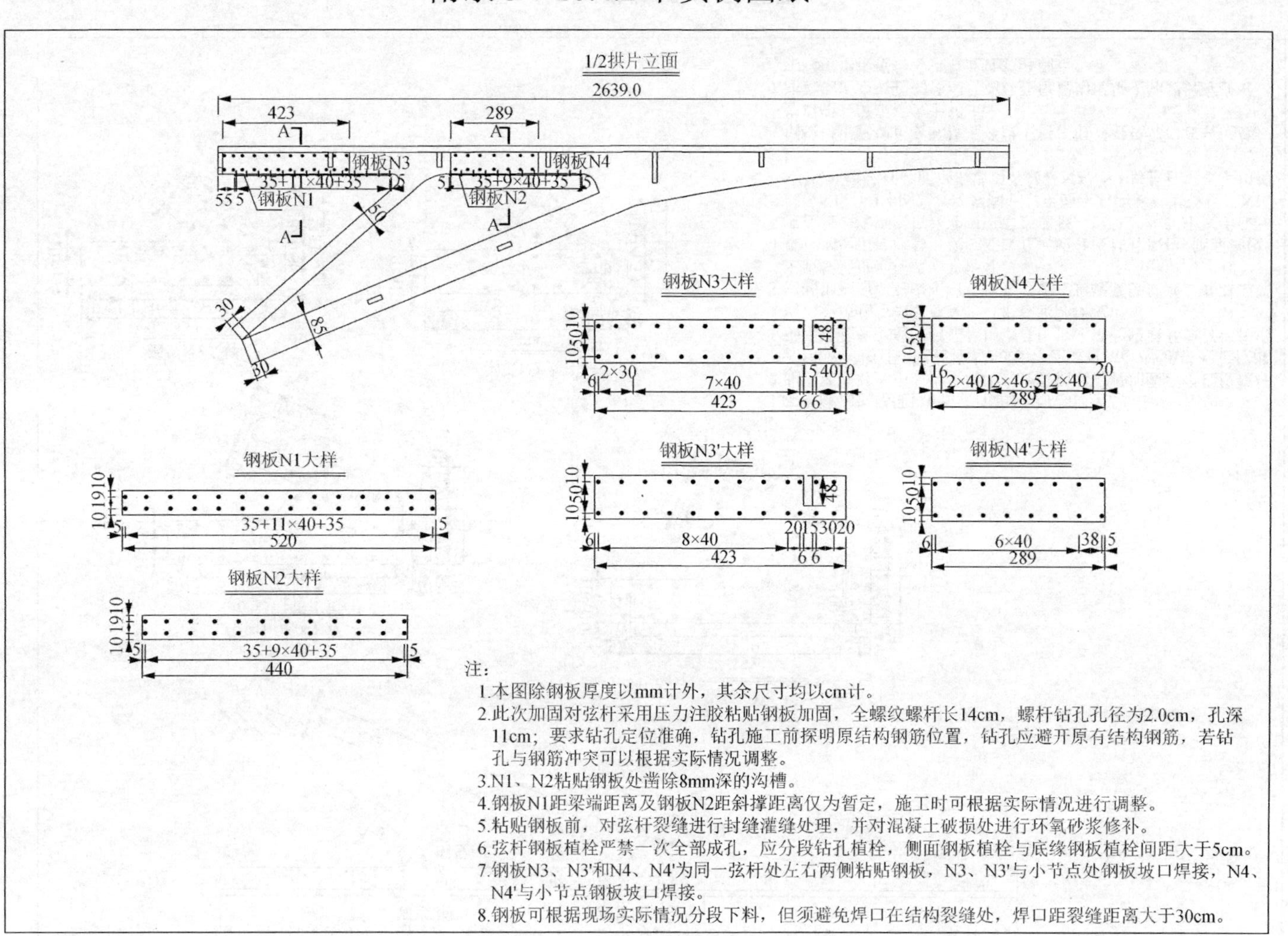

注：

1.本图除钢板厚度以mm计外，其余尺寸均以cm计。

2.此次加固对弦杆采用压力注胶粘贴钢板加固，全螺纹螺杆长14cm，螺杆钻孔孔径为2.0cm，孔深11cm；要求钻孔定位准确，钻孔施工前探明原结构钢筋位置，钻孔应避开原有结构钢筋，若钻孔与钢筋冲突可以根据实际情况调整。

3.N1、N2粘贴钢板处凿除8mm深的沟槽。

4.钢板N1距梁端距离及钢板N2距斜撑距离仅为暂定，施工时可根据实际情况进行调整。

5.粘贴钢板前，对弦杆裂缝进行封缝灌缝处理，并对混凝土破损处进行环氧砂浆修补。

6.弦杆钢板植栓严禁一次全部成孔，应分段钻孔植栓，侧面钢板植栓与底缘钢板植栓间距大于5cm。

7.钢板N3、N3'和N4、N4'为同一弦杆处左右两侧粘贴钢板，N3、N3'与小节点处钢板坡口焊接，N4、N4'与小节点钢板坡口焊接。

8.钢板可根据现场实际情况分段下料，但须避免焊口在结构裂缝处，焊口距裂缝距离大于30cm。

附图 5.1　弦杆粘贴钢板加固图（一）

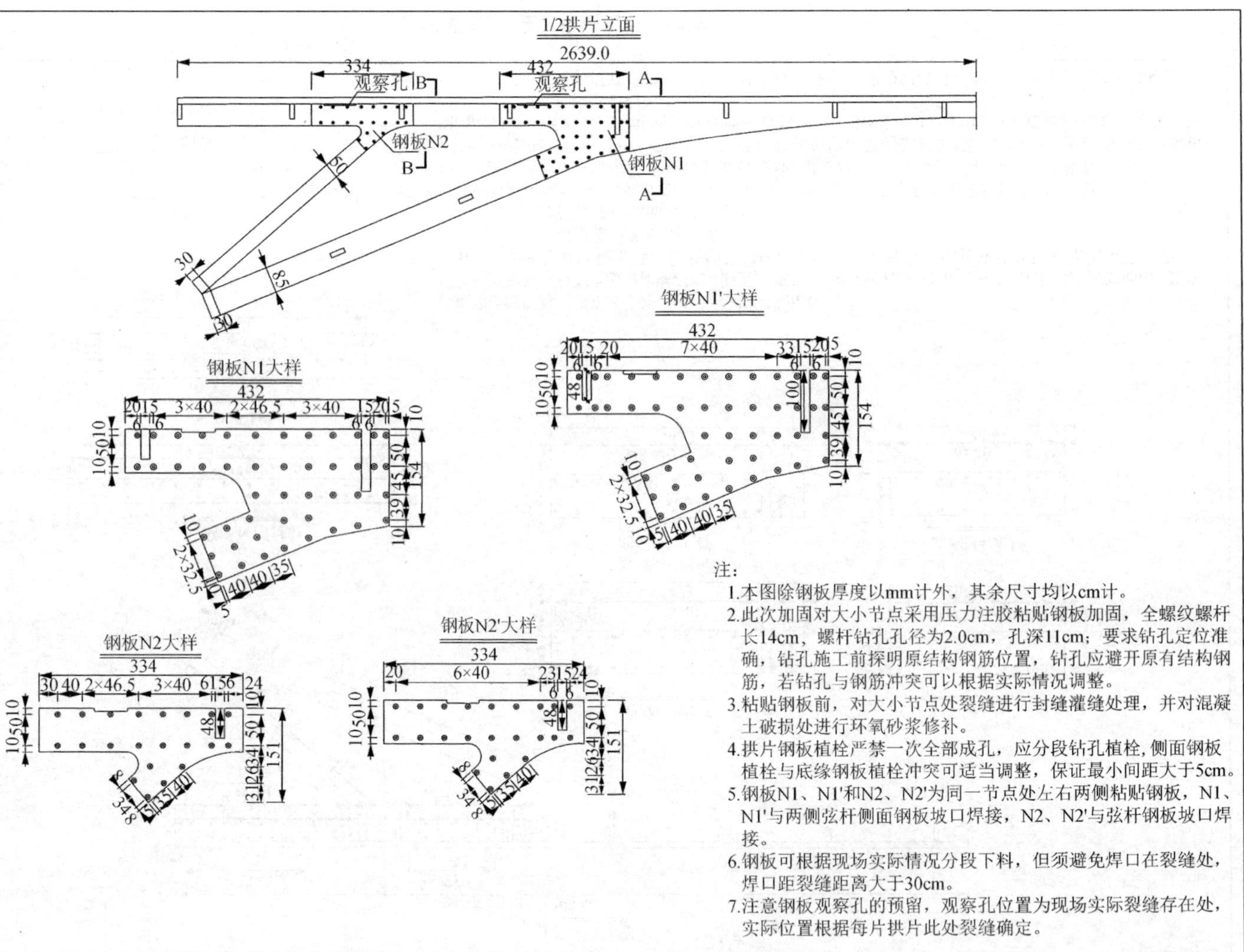

附图 5.2　大小节点粘贴钢板加固图（一）

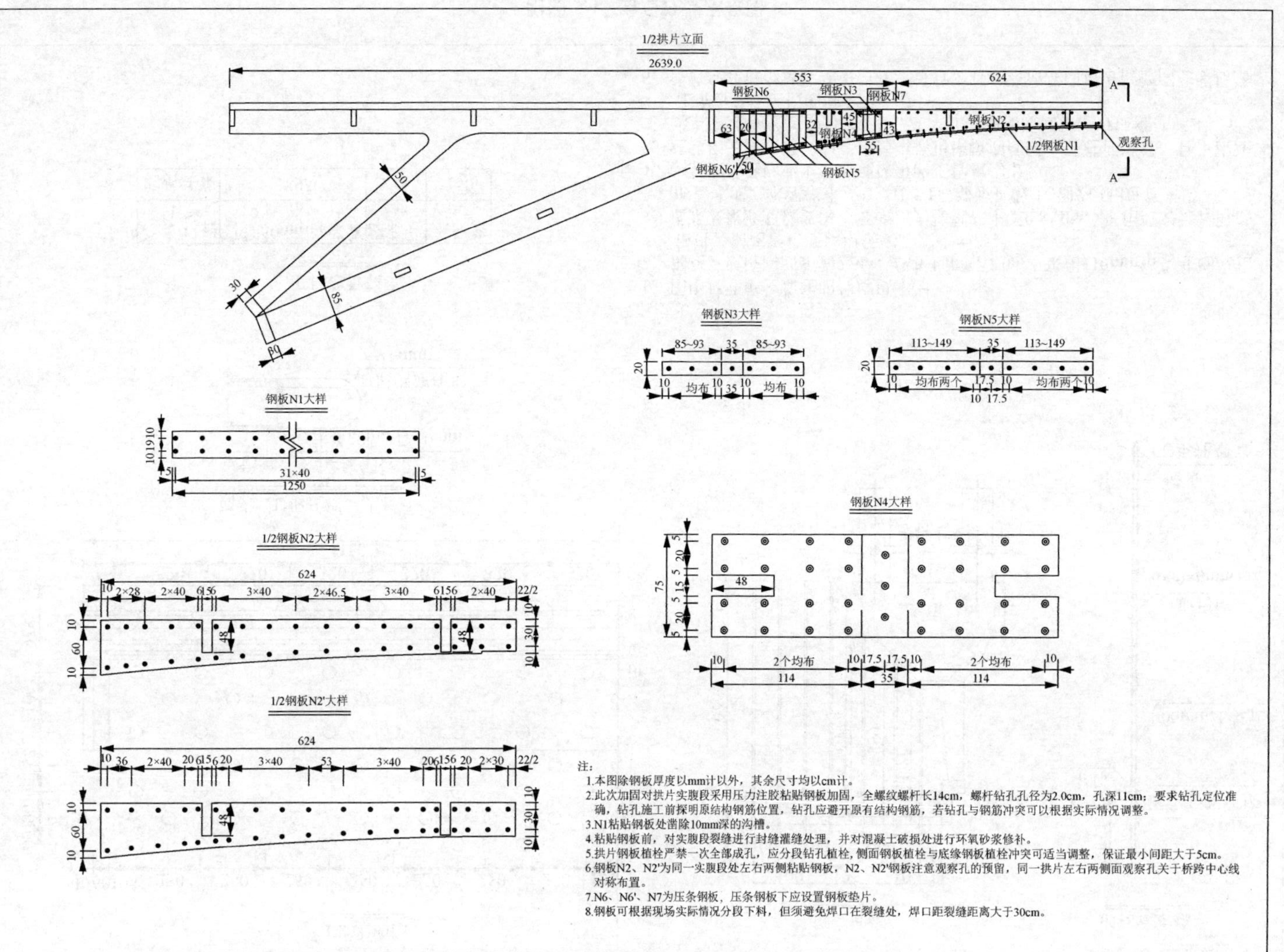

附图 5.3　实腹段粘贴钢板加固图（一）

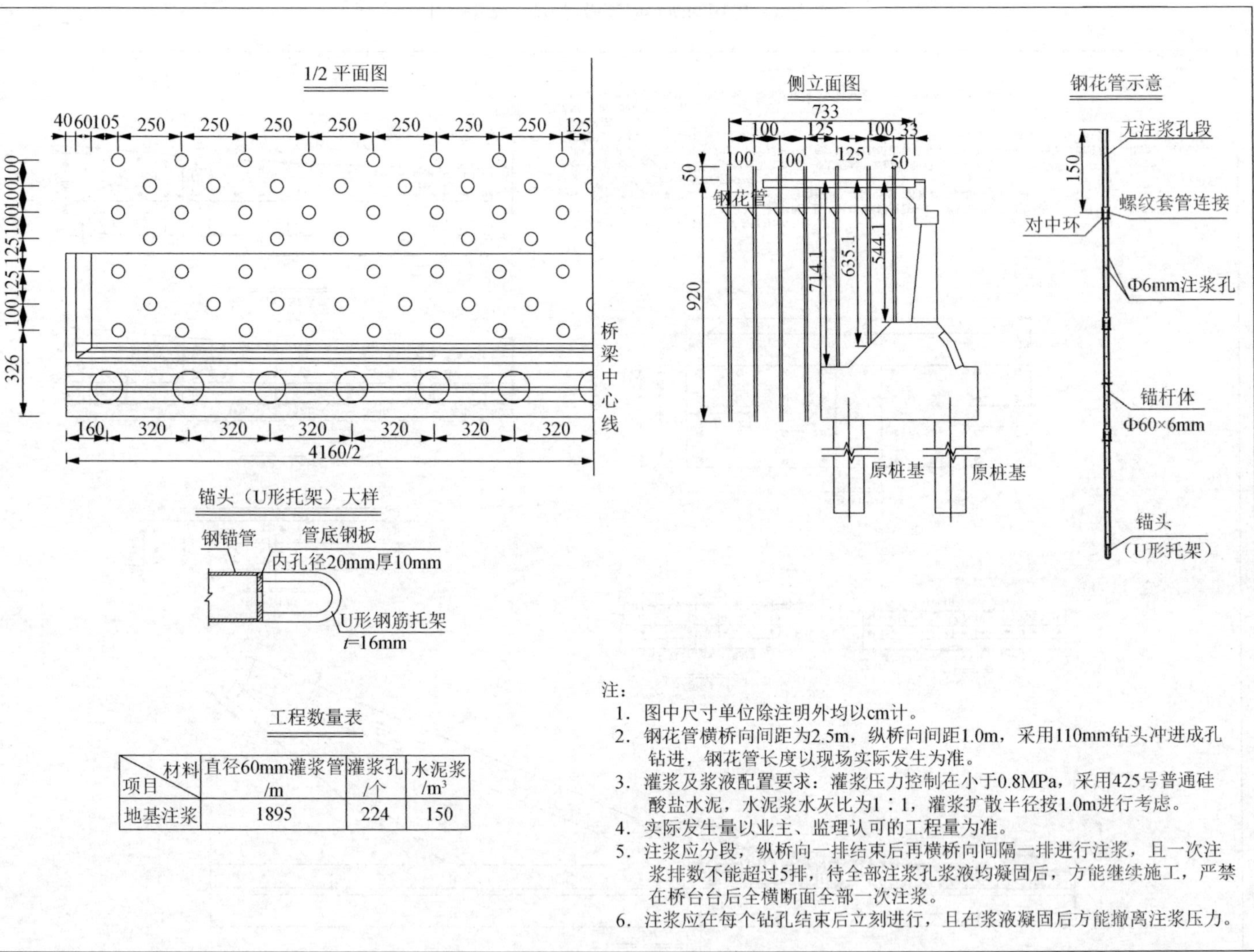

工程数量表

项目＼材料	直径60mm灌浆管/m	灌浆孔/个	水泥浆/m³
地基注浆	1895	224	150

注：

1. 图中尺寸单位除注明外均以cm计。
2. 钢花管横桥向间距为2.5m，纵桥向间距1.0m，采用110mm钻头冲进成孔钻进，钢花管长度以现场实际发生为准。
3. 灌浆及浆液配置要求：灌浆压力控制在小于0.8MPa，采用425号普通硅酸盐水泥，水泥浆水灰比为1∶1，灌浆扩散半径按1.0m进行考虑。
4. 实际发生量以业主、监理认可的工程量为准。
5. 注浆应分段，纵桥向一排结束后再横桥向间隔一排进行注浆，且一次注浆排数不能超过5排，待全部注浆孔浆液均凝固后，方能继续施工，严禁在桥台台后全横断面全部一次注浆。
6. 注浆应在每个钻孔结束后立刻进行，且在浆液凝固后方能撤离注浆压力。

附图 5.4　台后注浆示意图

附录 6　10.5 节实例图纸

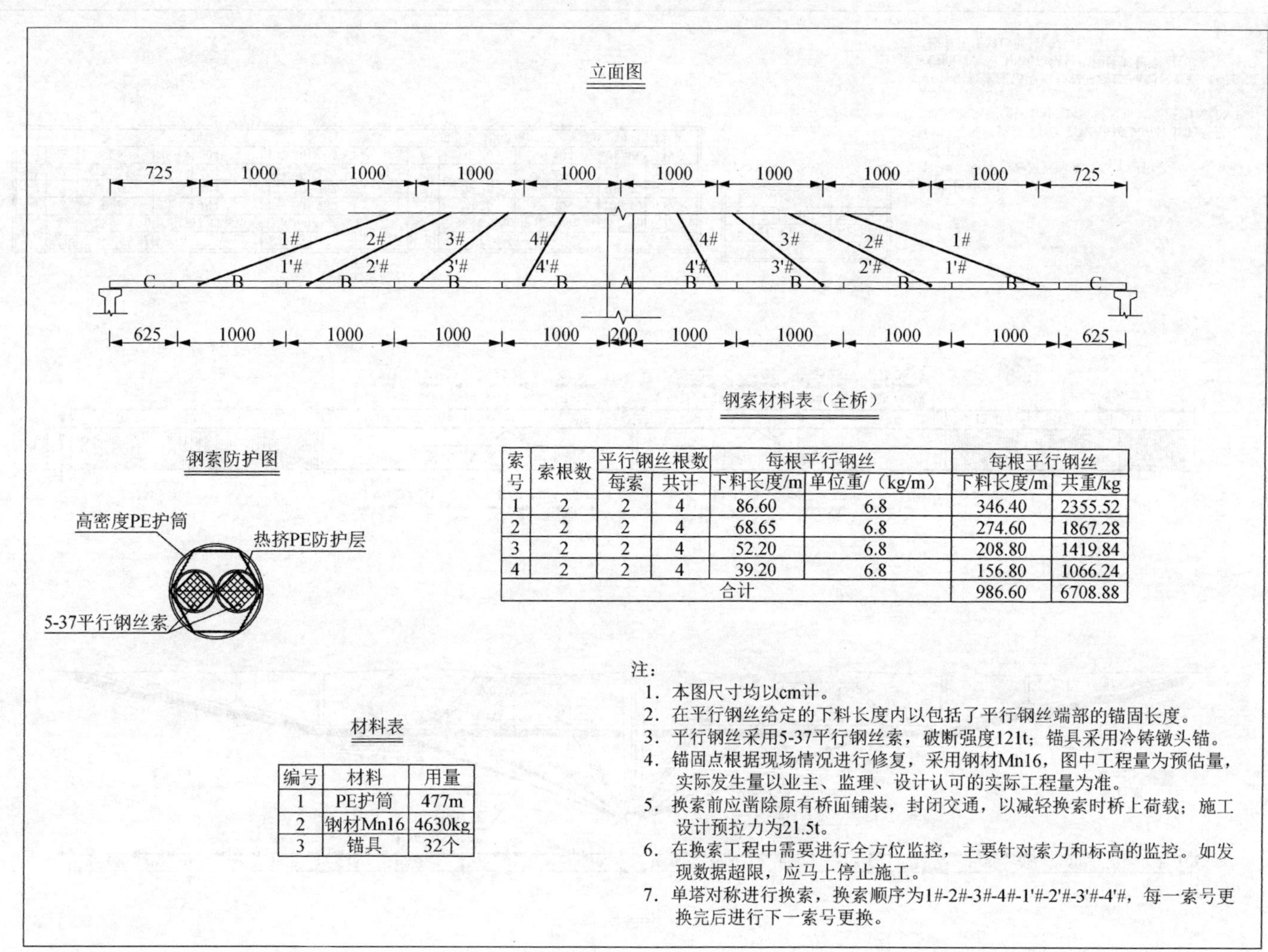

钢索材料表（全桥）

索号	索根数	平行钢丝根数		每根平行钢丝		每根平行钢丝	
		每索	共计	下料长度/m	单位重/（kg/m）	下料长度/m	共重/kg
1	2	2	4	86.60	6.8	346.40	2355.52
2	2	2	4	68.65	6.8	274.60	1867.28
3	2	2	4	52.20	6.8	208.80	1419.84
4	2	2	4	39.20	6.8	156.80	1066.24
合计						986.60	6708.88

材料表

编号	材料	用量
1	PE护筒	477m
2	钢材Mn16	4630kg
3	锚具	32个

注：
1. 本图尺寸均以cm计。
2. 在平行钢丝给定的下料长度内以包括了平行钢丝端部的锚固长度。
3. 平行钢丝采用5-37平行钢丝索，破断强度121t；锚具采用冷铸镦头锚。
4. 锚固点根据现场情况进行修复，采用钢材Mn16，图中工程量为预估量，实际发生量以业主、监理、设计认可的实际工程量为准。
5. 换索前应凿除原有桥面铺装，封闭交通，以减轻换索时桥上荷载；施工设计预拉力为21.5t。
6. 在换索工程中需要进行全方位监控，主要针对索力和标高的监控。如发现数据超限，应马上停止施工。
7. 单塔对称进行换索，换索顺序为1#-2#-3#-4#-1'#-2'#-3'#-4'#，每一索号更换完后进行下一索号更换。

附图 6.1　斜拉索更换示意图

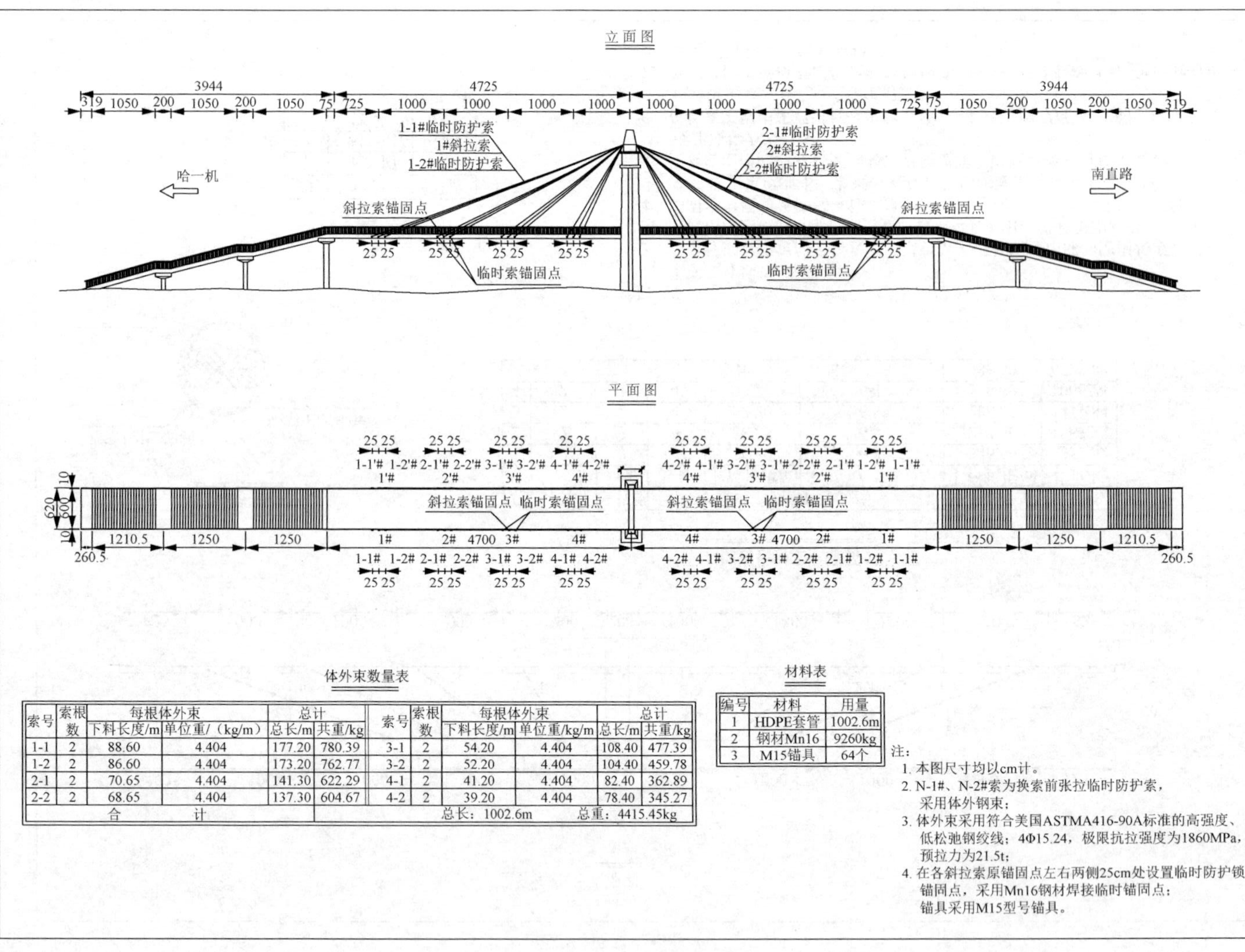

体外束数量表

索号	索根数	每根体外束		总计		索号	索根数	每根体外束		总计	
		下料长度/m	单位重/（kg/m）	总长/m	共重/kg			下料长度/m	单位重/kg/m	总长/m	共重/kg
1-1	2	88.60	4.404	177.20	780.39	3-1	2	54.20	4.404	108.40	477.39
1-2	2	86.60	4.404	173.20	762.77	3-2	2	52.20	4.404	104.40	459.78
2-1	2	70.65	4.404	141.30	622.29	4-1	2	41.20	4.404	82.40	362.89
2-2	2	68.65	4.404	137.30	604.67	4-2	2	39.20	4.404	78.40	345.27
合计				总长：1002.6m					总重：4415.45kg		

材料表

编号	材料	用量
1	HDPE套管	1002.6m
2	钢材Mn16	9260kg
3	M15锚具	64个

注：

1. 本图尺寸均以cm计。
2. N-1#、N-2#索为换索前张拉临时防护索，采用体外钢束；
3. 体外束采用符合美国ASTMA416-90A标准的高强度、低松弛钢绞线：4Φ15.24，极限抗拉强度为1860MPa，预拉力为21.5t；
4. 在各斜拉索原锚固点左右两侧25cm处设置临时防护锁锚固点，采用Mn16钢材焊接临时锚固点；锚具采用M15型号锚具。

附图 6.2　临时拉索示意图

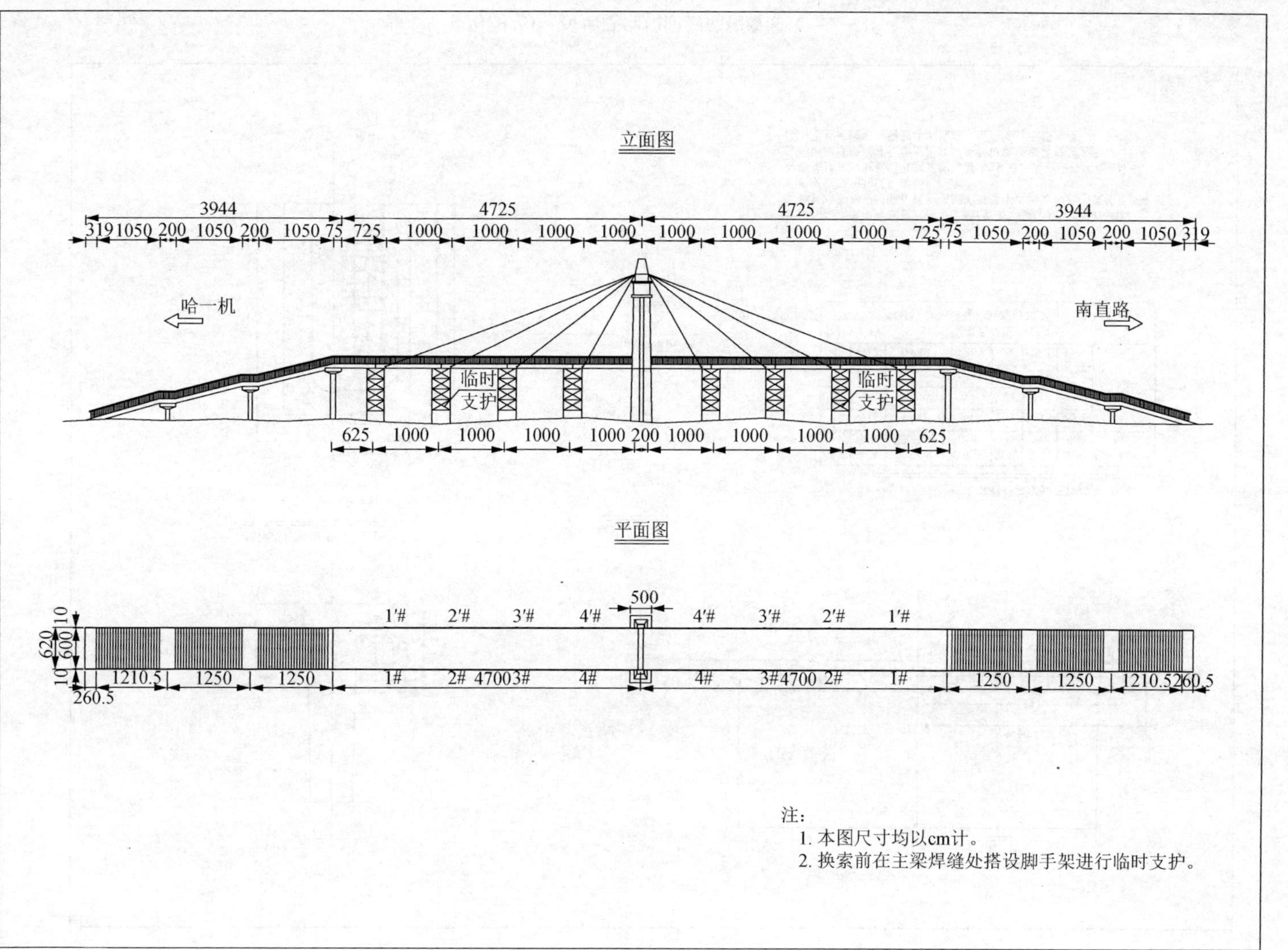

附图 6.3　临时支架示意图

附录 7　10.6.1 节实例图纸

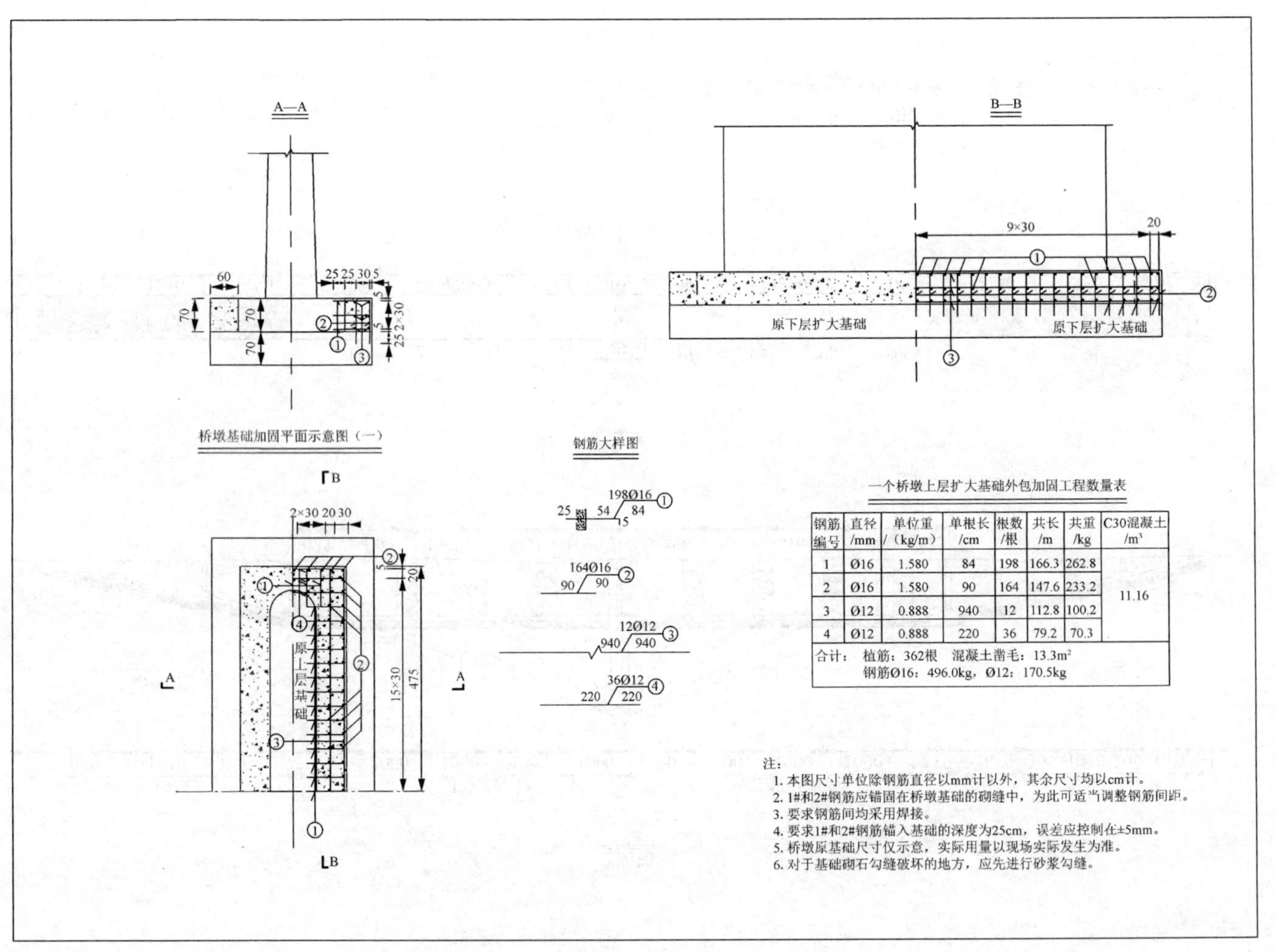

一个桥墩上层扩大基础外包加固工程数量表

钢筋编号	直径/mm	单位重/（kg/m）	单根长/cm	根数/根	共长/m	共重/kg	C30混凝土/m³
1	Ø16	1.580	84	198	166.3	262.8	11.16
2	Ø16	1.580	90	164	147.6	233.2	
3	Ø12	0.888	940	12	112.8	100.2	
4	Ø12	0.888	220	36	79.2	70.3	
合计：植筋：362根　混凝土凿毛：13.3m²　钢筋Ø16：496.0kg，Ø12：170.5kg							

注：
1. 本图尺寸单位除钢筋直径以mm计以外，其余尺寸均以cm计。
2. 1#和2#钢筋应锚固在桥墩基础的砌缝中，为此可适当调整钢筋间距。
3. 要求钢筋间均采用焊接。
4. 要求1#和2#钢筋锚入基础的深度为25cm，误差应控制在±5mm。
5. 桥墩原基础尺寸仅示意，实际用量以现场实际发生为准。
6. 对于基础砌石勾缝破坏的地方，应先进行砂浆勾缝。

附图 7.1　桥墩基础加固钢筋构造图（一）

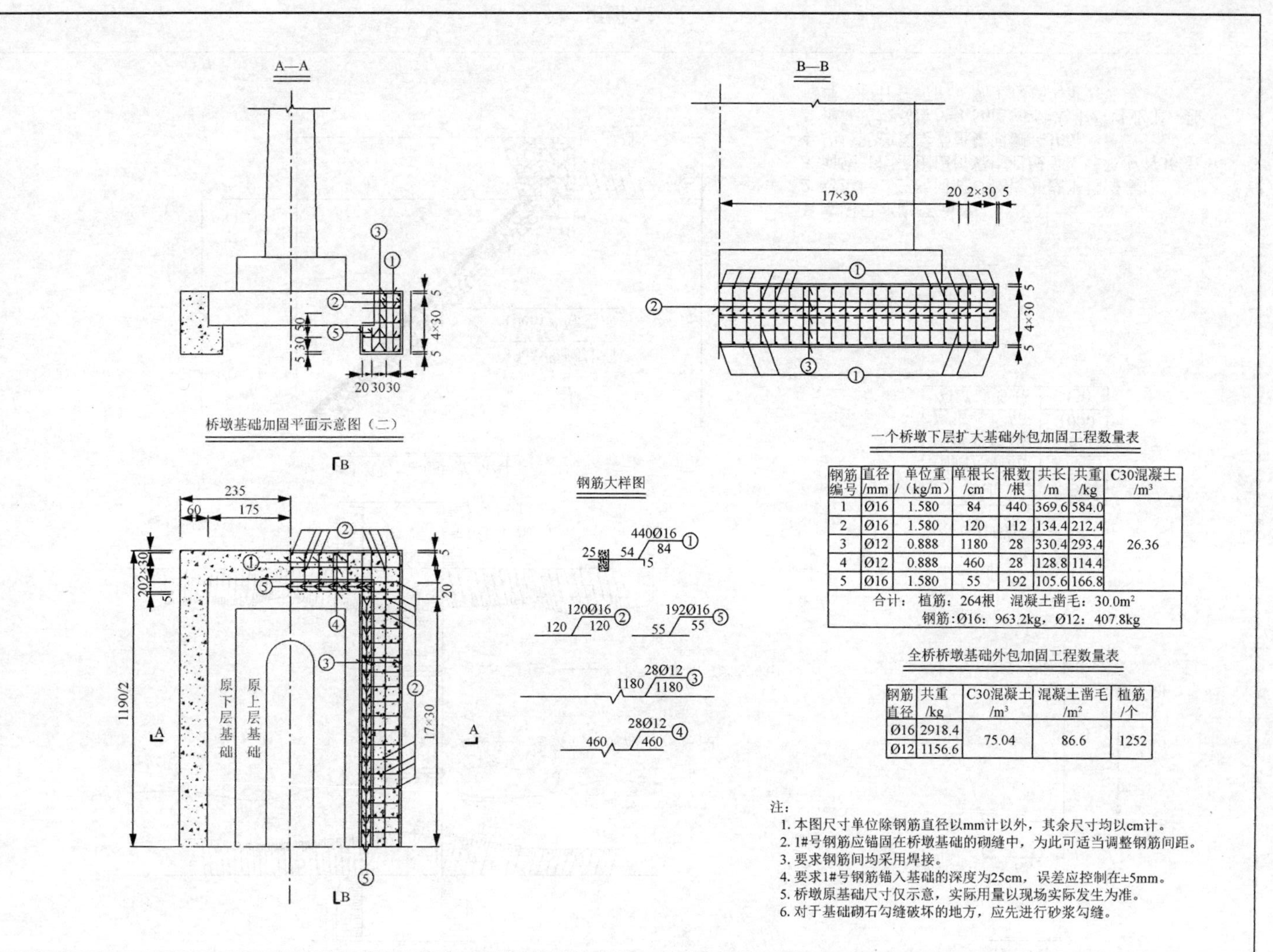

一个桥墩下层扩大基础外包加固工程数量表

钢筋编号	直径/mm	单位重/（kg/m）	单根长/cm	根数/根	共长/m	共重/kg	C30混凝土/m³
1	Ø16	1.580	84	440	369.6	584.0	26.36
2	Ø16	1.580	120	112	134.4	212.4	
3	Ø12	0.888	1180	28	330.4	293.4	
4	Ø12	0.888	460	28	128.8	114.4	
5	Ø16	1.580	55	192	105.6	166.8	
合计：植筋：264根　混凝土凿毛：30.0m² 钢筋:Ø16：963.2kg，Ø12：407.8kg							

全桥桥墩基础外包加固工程数量表

钢筋直径	共重/kg	C30混凝土/m³	混凝土凿毛/m²	植筋/个
Ø16	2918.4	75.04	86.6	1252
Ø12	1156.6			

注：
1. 本图尺寸单位除钢筋直径以mm计以外，其余尺寸均以cm计。
2. 1#号钢筋应锚固在桥墩基础的砌缝中，为此可适当调整钢筋间距。
3. 要求钢筋间均采用焊接。
4. 要求1#号钢筋锚入基础的深度为25cm，误差应控制在±5mm。
5. 桥墩原基础尺寸仅示意，实际用量以现场实际发生为准。
6. 对于基础砌石勾缝破坏的地方，应先进行砂浆勾缝。

附图 7.2　设计图纸

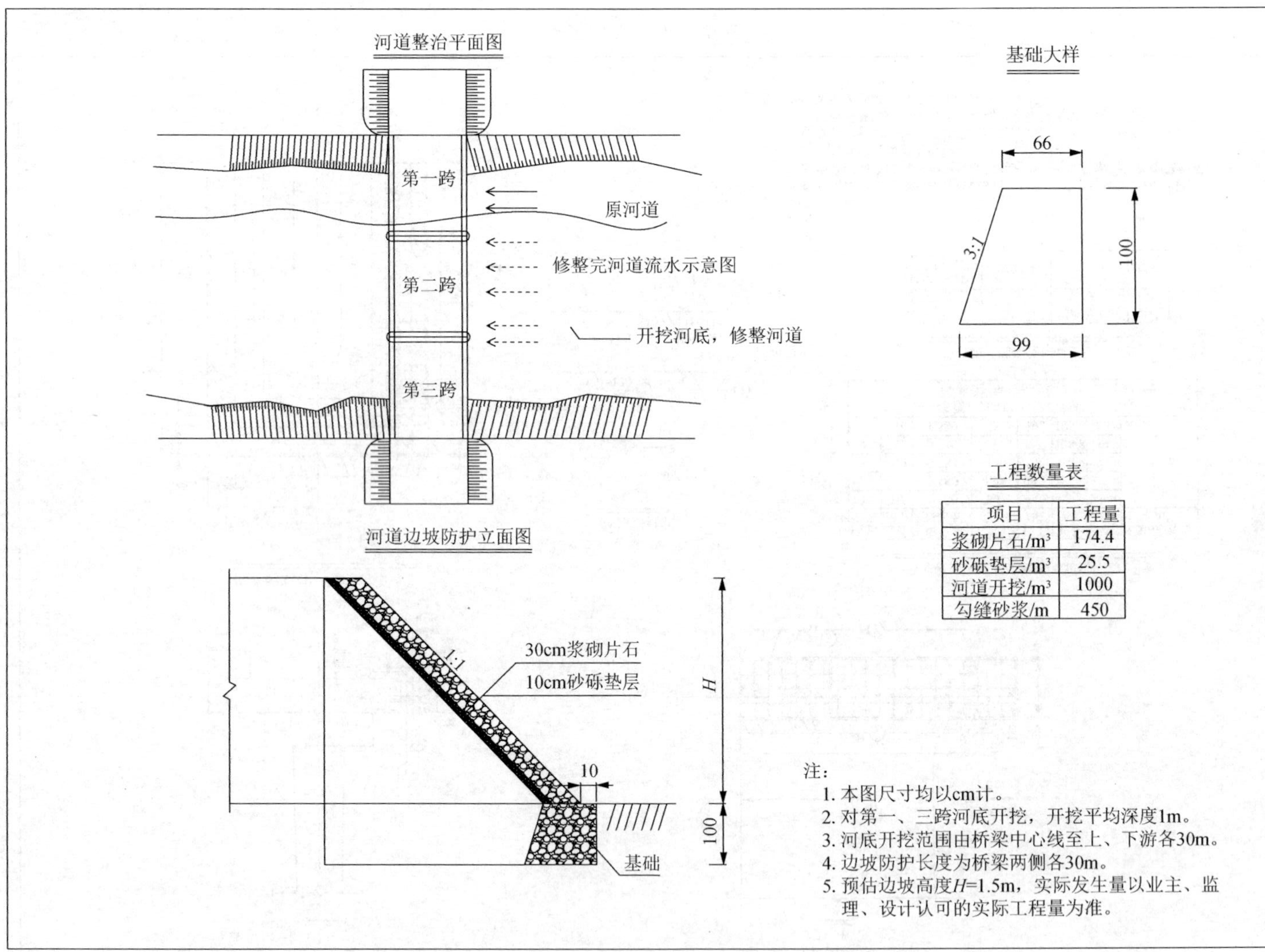

工程数量表

项目	工程量
浆砌片石/m³	174.4
砂砾垫层/m³	25.5
河道开挖/m³	1000
勾缝砂浆/m	450

注：
1. 本图尺寸均以cm计。
2. 对第一、三跨河底开挖，开挖平均深度1m。
3. 河底开挖范围由桥梁中心线至上、下游各30m。
4. 边坡防护长度为桥梁两侧各30m。
5. 预估边坡高度H=1.5m，实际发生量以业主、监理、设计认可的实际工程量为准。

附图 7.3

附录 8　10.6.2 节实例图纸

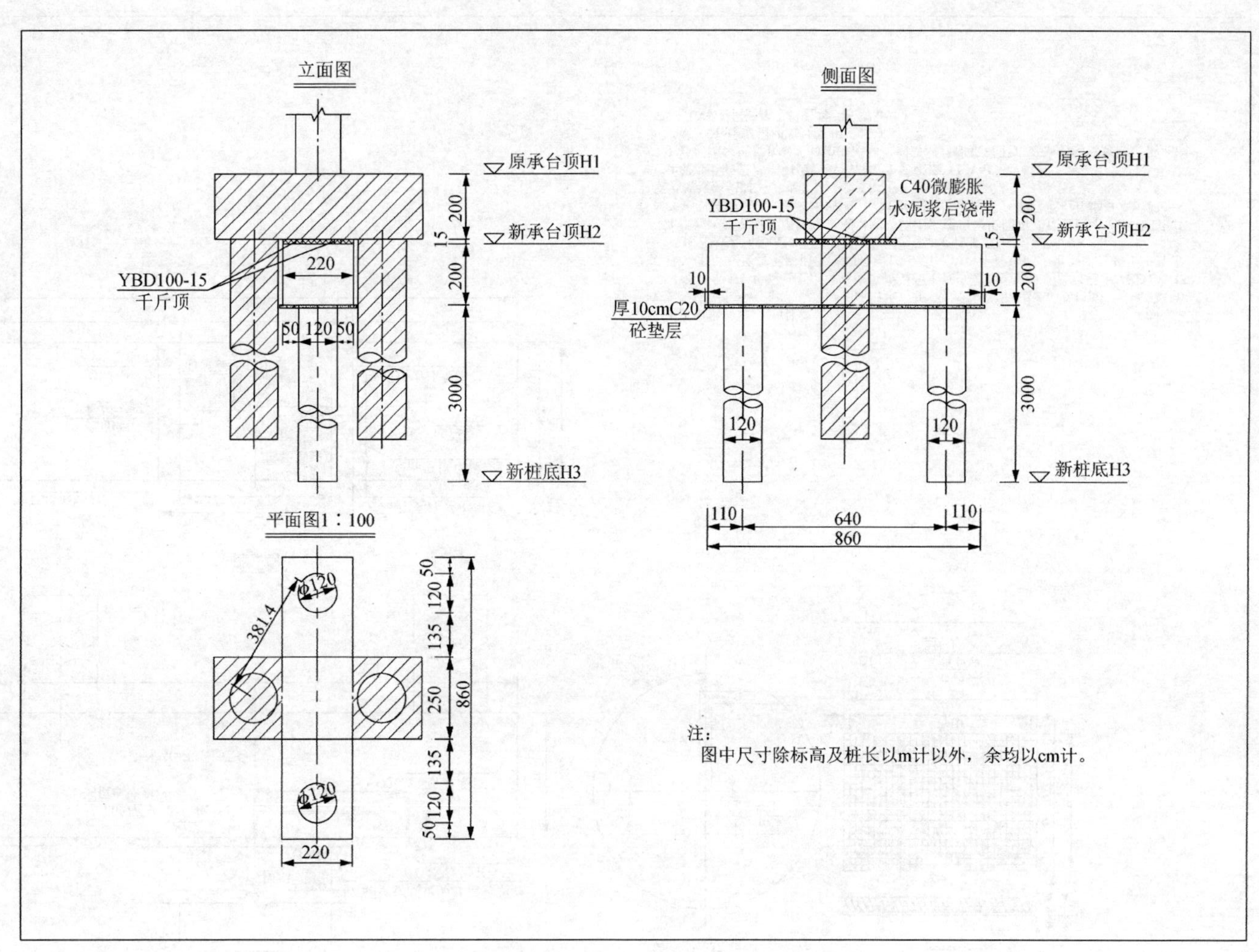

附图 8.1　设计图（一）

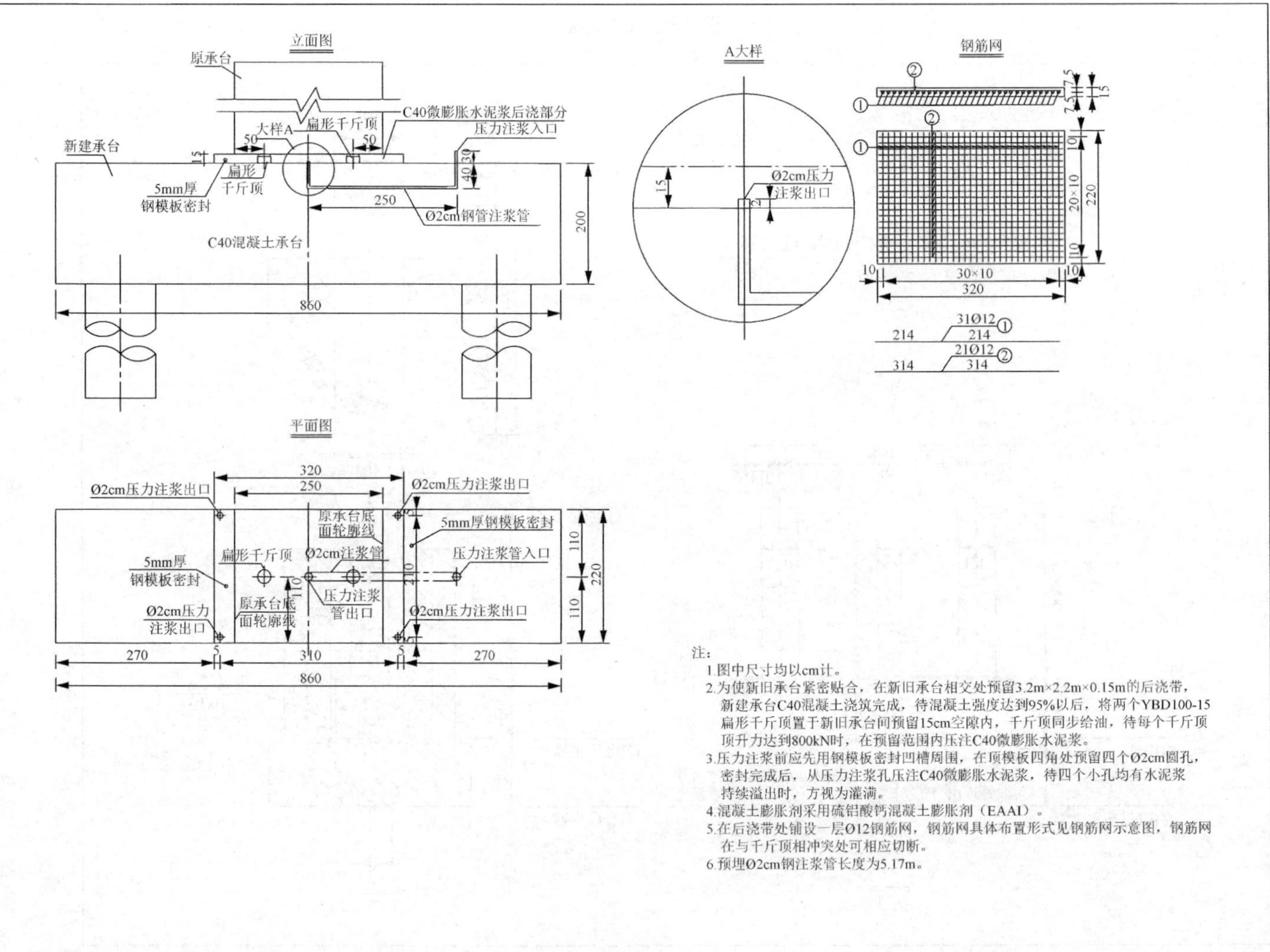

立面图
原承台
新建承台
大样A
扁形千斤顶
C40微膨胀水泥浆后浇部分
压力注浆入口
5mm厚
钢模板密封
Ø2cm钢管注浆管
C40混凝土承台
860
200
250
A大样
Ø2cm压力
注浆出口
钢筋网
31Ø12
21Ø12
30×10
320
20×10
220
平面图
Ø2cm压力注浆出口
原承台底
面轮廓线
5mm厚钢模板密封
Ø2cm注浆管
压力注浆管入口
压力注浆
管出口
Ø2cm压力
注浆出口
270
310
注：
1.图中尺寸均以cm计。
2.为使新旧承台紧密贴合，在新旧承台相交处预留3.2m×2.2m×0.15m的后浇带，新建承台C40混凝土浇筑完成，待混凝土强度达到95%以后，将两个YBD100-15扁形千斤顶置于新旧承台间预留15cm空隙内，千斤顶同步给油，待每个千斤顶顶升力达到800kN时，在预留范围内压注C40微膨胀水泥浆。
3.压力注浆前应先用钢模板密封凹槽周围，在顶模板四角处预留四个Ø2cm圆孔，密封完成后，从压力注浆孔压注C40微膨胀水泥浆，待四个小孔均有水泥浆持续溢出时，方视为灌满。
4.混凝土膨胀剂采用硫铝酸钙混凝土膨胀剂（EAAI）。
5.在后浇带处铺设一层Ø12钢筋网，钢筋网具体布置形式见钢筋网示意图，钢筋网在与千斤顶相冲突处可相应切断。
6.预埋Ø2cm钢注浆管长度为5.17m。

附图 8.2 设计图（二）

附录 9　10.6.3 节实例图纸

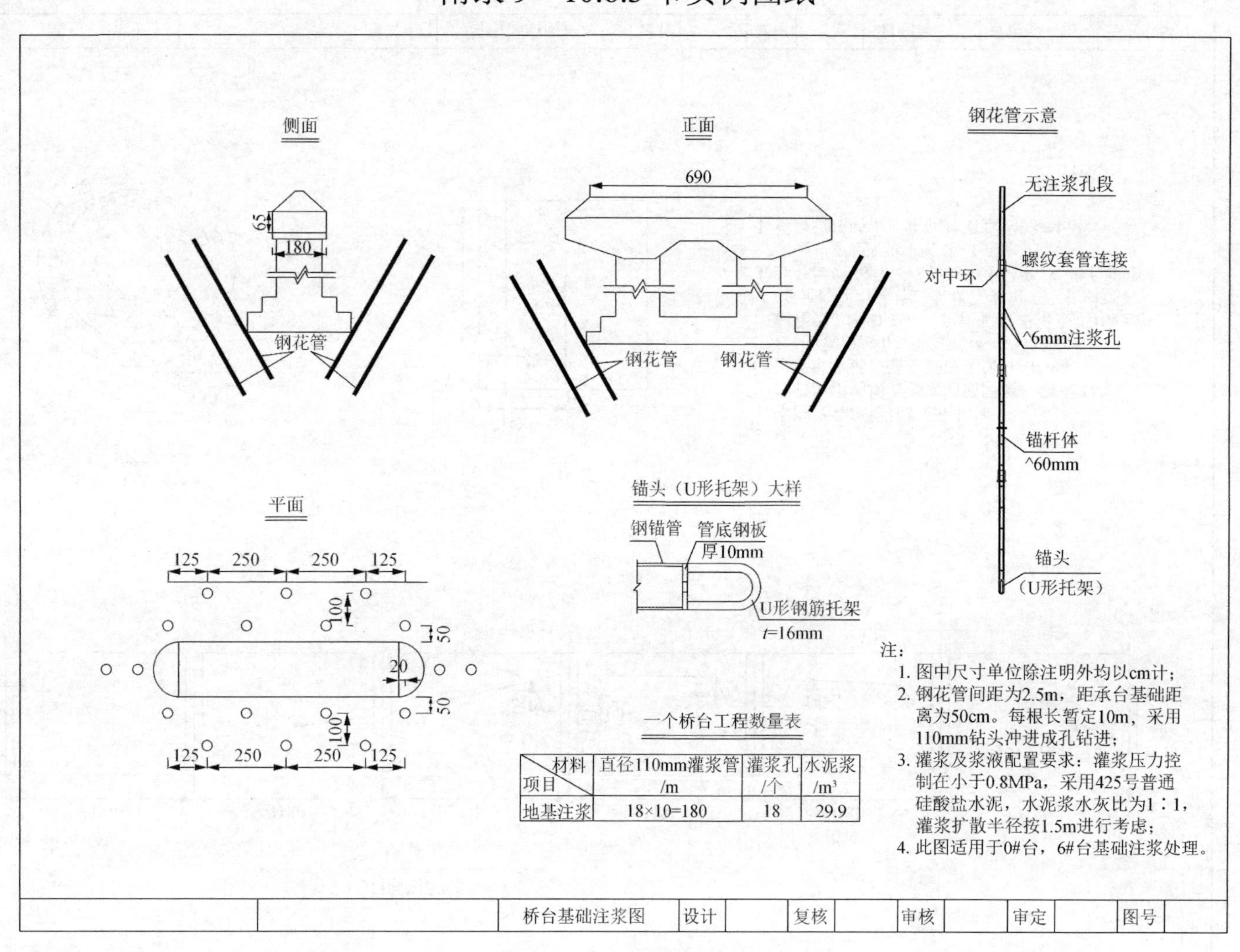

一个桥台工程数量表

材料 项目	直径110mm灌浆管/m	灌浆孔/个	水泥浆/m³
地基注浆	18×10=180	18	29.9

附图 9.1　桥台基础注浆图

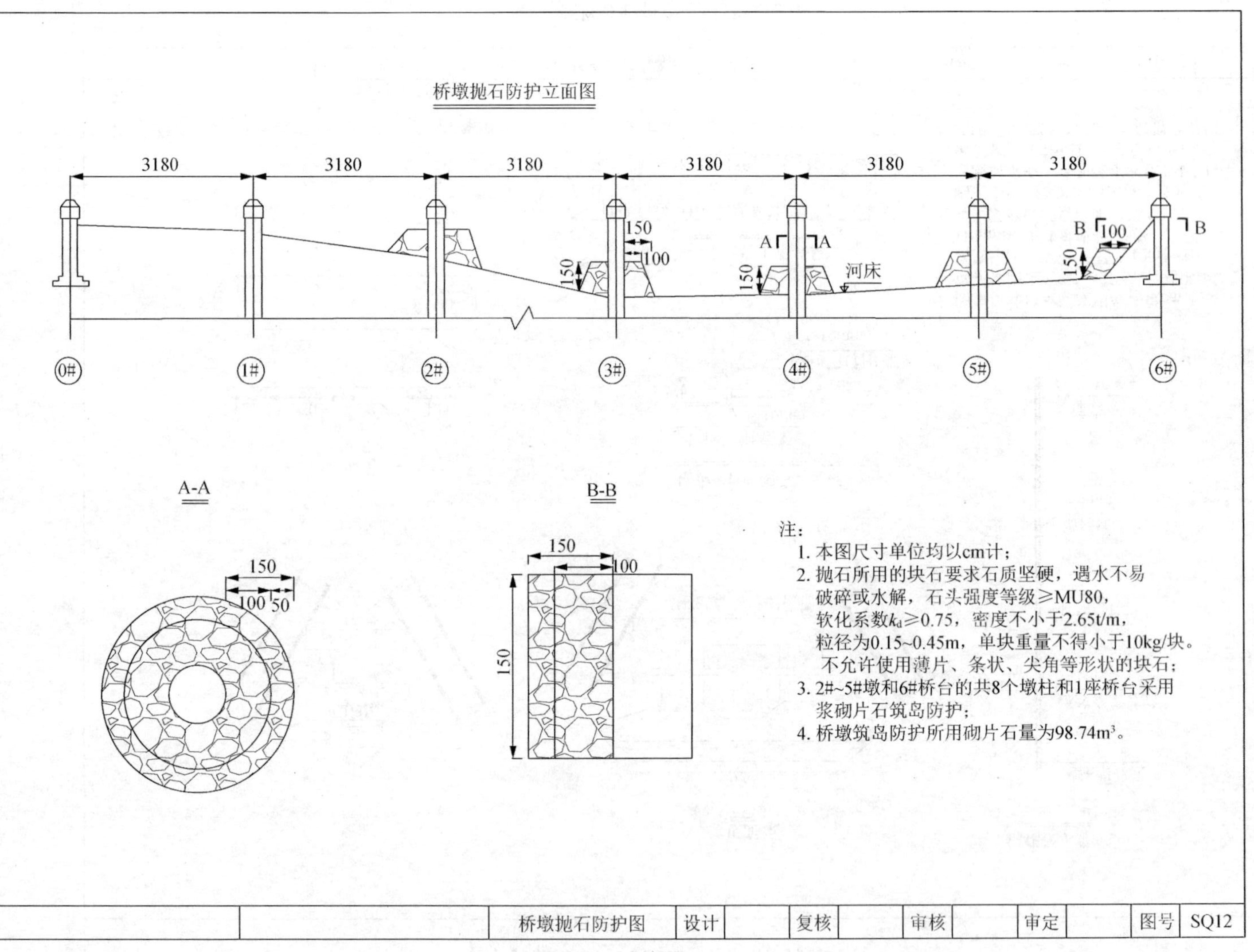

附图 9.2 桥墩抛石防护图

参 考 文 献

中华人民共和国国家标准．2012．混凝土结构试验方法标准（GB/T 50152—2012）[S]．北京：中国建筑工业出版社．

中华人民共和国行业标准．2011．回弹法检测混凝土抗压强度技术规程（JGJ/T 23—2011）[S]．北京：中国建筑工业出版社．

中华人民共和国行业标准．2011．建筑基桩检测技术标准（JGJ/T 06—2014）[S]．北京：中国建筑工业出版社．

中华人民共和国行业标准．2011．公路桥梁承载能力检测评定规程（JTG/T・J 21—2011）[S]．北京：人民交通出版社．

中华人民共和国行业标准．2014．公路旧桥承载能力鉴定方法（试行）[S]．北京：人民交通出版社．

中华人民共和国行业标准．2014．公路工程技术标准（JTG B01—2014）[S]．北京：人民交通出版社．

中华人民共和国行业标准．2004．公路工程基桩动测技术规程（JTG/T F81—01—2004）[S]．北京：人民交通出版社．

中华人民共和国行业标准．2004．公路工程水泥及水泥混凝土试验规程（JTG E30—2005）[S]．北京：人民交通出版社．

中华人民共和国行业标准．2004．公路桥涵设计通用规范（JTG D60—2004）[S]．北京：人民交通出版社．

中华人民共和国行业标准．2004．公路钢筋混凝土及预应力混凝土桥涵设计规范（JTG D62—2015）[S]．北京：人民交通出版社．

中华人民共和国行业标准．2005．公路桥梁技术状况评定标准（JTG H21—2011）[S]．北京：人民交通出版社．

中华人民共和国行业标准．2011．城市桥梁设计规范（CJJ11—2011）[S]．北京：人民交通出版社．

中华人民共和国行业标准．2011．城市桥梁工程施工与质量验收规范（CJJ 2—2008）[S]．北京：人民交通出版社．

中国工程建设标准化协会．2008．CECS 02：2005 超声回弹综合法检测混凝土强度技术规程[S]．北京：人民交通出版社．

宋一凡．2000．公路桥梁动力学[M]．北京：人民交通出版社．

李国豪．1996．桥梁结构稳定与振动[M]．北京：中国铁道出版社．

李德葆，陆秋海．2001．试验模态分析及应用[M]．北京：科学出版社．

曹树谦，张文德，萧龙翔．2001．振动结构模态分析[M]．天津：天津大学出版社．

谌润水，胡钊芳．2003．公路桥梁荷载试验[M]．北京：人民交通出版社．

宋一凡．2002．公路桥梁荷载试验与结构评定[M]．北京：人民交通出版社．

向中富．2011．桥梁工程控制[M]．北京：人民交通出版社．

马永欣，郑山锁．2001．结构试验[M]．北京：科学出版社．

梅村魁，青山博之，伊藤胜．1980．结构试验和结构设计[M]．林亚超，译．卢世深，译校．北京：人民交通出版社．

吴慧敏．1987．结构混凝土现场检测技术[M]．长沙：湖南大学出版社．

周明华，等．2010．土木工程结构试验与检测[M]．2 版．南京：东南大学出版社．

熊仲明，王社良．2006．土木工程结构试验[M]．北京：中国建筑工业出版社．

王立峰，卢成江．2010．土木工程结构试验与检测技术[M]．北京：科学出版社．

刘明．2008．土木工程结构试验与检聊[M]．北京：高等教育出版社．

曹国辉，祝明桥，胡习兵．2009．土木工程结构试验[M]．北京：中国电力出版社．

姚谦峰，等．2008．土木工程纬构试验[M]．2 版．北京：中国建筑工业出版社．

王军文，刘志勇．2008．土木工程结构试验[M]．北京：中国铁道出版社．

王建华，孙胜江．2004．桥涵工程试验检测技术[M]．北京：人民交通出版社．

章关永．2009．桥梁结构试验[M]．北京：人民交通出版社．

张宇峰，朱晓文．2009．桥梁工程试验检测技术手册[M]．北京：人民交通出版社．

张俊平．2002．桥梁检测[M]．北京：人民交通出版社．

张俊平，周建宾．2006．桥梁检测与维修加固[M]．北京：人民交通出版社．

王国鼎，袁海庆，陈开利．2003．桥梁检测与加固[M]．北京：人民交通出版社．

王俊峰，孟令启，等．2006．现代传感器应用技术[M]．北京：机械工业出版社．

R．克拉夫，J．彭津．2006．结构动力学[M]．2 版．王光远，等，译．北京：高等教育出版社．